VOX Everyday SPANISH and ENGLISH Dictionary

VOX
Everyday SPANISH and ENGLISH Dictionary

English-Spanish/Spanish-English

Dictionary Compiled by
the Editors of Biblograf, S.A.

North American Edition Prepared by
the Editors of NTC Publishing Group

NTC Publishing Group

Library of Congress Cataloging-in-Publication Data
is available from the United States Library of Congress.

Published by NTC Publishing Group
A division of NTC/Contemporary Publishing Group, Inc.
4255 West Touhy Avenue, Lincolnwood (Chicago), Illinois 60712-1975 U.S.A.

Printed in the United States of America
International Standard Book Number: 0-8442-7983-8 (cloth)
0-8442-7984-6 (paper)

01 02 03 04 QM 27 26 25 24 23 22 21 20 19 18 17 16 15 14 13 12

CONTENTS

PREFACE

The *Vox Everyday Spanish and English Dictionary* has been specially designed to meet the needs of both students and travelers. Numerous features make it particularly valuable for these two groups of users.

First of all, the *Vox Everyday* features 8,000 of the most frequently used words in both Spanish and English. These terms have been drawn from recognized frequency lists in both languages to insure that users have the most practical vocabulary list possible at their disposal.

To assist both students and teachers in developing good pronunciation skills, every entry in this dictionary is accompanied by a phonetic transcription based on the International Phonetic Alphabet (I.P.A.). Those who carefully study the pronunciation key at the beginning of each section should thus encounter little difficulty in pronouncing words correctly.

The large type featured in the *Vox Everyday* greatly facilitates its use. As a result, newcomers to Spanish or English will not need to struggle through long and daunting lists of entries to find an appropriate term.

To clarify usage, an asterisk is placed before Spanish words that are used primarily in Latin America, while the same symbol before English words identifies them as North American.

Tables listing currencies, comparative weights and measures, clothing sizes, and temperatures will prove useful to travelers during visits to Spanish- or English-speaking countries, while summaries of Spanish and English grammar are included to assist those seeking to learn *and* apply fundamental rules of language. Model conjugations for regular verbs appear in the summaries, while irregular verb forms are noted at the end of the entry for each irregular verb listed.

Students and travelers alike will be pleased by the useful and readily accessible information found in the *Vox Everyday Spanish and English Dictionary.* Its practical, yet comprehensive contents make it a dictionary of lasting value.

PRÓLOGO

El *Vox Everyday Spanish and English Dictionary* ha sido especialmente diseñado para satisfacer las necesidades de estudiantes y viajeros. Muchas características lo hacen particularmente valioso para estos dos grupos de usuarios.

Primeramente, el *Vox Everyday* contiene 8.000 palabras de uso más frecuente en español y en inglés. Estos términos han sido extraídos de listas de frecuencia reconocidas en ambos idiomas para asegurar que los usuarios tengan a su disposición una lista práctica de vocabulario.

Para asistir a los educadores y alumnos a desarrollar buenas destrezas de pronunciación, cada artículo en este diccionario está acompañado de una transcripción fonética basada en el *Alfabeto Fonético Internacional (A.F.I.).* Aquellos que estudien cuidadosamente la guía de pronunciación que está al principio de cada sección encontrarán poca dificultad en pronunciar las palabras correctamente.

La letra grande que presenta el *Vox Everyday* facilita grandemente el uso del diccionario. Así, los que comienzan el estudio del inglés o del español no tendrán que esforzarse con listas de artículos largas e intimidantes para encontrar los términos apropiados.

Para clarificar el uso de términos, las palabras en español que se usan principalmente en América Latina son precedidas por un asterisco, mientras que el mismo símbolo precediendo las palabras en inglés identifica palabras usadas principalmente en Norte América.

Las tablas que presentan valores de monedas, pesas y medidas comparativas, tallas de ropa y temperaturas proveerán información beneficiosa a los viajeros durante visitas a países donde se habla español o inglés, mientras que los resúmenes de gramática española e inglesa son incluídos para asistir aquellos usuarios que quieran aprender y aplicar las reglas fundamentales del lenguaje. Ejemplos de conjugaciones de verbos regulares aparecen en los resúmenes, mientras que formas de verbos irregulares son anotadas al final de los articulos para cada verbo irregular que se presenta.

La información fácil y accesible que se encuentra en el *Vox Everyday Spanish and English Dictionary* agradará a estudiantes y viajeros. Su contenido práctico y comprensivo le da a este diccionario un valor duradero.

INGLÉS-ESPAÑOL
ENGLISH-SPANISH

ABREVIATURAS USADAS EN ESTE DICCIONARIO

a.	adjetivo
adv.	adverbio
AGR.	agricultura
ANAT.	anatomía
ARQ.	arquitectura
ARQUEOL.	arqueología
art.	artículo
ASTR.	astronomía
aux.	verbo auxiliar
B. ART.	bellas artes
BIB.	Biblia
BIOL.	biología
BOT.	botánica
CINEM.	cinematografía
CIR.	cirugía
COC.	cocina
COM.	comercio
compar.	comparativo
Cond.	condicional
conj.	conjunción
CONJUG.	conjugación
def.	defectivo
DEP.	deportes
DER.	derecho
dim.	diminutivo
ECLES.	eclesiástico
ECON.	economía
E. U.	Estados Unidos
ELECT.	electricidad
ENT.	entomología
f.	femenino
FERROC.	ferrocarriles
FIL.	filosofía
FÍS.	física
FISIOL.	fisiología
GEOGR.	geografía
GEOL.	geología
GEOM.	geometría
GER.	gerundio
GRAM.	gramática
HIST.	historia
ICT.	ictiología
IMPERAT.	imperativo
impers.	verbo impersonal
IMPR.	imprenta
IND.	industria
indef.	indefinido
INDIC.	indicativo
INF.	infinitivo
ING.	ingeniería
Ingl.	Inglaterra
interj.	interjección
i.	verbo intransitivo
irreg.	irregular
JOY.	joyería

LIT.	literatura
m.	masculino
MAR.	marina
MAT.	matemáticas
MEC.	mecánica
MED.	medicina
METAL.	metalurgia
MIL.	militar
MIN.	minería
MINER.	mineralogía
MÚS.	música
ORN.	ornitología
PART. P.	participio pasado
pers.	personal
pl.	plural
pos.	posesivo
p. p.	participio pasado
prep.	preposición
Pres.	presente
Pret.	pretérito
pron.	pronombre
QUÍM.	química
RADIO.	radiotelefonía, radiotelegrafía
ref.	verbo reflexivo
REL.	religión
s.	nombre substantivo
SUBJ.	subjuntivo
superl.	superlativo
TEAT.	teatro
t.	verbo transitivo
V.	véase
ZOOL.	zoología

SIGNOS DE LA A.F.I. EMPLEADOS EN LA TRANSCRIPCIÓN FONÉTICA DE LAS PALABRAS INGLESAS

Vocales

[i] como en español en *vida, tigre.*

[e] como en español en *guerra, dejar,* pero aún más abierta.

[æ] sin equivalencia en español. Sonido intermedio entre la *a* en *caso* y la *e* en *perro.*

[ɑ] como en español en *laurel, ahora,* pero enfatizada y alargada.

[ɔ] como en español en *roca, manojo,* pero aún más abierta.

[u] como en español en *uno,* pero con el sonido más prolongado.

[ʌ] sin equivalencia en español. Sonido intermedio entre la *o* y la *e.*

[ə] sin equivalencia en español. Parecida a la [ə] francesa en *venir, petit.*

Semiconsonantes

[j] como en español en *labio, radio.*

[w] como en español en *luego, huevo.*

Consonantes

[p] como en español en ***p**uerta, ca**p**a,* pero aspirada.

[t] como en español en ***t**odo, **t**ienda,* pero aspirada.

[k] como en español en ***c**opa, **q**ueso,* pero aspirada.

[b] como en español en ***b**arco, **v**ela,* pero aspirada.

[d] como en español en *con**d**e, can**d**ado,* pero aspirada.

[ð] como en español en *a**d**ivinar, a**d**orar.*

[g] como en español en ***g**uerra, **g**ato,* pero aspirada.

[f] como en español en ***f**uerza, **f**uego.*

[θ] como en español en *ha**c**er, á**c**ido.*

[s] como en español en ***s**aber, **s**ilencio.*

[ʃ] sin equivalencia en español. Fricativa palatoalveolar sorda. Parecida a la pronunciación de ***ch**ico,* si se alarga la consonante y se redondean los labios.

[v] sin equivalencia en español. Fricativa labiodental. Al pronunciarla los incisivos superiores tocan el labio inferior y hay vibración de las cuerdas vocales. Es la pronunciación del francés en *a**v**ec.*

[z] como en español en *mi**s**mo, a**s**no.*

[ʒ] sin equivalencia en español. Fricativa palatoalveolar sonora. Parecida a la pronunciación argentina de la *ll* pero con proyección de los labios.

[tʃ] como en español en ***ch**ico, **ch**ocolate.*

[dʒ] sin equivalencia exacta en español. Africada palatoalveolar sonora. Sonido semejante al de la *y* española en *con**y**uge, **y**ugo.*

[l] como en español en ***l**abio, co**l**a.*

[m] como en español en ***m**adre, li**m**a.*

[n] como en español en ***n**ota, **n**otable.*

[ŋ] como en español en *cue**n**ca, á**n**gulo.*

[ɾ] sonido fricativo parecido al de la *r* española en *pe**r**o.*

[h] sonido parecido al de la *j* española en ***j**erga,* pero mucho más suave.

Otros signos

[ˈ] indica el acento tónico primario.

[ˌ] indica el acento tónico secundario.

[:] indica un alargamiento de la vocal.

RESUMEN DE GRAMÁTICA INGLESA

ARTÍCULO/ARTICLES

El inglés tiene dos clases de artículo: el definido y el indefinido.

- Artículo definido: **the**. Es invariable y corresponde a *el*, *la*, *los*, *las* y (en ciertos casos) *lo*.

- Artículo indefinido: **a** o **an**. Se usa para el singular en todos los géneros.
  —La forma **a** se usa: a) delante de consonantes (incluyendo entre ellas la **h** aspirada, la **w** y la **y**); b) delante de **u**, **eu** y **ew**, cuando suenan como en **use**, **European** y **ewe**, y delante de **o**, cuando suena como en **one**.
  —El plural español *unos* y *unas* se traduce al inglés por el adjetivo **some**: he had some papers in his hand, tenía unos papeles en la mano.

NOTA: El uso que hace el español del artículo determinado en expresiones como: me lavo *las* manos, ponte *el* sombrero, él se ha roto *el* brazo, no existe en inglés. Estas expresiones se traducen por: I wash **my** hands, put on **your** hat, he has broken **his** arm.

GÉNERO/GENDER

Por regla general, en inglés, son:

- **Masculinos.** Los nombres que significan varón o animal macho: **man** (hombre); **knight** (caballero); **bull** (toro).

- **Femeninos.** Los que significan mujer o animal hembra: **woman** (mujer); **spinster** (solterona); **lady** (dama); **cow** (vaca).
- **Comunes.** Como en español, los de persona de una sola terminación para los dos géneros: **friend** (amigo, -ga); **neighbor** (vecino, -na); **companion** (compañero, -ra).
- **Neutros.** Los nombres de cosa concretos o abstractos; los de animales cuando no se especifica su sexo; los que significan niño [niño o niña indiferentemente] o niño de pecho como **child** o **baby**.

Excepciones:

- Los nombres de países, barcos y máquinas son generalmente del género femenino: **Poland** has lost **her** independence, Polonia ha perdido su independencia; **she** was a fine **ship**, era un hermoso barco.

Indicación del género

Hay cierto número de nombres que tienen palabras distintas para cada género: **man** (hombre); **woman** (mujer); **father** (padre); **mother** (madre); **widow** (viuda); **widower** (viudo); **bull** (toro); **cow** (vaca); **rooster** (gallo); **hen** (gallina), etc.

En los demás casos, el género se infiere del contexto (**she is an orphan**, ella es huérfana), o se distingue:

- Por medio de las terminaciones femeninas **-ess**, **-ix** o **-ine**: actor, **actress** (actor, actriz); duke, **duchess** (duque, duquesa); testator, **testatrix** (testador, testadora); hero, **heroine** (héroe, heroina).

- Por medio de **male, female, woman**, etc., en función de adjetivo o de los pronombres **he-, she-** como prefijos: **female fish** (pez hembra); **woman lawyer** (abogada, licenciada); **he-goat** (macho cabrío); **she-ass** (asna, jumenta).
- Por medio de palabras compuestas en que uno de los elementos expresa el género: **manservant** (criado); **maidservant** (criada); **bull-elephant** (elefante), **doe-hare** (liebre hembra), **cock-sparrow** (gorrión).

PLURAL (Substantivos)/ THE PLURAL OF NOUNS

Regla general

En inglés la desinencia del plural es una **s** que se añade a la forma propia del singular: bale, **bales**; chair, **chairs**.

Observ.: Los nombres terminados en **se, ce, ge** y **ze** ganan una sílaba en el plural al tomar la **s**, ya que la **e** muda se pronuncia como [i]: **fence** [fens], valla; pl. **fences** [ˈfensiz], vallas.

Excepciones y casos particulares

- Toman **es** en el plural:

  —Los nombres terminados en **o** precedida de consonante: virago, **viragoes**; potato, **potatoes**.

  Sin embargo, los nombres de formación moderna o de origen extranjero hacen el plural en **s**: auto, **autos**; contralto, **contraltos**; dynamo, **dynamos**; memento, **mementos**; piano, **pianos**.

  —Los nombres terminados en **s, sh, ch** (con sonido de *ch*), **x** y **z**: brass, **brasses**; bush, **bushes**; wrench, **wrenches**; box, **boxes**; chintz, **chintzes**.

Observ.: Los terminados en **ex** hacen el plural en **exes** o **ices**; los terminados en **ix** lo hacen en **ixes** o **ices**: vortex, **vortexes** o **vortices**; appendix, **appendixes** o **appendices**.

- Los nombres terminados en **f** o **fe** hacen el plural en **ves**: half, **halves**; knife, **knives**; wolf, **wolves**.
  —Se exceptúan: **dwarf**, **gulf**, **safe**, **still-life**, **strife** y los terminados en **ff**, **ief** y **oof**, que hacen el plural en s: dwarf, **dwarfs**; cliff, **cliffs**; belief, **beliefs**; roof, **roofs**. Sin embargo, *thief* hace **thieves**.
  —Algunos tienen plural doble en **fs** y en **ves**, como: beef, **beefs** y **beeves**; hoof, **hoofs** y **hooves**; scarf, **scarfs** y **scarves**; wharf, **wharfs** y **wharves**.

- Los nombres terminados en **quy** o en **y** precedida de consonante hacen el plural cambiando la **y** en **ies**: colloquy, **colloquies**; cry, **cries**; oddity, **oddities**.
  —Sin embargo, los nombres propios terminados en **y**, con muy raras excepciones, hacen el plural en **s**: Henry, **Henrys**.

- Algunos nombres son invariables: **sheep** (carnero, carneros); **swine** (cerdo, cerdos). Otros tienen formas propias para el singular y para el plural: child, **children**; die, **dice**; foot, **feet**; man, **men**; mouse, **mice**; woman, **women**; tooth, **teeth**.

GENITIVO/THE GENITIVE CASE

En ciertos casos, el inglés expresa el genitivo añadiendo una **s** apostrofada (**'s**) al nombre del poseedor y poniendo sin artículo el nombre de lo poseído (**John's father**, el padre de Juan). Es lo que se llama *caso genitivo* o *genitivo sajón*.

Se omite la **s** (nunca el apóstrofe):

- Después de un nombre en plural terminado en **s**: the **birds'** nests, los nidos de los pájaros.
- Después de un nombre en singular cuya última sílaba empiece con **s**: **Moses'** law, la ley de Moisés.
- Después de un nombre propio latino, griego o extranjero terminado en **s, es** o **x**: **Cassius'** dagger, el puñal de Casio; **Achilles'** heel, el talón de Aquiles. Nótese, sin embargo: **Venus's** beauty, la hermosura de Venus.
- Después de un nombre terminado en **s** o **ce**, cuando va seguido de **sake**: for **goodness'** sake!, ¡por Dios!; for **conscience'** sake, por conciencia.

Casos especiales

- Puede usarse con elipsis del nombre de la cosa poseída cuando éste significa *iglesia*, *hospital*, *casa*, *tienda*: **St. Paul's**, la catedral de San Pablo; at my **aunt's**, en casa de mi tía; I am going to the **grocer's**, voy a la tienda de comestibles. También se usa con elipsis en casos como: this car is my **father's**, este coche es de mi padre; Is this your hat? No, it is **Mr. Brown's**; ¿Este sombrero es el suyo? No, es el del señor Brown.
- Si hay más de dos nombres propios de poseedor, el signo del genitivo se pone detrás del último: **Mary and Robert's** brother, el hermano de María y Roberto.

ADJETIVO/ADJECTIVES

El adjetivo inglés es invariable. Una misma forma sirve para todos los géneros en singular y en plural; an **old** man, un hombre **viejo**; an **old** house, una casa **vieja**; these trees are **old**, estos árboles son **viejos**.

Lugar del adjetivo

Por regla general, el adjetivo (cuando no tiene función de predicado) precede al substantivo que califica o determina: a **clever** man, un hombre inteligente; a **long** journey, un largo viaje.

El adjetivo va pospuesto:

- Cuando lleva un complemento: a man **worthy** of esteem, un hombre digno de aprecio.
- Cuando completa el sentido del verbo: he found the plot **absurd**, halló absurdo el argumento.
- Cuando equivale a una oración subordinada: the garden **proper** is not very large, el jardin propiamente dicho no es muy grande.
- Cuando significa de alto, de ancho, de edad, etc.: the tree is twenty feet **high**, el árbol tiene viente pies de alto.
- Cuando califica un pronombre terminado en **-thing** o **-body**: there is nothing **strange** about that, eso no tiene nada de extraño.
- En algunas denominaciones de cargo, empleo, etc. y en ciertas expresiones procedentes del francés: accountant **general**, jefe de contabilidad; court **martial**, consejo de guerra.
- Los adjetivos **worth**, **ill**, **left** (que queda), **missing** y los compuestos con el prefijo **a-** suelen usarse sólo como predicados. Si alguno de ellos se aplica directamente al substantivo, debe ir detrás de éste: a life **worth** preserving, una vida que merece ser conservada; he has only three dollars **left**, sólo le quedan tres dólares.

- La palabra **alone** va siempre detrás del nombre o el pronombre: leave him **alone**, déjalo solo.

El substantivo usado como adjetivo

En inglés puede usarse un substantivo para calificar a otro substantivo. En este caso el primero va inmediatamente delante del segundo: **coal** ship, barco carbonero; **pocket knife**, navaja.

El comparativo y el superlativo

Al comparativo español *tan. . .como*, corresponde el inglés **as. . .as** para la afirmación, y **so. . .as** para la negación: my house is **as** beautiful **as** yours, mi casa es tan hermosa como la de usted; my house is not **so** beautiful **as** yours, mi casa no es tan hermosa como la de usted.

Al comparativo *más* (o *menos*). . .*que*, corresponde el inglés **more** (o **less**). . .**than**: my house is **more** (o **less**) beautiful **than** yours, mi casa es más (o menos) hermosa que la de usted.

El inglés no tiene desinencia propia para el superlativo absoluto. Este superlativo se forma anteponiendo al adjetivo los adverbios **very**, **most**, etc.: **very** high, altísimo; **most** excellent, excelentísimo.

Al superlativo relativo *el más* (o *el menos*). . .*de*, corresponde el inglés **the most** (o **the least**). . .**in** [delante de un nombre de lugar] u **of** [delante de los demás nombres]: **the most** populous quarter **in** town, el barrio más populoso de la ciudad; **the least** brave man **of** the regiment, el hombre menos valiente del regimiento.

Sin embargo, el comparativo correspondiente a *más. . .* y el superlativo correspondiente a *el más. . .* suelen formarse, cuando se trata de adjetivos monosílabos y de algunos bisílabos, añadiendo **-er** y **-est** a la forma del positivo. Así, de **short** (corto) se hace **shorter** (más corto) y **shortest** (el más corto).

Al agregar **-er** y **-est** a la forma del positivo, la terminación de éste queda modificada en los casos siguientes:

- Adjetivos terminados en **-e**. Pierden la **-e**: nice, **nicer, nicest**, large, **larger, largest**.
- Adjetivos terminados en **-y** precedida de consonante. Cambian la **-y** en **-i**: burly, **burlier, burliest**.
- Adjetivos monosílabos terminados en consonante precedida de vocal breve. Doblan la consonante: big, **bigger, biggest**; fat, **fatter, fattest**.

Observaciones:

No se pueden usar las formas en **-er** y **-est** con adjetivos compuestos con el prefijo **a-**, ni con los terminados en **-al, -ed, -ful, -ic, -ile, -ive, -ose** y **-ous**: **alive, mortal, aged, rustic, fragile, massive, verbose, famous.**

NUMERALES/NUMERALS

Algunas particularidades

Cardinales

- Los números compuestos de decenas y unidades (a partir de *veinte*) se expresan poniendo las unidades a continuación de las decenas, separadas por un guión: **twenty-one** (21); **forty-six** (46).

  También puede usarse la forma **one and twenty** o **one-and-twenty** (21), pero esto es menos corriente.

- Los números de cien, ciento, mil, un millón, etc., se expresan así: **a** o **one hundred**; **a** o **one thousand**; **a** o **one million**. Generalmente se usa **a** para los números redondos y **one** con los demás: **a hundred** men, cien hombres; **one hundred and sixty** dollars, ciento sesenta dólares.

  A doscientos, trescientos, dos mil, tres mil, etc., corresponden **two hundred, three hundred, two thousand, three thousand**, etc.

- En los números compuestos se pone **and** entre las centenas y las decenas o entre las centenas y las unidades, si no hay decenas: five hundred **and** thirty-six (536); five hundred **and** six (506).

  Después de **thousand** sólo se pone **and** cuando le sigue un número inferior a cien: three thousand **and** fifty-two (3.052).

Ordinales

- Los ordinales (excepto los tres primeros: **first, second, third**) se forman añadiendo **th** a la forma del cardinal: four (cuatro), **fourth** (cuarto); seven (siete), **seventh** (séptimo).

  Al recibir la desinencia del ordinal, el cardinal queda modificado en los casos siguientes:
  —**five** y **twelve** cambian la **v** en **f**: **fifth, twelfth.**
  —**eight** pierde la **t**: **eighth.**
  —**nine** pierde la **e**: **ninth.**
  —**twenty, thirty**, etc., cambian la **y** en **ie**: **twentieth, thirtieth**, etc.
  En los números compuestos, sólo toma la forma de ordinal el último elemento: **thirty-first, twenty-second, forty-third, fifty-eighth.**

- Cuando el ordinal se aplica al nombre de un soberano se escribe con mayúscula y se le antepone el artículo: Henry **the Fourth**, Enrique cuarto; Pius **the Twelfth**, Pío doce.

PRONOMBRE PERSONAL/ PERSONAL PRONOUNS

Formas del pronombre personal

Personas	*Oficio*	*Singular*		*Plural*	
1.ª	sujeto complemento reflexivo	I me myself	masc. y fem.	we us ourselves	masc. y fem.
2.ª	sujeto complemento reflexivo	thou, you thee, you thyself, yourself	masc. y fem.	ye, you you yourselves	masc. y fem.
3.ª	sujeto	he she it	(masc.) (fem.) (neut.)	they	todos los géneros
	complemento	him her it	(masc.) (fem.) (neut.)	them	
	reflexivo	himself herself itself	(masc.) (fem.) (neut.)	themselves	

Observaciones

- El pronombre complemento indirecto lleva la preposición to: she promised it **to me**, ella me la prometió.

  Sin embargo, con ciertos verbos, se puede omitir el **to** a condición de poner el complemento indirecto delante del directo: my father gave **me** this book, mi padre me dio este libro.

Con **to tell** y **to answer**, se usa siempre esta última forma: he told **me** what had happened, me contó lo que había ocurrido.

- Después de los verbos seguidos de una partícula, el pronombre personal complemento directo se coloca entre el verbo y la partícula, el pronombre personal complemento directo se coloca entre el verbo y la partícula. Así, a *he took off* ***his coat*** (se quitó el abrigo), corresponderá *he took* ***it*** *off*, se lo quitó.

- **All**, con un pronombre personal, se coloca después de éste: **all of**, delante: they **all**, **all of** them, todos, todos ellos o ellas.

- Después de las preposiciones **about**, **around**, **behind**, **with** y de las que indican movimiento, el inglés emplea el pronombre personal no reflexivo en vez del reflexivo: she brought her workbasket **with her**, ella trajo consigo su neceser de costura; he looked **behind him**, miró detrás de sí.

- El pronombre personal usado como antecedente de un relativo forma las expresiones **he who** o **that**, **she who** o **that**, etc., equivalentes a las españolas *el que*, *aquel que*, *la que*, etc.

  Sin embargo, en el lenguaje moderno no se dice **they who** o **that**, sino **those who** o **that**, los que, aquellos que.

- **They** puede ser sujeto de una oración impersonal, como: **they** say that, dicen que, se dice que.

- Las formas reflexivas del pronombre personal se usan también para reforzar el pronombre sujeto: I saw it **myself**, yo mismo lo vi.

POSESIVO (Adjetivo y pronombre)/ POSSESSIVE ADJECTIVES AND PRONOUNS

Los adjetivos y pronombres posesivos ingleses son invariables por lo que se refiere a la cosa poseida. Sólo concuerdan con el nombre del posesor.

Adjetivos

Singular

1.ª persona:	**my**	mi, mis
2.ª persona:	**thy, your**	tu, tus*
3.ª persona:	**his**	su, sus [de él]
	her	su, sus [de ella]
	its	su, sus [de ello; de un animal o cosa en género neutro]

Plural

1.ª persona:	**our**	nuestro, nuestra, nuestros, nuestras
2.ª persona:	**your**	tu, tus; vuestro, vuestra; vuestros, vuestras, su, sus [de usted o ustedes]
3.ª persona:	**their**	su, sus [de ellos, de ellas, tanto para el masc. y el fem. como para el neutro]

Observaciones:

- Cuando el adjetivo posesivo se refiere a dos o más nombres de género diferente se pone en masculino: all the pupils; **boys** and **girls**, were there, **each** carrying **his** little present, todos los alumnos, niños y niñas, estaban allí llevando cada uno su pequeño regalo.
- Cuando no hay idea de posesión, suele substituirse el

adjetivo posesivo por el genitivo con **of**: the remembrance **of it**, su recuerdo; the directions for the use **of them**, las instrucciones para su uso.

Pronombres

Singular

1.ª persona:	**mine**	el mío, la mía, los míos, las mías
2.ª persona:	**thine, yours**	el tuyo, la tuya, los tuyos, las tuyas*
3.ª persona:	**his**	el suyo, la suya, los suyos, las suyas [de él]
	hers	el suyo, la suya, los suyos, las suyas [de ella]
	its own	el suyo, la suya, los suyos, las suyas [de un animal o cosa en género neutro]

Plural

1.ª persona:	**ours**	el nuestro, la nuestra, los nuestros, las nuestras
2.ª persona:	**yours**	el tuyo, la tuya, los tuyos, las tuyas; el vuestro, la vuestra, los vuestros, las vuestras; el suyo, la suya, los suyos, las suyas [de usted o de ustedes]
3.ª persona:	**theirs**	el suyo, la suya, los suyos, las suyas [de ellos, de ellas, tanto para el masc. y el fem. como para el neutro]

*El adjetivo posesivo **thy** y el pronombre **thine** sólo se usan en poesía, en la Biblia y en las oraciones. En el lenguaje corriente se usa **your** y **yours** para la segunda persona del singular, lo mismo que para la del plural.

Observaciones:

- Cuando el pronombre posesivo va después del verbo **to be** puede traducirse también por el posesivo español sin artículo: this hat is **mine**, este sombrero es mío (o es el mío).
- El pronombre posesivo precedido de **of** equivale al adjetivo español *mío*, *tuyo*, etc., o *a uno de mis*, *de tus*, etc.: a friend **of mine**, un amigo mío, uno de mis amigos.

CONJUGACIÓN DE VERBOS/ CONJUGATION OF VERBS

La conjugación regular de un verbo inglés comprende un número de formas muy reducido. En todos los tiempos personales se usa la misma forma para todas las personas del singular y del plural, con excepción de la tercera persona del singular del presente de indicativo y de la segunda del singular del presente y el pretérito de indicativo.

Observación: La segunda persona del singular (que se forma añadiendo **st** a la forma propia del tiempo) sólo se emplea en poesía, en la oración y en la Biblia. En el lenguaje corriente se emplea la forma del plural, lo mismo para éste que para el singular. Así, **you dance** equivale, según los casos, a *tú bailas*, *usted baila*, *vosotros bailáis* o *ustedes bailan*.

Presente de indicativo

Tiene la forma del infinitivo sin **to** para la primera persona del singular y todas las del plural: **I**, **we**, **you**, **they dance**.

La tercera persona del singular

Se forma añadiendo **es** o **s** a la forma del infinitivo.

Toma **es**:

- En los verbos cuyo infinitivo termina en **ch**, **sh**, **ss**, **x** o **z**: reach**es**, brush**es**, pass**es**, box**es**, buzz**es**.
- En los verbos **to do** y **to go**: do**es**, go**es**.

Toma **s**:

- En los verbos cuyo infinitivo termina en una **e** muda, una vocal o un diptongo: dance**s**, live**s**, bat**s**, see**s**, draw**s**, know**s**.
- En aquellos cuyo infinitivo termina en una consonante que *no* es **ch**, **sh**, **ss**, **x** o **z**: sob**s**, pack**s**, ring**s**, kill**s**, hear**s**, bleat**s**.

Observaciones:

- Los verbos terminados en **y** precedida de consonante cambian la **y** en **ie**: cry, cr**ies**; fly, fl**ies**. Los terminados en **y** precedida de vocal no cambian la **y**: buy, buy**s**; play, play**s**.
- Los verbos terminados en **ce**, **se** o **ge** y los terminados en **ch**, **sh**, **ss**, **x** o **z**, ganan fonéticamente una sílaba al tomar la desinencia de la tercera persona del singular: dance, danc·**es**; buzz, buzz·**es**; brush, brush·**es**.

Pretérito de indicativo

La forma del pretérito de indicativo distingue, una de otra, dos clases de verbos:

Verbos débiles

Forman el pretérito y el participio pasivo añadiendo **ed**, **d** o **t** a la forma del infinitivo: walk, walk**ed**; live, liv**ed**. Algunos acortan (no cambian) la vocal de la raíz y añaden **t**: keep, **kept**; sweep, **swept**.

Observaciones:

- Los verbos débiles terminados en **y** precedida de consonante cambian la **y** en **ie** al tomar la desinencia del pretérito y del participio pasivo: cry, cr**ied**; spy, sp**ied**. Los terminados en **y** precedida de vocal no cambian la **y**: cloy, cloy**ed**; play, play**ed**. Por excepción, **to lay** y **to pay** hacen el pretérito y el participio pasivo en **aid**: **laid** y **paid**.
- Los verbos que terminan en una consonante dental ganan fonéticamente una sílaba al tomar la desinencia del pretérito y el participio pasivo: blind, blind·**ed**; wait, wait·**ed**.
- Los verbos monosílabos y los polisílabos acentuados en la última sílaba, cuando terminan en una vocal breve seguida de una sola consonante, doblan ésta en el pretérito, el participio pasivo y el gerundio: fit, fi**tted**, fi**tting**; bar, ba**rred**, ba**rring**; compel, compe**lled**, compe**lling**.
  Cuando la consonante final es **l** precedida de una sola vocal, pueden doblar la **l** aunque no estén acentuados en la última sílaba: travel, trave**led** o trave**lled**.

Verbos fuertes

Forman el pretérito y el participio pasivo cambiando la vocal de la raíz y añadiendo o no **e**, **en**, **n** o **ne**. Generalmente tienen el pretérito diferente del participio pasivo: break, **broke**, **broken**; bear (llevar), **born**, **borne**.

Advertencia: Los pretéritos, participios pasivos y gerundios de los verbos fuertes, así como los de otros que ofrezcan particularidades de forma u ortografía, se encontrarán en el cuerpo de este Diccionario al final del artículo correspondiente a cada verbo.

Futuro de indicativo

Se forma anteponiendo **shall** o **will** al infinitivo sin **to** (véase lo referente al uso de **shall** y **will** en los respectivos artículos de este Diccionario): **I shall come**, yo vendré; we **will come**, nosotros vendremos; you **will come**, tú vendrás, usted vendrá, vosotros vendréis, ustedes vendrán; he **will come**, él vendrá; they **will come**, ellos vendrán.

Potencial

Se forma anteponiendo **should** y **would** al infinitivo sin **to** (véase lo referente al uso de **should** y **would** en los respectivos artículos de este Diccionario): I **should come**, yo vendría; we **would come**, nosotros vendríamos; you **would come**, tú vendrías, usted vendría, vosotros vendríais, ustedes vendrían; he **would come**, él vendría; they **would come**, ellos vendrían.

Imperativo

El imperativo inglés sólo tiene una forma propia que es la del infinitivo sin **to** y sólo se usa para las segundas personas: **come**, ven, venga usted, venid, vengan ustedes.

Para las personas 1.ª y 3.ª hay que recurrir a una oración formada con el verbo **to let**: **let us see**, veamos.

Tiempos compuestos

Se forman, como en español, con el verbo auxiliar **to have** (haber) y el participio pasivo.

Ejemplos:

I have played, yo he jugado; **he has played**, él ha jugado (pretérito perfecto).

I had played, yo había jugado o hube jugado (pretérito pluscuamperfecto o pretérito anterior).

I shall have played, yo habré jugado; **he will have played**, él habrá jugado (futuro perfecto).

I should have played, yo habría jugado; **he would have played**, él habría jugado (potencial compuesto o perfecto).

Conjugación continua

Además de esta forma de conjugación, el inglés tiene otra llamada *continua* que se forma con el auxiliar **to be** y el gerundio del verbo: **I am coming**, **I was coming**. Esta forma se usa para indicar una acción en curso de realización, o sea no terminada.

En el presente, corresponde a un presente español del verbo en cuestión o de una oración del verbo *estar*: **I am writing** a letter, escribo una carta o estoy escribiendo una carta.

En el pretérito simple corresponde a un imperfecto español: **he was writing** a letter, él escribía una carta or estaba escribiendo una carta.

Observación: La forma continua no puede usarse para expresar una acción instantánea o definitiva, como tampoco una acción habitual o permanente. Así no se dirá: **I am forgiving** him, **the sun is setting** every day, **he is being** her father, sino: **I forgive** him, **the sun sets** every day, **he is** her father.

INFINITIVO/THE INFINITIVE

Por regla general, el infinitivo va precedido de la partícula **to**, que en muchos casos equivale a las preposiciones *a* o *para*.

Infinitivo sin to

El infinitivo se usa sin **to**:

- Después de los auxiliares defectivos **shall**, **will**, **can**, **may** y **must**: **I shall write** to him, le escribiré; you **cannot speak** French, usted no sabe hablar francés; we **must be** quiet, hemos de callar.
  —Nótese que después de **ought** se usa el infinitivo con **to**: you **ought** to **know** it, usted debería saberlo.
- Después de **to dare** y **to need** usados como auxiliares, he **dared not speak** to him, él no se atrevió a hablarle; they **need not fear**, no tienen por qué temer.
- Después de los verbos que expresan sensación o percepción, como **to hear**, **to see**, **to feel**, **to be hold**, **to observe**, **to watch**, etc.: I **hear** him **speak** in the hall, le oigo hablar en el vestibulo; I **felt** the child **tremble** in my arms, sentí al niño temblar en mis brazos.
- Después de los verbos **to let** o **to allow** (dejar, permitir), **to bid** (ordenar, mandar) y **to make** (hacer que se ejectue una acción): **let** me **read** this letter, déjeme leer esta carta; he **bade** her **open** the door, le mandó abrir la puerta.
  —Sin embargo, en la voz pasiva, estos verbos van seguidos del infinitivo con **to**: **I was allowed to read** the letter, se me dejó leer la carta.

- Después de **and**, **or**, **than** y **but** en oraciones como: they decided to stop there **and wait** for him, decidieron detenerse allí y esperarle; he was told to be quiet **or go**, se le dijo que se callara o que se fuera; she did nothing other **than laugh**, ella no hizo más que reir.
- En ciertas oraciones interrogativas o exclamatorias: a father not **love** his son!, ¡un padre no querer a su hijo!
- Después de las locuciones **had better**, **had rather**, **would rather**, etc.: you **had better wait**, vale más que espere.

Infinitivo traducido por el subjuntivo o el indicativo

El infinitivo inglés se traduce algunas veces por un subjuntivo y, aun, por un indicativo español.

Ejemplos: he asked me **to pay** the bill, me pidió que pagase la cuenta; the captain ordered the soldiers **to bring** the prisoner, el capitán ordenó a los soldados que trajesen el prisionero; I want him **to do** this, quiero que él haga esto; they expect him **to go** soon, esperan que se irá pronto.

GERUNDIO/THE GERUND

El gerundio inglés, o sea la forma verbal terminada en **-ing**, puede hacer varios oficios y generalmente se traduce, según los casos:

Como gerundio

Por el gerundio español: he was **waiting** for me, él me estaba esperando.

Como participio—adjetivo

- Por un participio activo: **cutting** tool, instrumento cortante; in a **surprising** manner, de un modo sorprendente.

- Por un participio pasivo: an **amusing** book, un libro entretenido; **lying** on a sofa, echado en un sofá.

- Por un adjetivo, o por una expresión equivalente a éste: a **calculating** person, una persona calculadora, interesada; **hunting** season, temporada de caza; **sewing** machine, máquina de coser.
Observación: Por su naturaleza verbal puede tener un complemento directo. En este caso se traduce por *que* y un verbo en tiempo personal: a package **containing** six pairs of gloves, un paquete *que* contiene seis pares de guantes.

Como infinitivo o nombre verbal

- Por un infinitivo nominal: before **speaking**, antes de hablar; an organization for **helping** the poor, una organización para socorrer a los pobres.

- Por *que* y un verbo en tiempo personal (generalmente en subjuntivo): this door needs **painting**, esta puerta necesita que la pinten.

- Por un substantivo: he was engaged in the **reading** of that book, estaba ocupado en la lectura de aquel libro.

Observaciones:

—**On**, delante de la forma verbal en **-ing**, se traduce generalmente por *al* seguido de un infinitivo: **on** arriving, *al* llegar.

—Cuando un nombre va delante de la forma en **-ing**, debe ponerse en genitivo si es de los que lo admiten: my father was annoyed at Peter's **coming** so late, mi padre estaba enojado de que Pedro viniese tan tarde (o porque Pedro venía tan tarde).

—Si en lugar del nombre hay un pronombre, éste debe tomar la forma del posesivo: would you mind **my opening** the window?, ¿le molestaria que yo abriese la ventana?

NEGACIÓN/EXPRESSING NEGATION

Construcción de la oración negativa

- Cuando el verbo es to **be** o **to have**; **to dare** o **to need** (como auxiliares), o alguno de los defectivos **shall**, **will**, **can**, **may**, **must** o **ought**, la negación se expresa poniendo **not** inmediatamente después del verbo: they **are not** here, no están aquí; he **dared not** come, no se atrevía a venir; John **will not** win the prize, Juan no ganará el premio; if I **may not** go, si no puedo ir.
  Observ.: El presente **can not** se escribe en una sola palabra: **cannot**.

- Cuando el verbo **es** otro cualquiera en tiempo simple, la negación se expresa por medio del auxiliar **to do** seguido de **not**; el verbo toma la forma invariable del infinitivo sin **to**: I **do not** see it, no lo veo; he **does not** play, él no juega; her father **did not** come, su padre no vino.

  En los tiempos compuestos no se usa **do**, **does**, **did** y se pone **not** inmediatamente después del auxiliar: he **has not seen** it, él no lo ha visto.

  Observ.: Con **dare** la negación puede expresarse también así, pero el verbo regido lleva **to**: they **did not dare to come**, no se atrevieron a venir.

- En las oraciones interrogativas, **not** se pone después del sujeto si éste es un pronombre y antes de él si es un nombre: **do you not** see it?, ¿no lo ve usted?; **did not** (o **didn't**) your **brother** win the prize?, ¿no ganó el premio su hermano?

- En el infinitivo y en el gerundio se antepone **not** al verbo: **not** to understand, no entender; **not** understanding, no entendiendo.
- En el imperativo se antepone **do not** al verbo: **do not** (o **don't**) laugh, no rías (ría usted, rían usteds, riáis); **do not** (o **don't**) let them come, que no vengan.
- En el lenguaje corriente **not** se contrae frecuentemente con **do** o con otros verbos: **don't** (do not); **didn't** (did not); **aren't** (are not); **can't** (cannot); **isn't** (is not); **won't** (will not); etc.
- Cuando el carácter negativo de la oración está determinado por palabras como **never**, **no**, **nobody**, **nothing**, **nowhere**, **by no means**, no se usa **not** ni el auxiliar **to do**: it is **never** too late, nunca es tarde; I have **no** time, no tengo tiempo.

INTERROGACIÓN/INTERROGATIVES

Construcción de la oración interrogativa

- Cuando el verbo es to **be** o **to have**; **to dare** o **to need** (como auxiliares) o algún defectivo como **shall**, **will**, **can**, **may**, **must** o **ought**, el sujeto va inmediatamente después del verbo: are **they** here?, ¿están aquí?; have **you** any money?, ¿tiene usted dinero?; dare **you** go there?, ¿se atreve usted a ir allí?; need **he** do it?, ¿necesita hacerlo?; can **this boy** write?, ¿sabe escribir este niño?

- Cuando el verbo es otro cualquiera en tiempo simple, la oración se construye con el auxiliar **to do**, que va delante del sujeto; el verbo toma la forma invariable del infinitivo sin **to**: **do** you see this tree?, ¿ve usted este árbol?; **did** your brother win the race?, ¿ganó la carrera su hermano?
—En los tiempos compuestos no se usa **do, does, did** y el sujeto va inmediatamente después del auxiliar: have **you** seen the house?, ¿ha visto usted la casa?
- Cuando la oración empieza con un pronombre interrogativo sujeto del verbo o con un adjetivo interrogativo que acompaña al sujeto, no se usa **do, did** y no hay inversión del sujeto: **who** wins the prize?, ¿quién gana el premio?; **what** happened to him?, ¿qué le pasó?; **which** pillars support the arch?, ¿qué pilares sostienen el arco?
- Después de un adverbio interrogativo la oración se construye como se ha indicado: **how** long will they remain here?, ¿cuánto tiempo permanecerán aquí?

CONJUGACIÓN DE *TO HAVE* (TENER), *HAD* (TENÍA, TUVE), *HAD* (TENIDO)

INDICATIVO

	Afirmación	Negación	Interrogación (Negación)
Presente	*yo tengo* I have he, she, it has we, you, they have	*yo no tengo* I have not he, she, it has not we, you, they have not	*¿(no) tengo yo?* have I (not)? has he, she, it (not) have we, you, they (not)?

	Afirmación	Negación	Interrogación (Negación)
Pretérito (Past)	*yo tenía, tuve* I had you had, etc.	*yo no tenía, tuve* I had not you had not, etc.	*¿(no) tenía, tuve yo?* had I (not)? had you (not)?, etc.
Futuro simple	*yo tendré* I, we shall have you, he, they will have	*yo no tendré* I, we shall not have you, he, they will not have	*¿(no) tendré yo?* shall I, we (not) have? will you, he, they (not) have?
Condicional simple	*yo tendría* I, we should have you, he, they would have	*yo no tendría* I, we should not have you, he they would not have	*¿(no) tendría yo?* should I, we (not) have? would you, he, they (not) have?
Pretérito perfecto	*yo he tenido* I, we, you, they have had he has had	*yo no he tenido* I, we, you, they have not had he has not had	*¿(no) he tenido yo?* have I, we, you, they (not) had? had he (not) had?
Pretérito plusc.	*yo había tenido* I, you...had had	*yo no había tenido* I, you...had not had	*¿(no) había tenido yo?* had I, you...(not had?
Futuro perfecto	*yo habré tenido* I, we shall have had you, he, they will have had	*yo no habré tenido* I, we shall not have had you, he, they will not have had	*¿(no) habré yo tenido?* shall I, we (not) have had? will he, you, they (not) have had?
Condicional compuesto	*yo habría tenido* I, we should have had you, he, they would have had	*yo no habría tenido* I, we should not have had you, he, they would not have had	*¿(no) habría yo tenido?* should I, we (not) have had? would you, he, they (not) have had?

IMPERATIVO

Afirmación	Negación
tenga yo	*no tenga yo*
let me have	don't let me have
have	don't have, etc.
let him (her, it) have	
let us have	
have	
let them have	

PARTICIPIO PRES. / GERUNDIO	having *teniendo*
PARTICIPIO PAS.	had *tenido*
INFINITIVO SIMPLE	(not) to have *(no) tener*
INFINITIVO COMP.	to have had *haber tenido*

CONJUGACIÓN DE *TO BE* (SER, ESTAR), *WAS* (ERA, FUI), *BEEN* (SIDO)

INDICATIVO

	Afirmación	Negación	Interrogación (Negación)
Presente	*yo soy* I am he, she, it is we, you, they are	*yo no soy* I am not he, she, it is not we, you, they are not	*¿(no) soy yo?* am I (not)? is he, she, it (not)? are we, you, they (not)?

	Afirmación	Negación	Interrogación (Negación)
Pretérito (Past)	*yo era, fui* I, he was we, you, they were	*yo no era, fui* I, he was not we, you, they were not	*¿(no) era, fui yo?* was I, he (not)? were we, you, they (not)?
Futuro simple	*yo seré* I, we shall be he, you, they will be	*yo no seré* I, we shall not be he, you, they will not be	*¿(no) seré yo?* shall I, we (not) be? will you, he, they (not) be?
Condicional simple	*yo sería* I, we should be he, you, they would be	*yo no sería* I, we should not be he, you, they would not be	*¿(no) sería yo?* should I, we (not) be? would you, he, they (not) be?
Pretérito perfecto	*yo he sido* I, we, you, they have been he has been	*yo no he sido* I, we, you, they have not been he has not been	*¿(no) he sido yo?* have I, we, you, they (not) been? has he (not) been?
Pretérito plusc.	*yo había sido* I, you...had been	*yo no había sido* I, you...had not been	*¿(no) había sido yo?* had I, you...(not) been?
Futuro perfecto	*yo habré sido* I, we shall have been you, he, they will have been	*yo no habré sido* I, we shall not have been you, he, they will not have been	*¿(no) habré yo sido?* shall I, we (not) have been? will you, he, they (not) have been?
Condicional compuesto	*yo había sido* I, we should have been you, he, they would have been	*yo no había sido* I, we should not have been you, he, they would not have been	*¿(no) había yo sido?* should I, we (not) have been? would you, he, they (not) have been?

IMPERATIVO

Afirmación	Negación
sea yo	*no sea yo*
let me be	don't let me be
be	don't be, etc.
let him (her, it) be	
let us be	
be	
let them be	

PARTICIPIO PRES. / GERUNDIO	being *siendo*
PARTICIPIO PAS.	been *sido*
INFINITIVO SIMPLE	(not) to be *(no) ser*
INFINITIVO COMP.	to have been *haber sido*

CONJUGACIÓN DE UN VERBO REGULAR
to look (mirar), **looked** (miraba, miré), **looked** (mirado)

INDICATIVO

	Afirmación	Negación	Interrogación (Negación)
Presente	*yo miro* I look you look he, she, it looks we, you, they look	*yo no miro* I do not look you do not look he, she, it does not look we, you, they do not look	*¿(no) miro yo?* do I (not) look? do you (not) look? does he, she, it (not) look? do we, you, they (not) look?

	Afirmación	Negación	Interrogación (Negación)
Pretérito (Past)	*yo miré, miraba* I looked you looked he looked, etc	*yo no miré, miraba* I did not look you did not look he did not look, etc.	*¿(no) miré, miraba yo?* did I (not) look? did you (not) look? did he (not) look?, etc.
Futuro simple	*yo miraré* I, we shall look you, he, they will look	*yo no miraré* I, we shall not look you, he, they will not look	*¿(no) miraré yo?* shall I, we (not) look? will you, he, they (not) look?
Condicional simple	*yo miraría* I, we should look you, he, they would look	*yo no miraría* I, we should not look you, he, they would not look	*¿(no) miraría yo?* should I, we (not) look? would you, he, they (not) look?
Pretérito perfecto	*yo he mirado* I, we, you, they have looked he has looked	*yo no he mirado* I, we, you, they have not looked he has not looked	*¿(no) he mirado yo?* have I, we you, they (not) looked? has he (not) looked?
Pretérito plusc.	*yo había mirado* I, you...had looked	*yo no había mirado* I, you...had not looked	*¿(no) había mirado yo?* had I, you...(not) looked?
Futuro perfecto	*yo habré mirado* I, we shall have looked you, he, they will have looked	*yo no habré mirado* I, we shall not have looked you, he, they will not have looked	*¿(no) habré yo mirado?* shall I, we (not) have looked? will you, he, they (not) have looked?

	Afirmación	Negación	Interrogación (Negación)
Condicional compuesto	*yo habría mirado* I, we should have looked you, he, they would have looked	*yo no habría mirado* I, we should not have looked you, he, they would not have looked	*¿(no) habría yo mirado?* should I, we (not) have looked? would you, he, they (not) have looked?

IMPERATIVO

Afirmación	Negación
mire yo let me look look let him (her, it) look let us look look let them look	*no mire yo* don't let me look don't look, etc.

PARTICIPIO PRES. GERUNDIO	looking *mirando*
PARTICIPIO PAS.	looked *mirado*
INFINITIVO SIMPLE	(not) to look *(no) mirar*
INFINITIVO COMP.	to have looked *haber mirado*

CONJUGACIÓN DE UN VERBO IRREGULAR
to go (ir), **went** (iba, fui), **gone** (ido)

INDICATIVO

	Afirmación	Negación	Interrogación (Negación)
Presente	*yo voy* I go you go he, she, it goes we, you, they go	*yo no voy* I do not go you do not go he, she, it does not go we, you, they do not go	*¿(no) voy yo?* do I (not) go? do you (not) go? does, he, she, it (not) go? do we, you, they (not) go?
Pretérito (Past)	*yo iba, fui* I went you went he went, etc.	*yo no iba, fui* I did not go you did not go he did not go, etc.	*¿(no) fui, iba yo?* did I (not) go? did you (not) go? did he (not) go?, etc.
Futuro simple	*yo iré* I, we shall go you, he, they will go	*yo no iré* I, we shall not go you, he, they will not go	*¿(no) iré yo?* shall I, we (not) go? will you, he, they (not) go?
Condicional simple	*yo iría* I, we should go you, he, they would go	*yo no iría* I, we should not go you, he, they would not go	*¿(no) iría yo?* should I, we (not) go? would you, he, they (not) go?
Pretérito perfecto	*yo he ido* I, we, you, they have gone he has gone	*yo no he ido* I, we, you, they have not gone he has not gone	*¿(no) he ido yo?* have I, we, you, they (not) gone? has he (not) gone?
Pretérito plusc.	*yo había ido* I, you...had gone	*yo no había ido* I, you...had not gone	*¿(no) había ido yo?* had I, you...(not) gone?

	Afirmación	Negación	Interrogación (Negación)
Futuro perfecto	*yo habré ido* I, we shall have gone you, he, they will have gone	*yo no habré ido* I, we shall not have gone you, he, they will not have gone	*¿(no) habré yo ido?* shall I, we (not) have gone? will you, he, they (not) have gone?
Condicional compuesto	*yo habría ido* I, we should have gone you, he, they would have gone	*yo no habría ido* I, we should not have gone you, he, they would not have gone	*¿(no) habría yo ido?* should I, we (not) have gone? would you, he, they (not) have gone?

IMPERATIVO

Afirmación	Negación
vaya yo let me go go let him (her, it) go let us go go let them go	*no vaya yo* don't let me go don't go, etc.

PARTICIPIO PRES. GERUNDIO	going *yendo*
PARTICIPIO PAS.	gone *ido*
INFINITIVO SIMPLE	(not) to go *(no) ir*
INFINITIVO COMP.	to have gone *haber ido*

SUBJUNTIVO/THE SUBJUNCTIVE MOOD

El inglés no tiene formas propias para el subjuntivo, excepto en el verbo to **be**, cuyo presente de subjuntivo es **be** y cuyo pretérito de subjuntivo es **were** para todas las personas del singular y del plural; whoever he **be**, quienquiera que sea; if I **were** in his place, si yo estuviese en su lugar.

En todo otro caso, el inglés expresa el subjuntivo mediante: a) el infinitivo; b) una forma de indicativo; c) una forma compuesta con los auxiliares **may** o **might** y **should**.

Por regla general:

- Cuando la acción expresada por el subjuntivo es pensada como cierta, se usa el infinitivo o el indicativo: tell him **to go away**, dígale que se vaya; as you **please**, como usted quiera o guste; wait till he **comes**, aguarde hasta que él venga.

- Cuando la acción es pensada como incierta, dudosa o simplemente deseada, se usa una forma compuesta con **may**, **might** o **should**.

  May, **might** se usan:
  —Para expresar la idea del verbo *poder*: however strong he **might be**, por fuerte que fuese.
  —Para expresar un deseo, una orden: **may** he live long, que viva muchos años.
  —En oraciones finales después de **that**, **in order that**, **so that** (para que, a fin de que): he went away **so that** they **might** not **find** him in the house, se fue para que no le encontrasen en la casa.

  Se usa **should**:
  —Después de **that** (conjunción *que*): he seemed to expect **that I should assent** to this, parecia esperar que yo asintiese a esto; **that I should be** so unfortunate!, ¡que sea yo tan desgraciado!

—Después de conjunciones condicionales o concesivas, como **if**, **though**, **even though**, etc.: **if** he **should come**, si él viniese; **though** he **should come**, aunque él viniese.

—Después de **in case**: I shall keep your book **in case** you **should lose** it, guardaré tu libro para que no lo pierdas.

Observaciones:

- **If** puede omitirse en ciertos casos a condición de poner el sujeto detrás de **should**, **had** o **were**: should **he** know it, si él lo supiese; had **I** known it, si yo lo hubiese sabido; were **I** in his place, si yo estuviese en su lugar.
- Después de **for fear that** se usa **should** o **may** en el presente y **should** o **might** en el pretérito: he is running away **for fear that** his father **may punish** him, huye por miedo de que su padre le castigue; he ran away for fear that his father **might punish** him, huyó por miedo de que su padre lo castigase.

ADVERBIO/ADVERBS

El inglés tiene muchos adverbios derivados de adjetivo, análogos a los españoles terminados en *-mente*. Se forman añadiendo **-ly** al adjetivo. Así de **bad**, se forma **badly**; de **bright**, **brightly**, etc.

Esta forma de derivación tiene las siguientes alteraciones:

- Los adjetivos terminados en **-le** pierden esta terminación: possible, **possibly**; tolerable, **tolerably**.
- Los terminados en **-ue** pierden la **e**: due, **duly**; true, **truly**.

- Los terminadoes en **-ll** sólo añaden la **y**: dull, **dully**; full, **fully**.
- Los terminados en **-y** cambian esta letra en **i**: guilty, **guiltily**; showy, **showily**.

Lugar del adverbio

Cuando modifica una palabra que no es el verbo:

- Por regla general, va delante de la palabra que modifica: **seriously** ill, gravemente enfermo; **very** well, muy bien; **long** before, mucho antes.
  —Se exceptúan **enough**, que siempre va detrás de la palabra que modifica: good **enough** for me, suficientemente bueno para mí; y **ago**, que siempre va detrás de las palabras que expresan el periodo de tiempo: two years **ago**, hace dos años.

Cuando modifica al verbo:

- Si el verbo es transitivo, el adverbio no puede separar el verbo del complemento directo: va delante del verbo o después del complemento. En los tiempos compuestos, puede ir también después del verbo auxiliar: he **easily** defeated his opponent, he defeated his opponent **easily**, ha derrotado fácilmente a su adversario.
  —Sin embargo, cuando el complemento directo consta de muchas palabras o está complementado por una oración, el adverbio puede ir entre el verbo y el complemento directo: he rewarded **liberally** all those who had served his father, recompensó liberalmente a todos los que habían servido a su padre.

- Si el verbo es intransitivo, el adverbio va después del verbo, tanto en los tiempos simples como en los compuestos: she has sung **wonderfully**, ha cantado maravillosamente.
  —Sin embargo, algunos adverbios, como **suddenly**, **promptly**, etc., pueden ir después del auxiliar de los tiempos compuestos: the wind has **suddenly** risen, el viento ha soplado de pronto.
- Si el verbo es **to be**, el adverbio suele ir después del verbo o después del auxiliar de los tiempos compuestos: he is **always** silent, siempre está callado.
- Como en español, el adverbio va al principio de la oración cuando modifica la oración entera o cuando se quiere dar mayor fuerza a la expresión: **meanwhile**, I was writing the letter, entretanto yo escribía la carta.

Casos particulares

No yendo con el verbo **to be**, los adverbios **also**, **even**, **first**, **once** y **quite**, los de tiempo indefinido y los seminegativos como **almost**, **nearly**, **hardly**, **only** y **scarcely**, van siempre entre el sujeto y el verbo o después del auxiliar de los tiempos compuestos: he **never** spoke about it, él nunca ha hablado de ello.

En cambio, los adverbios de tiempo **early**, **late**, **today**, **tonight** y los polisílabos como **yesterday**, **presently**, etc.; los de lugar; los de cantidad, y los de modo **very well**, **badly** y **worse**, van al final de la oración: they arrived **late**, ellos llegaron tarde.

El comparativo y el superlativo

El comparativo y el superlativo de los adverbios se forman como los del adjetivo. Algunos tienen formas propias que se encontrarán en los artículos correspondientes de este Diccionario.

PREPOSICIÓN/PREPOSITIONS
Traslado de la preposición

La preposición mediante la cual el verbo rige a un complemento se puede trasladar al final de la oración:

- En las oraciones interrogativas: whom are you speaking **to**? (o sea: **to** whom are you speaking?), ¿a quién habla usted?
- En las subordinadas que empiezan por un pronombre relativo: I did not know the man whom I was speaking **with** (o the man **with** whom I was speaking), yo no conocía al hombre con quien estaba hablando.

Esta construcción es obligatoria cuando el pronombre relativo es **that**, ya sea expreso o elíptico: he has the book (**that**) you are looking for, él tiene el libro que usted busca.

Omisión de la preposición

En algunas frases adverbiales o prepositivas y en ciertas expresiones, se omiten las preposiciones:

at: (at) every moment, en todo momento; (at) full speed, a toda velocidad; (at) that hour, entonces; (at) the next moment, un momento después; he looked (at) me in the face, me miró a la cara.

of: on board (of) the ship, a bordo del buque; (of) what use is this to me?, ¿de qué me sirve esto?

with: (with) tooth and nail, con dientes y uñas, encarnizadamente, desesperadamente.

PRINCIPALES SUFIJOS DE LA LENGUA INGLESA

-able, -ible corresponden a los sufijos españoles **-able, -ible**.

-an, -ean, -ian significa *de* o *originando de*: **American**, americano; **European**, europeo; **Californian**, californiano.

-dom denota dignidad, cargo, dominio, jurisdicción, conjunto, condición, estado: **earldom**, condado; **kingdom**, reino; **christendom**, cristiandad; **martyrdom**, martirio; **freedom**, libertad.

-ed, -d es la terminación del pretérito y del participio pasivo de los verbos regulares.

-ed significa también *que tiene*, *de*: **bearded**, barbado; **three-cornered**, de tres picos.

-ee indica la persona que es objeto de la acción: **lessee**, arrendatario; **employee**, empleado.

-eer indica ocupación u oficio: **mountaineer**, alpinista; **engineer**, ingeniero.

-er
- indica:
  —él o lo que hace, ejecuta, causa, etc., y suele corresponder a los españoles *-dor*, *-ra* (en sustantivos): **buyer**,

comprador, -ra; **condenser**, condensador.
—el residente o natural de: **New Yorker**, neoyorkino; **islander**, isleño
—ocupación u oficio: **baker**, panadero; **drummer**, tambor.
- es la terminación del comparativo de ciertos adjetivos o adverbios: **smaller**, más pequeño; **faster**, más de prisa.

-ese
- significa *de*, *perteneciente a*, *originando de*: **Japanese**, japonés.
- indica el residente or natural de: **Chinese**, chino.
- indica una lengua: **Siamese**, siamés.
- indica un estilo oratorio o literario (usualmente depreciativo): **journalese**, lenguaje periodistico.

-ess forma el femenino de ciertos sustantivos: **hostess**, mesonera, anfitriona.

-est es la terminación de ciertos superlativos: **shortest**, el más corto.

-fold significa *veces*: **tenfold**, décuplo, diez veces.

-ful
- significa *lleno*, *que tiene* y a menudo corresponde a *-oso* y a *-ado*, *-ada*: **brimful**, lleno hasta el borde; **careful**, cuidadoso; **handful**, puñado; **spoonful**, cucharada.

- indica actitud, condición, estado, hábito: **heedful**, que hace caso; **needful**, necesitado, necesario; **forgetful**, olvidadizo.

-hood indica condición, carácter, estado, grupo, y en muchos casos corresponde a *-dad*, *-ía*, *-ez*: **brotherhood**, hermandad, cofradía; **falsehood**, falsedad; **widowhood**, viudez.

-ie, -let son terminaciones de diminutivo.

-ing es la terminación del gerundio, del participio activo y del nombre verbal inglés. Corresponde a *-ando*, *-ante*, *-iente* y a *-dor*, *-ra* (en adjetivos) del español.

-ish

- forma adjetivos que indican nacionalidad: **Spanish**, español; **English**, inglés.
- forma adjectivos con el sentido de *de*, *que parece de*, *algo*, *que tira*: **brutish**, abrutado; **childish**, infantil, aniñado; **reddish**, rojizo.

-less indica falta o ausencia de: **beardless**, sin barba; **endless**, sin fin.

-like significa *de*, *propio de*, *que parece de*, *como*, *a manera de*: **deathlike**, mortal, cadavérico; **gentlemanlike**, de caballero o que lo parece; **catlike**, felino.

-ly
- es el sufijo adverbial que corresponde al español *-mente*: **divinely**, divinamente; **swiftly**, rápidamente.
- forma adjetivos como: **brotherly**, fraternal; **friendly**, amigable, amistoso; **daily**, diario; **yearly**, anual.

-ment, -tion corresponden generalmente a los sufijos españoles *-miento* y *-ción*.

-ness forma un número considerable de sustantivos abstractos derivados de adjetivos: **blackness**, negrura, oscuridad; **doggedness**, terquedad, obstinación. En algunos casos el adjetivo en **-ness** corresponde al artículo español *lo* seguido de un adjetivo: **the profoundness of her thought**, lo profundo de su pensamiento.

-ship
- forma sustantivos abstractos, a menudo con la equivalencia de *-dad*, *-tad*, *-ción*, *-esco*, etc.: **friendship**, amistad; **relationship**, relación, parentesco.
- indica:
  —arte, habilidad: **penmanship**, escritura, caligrafía.
  —título, cargo, oficio, ocupación, estado; su duración: **lordship**, señoría; **professorship**, profesorado; **apprenticeship**, aprendizaje.

-some indica *que produce o causa*, *dado a*: **wearisome**, cansado, fatigoso, aburrido; **quarrelsome**, pendenciero.

-ty forma sustantivos abstractos, a veces en correspondencia con el sufijo *-dad* español: **beauty**, belleza, beldad: **receptivity**, receptividad.

-ward, -wards significa *hacia*.

-ways, -wise significan manera, dirección, posición: **lengthways**, a lo largo, longitudinalmente; **clockwise**, como las agujas del reloj.

-y

- es un sufijo diminutivo.
- corresponde a las terminaciones españolas *-ia*, *ía*: **memory**, memoria; **geology**, geologia.
- significa *abundante en*, *lleno de*, *que tiene*, *que parece*, *que tira a*, etc., y a menudo corresponde a *-udo*, *-oso*, *-ado* del español: **hairy**, peludo, cabelludo; **mossy**, musgoso; **rosy**, rosado.

A

a [ei, ə] *art. indef.* un, una.
abandon [ə'bædən] *s.* naturalidad; descaro. *2 t.-i.* abandonar(se.
abandonment [ə'bændənmənt] *s.* abandono, desenfreno.
abash [ə'bæʃ] *t.* avergonzar.
abate [ə'beit] *t.* rebajar. *2 i.* menguar.
abbey ['æbi] *s.* abadía.
abbot ['æbət] *m.* abad.
abbreviate [ə'bri:vieit] *t.* abreviar.
abdicate ['æbdikeit] *i.* abdicar.
abduct [æb'dʌkt] *t.* raptar, secuestrar.
abeyance (in) [ə'beiəns] en espera, vacante.
abhor [əb'bɔ:ʳ] *t.* aborrecer.
abhorrent [əb'hɔrənt] *a.* detestable.
abide [ə'baid] *i.* habitar. *2* permanecer. *3 t.* esperar. *4* sufrir, tolerar. ¶ Pret. y p. p.: *abode* [ə'bəud] o *abided* [ə'baidid].
ability [ə'biliti] *s.* habilidad, talento.
abject ['æbdʒekt] *a.* abyecto.
able ['eibəl] *a.* capaz: *to be ~ to,* poder.
abnormal [æb'nɔ:məl] *a.* anormal.
abnormity [æb'nɔ:miti] *s.* anomalía.
aboard [ə'bɔ:d] *adv.* a bordo.
abode [ə'bəud] V. TO ABIDE. *2 s.* morada.
abolish [ə'bɔliʃ] *t.* abolir, suprimir.
abolition [ˌæbə'liʃən] *s.* abolición.
A-bomb ['eibɔm] *s.* bomba atómica.
abort [ə'bɔ:t] *t.* abortar.
abound [ə'baund] *i.* abundar.
about [ə'baut] *prep.* cerca de, junto a, alrededor de. *2* por, en. *3* sobre,

acerca de. *4* hacia, a eso de: *5 to be ~ to,* estar a punto de. *6 adv.* alrededor, en torno. *7* casi, aproximadamente.

above [ə'bʌv] *prep.* sobre. *2* más de, más que. *3 adv.* arriba, en lo alto.

abrade [ə'breid] *t.* desgastar.

abreast [ə'brest] *adv.* de frente.

abroad [ə'brɔ:d] *adv.* afuera, en el extranjero.

abrogate ['æbrəugeit] *t.* abrogar.

abscess ['æbsis] *s.* MED. absceso.

abscond [əb'skɔnd) *i.* esconderse.

absence ['æbsəns] *s.* ausencia.

absent ['æbsənt] *a.* ausente.

absent [æb'sent] *t. to ~ oneself,* ausentarse.

absolute ['æbsəlu:t] *s.* absoluto.

absolve [əb'zɔlv] *t.* absolver.

absorb [əb'sɔ:b] *t.* absorber(se.

absorbing əb'sɔ:biŋ) *a.* absorbente.

absorption [əb'sɔ:pʃən] *s.* absorción.

abstain [əb'stein] *i.* abstenerse.

abstinence ['æbstinəns] *s.* abstinencia.

abstract ['æbstrækt] *a.* abstracto.

abstract [æb'strækt] *t.* abstraer. *2* hurtar. *3* distraer. *4 i.* hacer abstracción [de]. *5 t.* resumir.

absurd [əb'sə:d] *s.* absurdo.

abundance [ə'bʌndəns] *s.* abundancia.

abundant [ə'bʌndənt] *a.* abundante.

abuse [ə'bju:s] *s.* abuso. *2 t.* abusar de.

abyss [ə'bis] *s.* abismo.

academic [ˌækə'demik] *a.-s.* académico.

accede [æk'si:d] *i.* acceder.

accent ['æksənt] *s.* acento.

accent [æk'sent] *t.* acentuar.

accentuate [æk'sentjueit] *t.* intensificar.

accept [ək'sept] *t.* aceptar.

acceptation [ˌæksep'teiʃən] *s.* acepción.

access ['ækses] *s.* acceso. *2* aumento.

accesible [ək'sesibl] *a.* accesible. *2* asequible.

accessory [ək'sesəri] *a.* accesorio.

accident ['æksidənt] *s.* accidente.

acclaim [ə'kleim] *t.-i.* aclamar.

acclivity [ə'kliviti] *s.* cuesta.
accommodate [ə'kɔmədeit] *t.-i.* acomodar(se, alojar(se.
accommodating [ə'kɔmədeitiŋ] *a.* servicial.
accompany [ə'kʌmpəni) *t.* acompañar.
accomplish [ə'kɔmpliʃ] *t.* efectuar, llevar a cabo.
accord [ə'kɔd] *s.* acuerdo, concierto, armonía. 2 *t.* conceder.
according [ə'kɔ:diŋ] *a.* acorde, conforme. 2 ~ *to,* según, conforme a.
accordingly [ə'kɔ:diŋli] *adv.* de conformidad [con]. 2 por consiguiente.
account [ə'kaunt] *s.* cuenta. 2 *t.* tener por, estimar.
accumulate [ə'kju:mjuleit] *t.-i.* acumular(se.
accuracy ['ækjurəsi] *s.* exactitud.
accurate ['ækjurit] *a.* exacto, correcto.
accursed [ə'kə:sid] *a.* maldito.
accusation [ˌækju:'zeiʃən] *s.* acusación.
accuse [ə'kju:z] *t.* acusar.
accustom [ə'kʌstəm] *t.* acostumbrar.
ache [eik] *s.* dolor; achaque. 2 *i.* doler.
achieve [ə'tʃi:v] *t.* realizar.
achievement [ə'tʃi:vmənt] *s.* logro.
acid ['æsid] *a.-s.* ácido.
acidity [ə'siditi], **acidness** ['æsidnis] *s.* acidez. 2 acritud.
acknowledge [ək'nɔlidʒ] *t.* reconocer. 2 agradecer.
acorn ['eikɔ:n] *s.* bellota.
acquaint [ə'kweint] *t.* enterar, informar.
acquaintance [ə'kweintəns] *s.* conocimiento.
acquiesce [ˌækwi'es] *i.* asentir, consentir.
acquiescence [ˌækwi'əsəns] *s.* aquiescencia, conformidad.
acquire [ə'kwaiəʳ] *t.* adquirir.
acquit [ə'kwit] *t.* absolver.
acre ['eikəʳ] *s.* acre [40.47 áreas].
acrobatics [ˌækrə'bætiks] *s.* acrobacia.
across [ə'krɔs] *prep.* a través de; al otro lado de.
act [ækt] *s.* acto, hecho, acción. 2 *i.* obrar, actuar.
acting ['æktiŋ] *a.* interino.
action ['ækʃən] *s.* acción.
active ['æktiv] *a.* activo.
activity [æk'tiviti] *s.* actividad.

actor ['æktəʳ] *s.* actor.
actress ['æktris] *s.* actriz.
actual ['æktʃuəl] *a.* real, 2 actual (muy raro).
actually ['æktʃuəli] *adv.* realmente.
acuity [ə'kju:iti] *s.* agudeza.
acumen [ə'kju:men] *s.* perspicacia.
acute [ə'kju:t] *a.* agudo.
adage ['ædidʒ] *s.* adagio.
adamant ['ædəmənt] *a.* inexorable.
adapt [e'dæpt] *t. pr.* adaptar(se.
add [æd] *t.* añadir.
adder ['ædəʳ] *s.* ZOOL. víbora.
addition [ə'diʃən] *s.* adición, suma.
addle ['ædl] *a.* podrido.
address [ə'dres] *s.* discurso. 2 dirección, señas. 3 *t.* hablar, dirigirse a.
adequate ['ædikwit] *a.* adecuado.
adhere [əd'hiəʳ] *i.* adherir(se.
adipose ['ædipəus] *a.* adiposo.
adjacent [ə'dʒeisənt] *a.* adyacente.
adjective ['ædʒiktiv] *a.-s.* adjetivo.
adjoin [ə'dʒɔin] *t.* unir.
adjourn [ə'dʒə:n] *t.* aplazar, suspender.
adjudge [e'dʒʌdʒ) *t.* adjudicar.
adjunct ['ædʒʌŋkt] *a.* adjunto.
adjust [ə'dʒʌst] *t.* ajustar.
adjutant ['ædʒutənt] *s.* ayudante.
administer [əd'ministəʳ] *t.-i.* administrar.
admirable ['ædmərəbl] *a.* admirable.
admiral ['ædmərəl] *s.* almirante.
admiration [ˌædmi'reiʃən] *s.* admiración.
admire [əd'maiəʳ] *t.-i.* admirar(se.
admission [əd'miʃən] *s.* admisión.
admit [əd'mit] *t.* admitir.
admonish [əd'mɔniʃ] *t.* amonestar.
ado [ə'du:] *s.* ruido.
adolescent [ˌædəu'lesənt] *a.-s.* adolescente.
adopt [ə'dɔpt] *t.* adoptar.
adoration [ˌædɔ:'reiʃən] *s.* adoración.
adore [ə'dɔ:ʳ] *t.* adorar.
adrift [ə'drift] *adv.-a.* a la deriva.
adult ['ædʌlt] *a.-s.* adulto.
adulterate [ə'dʌltəreit] *a.* adúltero, falso. 2 *t.* adulterar.
advance [əd'vɑ:ns] *s.* avance. 2 *t.-i.* adelantar(se, avanzar(se

advantage [əd'vɑːntidʒ] *s.* ventaja; provecho. *2 t.* adelantar.
advent ['ædvənt] *s.* advenimiento. *2* adviento.
adventure [əd'ventʃəʳ] *s.* aventura. *2 t.* aventurar(se.
adverb ['ædvəːb] *s.* adverbio.
adversary ['ædvəsəri] *s.* adversario.
adverse ['ædvəːs] *a.* adverso.
adversity [əd'vəːsiti] *s.* adversidad, infortunio.
advert [əd'vəːt] *t.* referirse.
advertise ['ædvətaiz] *t.* anunciar.
advertisement [əd'vəːtismənt] *s.* anuncio.
advice [əd'vais] *s.* consejo.
advisable [əd'vaizəbl] *a.* aconsejable, prudente.
advise [əd'vaiz] *t.* aconsejar.
adviser [əd'vaizəʳ] *s.* consejero.
advocate ['ædvəkit] *s.* abogado.
advocate ['ædvəkeit] *t.* abogar por; defender.
aerial ['ɛəriəl] *a.* aéreo. *2 s.* RADIO. antena.
aeroplane ['ɛərəplein] *s.* aeroplano.
afar [ə'fɑːʳ] *adv.* lejos, a lo lejos.
affair [ə'fɛəʳ] *s.* asunto, negocio.
affect [ə'fekt] *t.* afectar.
affectionate [ə'fekʃənit] afectuoso, cariñoso.
affiliate [ə'filieit] *t.* afiliar.
affinity [ə'finiti] *s.* afinidad.
affirm [ə'fəːm] *t.* afirmar.
affix [ə'fiks] *t.* pegar, añadir.
afflict [ə'flikt] *t.* afligir
afford [ə'fɔːd] *t.* dar. *2* permitirse [un gasto].
affront [ə'frʌnt] *s.* afrenta. *2 t.* afrentar.
afloat [ə'fləut] *a.-adv.* a flote.
afoot [ə'fut] *adv.* a pie.
afraid [ə'freid] *a.* temeroso.
after ['ɑːftəʳ] *prep.* después de.
afternoon ['ɑːftə'nuːn] *s.* tarde.
afterwards ['ɑːftəwədz] *adv.* después, luego.
again [ə'gən, ə'gein] *prep.* de nuevo, otra vez
against [ə'gənst] *prep* contra.
age [eidʒ] *s.* edad. *2 i.-t.* envejecer.
agency ['eidʒənsi] *s.* agencia.
agent ['eidʒənt] *a.-s.* agente.

agglomerate [ə'glɔməreit] *t.-i.* aglomerar(se.

aggravate ['ægrəveit] *t.* agravar.

aggregate ['ægrigit] *a.-s.* conjunto, total.

aggregate ['ægrigeit] *t.* agregar, juntar. 2 sumar.

agility [ə'dʒiliti] *s.* agilidad.

agitate ['ædʒiteit] *t.* agitar.

ago [ə'gəu] *adv.* atrás, hace, ha.

agonize ['ægənaiz] *i.* agonizar.

agony ['ægəni] *s.* agonía.

agree [ə'gri:] *i.* asentir.

agreeable [ə'griəbl] *a.* agradable.

agreement [ə'gri:mənt] *s.* acuerdo. 2 armonía.

agriculture ['ægrikʌltʃəʳ] *s.* agricultura.

agriculturist [ˌægri'kʌltʃərist] *s.* agricultor.

ague ['eigju:] *s.* fiebre intermitente. 2 escalofrío.

ahead [ə'hed] *adv.* delante.

aid (eid) *s.* ayuda. 2 *t.* ayudar.

ail [eil] *t.* afligir, aquejar. 2 *i.* estar indispuesto.

aim [eim] *s.* puntería. 2 *t.* apuntar.

ain't [eint] contr. vulg. de *am not, is not, are not* y *has not.*

air [ɛəʳ] *s.* aire. 2 *t.* airear, orear.

aircraft ['ɛəkrɑ:ft] *s.* avión.

airline ['ɛəlain] *s.* línea aérea.

airman ['ɛəmæn] *s.* aviador.

airplane ['ɛə-plein] *s.* aeroplano.

airship ['ɛə-ʃip] *s.* aeronave.

airtight ['ɛə-tait] *a.* hermético.

airway ['ɛəwei] *s.* línea aérea.

airy ['ɛəri] *a.* oreado. 2 ligero, vivo.

aisle [ail] *s.* pasillo [en un teatro]; nave lateral.

alarm [[ə'lɑ:m] *s.* alarma. 2 *t.* alarmar.

alarm-clock [ə'lɑ:mklɔk] *s.* despertador.

alcove ['ælkəuv] *s.* alcoba.

ale [eil] *s.* cerveza.

alert (ə'lə:t] *a.* vigilante. 2 vivo, listo.

alien ['eiljən] *a.* ajeno, extraño.

alight [ə'lait] *a.-adv.* encendido. 2 *i.* bajar, apearse.

alike [ə'laik] *a.* igual, semejante.

alive [ə'laiv] *a.* vivo, viviente.

all [ɔ:l] *a.-pron.* todo, -da; todos, -das: *at ~*, absolutamente, del todo; *not at ~*, de ningún modo; no hay de qué; *for ~ that,* con todo; *~ right!*, ¡está bien!, ¡conformes!; *~ round,* por todas partes; *~ the better,* tanto mejor; *~ the same,* igualmente, a pesar de todo.
allegation [ˌæləˈgeiʃən] *s.* alegación.
allege [əˈledʒ] *t.* alegar.
allegiance [əˈli:dʒəns] *s.* obediencia, fidelidad [a un soberano].
allegory [ˈæligəri] *s.* alegoría.
allergy [ˈælədʒi] *s.* alergia.
alleviate [əˈli:vieit] *t.* aliviar.
alley [ˈæli] *s.* calleja.
alliance [əˈlaiəns] *s.* alianza.
allied [əˈlaid] *a.* aliado.
allocate [ˈæləkeit] *t.* señalar.
allocution [ˌæləuˈkju:ʃən] *s.* alocución.
allot [əˈlɔt] *t.* repartir.
allow [əˈlau] *t.* conceder.
alloy [əˈlɔi] *t.* alear.
allude [əˈl(j)u:d] *i.* aludir.
allusion [əˈlu:ʒən] *s.* alusión.
ally [əˈlai, ˈælai] *s.* aliado.
ally [əˈlai] *t.-i.* aliar(se.
almighty [ɔ:lˈmaiti] *a.* omnipotente, todopoderoso.
almond [ˈɑ:mənd] *s.* almendra.
almost [ˈɔ:lməust] *adv.* casi.
aloft [əˈlɔft] *adv.* arriba, en alto.
alone [əˈləun] *a.* solo. 2 *adv.* sólo, solamente.
along [əˈlɔŋ] *prep.* a lo largo de. 2 *adv.* a lo largo.
aloud [əˈlaud] *adv.* en voz alta.
already [ɔ:lˈredi] *adv.* ya.
also [ˈɔ:lsəu] *adv.* también.
altar [ˈɔ:ltə[r]] *s.* altar.
alter [ˈɔ:ltə[r]] *t.-i.* alterar(se, modificar(se.
alternate [ɔ:lˈtə:nit] *a.* alternativo, alterno.
alternate [ˈɔ:ltəneit] *t.-i.* alternar(se.
alternative [ɔ:lˈtə:nətiv] *a.* alternativo; el otro. 2 GRAM. disyuntivo.
although [ɔ:lˈðəu] *conj.* aunque.
altitude [ˈæltitju:d] *s.* altitud.
altogether [ˌɔ:ltəˈgəðə[r]] *adv.* enteramente, del todo.
always [ˈɔ:lweiz, -əz, -iz] *adv.* siempre.

amass [ə'mæs] *t.* acumular.
amaze [ə'meiz] *t.* asombrar.
ambassador [æm'bæsədəʳ] *s.* embajador.
amber ['æmbəʳ] *s.* ámbar.
ambiguous [æm'bigjuəs] *a.* ambiguo.
ambition [æm'biʃən] *s.* ambición.
ambitious [æm'biʃəs] *a.* ambicioso.
ambulance ['æmbjuləns] *s.* ambulancia.
ambush ['æmbuʃ] *s.* emboscada, acecho. *2 t.* emboscar. *3 i.* estar emboscado.
amend [ə'mend] *t.-i.* enmendar(se.
amends [ə'mendz] *s.* satisfacción, reparación.
amiable ['eimjəbl] *a.* amable.
amid [ə'mid], **amidst** [-st] *prep.* en medio de, entre.
amiss [ə'mis] *adv.-a.* mal; impropio.
among (st) [ə'mʌŋ, -st] *prep.* entre, en medio de.
amount [ə'maunt] *s.* cantidad. *2* i. *to ~ to,* ascender a.
ample ['æmpl] *a.* amplio.
amuse [ə'mju:z] *t.* entretener(se, divertir(se.
an [ən] *art. indef.* un, una.
analyse, -ze ['ænəlaiz] *t.* analizar.
anarchy ['ænəki] *s.* anarquía.
anatomy [ə'nætəmi] *s.* anatomía.
ancestor ['ænsistəʳ] *s.* progenitor, antepasado.
anchor ['æŋkəʳ] *s.* ancla, áncora. *2 t.* sujetar con el ancla. *3 i.* anclar.
ancient ['einʃənt] *a.* antiguo.
and [ænd, ənd] *conj.* y, e.
anecdote ['ænikdəut] *s.* anécdota.
anew [ə'nju:] *adv.* de nuevo.
angel ['eindʒəl] *s.* ángel.
anger ['æŋgəʳ] *s.* cólera, ira. *2 t.* encolerizar.
angle ['æŋgl] *s.* ángulo. *2 t.-i.* pescar con caña.
angry ['æŋgri] *a.* colérico.
anguish ['æŋgwiʃ] *s.* angustia.
animal ['ænimәl] *a.-s.* animal.
ankle ['æŋkl] *s.* tobillo.
annals ['ænəlz] *s. pl.* anales.
annex ['æneks] *s.* anexo.
annex [ə'neks] *t.* añadir.
annihilate [ə'naiəleit] *t.* aniquilar.
anniversary [ˌæni'və:səri] *s.* aniversario.

announce [ə'nauns] *t.* anunciar.
annoy [ə'nɔi] *t.* molestar.
annual ['ænjuəl] *a.* anual.
anon [ə'nɔn) *adv.* luego.
anonym ['ænənim] *s.* anónimo.
anonymous [ə'nɔniməs] *a.* anónimo.
another [ə'nʌðəʳ] *a.-pron.* otro.
answer ['ɑ:nsəʳ] *s.* respuesta, contestación. *2 t.-i.* responder, contestar.
ant [ænt] *s.* hormiga.
antagonize [æn'tægənaiz] *t.* oponerse a.
antenna [æn'tenə], *pl.* **-næ** (-ni:] *s.* ZOOL., RADIO antena.
anterior [æn'tiəriəʳ] *a.* anterior.
anticipate [æn'tisipeit] *t.* anticiparse a. *2* gastar antes. *3* prever. *4* gozar de antemano.
antiquity [æn'tikwiti] *s.* antigüedad. *2* vejez. *3 pl.* antigüedades.
antler ['æntləʳ] *s.* asta, cuerna.
anxiety [æŋ'zaiəti] *s.* ansiedad.
anxious ['æŋkʃəs] *a.* ansioso.
any ['eni] *a -adv.-pron.* cualquier, todo, todos los, algún, alguno; [en frases negativas] ningún, ninguno. *2* A veces no se traduce.
anybody ['eni,bɔdi] *pron.* alguien, alguno; [en frases negativas] ninguno, nadie. *2* cualquiera.
anyhow ['enihau] *adv.* de cualquier modo.
anyone ['eniwʌn] *pron.* ANYBODY.
anything ['eniθiŋ] *pron.* algo, alguna cosa, cualquier cosa, todo cuanto; [con negación] nada.
anyway ['eniwei] *adv.* de todos modos, con todo.
anywhere ['eniwɛəʳ] *adv.* doquiera; adondequiera.
apart [ə'pɑ:t] *adv.* aparte; a un lado.
apartment [ə'pɑ:tmənt] *s.* aposento. *2* apartamento.
ape [eip] *s.* mono, mico. *2 t.* imitar, remedar.
aperture ['æpətjuəʳ] *s.* abertura.
apostle [ə'pɔsl] *s.* apóstol.
appal(l [ə'pɔ:l] *t.* espantar.
apparel [ə'pærəl] *s.* vestido. *2 t.* vestir.
apparent [ə'pærənt] *a.* evidente. *2* aparente.
appeal [ə'pi:l] *s.* apelación. *2* llamamiento; sú-

plica. *3* atractivo. *4 i.* apelar. *5* suplicar. *6* atraer.

appear [ə'piəʳ] *i.* aparecer.

appendage [ə'pendidʒ] *s.* dependencia, accesorio, aditamento.

appetite ['æpitait] *s.* apetito.

applause [ə'plɔ:z] *s.* aplauso.

apple ['æpl] *s.* BOT. manzana, poma. *2* ~ *of the eye,* pupila.

applicant ['æplikənt] *s.* solicitante.

application [ˌæpli'keiʃən] *s.* aplicación. *2* petición, solicitud.

apply [ə'plai] *t.-i.* aplicar(se.

appoint [ə'pɔint] *t.* fijar.

apposite ['æpəsit] *a.* apropiado.

appreciate [ə'pri:ʃieit] *t.* apreciar, valuar.

apprise [ə'praiz] *t.* informar.

approach [ə'prəutʃ] *s.* aproximación. *2* entrada. *3 t.-i.* acercar(se.

appropriate [ə'prəupriit] *a.* apropiado. *2* propio, peculiar.

appropriate [ə'prəuprieit] *t.* destinar [a un uso]. *2* apropiarse.

approval [ə'pru:vəl] *s.* aprobación.

approve [ə'pru:v] *t.* aprobar, sancionar.

apricot ['eiprikɔt] *s.* BOT. albaricoque.

April ['eiprəl] *s.* abril.

apron ['eiprən] *s.* delantal.

apt [æpt] *a.* apto. *2* listo.

arbitrary ['ɑ:bitrəri] *a.* arbitrario. *2* despótico.

arbour ['ɑ:bəʳ] *s.* glorieta.

arch [ɑ:tʃ] *s.* ARQ. arco; bóveda. *2 a.* travieso, socarrón. *3 t.-i.* arquear(se, abovedar(se.

archbishop ['ɑ:tʃ'biʃəp] *s.* arzobispo.

archives ['ɑ:kaivz] *s. pl.* archivo.

arctic ['ɑ:ktik] *a.-s.* ártico.

ardent ['ɑ:dənt] *a.* ardiente.

ardo(ur) ['ɑ:dəʳ] *s.* ardor. *2* celo.

are [ɑ:ʳ, ɑʳ, əʳ] *2.ª pers. sing.* y *pl.; 1.ª y 3.ª pers. pl.* del *pres. indic.* de TO BE.

are [ɑ:ʳ] *s.* área [medida].

area ['ɛəriə] *s.* área.

argue ['ɑ:gju:] *i.* argüir. *2 t.-i.* discutir.

argument ['ɑ:gjumənt] *s.* argumento. *2* discusión.

arid ['ærid] *a.* árido.

arise [ə'raiz] *i.* subir,

elevarse. ¶ Pret.: *arose* [ə'rəuz]; p. p.: *arisen* [ə'rizn].
arm [ɑ:m] *s.* brazo. *2* rama [de árbol]. *3* arma. *4 t.-i.* armar(se.
arm-chair ['ɑ:m'tʃɛər] *s.* sillón.
armour ['ɑ:mər] *s.* armadura.
armpit ['ɑ:mpit] *s.* sobaco, axila.
army ['ɑ:mi] *s.* ejército.
aromatics [ˌærəu'mætiks] *s. pl.* aromas, especias.
around [ə'raund] *adv.* alrededor.
arouse [ə'rauz] *t.* despertar.
arrange [ə'reindʒ] *t.* arreglar.
array [ə'rei] *s.* orden, formación. *2 t.* formar.
arrest [ə'rest] *s.* arresto. *2 t.* arrestar, detener.
arrival [ə'raivəl] *s.* llegada.
arrive [ə'raiv] *i.* llegar.
arrogance, -cy ['ærəgəns, -i) *s.* arrogancia, soberbia.
arrow ['ærəu] *s.* flecha, saeta.
art [ɑ:t] *s.* arte.
artful ['ɑ:tful] *s.* artero, ladino.
article ['ɑ:tikl] *s.* artículo. *2* objeto.
artillery (ɑ:'tiləri] *s.* artillería.
artist ['ɑ:tist] *s.* artista.
artistic [ɑ:'tistik] *a.* artístico.
as [æz, əz] *adv.* como. *2* (en comparativos) ~ *big* ~, tan grande como. *3* ~ *for,* ~ *to,* en cuanto a; ~ *much* ~, tanto como; ~ *well* ~, así como; ~ *yet,* hasta ahora. *4 conj.* mientras, cuando. *5* ya que.
ascend [ə'send] *i.* ascender.
ascent [ə'sent] *s.* subida.
ascertain [ˌæsə'tein] *t.* averiguar, hallar.
ash [æʃ] *s.* ceniza.
ashamed [ə'ʃeimd] *a.* avergonzado.
ashore [ə'ʃɔ:, ə'ʃɔə] *adv.* en tierra, a tierra.
aside [ə'said] *adv.* al lado, a un lado, aparte
ask [ɑ:sk] *t.* preguntar. *2* pedir, solicitar, rogar que. *3* invitar, convidar.
asleep [ə'sli:p] *a.-adv.* dormido.
asparagus [əs'pærəgəs] *s.* BOT. espárrago.
aspect ['æspekt] *s.* aspecto.
aspirate ['æspəreit] *t.* aspirar.
ass [æs, ɑ:s] *s.* asno.
assail [ə'seil] *t.* asaltar.
assault [ə'sɔ:lt] *s.* asalto. *2 t.* asaltar.

assay [ə'sei] *s.* ensayo. 2 *t.* ensayar.

assemble [ə'sembl] *t.* congregar, reunir.

assembly [ə'sembli] *s.* asamblea, junta.

assent [ə'sent] *s.* asentimiento. 2 *i.* asentir.

assert [ə'sə:t] *t.* aseverar, afirmar.

assign [ə'sain] *t.* asignar.

assimilate [ə'simileit] *t.-i.* asimilar(se.

assist [ə'sist] *t.* socorrer. 2 *i.* asistir.

associate [ə'səuʃiit] *a.* asociado.

associate [ə'səuʃieit] *t.-i.* asociar(se, juntar(se.

assort [ə'sɔ:t] *t.* clasificar.

assume [ə'sju:m] *t.* asumir. 2 suponer.

assumption [ə'sʌmpʃən] *s.* suposición.

assurance [ə'ʃuərəns] *s.* seguridad, certeza.

assure [ə'ʃuər] *t.* asegurar.

astonish [əs'tɔniʃ] *t.* asombrar.

astound [əs'taund] *t.* pasmar, sorprender.

astronomy [əs'trɔnəmi] *s.* astronomía.

asylum [ə'sailəm] *s.* asilo. 2 manicomio.

at [æt, ət] *prep.* en, a, de, con, cerca de, delante de.

ate [et] *pret.* de TO EAT.

atoll ['ætɔl] *s.* atolón.

atom ['ætəm] *s.* átomo.

attach [ə'tætʃ] *t.-i.* atarse, ligarse. 2 granjearse el afecto de. 3 dar, atribuir [importancia, etc.].

attack [ə'tæk] *s.* ataque. 2 *t.* atacar.

attain [ə'tein] *t.* lograr.

attempt [ə'tempt] *s.* intento. 2 atentado. 3 *t.* intentar. 4 atentar contra.

attend [ə'tend] *t.* atender a. 2 servir, escoltar. 3 asistir, concurrir. 4 aguardar.

attention [ə'tenʃən] *s.* atención.

attentive [ə'tentiv] *a.* atento, cuidadoso.

attic ['ætik] *s.* ático, buhardilla.

attire [ə'taiər] *s.* traje, vestidura. 2 *t.* vestir.

attitude ['ætitju:d] *s.* actitud.

attorney [ə'tə:ni] *s.* apoderado. 2 procurador, abogado.

attract [ə'trækt] *t.* atraer.

attraction [ə'trækʃən] *s.* atracción. 2 atractivo.

attractive [ə'træktiv] *a.* atractivo. 2 agradable.

attribute ['ætribju:t] *s.* atributo.

attribute [ə'tribju:t] *t.* atribuir.
auburn ['ɔ:bən] *a.* castaño.
auction ['ɔ:kʃən] *s.* subasta.
audacity [ɔ:'dæsiti] *s.* audacia.
audience ['ɔ:djəns] *s.* auditorio, público. *2* audiencia [entrevista].
augment [ɔ:g'ment] *t.-i.* aumentar(se.
August ['ɔ:gəst] *s.* agosto.
aunt [ɑ:nt] *s.* tía.
auspice ['ɔ:spis] *s.* auspicio.
austere [ɔs'tiəʳ] *a.* austero.
author ['ɔ:θəʳ] *s.* autor, escritor.
authoritative [ɔ:'θɔritətiv] *a.* autorizado. *2* autoritario.
authority [ɔ:'θɔriti] *s.* autoridad: *on good ~*, de buena tinta. *2 pl.* autoridades.
authorize ['ɔ:θəraiz] *t.* autorizar.
automatic [ˌɔtə'mætik] *a.* automático.
automobile ['ɔ:təməbi:l] *s.* automóvil.
autumn ['ɔ:təm] *s.* otoño.
auxiliary [ɔ:g'ziljəri] *a.* auxiliar.
avail [ə'veil] *s.* provecho. *2 i.* servir, ser útil. *3 t.* aprovechar, servir [a uno].
available [ə'veiləbl] *a.* disponible.
avarice ['ævəris] *s.* avaricia.
avaricious [ˌævə'riʃəs] *a.* avaro.
avenge [ə'vendʒ] *t.* vengar.
avenue ['ævənju:] *s.* avenida, paseo, alameda.
average ['ævəridʒ] *s.* promedio. *2 t.* determinar el promedio de.
averse [ə'və:s] *a.* contrario.
aversion [ə'və:ʃən] *s.* aversión.
aviation [ˌeivi'eiʃən] *s.* aviación.
aviator ['eivieitəʳ] *s.* aviador.
avoid [ə'vɔid] *t.* evitar, eludir. *2* anular.
avow [ə'vau] *t.* confesar, reconocer.
await [ə'weit] *t.-i.* aguardar, esperar.
awake [ə'weik] *a.* despierto. *2 t.-i.* despertar(se. ¶ Pret.: *awoke* [ə'wəuk]; p. p.: *awaked* [ə'weikt] o *awoke*.
award [ə'wɔ:d] *s.* adjudicación; premio. *2 t.* conceder, otorgar.
aware [ə'wɛəʳ] *a.* sabedor, enterado.

away [ə'wei] *adv.* lejos, fuera. *2* Indica libertad o continuidad en la acción: *they fired* ~, fueron disparando.

awe [ɔ:] *s.* temor. *2* asombro. *3 t.* atemorizar.

awful ['ɔ:ful] *a.* atroz, horrible.

awhile [ə'wail] *adv.* un rato.

awkward ['ɔ:kwəd] *a.* torpe, desgarbado.

awoke [ə'wəuk] V. TO AWAKE.

ax, axe [æks] *s.* hacha.

azure ['æʒəʳ] *a.-s.* azul celeste. *2 s.* azur.

B

babble ['bæbl] *s.* charla. *2* murmullo [del agua]. *3 i.* charlar. *4* murmurar [el agua].

baby ['beibi] *s.* criatura, bebé.

bachelor ['bætʃələʳ] *s.* soltero. *2* [UNIV.] licenciado.

back [bæk] *s.* espalda. *2 a.* - *adv.* posterior; de vuelta, de regreso. *3 t.* apoyar, sostener.

background ['bækgraund] *s.* fondo.

backside ['bæk'said] *s.* espalda.

backward ['bækwəd] *a.* retrógrado. *2* atrasado.

backward(s ['bækwədz] *adv.* hacia atrás. *2* al revés.

bacon ['beikən] *s.* tocino.

bad [bæd] *a.* malo, mal.

bade [beid] V. TO BID.

badge [bædʒ] *s.* insignia.

badger ['bædʒəʳ] *s.* ZOOL. tejón. *2 t.* molestar.

baffle ['bæfl] *t.* confundir. *2* burlar.

bag [bæg] *s.* bolsa, bolso. *2* maleta. *3 t.* embolsar.

baggage ['bægidʒ] *s.* equipaje.

bail [beil] *s.* DER. fianza. *2 t.* dar fianza por [uno].

bait [beit] *s.* cebo, carnada. *2 t.* cebar.

bake [beik] *t.-i.* cocer(se, asar(se.

baker ['beikəʳ] *s.* panadero.

balance ['bæləns] *s.* balanza. *2* equilibrio. *3 t.-i.* pesar, equilibrar(se.

bald [bɔ:ld] *a.* calvo.

bale [beil] *s.* bala. *2 t.* embalar.

balk [bɔ:k] *s.* viga. 2 obstáculo. 2 *t.* evitar.
ball [bɔ:l] *s.* bola. 2 pelota.
ballad ['bæləd] *s.* balada.
balloon [bə'lu:n] *s.* globo.
ballot ['bælət] *s.* balota. 2 votación. 3 *i.-t.* votar.
balmy ['bɑ:mi], **balsamic** [bɔ:l'sæmik] *a.* balsámico, suave.
ban [bæn] *s.* proscripción. 2 *t.* proscribir.
banana [bə'nɑ:nə] *s.* plátano.
band [bænd] *s.* faja, tira. 2 MÚS. banda. 3 pandilla. 4 *t.* atar, fajar.
bandage ['bændidʒ] *s.* venda. 2 *t.* vendar.
bandit ['bændit] *s.* bandido.
bang [bæŋ] *s.* golpe, porrazo. 2 *t.* golpear [con ruido].
banish ['bæniʃ] *t.* desterrar.
bank [bæŋk] *s.* ribazo, talud. 2 COM. banco. 3 *t.* amontonar. 4 depositar en un banco.
banker ['bæŋkəʳ] *s.* banquero.
banking ['bæŋkin] *s.* banca.
bankrupt ['bæŋkrʌpt] *a.* quebrado, insolvente.
bankruptcy ['bæŋkrəptsi] *s.* quiebra, bancarrota.
banner ['bænəʳ] *s.* bandera.
banquet ['bæŋkwit] *s.* banquete.
banter ['bæntəʳ] *s.* burla. 2 *t.* burlarse de.
baptism ['bæptizəm] *s.* bautismo.
baptize [bæp'taiz] *t.* bautizar.
bar [bɑ:ʳ] *s.* barra. 2 obstáculo. 3 bar; mostrador de bar. 4 *t.* atrancar [una puerta]. 5 obstruir.
barbarian [bɑ:'bɛəriən] *a.-s.* bárbaro.
barbarous ['bɑ:bərəs] *a.* bárbaro.
barber ['bɑ:bəʳ] *s.* barbero.
bard [bɑ:d] *s.* bardo. 2 barda.
bare [bɛəʳ] *a.* desnudo. 2 *t.* desnudar, despojar.
barefaced ['bɛəfeist] *a.* descarado.
barefoot(ed ['bɛəfut, 'bɛə'futid] *a.* descalzo.
barely ['bɛəli] *adv.* apenas.
bargain ['bɑ:gin] *s.* trato. 2 ganga, buen negocio. 3 *i.* regatear.
barge [bɑ:dʒ] *s.* barcaza.
bark [bɑ:k] *s.* corteza.

2 ladrido. *3* barca. *4 t.* descortezar. *5 i.* ladrar.

barley ['ba:li] *s.* BOT. cebada.

barn [ba:n] *s.* granero, pajar.

barn-yard ['ba:n-'jad] *s.* patio.

baron ['bærən] *s.* barón.

barracks ['bærəks] *s. pl.* cuartel.

barrel ['bærəl] *s.* barril. *2* cañón [de un arma]. *3 t.* embarrilar, entonelar.

barren ['bærən] *a.* estéril.

barrier ['bæriəʳ] *s.* barrera.

barrow ['bærəu] *s.* carretilla.

barter ['ba:təʳ] *s.* trueque, cambio. *2 t.-i.* trocar, cambiar.

base [beis] *a.* bajo, vil. *2 s.* base. *3 t.-i.* basar(se, fundar(se.

baseball ['beisbɔ:l] *s.* béisbol.

basement ['beismənt] *s.* sótano.

bashful ['bæʃful] *a.* vergonzoso, tímido.

basic ['beisik] *a.* básico.

basin ['beisn] *s.* jofaina.

basis ['beisis] *s.* fundamento.

bask [ba:sk] *i.* calentarse, tostarse.

basket ['ba:skit] *s.* cesto, canasta.

basket-ball ['ba:skitbɔ:l] *s.* baloncesto.

bastard ['bæstəd] *a.-s.* bastardo.

bat [bæt] *s.* ZOOL. murciélago. *2* DEPORT. bate. *3 t.* golpear.

batch [bætʃ] *s.* hornada.

bath [ba:θ] *s.* baño. *2* bañera.

bathe [beið] *t.-i.* bañar(se.

bath-room ['ba:θrum] *s.* cuarto de baño.

bath-tub ['ba:θtʌb] *s.* bañera.

battalion [bə'tæljən] *s.* batallón.

batter ['bætəʳ] *s.* COC. batido. *2 t.* batir. *3* demoler.

battery ['bætəri] *s.* batería. *2* pila eléctrica.

battle ['bætl] *s.* batalla, combate. *2 i.* combatir.

battleship ['bætlʃip] *s.* acorazado.

bay [bei] *a.-s.* bayo [caballo]. *2 s.* bahía. *3* ladrido. *4* laurel. *5 i.* ladrar.

bayonet ['beiənit] *s.* bayoneta.

baza(a)r [bə'za:ʳ] *s.* bazar.

be (bi:) *i.* ser; estar. *2* hallarse. *3* existir. ¶ CONJUG.: INDIC. Pres.: *I am* [æm, əm, m], *you* *are* [ɑ:ʳ, ɑʳ, əʳ] [*art*], *he is* [iz, z, s], *we are*, etc. | Pret.: *I, he was* [wɔz, wəz], *you, we, they were* [wə:ʳ, wəʳ]. || SUBJ. Pres.: *be*. | Pret.: *were*. || PART. PAS.: *been* [bi:n, bin]. || GER.: *being* ['bi:iŋ].

beach [bi:tʃ] *s*. playa. *2 i.-t*. varar.

beadle ['bi:dl] *s*. alguacil.

beak [bi:k] *s*. pico [de ave, etc.].

beam [bi:m] *s*. viga. *2* rayo [de luz, calor, etc.]. *3 t*. emitir [luz, etc.].

bean [bi:n] *s*. judía.

bear [bɛəʳ] *s*. ZOOL. oso, osa. *2 t*. llevar, cargar. *3* soportar. *4* dar a luz: *he was born in London*, nació en Londres. || Pret. *bore* [bɔ:ʳ]; p. p.: *borne* o *born* [bɔ:n].

beard [biəd] *s*. barba. *2 t*. desafiar.

beast [bi:st] *s*. bestia, animal.

beastly ['bi:stli] *a*. bestial.

beat [bi:t] *s*. golpe; latido. *2 t*. pegar; golpear. ¶ Pret.: *beat* [bi:t]; p. p.: *beaten* ['bi:tn].

beautiful ['bju:tiful] *a*. hermoso, bello. *2* lindo.

beautify ['bju:tifai] *t.-i*. hermosear(se, embellecer(se.

beauty ['bju:ti] *s*. belleza, hermosura.

beaver ['bi:vəʳ] *s*. castor.

became [bi'keim] V. TO BECOME.

because [bi'kɔz] *conj*. porque. *2* ~ *of*, a causa de.

beckon ['bekən] *t*. llamar por señas. *2 i*. hacer señas.

become [bi'kʌm] *t*. convenir, sentar, caer o ir bien. *2 i*. volverse, hacerse, convertirse en; ponerse. ¶ Pret.: *became* [bi'keim]; p. p.: *become* [bi'kʌm].

bed [bed] *s*. cama, lecho. *2 t.-i*. acostar(se.

bedroom ['bedrum] *s*. dormitorio.

bee [bi:] *s*. abeja.

beech [bi:tʃ] *s*. BOT. haya.

beef [bi:f] *s*. carne de vaca.

beefsteak ['bi:f'steik] *s*. bisté.

been [bi:n, bin] V. TO BE.

beer [biəʳ] *s*. cerveza.

beet [bi:t] *s*. remolacha.

beetle ['bi:tl] *s*. ENT. escarabajo.

befall [bi'fɔ:l] *i.-t*. ocurrir.

befit [bi'fit] *i*. convenir.

before [biˈfɔːʳ, -fɔəʳ] *adv.* antes. *2* delante. *3* *prep.* antes de o que.

beforehand [biˈfɔːhænd] *adv.* de antemano.

befriend [biˈfrend] *t.* favorecer, proteger.

beg [beg] *t.* pedir, solicitar.

began [biˈgæn] V. TO BEGIN.

beget [biˈget] *t.* engendrar, originar. ¶ *begot* [biˈgɔt]; *-gotten* [-ˈgɔtn] o *-got.*

beggar [ˈbegəʳ] *s.* mendigo, -ga. *2* *t.* empobrecer, arruinar.

begin [biˈgin] *t.-i.* empezar. ¶ Pret.: *began* [biˈgæn]; p. p.: *begun* (biˈgʌn]; ger.: *beginning.*

beginning [biˈginiŋ] *s.* principio.

beguile [biˈgail] *t.* engañar.

begun [biˈgʌn] V. TO BEGIN.

behalf [biˈhɑːf] *s.* cuenta, interés: *on* ~ *of,* en nombre de.

behave [biˈheiv] *i.-pr.* proceder; comportarse.

behavio(u)r [biˈheivjəʳ] *s.* conducta, comportamiento.

behead [biˈhed] *t.* decapitar.

beheld [biˈheld] TO BEHOLD.

behind [biˈhaind] *adv.* detrás. *2* *prep.* detrás de; después de.

behold [biˈhəuld] *t.* contemplar. ¶ Pret. y p. p.: *beheld* [biˈheld].

being [ˈbiːiŋ] *ger.* de TO BE. *2* *s.* ser, existencia. *3* persona.

belated [biˈleitid] *a.* tardío.

belch [beltʃ] *s.* eructo. *2* *i.* eructar.

belie [biˈlai] *t.* desmentir.

belief [biˈliːf] *s.* creencia.

believe [biˈliːv] *t.* - *i.* creer.

believer [biˈliːvəʳ] *s.* creyente.

bell [bel] *s.* campana.

bellow [ˈbeləu] *s.* bramido, mugido. *2* *i.* bramar, mugir.

belly [ˈbeli] *s.* vientre, panza. *2* *t.* combar, abultar.

belong [biˈlɔŋ] *i.* pertenecer.

belongings [biˈlɔŋiŋz] *s.* *pl.* bienes.

beloved [biˈlʌvd] *a.* querido, amado.

below [biˈləu] *adv.* abajo, debajo. *2* *prep.* bajo, debajo de.

belt [belt] *s.* cinturón, faja.

bench [bentʃ] *s.* banco. *2* tribunal.

bend [bend] *s.* inclinación. *2 t.-i.* inclinar(se. ¶ Pret. y p. p.: *bent* [bent].
beneath [bi'ni:θ] *adv.* abajo, debajo. *2 prep.* bajo, debajo de.
benefactor ['benifæktəʳ] *s.* bienhechor. *2* donador.
benefit ['benifit] *s.* beneficio, favor. *2* beneficio, bien. *2 t.-i.* beneficiar(se.
benevolence [bi'nevələns] *s.* benevolencia.
bent [bent] *pret.* y *p. p.* de TO BEND. *2 a.* torcido, doblado. *3 s.* curvatura. *4* inclinación.
bequeath [bi'kwi:ð] *t.* legar.
bequest [bi'kwest] *s.* legado.
bereave [bi'ri:v] *t.* privar, desposeer de. ¶ Pret. y p. p.: *bereaved* [bi'ri:vd] o *bereft* [bi'reft].
berry ['beri] *s.* baya; grano.
berth [bə:θ] *s.* MAR. amarradero. *2 t.* MAR. amarrar. *3 i.* fondear.
baseech [bi'si:tʃ] *t.* implorar; suplicar. ¶ Pret. y p. p.: *besought* [bi'sɔ:t].
beset [bi'set] *t.* asediar. ¶ Pret. y p. p: *beset; besetting.*
beside [bi'said] *adv.* cerca, al lado. *2 prep.* al lado de, cerca de.
besides [bi'saidz] *adv.* además. *2 prep.* además de.
besiege [bi'si:dʒ] *t.* sitiar.
besought [bi'sɔ:t] V. TO BESEECH.
best [best] *a. superl.* de GOOD; mejor, óptimo, superior. *2 adv. superl.* de WELL: mejor; mucho; más.
bestow [bi'stəu] *t.* otorgar.
bet [bet] *s.* apuesta *2 t.-i.* apostar.
bethink [bi'θiŋk] *t.-pr.* pensar.
betimes [bi'taimz] *adv.* a tiempo.
betray [bi'trei] *t.* traicionar.
betrayal [bi'treiəl] *s.* traición.
betroth [bi'trəuð] *t.-i.* desposar, prometer.
betrothal [bi'trəuðəl] *s.* desposorio; esponsales.
better ['betəʳ] *a.-adv.* mejor. *2 s.* lo mejor: *so much the* ~, tanto mejor. *3 pl.* superiores. *4 t.-i.* mejorar(se.
between [bi'twi:n] *adv.* en medio. *2 prep.* entre [dos].
beverage ['bevəridʒ] *s.* bebida.

bewail [bi'weil] *t.-i.* llorar, lamentarse.
beware [bi'wɛəʳ] *i.* guardarse de, precaverse.
bewilder [bi'wildəʳ] *t.* desconcertar.
bewitch [bi'witʃ] *t.* embrujar.
beyond [bi'jɔnd] *adv.* más allá de.
bias ['baiəs] *s.* sesgo, oblicuidad. *2* parcialidad, prejuicio. *3 t.* predisponer.
bib [bib] *s.* babero.
Bible ['baibl] *s.* Biblia.
bicycle ['baisikl] *s.* bicicleta.
bid [bid] *s.* licitación, puja.
bid [bid] *t.* decir. *2* ofrecer [un precio], pujar. *3* ordenar. *4* invitar. ¶ Pret.: *bade* [beid]; p. p.: *bidden* ['bidn].
bier [biəʳ] *s.* andas, féretro.
big [big] *a.* grande, importante.
bigot ['bigət] *s.* fanático.
bigotry ['bigətri] *s.* fanatismo, intolerancia.
bill [bil] *s.* pico [de ave]. *2* pica, alabarda. *3* cuenta, nota, factura, lista: ~ *of fare,* minuta, lista de platos. *4* letra, pagaré. *5* patente, certificado. *6* cartel, programa [de teatro], prospecto. *7* proyecto de ley; ley. *8 t.* cargar en cuenta. *9* anunciar por carteles.
billion ['biljən] *s.* [ingl.] billón. *2* (E. U.) mil millones.
billow ['biləu] *s.* oleada. *2* ola. *3 i.* ondular.
bin [bin] *s.* caja, cubo.
bin [bin] *s.* lazo, ligadura. *2 t.* ligar, atar, unir. *3* vendar. *4* ribetear. *5* encuadernar. *6* obligar, compeler. ¶ Pret. y p. p.: *bound* [baund].
biography [bai'ɔgrəfi] *s.* biografía.
biology [bai'ɔlədʒi] *s.* biología.
birch [bə:tʃ] *s.* [vara de] abedul. *2 t.* azotar.
bird [bə:d] *s.* ave, pájaro.
birth [bə:θ] *s.* nacimiento. *2* cuna, origen. *3* linaje.
birthday ['bə:θdei] *s.* cumpleaños.
biscuit ['biskit] *s.* galleta, bizcocho.
bishop ['biʃəp] *s.* ECLES. obispo. *2* AJED. alfil.
bison ['baisn] *s.* ZOOL. bisonte.
bit [bit] *s.* trozo, pedacito, un poco. *2* bocado [de comida].
bit [bit] *pret* de TO BITE.

bitch [bitʃ] *s.* ZOOL. perra.
bite [bait] *s.* mordedura. *2* bocado, tentempié. *3 t.-i.* morder. ¶ Pret.: *bit* (bit); p. p.: *bit* o *bitten* ['bitn].
biting ['baitiŋ] *a.* mordaz; picante.
bitten ['bitn] V. TO BITE.
bitter ['bitəʳ] *a.* amargo.
bitterness ['bitənis] *s.* amargura.
bizare [bi'zɑːʳ] *a.* raro, original.
black [blæk] *a.* negro. *2 t.-i.* ennegrecerse.
blackberry ['blækbəri] *s.* BOT. zarza. 2 zarzamora.
blackbird ['blækbəːd] *s.* ORN. mirlo.
blackboard ['blækbɔːd] *s.* pizarra.
blackish ['blækiʃ] *a.* negruzco.
blackmail ['blækmeil] *s.* chantaje. *2 t.* hacer un chantaje a.
blackness ['blæknis] *s.* negrura.
black-out ['blækaut] *s.* apagón.
blacksmith ['blæksmiθ] *s.* *s.* herrero.
blade [bleid] *s.* hoja, cuchilla. 2 pala [de remo, etc.]. *3* hoja [de hierba].
blame [bleim] *s.* censura, culpa. *2 t.* censurar.
blanch [blɑːntʃ] *t.* blanquear. *2 i.* palidecer.
bland [blænd] *a.* blando, suave.
blank [blæŋk] *a.* en blanco. *2* vacío; sin interés. *3* desconcertado, confuso. *4 s.* blanco, espacio, laguna. *5* diana [de un blanco].
blanket ['blæŋkit] *s.* manta.
blare [blɛəʳ] *s.* trompeteo. *2 i.* sonar [como la trompeta]. *3 t.* gritar.
blaspheme [blæs'fiːm] *i.-t.* blasfemar.
blasphemy ['blæsfimi] *s.* blasfemia.
blast [blɑːst] *s.* ráfaga. *2* soplo; chorro. *3* sonido. *4* explosión, voladura. *5* ~ *furnace,* alto horno. *6 t.* agostar, marchitar. *7* maldecir.
blaze [bleiz] *s.* llama. *2* hoguera. *3 i.* arder, llamear. *4* brillar, resplandecer. *5 t.* encender, inflamar.
blazer ['bleizəʳ] *s.* chaqueta de deporte.
bleach [bliːtʃ] *s.* lejía. *2 t.* blanquear.
bleak [bliːk] *a.* desierto, frío.
blear [bliəʳ] *t.* empañar.
bleat [bliːt] *s.* balido. *2 i.* balar.
bleed [bliːd] *t.-i.* sangrar. ¶ Pret. y p. p.: *bled* [bled].

blemish ['blemiʃ] *s.* tacha, defecto. 2 *t.* manchar, afear.
blend [blend] *s.* mezcla, combinación. 2 *t.-i.* mezclar(se, combinar(se. 3 *t.* matizar, armonizar. ¶ *blended* ['blendid] o *blent* [blent].
blew [blu:] V. TO BLOW.
blight [blait] *t.* marchitar.
blind [blaind] *a.* ciego. 2 oscuro. 3 ~ *alley,* callejón sin salida. 4 *s.* pantalla, mampara, persiana. 5 engaño, disfraz, pretexto. 6 *t.* cegar.
blindness ['blaindnis] *s.* ceguera.
blink [bliŋk] *s.* pestañeo, guiño. 2 *i.* parpadear.
bliss [blis] *s.* bienaventuranza.
blissful ['blisful] *a.* bienaventurado, dichoso.
blister ['blistəʳ] *t.-i.* ampollar(se. 2 *s.* vejiga.
blithe [blaið], **blithesome** [-səm] *a.* alegre, gozoso, jovial.
blizzard ['blizəd] *s.* ventisca.
block [blɔk] *s.* bloque. 2 manzana [de casas]. 3 bloc [de papel]. 4 obstáculo. 5 *t.* obstruir, bloquear.
blockade [blɔ'keid] *s.* MIL. bloqueo. 2 *t.* MIL. bloquear.
blond(e [blɔnd] *a.-s.* rubio, -a.
blood [blʌd] *s.* sangre.
bloodshed ['blʌdʃəd] *s.* matanza.
bloody ['blʌdi] *a.* sangriento. 2 (*vul.*) maldito; muy.
bloom [blu:m] *s.* flor. 2 floración. 3 frescor, lozanía. 4 *i.* florecer.
blossom ['blɔsəm] *s.* flor. 2 *i.* florecer.
blot [blɔt] *s.* borrón, mancha. 2 *t.* manchar.
blotch [blɔtʃ] *s.* mancha, borrón. 2 *t.* emborronar.
blouse [blauz] *s.* blusa.
blow [bləu] *s.* golpe. 2 desgracia. 3 soplo [de aire]. 4 *t.* soplar. 5 *to* ~ *out,* apagar. 6 *impers.* hacer viento. ¶ Pret.: *blew* [blu:]; p. p.: *blown* [bləun].
blue [blu:] *a.* azul.
bluff [blʌf] *a.* escarpado. 2 *s.* escarpa, risco. 3 farol, envite falso. 4 *i.* hacer un farol; fanfarronear.
bluish ['blu(:)iʃ] *a.* azulado.
blunder ['blʌndəʳ] *s.* disparate, yerro, plancha. 2 *i.* equivocarse.
blunt [blʌnt] *a.* embotado. 2 *t.-i.* embotar(se.
blur [bləʳ] *s.* borrón. 2 *t.* manchar.

blush [blʌʃ] *s.* rubor, sonrojo. *2 i.* ruborizarse, sonrojarse.

bluster ['blʌstəʳ] *i.* enfurecerse. *2* fanfarronear.

boar [bɔːʳ] *s.* jabalí.

board [bɔːd] *s.* tabla, tablero [de madera]. *2 t.* entarimar, enmaderar. *3* abordar.

boarder ['bɔːdəʳ] *s.* huésped.

boast [bəust] *s.* jactancia. *2 i.* jactarse.

boastful ['bəustful] *a.* jactancioso.

boat [bəut] *s.* bote, barca.

boatman ['bəutmən] *s.* barquero.

bob [bɔb] *s.* lenteja [de péndulo]. *2 t.-i.* menear(se.

bodily ['bɔdili] *a.* corporal. *2 adv.* en persona.

body ['bɔdi] *s.* cuerpo. *2* persona, individuo.

bog [bɔg] *s.* pantano, cenagal.

boil [bɔil] *s.* ebullición. *2 i.* hervir. *3 t.* cocer.

boiler ['bɔiləʳ] *s.* olla, caldero.

boisterous ['bɔistərəs] *a.* estrepitoso, ruidoso, bullicioso.

bold [bɔuld] *a.* atrevido.

boldness ['bəuldnis] *s.* audacia.

bolster ['bəulstəʳ] *s.* cabezal, travesaño [de cama]. *2 t.* apoyar.

bolt [bəult] *s.* saeta, virote. *2* rayo, centella. *3* salto; fuga. *4* cerrojo, pestillo. *5 t.* echar el cerrojo a. *6* engullir. *7 i.* salir, entrar, etc., de repente; huir.

bomb [bɔm] *s.* bomba. *2 t.-i.* bombardear.

bombard [bɔm'bɑːd] *t.* bombardear.

bombardment [bɔm'bɑːdmənt] *s.* bombardeo.

bond [bɔnd] *s.* atadura. *2* lazo, vínculo. *3* trabazón. *4* pacto, compromiso. *5* fiador [pers.]. *6* COM. bono, obligación. *7 pl.* cadenas, cautiverio.

bondage ['bɔndidʒ] *s.* esclavitud.

bone [bəun] *s.* hueso. *2* espina [de pescado]. *3 t.* deshuesar.

bonfire ['bɔnˌfaiəʳ] *s.* fogata.

bonnet ['bɔnit] *s.* gorro; gorra. *2* AUTO. capó.

bonny ['bɔni] *a.* hermoso, lindo.

bonus ['bəunəs] *s.* prima, gratificación.

bony ['bəuni] *a.* huesudo.

book [buk] *s.* libro. *2* cuaderno. *3 t.* anotar, inscribir.

bookbinding ['buk,baindiŋ] *s.* encuadernación.
bookcase ['bukkeis] *s.* estante para libros, librería.
book-keeper ['buk,ki:pəʳ] *s.* tenedor de libros.
booklet ['buklit] *s.* folleto.
bookshop ['bukʃɔp], **bookstore** [-tɔ:ʳ] *s.* librería [tienda].
boom [bu:m] *s.* estampido. *2* fig. auge repentino. *3 i.* retumbar. *4* prosperar.
boon [bu:n] *s.* don, dádiva. *2 a.* alegre, jovial.
boor [buəʳ] *s.* patán. *2* grosero.
boot [bu:t] *s.* bota.
boothblack ['bu:tblæk] *m.* limpiabotas.
booty ['bu:ti] *s.* botín, presa.
border ['bɔ:dəʳ] *s.* borde, orilla. *2* frontera.
bore [bɔ:ʳ] *s.* taladro, barreno. *2 t.* horadar, taladrar. *3* V. TO BEAR.
born, borne [bɔ:n] V. TO BEAR.
borough ['bʌrə] *s.* villa; burgo, municipio.
borrow ['bɔrou] *t.* tomar o pedir prestado.
bosom ['buzəm] *s.* pecho, seno.
boss [bɔs] *s.* protuberancia, giba. *2* amo, capataz. *2 t.-i.* mandar.
bossy ['bɔsi] *a.* mandón.
botany ['bɔtəni] *s.* botánica.
both [bəuθ] *a.-pron.* ambos, entrambos, los dos.
bother ['bɔðəʳ] *s.* preocupación. *2 t.-i.* preocupar(se, molestar(se.
bottle ['bɔtl] *s.* botella, frasco. *2 t.* embotellar.
bottom ['bɔtəm] *s.* fondo. *2* base, fundamento. *3 a.* fundamental. *4* del fondo, más bajo. *5 t.* poner asiento a. *6 t.-i.* basar(se.
bough [bau] *s.* rama [de árbol].
bought [bɔ:t] V. TO BUY.
boulder ['bəuldəʳ] *s.* canto rodado.
bounce [bauns] *s.* salto, bote. *2* fanfarronada. *3 t.* hacer botar. *4 i.* lanzarse, saltar. *5* fanfarronear.
bound [baund] V. TO BIND. *2 a.* obligado. *3* encuadernado. *4* destinado a. *5 s.* límite, confín. *6* salto, brinco. *7 t.* limitar. *8 i.* lindar. *9* saltar, brincar.
boundary ['baundəri] *s.* límite.
boundless ['baundlis] *a.* ilimitado, infinito.
bounteous ['bauntiəs],

bountiful ['bauntiful] *a.* dadivoso, generoso. 2 amplio, abundante.
bounty ['baunti] *s.* liberalidad, generosidad. 2 subvención.
bouquet ['bukei] *s.* ramillete. 2 aroma [del vino].
bout [baut] *s.* vez, turno. 2 ataque. 3 encuentro.
bow [bau] *s.* inclinación, saludo. 2 *t.* saludar.
bow [bəu] *s.* arco [arma, violín]. 2 *t.-i.* arquear(se.
bowel ['bauəl] *s.* intestino; entrañas.
bower ['bauə^r] *s.* glorieta.
bowl [bəul] *s.* cuenco, escudilla. 2 *t.* hacer rodar. 3 *i.* jugar a bochas o a los bolos.
bowler ['bəulə^r] *s.* sombrero hongo.
bowling ['bəulin] *s.* bolera.
bowman ['bəumən] *s.* arquero.
box [bɔks] *s.* caja, arca, baúl. 2 TEAT. palco. 3 bofetón, puñetazo. 4 *t.* encajonar. 5 abofetear. 6 *i.* boxear.
boxer ['bɔksə^r] *s.* boxeador.
boxing ['bɔksiŋ] *s.* boxeo.
boxwood ['bɔkswud] *s.* boj.
boy [bɔi] *s.* chico, muchacho.
boycott ['bɔikət] *s.* boicot. 2 *t.* boicotear.
boyhood ['bɔihud] *s.* muchachez; juventud.
boyish ['bɔiiʃ] *a.* de muchacho; juvenil.
brace [breis] *s.* abrazadera; *pl.* tirantes.
bracelet ['breislit] *s.* brazalete.
bracket ['brækit] *s.* ménsula, repisa. 2 anaquel, rinconera. 3 IMPR. corchete; paréntesis.
brag [bræg] *s.* jactancia. 2 *i.* jactarse.
braid [breid] *s.* trenza. 2 galón. 3 *t.* trenzar. 4 galonear, guarnecer.
brain [brein] *s.* ANAT. cerebro, seso. 2 *pl.* inteligencia.
brake [breik] *s.* freno [de vehículo, etc.]. 2 helecho. 3 matorral. 4 *t.* frenar.
bramble ['bræmbl] *s.* zarza.
bran [bræn] *s.* salvado.
branch [brɑ:ntʃ] *s.* rama; ramo; ramal. 2 *i.* echar ramas. 3 bifurcarse.
brand [brænd] *s.* tizón, tea. 2 marca. 3 *t.* marcar [con hierro].
brandish ['brændiʃ] *t.* blandir.

brandy ['brændi] *s.* coñac, brandy.

brass [brɑ:s] *s.* latón, metal. *2* descaro.

brave [breiv] *a.* bravo, valiente. *2 t.* desafiar.

bravery ['breivəri] *s.* bravura.

brawl [brɔ:l] *s.* reyerta, riña. *2 i.* alborotar.

bray [brei] *s.* rebuzno. *2 i.* rebuznar.

brazen ['breizn] *a.* de latón. *2* descarado.

breach [bri:tʃ] *s.* brecha. *2* fractura. *3* hernia. *4 t.* hacer brecha en.

bread [bred] *s.* pan.

breadth [bredθ] *s.* anchura.

break [breik] *s.* break [coche]. *2* rotura, ruptura. *3* comienzo. *4* interrupción, pausa. *5 t.* romper, quebrar. *6* interrumpir. *7 to ~ down,* demoler. *8 to ~ ground,* comenzar una empresa. *9 to ~ up,* desmenuzar, romper. *10 i.* aparecer, salir, nacer, brotar; apuntar [el alba]. *11 to ~ away,* soltarse; escapar. *12 to ~ down,* parar por avería. *13 to ~ out,* estallar, desatarse. ¶ Pret.: *broke* [brəuk]; p. p.: *broken* ['brəukən].

breakfast ['brekfəst] *s.* desayuno. *2 i.* desayunarse, almorzar.

breast [brest] *s.* pecho, seno.

breath [breθ] *s.* aliento, respiración. *2* soplo.

breathe [bri:ð] *i.* respirar. *2* exhalar. *3* soplar.

breathless ['breθlis] *a.* muerto. *2* jadeante.

bred [bred] V. TO BREED.

breeches ['bri:ʃiz] *s. pl.* pantalones.

breed [bri:d] *s.* casta, raza. *2 t.* engendrar. ¶ Pret. p. p.: *bred* [bred].

breeding ['bri:diŋ] *s.* cría, producción. *2* crianza, educación.

breeze [bri:z] *s.* brisa, airecillo.

brethren ['breðrin] *s. pl.* hermanos, cofrades.

brew [bru:] *s.* infusión [bebida]. *2 t.* hacer [cerveza]. *3* preparar [el té, un ponche, etc.].

bribe [braib] *s.* soborno. *2 t.* sobornar.

brick [brik] *s.* ladrillo. *2 t.* enladrillar.

bridal ['braidl] *a.* nupcial. *2 s.* boda.

bride [braid] *s.* novia, desposada.

bridegroom ['braidgrum] *s.* novio, desposado.

bridge [bridʒ] *s.* puente. *2 t.* tender un puente.

bridle ['braidl] *s.* EQUIT.

brida. *2* freno, sujeción. *3 t.* embridar. *4* refrenar.

brief [bri:f] *a.* breve, conciso. *2 s.* resumen.

brier ['braiəʳ] *s.* zarza; brezo.

brigade [bri'geid] *s.* brigada.

brigantine ['brigəntain] *s.* bergantín goleta.

bright [brait] *a.* brillante. *2 t.* abrillantar.

brightness ['braitnis] *s.* brillo.

brilliance, -cy ['briljəns, -i] *s.* brillantez, resplandor.

brilliant ['briljənt] *a.* brillante *2 s.* brillante [piedra].

brim [brim] *s.* borde [de un vaso, etc.]. *2* ala [de sombrero]. *3 t.* llenar hasta el borde. *4 i.* rebosar.

bring [briŋ] *t.* traer, llevar. *2* acarrear, causar. *3* inducir [persuadir]. *4* aportar, aducir. *5* poner [en un estado, condición, etc.]. ¶ Pret. y p. p.: *brought* [brɔ:t].

bringing-up ['briŋiŋʌp] *s.* crianza, educación [de un niño].

brink [briŋk] *s.* borde, orilla.

brisk [brisk] *a.* vivo, activo.

bristle ['brisl] *s.* cerda, porcipelo. *2 t.-i.* erizar(se.

brittle ['britl] *a.* quebradizo.

broach [brəutʃ] *s.* espetón. *2 t.* espetar.

broad [brɔ:d] *a.* ancho. *2* amplio.

broadcast ['brɔ:dkɑ:st] *s.* emisión de radio. *2 t.* radiar.

broadcasting ['brɔ:dkɑ:stiŋ] *s.* radiodifusión: ~ *station,* emisora de radio.

broaden ['brɔ:dn] *t.-i.* ensanchar(se.

brocade [brə'keid] *s.* brocado.

broil [brɔil] *s.* asado a la parrilla. *2* riña, tumulto. *3 t.* asar a la parrilla. *4 t.-i.* asar(se, achicharrar(se.

broken ['brəukən] V. TO BREAK.

broker ['brəukəʳ] *s.* COM. corredor, agente. *2* bolsista.

bronze [brɔnz] *s.* bronce. *2 t.-i.* broncear(se.

brooch [brəutʃ] *s.* broche.

brood [bru:d] *s.* cría, pollada, nidada. *2* progenie. *3* casta. *4 t.* empollar, incubar.

brook [bruk] *s.* arroyo, riachuelo. *2 t.* sufrir, aguantar.

broom [bru(:)m] *s.* escoba.

broth [brɔθ] *s.* COC. caldo.

brother [ˈbrʌðəʳ] *s.* hermano.

brotherhood [ˈbrʌðəhud] *s.* hermandad. *2* cofradía.

brother-in-law [ˈbrʌðərinlɔ:] *s.* cuñado, hermano político.

brotherly [ˈbrʌdəli] *a.* fraternal.

brought [brɔ:t] V. TO BRING.

brow [brau] *s.* ANAT. ceja. *2* frente, entrecejo. *3* cresta, cumbre.

brown [braun] *a.* pardo, moreno. *2 t.* tostar.

browse [brauz] *t.* rozar.

bruise [bru:z] *s.* magulladura. *2 t.* magullar.

brush [brʌʃ] *s.* cepillo. *2 t.* cepillar.

brutal [ˈbru:tl] *a.* brutal.

brutality [bru:ˈtæliti] *s.* brutalidad, crueldad.

brute [bru:t] *s.* bruto, bestia. *2 a.* brutal, bruto.

bubble [ˈbʌbl] *s.* burbuja. *2 i.* burbujear.

buck [bʌk] *s.* gamo. *2* macho.

bucket [ˈbʌkit] *s.* cubo, balde.

buckle [ˈbʌkl] *s.* hebilla. *2 t.* abrochar.

buckskin [ˈbʌkskin] *s.* ante.

bud [bʌd] *s.* yema, capullo. *2 i.* brotar, florecer.

budge [bʌdʒ] *t.-i.* mover[se.

budget [ˈbʌdʒit] *s.* presupuesto. *2 t.-i.* presupuestar.

buff [bʌf] *a.* de ante *2 s.* ante.

buffet [ˈbʌfit] *s.* bofetada. *2 t.* abofetear. *3* [ˈbufei] bar [de estación]. *4* aparador [mueble].

bug [bʌg] *s.* insecto; chinche.

bugle (ˈbju:gl] *s.* clarín, corneta.

build [bild] *s.* estructura. *2* forma, figura, talle. *3 t.* construir, edificar. *4* fundar, cimentar. ¶ Pret. y p. p.: *built* [bilt].

builder [ˈbildəʳ] *s.* constructor.

building [ˈbildiŋ] *s.* construcción, edificación. *2* edificio, casa.

built [bilt] V. TO BUILD.

bulb [bʌlb] *s.* BOT., ZOOL. bulbo. *2* ELECT. bombilla.

bulge [bʌldʒ] *i.* hacer bulto.

bulk [bʌlk] *s.* bulto. volumen, tamaño. *2* mole.

3 la mayor parte. 4 *i.* abultar.

bulky ['bʌlki] *a.* voluminoso.

bull [bul] *s.* ZOOL. toro: ~ *ring,* plaza de toros. 2 bula [pontificia].

bulldozer ['bulˌdouzəʳ] *s.* excavadora, buldozer.

bullet ['bulit] *s.* bala.

bulletin ['bulitin] *s.* boletín.

bullfight ['bulfait] *s.* corrida de toros.

bullfighter ['bulfaitəʳ] *s.* torero.

bully ['buli] *s.* matón, valentón. 2 *t.* intimidar con amenazas; maltratar.

bulwark ['bulwək] *s.* baluarte.

bump [bʌmp] *s.* choque, porrazo. 2 *t.-i.* golpear.

bun [bʌn] *s.* bollo [panecillo]. 2 moño, castaña.

bunch [bʌntʃ] *s.* manojo. 2 racimo. 3 *t.-i.* juntar(se, arracimar(se.

bundle ['bʌndl] *s.* atado, manojo. 2 *t.* liar, atar.

bungalow ['bʌngələu] *s.* casita.

bunny ['bʌni] *s.* fam. conejito.

buoy [bɔi] *s.* boya, baliza. 2 *t.* mantener a flote.

burden ['bə:dn] *s.* carga, peso. 2 *t.* cargar, agobiar.

bureau ['bjuərəu] *s.* escritorio [mesa]. 2 oficina.

burglar ['bə:gləʳ] *s.* ladrón.

burial ['beriəl] *s.* entierro.

burn [bə:n] *s.* quemadura. 2 *t.* quemar, abrasar. 3 *i.* arder, quemarse. ¶ Pret. y p. p.: *burned* [bə:nd] o *burnt* [bə:nt].

burner ['bə:nəʳ] *s.* mechero.

burnish ['bə:niʃ] *s.* bruñido. 2 *t.* bruñir.

burnt [bə:nt] V. TO BURN.

burrow ['bʌrəu] *s.* madriguera. 2 *t.-i.* minar.

burst [bə:st] *s.* explosión. 2 *t.-i.* reventar. ¶ Pret. y p. p.: *burst.*

bury ['beri] *t.* enterrar.

bus [bʌs] *s.* autobús.

bush [buʃ] *s.* arbusto.

bushy ['buʃi] *a.* matoso.

busily ['bizili] *adv.* diligentemente; activamente.

business ['biznis] *s.* oficio, ocupación, trabajo, asunto. 2 negocio, comercio, tráfico. 3 negocio, empresa, casa, establecimiento.

bust [bʌst] *s.* busto.

bustle ['bʌsl] *s.* movimiento, agitación. *2 t.-i.* bullir, menearse.

busy ['bizi] *a.* ocupado, atareado. *2 t.-ref.* ocupar(se.

but [bʌt, bət] *conj.* mas, pero; sino; [con *cannot, could not* + inf.] no puedo [evitar] menos de, sino. *2 adv.* sólo. *3 prep., conj.* excepto, salvo; menos.

butcher ['butʃəʳ] *s.* carnicero. *2 t.* matar.

butler ['bʌtləʳ] *s.* mayordomo.

butt [bʌt] *s.* cabo grueso; culata. *2 t.-i.* topetar, topar.

butter ['bʌtəʳ] *s.* mantequilla. *2 t.* untar con mantequilla.

butterfly ['bʌtəflai] *s.* ENT. mariposa.

button ['bʌtn] *s.* botón. *2 t.-i.* abrochar(se.

buy [bai] *t.-i.* comprar. ¶ Pret. y p. p.: *bought* [bɔ:t].

buyer ['bai-əʳ] *s.* comprador.

buzz [bʌz] *s.* zumbido. *2 i.* susurrar, zumbar.

by [bai] *prep.* junto a, cerca de, al lado de, cabe. *2* a, con, de, en, por, etc. *3 ~ the way,* de paso, a propósito. *4 a.* lateral, apartado. *5 adv.* cerca, al lado, por el lado. *6* aparte.

C

cab [kæb] *s.* cabriolé. *2* taxi. *3* cabina.
cabbage [ˈkæbidʒ] *s.* col.
cabin [ˈkæbin] *s.* cabaña, choza. *2* MAR. camarote. *3* cabina.
cabinet [ˈkæbinit] *s.* gabinete; escritorio. *2* vitrina.
cable [ˈkeibl] *s.* cable. *2* *t.* cablegrafiar.
cackle [ˈkækl] *s.* cacareo. *2* *i.* cacarear.
cadence [ˈkeidəns] *s.* cadencia.
café [ˈkæfei] *s.* café [local].
cage [keidʒ] *s.* jaula. *2* *t.* enjaular.
cajole [kəˈdʒəul] *t.* engatusar, lisonjear.
cake [keik] *s.* pastel, bollo. *2* pastilla [de jabón, etc.].
calamity [kəˈlæmiti] *s.* calamidad.
calculate [ˈkælkjuleit] *t.-i.* calcular; hacer cálculos.
calendar [ˈkælindəʳ] *s.* calendario, almanaque.
calf [kɑːf] *s.* ternero, -ra. *2* pantorrilla.
caliph [ˈkælif] *s.* califa.
call [kɔːl] *s.* grito, llamada. *2* toque de señal. *3* reclamo [de caza]. *4* exigencia. *5* derecho, motivo. *6* visita corta.
call [kɔːl] *t.* llamar. *2* citar. *3* invocar. *4* considerar. *5* pregonar. *6* *to ~ at*, detenerse en; *to ~ attention to,* llamar la atención sobre; *to ~ back,* hacer volver; *to ~ for,* ir a buscar; pedir; *to ~ forth,* ser la

causa de; *to ~ names*, insultar; *to ~ off*, cancelar; *to ~ on*, visitar; exhortar; *to ~ the roll*, pasar lista; *to ~ up*, llamar por teléfono; poner a debate. *7 i.* gritar. *8* hacer una visita a. *9* [de un barco] hacer escala; [del tren] parar.

caller ['kɔ:ləʳ] *s.* visitante.

calling ['kɔ:liŋ] *s.* profesión, oficio. *2* vocación, llamamiento.

calm [kɑ:m] *s.* calma, sosiego. *2 a.* sosegado, tranquilo. *3 t.* sosegar. *4* i. *to ~ down*, calmarse.

calmness ['kɑ:mnis] *s.* tranquilidad. *2* serenidad.

came [keim] V. TO COME.

camel ['kæməl] *s.* camello.

camera ['kæmərə] *s.* cámara. *2* máquina fotográfica.

camp [kæmp] *s.* campamento. *2 t.-i.* acampar.

campaign [kæm'pein] *s.* campaña.

camping ['kæmpiŋ] *s.* campamento.

can [kæn] *s.* lata. *2 t.* enlatar. *3* [kæn, kən] *aux.* poder, saber. ¶ Pret. y cond: *could* [kud].

canal [kə'næl] *s.* canal.

canary [kə'nɛəri] *s.* canario.

cancel ['kænsəl] *t.* cancelar. *2* tachar.

cancer ['kænsəʳ] *s.* cáncer.

candidate ['kændidit] *s.* candidato. *2* aspirante.

candle ['kændl] *s.* vela.

candour ['kændəʳ] *s.* candor.

candy [kændi] *s.* confite.

cane [kein] *s.* caña.

canker ['kæŋkəʳ] *s.* úlcera, cáncer. *2 t.-i.* gangrenar(se.

cannibal ['kænibəl] *a.-s.* caníbal.

cannon ['kænən] *s.* cañón.

cannot ['kænɔt], **can't** [kɑ:nt, kænt] de *can* y *not*.

canoe [kə'nu:] *s.* canoa.

canopy ['kænəpi] *s.* dosel.

canvas ['kænvəs] *s.* lona.

canyon ['kænjən] *s.* desfiladero, cañón.

cap [kæp] *s.* gorra. *2* cima. *3 t.* cubrir [la cabeza]. *4* coronar.

capable ['keipəbl] *a.* capaz.

capacity [kə'pæsiti] *s.* capacidad.

cape [keip] *s.* cabo. *2* capa.

caper ['keipəʳ] *s.* cabriola. *2 i.* cabriolar.

capital ['kæpitl] *a.* capital. 2 *a.-s.* mayúscula. 3 *s.* capital [población].
capitalism ['kæpitəlizəm] *s.* capitalismo.
capitalist ['kæpitəlist] *a.-s.* capitalista.
captain ['kæptin] *s.* capitán.
captive ['kæptiv] *a.-s.* cautivo.
captivity [kæp'tiviti] *s.* cautividad, cautiverio.
capture ['kæptʃəʳ] *s.* captura. 2 *t.* capturar, apresar.
car [kɑ:ʳ] *s.* coche. automóvil.
caravan ['kærəvæn] *s.* caravana.
carburet(t)or ['kɑ:bjuretə] *s.* carburador.
carcase ['kɑ:kəs] *s.* carroña.
card [kɑ:d] *s.* naipe. 2 tarjeta, cédula, ficha. 3 *t.* cardar.
cardboard ['kɑ:dbɔ:d] *s.* cartón.
cardinal ['kɑ:dinl] *a.* cardinal. 2 *s.* cardenal.
care [kɛəʳ] *s.* cuidado. 2 *i.* preocuparse; cuidar [de].
career [kə'riəʳ] *s.* carrera. 2 *i.* galopar.
careful ['kɛəful] *a.* cuidadoso.
careless ['kɛəlis] *a.* descuidado, negligente.
caress [kə'res] *s.* caricia, halago. 2 *t.* acariciar.
cargo ['kɑ:gəu] *s.* MAR. carga, cargamento.
carnation [kɑ:'neiʃən] *s.* clavel.
carol ['kærəl] *s.* villancico.
carpenter ['kɑ:pintəʳ] *s.* carpintero.
carpet ['kɑ:pit] *s.* alfombra. 2 *t.* alfombrar.
carriage ['kæridʒ] *s.* carruaje. 2 transporte.
carrier ['kæriəʳ] *s.* portador. 2 portaaviones. 3 transportista.
carrot ['kærət] *s.* zanahoria.
carry ['kæri] *t.* llevar, transportar; acarrear. 2 *to ~ away,* llevarse; *to to ~ forward,* sumar y seguir; *to ~ off,* llevarse, lograr; *to ~ on,* seguir; *to ~ out,* llevar a cabo; *to ~ through,* completar.
cart [kɑ:t] *s.* carro, carreta. 2 *t.* acarrear.
cartoon [kɑ:'tu:n] *s.* caricatura. 2 dibujos animados.
cartridge ['kɑ:tridʒ] *s.* cartucho.
carve [kɑ:v] *t.* tallar, esculpir. 2 trinchar.
case [keis] *s.* caso. 2 plei-

to. *3* caja. *4* maleta. *5* *t.* encajonar.

cash [kæʃ] *s.* dinero en efectivo. *2* *t.* pagar al contado.

cashier [kæˈʃiəʳ] *s.* cajero. *2* [kəˈʃiə] *t.* destituir. *3* degradar.

cask [kɑ:sk] *s.* barril.

cast [kɑ:st] *s.* tiro, lanzamiento. *2* fundición. *3* molde. *4* tendencia. *5* matiz. *6* TEAT. reparto; actores. *7* ~ *iron,* hierro colado. *8* *t.* arrojar. *9* derramar. *10* desechar. *11* proyectar [sombra]. *12* formar. *13* fundir. *14* TEAT. repartir [los papeles]. 1*5* *to* ~ *away,* desechar. *16* *to* ~ *lots,* echar suertes. ¶ Pret. y p. p.: *cast.*

castanets [ˌkæstəˈnets] *s. pl.* castañuelas.

castaway [ˈkɑ:stəwei] *a.-s.* náufrago. *2* fig. réprobo.

caste [kɑ:st] *s.* casta.

castle [ˈkɑ:sl] *s.* castillo. *2* AJED. torre.

casual [ˈkæʒjuel] *a.* casual. *2* distraído. *3* **-ly** *adv.* casualmente, etc.

casualty [ˈkæʒjuəlti] *s.* accidente. *2* MIL. baja. *3* víctima.

cat [kæt] *s.* gato.

catalogue [ˈkætəlɔg] *s.* catálogo. *2* *t.* catalogar.

catapult [ˈkætəpʌlt] *s.* catapulta.

catch [kætʃ] *s.* redada. *2* trampa. *3* cierre, pestillo. *2* *t.* coger, agarrar. *3* contraer. *4* sorprender. *5* *i.* engancharse. ¶ Pret. y. p. p.: *caught* [kɔ:t].

catching [ˈkætʃiŋ] *a.* contagioso, pegadizo.

category [ˈkætigəri] *s.* categoría.

cater [ˈkeitəʳ] *i.* abastecer.

cathedral [kəˈθi:drəl] *s.* catedral.

catholicism [kəˈθɔlisizəm] *s.* catolicismo.

cattle [ˈkætl] *s.* ganado.

caught [kɔ:t] TO CATCH.

cauliflower [ˈkɔliflauəʳ] *s.* coliflor.

cause [kɔ:z] *s.* causa, razón. *2* *t.* causar.

causeway [ˈkɔ:zwei] *s.* calzada. *2* arrecife.

caution [ˈkɔ:ʃən] *s.* cautela, precaución. *2* *t.* advertir, avisar.

cautious [ˈkɔ:ʃəs] *a.* cabalgata.

cavalry [ˈkævəlri] *s.* caballería.

cave [keiv] *s.* cueva. *2* i. *to* ~ *in,* hundirse.

cavern [ˈkævən] *s.* caverna.

cavity [kæviti] *s.* hoyo.

caw [kɔ:] *s.* graznido. *2* *i.* graznar.

cease [si:s] *i.-t.* cesar, dejar de.
ceaseless ['si:slis] *a.* continuo.
cede [si:d] *t.* ceder.
ceiling ['si:liŋ] *s.* techo.
celebrate ['selibreit] *t.-i.* celebrar.
celebration [ˌseli'breiʃən] *s.* celebración.
celebrity [si'lebriti] *s.* fama.
celestial [si'lestjəl] *a.* celestial, celeste.
celibacy ['selibəsi] *s.* celibato.
cell [sel] *s.* celda. *2* célula.
cellar ['seləʳ] *s.* sótano.
cement [si'ment] *s.* cemento. *2 t.* unir con cemento.
cemetery ['semitri] *s.* cementerio.
censure ['senʃəʳ] *s.* censura. *2 t.* censurar.
census ['sensəs] *s.* censo.
cent [sent] *s.* centavo.
central ['sentrəl] *a.* central; céntrico.
centre ['sentəʳ] *s.* centro. *2 t.* centrar. *3* concentrar.
century ['sentʃəri] *s.* siglo.
cereal ['siəriəl] *a.-s.* cereal.
ceremonial [ˌseri'məunəl] *a.-s.* ceremonial.
ceremony ['seriməni] *s.* ceremonia.
certain ['sə:tn, -tin] *a.* cierto. *2* fijo.
certainty ['sə:tnti] *s.* certeza.
certificate [sə'tifikit] *s.* certificado. *2* [sə'tifikeit] *t.* certificar.
chafe [tʃeif] *t.* frotar. *2 t.-i.* rozar(se. *3* irritar(se.
chagrin ['ʃægrin] *s.* desazón, disgusto. *2 t.* disgustar.
chain [tʃein] *s.* cadena. *2 t.* encadenar.
chair [tʃɛəʳ] *s.* silla.
chairman ['tʃɛəmən] *s.* presidente.
chalk [tʃɔ:k] *s.* yeso. *2 t.* enyesar.
challenge ['tʃælindʒ] *s.* reto, desafío. *2 t.* retar.
chamber ['tʃeimbəʳ] *s.* cámara, aposento.
champion ['tʃæmpjən] *s.* campeón; paladín. *3 t.* defender.
chance [tʃɑ:ns] *s.* casualidad; ocasión, oportunidad; riesgo. *2 i.* suceder, encontrarse con.
chancellor ['tʃɑ:nsələʳ] *s.* canciller.
change [tʃeindʒ] *s.* cambio. *2 t.* cambiar, variar, mudar.

channel ['tʃænl] *s.* canal. *2 t.* acanalar.

chaos ['keiɔs] *s.* caos.

chap [tʃæp] *s.* sujeto; chico, tipo. *2* grieta. *3 t.-i.* resquebrajar(se.

chapel ['tʃæpəl] *s.* capilla.

chapter ['tʃæptəʳ] *s.* capítulo [de un libro].

char [tʃɑ:ʳ] *t.* carbonizar. *2 i.* trabajar a jornal.

character ['kæriktəʳ] *s.* carácter. *2* personaje. *3* tipo.

characterize ['kæriktəraiz] *t.* caracterizar.

charcoal ['tʃɑ:kəul] *s.* carbón de leña.

charge [tʃɑ:dʒ] *s.* carga. *2* obligación, cometido. *3* cargo, acusación. *4* ataque. *5 t.* cargar. *6* encargar. *7* m a n d a r. *8* adeudar. *9 to ~ with,* acusar. *10 t.-i.* atacar.

charity ['tʃæriti] *s.* caridad.

charm [tʃɑ:m] *s.* encanto, hechizo. *2* amuleto. *3 t.* encantar, cautivar.

charming ['tʃɑ:miŋ] *s.* encantador.

chart [tʃɑ:t] *s.* mapa. *2 t.* trazar [un mapa, etc.].

charter ['tʃɑ:təʳ] *s.* fuero, privilegio. *2 t.* fletar. *3* alquilar.

chase [tʃeis] *s.* caza. *2 t.* dar caza a.

chasm ['kæzəm] *s.* abismo.

chaste [tʃeist] *a.* casto.

chastise [tʃæs'taiz] *t.* castigar, corregir.

chat [tʃæt] *s.* charla. *2 i.* charlar.

chatter ['tʃætəʳ] *s.* charla: *~ box,* parlanchín. *2 i.* charlar.

cheap [tʃi:p] *a.-adv.* barato.

cheat [tʃi:t] *s.* estafa. *2 t.* estafar. *3 i.* hacer trampas.

check [tʃek] *s.* represión, obstáculo. *2* comprobación. *3* COM. cheque. *4* AJED. jaque. *5 t.* detener. *6* comprobar.

checkup ['tʃekʌp] *s.* MED. reconocimiento general.

cheek [tʃi:k] *s.* mejilla. *2* fig. descaro.

cheer [tʃiəʳ] *s.* alegría, ánimo. *2* viva, vítor. *3 t.-i.* animar(se. *4 t.* vitorear.

cheese [tʃi:z] *s.* queso.

chemist ['kemist] *s.* químico. *2* farmacéutico.

chemistry ['kemistri] *s.* química.

cheque [tʃek] *s.* V. CHECK.

cherish ['tʃeriʃ] *t.* acariciar. *2* apreciar.

chest [tʃest] *s.* pecho. *2* cofre, arca.

chestnut ['tʃesnʌt] *s*. BOT. castaña. *2 a*. [color] castaño.
chew [tʃu:] *t*. mascar. *2 t.-i*. rumiar.
chick [tʃik], **chicken** ['tʃikin] *s*. pollo, polluelo.
chide [tʃaid] *t*. regañar. ¶ Pret.: *chid* [tʃid]; p. p.: *chidden* ['tʃidn].
chief [tʃi:f] *a*. principal. *2 s*. jefe, cabeza, caudillo.
chiffon ['ʃifɔn] *s*. gasa [tela]
child [tʃaild], *pl*. **children** ['tʃildrən] *s*. niño, criatura. 2 hijo: ~ *hood*, niñez.
childish ['tʃaildiʃ] *a*. infantil.
chill [tʃil] *s*. frío [sensación]. 2 escalofrío. 3 frialdad. *4 t*. enfriar. 5 desalentar.
chime [tʃaim] *s*. repiqueteo de campanas. *2 t*. tocar [campanas]. *3 i*. sonar.
chimney ['tʃimni] *s*. chimenea.
chin [tʃin] *s*. barbilla.
chink [tʃiŋk] *s*. grieta. *2 t*. agrietar.
chip [tʃip] *s*. astilla, pedacito. *2 pl*. patatas fritas. *3 t.-i*. astillar(se.
chirp [tʃə:p] *s*. chirrido. *2 i*. chirriar, gorjear.
chisel ['tʃizl] *s*. cincel. *2 t*. cincelar.
chivalrous ['ʃivəlrəs] *a*. caballeresco.
chivalry ['ʃivəlri] *s*. caballería.
choice [tʃɔis] *s*. preferencia. 2 opción. *3 a*. escogido.
choir ['kwaiəʳ] *s*. coro.
choke [tʃəuk] *t.-i*. ahogar(se, sofocar(se. 2 t. *to ~ up*, obstruir.
cholera ['kɔlərə] *s*. MED. cólera.
choose [tʃu:z] *t*. escoger. ¶ Pret.: *chose* [tʃəuz]; p. p.: *chosen* ['tʃəuzn].
chop [tʃɔp] *s*. chuleta. *2 t*. tajar; picar [carne].
chord [kɔ:d] *s*. MÚS., GEOM. cuerda. 2 MÚS. acorde.
chorus ['kɔ:rəs] *s*. coro.
chose [ʃəuz] V. TO CHOOSE.
chosen ['tʃəuzn] V. TO CHOOSE.
christen ['krisn] *t*. bautizar.
Christendom ['krisndəm] *s*. cristiandad.
Christian ['kristjən] *a.-s*. cristiano: ~ *name*, nombre de pila.
Christmas ['krisməs] *s*. Navidad.
chronic ['krɔnik] *a*. crónico.

chronicle ['krɔnikl] *s.* crónica. *2 t.* narrar.
chubby ['tʃʌbi] *a.* regordete.
chuck [tʃʌk] *s.* mamola. *2* echada. *3* MEC. mandril.
chuck [tʃʌk] *t.* dar un golpecito [debajo de la barba]. *2* echar, tirar, arrojar.
chum [tʃʌm] *s.* fam. camarada.
church [tʃə:tʃ] *s.* iglesia.
churchyard ['tʃə:tʃ'ja:d] *s.* cementerio.
churn [tʃə:n] *s.* mantequera. *2 t.* batir.
cigar [si'ga:ʳ] *s.* cigarro puro [tabaco].
cigarette [ˌsigə'ret] *s.* cigarrillo, pitillo.
cinder ['sindəʳ] *s.* brasa. *2 pl.* cenizas.
cinema ['sinəmə] *s.* cine.
cipher ['saifəʳ] *s.* cifra. *2 t.* cifrar, calcular.
circle ['sə:kl] *s.* círculo. *2 t.* rodear. *3 i.* girar.
circuit ['sə:kit] *s.* circuito. *2* vuelta.
circulate ['sə:kjuleit] *t.* poner en circulación.
circulation [ˌsə:kju'leiʃən] *s.* circulación.
circumference [sə'kʌmfərəns] *s.* circunferencia.
circumstance ['sə:kəmstəns] *s.* circunstancia.
circus ['sə:kəs] *s.* circo.
cite [sait] *t.* citar.
citizen ['sitizn] *s.* ciudadano, vecino.
citizenship ['sitiznʃip] *s.* ciudadanía.
civic ['sivik] *a.* cívico.
civil ['sivl] *a.* civil: ~ *servant,* funcionario público.
civility [si'viliti] *s.* cortesía.
civilization [ˌsivilai'zeiʃən] *s.* civilización.
claim [kleim] *s.* demanda, reclamación. *2 t.* reclamar.
clamber ['klæmbəʳ] *i.* trepar.
clamorous ['klæmərəs] *a.* clamoroso, ruidoso.
clamo(u)r ['klæməʳ] *s.* clamor. *2 i.-t.* clamar.
clamp [klæmp] *s.* tornillo de sujeción. *2 t.* sujetar.
clang [klæŋ], **clank** [klæŋk] *i.* resonar. *2 t.* hacer sonar.
clap [klæp] *s.* golpe seco; trueno. *2* aplauso. *3 t.* golpear, aplaudir.
clash [klæʃ] *s.* fragor. *2* choque. *3* conflicto. *4 i.* chocar. *5* oponerse.
clasp [kla:sp] *s.* broche, cierre. *2* abrazo. *3 t.* abrochar, cerrar. *4* asir.
class [kla:s] *s.* clase. *2 t.* clasificar.

classic ['klæsik] *a.-s.* clásico.
classify ['klæsifai] *t.* clasificar.
clatter ['klætəʳ] *s.* estrépito. *2* alboroto. *3 i.* hacer ruido, meter bulla.
clause [klɔ:z] *s.* cláusula.
claw [[klɔ:] *s.* garra. *2 t.-i.* desgarrar.
clay [klei] *s.* arcilla.
clean [kli:n] *a.* limpio. *2 t.* limpiar. *3* purificar.
cleanly ['klenli] *a.* aseado. *2* [kli:nli] *adv.* limpiamente.
cleanse [klenz] *t.* aclarar.
clear [kliəʳ] *a.* claro. *2* limpio. *3 s.* claro, espacio. *4 t.* aclarar. *5* limpiar. *6* i. ~ *up*, despejarse, aclarar. *7* ~ *off, out,* largarse.
clearing ['kliəriŋ] *s.* claro [en un bosque]: ~ *house,* cámara de compensación.
1) **cleave** [kli:v] *t.-i.* pegarse, adherirse. ¶ Pret. y p. p.: *cleaved* [kli:vd].
2) **cleave** [kli:v] *t.-i.* hender(se, rajar(se, partir(se. ¶ Pret.: *cleft* [kleft], *cleaved* [kli:vd] o *clove* [kləuv]; p. p.: *cleft, cleaved* o *cloven* [kləuvn].
cleft [kleft] *a.* hendido. *2 s.* raja. *3* V. TO CLEAVE 2).
clench [klentʃ] *t.* apretar. *2* agarrar.
clergy ['kle:dʒi] *s.* clero.
cleric ['klerik] *s.* clérigo.
clerk [klɑ:k] *s.* empleado, dependiente.
clever ['klevəʳ] *a.* listo.
click [klik] *s.* golpecito seco. *2 i.* sonar.
cliff [klif] *s.* risco.
climate ['klaimit] *s.* clima.
climb [klaim] *s.* subida. *2 t.* subir, escalar.
clinch [klintʃ] *s.* remache. *2* agarro. *3 i.* agarrarse. *4 t.* apretar.
cling [kliŋ] *i.* asirse. *2* persistir. ¶ Pret. y p. p.: *clung* [klʌŋ].
clinic ['klinik] *s.* clínica.
clink [kliŋk] *t.* hacer tintinear. *2 i.* tintinear.
clip [klip] *s.* grapa. *2* corte. *3 t.* sujetar. *4* cortar.
clipping ['klipiŋ] *s.* recorte, retal.
cloak [kləuk] *s.* capa. *2 t.* encubrir.
clock [klɔk] *s.* reloj [de pared].
clod [klɔd[*s.* terrón, gleba.
clog [klɔg] *s.* zueco. *2* obstáculo. *3 t.-i.* obstruir(se.
cloister ['klɔistəʳ] *s.* claustro.
1) **close** [kləus] *s.* recinto. *2 a.* cerrado. *3* apretado. *4* secreto. *5* espeso.

6 riguroso. *7* íntimo. *8* *adv.* cerca; ~ *by,* muy cerca.

2) **close** [klǝuz] *t.* cerrar. *2* tapar, obstruir. *3* apretar, tupir. *4* cercar, rodear. *5* concluir, ultimar. *6* clausurar. *7* *i.* cerrarse. *8* acercarse. *9* luchar, agarrarse. *10* terminarse. *11* *s.* conclusión.

closet ['klɔzit] *s.* armario. *2* retrete.

cloth [klɔθ] *s.* tela.

clothe [klǝuð] *t.* vestir. ¶ Pret. y p. p.: *clothed* [klǝuðd] o *clad* [klæd].

clothes [klǝuðz] *s. pl.* prendas de vestir, ropa.

cloud [klaud] *s.* nube. *2* *t.-i.* nublar(se.

cloudy ['klaudi] *a.* nublado. *2* oscuro.

clown [klaun] *s.* payaso.

club [klʌb] *s.* clava, porra. *2* DEP. bate; palo[de golf]. *3* trébol o bastos [de la baraja]. *4* club, círculo, sociedad.

club [klʌb] *t.* apalear. *2* *i.* unirse, escotar [para un fin].

clue [klu:] *s.* pista.

clump [klʌmp] *s.* grupo [de árboles]. *2* masa. *3* *t.-i.* agrupar(se.

clumsy ['klʌmzi] *a.* torpe.

clung [klʌŋ] V. TO CLING.

cluster ['klʌstǝʳ] *s.* ramo. *2* grupo; racimo. *3* *i.* agruparse. *4* *t.* apiñar.

clutch [klʌtʃ] *s.* agarro. *2* MEC. embrague. *3* *t.-i.* asir, agarrar.

coach [kǝutʃ] *s.* coche, diligencia. *2* instructor. *3* *t.-i.* adiestrar.

coal [kǝul] *s.* carbón. *2* *t.-i.* proveer de carbón.

coarse [kɔ:s] *a.* tosco.

coast [kǝust] *s.* costa. *2* *t.* navegar costeando.

coat [kǝut] *s.* abrigo; chaqueta. *2* cubierta. *3* *t.* cubrir.

coax [kǝuks] *t.* engatusar.

cobweb ['kɔbweb] *s.* telaraña.

cock [kɔk] *s.* gallo. *2* espita. *3* *i.* gallear. *4* *t.* amartillar [un arma]. *5* levantar.

cocktail ['kɔkteil) *s.* cóctel.

cocoa ['kǝukǝu] *s.* cacao.

coconut ['kǝukǝnʌt] *s.* coco.

cod [kɔd] *s.* bacalao.

code [kǝud] *s.* código.

coffee ['kɔfi] *s.* café [bebida].

coffin ['kɔfin] *s.* ataúd.

coil [kɔil] *s.* rollo, rosca. *2* *t.* enrollar. *3* *i.* enroscarse.

coin [kɔin] *s.* moneda. *2* *t.* acuñar. *3* forjar.

coincidence [kəu'insidəns] *s.* coincidencia.

coke [kəuk] *s.* *cok,* coque.

cold [kəuld] *a.-s.* frío. *2* resfriado.

collapse [kə'læps] *s.* fracaso. *2* MED. colapso. *3 i.* derrumbarse. *4* sufrir colapso.

collar ['kɔləʳ] *s.* cuello [de una prenda]. *2* collar.

colleague ['kɔli:g] *s.* colega.

collect [kə'lekt] *t.* recoger, coleccionar. *2* cobrar. *3* reponerse. *4 i.* congregarse.

collection [kə'lekʃən] *s.* reunión. *2* colecta. *3* colección.

college ['kɔlidʒ] *s.* colegio.

collide [kə'laid] *t.* chocar.

colliery ['kɔljəri] *s.* mina de carbón.

collision [kə'liʒən] *s.* colisión. *2* oposición.

colloquial [kɔ'ləukwiəl] *a.* familiar [lenguaje].

colony ['kɔləni] *s.* colonia.

colour ['kʌləʳ] *s.* color. *2 pl.* bandera. *3 t.* pintar. *4* colorear. *5* enrojecer.

colourless ['kʌləlis] *a.* descolorido.

column ['kɔləm] *s.* columna.

comb [kəum] *s.* peine. *2 t.* peinar. *3* rastrillar.

combat ['kɔmbət] *s.* combate. *2 t.-i.* combatir.

combination [ˌkɔmbi'neiʃən] *s.* combinación.

combine [kəm'bain] *t.-i.* combinar(se. *2* tramar.

combustible [kəm'bʌstibl] *a.-s.* combustible.

come [kʌm] *i.* venir. *2* provenir. *3* aparecer. *4* suceder. *5 to ~ about,* ocurrir. *6 to ~ back,* retroceder. *7 to ~ forward,* avanzar. *8 to ~ in,* entrar. *9 to ~ off,* despegarse. *10 to ~ on,* entrar. *11 to ~ out,* salir. ¶ Pret.: *came* [keim]; p. p.: *come* [kʌm].

comedy ['kɔmidi] *s.* comedia.

comely ['kʌmli] *a.* gentil.

comet ['kɔmit] *s.* cometa.

comfort ['kʌmfət] *s.* comodidad. *2 t.* consolar.

comfortable ['kʌmfətəbl] *a.* confortable, cómodo.

comic ['kɔmik] *a.* cómico. *2 s.* historieta cómica.

coming ['kʌmiŋ] *a.* próximo. *2 s.* llegada.

command [kə'mɑ:nd] *s.* mandato. *2* mando. *3 t.-i.* mandar, ordenar.

commander [kə'mɑ:ndəʳ] *s.* comandante, jefe.

commemorate [kə'meməreit] *t.* conmemorar.
commence [kə'mens] *t.-i.* comenzar, empezar.
commencement [kə'mensmənt] *s.* comienzo.
commend [kə'mend] *t.* encomendar. *2* recomendar.
comment ['kɔment] *s.* comentario. *2 i.* comentar.
comentary ['kɔmentəri] *s.* comentario.
commerce ['kɔmə:s] *s.* comercio.
commercial [kə'mə:ʃəl] *a.* comercial.
commission [kə'miʃən] *s.* comisión. *2 t.* encargar, delegar.
commit [kə'mit] *t.* cometer. *2* encargar. *3* comprometerse.
committee [kə'miti] *s.* comisión, comité.
common ['kɔmən] *a.* común. *2* vulgar.
commonwealth ['kɔmənwelθ] *s.* comunidad de naciones.
commotion [kə'məuʃən] *s.* conmoción, agitación.
communicate [kə'mju:nikeit] *t.* comunicar(se, transmitir. *2* comulgar.
communication [kəˌmju:ni'keiʃən] *s.* comunicación.
communist ['kɔmjunist] *a.-s.* comunista.
community [kə'mju:niti] *s.* comunidad.
compact ['kɔmpækt] *s.* pacto. *2* polvera. *3* [kəm'pækt] *a.* denso. *4* conciso. *5 t.* condensar.
companion [kəm'pænjən] *s.* compañero; camarada.
company ['kʌmpəni] *s.* compañía.
comparative [kəm'pærətiv] *a.* comparativo. *2* comparado.
compare [kəm'pɛəʳ] *t.* comparar. *2* confrontar.
comparison [kəm'pærisn] *s.* comparación.
compartment [kəm'pɑ:tmənt] *s.* departamento.
compass ['kʌmpəs] *s.* ámbito. *2* brújula. *3 pl.* compás. *4 t.* planear. *5* conseguir. *6* rodear.
compassion [kəm'pæʃən] *s.* compasión.
compassionate [kəm'pæʃənit] *a.* compasivo.
compel [kəm'pel] *t.* obligar, forzar.
compensate ['kɔmpenseit] *t.* compensar.
compete [kəm'pi:t] *i.* competir, rivalizar.
competent ['kɔmpitənt] *a.* competente, capaz.
competition [ˌkɔmpi'tiən] *s.* competición, *2* certamen. *3* oposicion(es.
competitive [kəm'petitiv] *a.* competitivo.

compile [kəm'pail] *t.* recopilar.
complain [kəm'plein] *i.* quejarse.
complaint [kəm'pleint] *s.* queja. *2* demanda.
complement ['kɔmplimənt] *s.* complemento.
complete [kəm'pli:t] *a.* completo. *2 t.* completar. *3* llenar.
complex ['kɔmpleks] *a.-s.* complejo.
complexion [kəm'plekʃən] *s.* cutis. *2* aspecto.
complicate ['kɔmplikeit] *t.* complicar, enredar.
complicated ['kɔmplikeitid] *a.* complicado.
compliment ['kɔmpliment] *t.* felicitar. *2* [-mənt] *s.* cumplido, saludo.
comply [kəm'plai] *i.* acceder. *2* cumplir.
compose [kəm'pəuz] *t.* componer. *2* calmar.
composed [kəm'pəuzd] *a.* compuesto. *2* sosegado.
composition [ˌkɔmpə'ziʃən] *s.* composición.
compound ['kɔmpaund] *s.* mezcla. *2* [kəm'paund] *t.* componer. *3 i.* avenirse.
comprehend [ˌkɔmpri'hend] *t.* comprender.
comprehensive [ˌkɔmpri'hensiv] *a.* extenso.
compress [kəm'pres] *t.* comprimir. *2* apretar.
comprise [kəm'praiz] *t.* comprender, incluir.
compromise ['kɔmprəmaiz] *t.* arreglar [por transacción]. *2* comprometer. *3 i.* transigir.
compulsory [kəm'pʌlsəri] *a.* obligatorio.
compute [kəm'pju:t] *t.* computar, calcular.
computer [kəm'pju:təʳ] *s.* computadora.
conceal [kən'si:l] *t.* ocultar, encubrir.
concede [kən'si:d] *t.* conceder.
conceit [kən'si:t] *s.* vanidad. *2* concepto.
conceited [kən'si:tid] *a.* engreído, presuntuoso.
conceive [kən'si:v] *t.-i.* concebir. *2 t.* comprender.
concentrate ['kɔnsentreit] *t.-i.* concentrar(se.
concentration [ˌkɔnsən'treiʃən] *s.* concentración.
concept ['kɔnsept] *s.* concepto.
concern [kən'sə:n] *s.* interés. *2* preocupación. *3* asunto. *4 t.* concernir. *5* importar. *6* preocupar.
concert ['kɔnsə(:)t] *s.* acuerdo. *2* ['kɔnsət] concierto.
concert [kən'sə:t] *t.* concertar, planear. *2 i.* concertarse.

conclude [kən'klu:d] *t.* concluir. *2* decidir.
conclusion [kən'klu:ʒən] *s.* conclusión.
concord ['kɔnkɔ:d] *s.* acuerdo.
concrete ['kɔnkri:t] *a.* concreto. *2 s.* hormigón.
condemn [kən'dem] *t.* condenar.
condense [kən'dens] *t.-i.* condensar(se.
condescend [ˌkəndi'send] *i.* condescender.
condition [kən'diʃən] *s.* condición. *2 t.* condicionar. *3* convenir.
conduct ['kɔndʌkt] *s.* conducta.
conduct [kən'dʌkt] *t.* conducir. *2* dirigir, mandar.
conductor [kən'dʌtəʳ] *s.* conductor: *lightning ~*, pararrayos. *2* MÚS. director. *3* cobrador [de autobús; (E. U.) revisor de tren.
confer [ken'fə:ʳ] *t.* conferir. *2 i.* conferenciar.
conference ['kɔnfərəns] *s.* conferencia, entrevista.
confess [kən'fes] *t.* confesar. *2* reconocer.
confidant *m.*, **confidante** *f.* [ˌkɔnfi'dænt] confidente.
confide [kən'faid] *t.-i.* confiar.
confident ['kɔnfidənt] *a.* seguro.
confine [kən'fain] *i.* confinar. *2 t.* limitar.
confirm [kən'fə:m] *t.* confirmar, corroborar.
confiscate ['kɔnfiskeit] *t.* confiscar.
conflict ['kɔnflikt] *s.* conflicto.
conflict [kən'flikt] *i.* chocar, estar en conflicto.
conform [kən'fɔ:m] *t.-i.* conformar(se.
confound [kən'faund] *t.* confundir. *2* frustrar.
confront [kən'frʌnt] *t.* confrontar. *2* comparar.
confuse [kən'fju:z] *t.* confundir.
confusion [[kən'fju:ʒən] *s.* confusión.
congenial [kən'dʒi:njəl] *a.* simpático, agradable.
congenital [kən'dʒenitl] *a.* congénito.
congest [kən'dʒest] *t.-i.* congestionar(se. *2* aglomerar(se.
congestion [kən'dʒestʃən] *s.* congestión.
congratulate [kən'grætjuleit] *t.* felicitar.
congregate ['kɔŋgrigeit] *t.-i.* congregar(se.
congregation [ˌkɔŋgri'geiʃən] *s.* reunión.
congress ['kɔŋgres] *s.* congreso.
conjecture [kən'dʒektʃəʳ] *s.* conjetura. *2 t.* conjeturar, presumir.

conjure [kən'dʒuəʳ] *t.* implorar. *2* ['kʌndʒəʳ] *to ~ up,* evocar. *3 i.* hacer juegos de manos.

connect [kə'nekt] *t.-i.* unir(se, enlazar(se, relacionar(se. *2 t.* conectar.

connection, connexion [kə'nekʃən] *s.* conexión, enlace. *2* relación.

conquer ['kɔŋkəʳ] *t.* conquistar. *2* vencer, dominar.

conquest ['kɔŋkwest] *s.* conquista.

conscience ['kɔnʃəns] *s.* conciencia.

conscientious [ˌkɔnʃi'enʃəs] *a.* concienzudo. *2* de conciencia.

conscious ['kɔnʃəs] *a.* consciente.

consciousness [ˌkɔnʃəsnis] *s.* FIL., PSIC. conciencia. *2* sentido.

consecrate ['kɔnsikreit] *t.* consagrar.

consent [kən'sent] *s.* consenso.

consequence ['kɔnsikwəns] *s.* consecuencia, resultado.

conservation [ˌkɔnsə:'veiʃən] *s.* conservación.

conservative [kən'sə:vətiv] *a.* conservativo. *2 a.-s.* POL. conservador.

conserve [kən'sə:v] *s.* conserva. *2 t.* conservar, mantener.

consider [kən'sidəʳ *t.* considerar, pensar.

considerate [kən'sidərit] *a.* considerado [para con los demás].

considering [kən'sidəriŋ] *prep.* considerando [que].

consign [kən'sain] *t.* consignar, confiar, depositar.

consist [kən'sist] *i.* consisir.

consistent [kən'sistənt] *a.* consistente, sólido. *2* compatible. *3* consecuente.

consolation [ˌkɔnsə'leiʃən] *s.* consolación, consuelo, alivio.

console [kən'səul] *t.* consolar.

consolidate [kən'sɔlideit] *t.-i.* consolidar(se.

consort ['kɔnsɔ:t] *s.* consorte. *2* [kən'sɔ:t] *i.* juntarse, acompañarse.

conspicuous [kəns'pikjuəs] *a.* conspicuo, eminente. *2* visible.

conspiracy [kən'spirəsi] *s.* conspiración.

conspire [kəns'paiəʳ] *i.* conspirar, conjurarse. *2 t.* tramar.

constable ['kʌnstəbl] *s.* condestable. *2* policía [uniformado].

constancy ['kɔnstənsi] *s.* constancia [firmeza, perseverancia].

consternation [ˌkɔnstə(:)ˈneiʃən] *s.* consternación; terror.
constipate [ˈkɔnstipeit] *t. to be ~d,* estar estreñido.
constipation [ˌkɔnstiˈpeiʃən] *s.* estreñimiento.
constituency [kənˈstitjuənsi] *s.* distrito electoral. *2* electores.
constitute [ˈkɔnstitju:t] *t.-i.* constituir(se.
constituent [kənˈstitjuənt] *a.* constitutivo. *2* POL. constituyente. *3 s.* componente. *4* elector.
constrain [kənsˈtrein] *t.* constreñir, obligar.
construct [kənˈstrʌkt] *t.* construir, fabricar, hacer.
consult [kənˈsʌlt] *t.-i.* consultar. *2 i.* deliberar.
consume [kənˈsju:m] *t.-i.* consumir(se.
consummate [kənˈsʌmit] *a.* consumado. *2* perfecto. *3* [ˈkɔnsəmeit] *t.* consumar.
consumption [kənˈsʌmpʃən] *s.* consumo. *2* MED. tisis.
contact [ˈkɔntækt] *s.* contacto. *2* [kənˈtækt] *t.* ponerse o estar en contacto con.
contagious [kənˈteidʒəs] *a.* contagioso, pegadizo.
contain [kənˈtein] *t.* contener; tener cabida para.
contaminate [kənˈtæmineit] *t.* contaminaı. *2* impurificar.
contemplate [ˈkɔntempleit] *t.* contemplar. *2* proponerse. *3 i.* meditar.
contemporaneous [kənˌtempəˈreinjəs] *a.,* **contemporary** [kənˈtempərəri] *a.-s.* contemporáneo.
contempt [kənˈtempt] *s.* desprecio, menosprecio, desdén.
contemptible [kənˈtemptəbl] *a.* despreciable. *2* desdeñable.
contend [kənˈtend] *i.* contender. *2* competir, oponerse.
content [ˈkɔntent] *s.* contenido.
content [kənˈtent] *a.* contento. *2 t.* contentar, satisfacer.
contention [kənˈtenʃən] *s.* contienda, disputa. *2* afirmación.
contentment [kənˈtentmənt] *s.* satisfacción, contento.
contest [ˈkɔntest] *s.* contienda, lucha, lid. *2* disputa. *3* [kənˈtest] *t.* disputar, luchar por.
continual [kənˈtinjual] *a.* continuo, incesante.
continue [kənˈtinju(:)] *t.* continuar. *2 i.* seguir, durar.

contour ['kɔntuəʳ] *s.* contorno.

contract [kən'trækt] *t.-i.* escoger(se. *2 t.* contratar, pactar. *3* contraer [matrimonio]. *4* ['kɔntrækt] *s.* contrato.

contradict [ˌkɔntrə'dikt] *t.* contradecir. 2 desmentir, negar.

contrary ['kɔntrəri] *a.* contrario. *2* adverso. *3* díscolo, terco.

contrast ['kɔntrɑ:st] *s.* contraste. *2* [kən'trɑ:st] *t.* hacer contrastar. *3 i.* contrastar.

contribute [kən'tribjut] *t.* contribuir con, aportar. *2 i.* contribuir a.

contrivance [kən'traivəns] *s.* inventiva. *2* traza, invención.

contrive [kən'traiv] *t.* idear, inventar. *2* tramar.

control [kən'trəul] *s.* mando, autoridad. *2* gobierno, dirección. *3* sujeción, freno. *4* inspección. *5* comprobación. *6* MEC. mando, control, regulación. *7 t.* sujetar, reprimir. *8* gobernar, dirigir. *9* controlar.

convent ['kɔnvənt] *s.* convento.

convention [kən'venʃən] *s.* convocación. *2* asamblea, convención. *3* convenio.

conventional [kən'venʃənəl] *a.* convencional.

converse ['kɔnvə:s] *a.* opuesto. *2* [kən'və:s] *i.* conversar.

conversion [kən'və:ʃən] *s.* conversión.

convert ['kɔnvə:t] *s.* converso. *2* [kən'və:t] *t.-i.* convertir(se.

convey [kən'vei] *t.* llevar, transportar. *2* trasmitir.

conveyance [kən'veiəns] *s.* transporte. *2* trasmisión.

convict ['kɔnvikt] *s.* presidiario. *2* [kən'vikt]. DER. declarar culpable. *3* condenar.

convince [kən'vins] *t.* convencer.

convoy ['kɔnvɔi] *s.* convoy. *2 t.* convoyar, escoltar.

coo [ku:] *s.* arrullo. *2 i.* arrullar(se.

cook [kuk] *s.* cocinero, -ra. *2 t.-i.* cocer, guisar, cocinar.

cookery ['kukəri] *s.* cocina [arte].

cool [ku:l] *a.* fresco. *2* frío, tibio. *3* sereno, osado. *4 t.-i.* refrescar(se, enfriar(se.

copper ['kɔpəʳ] *s.* cobre. *2* penique; calderilla. *3* caldera.

copy ['kɔpi] *s.* copia, reproducción, imitación. *2* ejemplar [de un libro]; número [de un periódico]. *3* IMPR. original. *4* *rough* ~, borrador. *5* *t.* copiar. *6* imitar, remedar.

copyright ['kɔpirait] *s.* [derechos de] propiedad literaria.

coral ['kɔrəl] *s.* coral.

cord [kɔ:d] *s.* cordel; cuerda.

core [kɔ:ʳ] *s.* corazón, centro. *2* *t.* despepitar.

cork [kɔ:k] *s.* corcho. *2* tapón de corcho. *3* ~-*oak*, alcornoque. *4* *t.* tapar [con corcho], encorchar.

corn [kɔ:n] *s.* grano, trigo. *2* (E. U.) maíz. *3* mies. *4* callo. *5* *t.* salar, curar.

corner ['kɔ:nəʳ] *s.* ángulo, esquina, recodo. *2* rincón. *3* *t.* arrinconar, poner en un aprieto.

coronet ['kɔrənit] *s.* corona [de noble]. *2* diadema.

corporal ['kɔ:pərəl] *a.* corporal. *2* *s.* MIL. cabo.

corps [kɔ:ʳ, *pl.* kɔ:z] *s.* cuerpo de ejército.

corpse [kɔ:ps] *s.* cadáver.

correct [kə'rekt] *a.* correcto. *2* *t.* corregir.

correspond [ˌkɔris'pɔnd] *i.* corresponder, corresponderse [en analogía]. *2* escribirse.

corridor ['kɔridɔ:ʳ] *s.* corredor, pasillo.

corrugate ['kɔrugeit] *t.* arrugar. *2* plegar, ondular.

corrupt [kə'rʌpt] *a.* corrompido. *2* *t.-i.* corromper(se. *3* *t.* adulterar, falsear.

corsair ['kɔ:sɛəʳ] *s.* corsario.

corset ['kɔ:sit] *s.* corsé.

cosmonaut ['kɔzmənɔ:t] *s.* cosmonauta.

cosmopolitan [ˌkɔzmə'pɔlitən] *a.* cosmopolita.

cost [kɔst] *s.* coste, precio. *2* *i.* costar, valer. ¶ Pret. y p. p.: *cost* [kɔst].

costly ['kɔstli] *a.* costoso, caro.

costume ['kɔstju:m] *s.* traje, vestido. *2* *pl.* TEAT. vestuario.

cosy ['kəuzi] *a.* cómodo.

cot [kɔt] *s.* choza. *2* camita.

cottage ['kɔtidʒ] *s.* casita de campo.

cotton ['kɔtn] *s.* algodón.

couch [kautʃ] *s.* cama, lecho. *2* *t.-i.* acostar(se, tender(st.

cough [kɔf] *s.* tos. *2* *i.* toser.

could [kud, kəd] V. CAN.

council ['kaunsil] *s.* concilio. *2* consejo, junta. *3* ayuntamiento.

council(l)or ['kaunsiləʳ] *s.* concejal.

counsel ['kaunsəl] *s.* consejo, parecer; deliberación, consulta. *2* asesor; abogado. *3 t.* aconsejar, asesorar.

counsel(l)or ['kaunsələʳ] *s.* consejero. *2* abogado.

count [kaunt] *s.* cuenta, cálculo. *2* conde. *3 t.* contar, computar. *4* considerar, tener por.

countenance ['kautinəns] *s.* rostro, semblante. *2 t.* favorecer, apoyar, aprobar.

counter ['kauntəʳ] *s.* ficha, tanto. *2* computador. *3* mostrador [mesa]. *4 t.* oponerse a.

counteract [ˌkauntə'rækt] *t.* contrarrestar.

counterfeit ['kauntəfit] *a.* falso. *2* fingido. *3 s.* falsificación. *4 t.* falsificar, contrahacer. *5* fingir.

countess ['kauntis] *s.* condesa.

countless ['kauntlis] *a.* incontable, innumerable.

country ['kʌntri] *s.* país, nación, región. *2* tierra, patria. *3* campo, campiña.

county ['kaunti] *s.* condado. *2* distrito.

couple ['kʌpl] *s.* par, pareja. *2 t.-i.* aparear(se, emparejar(se.

courage ['kʌridʒ] *s.* valor.

courageous [kə'reidʒəs] *a.* valeroso, valiente

courier ['kuriəʳ] *s.* correo, mensajero.

course [kɔ:s] *s.* curso, marcha. *2* camino, trayecto. *3* rumbo. *4* transcurso [del tiempo]. *5* línea [de conducta]. *6* carrera [en la vida]. *7* curso [de estudios], asignatura. *8* plato, servicio [de una comida]. *9* ALBAÑ. hilada. *10* adv. *of* ~, naturalmente, desde luego, por supuesto. *11 t.* perseguir. *12 i.* correr.

court [kɔ:t] *s.* patio: atrio; plazuela cerrada. *2* pista [de tenis]. *3* corte. *4* tribunal. *5 t.* cortejar.

courteous ['kə:tjəs] *a.* cortés.

courtesy ['kə:tisi] *s.* cortesía.

courtier ['kɔ:tjəʳ] *s.* cortesano.

courtly ['kɔ:tli] *a.* cortesano.

court-martial ['kɔ:t'mɑ:ʃəl] *s.* consejo de guerra.

courtship ['kɔ:t-ʃip] *s.* cortejo, galanteo. *2* noviazgo.
courtyard ['kɔ:tjɑ:d] *s.* patio.
cousin ['kʌzn] *s.* primo, -ma.
cove [kəuv] *s.* cala, ensenada.
covenant ['kʌvinənt] *s.* pacto. *2 t.-i.* pactar.
cover ['kʌvəʳ] *s.* tapa, tapadera. *2* cubierta. *3* abrigo, cubierto, techado. *4 t.* cubrir. *5* proteger.
coverlet ['kʌvəlit] *s.* colcha.
covert ['kʌvət] *a.* encubierto, disimulado. *2 s.* ['kʌvəʳ] refugio.
covet ['kʌvit] *t.* codiciar.
covetous ['kʌvitəs] *a.* codicioso.
cow [kau] *s.* vaca. *2 t.* acobardar.
coward ['kauəd] *a.-s.* cobarde.
cowardice ['kauədis] *s.* cobardía.
cowardly ['kauədli] *a.* cobarde.
cowboy ['kaubɔi] *s.* vaquero.
cower ['kauəʳ] *i.* agacharse, encogerse.
cowl [kaul] *s.* cogulla. *2* capucha.
cowslip ['kauslip] *s.* BOT. primavera.
crab [kræb] *s.* cangrejo.
crack [kræk] *s.* crujido. *2* hendidura. *3 a.* fam. de primera. *4 i.* crujir. *5* reventar.
cracker ['krækəʳ] *s.* petardo. *2* galleta. *3 pl.* chiflado.
crackle ['krækl] *s.* crujido. *2 i.* crujir.
cradle ['kreidl] *s.* cuna. *2 t.* acunar.
craft [krɑ:ft] *s.* arte, destreza. *2* oficio; gremio.
craftsman ['krɑ:ftsmən] *s.* artesano.
crafty ['krɑ:fti] *a.* astuto, artero.
crag [kræg] *s.* risco, despeñadero.
cram [kræm] *t.* henchir, atestar.
cramp [kræmp] *s.* calambre. *2 t.* dar calambres.
crane [krein] *s.* ORN. grulla. *2 t.* MEC. grúa. *3 t.* levantar con grúa.
crash [kræʃ] *s.* estallido. *2* choque, accidente. *3 t.-i.* romper(se, estallar.
crater ['kreitəʳ] *s.* cráter.
cravat [krə'væt] *s.* corbata.
crave [kreiv] *t.-i.* pedir.
craving ['kreiviŋ] *s.* deseo, anhelo, ansia.
crawl [krɔ:l] *s.* reptación, arrastramiento. *2* NAT. crol. *3 i.* reptar, arrastrarse; gatear.

craze [kreiz] *s.* manía.
crazy ['kreizi] *a.* loco, insensato.
creak [kri:k] *i.* crujir.
cream [kri:m] *s.* crema, nata.
crease [kri:s] *s.* pliegue, doblez. *2 t.* plegar, doblar, arrugar.
create [kri(:)'eit] *t.* crear.
credit ['kredit] *s.* crédito. *2* honor, honra. *3 t.* dar crédito a.
creditor ['kreditəʳ] *s.* acreedor.
creed [kri:d] *s.* credo; creencia.
creek [kri:k] *s.* abra, cala.
creep [kri:p] *i.* arrastrarse, gatear. *2* correr [los insectos]; trepar [las plantas]. ¶ Pret. y p. p.: *crept* [krept].
crept [krept] V. TO CREEP.
crescent ['kresnt] *a.* creciente. *2 s.* media luna.
crest [krest] *s.* cresta. *2* penacho.
crevice ['krevis] *s.* raja.
crew [kru:] *s.* MAR., AVIA. tripulación, equipaje. *2* equipo, cuadrilla. *3 pret. anticuado* de TO CROW.
crib [krib] *s.* pesebre. *2* cama infantil. *3* plagio. *4 t.* encerrar. *5* plagiar.
cricket ['krikit] *s.* ENT. grillo. *2* DEP. criquet.
crime [kraim] *s.* delito. *2* crimen.
crimson ['krimzn] *a.-s.* carmesí.
cringe [krindʒ] *s.* adulación servil. *2 i.* encogerse [ante un peligro, etc.]. *3* arrastrarse [servilmente].
cripple [kripl] *s.* cojo, lisiado. *2 t.* encojar, lisiar. *3 i.* cojear.
crisp [krisp] *a.* crespo, rizado. *2* crujiente. *3 t.* encrespar, rizar. *4* tostar bien.
criticize ['kritisaiz] *t.-i.* criticar.
croak [krəuk] *s.* graznido. *2 i.* croar. *3 t.* graznar. *4* gruñir.
crochet ['krəuʃei] *s.* ganchillo.
crocodile ['krɔkədail] *s.* cocodrilo.
crook [kruk] *s.* curva, curvatura. *2* gancho, garfio. *3* cayado. *4* trampa. *5* fam. estafador. *6 t.-i.* torcer(se, encorvar(se.
crop [krɔp] *s.* cosecha. *2* cabello corto. *3* buche [de ave]. *4 pl.* campos, mieses. *5 t.* cosechar, recolectar.
cross [krɔs] *s.* cruz. *2* signo de la cruz. *3* cruce [de caminos, etc.]. *4 t.* atravesar. *5* cruzar [che-

que; razas]. *6 to ~ oneself,* santiguarse.

crossroads ['krɔsrəudz] *s.* encrucijada.

cross-word (puzzle) ['krɔswə:d-'pʌzl] *s.* crucigrama.

crouch [krautʃ] *i.* agacharse, agazaparse. *2* arrastrarse [servilmente].

crow [krəu] *s.* ORN. cuervo. *2 i.* cantar [el gallo]. *3* jactarse, bravear.

crowd [kraud] *s.* multitud, gentío. *2 t.-i.* agolpar(se, apiñar(se.

crown [kraun] *s.* corona. *2* cima, cumbre. *3 t.* coronar.

crucify ['kru:sifai] *t.* crucificar; atormentar.

cruel [kruəl] *a.* cruel.

cruelty ['kruəlti] *s.* crueldad.

cruise [kru:z] *s.* crucero, viaje. *2 t.* MAR., AVIA. cruzar, navegar.

cruiser ['kru:zəʳ] *s.* crucero.

crumb [krʌm] *s.* miga. *2 t.* migar.

crumble ['krʌmbl] *t.* desmenuzar, deshacer.

crumple ['krʌmpl] *t.-i.* arrugar(se, ajar(se.

crusade [kru:'seid] *s.* cruzada.

crusader [kru:'seidəʳ] *s.* cruzado.

crush [krʌʃ] *s.* aplastamiento, machacamiento. *2 t.* aplastar, machacar.

crust [krʌst] *s.* corteza. *2* mendrugo.

crutch [krʌtʃ] *s.* muleta.

cry [krai] *s.* grito. *2* lamento. *3 i.-t.* gritar. *4* llorar, lamentarse. *5 to ~ down,* rebajar, desacreditar.

crystal ['kristl] *s.* cristal. *2 a.* de cristal, cristalino.

crystallize ['kristəlaiz] *t.-i.* cristalizar(se.

cub [kʌb] *s.* cachorro.

cube [kju:b] *s.* GEOM., MAT. cubo. *2 t.* cubicar.

cuckoo ['kuku:] *s.* ORN. cuclillo.

cucumber ['kju:kʌmbəʳ] *s.* BOT. cohombro; pepino.

cuddle ['kʌdl] *t.* abrazar, acariciar.

cudgel ['kʌdʒəl] *s.* garrote. *2 t.* apalear, aporrear.

cue [kju:] *s.* señal, indicación.

cuff [kʌf] *s.* puño [de camisa o vestido]: *~ links,* gemelos. *2 t.* abofetear.

cull [kʌl] *t.* escoger, elegir. *2* coger [frutos, etc.].

culminate ['kʌlmineit] *t.* culminar.

culprit ['kʌlprit] *s.* culpable, reo.

cult [kʌlt]. *s.* culto.
cultivate ['kʌltiveit] *t.* cultivar. *2* civilizar.
culture ['kʌltʃəʳ] *s.* cultura.
cunning ['kʌniŋ] *a.* hábil, ingenioso. *2 s.* habilidad, ingenio.
cup [kʌp] *s.* taza, copa.
cupboard ['kʌbəd] *s.* aparador.
curb [kə:b] *s.* barbada. *2* freno. *3* bordillo. *4* brocal. *5 t.* refrenar.
curd [kə:d] *s.* cuajada.
curdle ['kə:dl] *t.-i.* cuajar(se.
cure [kjuəʳ] *s.* cura, curación. *2 t.-i.* curar(se.
curfew ['kə:fju:] *s.* toque de queda.
curing ['kjuəriŋ] *s.* curación.
curio ['kjuəriəu] *s.* curiosidad, antigüedad [objeto].
curious ['kjuəriəs] *a.* curioso.
curl [kə:l] *s.* rizo, bucle. *2 t.-i.* rizar(se, ensortijar(se.
currant ['kʌrənt] *s.* pasa de Corinto. *2* grosella.
currency ['kʌrənsi] *s.* curso, circulación. *2* moneda corriente.
curry ['kʌri] *t.* cari. *2 t.* adobar [pieles]. *3* almohazar.
curse [kə:s] *s.* maldición. *2 t.* maldecir.
curt [kə:t] *a.* breve, conciso.
curtail [kə:'teil] *t.* acortar.
curtain ['kə:tn] *s.* cortina.
curtsy ['kə:tsi] *s.* reverencia. *2 i.* hacer una reverencia.
curve [kə:v] *s.* curva. *2 t.-i.* encorvar(se, torcer(se.
cushion ['kuʃən] *s.* cojín.
custard ['kʌstəd] *s.* natillas.
custody ['kʌstədi] *s.* custodia, guarda. *2* prisión, detención.
custom ['kʌstəm] *s.* costumbre. *2* parroquia, clientela. *3 pl.* aduana; derechos de aduana.
customary ['kʌstəməri] *a.* acostumbrado, habitual, usual.
customer ['kʌstəməʳ] *s.* parroquiano, cliente.
cut [kʌt] *s.* corte, incisión. *2* labra, tallado. *3* trozo [de carne], tajada. *4* hechura, corte [de un vestido. *5 p. p.* de TO CUT. *6 t.* cortar, partir. *7* labrar, tallar. *8* herir. *9 to ~ down,* cortar, rebajar, reducir. *10 to ~ out,* cortar, quitar; desconectar. *11 to ~ short,* interrumpir. *12 i.* cortar.

13 salir [los dientes]. *14 to ~ in,* meter baza. ¶ Pret. y p. p.: *cut* [kʌt].

cute [kju:t] *a.* listo, astuto; mono, bonito.

cutlery [ˈkʌtləri] *s.* cuchillería.

cutlet [ˈkʌtlit] *s.* chuleta.

cycle [ˈsaikl] *i.* ir en bicicleta.

cycling [ˈsaikliŋ] *s.* ciclismo.

cyclone [ˈsaikləun] *s.* METEOR. ciclón.

cylinder [ˈsilindəʳ] *s.* GEOM., MEC. cilindro.

cymbal [ˈsimbəl] *s.* MÚS. címbalo.

cynical [ˈsinikəl] *a.* cínico.

cynicism [ˈsinisizəm] *s.* cinismo.

cypress [ˈsaipris] *s.* BOT. ciprés.

czar [zɑ:ʳ] *s.* zar.

D

dabble ['dæbl] *t.* rociar.

dad [dæd], **daddie, daddy** ['dædi] *s.* fam. papá, papaíto.

daffodil ['dæfədil] *s.* narciso.

dagger ['dægəʳ] *s.* daga, puñal.

daily ['deili] *a.* diario, cotidiano. *2 s.* periódico diario. *3* sirvienta. *4 adv.* diariamente.

dainty ['deinti] *a.* delicado, exquisito. *2* elegante. *3 s.* golosina.

dairy ['dɛəri] *s.* lechería.

daisy ['deizi] *s.* BOT. margarita.

dale [deil] *s.* cañada, vallecito.

dam [dæm] *s.* dique, presa. *2 t.* embalsar.

damage ['dæmidʒ] *s.* daño, perjuicio. *2 t.* dañar, perjudicar,

damn [dæm] *s.* maldición. *2 a.* maldito. *3 t.* condenar. *4* maldecir.

damp [dæmp] *a.* húmedo, mojado. *2 s.* humedad. *3 t.* humedecer, mojar. *4* apagar, amortiguar. *5* desalentar.

dance [dɑ:ns] *s.* danza, baile. *2 i.-t.* danzar, bailar.

danger ['deindʒəʳ] *s.* peligro.

dangerous ['deindʒrəs] *a.* peligroso.

dare [dɛəʳ] *s.* reto, desafío. *2 t.* atreverse a, osar. ¶ Pret.: *dared* [dɛəd] o *durst* [də:st]; p. p.: *dared.*

dark [dɑ:k] *a.* oscuro. *2 s.* oscuridad, tinieblas.

darken ['dɑ:kən] *t.-i.* oscurecer(se; nublar(se.
darkness ['dɑ:knis] *s.* oscuridad.
darling ['dɑ:liŋ] *a.* amado.
darn [dɑ:n] *s.* zurcido. *2 t.* zurcir.
dart [dɑ:t] *s.* dardo, flecha. *2 t.-i.* lanzar(se, arrojar(se.
dash [dæʃ] *s.* arremetida. *2* guión. *3 t.-i.* lanzar(se, arrojar(se.
dashing ['dæʃiŋ] *a.* enérgico.
data ['deitə] *s. pl.* datos.
date [deit] *s.* fecha. *2* cita. *3* dátil. *4 t.* fechar, datar. *5 i.* anticuarse.
daughter ['dɔ:tə^r] *s.* hija.
daughter-in-law ['dɔ:tərinlɔ:] *s.* nuera, hija política.
daunt [dɔ:nt] *t.* intimidar.
dauntless ['dɔ:ntlis] *a.* impávido.
dawn [dɔ:n] *s.* alba, aurora. *2 i.* amanecer, alborear.
day [dei] *s.* día.
day-break ['dei-breik] *s.* amanecer.
daylight ['deilait] *s.* luz del día.
daze [deiz] *s.* deslumbramiento. *2 t.* deslumbrar, aturdir.
dazzle ['dæzl] *s.* deslumbramiento. *2 t.* deslumbrar.
deacon ['di:kən] *s.* diácono.
dead [ded] *a.* muerto. *2* difunto.
deadly ['dedli] *a.* mortal. *2 adv.* mortalmente; sumamente.
deaf [def] *a.* sordo.
deafen ['defn] *t.* ensordecer.
deal [di:l] *s.* porción, cantidad. *2 t.* dar. *3* tratar. *4* comerciar. ¶ Pret. y p. p.: *dealt* [delt].
dealer ['di:lə^r] *s.* comerciante, tratante.
dealings ['di:liŋz] *s.* trato, relaciones.
dean [di:n] *s.* deán. *2* decano.
dear [diə^r] *a.* caro, querido.
dearth [də:θ] *s.* carestía, hambre.
death [deθ] *s.* muerte.
debate [di'beit] *s.* debate, discusión. *2 t.-i.* debatir, discutir.
debris ['debri:] *s.* ruinas, escombros; desecho.
debt [det] *s.* deuda, débito.
debtor ['detə^r] *s.* deudor.
decade ['dekeid] *s.* década.
decay [di'kei] *s.* decaimiento. *2 i.* decaer.

decease [di'si:s] *s.* defunción. *2 i.* morir.
deceit [di'si:t] *s.* engaño.
deceitful [di'si:tful] *s.* engañoso.
deceive [di'si:v] *t.* engañar.
December [di'sembəʳ] *s.* diciembre.
decency ['di:snsi] *s.* decencia.
decent ['di:snt] *a.* decente.
deception [di'sepʃən] *s.* engaño, decepción.
deceptive [di'septiv] *a.* engañoso, falaz.
decide [di'said] *t.-i.* decidir.
decision [di'siʒən] *s.* decisión.
decisive [di'saisiv] *a.* decisivo. *2* decidido, firme.
deck [dek] *s.* MAR. cubierta. *2 t.* adornar.
declaim [di'kleim] *i.-t.* declamar.
declaration [ˌdeklə'reiʃən] *s.* declaración. *2* manifiesto.
declare [di'klɛəʳ] *t.-i.* declarar.
decline [di'klain] *s.* declinación, decadencia. *2 t.-i.* inclinar(se, bajar. *3 t.* rehusar.
declivity [di'kliviti] *s.* declive.
decompose [ˌdi:-kəm'pəuz] *t.-i.* descomponer(se.
decorate ['dekəreit] *t.* decorar, adornar. *2* condecorar.
decorative ['dekərətiv] *a.* decorativo.
decoy ['di:kɔi] *s.* señuelo, reclamo. *2* [di'kɔi] *t.* atraer con señuelo. *3* seducir.
decrease ['di:kri:s] *s.* decrecimiento, disminución. *2* [di:'kri:s] *i.* decrecer. *3 t.-i.* menguar.
decree [di'kri:] *s.* decreto, orden. *2 t.* decretar.
decry [di'krai] *t.* desacreditar, rebajar.
dedicate ['dedikeit] *t.* dedicar. *2* consagrar.
deduce [di'dju:s] *t.* deducir, inferir.
deduct [di'dʌkt] *t.* deducir, rebajar.
deed [di:d] *s.* hecho; acción.
deem [di:m] *t.-i.* juzgar, creer, estimar.
deep [di:p] *a.* hondo, profundo.
deepen ['di:pən] *t.-i.* ahondar(se, intensificar(se.
deer [diəʳ] *s.* ciervo, venado.
defame [di'feim] *t.* difamar, infamar.
default [di'fɔ:lt] *s.* fal-

ta, carencia. *2 t.-i.* faltar.

defeat [di'fi:t] *s.* derrota. *2 t.* derrotar, vencer.

defect ['di:fekt] *s.* defecto. *2* [di'fekt] *i.* desertar.

defective [di'fektiv] *a.* defectivo, defectuoso.

defence [di'fens] *s.* defensa.

defenceless [di'fenslis] *a.* indefenso, inerme.

defend [di'fend] *t.* defender.

defendant [di'fendənt] *s.* DER. demandado; acusado.

defer [di'fə:ʳ] *t.* diferir, aplazar, retardar.

deference ['defərəns] *s.* deferencia; consideración.

defiance [di'faiəns] *s.* desafío.

defiant [di'faiənt] *a.* desafiador.

deficiency [di'fiʃənsi] *s.* deficiencia.

defile ['di:fail] *s.* desfiladero.

defile [di'fail] *t.* ensuciar. *2* manchar, profanar.

define [di'fain] *t.* definir.

definite ['definit] *a.* definido. *2* claro, terminante.

definition [ˌdefi'niʃən] *s.* definición.

deflate [di'fleit] *t.-i.* desinflar(se, deshinchar(se.

defy [di'fai] *t.* desafiar.

degenerate [di'dʒenərit] *a.-s.* degenerado.

degenerate [di'dʒenəreit] *i.* degenerar.

degrade [di'greid] *t.-i.* degradar(se. *2 t.* minorar, rebajar.

degree [di'gri:] *s.* grado.

deign [dein] *i.* dignarse.

deity ['di:iti] *s.* deidad.

deject [di'dʒekt] *t.* abatir, desanimar.

delay [di'lei] *s.* dilación, retraso. *2 t.* diferir, aplazar.

delegate ['deligit] *a.-s.* delegado.

delegate ['deligeit] *t.* delegar, comisionar.

deliberate [di'libərit] *a.* deliberado, premeditado.

deliberate [di'libəreit] *t.* reflexionar, considerar. *2 i.* deliberar, consultar.

delicacy ['delikəsi] *s.* delicadeza.

delicate ['delikit] *a.* delicado.

delicious [di'liʃəs] *a.* delicioso.

delight [di'lait] *s.* deleite, delicia. *2 t.-i.* deleitar(se, encantar(se.

delightful [di'laitful] *a.* deleitable, delicioso.

delinquent [di'liŋkwənt] *a.-s.* delincuente, culpable.

delirious [di'liriəs] *a.* delirante.

deliver [di'livəʳ] *t.* libertar. *2* librar, salvar. *3* entregar.
deliverance [di'livərəns] *s.* liberación, rescate.
delivery [di'livəri] *s.* liberación, rescate. *2* entrega.
dell [del] *s.* vallecito, cañada.
delude [di'lu:d] *t.* engañar.
deluge ['delju:dʒ] *s.* diluvio. *2 t.* inundar.
delusion [di'lu:ʒən] *s.* engaño.
delusive [di'lu:siv], **delusory** [di'lu:səri] *a.* engañoso; ilusorio.
delve [delv] *t.-i.* cavar.
demand [di'mɑ:nd] *s.* demanda. *2 t.* demandar, pedir.
demeano(u)r [di'mi:nəʳ] *s.* comportamiento.
demolish [di'mɔliʃ] *t.* demoler. *2* arrasar.
demon ['di:mən] *s.* demonio.
demonstrate ['demənstreit] *t.* demostrar. *2 i.* manifestarse.
demonstrator ['demənstreitəʳ] *s.* demostrador. *2* manifestante.
demoralize [di'mɔrəlaiz] *t.* desmoralizar.
demur (di'mə:ʳ] *s.* irresolución. *2* objeción. *3 i.* objetar, poner dificultades.
den [den] *s.* caverna. *2* guarida.
denial [di'naiəl] *s.* negación.
denominate [di'nɔmineit] *t.* denominar, llamar.
denote [di'nəut] *t.* denotar.
denouement [dei'nu:mɑ:ŋ] *s.* desenlace.
denounce [di'nauns] *t.* denunciar. *2* anunciar.
dense [dens] *a.* denso.
density ['densiti] *s.* densidad.
dental ['dentl] *a.* dental.
dentist ['dentist] *s.* dentista.
deny [di'nai] *t.* negar.
depart [[di'pɑ:t] *i.* partir.
department [di'pɑ:tmənt] *s.* departamento.
departure [di'pɑ:tʃəʳ] *s.* partida, marcha, salida.
depend [di'pend] *i.* depender.
dependable [di'pendəbl] *a.* formal, digno de confianza.
dependence [di'pəndəns] *s.* dependencia. *2* confianza.
depict [di'pikt] *t.* pintar, representar.
deplorable [di'plɔ:rəbl] *a.* deplorable, lamentable.
deplore [di'plɔ:ʳ] *t.* deplorar, lamentar.

deport [di'pɔ:t] *t.* deportar, desterrar.
deportment [di'pɔ:tmənt] *s.* conducta, proceder.
depose [di'pəuz] *t.* deponer, destituir.
deposit [di'pɔzit] *s.* depósito, sedimento. *2 t.-i.* depositar(se, sedimentar(se.
depot ['depəu] *s.* depósito, almacén.
depreciate [di'pri:ʃieit] *t.* depreciar. 2 despreciar.
depress [di'pres] *t.* deprimir.
depression [di'preʃən] *s.* depresión. *2* abatimiento, desánimo.
deprive [di'praiv] *t.* privar.
depth [depθ] *s.* profundidad, hondura.
deputy [de'pjuti] *s.* diputado.
deride [di'raid] *t.* burlarse.
derive [di'raiv] *t.* derivar.
descend [di'send] *i.-t.* descender.
descent [di'sent] *s.* descenso. *2* linaje, descendencia.
describe [dis'kraib] *t.* describir.
description [dis'kripʃən] *s.* descripción.
descry [dis'krai] *t.* descubrir, divisar.
desert ['dezət] *a.* desierto. *2 s.* desierto, yermo.
desert [di'zə:t] *t.* abandonar. *2 t.-i.* desertar.
deserts [di'zə:ts] *s. pl.* lo merecido.
deserve [di'zə:v] *t. - i.* merecer.
design [di'zain] *s.* plan. *2* intención. *3* dibujo. *4 t.* destinar. *5* proyectar. *6* trazar, diseñar.
designate ['dezigneit] *t.* indicar, señalar.
designer [di'zainəʳ] *s.* dibujante. *2* inventor.
desirable [di'zaiərəbl] *a.* deseable. apetecible.
desire [di'zaiəʳ] *s.* deseo. *2 t.* desear.
desirous [di'zaiərəs] *a.* deseoso.
desk [desk] *s.* pupitre.
desolate ['desəlit] *a.* desolado.
desolate ['desəleit] *t.* desolar, devastar.
despair [dis'pɛəʳ] *s.* desesperación; desesperanza. *2 i.* desesperar; desesperanzarse.
despairingly [dis'pɛəriŋli] *adv.* desesperadamente.
despatch = DISPATCH.
desperate ['despərit] *a.* desesperado. *2* arriesgado.
desperation [ˌdespə'reiʃən] *s.* desesperación; furor.

despicable ['despikəbl] *a.* despreciable, bajo.

despise [dis'paiz] *t.* despreciar, menospreciar.

despite [dis'pait] prep. ~ *of, in* ~ *of,* a pesar de.

despondent [dis'pɔndənt] *a.* desalentado, desanimado.

despot ['despɔt] *s.* déspota.

dessert [di'zə:t] *s.* postres.

destination [ˌdesti'neiʃən] *s.* destinación, destino.

destine ['destin] *t.* destinar.

destiny ['destini] *s.* destino, sino.

destitute ['destitju:t] *a.* indigente, desamparado.

destroy [dis'trɔi] *t.* destruir. 2 demoler.

destruction [dis'trʌkʃən] *s.* destrucción. 2 ruina, perdición.

detach [di'tætʃ] *t.* separar, desprender.

detail ['di:teil] *s.* detalle, pormenor. 2 *t.* detallar, especificar.

detain [di'tein] *t.* retener, detener.

detect [di'tekt] *t.* descubrir, averiguar.

deter [di'tə:ʳ] *t.* detener, disuadir.

determine [di'tə:min] *t.*-*i.* determinar(se, decidir(se.

deterrent [di'terənt] *a.* disuasivo. 2 *s.* freno.

detest [di'test] *t.* detestar.

detonate ['detəuneit] *i.* estallar. 2 *t.* hacer estallar.

detour ['deituəʳ] *s.* desvío; rodeo.

detract [di'trækt] *t.* quitar. 2 detraer, detractar.

devalue [di:'vælju:] *t.* desvalorizar.

devastate ['devəsteit] *t.* devastar, asolar.

develop [di'veləp] *t.* fomentar. 2 *t.*-*i.* desenvolver(se, desarrollar(se.

device [di'vais] *s.* artificio, invención.

devil ['devl] *s.* demonio, diablo.

devilish ['devliʃ] *a.* diabólico. 2 endiablado.

devise [di'vaiz] *t.* inventar.

devoid [di'vɔid] *a.* falto, exento.

devote [di'vəut] *t.* consagrar, dedicar.

devotee [ˌdevəu'ti:] *s.* devoto, beato.

devour [di'vauəʳ] *t.* devorar.

devout [di'vaut] *a.* devoto, piadoso.

dew [dju:] *s.* rocío; relente. *2 t.-i.* rociar, refrescar.

dexterity [deks'teriti] *s.* destreza.

diagnosis [ˌdaiəg'nəusis] *s.* diagnosis.

diagram ['daiəgræm] *s.* diagrama, esquema.

dial ['daiəl] *s.* reloj de sol. *2* esfera [de reloj]. *3* disco [de teléfono, etc.]. *4 t.* TELEF. marcar.

dialect ['daiəlekt] *s.* dialecto.

dialogue ['daiəlɔg] *s.* diálogo.

diameter [dai'æmitəʳ] *s.* diámetro.

diamond ['daiəmənd] *s.* diamante. *2* GEOM. rombo.

diary ['daiəri] *s.* diario, dietario.

dice [dais] *s.* dados.

dictate ['dikteit] *s.* mandato.

dictate [dik'teit] *t.* dictar. *2* mandar.

dictation [dik'teiʃən] *s.* dictado.

dictionary ['dikʃənəri] *s.* diccionario, léxico.

did [did] *pret.* de TO DO.

didn't [didnt] *contr.* de DID y NOT.

die [dai], *pl.* **dice** [-s] *s.* dado [para jugar]. *2* cubito.

die [dai] *i.* morir, fallecer. ¶ Pret. y p. p.: *died* [daid]; ger.: *dying* ['daiiŋ].

diet ['daiət] *s.* dieta.

differ ['difəʳ] *i.* diferir.

difficult ['difikəlt] *a.* difícil.

diffidence ['difidəns] *s.* timidez.

diffident ['difidənt] *a.* tímido.

diffuse [di'fju:s] *a.* difuso.

diffuse [di'fju:z] *t.-i.* difundir(se.

dig [dig] *s.* empujon, codazo. *2 t.* cavar, ahondar. ¶ Pret. y p. p.: *dug* [dʌg].

digest ['daidʒest] *s.* compendio.

digest [di'dʒest] *t.-i.* digerir(se. *2 t.* resumir.

dignify ['dignifai] *t.* dignificar.

digress [dai'gres] *i.* divagar.

dike [daik] *s.* dique, malecón.

dilate [dai'leit] *t.-i.* dilatar(se, hinchar(se.

diligence ['dilidʒəns] *s.* diligencia, aplicación.

dilute [dai'lju:t] *t.-i.* diluir(se.

dim [dim] *a.* oscuro, opaco. *2 t.* oscurecer.

dime [daim] *s.* (E. U.) diez centavos.

dimensión [[di'menʃən] *s.* dimensión.

diminish [di'miniʃ] *t.* disminuir.

dimness ['dimnis] *s.* semioscuridad, penumbra.

din [din] *s.* fragor, estrépito. *2 t.* golpear con ruido.

dine [dain] *i.* comer, cenar.

diner ['dainəʳ] *s.* comensal. *2* vagón restaurante.

dinghy, dingey ['diŋgi] *s.* botecito; lancha.

dingy ['dindʒi] *a.* oscuro, sucio.

dining-room ['dainiŋrum] *s.* comedor [pieza].

dinner ['dinəʳ] *s.* cena: *to have ~,* cenar.

dip [dip] *s.* zambullida. *2 t.* sumergir, bañar.

dire ['daiəʳ] *a.* horrendo.

direct [di-, dai'rekt] *a.* directo. *2 t.* dirigir.

directory [di'rektəri] *s.* directorio. *2* guía [telefónica, etc.].

dirge [də:dʒ] *s.* canto fúnebre.

dirt [də:t] *s.* suciedad.

dirty ['də:ti] *a.* manchado, sucio. *2* cochino, indecente. *3 t.-i.* ensuciar(se.

disability [ˌdisə'biliti] *s.* impotencia, incapacidad.

disable [dis'eibl] *t.* inutilizar.

disadvantage [ˌdisəd'vɑ:ntidʒ] *s.* desventaja.

disagree [ˌdisə'gri:] *i.* discordar, discrepar.

disagreeable [ˌdisə'griəbl] *a.* desagradable, ingrato.

disagreement [ˌdisə'gri:mənt] *s.* discordancia, discrepancia.

disappear [ˌdisə'piəʳ] *i.* desaparecer.

disappoint [ˌdisə'pɔint] *t.* defraudar, decepcionar.

disapproval [ˌdisə'pru:vəl] *s.* desaprobación.

disapprove ['disə'pru:v] *t.* desaprobar.

disarm [dis'ɑ:m] *t.-i.* desarmar(se. *2* calmar.

disaster [di'zɑ:stəʳ] *s.* desastre.

disastrous [di'zɑ:strəs] *a.* desastroso.

disband [dis'bænd] *i.* dispersarse, desbandarse.

disc [disk] *s.* disco.

discard [di'kɑ:d] *t.-i.* descartarse [de]. *2 t.* descartar.

discern [di'sə:n] *t.* discernir, distinguir.

discharge [dis'tʃɑ:dʒ] *s.* descarga. *2 t.* descargar.

disciple [di'saipl] *s.* discípulo.

discipline ['disiplin] *s.* disciplina. *2* castigo. *3 t.* disciplinar. *4* castigar.

disclose [dis'kləuz] *t.* descubrir.

discomfort [dis'kʌmfət] *s.* incomodidad, molestia.
disconcert [ˌdiskən'sə:t] *t.* desconcertar.
disconnect ['diskə'nekt] *t.* separar; desconectar.
discontent ['diskən'tent] *s.* descontento, disgusto. *2 a.* descontento. *3 t.* descontentar, disgustar.
discontinue ['diskən'tinju:] *t.* interrumpir.
discontinuous ['diskən'tinjues] *a.* discontinuo.
discord ['diskɔ:d] *s.* discordia.
discord [dis'kɔ:d] *i.* desconvenir, discordar.
discount ['diskaunt] *s.* descuento; rebaja *2 t.* descontar, rebajar.
discourage [dis'kʌridʒ] *t.* desalentar. *2* disuadir.
discourse [di'kɔ:s] *s.* discurso. *2 i.* discurrir, disertar.
discover [dis'kʌvəʳ] *t.* descubrir, hallar.
discovery [dis'kʌvəri] *s.* descubrimiento, hallazgo.
discredit [dis'kredit] *s.* descrédito; deshonra. *2 t.* desacreditar, desprestigiar.
discreet [dis'kri:t] *a.* discreto.
discrepance, -cy [dis'krepəns, -i] *s.* discrepancia.
discretion [dis'kreʃən] *s.* discreción.
discriminate [dis'krimineit] *t.* distinguir, diferenciar.
discuss [dis'kʌs] *t.-i.* discutir.
disdain [dis'dein] *s.* desdén, menosprecio. *2 t.* desdeñar.
disdainful [dis'deinful] *a.* desdeñoso. *2* altanero.
disease [di'zi:z] *s.* enfermedad.
disembark ['disim'bɑ:k] *t.-i.* desembarcar.
disengage ['disin'geidʒ] *t.* desenredar, desembarazar.
disentangle ['disin'tæŋgl] *t.* desenredar. *2* zafar.
disfigure [dis'figəʳ] *t.* desfigurar, afear.
disgrace [dis'greis] *s.* desgracia, disfavor.
disgrace [dis'greis] *t.* deshonrar.
disgraceful [dis'greisful] *a.* deshonroso, vergonzoso.
disguise [dis'gaiz] *s.* disfraz. *2 t.* disfrazar.
disgust [dis'gʌst] *s.* aversión. *2 t.* hastiar, repugnar.
dish [diʃ] *s.* plato, fuente. *2 t.* servir. *3* burlar, frustrar.
dishearten [dis'hɑ:tn] *t.* descorazonar, desanimar.

dishevel [di'ʃevəl] *t.* desgreñar, despeinar.
dishonest [dis'ɔnist] *a.* tramposo, falso. *2* poco honrado.
dishono(u)r [dis'ɔnəʳ] *s.* deshonor, deshonra. *2 t.* deshonrar.
disillusion [ˌdisi'lu:ʒən] *s.* desilusión. *2 t.* desilusionar.
disinterested [dis'intris-t.d] *a.* desinteresado. *2* imparcial.
disjoint [dis'dʒɔint] *t.* desarticular, descoyuntar.
disk [disk] *s.* disco.
dislike [dis'laik] *s.* aversión. *2 t.* tener antipatía a, detestar
dismal ['dizməl] *a.* triste, sombrío.
dismay [dis'mei] *s.* desmayo. *2 t.* desanimar, espantar.
dismiss [dis'mis] *t.* despedir. *2* disolver.
dismissal [dis'misəl] *s.* despido. *3* disolución.
dismount ['dis'maunt] *t.* desmontar. *2 i.* bajar, apearse.
disobedience [ˌdisə'bi:-djəns] *s.* desobediencia.
disobey ['disə'bei] *t.-i.* desobedecer.
disorder [dis'ɔ:dəʳ] *s.* trastorno. *2 t.* desordenar.
disorderly [dis'ɔ:dəli] *a.* desordenado. *2* confuso.
dispatch [dis'pætʃ] *s.* despacho. *2 t.* despachar.
dispel [dis'pel] *t.-i.* dispersar(se, disipar(se.
dispense [dis'pens] *t.* dispensar, distribuir.
disperse [dis'pə:s] *t.-i.* dispersar(se.
displace [dis'pleis] *t.* cambiar de sitio, remover.
display [dis'plei] *s.* despliegue, exhibición, manifestación. *2 t.* desplegar, abrir, extender.
displease [dis'pli:z] *t.* desagradar, disgustar.
displeasure [dis'pleʒəʳ] *s.* desagrado, descontento.
disposal [dis'pəuzəl] *s.* disposición, arreglo.
dipsose [dis'pəuz] *t.* disponer [arreglar, ordenar; establecer; disponer el ánimo de].
disprove ['dis'pru:v] *t.* refutar, confutar.
dispute [dis'pju:t] *s.* disputa, discusión. *2 t.-i.* disputar, discutir. *3* controvertir.
disqualify [dis'kwɔlifai] *t.* inhabilitar.
disquiet [dis'kwaiət] *s.* inquietud. *2 t.* inquietar.
disregard ['disri'gɑ:d] *s.* desatención, descuido. *2 t.* desatender, descuidar.

disreputable [dis'repjutəbl] *a.* desacreditado. 2 deshonroso.
disrespect ['disris'pekt] *s.* falta de respeto, desacato.
disrespectful [ˌdisris'pekful] *a.* irrespetuoso.
dissatisfaction ['disˌsætis'fækʃən] *s.* descontento.
dissatisfy ['dis'sætisfai] *t.* descontentar.
dissect [di'sekt] *t.* disecar.
dissemble [di'sembl] *t. t.* disimular, disfrazar.
dissension [di'senʃən] *s.* disensión, discordia.
dissent [di'sent] *s.* disentimiento. 2 *i.* disentir, diferir. 3 disidir.
dissipate ['disipeit] *t.* dispersar. 2 disipar.
dissolute ['disəlu:t] *a.* disoluto.
dissolve [di'zɔlv] *t.-i.* disolver(se.
dissuade [di'sweid] *t.* disuadir.
distance ['distəns] *s.* distancia. 2 *t.* distanciar.
distaste ['dis'teist] *s.* hastío, aversión, repugnancia.
distasteful [dis'teistful] *a.* desagradable, repugnante.
distemper [dis'tempəʳ] *s.* mal humor. 2 enfermedad. 3 *t.* perturbar, enfermar.
distil(l [dis'til] *t.* destilar.
distinct [dis'tiŋkt] *a.* distinto.
distinctive [dis'tiŋktiv] *a.-s.* distintivo.
distinguish [dis'tiŋgwiʃ] *t.-i.* distinguir(se.
distort [dis'tɔ:t] *t.* torcer.
distract [dis'trækt] *t.* distraer, apartar.
distress [dis'tres] *s.* pena. 2 *t.* afligir.
distressing [dis'tresiŋ] *a.* penoso.
distribute [dis'tribju(:)t] *t.* distribuir.
district ['distrikt] *s.* distrito.
distrust [dis'trʌst] *s.* desconfianza. 2 *t.* desconfiar.
disturb [dis'tə:b] *t.* turbar.
disturbance [dis'tə:bəns] *s.* perturbación, alteración.
ditch [ditʃ] *s.* zanja, foso.
dive [daiv] *s.* zambullida, inmersión. 2 buceo. 3 *i.* zambullirse, sumergirse.
diver ['daivəʳ] *s.* buzo.
diverse [dai'və:s] *a.* diverso, diferente.
diversion [dai'və:ʃən] *s.* diversión, pasatiempo.
divert [dai'və:t] *t.* desviar, apartar. 2 divertir.

divide [di'vaid] *t.-i.* dividir(se; separar(se.
divine [di'vain] *a.* divino: sublime. *2 s.* sacerdote; teólogo. *3 t.-i.* adivinar. *4* conjeturar.
diviner [di'vainəʳ] *s.* adivino.
diving ['daiviŋ] *s.* buceo.
divinity [di'viniti] *s.* divinidad. *2* teología.
divorce [di'vɔ:s] *s.* divorcio. *3 t.i-.* divorciarse de.
divulge [dai'vʌldʒ] *t.* divulgar; publicar.
dizziness ['dizinis] *s.* vértigo, mareo, vahído.
dizzy ['dizi] *a.* vertiginoso, que marea.
do [du:] *t.* [en sentido general] hacer [justicia; un favor, etc.]. *2* concluir, despachar. *3* cumplir con [un deber, etc.]. *4* producir, preparar. arreglar. *5* cocer, guisar. *6 i.* obrar, portarse; estar: *how ~ you ~?*, ¿cómo está usted? *7* servir, bastar: *that will ~*, esto basta. ¶ INDIC. Pres., 3.ª pers.: *does* [dʌz, dəz]. | Pret.: *did* [did]. | Part. p.: *done* [dʌn].
dock [dɔk] *s.* dique; dársena. *2 t.* cortar, cercenar.
doctor ['dɔktəʳ] *m.* doctor. *2 t.* doctorar.
doctrine ['dɔktrin] *s.* doctrina.
document ['dɔkjumənt] *s.* documento. *2* [-ment] *t.* documentar.
dodge [dɔdʒ] *s.* regate. *2* argucia, artificio. *3 i.* regatear; evitar, burlar.
doe [dəu] *s.* ZOOL. gama.
doer ['du(:)əʳ] *s.* autor, agente.
does [dʌz, dəz] V. TO DO.
dog [dɔg] *s.* perro, perra, can. *2 t.* perseguir, seguir.
dogged ['dɔgid] *a.* terco, obstinado.
doing ['du(:)iŋ] *ger.* de TO DO. *2 s. pl.* hechos, acciones.
doleful ['dəulful] *a.* doloroso.
doll [dɔl] *s.* muñeca, muñeco.
dollar ['dɔləʳ] *s.* dólar.
dolly ['dɔli] *s.* muñequita.
dolphin ['dɔlfin] *s.* ZOOL. delfín.
dolt [dəult] *s.* tonto, zote.
domain [də'mein] *s.* finca.
dome [dəum] *s.* ARQ. cúpula.
domestic [də'mestik] *a.* doméstico. *2* casero. *3 s.* criado.
dominant ['dɔminənt] *a.* dominante.
dominate ['dɔmineit] *t.-i.* dominar. *2 i.* predominar.

dominion [də'minjən] *s.* dominación, señorío.
don [dɔn] *t.* vestirse.
done [dʌn] *p. p.* de TO DO.
donkey ['dɔŋki] *s.* asno, burro.
doom [du:m] *s.* sentencia, condena. *2* destino. *3 t.* condenar.
door [dɔ:ʳ, dɔəʳ] *s.* puerta.
door-bell ['dɔ:bel] *s.* timbre.
door-keeper ['dɔ:ˌki:pəʳ] *s.* portero.
doorway ['dɔ:wei] *s.* puerta, entrada, portal.
dope [dəup] *s.* droga, narcótico. *2 t.* drogar, narcotizar.
dose [dəus] *s.* dosis, toma. *2 t.* medicinar. *3* dosificar.
dot [dɔt] *s.* punto, señal. *2 t.* puntear, salpicar.
double ['dʌbl] *a.* doble, duplo. *2* doble [de dos partes; insincero, ambiguo]. *3 t.* doblar, duplicar.
doubt [daut] *s.* duda. *2 t.-i.* dudar.
doubtful ['dautful] *a.* dudoso.
doubtless ['dautlis] *a.* indudable.
dough [dəu] *s.* masa [del pan].
doughnut ['dəunʌt] *s.* buñuelo.
dove [dʌv] *s.* palomo, paloma.
down [daun] *s.* plumón. *2* bozo, vello. *3* pelusa. *4* duna. *5* loma. *6 ups and downs,* altibajos. *7 adv.-prep.* abajo, hacia abajo, por. *8 t.* derribar.
downfall ['daunfɔ:l] *s.* caída [de agua o nieve]. *2* fig. ruina.
downright ['daunrait] *a. a.* claro, categórico.
downstars ['daun'stɛəz] *adv.* abajo [en el piso inferior].
downward ['daunwəd] *a.* descendente. *2 adv.* DOWNWARDS.
downwards ['daunwədz] *adv.* hacia abajo.
downy ['dauni] *a.* velloso.
dowry ['dauəri] *s.* dote.
doze [dəuz] *s.* sueño ligero. *2 i.* dormitar.
dozen ['dʌzn] *s.* docena.
drab [dræb] *s.* pardusco.
draft, draught [drɑ:ft] *s.* acción de sacar. *2* corriente [de aire]. *3* tiro [de chimenea]. *4* inhalación, trago; bebida. *5* atracción, tracción, tiro. *6* redada. *7* trazado; boceto, dibujo. ¶ En las acepciones 4 y 6 úsase de preferencia *draught.*
draft, draught [drɑ:ft] *t.*

hacer el borrador de, redactar.
drag [dræg] *s.* rastra, grada. *2 t.* arrastrar.
dragon ['drægən] *s.* dragón.
drain [drein] *s.* drenaje. *2 t.* desaguar, drenar.
drainage ['dreinidʒ] *s.* desagüe.
drake [dreik] *s.* pato [macho].
dramatist ['dræmətist] *s.* dramaturgo.
drank [dræŋk] V. TO DRINK.
drape [dreip] *s.* colgadura. *2 t.* entapizar.
drapery ['dreipəri] *s.* pañería.
drastic ['dræstik] *a.* drástico.
draught [drɑ:ft] *s.* DRAFT.
draughtsman ['drɑ:ftsmən] *s.* dibujante, delineante.
draw [drɔ:] *s.* arrastre, tracción. *2 t.* arrastrar. 2 dibujar. ¶ Pret.: *drew* [dru:]; p. p.: *drawn* [drɔ:n].
drawback ['drɔ:bæk] *s.* inconveniente, desventaja.
drawbridge ['drɔ:bridʒ] *s.* puente levadizo.
drawer [drɔ:ʳ, drɔəʳ] *s.* cajón.
drawing ['drɔ:iŋ] *s.* dibujo. 2 tracción, arrastre.
drawl [drɔ:l] *s.* enunciación lenta. *2 t.-i.* arrastrar las palabras.
drawn [drɔ:n] *p. p.* de TO DRAW. *2 a.* de aspecto fatigado.
dread [dred] *s.* miedo, temor. *2 a.* temible, terrible. *3 t.-i.* temer [a].
dreadful ['dredful] *a.* terrible, espantoso.
dream [dri:m] *s.* sueño. *2 t.-i.* soñar. ¶ Pret. y p. p.: *dreamed* o *dreamt* [dremt].
dreamt [dremt] V. TO DREAM.
dreary ['driəri] *a.* triste.
drench [drentʃ] *t.* mojar.
dress [dres] *s.* vestido, indumentaria. *2 t.-i.* vestir(se, ataviar(se. *3* peinar, arreglar [el cabello].
dresser ['dresəʳ] *s.* cómoda con espejo.
dressmaker ['dresˌmeikəʳ] *s.* modista, costurera.
drew [dru:] V. TO DRAW.
dried [draid] V. TO DRY.
drier ['draiəʳ] *s.* secador.
drift [drift] *s.* lo arrastrado por el mar, el viento, etc. 2 rumbo, dirección, giro. *3 t.* impeler, llevar, amontonar. *4 i.* flotar, ir a la deriva.
drill [dril] *s.* taladro. 2 ejercicio. *3 t.* taladrar.
drink [driŋk] *s.* bebida. 2 trago. *3 t.* beber. *4 i.*

emborracharse. ¶ Pret.: *drank* [dræŋk]; p. p.: *drunk* [drʌŋk].

drinking ['driŋkiŋ] *s.* bebida.

drip [drip] *s.* goteo. *2* gotera. *3 i.* gotear, chorrear.

drive [draiv] *s.* paseo en coche. *2 t.* impeler, impulsar, mover, llevar. *3* guiar, conducir. ¶ Pret.: *drove* [drəuv]; p. p.: *driven* ['drivn].

driven ['drivn] TO DRIVE.

driver ['draivəʳ] *s.* conductor.

driving ['draiviŋ] *s.* conducción. *2* impulso.

drizzle ['drizl] *s.* llovizna. *2 i.* lloviznar.

drone [drəun] *s.* ENT. y fig. zángano. *2* zumbido. *3 t.* zumbar.

droop [dru:p] *s.* inclinación, caída. *2 t.-i.* inclinar(se, bajar(se.

drop [drɔp] *s.* gota [de líquido]. *2* JOY. pendiente. *3 t.* dejar caer, soltar, echar, verter. *4 i.* gotear, chorrear.

drought [draut] *s.* sequía.

drove [drəuv] V. TO DRIVE. *2 s.* manada, rebaño.

drown [draun] *t.-i.* ahogar(se, anegar(se. *2 t.* inundar.

drowsy ['drauzi] *a.* soñoliento.

drudgery ['drʌdʒəri] *s.* trabajo penoso.

drug [drʌg] *s.* droga; medicamento. *2 t.* narcotizar; medicinar.

druggist ['drʌgist] *s.* (Ingl.) droguero, farmacéutico; (E. U.) dueño de un DRUG-STORE.

drug-store ['drʌgstɔ:ʳ] *s.* (E. U.) tienda a la vez farmacia, perfumería, colmado, comedor, etcétera.

drum [drʌm] *s.* tambor. *2 i.* tocar el tambor.

drunk [drʌŋk] *p. p.* de TO DRINK. *2 a.* borracho, embriagado.

drunkard ['drʌŋkəd] *s.* borrachín.

drunken ['drʌŋkən] *a.* borracho.

drunkenness ['drʌnkənnis] *s.* embriaguez.

dry [drai] *a.* seco; árido. *2 t.-i.* secar(se, enjugar(se.

dubious ['dju:bjəs] *a.* dudoso.

duchess ['dʌtʃis] *s.* duquesa.

duchy ['dʌtʃi] *s.* ducado [territorio].

duck [dʌk] *s.* ORN. ánade, pato. *2 t.-i.* zambullir(se. *3* agachar(se rápidamente.

due [dju:] *a.* debido: ~ *to*, debido a.

duel ['dju(:)əl] *s.* duelo, desafío.
dug [dʌg] V. TO DIG. *2 s.* teta, ubre.
dug-out ['dʌgaut] *s.* piragua. *2* refugio subterráneo.
duke [dju:k] *s.* duque.
dull [dʌl] *a.* embotado, obtuso. *2* torpe, lerdo. *3 t.* embotar.
dullness ['dʌlnis] *s.* embotamiento. *2* torpeza, estupidez.
duly ['dju:li] *adv.* debidamente.
dumb [dʌm] *a.* mudo, callado.
dump [dʌmp] *s.* vertedero; depósito *2 t.* descargar, verter.
dunce [dʌns] *s.* zote, ignorante.
dune [dju:n] *s.* duna.
dung [dʌŋ] *s.* estiércol. *2 t.* estercolar.
dungeon ['dʌndʒən] *s.* calabozo.
duplicate ['dju:plikit] *a.-s.* duplicado.
duplicate ['dju:plikeit] *t.* duplicar.
durable ['djuərəbl] *a.* durable, duradero.
duration [djuə'reiʃən] *s.* duración, permanencia.
during ['djuəriŋ] *prep.* durante.
dusk [dʌsk] *s.* crepúsculo. *2* sombra.
dusky ['dʌski] *a.* oscuro. *2* sombrío.
dust [dʌst] *s.* polvo. *2* restos mortales. *3* basura. *4 t.* desempolvar.
duster ['dʌstə^r] *s.* paño, plumero.
dusty ['dʌsti] *a.* polvoriento.
duty ['dju:ti] *s.* deber, obligación. *2* obediencia, respeto.
dwarf [dwɔ:f] *a.-s.* enano, -na. *2 t.* impedir el crecimiento de. *3* empequeñecer; achicar.
dwell [dwel] *i.* habitar, residir, vivir. *2* permanecer. ¶ Pret. y p. p.: *dwelt* [dwelt].
dweller ['dwelə^r] *s.* habitante, inquilino.
dwelling ['dweliŋ] *s.* morada, vivienda, casa, domicilio.
dwindle ['dwindl] *i.* menguar, disminuirse.
dye [dai] *s.* tintura, tinte, color. *2 t.-i.* teñir(se.
dynamite ['dainəmait] *s.* dinamita.
dynasty ['dinəsti] *s.* dinastía.

E

each [i:tʃ] *a.-pr.* cada, todo; cada uno: ~ *other*, uno a otro, los unos a los otros.

eager ['i:gəʳ] *a.* ávido, ansioso.

eagerness ['i:gənis] *s.* avidez, ansia, afán, ardor.

eagle ['i:gl] *s.* águila.

ear [iəʳ] *s.* oreja. *2* oído, oídos. *3* BOT. espiga, mazorca [de cereal].

earl [ə:l] *s.* conde [título].

early ['ə:li] *a.* primitivo, antiguo, remoto. *2 adv.* temprano, pronto.

earn [e:n] *t.* ganar, merecer, lograr.

earnest ['ə:nist] *a.* serio. 2 sincero.

earnestness ['ə:nistnis] *s.* seriedad, buena fe. *2* ahínco, ardor.

earnings ['ə:niŋz] *s. pl.* ganancias; sueldo, salario.

earpiece ['iəpi:s] *s.* auricular.

ear-ring ['iəriŋ] *s.* pendiente.

earshot ['iə-ʃɔt] *s.* alcance del oído.

earth [ə:θ] *s.* tierra, barro. *2* tierra [mundo; país; suelo]. *3* madriguera.

earthen ['ə:θən] *a.* de barro.

earthenware ['ə:θənwɛəʳ] *s.* olleria, vasijas de barro.

earthly ['ə:θli] *a.* terrestre. *2* terrenal. *3* mundano, carnal.

earthquake ['ə:θkweik] *s.* terremoto.

earthworm ['ə:θ-wə:m] *s.* lombriz de tierra.

ease [i:z] *s.* alivio, descanso. *2 t.* aliviar, moderar.

easily ['i:zili] *adv.* fácilmente.

east [i:st] *s.* este, oriente, levante. *2 a.* oriental, del este.

Easter ['i:stəʳ] *s.* Pascua de Resurrección.

eastern ['i:stən] *a.* oriental.

easy ['i:zi] *a.* fácil. *2* sencillo. *3* cómodo.

eat [i:t] *t.-i.* comer. ¶ Pret.: *ate* [et, eit]; p. p.: *eaten* ['i:tn].

eaves [i:vz] *s. pl.* alero.

ebb [eb] *s.* MAR. menguante, reflujo. *2 i.* menguar [la marea]. *3* decaer.

ebony ['ebəni] *s.* BOT. ébano.

eccentric [ik'sentrik] *a.-s.* excéntrico. *2 s.* MEC. excéntrica.

ecclesiastic [iˌkli:zi'æstik] *a.-s.* eclesiástico.

echo ['ekəu] *s.* eco. *2 t.* hacer eco a. *3 i.* repercutir, resonar.

economic(al [ˌi:kə'nɔmik, -əl] *a.* económico.

economics [ˌi:kə'nɔmiks] *s.* economía [ciencia].

economist [i'kɔnəmist] *s.* economista.

economy [i'kɔnəmi] *s.* economía.

ecstasy ['ekstəsi] *s.* éxtasis.

eddy ['edi] *s.* remolino. *2 i.* arremolinarse.

edge [edʒ] *s.* filo, corte. *2* canto, borde, esquina. *3 t.* afilar, aguzar. *4* ribetear.

edgeways ['edʒweiz], **edgewise** [-waiz] *adv.* de filo, de lado.

edict ['i:dikt] *s.* edicto, decreto.

edifice ['edifis] *s.* edificio.

edify ['edifai] *t.* edificar moralmente.

edit ['edit] *t.* revisar, preparar para la publicación. 2 redactar, dirigir [un periódico].

edition [i'diʃən] *s.* edición.

editor ['editəʳ] *s.* director, redactor [de una publicación].

editorial [ˌedi'tɔ:riəl] *a.* de dirección o redacción: ~ *staff,* redacción [de un periódico]. *2 s.* editorial, artículo de fondo.

educate [e'djukeit] *t.* educar.

education [ˌedju:'keiʃən] *s.* educación. *2* enseñanza.

eel [i:l] *s.* ICT. anguila.
efface [i'feis] *t.* borrar.
effect [i'fekt] *s.* efecto. *2 t.* efectuar, realizar.
effective [i'fektiv] *a.* efectivo.
effeminate [i'feminit] *a.* afeminado.
efficient [i'fiʃənt] *a.* eficiente.
effort ['efət] *s.* esfuerzo. *2* obra, trabajo.
egg [eg] *s.* huevo. *2 t.* cubrir con huevo. *3 to ~ on,* incitar, instigar.
egress ['i:gres] *s.* salida.
eight [eit] *a.-s.* ocho; **-h** [eitθ] octavo; **-een** ['ei-ti:n] dieciocho; **-eenth** [-θ] decimoctavo; **-y** ['eiti] ochenta; **-ieth** ['eitiiθ] octogésimo.
either ['aiðəʳ, 'i:ðəʳ] *a.-pr.* [el] uno o [el] otro; [el] uno y [el] otro. *2 adv.* también; [con negación] tampoco. *3 conj. ~ ... or,* o ... o.
ejaculate [i'dʒækjuleit] *t.* eyacular. *2* exclamar, proferir.
eke out [i:k aut] *t.* añadir.
elaborate [i'læbərit] *a.* trabajado, detallado. *2* complicado.
elaborate [i'læbəreit] *t.* elaborar. *2 i.* extenderse.
elastic [i'læstik] *a. - s.* elástico.
elbow ['elbəu] *s.* codo. *2* recodo. *3* brazo [de sillón].
elder ['eldəʳ] *a.* mayor [en edad]. *2 s.* persona mayor. *3* saúco.
elderly ['eldəli] *a.* mayor, anciano.
eldest ['eldist] *a. superl.* mayor [en edad]. *2* primogénito.
elect [i'lekt] *a.* elegido, escogido. *2* electo. *3 t.* elegir.
election [i'lekʃən] *s.* elección.
electrician [ilek'triʃən] *s.* electricista.
electricity [ilek'trisiti] *s.* electricidad.
electrify [i'lektrifai] *t.* electrizar. *2* electrificar.
elegance ['eligəns] *s.* elegancia.
elegant ['eligənt] *a.* elegante.
element ['elimənt] *s.* elemento. *2 pl.* elementos [rudimentos; fuerzas naturales].
elementary [ˌeli'mentəri] *a.* elemental.
elephant ['elifənt] *s.* ZOOL. elefante.
elevate ['eliveit] *t.* elevar, levantar, alzar.
elevation [ˌeli'veiʃən] *s.* elevación. *2* exaltación. *3* altura. *4* GEOGR. altitud.

elevator ['eliveitəʳ] *s.* elevador. *2* montacargas. *3* (E. U.) ascensor. *4* (Ingl.) escalera mecánica. *5* almacén de granos.

eleven [i'levn] *a.-s.* once; ~**th** [θ) *a.* undécimo.

elf [elf] *s.* duende. *2* diablillo.

elicit [i'lisit] *t.* sacar, arrancar, sonsacar.

eligible ['elidʒəbl] *a.* elegible.

eliminate [i'limineit] *t.* eliminar.

elk (elk] *s.* ZOOL. anta, alce.

elm [elm] *s.* BOT. olmo.

eloquence ['eləkwəns] *s.* elocuencia.

eloquent ['eləkwənt] *a.* elocuente.

else [els] *a.* más, otro: *nobody* ~, nadie más. *2* *adv.* de otro modo. *3* *conj.* si no.

elsewhere ['els'wɛəʳ] *adv.* en [cualquier] otra parte.

elucidate [i'lu:sideit] *t.* elucidar, dilucidar.

elude [i'lu:d] *t.* eludir.

elusive [i'lu:siv] *a.* huidizo, esquivo.

emaciate [i'meiʃieit] *t.-i.* enflaquecer(se, adelgazar(se.

emancipate [i'mænsipeit] *t.* emancipar. *2* libertar.

embankment [im'bæŋkmənt] *s.* terraplén, dique, presa.

embark [im'bɑ:k] *t.-i.* embarcar(se.

embarrass [im'bærəs] *t.* turbar, desconcertar. *2* embarazar, estorbar. *3* poner en apuros.

embassy ['embəsi] *s.* embajada.

ember ['embəʳ] *s.* ascua, pavesa.

embezzle [im'bezl] *t.* desfalcar, malversar.

embezzlement [im'bezlmənt] *s.* desfalco, peculado, malversación.

embitter [im'bitəʳ] *t.* amargar. *2* enconar.

emblem ['embləm] *s.* emblema.

embody [im'bɔdi] *t.* encarnar, personificar. *2* incorporar.

embolden [im'bəuldən] *t.* animar, envalentonar.

embrace [im'breis] *s.* abrazo. *2* *t.-i.* abrazar(se. *3* *t.* abarcar.

embroider [im'brɔidəʳ] *t.* bordar, recamar. *2* adornar.

embroidery [im'brɔidəri] *s.* bordado, bordadura.

embroil [im'brɔil] *t.* embrollar, enredar.

emend [i:'mend] *t.* enmendar, corregir.

emerald ['emərəld) *s.* esmeralda.
emerge [i'mə:dʒ] *i.* emerger.
emergence [i'mə:dʒəns] *s.* emergencia; salida, aparición.
emergency [i'mə:dʒənsi] *s.* emergencia, apuro.
emery ['eməri] *s.* esmeril.
emigrant ['emigrənt] *s.* emigrante, emigrado.
emigrate ['emigreit] *i.* emigrar.
eminence ['eminəns] *s.* eminencia, altura. *2* distinción.
eminent ['eminənt] *a.* eminente. *2* relevante; manifiesto.
emission [i'miʃən] *s.* emisión. | No en emisión de radio.
emit [i'mit] *t.* emitir.
emotion [i'məuʃən] *s.* emoción.
emotional [i'məuʃənl] *a.* emotivo.
emperor ['empərəʳ] *s.* emperador.
emphasis ['emfəsis] *s.* énfasis
emphasize ['emfəsaiz] *t.* dar énfasis a. *2* recalcar, acentuar.
emphatic(al [im'fætik, -əl] *a.* enfático. *2* enérgico, fuerte.
empire ['empaiəʳ] *s.* imperio.
employ [im'plɔi] *s.* empleo, servicio. *2 t.* emplear. *3* ocupar.
employee [ˌemplɔi'i:] *s.* empleado, dependiente.
employer [im'plɔiəʳ) *s.* patrón, amo, jefe.
employment [im'plɔimənt] *s.* empleo. *2* trabajo, colocación.
empower [im'pauəʳ] *t.* autorizar, facultar.
empress ['empris] *s.* emperatriz.
empty ['empti] *a.* vacío. *2* vacante. *3 t.-i.* vaciar(se.
enable [i'neibl] *t.* habilitar, facultar. *2* facilitar.
enact [i'nækt] *t.* aprobar y sancionar [una ley]. *2* TEAT. representar [una escena]; desempeñar [un papel].
enactment [i'næktmənt] estatuto. *2* ejecución.
enamel [i'næməl] *s.* esmalte. *2 t.* esmaltar.
enamo(u)r (to) [i'næməʳ] *t.* enamorar.
encamp [in'kæmp] *t.-i.* acampar.
enchain [in'tʃein) *t.* encadenar.
enchant [in'tʃɑ:nt] *t.* encantar, hechizar. *2* deleitar.

enchantment [in'tʃɑ:ntmənt] *s.* encantamiento, hechicería. *2* encanto, hechizo, embeleso.

enchantress [in'tʃɑ:ntris] *s.* encantadora, hechicera.

encircle [in'sə:kl] *t.* abrazar. *2* rodear.

enclose [in'kləuz] *t.* cercar, rodear. *2* incluir.

enclosure [in'kləuʒəʳ] *s.* cercamiento. *2* cerca, vallado.

encounter [in'kauntəʳ] *s.* encuentro *2* choque, combate. *3 t.* encontrar, tropezar con. *4* combatir, luchar con. *5 i.* encontrarse, entrevistarse.

encourage [in'kʌridʒ] *t.* alentar, animar.

encroach [in'krəutʃ] *i.* pasar los límites de, invadir.

encumber [in'kʌmbəʳ] *t.* embarazar, estorbar.

encyclop(a)edia [enˌsaikləu'pi:dje] *s.* enciclopedia.

end [end] *s.* fin, cabo, extremo: *on ~*, derecho; de punta, erizado; seguido, consecutivo. *2* colilla. *3* conclusión, muerte. *4* fin, objeto. *5* resultado. *6* FÚTBOL extremo. *7 t.* acabar, terminar.

endanger [in'deindʒeʳ] *t.* poner en peligro, comprometer.

endear [in'diəʳ] *t.* hacer amar, hacer querido o amado.

endearing [in'diəriŋ] *a.* cariñoso.

endearment [in'diəmənt] *s.* expresión cariñosa, terneza.

endeavo(u)r [in'devəʳ] *s.* esfuerzo, empeño, tentativa. *2 i.* esforzarse, empeñarse.

ending ['endiŋ] *s.* fin, final, conclusión. *2* GRAM. terminación.

endless ['endlis] *a.* inacabable, interminable. *2* continuo.

endorse [in'dɔ:s] *t.* endosar.

endorsement [in'dɔsmənt] *s.* endoso.

endow [in'dau] *t.* dotar [una fundación; de cualidades].

endurance [in'djuərəns] *s.* sufrimiento. *2* resistencia, aguante.

endure [in'djuəʳ] *t.* soportar, sufrir, resistir. *2 i.* durar.

enemy ['enimi] *s.* enemigo.

energetic(al [ˌenə'dʒetik, -əl] *a.* enérgico, vigoroso.

energy ['enədʒi] *s.* energía.
enforce [in'fɔ:s] *t.* hacer cumplir. *2* imponer.
engage [in'geidʒ] *t.-i.* comprometer(se, empeñarse. *2* tomar, contratar. *3* ocupar(se, absorber(se. *4* trabar.
engagement [in'geidʒmənt] *s.* compromiso, cita. *2* palabra de casamiento; noviazgo. *3* ajuste, contrato. *4* MIL. encuentro, combate.
engaging [in'geidʒiŋ] *a.* atractivo, simpático.
engender [in'dʒendəʳ] *t.* engendrar.
engine ['endʒin] *s.* máquina, motor; locomotora.
engineer [ˌendʒi'niəʳ] *s.* ingeniero. *2* (E. U.) maquinista. *3 t.* proyectar. *4* arreglar.
engineering [ˌendʒi'niəriŋ] *s.* ingeniería. *2* dirección, manejo.
engrave [in'greiv] *t.* grabar, cincelar.
engraving [in'greiviŋ] *s.* grabado. *2* lámina, estampa.
engross [in'grəus] *t.* absorber. *2* poner en limpio.
enhance [in'hɑ:ns] *t.* acrecentar, realzar.
enjoin [in'dʒɔin] *t.* mandar, ordenar, encargar.
enjoy [ind'dʒɔi] *t.* gozar o disfrutar de.
enlarge [in'lɑ:dʒ] *t.-i.* agrandar(se; aumentar. *2* ampliar(se.
enlighten [in'laitn] *t.* iluminar, alumbrar. *2* ilustrar.
enlightenment [in'laitnmənt] *s.* ilustración, cultura.
enlist [in'list] *t.-i.* alistar(se.
enliven [in'laivn] *t.* avivar.
enmity ['enmiti] *s.* enemistad.
ennoble [i'nəubl] *t.* ennoblecer.
enormous [i'nɔ:məs] *a.* enorme.
enough [i'nʌf] *a.* bastante, suficiente. *2 adv.* bastante.
enquire = TO INQUIRE.
enrage [in'reidʒ) *t.* enfurecer, encolerizar.
enrapture [in'ræptʃəʳ) *t.* arrebatar, entusiasmar.
enrich [in'ritʃ] *t.* enriquer. *2* AGR. fertilizar.
enrol(l [in'rəul] *t.* alistar, matricular. *2 i.* alistarse.
ensing ['ensain. *in the navy* 'ensn] *s.* bandera, pabellón, enseña. *2* insignia. *3* (E. U.) alférez

[de marina]. *4 ensign-bearer,* abanderado.

ensnare [in'snɛəʳ] *t.* entrampar; tender un lazo a.

ensue [in'sju:] *i.* seguirse; suceder. *2* resultar.

entail [in'teil] *s.* vinculación. *2 t.* vincular [bienes]. *3* ocasionar.

entangle [in'tæŋgl] *t.* enredar, enmarañar.

enter ['entəʳ] *i.* entrar.

enterprise ['entəpraiz] *s.* empresa. *2* energía. resolución.

enterprising ['entəpraiziŋ] *a.* emprendedor.

entertain [ˌentə'tein) *t.* entretener, divertir. *2* hospedar, agasajar. *3* tomar en consideración. *4* tener, abrigar [ideas, sentimientos]. *5 i.* recibir huéspedes, dar comidas o fiestas.

entertainment [ˌentə'teinmənt] *s.* acogida, hospitalidad; fiesta. *2* entretenimiento, diversión; función, espectáculo.

enthral(l [in'θrɔ:l] *t.* hechizar, cautivar.

enthusiasm [in'θju:ziæzəm] *s.* entusiasmo.

entice [in'tais] *t.* atraer, tentar, incitar, seducir.

entire [in'taiəʳ] *a.* entero, completo, íntegro.

entitle [in'taitl] *t.* titular. *2* dar derecho a, autorizar.

entourage [ˌɔntu'rɑ:ʒ] *s.* medio ambiente. *2* séquito, cortejo.

entrance ['entrəns] *s.* entrada, acceso, ingreso: *no* ~, se prohíbe la entrada.

entrance [in'trɑ:ns] *t.* extasiar, hechizar.

entreat [in'tri:t] *t.-i.* suplicar, rogar, implorar.

entreaty [in'tri:ti] *s.* súplica.

entrust [in'trʌst] *t.* confiar.

entry ['entri] *s.* entrada, ingreso. *2* puerta, vestíbulo, zaguán. *3* asiento, anotación.

ennumerate [i'nju:məreit] *t.* enumerar. *2* contar, numerar.

enunciate [i'nʌnsieit] *t.* enunciar. *2* pronunciar.

envelop [in'veləp] *t.* envolver, cubrir, forrar.

envelope ['envələup] *s.* sobre [de carta]. *2* envoltura, cubierta.

enviable ['enviəbl] *a.* envidiable.

envious ['enviəs] *a.* envidioso.

environment [in'vaiərənmənt] *s.* ambiente, medio ambiente. *2* alrededores.

environs [in'vaiərənz] *s. pl.* contornos, alrededores.
envisage [in'vizidʒ] *t.* mirar cara a cara. *2* enfocar.
envoy ['envɔi] *s.* mensajero.
envy ['envi] *s.* envidia. *2 t.* envidiar.
epic ['epik] *a.* épico. *2 s.* epopeya; poema épico.
epidemic [ˌepi'demik] *a.* epidémico. *2 s.* epidemia.
epigram ['epigræm] *s.* epigrama.
epilepsy ['epilepsi] *s.* MED. epilepsia.
epilogue ['epilɔg] *s.* epílogo.
episcopal [i'piskəpəl] *a.* episcopal.
episode ['episəud] *s.* episodio.
epitaph ['epitɑf] *s.* epitafio.
epoch ['i:pɔk] *s.* época, edad.
equal ['i:kwəl] *a.* igual. *2* justo, imparcial. *3 t.* igualar.
equality [i:'kwɔliti] *s.* igualdad.
equalize ['i:kwəlaiz] *t.* igualar.
equation [i'kweiʒən] *s.* ecuación.
equator [i'kweitəʳ] *s.* ecuador.
equilibrium [ˌi:kwi'libriəm] *s.* equilibrio.
equip [i'kwip] *t.* equipar.
equipage ['ekwipidʒ] *s.* equipo.
equipment [i'kwipmənt] *s.* equipo, equipaje. *2* pertrechos.
equipoise ['ekwipɔiz] *s.* equilibrio.
equitable ['ekwitəbl] *a.* justo, equitativo, imparcial.
equivalence [i'kwivələns] *s.* equivalencia.
equivocate [i'kwivəkeit] *t.* hacer equívoco. *2 i.* usar equívocos, mentir.
era ['iəre] *s.* era [de tiempo].
eradicate [i'rædikeit] *t.* desarraigar, extirpar.
erase [i'reiz] *t.* borrar. *2* tachar, rayar, raspar.
erect [i'rekt] *a.* derecho, levantado, erguido, enhiesto. *2 t.* erigir.
ermine ['ə:min] *s.* armiño.
erode [i'rəud] *t.* corroer.
erosion [i'rəuʒən] *s.* erosión.
err [ə:ʳ] *i.* errar, equivocarse, pecar. *2* vagar.
errand ['erənd] *s.* encargo, recado, mandado.
erratum [e'rɑ:təm] *pl.* **-ta** [-tə] *s.* errata.
erroneus [i'rəunjəs] *a.* erróneo.

error ['erəʳ] *s.* error.
eructate [i'rʌkteit] *i.* eructar.
escalade [ˌeskə'leid] *s.* MIL. escalada. *2 t.* escalar [una pared, etc.].
escalator ['eskəleitəʳ] *s.* escalera mecánica.
escapade [ˌeskə'peid] *s.* evasión.
escape [is'keip] *s.* escape, fuga. *2 t.* escapar(se; huir. *3 t.* evitar, rehuir.
escort ['eskɔ:t] *s.* escolta, convoy; acompañante.
escort [is'kɔ:t] *t.* escoltar, convoyar, acompañar.
Eskimo ['eskiməu] *a.-s.* esquimal.
especial [is'peʃəl] *a.* especial. *2* **-ly** *adv.* especialmente.
espionage [ˌespiə'nɑ:ʒ] *s.* espionaje.
espouse [is'pauz] *t.* desposarse, casarse con.
espy [is'pai] *t.* divisar, columbrar.
esquire [is'kwaiəʳ] *s.* título pospuesto al apellido en cartas [Esq.]. Equivale a Señor Don.
essay ['esei] *s.* tentativa, esfuerzo. *2* ensayo [literario].
essay [e'sei] *t.* ensayar, examinar. *2* intentar.
essence ['esns] *s.* esencia.
essential [i'senʃəl] *a.* esencial. *2* vital, indispensable.
establish [is'tæbliʃ] *t.* establecer. *2* probar, demostrar.
establishment [is'tæbliʃmənt] *s.* establecimiento. *2* fundación.
estate [is'teit] *s.* estado [orden, clase de pers.]. *2* bienes. *3* heredad, finca. *4* herencia [bienes].
esteem [is'ti:m] *t.* apreciar.
estimate ['estimit] *s.* estimación, apreciación.
estimate ['estimeit] *t.* estimar, evaluar, juzgar.
estrange [is'treindʒ] *t.* extrañar, alejar, enajenar.
estuary ['estjuəri] *s.* estuario, ria.
eternal [i'tə:nl] *a.* eterno.
eternity [i'tə:niti] *s.* eternidad.
ether ['i:θəʳ] *s.* éter.
ethereal [i'θiəriəl] *a.* etéreo.
ethic(al ['eθik, -əl] *a.* ético.
ethics ['eθiks] *s.* ética.
etiquette ['etiket] *s.* etiqueta.
eulogy ['ju:lədʒi] *s.* elogio.

evade [iˈveid] *t.* evadir.
evaporate [ˈivæpəreit] *t.-i.* evaporar(se.
evasion [iˈveiʒən] *s.* evasión.
eve [i:v] *s.* víspera, vigilia.
even [ˈi:vən] *a.* llano. *2* uniforme. *3* ecuánime. *4* equilibrado. *5* igual. *6* par [número]. *7* en paz, desquitado. *8 adv.* aun, hasta, también, incluso: ~ *if,* aunque, aun cuando; ~ *so,* aun así. *9* siquiera: *not* ~, ni siquiera. *10 t.* igualar, allanar, nivelar.
evening [ˈi:vniŋ] *s.* tarde [después de la merienda].
event [iˈvent] *s.* caso, suceso.
eventful [iˈventful] *a.* lleno de acontecimientos, memorable.
eventual [iˈventʃuəl] *a.* final, definitivo. *2* **-ly** *adv.* finalmente.
ever [ˈevəʳ] *adv.* siempre. *2* alguna vez.
evergreen [ˈevəgri:n] *s.* siempreviva.
everlasting [ˌevəˈlɑ:stiŋ] *a.* eterno, sempiterno, perpetuo.
evermore [ˈevəˈmɔ:ʳ] *adv.* eternamente, siempre.
every [ˈevri] *a.* cada, todo, todos.
everybody [ˈevribɔdi] *pron.* todos, todo el mundo; cada uno.
everyday [ˈevridei] *a.* diario, cotidiano, ordinario.
everyone [ˈevriwʌn] *pron.* EVERYBODY.
everything [ˈevriθiŋ] *pron.* todo, cada cosa.
everywhere [ˈevriwɛəʳ] *adv.* por todas partes; a todas partes.
evidence [ˈevidəns] *s.* evidencia. *2* prueba.
evident [ˈevidənt] *a.* evidente.
evil [ˈi:vl] *a.* malo. *2* maligno. *3 s.* mal; desastre. *4 adv.* mal, malignamente.
evil-doer [ˈi:vlˈdu(:)əʳ] *s.* malhechor.
evince [iˈvins] *t.* mostrar.
evolution [ˌi:vəˈlu:ʃən] *s.* evolución.
evolve [iˈvɔlv] *t.* desenvolver, desarrollar. *2 i.* evolucionar.
ewe [ju:] *s.* oveja.
ewer [ˈju(:)əʳ] *s.* jarro.
exact [igˈzækt] *a.* exacto. *2 t.* exigir, imponer.
exacting [igˈzæktiŋ] *a.* exigente.
exaggerate [igˈzædʒəreit] *t.* exagerar. *2* abultar, ponderar.
exalt [igˈzɔ:lt] *t.* exaltar ensalzar; elevar, engrandecer.

examination [igˌzæmiˈneiʃən] *s.* examen. *2* DER. interrogatorio.
examine [ig zæmin] *t.* examinar. *2* DER. interrogar.
examinee [igˌzæmiˈniː] *s.* examinando.
examiner [igˈzæminəʳ] *s.* examinador.
example [igˈzɑːmpl] *s.* ejemplo.
exasperate [igˈzɑːspəreit] *t.* exasperar, irritar. 2 agravar.
excavate [ˈekskəveit] *t.* excavar. *2* extraer cavando.
exceed [ikˈsiːd] *t.* exceder.
exceeding [ikˈsiːdiŋ] *a.* *a.* grande, extremo.
excel [ikˈsel] *t.* aventajar, superar. *2* *i.* distinguirse.
excellence [ˈeksələns] *s.* excelencia.
except [ikˈsept] *prep.* excepto, salvo, a excepción de. *2* *conj.* a menos que.
except [ikˈsept] *t.* exceptuar.
exception [ikˈsepʃən] *s.* excepción. *2* salvedad.
excerpt [ˈeksəːpt] *s.* cita, pasaje, fragmento.
excess [ikˈses] *s.* exceso, demasía.
exchange [iksˈtʃeindʒ] *s.* cambio. *2* *t.* cambiar, canjear.
exchequer [iksˈtʃekəʳ] *s.* (Ingl.) hacienda pública: *Chancellor of the ~*, Ministro de Hacienda. *2* bolsa, fondos.
excite [ikˈsait] *t.* excitar.
exciting [ikˈsaitiŋ] *a.* excitante. 2 emocionante.
exclaim [iksˈkleim] *t.-i.* exclamar.
exclude [iksˈkluːd] *t.* excluir.
exclusion [iksˈkluːʒən] *s.* exclusión.
exclusive [iksˈkluːsiv] *a.* exclusivo. *2* privativo. *3* selecto.
excommunicate [ˌekskəˈmjuːnikeit] *t.* excomulgar.
excruciating [iksˈkruːʃieitiŋ] *a.* torturador. *2* atroz [dolor].
excursion [iksˈkəːʃən] *s.* excursión.
excuse [iksˈkjuːs] *s.* excusa. *2* [-z] *t.* excusar. *3* perdonar, dispensar.
execrable [ˈeksikrəbl] *a.* execrable, abominable.
execute [ˈeksikjuːt] *t.* ejecutar, cumplir. *2* TEAT. desempeñar. *3* ejecutar, ajusticiar.
execution [ˌeksiˈkjuːʃən] *s.* ejecución. *2* DER. embargo.
executive [igˈzekjutiv] *a.*

ejecutivo. *2 s.* poder ejecutivo. *3* director, gerente.

executor [ig'zekjutəʳ] *s.* ejecutor. *2* albacea.

exemplify [ig'zemplifai] *t.* ejemplificar; demostrar.

exempt [ig'zempt] *a.* exento. *2 t.* eximir, exceptuar.

exercise ['eksəsaiz] *s.* ejercicio. *2 t.* ejercer, practicar. *3 t.-i* ejercitar(se.

exert [ig'zə:t] *t.* ejercer, poner en acción. *2 t. pr.* esforzar(se.

exertion [ig'ze:ʃən] *s.* esfuerzo.

exhale [eks'heil] *t.-i.* exhalar(se.

exhaust [ig'zɔ:st] *s.* MEC. escape, descarga [de gases, vapor, etc.]. *2* tubo de escape. *3 t.* agotar. *4* MEC. dar salida o escape a.

exhaustion [ig'zɔ:stʃən] *s.* agotamiento. *2* MEC. vaciamiento.

exhibit [ig'zibit] *s.* objeto expuesto. *2 t.* exhibir. *3* exponer [a la vista].

exhibition [ˌeksi'biʃən] *s.* exhibición. *2* exposición [de productos, cuadros, etcétera].

exigence, -cy ['eksidʒens, -i] *s.* exigencia, necesidad.

exile ['eksail] *s.* destierro, exilio. *2* desterrado, exilado. *3 t.* desterrar.

exist [ig'zist] *i.* existir.

existence [ig'zistəns] *s.* existencia.

exit ['eksit] *s.* salida.

exotic(al [ig'zɔtik, -əl] *a.* exótico.

expand [iks'pænd] *t.-i.* extender(se; dilatar(se. *2* abrir(se; desplegar(se. *3* desarrollar(se. *4 i.* expansionarse.

expanse [iks'pæns] *s.* extensión.

expansion [iks'pænʃən] *s.* expansión. *2* dilatación.

expansive [iks'pænsiv] *a.* expansivo. *2* extenso.

expect [iks'pekt] *t.* esperar. *2* suponer.

expectant [iks'pektənt] *a.* encinta.

expectation [ˌekspek'teiʃən] *s.* espera, expectación. *2* perspectiva.

expedient [iks'pi:djənt] *a.* conveniente. *2 s.* expediente.

expedition [ˌekspi'diʃən] *s.* expedición [militar, científica].

expel [iks'pel] *t.* expeler.

expend [isk'pend] *t.* gastar.

expenditure [iks'penditʃəʳ] *s.* gasto, desembolso.

expense [iks'pens] *s.* gasto, desembolso.

expensive [iks'pensiv] *a.* costoso, caro.

experience [iks'piəriəns] *s.* experiencia. *2* experimento. *3 t.* experimentar.

experiment [iks'perimənt] *s.* experimento, prueba. *2* [-ment] *t.-i.* experimentar, probar.

expert ['ekspə:t] *a.-s.* experto.

expire [iks'paiəʳ] *i.* expirar, morir. *2* expirar [un plazo].

explain [iks'plein] *t.* explicar, exponer, aclarar.

explanation [ˌeksplə'neiʃən] *s.* explicación.

explode [iks'pləud] *t.* volar, hacer estallar. *2* refutar. *3 i.* estallar.

exploit ['eksplɔit] *s.* hazaña.

exploit [iks'plɔit] *t.* explotar.

explore [iks'plɔ:ʳ] *t.* explorar. *2* examinar, sondear.

explosion [iks'pləuʒən] *s.* explosión, estallido.

export ['ekspɔ:t] *s.* exportación. *2* [eks'pɔ:t] *t.* exportar.

expose [iks'pəuz] *t.* exponer a la vista, a un riesgo]; poner en peligro, comprometer.

exposition [ˌekspə'ziʃən] *s.* exposición. *2* explicación.

exposure [iks'pəuʒəʳ] *s.* exposición [a la intemperie, al peligro, etc.]; falta de protección.

expound [iks'paund] *t.* exponer, explicar, comentar

express [iks'pres] *a.* expreso, claro, explícito. *2 t.* expresar(se. *3 t.* prensar.

expulsion [iks'pʌlʃən] *s.* expulsión.

exquisite ['ekskwizit] *a.* exquisito. *2* primoroso.

extant [eks'tænt] *a.* existente.

extemporize [iks'tempəraiz] *t.-i.* improvisar.

extend [iks'tend] *t.-i.* extender(se, prolongar(se. *2 t.* dar, ofrecer.

extension [iks'tenʃən] *s.* extensión. *2* prolongación.

extensive [iks'tensiv] *a.* extensivo. *2* extenso, ancho.

extent [iks'tent] *s.* extensión; amplitud, magnitud.

exterior [eks'tiəriəʳ] *a.* exterior.

exterminate [eks'tə:mineit] *t.* exterminar, extirpar.
external [elks'tə:nl] *a.* externo.
extinct (iks'tiŋkt] *a.* extinto.
extinguish [iks'tiŋgwiʃ] *t.* extinguir. *2* apagar.
extol [iks'təul] *t.* exaltar.
extortion [iks'tɔ:ʃən] *s.* extorsión. *2* exacción.
extract ['ekstrækt] *s.* QUÍM. extracto. *2* cita.
extract [iks'trækt] *t.* extraer.
extraordinary [iks'trɔ:dnri, -dinəri] *a.* extraordinario.
extravagance [iks'trævigəns] *s.* prodigalidad. *2* extravagancia.
extreme [iks'tri:m] *a.* extremo. *2* extremado, riguroso. *3 s.* extremo, extremidad.
extremity [iks'tremiti] *s.* extremidad, fin. *2* extremo, exceso. *3 pl.* extremidades.
extricate ['ekstrikeit] *t.* desembarazar, desenredar.
exult [ig'zʌlt] *i.* exultar, alegrarse; triunfar.
exultation [ˌegzʌl'teiʃən] *s.* alborozo, alegría.
eye [ai] *s.* ojo [órgano de la visión; atención, vigilancia], vista, mirada: *to catch the ~ of,* llamar la atención; *to see ~ to ~*, estar completamente de acuerdo. *2* ojo [de una aguja, del pan, del queso]. *3* COST. corcheta, presilla. *4 t.* mirar, clavar la mirada en.
eyelash ['ailæʃ] *s.* ANAT. pestaña.
eyelid ['ailid] *s.* ANAT. párpado.
eyesight ['ai-sait] *s.* vista [sentido].

F

fable ['feibl] *s.* fábula; ficción.
fabric ['fæbrik] *s.* tejido, tela. *3* fábrica, edificio.
fabulous ['fæbjuləs] *a.* fabuloso.
face (feis) *s.* cara, rostro, semblante; *in the ~ of,* ante, en presencia de. *2* osadía, descaro. *3* mueca, gesto. *4* aspecto, apariencia: *on the ~ of it,* según las apariencias. *5* superficie; frente, fachada. *6* esfera [de reloj]. *7 t.* volverse o mirar hacia. *8* enfrentarse con; afrontar. *9* dar a, estar encarado a. *10* cubrir, revestir.
facilitate [fə'siliteit] *t.* facilitar, posibilitar.
facility [fə'siliti] *s.* facilidad.
fact [fækt] *s.* hecho; verdad, realidad.
faction ['fækʃən] *s.* facción, bando, parcialidad.
factious ['fækʃəs] *a.* faccioso.
factory ['fæktəri] *s.* fábrica.
faculty ['fækəlti] *s.* facultad.
fade [feid] *t.-i.* marchitar(se.
fag [fæg] *s.* fatiga, pena. *2* cigarrillo. *3 t.* fatigar, cansar.
fail [feil] *s.* suspenso; *without ~,* sin falta. *2 i.* faltar. *3* decaer. *4* fallar, inutilizarse. *5* fracasar. *6* errar, equivocarse. *7 to ~ to,* dejar de.
failing ['feiliŋ] *s.* falta, defecto. *2 prep.* faltando, a falta de.

failure ['feiljəʳ] *s.* fracaso, fiasco.
faint [feint] *a.* débil. *2* desfallecido. *3 s.* desmayo. *4 i.* desmayarse.
fair [fɛəʳ] *a.* hermoso, bello. *2* blanca [tez]; rubio [cabello]. *3 adv.* favorablemente. *4 s.* feria, mercado.
fairness ['fɛənis] *s.* limpieza, pureza. *2* hermosura.
fairy ['fɛəri] *s.* hada, duende.
faith [feiθ] *s.* fe.
faithful ['feiθful] *a.* fiel. *2* leal.
faithfulness ['feiθfulnis] *s.* fidelidad, lealtad.
faithless ['feiθlis] *a.* infiel.
fake [feik] *s.* imitación, falsificación. *2* impostor, farsante. *3 a.* falso, falsificado, fingido. *4 t.* falsificar, imitar, fingir.
falcon ['fɔ:lkən] *s.* ORN. halcón.
fall [fɔ:l] *s.* caída. *2* decadencia, ruina. *3* (E. U.) otoño. *4 i.* caer. *5* disminuir. *6* decaer. *7* ponerse. *8* tocar, corresponder [a uno una cosa]. *9 to ~ away,* enflaquecer; desvanecerse; rebelarse; apostatar. *10 to ~ in love,* enamorarse. *11 to ~ in with,* estar de acuerdo con; coincidir; armonizar con. *12 to ~ out,* reñir, desavenirse; acontecer. *13 to ~ through,* fracasar. *14 to ~ upon,* atacar, embestir. ¶ Pret.: *fell* (fel); p. p.: *fallen* ['fɔlən].
fallen ['fɔ:lən] *p. p.* de TO FALL.
fallow ['fæləu] *a.* en barbecho. *2 s.* barbecho.
false [fɔ:ls] *a.* falso.
falsehood ['fɔ:lshud] *s.* falsedad.
falter ['fɔ:ltəʳ] *i.* vacilar
fame [feim] *s.* fama.
familiar [fə'miljəʳ] *a.* familiar.
familiarity [fə,mili'æriti] *s.* familiaridad. *2* intimidad.
family ['fæmili] *s.* familia. *2* sangre, linaje. *3 a.* familiar, de familia: *~ name,* apellido.
famine ['fæmin] *s.* hambre.
famished ['fæmiʃt] *a.* hambriento, famélico.
famous ['feiməs] *a.* famoso.
fan [fæn] *s.* abanico. *2* ventilador. *3* hincha, aficionado. *4 t.* abanicar. *5* aventar.
fanatic(al [fə'nætik, -əl] *a.* fanático.

fanciful ['fænsiful] *a.* antojadizo. *2* caprichoso, fantástico; imaginario.
fancy ['fænsi] *s.* fantasía, imaginación. *2* capricho, antojo *3 t.* imaginar, figurarse. *4* encapricharse por.
fang [fæŋ] *s.* colmillo.
fantastic(al [fæn'tæstik, -əl] *a.* fantástico, grotesco.
fantasy ['fæntəsi] *s.* fantasía.
far [fɑ:ʳ] *adv.* lejos, a lo lejos: *~ and wide,* por todas partes; hasta; en cuanto; *as ~ as I know,* que yo sepa; *in so ~ as,* en cuanto, en lo que; *so ~,* hasta ahora; *~-fetched,* rebuscado. *2* muy, mucho: *~-away,* muy lejos; *~ off,* lejano; a lo lejos. *3 a.* lejano, distante: *Far East,* Extremo Oriente.
farce [fɑ:s] *s.* farsa.
fare [fɛəʳ] *s.* pasajero; pasaje. *2* billete; precio. *3* comida. *4 i.* pasarlo [bien o mal]. *5* pasar, ocurrir.
farewell ['fɛə'wel) *interj.* ¡adios! *2 s.* despedida.
farm [fɑ:m] *s.* granja, cortijo. *2 t.* cultivar, labrar.
farmer ['fɑ:məʳ] *s.* granjero, labrador.
farmhouse ['fɑ:mhaus] *s.* granja.
farming ['fɑ:miŋ] *s.* cultivo; agricultura.
farmyard ['fɑ:m-jɑ:d] *s.* corral.
far-sighted ['fɑ:'saitid] *a.* perspicaz. *2* sagaz.
farther [['fɑ:ðəʳ] *adv.* más lejos. *2* además.
farthest ['fɑ:ðist] *a. superl.* [el más lejano]. *2 adv.* más lejos.
farthing ['fɑ:ðiŋ] *s.* cuarto de penique.
fascinate ['fæsineit] *t.* fascinar, encantar.
fascism ['fæʃizəm] *s.* fascismo.
fashion ['fæʃən] *s.* forma. *2* modo, manera. *3* moda, costumbre, uso. *4* elegancia, buen tono. *5 t.* formar, hacer, labrar. *6* amoldar.
fashionable ['fæʃnəbl] *a.* a la moda. *2* elegante.
fast [fɑ:st] *a.* firme, seguro. *2* atado, fijo; íntimo. *3* rápido, veloz. *4* adelantado [reloj]. *5 adv.* firmemente. *6* aprisa. *7 s.* ayuno, abstinencia. *8* amarra, cable.
fasten ['fɑ:sn] *t.-i.* fijar(se, atar(se.
fastidious [fæs'tidiəs] *a.* descontentadizo, delicado.

fastness ['fɑ:stnis] *s.* firmeza, fijeza, solidez.

fat [fæt] *a.* gordo, obeso. *2* fértil. *3 s.* gordura; grasa.

fatal ['feitl] *a.* fatal. *2* funesto.

fate [feit] *s.* hado. *2* sino.

father ['fɑ:ðəʳ] *s.* padre. *2* Dios Padre. *3 t.* engendrar.

father-in-law ['fɑ:ðərinlɔ:] *s.* padre político, suegro.

fatherland ['fɑ:ðəlænd] *s.* patria.

fathom ['fæðəm] *s.* braza [medida]. *2 t.* MAR. sondar.

fatigue [fə'ti:g] *s.* fatiga. *2 t.* fatigar, cansar.

fatten ['fætn] *t.* engordar. *2* fertilizar.

fatuous ['fætjuəs] *a.* fatuo, necio.

fault [fɔ:lt] *s.* falta, defecto, error, culpa.

faultless ['fɔ:ltlis] *a.* impecable.

faulty ['fɔ:lti] *a.* defectuoso.

favo(u)r ['feivəʳ] *s.* favor. *2 t.* favorecer.

favo(u)rable ['feivərəbl] *a.* favorable, propicio.

fawn [fɔ:n] *s.* ZOOL. cervato. *2* i. *to ~ on* o *upon,* adular, halagar.

fealty ['fi:əlti] *s.* homenaje; lealtad.

fear [fiəʳ] *s.* miedo, temor. *2 t.-i.* temer.

fearful ['fiəful] *a.* espantoso.

fearless ['fiəlis] *a.* intrépido.

feasible ['fi:zəbl] *a.* posible.

feast [fi:st] *s.* fiesta. *2 t.* festejar.

feat [fi:t] *s.* proeza, hazaña.

feather ['feðəʳ] *s.* pluma [de ave]. *2 t.* emplumar.

feature ['fi:tʃəʳ] *s.* rasgo, facción [del rostro]

febrile ['fi:brail] *a.* febril.

February ['februəri] *s* febrero.

fecundity [fi'kʌnditi] *s.* fecundidad. *2* fertilidad.

fed [fed] *pret.* y *p. p.* de TO FEED.

federal ['fedərəl] *a.* federal.

federation [ˌfedə'reiʃən] *s.* federación, liga.

fee [fi:] *s.* honorarios, derechos. *2 t.* retribuir, pagar.

feeble ['fi:bl] *a.* débil. *2* flaco.

feed [fi:d] *s.* alimento, comida [esp. de los animales]. *2 t.-i.* alimentar(se. ¶ Pret. y p. p.: *fed* (fed).

feel [fi:l] *s.* tacto. *2* sensación. *2 t.* tocar, tentar. *3* sentir, experimentar. *4 i.* sentirse, tener: *to ~ cold,* tener frío. *to ~ like,* tener ganas de. ¶ Pret. y p. p.: *felt* [felt].

feeling ['fi:liŋ] *s.* tacto [sentido]. *2* sensación, percepción.

feet [fi:t] *s. pl.* de FOOT. pies.

feign [fein] *t.* fingir.

felicity [fi'lisiti] *s.* felicidad.

fell [fel] *pret.* de TO FALL. *2 a.* cruel. *3 s.* tala [de árboles]. *4 t.* derribar, tumbar.

fellow ['feləu] *s.* compañero.

fellowship ['feləuʃip] *s.* compañerismo. *2* compañía, asociación.

felt [felt] V. TO FEEL. *2 s.* fieltro.

female ['fi:meil] *s.* hembra. *2 a.* femenino.

feminine ['feminin] *a.* femenino.

fen [fen] *s.* pantano, marjal.

fence [fens] *s.* valla. *2* esgrima. *3 t.* vallar. *4 i.* esgrimir. *5* proteger.

fender ['fendəʳ] *s.* guardafuegos.

ferment ['fə:ment] *s.* fermento.

ferment [fə(:)'ment] *i.-t.* fermentar.

fern [fə:n] *s.* BOT. helecho.

ferocious [fə'rəuʃəs] *a.* fiero, terrible.

ferocity [fə'rɔsiti] *s.* fiereza.

ferry ['feri] *s.* barca, balsa. *2 ~-boat,* barca de pasaje. *3 t.-i.* cruzar [un río] en barca.

fertile ['fə:tail] *a.* fértil.

fertilize ['fə:tilaiz] *t.* fertilizar. *2* fecundar.

fertilizer ['fə:tilaizəʳ] *s.* fertilizante, abono.

fervent ['fə:vənt] *a.* ferviente.

fervour ['fə:vəʳ] *s.* fervor, ardor.

festival ['festəvəl] *s.* fiesta.

festivity [fes'tiviti] *s.* alborozo. *2* festividad.

festoon [fes'tu:n] *s.* festón.

fetch [fetʃ] *t.* ir por, ir a buscar. *2* venderse a o por.

fetter ['fetəʳ] *s.* grillete, prisión. *2 t.* encadenar.

feud [fju:d] *s.* rencilla.

feudalism ['fju:dəlizəm] *s.* feudalismo.

fever ['fi:vəʳ] *s.* MED. fiebre.

feverish ['fi:vəriʃ] *a.* febril.

few [fju:] *a.-pron.* pocos: *a* ~, unos cuantos, algunos.

fewer ['fju:əʳ] *a.-pron. comp.* de FEW; menos.

fiancé [fi'ɑ̃:nsei] *s.* novio, prometido.

fiancée [fi'ɑ̃:nsei] *s.* novia, prometida.

fib [fib] *s.* bola, mentirilla.

fiber, fibre ['faibəʳ] *s.* fibra.

fibrous ['faibrəs] *a.* fibroso.

fickle ['fikl] *a.* inconstante.

fiction ['fikʃən] *s.* ficción.

fiddle ['fidl] *s.* MÚS. fam. violín.

fidelity [fi'deliti] *s.* fidelidad.

fidget ['fidʒit] *i.* estar inquieto, agitarse.

field [fi:ld] *s.* campo.

fiend [fi:nd] *s.* demonio, diablo.

fierce [fiəs] *a.* fiero, feroz.

fierceness ['fiəsnis] *s.* ferocidad.

fiery ['faiəri] *a.* ardiente, encendido.

fife [faif] *s.* pífano.

fifth [fifθ] *a.-s.* quinto; **fifteen** ['fif'ti:n] quinto; **-th** [-θ] decimoquinto; **fifty** ['fifti] cincuenta; **fiftieth** [-iiθ] quincuagésimo.

fig [fig] *s.* BOT. higo.

fight [fait] *s.* lucha. *2 i.* luchar. *3* lidiar. ¶ Pret. y p. p.: *fought* [fɔ:t].

fighter ['faitəʳ] *s.* luchador.

figure ['figəʳ] *s.* figura. *2* tipo, cuerpo, talle. *3* ARIT. cifra, número. *4 t.* adornar con [dibujos, etc.]. *5* figurarse, imaginar.

filament ['filəmənt] *s.* filamento.

file [fail] *s.* lima. *2* carpeta. *3* expediente. *4* fila. *5 t.* limar. *6* archivar, registrar. *7 i.* desfilar.

fill [fil] *s.* hartazgo. *2* colmo. *3 t.-i.* llenar(se. *4 t.* llevar a cabo.

fillet ['filit] *s.* filete; solomillo. *2 t.* cortar en lonjas.

filling ['filiŋ] *s.* relleno; llenado: ~ *station,* estación de servicio.

film [film] *s.* película, filme. *2 t.* filmar.

filter ['filtəʳ] *s.* filtro. *2 t.-i.* filtrar(se.

filth [filθ] *s.* suciedad.

filthy ['filθi] *a.* sucio.

fin [fin] *s.* aleta [de pez].

final ['fainl] *a.* final

finance [fai'næns, fi-] *s.* ciencia financiera. *2 pl.* hacienda. *3 t.* financiar.

financial [fai'nænʃəl, fi-] *a.* financiero, bancario.

find [faind] *s.* hallazgo.
find [faind] *t.* encontrar: *to ~ fault with,* hallar defectos; *to ~ out,* averiguar. ¶ Pret. y p. p.: *found* [faund].
finding ['faindiŋ] *s.* hallazgo.
fine [fain] *s.* multa. *2 a.* fino. *3* hermoso, bello. *4* bueno, excelente. *5* guapo, elegante. *6 t.* multar.
fineness ['fainnis] *s.* fineza.
finger ['fiŋgəʳ] *s.* dedos. *2 t.* tocar, manosear. *3* hurtar. *4* teclear.
finical ['finikl], **finicking** ['finikiŋ] *a.* melindroso, remilgado.
finish ['finiʃ] *s.* fin, final. *2 t.* acabar, terminar, concluir.
finishing ['finiʃiŋ] *s.* acabamiento. *2* perfeccionamiento.
fir [fəːʳ] *s.* BOT. abeto.
fire ['faiəʳ] *s.* fuego, lumbre. *2* fuego, incendio. *3* fuego [disparos]. *4* ardor, pasión. *5 t.-i.* encender(se. *6 t.* disparar.
fireman ['faiəmən] *s.* bombero.
fire-place ['faiə-pleis] *s.* hogar, chimenea.
fire-proof ['faiə-pru f] *a.* incombustible; refractario.
firewood ['faiəwud] *s.* leña.
fireworks ['faiəwəːks] *s. pl.* fuegos artificiales.
firm [fəːm] *a.* firme. *2 s.* firma, casa, razón social.
firmness ['fəːmnis] *s.* firmeza.
first [fəːst] *a.* primero.
first-rate ['fəːst'reit] *a.* excelente, de primera.
firth [fəːθ] *s.* ría, estuario.
fish [fiʃ] *s.* ICT. pez. *2* pescado. *3 t.-i.* pescar.
fisherman ['fiʃəmən] *s.* *s.* pescador.
fishmonger ['fiʃˌmʌŋgəʳ] *s.* pescadero.
fission ['fiʃən] *s.* fisión.
fissure ['fiʃəʳ] *s.* hendidura.
fist [fist] *s.* puño.
fit [fit] *s.* ataque, acceso. *2* capricho, antojo. *3* ajuste, encaje. *4 a.* apto, capaz. *5 t.-i.* adaptarse, ajustarse [a]. *6 t.* ajustar, encajar.
fitful ['fitful] *a.* variable. *2* caprichoso.
fitness ['fitnis] *s.* aptitud, conveniencia. *2* salud.
fitting ['fitiŋ] *a.* propio, adecuado, conveniente. *2 s.* ajuste.

five [faiv] *a.-s.* cinco.
fiver ['faivəʳ] *s. fam.* billete de banco de cinco libras.
fix [fiks] *s.* apuro, aprieto. *2 t.-i.* fijar(se. *3 t.* reparar, arreglar.
fixture ['fikstʃəʳ] *s.* cosa, mueble. *2 pl.* instalación [de gas, etc.].
flabby ['flæbi] *a.* fláccido, flojo; soso.
flag [flæg] *s.* bandera. *2 i.* desanimarse.
flagrant ['fleigrənt] *a.* notorio, escandaloso.
flake [fleik] *s.* copo [de nieve].
flame [fleim] *s.* llama; fuego. *2 i.* llamear, flamear.
flank [flæŋk] *s.* ijada. *2* costado, lado. *3 t.* flanquear.
flannel ['flænl] *s.* TEJ. franela.
flap [flæp] *s.* golpe, aletazo. *2 t.* batir, agitar.
flare [flɛəʳ] *s.* llamarada. *2 i.* llamear, fulgurar.
flash [flæʃ] *s.* ráfaga de luz. *2 t.* encender. *3 i.* relampaguear.
flashlight ['flæʃlait] *s.* linterna.
flask [flɑ:sk] *s.* frasco, redoma.
flat [flæt] *a.* plano, llano. *2 s.* llanura. *3* piso, apartamento.
flatten ['flætn] *t.* allanar.
flatter ['flætəʳ] *t.* adular.
flattering ['flætəriŋ] *a.* lisonjero.
flattery ['flætəri] *s.* adulación.
flaunt [flɔ:nt] *s.* ostentación. *2 t.* lucir, ostentar.
flavo(u)r ['fleivəʳ] *s.* sabor. *2 t.* sazonar, condimentar.
flaw [flɔ:] *s.* grieta, raja. *2* defecto.
flax [flæks] *s.* lino.
flea [fli:] *s.* pulga.
fled [fled] V. TO FLEE.
flee [fli:] *i.* huir. *2 t.* huir de, evitar. ¶ Pret. y p. p.: *fled* [fled].
fleece [fli:s] *s.* vellón, lana. *2 t.* esquilar.
fleecy ['fli:si] *a.* lanoso.
fleet [fli:t] *s.* armada. *2* flota. *3 a.* veloz, ligero.
fleeting ['fli:tiŋ] *a.* fugaz.
Flemish ['flemiʃ] *a.-s.* flamenco [de Flandes].
flesh [fleʃ] *s.* carne: *to put on ~*, engordar.
flew [flu:] V. TO FLY.

flexible ['fleksəbl] *a.* flexible.

flick [flik] *s.* golpecito.

flicker ['flikəʳ] *s.* luz trémula. *2 i.* vacilar.

flight [flait] *s. s.* vuelo. *2* bandada; escuadrilla. *3* fuga. *4* tramo de escaleras.

flinch [flintʃ] *i.* vacilar.

fling [fliŋ] *s.* tiro. *2* prueba. *3 t.-i.* echar(se, lanzar(se. ¶ Pret. y p. p.: *flung* [flʌŋ].

flint [flint] *s.* pedernal.

flip [flip] *t.* arrojar, lanzar [con el pulgar y otro dedo].

flippant ['flipənt] *a.* ligero; impertinente.

flirt [flə:t] *s.* galanteador. *2* coqueta. *3 i.* flirtear, coquetear.

flirtation [flə:'teiʃən], **flirting** ['flə:tiŋ] *s.* flirteo, coqueteo.

flit [flit] *i.* revolotear.

float [fləut] *s.* corcho. *2* boya. *3* balsa. *4 i.* flotar. *5 t.* hacer flotar.

flock [flɔk] *s.* rebaño; manada. *2 i.* reunirse, congregarse.

flog [flɔg] *t.* azotar.

flood [flʌd] *s.* riada, crecida. *2 t.* inundar.

floor [flɔ:ʳ, 'flɔəʳ] *s.* suelo, piso.

flounder ['flaundəʳ] *s.* esfuerzo torpe. *2 i.* esforzarse torpemente. *3* vacilar.

flour ['flauəʳ] *s.* harina.

flourish ['flʌriʃ] *s.* rasgo caprichoso. *2* toque de trompetas. *3* prosperidad. *4 i.* prosperar. *5* rasguear. *6 t.* blandir.

flow [fləu] *s.* flujo, corriente. *2 i.* fluir, manar.

flower ['flauəʳ] *s.* BOT. flor. *2 i.* florecer.

flowering ['flauəriŋ] *a.* florido.

flown [fləun] *p. p.* de TO FLY.

flu [flu:] *s.* MED. fam. gripe.

fluctuate ['flʌktjueit] *i.* fluctuar.

fluent [fluənt] *a.* fluido.

fluffy ['flʌfi] *a.* mullido.

fluid ['flu(:)id] *a.-s.* fluido.

flung [flʌŋ] V. TO FLING.

flurry ['flʌri] *s.* agitación, excitación. *2 t.* agitar.

flush [flʌʃ] *a.* lleno, rico. *2 s.* flujo rápido. *3* rubor, sonrojo. *4 i.* afluir [la sangre]. *5* ruborizarse.

flute [flu:t] *s.* MÚS. flauta.

flutter ['flʌtəʳ] *s.* vibración. *2 i.* temblar, aletear.

fly [flai] *s.* ENT. mosca. *2 pl.* TEAT. bambalinas. *3 i.* volar. ¶ Pret.: *flew* [flu:]; p. p.: *flown* [fləun].

foam [fəum] *s.* espuma. *2 i.* echar espuma.

focus ['fəukəs] *s.* foco; enfoque. *2 t.* enfocar.

fodder ['fɔdəʳ] *s.* forraje, pienso.

foe [fəu] *s.* enemigo.

fog [fɔg] *s.* niebla, bruma.

foggy ['fɔgi] *a.* neblinoso.

foil [fɔil] *t.* frustrar.

foist [fɔist] *t.* endosar.

fold [fəuld] *s.* pliegue, doblez. *2 t.-i.* doblar(se, plegarse.

foliage ['fəuliidʒ] *s.* follaje.

folk [fəuk] *s.* gente, pueblo.

folk-lore ['fəuk-lɔ:ʳ] *s.* folklore.

follow ['fɔləu] *t.* seguir.

follower ['fɔləuəʳ] *s.* seguidor.

following ['fɔləuiŋ] *a.* siguiente.

folly ['fɔli] *s.* tontería.

fond [fɔnd] *a.* cariñoso. *2 to be ~ of,* ser aficionado a.

fondle ['fɔndl] *t.* mimar.

fondness ['fɔndnis] *s.* afición.

food [fu:d] *s.* alimento, comida.

fool [fu:l] *s.* tonto, bobo. *2 t.* engañar.

foolish ['fu:liʃ] *a.* tonto, necio.

foolishness ['fu:liʃnis] *s.* tontería, simpleza.

foot [fut], *pl.* **feet** [fi:t] *s.* pie: *on ~,* a pie.

football ['futbɔ:l] *s.* DEP. fútbol.

footfall ['futfɔ:l] *s.* pisada; paso.

footing ['futiŋ] *s.* pie, base. *2* posición.

footlights ['futlaits] *s.* candilejas.

footman ['futmən] *s.* lacayo.

footprint ['futprint] *s.* huella.

footstep ['futstep] *s.* paso, pisada.

for [fɔ:ʳ, fəʳ] *prep.* para; por; a causa de. *2* durante. *3 as ~ me,* por mi parte. *4 conj.* [fɔ:ʳ] ya que, pues.

forage ['fɔridʒ] *s.* forraje. *2 t.* forrajear.

foray ['fɔrei] *s.* correría.

forbade [fə'bæd] V. TO FORBID.

forbear ['fɔ:bεəʳ] *s.* antepasado. *2* [fɔ:'bεəʳ] *t.* dejar de, abstener de. ¶ *forbore* [fɔ:'bɔ:ʳ]; *forborne* [fɔ:'bɔ:n].

forbearance [fɔ:ˈbɛərəns] *s.* abstención, contención.
forbid [fəˈbid] *t.* prohibir. ¶ Pret.: *forbade* [fəˈbæd]; p. p.: *forbidden* [fəˈbidn].
forbidding [fəˈbidiŋ] *a.* prohibitivo. *2* repulsivo.
force [fɔ:s] *s.* fuerza. *2 t.* forzar.
forceful [ˈfɔ:sful] *a.* poderoso.
forcible [ˈfɔ:səbl] *a.* fuerte.
ford [fɔ:d] *s.* vado. *2 t.* vadear.
fore [fɔ:, fɔəʳ] *a.* delantero. *2 s.* parte delantera; proa. *3 adv.* a proa.
forearm [ˈfɔ:rɑ:m] *s.* antebrazo.
forebode [fɔ:ˈbəud] *t.-i.* presagiar. *2 t.* presentir.
foreboding [fɔ:ˈbəudiŋ] *s.* presagio, augurio.
forecast [ˈfɔkɑ:st] *s.* pronóstico. *2 t.* pronosticar, predecir. ¶ Pret. y p. p.: *forecat* o *-ted* [-tid].
forefather [ˈfɔ:ˌfɑ:ðəʳ] *s.* antepasado.
forefinger [ˈfɔ:ˌfiŋgəʳ] *s.* dedo índice.
foregoing [fɔ:ˈgəuiŋ] *s.* anterior.
forehead [ˈfɔrid] *s.* ANAT. frente.
foreign [ˈfɔrin] *a.* extranjero, exterior.
foreigner [ˈfɔrinəʳ] *s.* extranjero [pers.].
foreman [ˈfɔ:mən] *s.* capataz.
foremost [ˈfɔ:məust] *a.* delantero. *2* primero, principal.
forenoon [ˈfɔ:nu:n] *s.* [la] mañana.
foresee [fɔ:ˈsi:] *t.* prever. ¶ Pret.: *foresaw* [fɔ:ˈsɔ:]; p. p.: *foreseen* [fɔ:ˈsi:n].
foresight [ˈfɔ:sait] *s.* previsión, perspicacia.
forest [ˈfɔrist] *s.* bosque, selva.
forestall [fɔ:ˈstɔ:l] *t.* anticiparse a; prevenir.
forestry [ˈfɔristri] *s.* silvicultura.
foretell [fɔ:ˈtel] *t.* predecir. ¶ Pret. y p. p.: *foretold* [fɔ:ˈtəuld].
forever [fəˈrevəʳ] *adv.* siempre.
forfeit [ˈfɔ:fit] *s.* pena, multa. *2* prenda [en los juegos]. *3 t.* perder [algo] como pena o castigo.
forge [fɔ:dʒ] *s.* fragua; herrería. *2 t.* forjar, fraguar; falsificar.
forgery [ˈfɔ:dʒəri] *s.* falsificación.

forget [fə'get] *t.-i.* olvidar. ¶ Pret.: *forgot* [fə'gɔt]; p. p. *forgotten* [fə'gɔtn].

forgetful [fə'getful] *a.* olvidadizo.

forgive [fe'giv] *t.* perdonar. ¶ Pret.: *forgave* [fə'geiv]; p. p.: *forgiven* [fə'givn].

forgiveness [fə'givnis] *s.* perdón.

forgot [fə'gɔt], **forgotten** [fə'gɔtn] V. TO FORGET.

fork [fɔ:k] *s.* tenedor. *2* horca. *3 i.* bifurcarse.

forlorn [fə'lɔ:n] *a.* abandonado.

form [fɔ:m] *s.* forma. *2 t.-i.* formar(se.

formal ['fɔ:məl] *a.* formal.

formality [fɔ:'mæliti] *s.* formalidad, requisito.

formation [fɔ:'meiʃən] *s.* formación.

former ['fɔ:məʳ] *a.* anterior; antiguo. *2 pron. the ~, the latter,* aquél éste.

formerly ['fɔ:məli] *adv.* antes.

formidable ['fɔ:midəbl] *a.* formidable, temible.

formula ['fɔ:mjulə] *s.* fórmula.

formulate ['fɔ:mjuleit] *t.* formular.

forsake [fə'seik] *t.* abandonar, desamparar. ¶ Pret.: *forsook* [fə'suk]; p. p.: *forsaken* [fə'seikən].

forswear [fɔ:'swɛəʳ] *t.* abjurar, renunciar. ¶ Pret.: *forswore* [fɔ:'swɔ:ʳ); p. p.: *forsworn* [fɔ:'swɔ:n].

fort [fɔ:t] *s.* fuerte, fortaleza.

forth [fɔ:θ] *adv.* delante, adelante. *2* en adelante.

forthcoming [fɔ:θ'kʌmiŋ] *a.* venidero, próximo.

forthwith ['fɔ:θ'wiθ] *adv.* inmediatamente.

fortnight ['fɔ:tnait] *s.* quincena.

fortress ['fɔ:tris] *s.* fortaleza.

fortunate ['fɔ:tʃənit] *a.* afortunado, feliz.

fortune ['fɔ:tʃən] *s.* fortuna.

forty ['fɔ:ti] *a.-s.* cuarenta. *2* **-ieth** [-iiθ] cuadragésimo.

forward ['fɔ:wəd] *a.* delantero. *2* precoz, adelantado. *3 t.* enviar, remitir. *4* promover.

forward(s ['fɔ:wəd(z] *adv.* [hacia] adelante; más allá.

fossil ['fɔsil] *a.-s.* fósil.

foster ['fɔstəʳ] *a.* de leche; adoptivo. *2 t.* criar, nutrir.

fought [fɔ:t] V. TO FIGHT.
foul [faul] *a.* sucio, asqueroso. *2 t.-i.* ensuciar(se.
found [faund] TO FIND. *2 t.* fundar.
foundation [faun'deiʃən] *s.* fundación. *2* fundamento.
founder ['faundəʳ] *s.* fundador. *2 t.-i.* irse a pique.
foundling ['faundliŋ] *s.* expósito.
foundry ['faundri] *s.* fundición.
fount [faunt] *s.* manantial.
fountain ['fauntin] *s.* fuente. *2 ~-pen,* pluma estilográfica.
four [fɔ:ʳ, fɔəʳ] *a.-s.* cuatro; **-fold** ['fɔ:-fəuld] cuádruplo; **-teen** [-'ti:n] catorce; **-teenth** [-ti:nθ] decimocuarto; **-th** [-θ] cuarto; **forty** ['fɔ:ti] cuarenta; **fortieth** ['fɔ:tüθ] cuadragésimo.
fowl [faul] *s.* ave de corral.
fox [fɔks] *s.* zorro, -ra.
fraction ['frækʃən] *s.* fragmento.
fracture ['fræktʃəʳ] *s.* fractura. *2 t.-i.* fracturar(se.
fragile ['frædʒail] *a.* frágil.
fragment ['frægmənt] *s.* fragmento, trozo.
fragrance ['freigrəns] *s.* fragancia.
fragrant ['freigrənt] *a.* fragante.
frail [freil] *a.* frágil. *2* débil.
frame [freim] *s.* armazón, marco. *2 t.* formar, construir.
framework ['freimwə:k] *s.* armazón, esqueleto.
franc [fræŋk] *s.* franco [moneda].
franchise ['fræntʃaiz] *s.* privilegio. *2* derecho político.
frank [fræŋk] *a.* franco [sincero, claro]. *2 s.* franquicia postal.
frankfurter ['fræŋkˌfə:-təʳ] *s.* salchicha de Francfort.
frankness ['fræŋknis] *a.* franqueza.
frantic ['fræntik] *a.* frenético, furioso.
fraternity [frə'tə:niti] *s.* hermandad.
fraud [frɔ:d] *s.* fraude.
fraught [frɔ:t] *a.* lleno, cargado.
fray [frei] *s.* riña, pelea. *2 t.* rozar, raer.
freak [fri:k] *s.* capricho, antojo. *2* monstruosidad.
freckle ['frekl] *s.* peca.

free [fri:] *a.* libre. 2 *t.* librar.

freedom ['fri:dəm] *s.* libertad.

freeze [fri:z] *s.* helada. 2 *t.-i.* helar(se. ¶ Pret.: *froze* [frəuz]; p. p.: *frozen* ['frəunzn].

freight [freit] *s.* carga, flete.

French [frentʃ] *a.* - *s.* francés.

Frenchman ['frentʃmən] *s.* francés [hombre].

Frenchwoman ['frentʃ-ˌwumən] *s.* francesa [mujer].

frenzy ['frenzi] *s.* frenesí.

frequency ['fri:kwənsi] *s.* frecuencia.

frequent ['fri:kwənt] *a.* *t.* frecuentar.

fresh [freʃ] *a.* fresco, nuevo. 2 ~ *water,* agua dulce.

freshman ['freʃmən] *s.* estudiante de primer año en universidad.

freshness ['freʃnis] *s.* frescor.

fret [fret] *s.* roce. 2 *t.-i.* rozar(se.

fretful ['fretful] *a.* irritable.

friar ['fraiəʳ] *s.* fraile, monje.

friction ['frikʃən] *s.* fricción.

Friday ['fraidi] *s.* viernes.

friend [frend] *s.* amigo, amiga: *boy* ~, novio; *girl* ~, novia.

friendless ['frendlis] *a.* sin amigos.

friendly ['frendli] *a.* amistoso.

friendship ['frendʃip] *s.* amistad.

frigate ['frigit] *s.* fragata.

fright [frait] *s.* miedo, terror.

frighten ['fraitn] *t.* asustar.

frightful ['fraitful] *a.* espantoso.

frigid ['fridʒid] *a.* frígido, frío.

fringe [frindʒ] *s.* franja, fleco. 2 *t.* orlar, adornar con flecos.

frisk [frisk] *i.* retozar.

frisky ['friski] *a.* juguetón.

frivolous ['frivələs] *a.* frívolo.

fro [frəu] adv. *to and* ~. de un lado a otro.

frock [frɔk] *s.* hábito [monacal]. 2 vestido [de mujer]. 3 ~ *coat,* levita.

frog [frɔg] *s.* rana. 2 *t.* alarmar.

frolic ['frɔlik] *s.* juego, retozo. 2 *i.* juguetear, retozar.

from [frɔm, frəm] *prep.*

de, desde. *2* a partir de. *3* de parte de. *4* según. *5* por, a causa de.

front [frʌnt] *s.* frente, fachada. *2 in ~ of,* delante de, frente a. *3 t.* hacer frente a.

frontier ['frʌntiəʳ] *s.* frontera. *2 a.* fronterizo.

frost [frɔst] *s.* escarcha, helada.

frosty ['frɔsti] *a.* helado, glacial.

froth [frɔθ] *s.* espuma.

frothy ['frɔθi] *a.* espumoso.

frown [fraun] *s.* ceño, entrecejo. *2 i.* fruncir el entrecejo.

froze, frozen V. TO FREEZE.

frugal ['fru:gəl] *a.* frugal.

fruit [fru:t] *s.* fruto. *2 i.* fructificar.

fruitful ['fru:tful] *a.* fructífero.

fruitless ['fru:tlis] *a.* infructuoso, estéril, vano.

frustrate [frʌs'treit] *t.* frustrar. *2* burlar.

fry [frai] *t.-i.* freír(se.

fuel [fjuəl] *s.* combustible, carburante.

fugitive ['fju:dʒitiv] *a.* fugitivo. *2* fugaz, pasajero.

fulfil(l [ful'fil] *t.* cumplir, realizar, verificar, efectuar.

fulfilment [ful'filmənt] *s.* ejecución, realización. *2* colmo.

full [ful] *a.* lleno, repleto.

fullness ['fulnis] *s.* llenura, plenitud, colmo. *2* abundancia.

fully ['fuli] *adv.* plenamente.

fumble ['fʌmbl] *i.* buscar a tientas, revolver.

fume [fju:m] *s.* humo. *2 t.* ahumar.

fun [fʌn] *s.* broma, diversión: *to be ~,* ser divertido.

function ['fʌŋkʃən] *s.* función. *2 i.* funcionar.

fund [fʌnd] *s.* fondo, capital.

fundamental [ˌfʌndə'mentl] *a.* fundamental. *2 s. pl.* fundamento, principio, parte esencial.

funeral ['fju:nərəl] *s.* entierro. *2 a.* fúnebre.

fungus ['fʌŋgəs] *f.* BOT. hongo.

funnel ['fʌnl] *s.* embudo; chimenea de vapor.

funny ['fʌni] *a.* cómico, gracioso, divertido.

fur [fə:ʳ] *s.* piel.

furious ['fjuəriəs] *a.* furioso.

furl [fəːɾ] *t.* plegar [banderas]. *2* MAR. aferrar [velas].

furnace [ˈfəːnis] *s.* horno.

furnish [ˈfəːniʃ] *t.* surtir, proveer. *2* equipar, amueblar.

furnishing [ˈfəːniʃiŋ] *s. pl.* útiles, avíos, mobiliario.

furniture [ˈfəːnitʃəʳ] *s.* mobiliario, muebles: *piece of ~*, mueble.

furrier [ˈfʌriəʳ] *s.* peletero.

furrow [ˈfʌrəu] *s.* surco. 2 arruga. *3 t.* surcar.

further [ˈfəːðəʳ] *a.* adicional, ulterior. 2 más lejano. *3 adv.* más allá. *4* además, aún. *5 t.* adelantar, fomentar.

furthermore [ˈfəːðəˈmɔːʳ] *adv.* además.

furtive [ˈfəːtiv] *a.* furtivo.

fury [ˈfjuəri] *s.* furia. *2* entusiasmo, frenesí.

fuse [fjuːz] *s.* espoleta, cebo. 2 ELECT. fusible. *3 t.-i.* fundir(se.

fuss [fʌs] *s.* alboroto, alharaca. 2 *i.* bullir, ajetrearse.

fussy [ˈfʌsi] *a.* bullidor, inquieto. 2 minucioso, exigente.

futile [ˈfjuːtail] *a.* fútil. 2 frívolo. *3* vano, inútil.

future [ˈfjuːtʃəʳ] *a.* futuro.

G

gabardine ['gæbədi:n] *s.* gabardina [tela].
gabble ['gæbl] *s.* charla. *2 t.* charlar.
gad [gæd] *i.* callejear.
gadget ['gædʒit] *s.* chisme, mecanismo.
gag [gæg] *s.* mordaza. *2* TEAT. morcilla. *3 t.* amordazar. *4* TEAT. meter morcilla.
gaiety ('geiəti] *s.* alegría.
gain [gein) *s.* ganancia. *2* ventaja. *3 t.* ganar.
gainful ['geinful] *a.* provechoso.
gait [geit] *s.* paso, marcha.
gale [geil) *s.* vendaval.
gall [gɔ:l] *s.* bilis, hiel. *2* descaro. *3 t.* mortificar.
gallant ['gælənt] *a.* gallardo, valiente. *2* [gə'lænt] galante, cortés.
gallantry ['gæləntri) *s.* valentía. *2* galantería.
gallery ['gæləri) *s.* galería.
galley ['gæli] *s.* MAR. galera.
gallon ['gælən] *s.* galón [medida].
gallop ['gæləp] *s.* galope. *2 i.* galopar.
gallows ['gæləuz] *s.* horca, patíbulo: *~-bird,* reo de muerte.
gamble ['gæmbl] *s.* juego [por dinero]. *2 i.* jugar [dinero].
gambling ['gæmbliŋ] *s.* juego.
gambol ['gæmbəl] *s.* brinco. *2 i.* brincar, retozar.
game [geim] *s.* juego, diversión. *2* partida [de juego]. *3* DEP. partido. *4*

caza [animales]. *5 a.* valiente, dispuesto.

game [geim] *t.-i.* TO GAMBLE.

gander ['gændəʳ] *s.* ZOOL. ganso.

gang [gæŋ] *s.* cuadrilla.

gang-plank ['gæŋplæŋk] *s.* plancha, pasarela.

gangster ['gæŋstəʳ] *s.* gangster.

gangway ['gæŋwei) *s.* pasillo.

gaol (dʒeil] *s.* cárcel.

gap [gæp] *s.* boquete, brecha.

gape [geip] *s.* bostezo. *2 i.* bostezar.

garage ['gærɑ:ʒ, -ridʒ] garaje.

garb [gɑ:b] *s.* vestido, traje.

garbage ['gɑ:bidʒ] *s.* basura.

garden ['gɑ:dn] *s.* jardín.

gardener ['gɑ:dnəʳ] *s.* jardinero.

gardening ['gɑ:dniŋ] *s.* jardinería, horticultura.

garland ['gɑ:lənd] *s.* guirnalda.

garlic ['gɑ:lik] *s.* BOT. ajo.

garment ['gɑ:mənt] *s.* vestido.

garner ['gɑ:nəʳ] *s.* granero.

garnish ['gɑ:niʃ] *s.* adorno. *2 t.* adornar.

garret ['gærət] *s.* desván.

garrison ['gærisn] *s.* guarnición. *2 t.* MIL. guarnecer.

garrulous ['gæruləs] *a.* locuaz.

gas [gæs] *s.* gas: ~ *range,* cocina de gas. *2* (E. U.) gasolina.

gaseous ['gæsjəs] *a.* gaseoso.

gash [gæʃ] *s.* cuchillada. *2 t.* acuchillar.

gaslight ['gæslait] *s.* luz de gas.

gasolene ['gæsəli:n] *s.* (E. U.) gasolina.

gasp [gɑ:sp] *s.* boqueada. *2 i.* boquear. *3 t.* decir de manera entrecortada.

gate [geit] *s.* puerta [de ciudad, muro, etc.]; verja; barrera.

gateway ['geit-wei] *s.* puerta; pórtico.

gather ['gæðəʳ] *t.* recoger, juntar. *2* cosechar. *3* deducir, inferir. *4 i.* reunirse.

gathering ['gæðəriŋ] *s.* recolección. *2* reunión [de gente]. *3* MED. absceso.

gaudiness ['gɔ:dinis] *s.* ostentación.

gaudy ['gɔ:di] *a.* ostentoso.

gauge [geidʒ] *s.* medida, calibre. *2 t.* medir.

gaunt [gɔ:nt] *a.* flaco, desvaído.

gauze [gɔ:z] *s.* gasa, cendal.

gave [geiv] *pret.* de TO GIVE.

gay [gei] *a.* alegre. *2* vistoso.

gaze [geiz] *s.* mirada fija. *2 i.* mirar fijamente.

gear [giəʳ] *s.* vestidos, atavíos. *2* herramientas. *3* engranaje. *4 t.* ataviar.

geese [gi:s] *s. pl.* de GOOSE.

gelatine [ˌdʒelə'ti:n] *s.* gelatina.

gem [dʒem] *s.* gema.

gender ['dʒendəʳ] *a.* género.

general ['dʒenərəl] *a.* general. *2 m.* MIL. general.

generate ['dʒenəreit] *t.* producir.

generation [ˌdʒenə'reiʃən] *s.* generación.

generosity [ˌdʒenə'rɔsiti] *s.* generosidad.

generous ['dʒenərəs] *a.* generoso. *2* noble. *3* amplio.

genial [d'ʒi:njəl] *a.* simpático; afable.

genius ['dʒi:njəs], *pl.* **geniuses** ['dʒi:niəsiz] genio [fuerza creadora]. *2* carácter particular [de una nación, época, etc.].

genteel [dʒen'ti:l] *a.* [hoy, irónico] cursi; [antes] cortés. bien criado.

gentle ['dʒentl] *a.* de buena posición social. *2* dócil. *3* afable.

gentleman ['dʒentlmən] *s.* caballero.

gentlemanly ['dʒentlmənli] *s.* caballeroso.

gentleness ['dʒentlnis] *s.* mansedumbre. *2* afabilidad.

gentlewoman ['dʒentlˌwumən] *f.* señora. *2* dama de honor.

gently ['dʒentli] *adv.* suavemente; despacio.

gentry ['dʒentri] *s.* alta burguesía. *2* irón. gente bien.

genuine ['dʒenjuin] *a.* genuino; legítimo; sincero.

geographer [dʒi'ɔgrəfəʳ] *s.* geógrafo.

geography [dʒi'ɔgrəfi] *s.* geografía.

geology [dʒi'ɔlədʒi] *s.* geología.

geometry [dʒi'ɔmitri] *s.* geometría.

geranium [dʒi'reinjəm] *s.* BOT. geranio.

germ [dʒə:m] *s.* germen.

German ['dʒə:mən] *a.-s.* alemán.

germinate ['dʒə:mineit] *i.* geminar. *2 t.* hacer germinar.

gesture ['dʒestʃəʳ] *s.* ademán, gesto, señal.

get [get] *t.* obtener, conseguir. *2* hallar. *3* coger, atrapar. *4* vencer. *5* mandar; hacer que. *6* poner [en un estado, etc.]. *7* procurar, proporcionar. *8* comprender. *9 i.* ganar dinero. *10* estar, hallarse. *11* ir, llegar, meterse, introducirse, pasar. *12* hacerse, volverse, ponerse. ¶ Pret. y p. p.: *got* [gɔt].

geyser ['gaizəʳ] *s.* géiser. *2* ['gi:zəʳ] calentador de agua.

ghastly ['gɑ:stli] *a.* horrible.

ghost [gəust] *s.* espíritu, alma. *2* espectro, fantasma.

giant ['dʒaiənt] *a.-s.* gigante.

giddy ['gidi] *a.* vertiginoso; mareado.

gift [gift] *s.* donación. *2* regalo.

gifted ['giftid] *a.* dotado.

gig [gig] *s.* carruaje ligero.

gigantic [dʒai'gæntik] *a.* gigantesco.

giggle ['gigl] *s.* risita nerviosa. *2 i.* reír nerviosa y tontamente.

gild [gild] *t.* dorar.

gill [gil] *s.* agalla.

gilt [gilt] *a.-s.* dorado.

gin [dʒin] *s.* ginebra.

gingerly ['dʒindʒəli] *adv.* cautelosamente, con precaución.

gipsy ['dʒipsi] *s.* GYPSY.

giraffe [dʒi'rɑ:f] *s.* jirafa.

gird [gə:d] *t.* ceñir, cercar. ¶ Pret. y p. p: *girded* ['gə:did] o *girt* [gə:t].

girdle ['gə:dl] *s.* faja. *2 t.* ceñir.

girl [gə:l] *f.* niña, muchacha.

girt [gə:t] V. TO GIRD.

girth [gə:θ] *s.* cincha.

gist [dʒist] *s.* quid, punto esencial.

give [giv] *t.* dar; regalar. *2* ofrecer. *3 to ~ back,* devolver; *to ~ up,* renunciar a. *4 i.* dar de sí, ceder. ¶ Pret.: *gave* [geiv]; p. p.: *given* ['givn].

glacial ['gleisjəl] *a.* glacial.

glacier ['glæsjəʳ] *s.* glaciar.

glad [glæd] *a.* alegre, contento.

glade [gleid] *s.* claro [en un bosque].

gladness ['glædnis] *s.* alegría.

glamorous ['glæmərəs] *a.* fascinador.

glamo(u)r ['glæməʳ] *s.* encanto.

glance [glɑ:ns] *s.* mirada. 2 *i.-t.* dar una mirada.

gland [glænd] *s.* glándula.

glare [glɛəʳ] *s.* fulgor, respandor. 2 *i.* brillar, deslumbrar.

glass ['glɑ:s] *s.* vidrio, cristal. 2 vaso, copa. 3 espejo. 4 ÓPT. lente; anteojo.

glassy ['glɑ:si] *a.* cristalino.

glaze [gleiz] *s.* vidriado. 2 *t.* vidriar, barnizar. 3 velar [los ojos]. 4 poner cristales a.

gleam [gli:m] *s.* destello. 2 *i.* destellar.

glean [gli:n] *t.* espigar.

glee [gli:] *s.* alegría, gozo.

gleeful ['gli:ful] *a.* alegre, gozoso.

glen [glen] *s.* cañada.

glide [glaid] *s.* deslizamiento. 2 *i.* deslizarse, resbalar.

glider ['glaidəʳ] *s.* planeador.

glimmmer ['gliməʳ] *s.* vislumbre. 2 *i.* brillar; v slumbrarse.

glimpse [glimps] *s.* resplandor fugaz. 2 *i.* echar una ojeada. 3 *t.* vislumbrar.

glint [glint] *s.* brillo, destello. 2 *i.* brillar.

glisten ['glisn] *i.* brillar.

glitter ['glitəʳ] *s.* resplandor. 2 *i.* brillar.

globe [gləub] *s.* globo.

gloom [glu:m] *s.* oscuridad.

gloomy ['glu:mi] *a.* oscuro.

glorify ['glɔ:rifai] *t.* glorificar. 2 ensalzar.

glorious ['glɔ:riəs] *a.* glorioso.

glory ['glɔ:ri] *s.* glòria. 2 *i.* gloriarse.

gloss [glɔs] *s.* lustre, brillo. 2 *t.* lustrar, pulir.

glossy ['glɔsi] *a.* brillante.

glove [glʌv] *s.* guante.

glow [gləu] *s.* luz, resplandor. 2 *i.* dar luz o calor vivos, brillar.

glue [glu:] *s.* cola [para pegar]. 2 *t.* encolar, pegar.

gluey ['glu:i] *a.* pegajoso.

glut [glʌt] *t.-i.* hartar(se. 2 *t.* COM. inundar.

gnarl [nɑ:l] *s.* nudo [en madera].

gnash [næʃ] *i.* hacer rechinar los dientes.

gnat [næt] *s.* ENT. mosquito.

gnaw [nɔ:] *t.* roer.

go [gəu] *s.* ida. 2 marcha. 3 empuje. 4 tentativa. *5* moda: *it is all the ~*, hace furor.

go [gəu] *i.* ir. *2* irse, marchar, partir. *3* andar, funcionar. *4* [el traje] caer bien. *5* morir; decaer. *6* tener éxito. *7* resultar. ¶ Pres. 3.ª pers.: *goes* [gəuz]; pret.: *went* [went]; p.p.: *gone* [gɔn].

goad [gəud] *s.* pincho, aguijón. *2 t.* aguijar, aguijonear.

goal [gəul] *s.* DEP. meta, portería; gol: *to score a ~*, marcar un tanto. *2* fin, objeto.

goal-keeper ['gəul,ki:pəʳ] *s.* DEP. portero, guardameta.

goat [gəut] *s.* cabra; cabrón.

gobble ['gɔbl] *t.* engullir.

God [gɔd] *n. pr.* Dios. *2 m.* dios.

goddess ['gɔdis] *s.* diosa, diva.

godfather ['gɔd,fɑ:ðəʳ] *s.* padrino [de bautismo].

godly ['gɔdli] *a.* piadoso, devoto.

godmother ['gɔd,mʌðəʳ] *f.* madrina [de bautismo].

goggle ['gɔgl] *s. pl.* gafas ahumadas. *2 i.* mirar con ojos desorbitados.

gold [gəuld] *s.* oro.

golden ['gəuldən] *a.* de oro, áureo, dorado.

goldsmith ['gəuldsmiθ] *s.* orfebre.

golf [gɔlf] *s.* DEP. golf.

gone [gɔn] *p. p.* de TO GO.

good [gud] *a.* bueno. *2 s.* bien; provecho; *for ~*, para siempre.

good-by, good-bye [gud'bai] *s.* adiós: *to say ~ to,* despedirse de. *2* ['gu(d)'bai] *interj.* ¡adiós!

goodly ['gudli] *a.* agradable; importante.

goodness ['gudnis] *s.* bondad.

goods [gudz] *s. pl.* géneros, mercancías.

goody ['gudi] *a.-s.* bonachón. *2 s.* golosina.

goose [gu:s], *pl.* **geese** [gi:s] *s.* ORN. ganso, oca.

gore [gɔ:ʳ] *s.* sangre.

gorge [gɔ:dʒ] *s.* garganta. *2 t.* engullir.

gorgeous ['gɔ:dʒəs] *a.* brillante, suntuoso.

gory ['gɔ:ri] *a.* sangriento.

gospel ['gɔspəl] *s.* evangelio.

gossip ['gɔsip] *s.* chismorreo; chismoso. *2 i.* cotillear.

got [gɔt] V. TO GET.

gourd [guəd] *s.* BOT. calabaza.

govern ['gʌvən] *t.* gobernar.
governess ['gʌvənis] *s.* aya; institutriz.
government ['gʌvnmənt, 'gʌvə-] *s.* gobierno, dirección.
governor ['gʌvənəʳ] *s.* gobernador. *2* director.
gown [gaun] *s.* vestido de mujer. *2* bata; toga.
grab [græb] *t.* agarrar.
grace [greis] *s.* gracia [física; espiritual]. *2 t.* adornar.
graceful ['greisful] *a.* gracioso, airoso, agraciado.
gracious ['greiʃəs] *a.* gracioso, amable.
grade [greid] *s.* grado. *2* clase. *3 t.* graduar.
gradual ['grædʒuəl] *a.* gradual.
graduate ['grædʒuət] *a.* graduado. *2* ['grædjueit] *t.-i.* graduar(se.
grain [grein] *s.* grano. *2* cereales. *3* átomo, pizca.
grammar ['græməʳ] *s.* gramática: *~-school,* instituto de segunda enseñanza; (E. U.) escuela primaria.
grand [grænd] *a.* magnífico; sublime; distinguido.
grandchild ['græn-tʃaild] *s.* nieto, nieta.
grandaughter ['græn,dɔ:təʳ] *s.* nieta.
grandfather ['grænd,fɑ:ðəʳ] *s.* abuelo.
grandmother ['græn,mʌðəʳ] *s.* abuela.
grandparent ['græn,pɛərənt] *s.* abuelo, abuela. *2 pl.* abuelos.
grandson ['grænsʌn] *s.* nieto.
grange [greindʒ] *s.* granja, hacienda, cortijo.
granite ['grænit] *s.* granito.
granny, -nie ['græni] *s.* abuela.
grant [grɑ:nt] *s.* concesión. *2* beca. *3 t.* conceder, otorgar.
grape [greip] *s.* BOT. **uva.**
grapefruit ['greip-fru:t] *s.* BOT. toronja, pomelo.
grape-vine ['greip-vain] *s.* vid.
grapple ['græpl] *t.-i.* asis(se, agarrar(se.
grasp [grɑ:sp] *s.* asimiento. *2* apretón de manos. *3* comprensión. *4 t.* asir, empuñar. *5* comprender.
grass [grɑ:s] *s.* hierba, césped.
grasshopper ['grɑ:s,hɔpəʳ] *s.* ENT. langosta, saltamontes.
grate [greit] *s.* reja, verja. *2 t.* rallar. *3* raspar.
grateful ['greitful] *a.* agradecido.

gratify ['grætifai) *t.* satisfacer, contentar.
gratitude ['grætitju:d] *s.* gratitud.
gratuity [grə'tjuiti] *s.* gratificación, propina.
grave [greiv] *a.* grave, serio. *2 s.* tumba, sepulcro.
gravel ['grævəl] *s.* arena gruesa, grava.
gravitate ['græviteit] *i.* gravitar.
gravity ['græviti] *s.* gravedad, peso. *2* seriedad.
gravy ['greivi] *s.* coc. salsa, jugo.
gray [grei] *a.* gris, pardo.
graze [greiz] *s.* roce. 2 *i.* pacer. *3 t.* raspar.
grease [gri:s] *s.* grasa. 2 [gri:z]. *t.* engrasar.
great [greit] *a.* grande, gran.
greatness ['greitnis] *s.* grandeza.
greed, greediness [gri:d, -inis) *s.* ansia, codicia.
Greek [gri:k] *a.-s.* griego.
green [gri:n] *a.* verde.
greengrocer ['gri:nˌgrəusəʳ] *s.* verdulero.
greenhouse ['gri:nhaus] *s.* invernáculo.
greet [gri:t] *t.* saludar.
greeting ['gri:tiŋ] *s.* saludo.
grew [gru:] *pret.* de TO GROW.
grey [grei] *a.* gris, pardo.
greyhound ['greihaund] *s.* galgo.
grid [grid] *s.* reja, parrilla.
grief [gri:f] *s.* dolor, pena.
grievance ['gri:vəns] *s.* agravio.
grieve [gri:v] *t.-i.* afligir(se.
grievous ['gri:vəs] *a.* doloroso.
grill [gril] *s.* coc. parrillas. *2 t.* asar a la parrlla.
grille [gril] *s.* verja, reja.
grim [grim] *a.* torvo, ceñudo.
grimace [gri'meis] *s.* mueca, visaje, mohín. 2 *i.* hacer muecas o visajes.
grime [graim] *s.* mugre. *2 t.* ensuciar.
grimy ['graimi] *a.* sucio.
grin [grin] *s.* mueca de dolor o cólera. 2 sonrisa bonachona. *3 i.* hacer muecas. *4* sonreírse.
grind [graind] *t.* moler. ¶ Pret. y p. p.: *ground* [graund].
grindstone ['grainstəun] *s.* muela, piedra de afilar.
grip [grip] *s.* presa. *2* poder. *3* puño, mango. *4*

maletín. 5 *t.-i.* agarrar(se.

grisly [ˈgrizli] *a.* espantoso.

gristle [ˈgrisl] *s.* cartílago, ternilla.

grit [grit] *s.* arena. 2 firmeza. 3 *t.* hacer rechinar.

groan [grəun] *s.* gemido. 2 *i.* gemir.

grocer [ˈgrəusəʳ] *s.* tendero [de comestibles].

grocery [ˈgrəusəri] *s.* tienda de comestibles. 2 *pl.* comestibles.

groggy [ˈgrɔgi] *a.* achispado. 2 vacilante, atontado.

groom [grum] *s.* mozo de cuadra. 2 lacayo. 3 novio. 4 *t.* cuidar [caballos].

groove [gru:v] *s.* ranura, surco. 2 *t.* acanalar.

grope [grəup] *t.-i.* tentar, ir a tientas.

gross [grəus] *a.* grueso.

grotto [ˈgrɔtəu] *s.* gruta, cueva.

ground [graund] *s.* tierra, suelo, piso. 2 terreno. 3 *pret.* y *p. p.* de TO GRIND. 4 *t.* fundamentar, apoyar. 5 *i.* basarse.

group [gru:p] *s.* grupo, conjunto. 2 *t.-i.* agrupar(se.

grove [grəuv] *s.* bosquecillo.

grovel [ˈgrɔvl] *i.* arrastrarse.

grow [grəu] *i.* Crecer, desarrollarse. 2 nacer. 3 plantar. 4 ponerse, volverse. ¶ Pret.: *grew* [gru:]; p. p.: *grown* [grəun].

grower [ˈgrəuəʳ[*s.* cultivador.

growl [graul] *s.* gruñido. 2 *i.* gruñir.

grown [grəund] *p. p.* de TO GROW.

grown-up [ˈgrəunʌp] *a.-s.* adulto.

growth [grəuθ] *s.* crecimiento.

grub [grʌb] *s.* larva, gusano.

grudge [grʌdʒ] *s.* resentimiento. 2 *t.* regatear, escatimar.

grudgingly [ˈgrʌdʒiŋli] *adv.* de mala gana.

gruesome [ˈgru:səm] *a.* horrible.

gruff [grʌf] *a.* rudo.

gruffness [ˈgrʌfnis] *s.* aspereza.

grumble [ˈgrʌmbl] *s.* refunfuño, queja. 2 *i.* refunfuñar.

grunt [grʌnt] *s.* gruñido. 2 *i.* gruñir.

guarantee [ˌgærənˈti:] *s.* garantía. 2 *t.* garantizar.

guarantor [ˌgærənˈtɔ:ʳ] *s.* garante, fiador.

guard [gɑ:d] *s.* guardia. *2 t.-i.* guardar(se.

guardian [ˈgɑ:djən] *s.* guardián.

guess [ges] *s.* conjetura. *2 t.* conjeturar, suponer.

guest [gest] *s.* huésped.

guffaw [gʌˈfɔ:] *s.* risotada. *2 i.* reír a carcajadas.

guidance [ˈgaidəns] *s.* guía, direrción.

guide [gaid] *s.* guía [persona, libro]. *2 t.* guiar.

guild [gild] *s.* gremio, cofradía.

guile [gail] *s.* astucia, dolo.

guilt (gilt] *s.* culpa, delito.

guiltless [ˈgiltlis] *a.* inocente.

guilty [ˈgilti] *a.* culpable.

guise [gaiz] *s.* guisa, modo.

guitar [giˈtɑ:ʳ] *s.* MÚS. guitarra.

gulch [gʌlʃ] *s.* (E. U.) barranca.

gulf [gʌlf] *s.* GEOGR. golfo.

gull [gʌl] *s.* ORN. gaviota. *2 t.* estafar, engañar.

gullet [ˈgʌlit] *s.* gaznate.

gullible [ˈgʌlibl] *a.* incauto, bobo.

gully [ˈgʌli] *s.* hondonada.

gulp (gʌlp] *s.* trago, engullida. *2 t.* tragar, engullir.

gum [gʌm] *s.* encía. *2* goma. *3 t.* engomar.

gun [gʌn] *s.* ARTILL. cañón. *2* fusil, escopeta. *3* (E. U.) pistola, revólver.

gunner [ˈgʌnəʳ] *s.* artillero.

gunman [ˈgʌnmən] *s.* pistolero.

gunpowder [ˈgʌnˌpaudəʳ] *s.* pólvora.

gurgle [ˈgə:gl] *s.* gorgoteo. *2 i.* gorgotear.

gush [gʌʃ] *s.* chorro, borbotón. *2 i.* brotar, manar a borbotones.

gust [gʌst] *s.* ráfaga, racha.

gut [gʌt] *s.* intestino. *2* desfiladero. *3 t.* destripar.

gutter [ˈgʌtəʳ] *s.* arroyo. *2 i.* correrse [una vela].

guy [gai] *s.* tirante, viento. *2* tipo, individuo. *3 t.* ridiculizar.

gypsy [ˈdʒipsi] *a.-s.* gitano.

H

haberdasher ['hæbədæʃəʳ] *s.* camisero, mercero.

habit ['hæbit] *s.* hábito [costumbre; vestido].

habitation [ˌhæbi'teiʃən] *s.* habitación, morada.

habitual [hə'bitjuəl] *a.* habitual.

hack [hæk] *s.* rocín. *2* corte, hachazo. *3 t.* tajar, cortar.

had [hæd, həd, d] V. TO HAVE.

hag [hæg] *s.* bruja, vieja.

haggard ['hægəd] *a.* macilento.

hail [heil] *s.* granizo, pedrisco. *2* saludo, llamada. *3 interj.* ¡ave!, ¡salud! *4 i.-t.* granizar, pedriscar. *5* saludar, llamar.

hair [hɛəʳ] *s.* cabello, pelo.

hairdresser ['hɛəˌdresəʳ] *s.* peluquero, -ra. *2* peluquería.

hairless ['hɛəlis] *a.* calvo; pelado.

hairy ['hɛəri] *a.* peludo, velloso.

hake [heik] *s.* ICT. merluza.

hale [heil] *a.* sano, robusto.

half [hɑ:f], *pl.* **halves** [hɑ:vz] *s.* mitad. *2 a.-adv.* medio; semi, casi.

hallo(a) [hə'ləu] *interj.* ¡hola!; TEL. ¡oiga!; ¡diga!

hallow ['hæləu] *t.* santificar; reverenciar.

halt [hɔ:lt] *s.* alto, parada. *2* cojera. *3 a.* cojo. *4 i.* detenerse. *5* cojear. *6* vacilar.

halter ['hɔ:ltəʳ] *s.* cabestro.

halves [hɑ:vz] *s. pl.* de HALF.

ham [hæm] *s.* pernil, jamón.

hamlet ['hæmlit] *s.* aldea.

hammer ['hæmə] *s.* martillo. *2 t.* martillar, golpear.

hammock ['hæmək] *s.* hamaca.

hamper ['hæmpəʳ] *s.* cesta. *2* estorbo. *3 t.* estorbar.

hand [hænd] *s.* mano. *2* operario; mano de obra. *3* manecilla [del reloj]. *4* letra. *5* mano [en las cartas]. *6 t.* dar; entregar, pasar. 7 conducir, guiar.

handicap ['hændikæp] *s.* obstáculo, desventaja. 2 *t.* DEP. poner obstáculos.

handicraft ['hændikrɑ:ft] *s.* trabajo manual.

handkerchief ['hænkəʃif] *s.* pañuelo.

handle ['hændl] *s.* asa, asidero. 2 *t.* tocar, manejar. 3 tratar.

handsome ['hænsəm] *a.* hermoso. 2 guapo.

handy ['hændi] *a.* hábil, diestro. 2 a mano, próximo.

hang [hæŋ] *s.* caída [de un vestido, etc.]. 2 sentido, intención. 3 *t.* colgar, suspender. ¶ Pret. y p. p.: *hung* [hʌŋ].

hangar ['hæŋəʳ] *s.* hangar.

hanger ['hæŋəʳ] *s.* colgadero, percha.

hanging ['hæŋiŋ] *a.* pendiente. 2 *s.* ejecución en la horca.

haphazard ['hæp'hæzəd] *a.* casual. 2 *s.* casualidad. 3 *adv.* al azar.

happen ['hæpən] *i.* acontecer, ocurrir. 2 acertar a [ser, estar, etc.]. 3 *to ~ on,* encontrar, dar con.

happening ['hæpəniŋ] *s.* acontecimiento, suceso.

happily ['hæpili] *adv.* felizmente, afortunadamente.

happiness ['hæpinis] *s.* felicidad.

happy ['hæpi] *a.* feliz.

harass ['hærəs] *t.* atormentar. 2 acosar, hostigar.

harbinger ['hɑ:bindʒəʳ] *s.* heraldo, nuncio.

harbo(u)r ['hɑ:bəʳ] *s.* puerto. 2 refugio, asilo. 3 *t.-i* resguardar(se, amparar(se.

hard [hɑ:d] *a.* duro. 2 *adv.* duramente. 3 difícilmente. 4 *s.* suelo o piso duro.

harden ['hɑ:dn] *t.-i.* endurecer(se. 2 curtir(se.

hardness [hɑ:dnis] *s.* dureza. 2 penalidad.

hardware ['hɑ:d-wɛəʳ] *s.* quincalla, ferretería.

hardship ['hɑ:dʃip] *s.* penalidad. 2 privación.

hardy ['hɑ:di) *a.* fuerte, robusto.

hare [hɛəʳ] *s.* liebre.

harehound ['hɛə'haund] *s.* lebrel.

hark [hɑ:k] *t.-i.* escuchar, oír. 2 *interj.* ¡oye!, ¡oiga!

harlot ['hɑ:lət] *s.* ramera.

harm [hɑ:m] *s.* mal, daño. 2 *t.* dañar, perjudicar.

harmful ['ha:mful] *a.* dañoso.
harmless ['ha:mlis] *a.* inofensivo.
harmonious [ha:'məunjəs] *a.* armonioso.
harmonize ['ha:mənaiz] *t.-i.* armonizar.
harmony ['ha:məni] *s.* armonía.
harness ['ha:nis] *s.* arneses. *2 t.* enjaezar.
harp [ha:p] *s.* MÚS. arpa. *2 i.* tocar el arpa.
harrow ['hærəu] *s.* AGR. grada. *2 t.* desgarrar, atormentar.
harry ['hæri] *t.* saquear.
harsh [ha:ʃ] *a.* áspero.
hart [ha:t] *s.* ciervo, venado.
harvest ['ha:vist] *s.* cosecha. *2 t.-i.* cosechar; segar.
harvester ['ha:vistəʳ] *s.* cosechadora. 2 segador.
has [hæz, həz] *3.ª pers. pres. ind.* de TO HAVE.
haste [heist] *s.* prisa; presteza. *2 i.* TO HASTEN
hasten ['heisn] *t.* apresurar. *3 i.* darse prisa.
hat [hæt] *s.* sombrero.
hatch [hætʃ] *s.* compuerta; escotilla. *2 t.* empollar, incubar.
hatchet ['hætʃit] *s.* hacha.
hate [heit] *s.* odio, aversión. *2 t.* odiar, aborrecer.
hateful ['heitful] *a.* odioso.
hatred ['heitrid] *s.* odio.
haughtiness ['hɔ:tinis] *s.* orgullo.
haughty ['hɔ:ti] *a.* altivo, orgulloso.
haul [hɔ:l] *s.* tirón. *2 t.-i.* tirar de, arrastrar.
haunch [hɔ:ntʃ] *s.* anca, grupa.
haunt [hɔ:nt] *s.* guarida. 2 morada. *3 t.* rondar, frecuentar.
have [hæv o həv] *aux.* haber. 2 *I had rather,* más quisiera; *we had rather,* vale más que. *3 t.* haber, tener, poseer. *4* saber: *he has no latin,* no sabe latín. *5* tomar, comer, beber. *6 to ~ to+ infinit.* tener que, haber que. ¶ 3.ª pers. pres. ind.: *has* [hæz, həz]; pret. y p. p.: *had* [hæd, həd].
haven ['heivn] *s.* puerto. 2 asilo.
haversack ['hævəsæk] *s.* mochila.
havoc ['hævək] *s.* estrago, destrucción.
hawk [hɔ:k] *s.* halcón, azor. *2 t.* cazar con halcón. *3* pregonar.
hay [hei] *s.* heno, forraje.

hazard ['hæzəd] *s.* azar, acaso. *2 t.-i.* arriesgar-(se.

hazardous ['hæzədəs] *a.* arriesgado, peligroso.

haze [heiz] *s.* niebla, calina.

hazel ['heizl] *s.* avellano.

hazy ['heizi] *a.* brumoso.

he [hi:, hi] *pron. pers.* él. *2 pron. indef.* el, aquel: ~ *who,* el o aquel que, quien. *3 a.* macho, varón: ~*-bear,* oso [macho].

head [hed] *s.* cabeza. *2* cabecera. *3* cima. *4* puño [de bastón]. *5* título. *6* espuma [de un líquido]. *7* MAR. proa. *8* jefe, principal. *9 t.* encabezar.

headache ['hedeik] *s.* dolor de cabeza.

headland ['hedlənd] *s.* GEOGR. cabo.

headline ['hedlain] *s.* titulares [de periódico]. *2* título.

headlong ['hedlɔŋ] *a.* impetuoso, temerario.

headmaster ['hed'ma:ste^r], **headmistres** [-'mistris] *s.* director, -ra [de un colegio].

headquarters ['hed'kwɔ:-təz] *s.* MIL. cuartel general.

heal [hi:l] *t.-i.* curar(se, sanar(se. *2 t.* remediar.

health [helθ] *s.* salud, sanidad.

healthful ['helθful], **healthy** ['helθi] *a.* sano, saludable.

heap [hi:p] *s.* montón, pila. *2 t.* amontonar.

hear [hiə^r] *t.-i.* oír. *2* escuchar. ¶ Pret. y p. p.: *heard* [hə:d].

hearing ['hiəriŋ] *s.* oído. *2* audición; audiencia.

heart [ha:t] *s.* corazón: *to take to* ~, tomar en serio; *by* ~, de memoria.

heartache ['ha:t-eik] *s.* aflicción.

hearten ['ha:tn] *t.* animar.

hearth [ha:θ] *s.* hogar.

hearty ['ha:ti] *a.* cordial, sincero.

heat [hi:t] *s.* calor. *2 t.* calentar.

heater ['hi:tə^r] *s.* calentador.

heating ['hi:tiŋ] *s.* calefacción.

heave [hi:v] *s.* esfuerzo para levantar o levantarse. *2* jadeo. *3 t.* levantar; mover con esfuerzo. *4 i.* jadear. ¶ Pret. y p. p.: *heaved* [hi:vd] o *hove* [həuv].

heaven ['hevn] *s.* cielo.

heavily ['hevili] *adv.* pesadamente. *2* fuertemente.

heaviness ['hevinis] *s.* pesadez.
heavy ['hevi] *a.* pesado. *2 adv.* pesadamente.
Hebrew ['hi:bru:] *a.-s.* hebreo.
hedge [hedʒ] *s.* seto vivo; cerca. *2 t.* cercar, vallar.
hedgehog ['hedʒhɔg] *s.* erizo.
heed [hi:d] *s.* atención; caso. *2 t.* prestar atención a.
heedless ['hi:dlis] *a.* desatento.
heel [hi:l] *s.* talón; tacón.
height [hait] *s.* altura, altitud.
heighten ['haitn] *t.* levantar.
heir [ɛəʳ] *s.* heredero.
heiress ['ɛəris] *s.* heredera.
held [held] V. TO HOLD.
he'll [hi:l] contract. de HE SHALL y de HE WILL.
hell [hel] *s.* infierno.
hello ['he'ləu] *interj.* ¡hola! *2* ¡diga, ¡iiga! [en el teléfono].
helm [helm] *s.* timón.
helmet ['helmit] *s.* yelmo, casco.
help [help] *s.* ayuda, auxilio. *2 t.* ayudar.
helpful ['helpful] *a.* útil.
helpless ['helplis] *a.* desvalido.
hem [hem] *s.* COST. dobladillo, bastilla. *2 t.* dobladillar. *3* cercar, rodear.
hemp [hemp] *s.* cáñamo.
hen [hen] *f.* ORN. gallina.
hence [hens] *adv.* desde aquí o ahora. *2* de aquí a, dentro de.
henceforth ['hens'fɔ:θ] *adv.* de aquí en adelante.
her [hə:ʳ, ə:ʳ, həʳ əʳ] *pron. f.* (ac. o dat.) la, le. *2* [con prep.] ella. *3 a. pos. f.* su, sus [de ella].
herald ['herəld] *s.* heraldo. *2 t.* anunciar.
herb [hə:b] *s.* hierba.
herd [hə:d] *s.* rebaño. *2 t.-i.* juntar o juntarse en rebaño.
here [hiəʳ] *adv.* aquí, acá.
herebouts ['hiərə,bauts] *adv.* por aquí cerca.
hereafter [hiər'ɑ:ftəʳ] *adv.* en lo futuro.
hereby ['hiə'bai] *adv.* por este medio, por este acto.
hereditary [hi'rəditəri] *a.* hereditario.
hererity [hi'rediti] *s.* herencia.
heresy ['herəsi] *s.* herejía.
heretic ['herətik] *s.* hereje.

heritage ['heritidʒ] *s.* herencia.
hermit ['hə:mit] *s.* ermitaño.
hero ['hiərəu] *s.* héroe.
hroic(al [hi'rəuik, -əl] *a.* heroico.
heroine ['herəuin] *f.* heroína.
heroism ['herəuizəm] *s.* heroísmo.
herring ['heriŋ] *s.* ICT. arenque.
hers [hə:z] *pron. f.* [el] suyo, [la] suya [los] suyos, [las] suyas [de ella].
herself [hə:'self] *pron. pers. f.* ella misma, se, sí misma.
he's [hi:z, hiz] contrac. de HE IS y de HE HAS.
hesitate ['heziteit] *i.* vacilar.
hew [hju:] *t.* cortar, labrar. ¶ Pret.: *hewed* [hju:d]; p. p.: *hewn* [hju:n].
hid [hid] *pret.* de TO HIDE.
hidden ['hidn] V. TO HIDE.
hide [haid] *s.* piel, cuero. 2 *t.-i.* esconder(se, ocultar(se. ¶ Pret.: *hid* [hid]; p. p.: *hidden* ['hidn] o *hid.*
hideous ['hidiəs] *a.* horrible.
high [hai] *a.* alto.
highland ['hailənd] *s.* región montañosa.
highway ['haiwei] *s.* carretera.
highwayman ['haiweimən] *s.* salteador, forajido.
hiker ['haikəʳ] *s.* excursionista.
hill [hill] *s.* colina, collado.
hillock ['hilək] *s.* montículo.
hillside ['hil'said] *s.* ladera.
hilly ['hili] *a.* montañoso.
hilt [hilt] *s.* puño, empuñadura.
him [him, im] *pron. m.* [ac. o dat.] lo, le. 2 [con prep.] él: *to* ~, a él.
himself [him'self] *pron. pers. m.* él, él mismo, se, sí, sí mismo.
hind [haind] *a.* trasero, posterior. 2 *s.* cierva.
hinder ['hindəʳ] *t.-i.* impedir, estorbar.
hindrance ['hindrəns] *s.* estorbo, obstáculo.
hinge [hindʒ] *s.* gozne, bisagra. 2 *t.* engoznar.
hint [hint] *s.* indicación. 2 *t.-i.* indicar.
hip [hip] *s.* cadera.
hire ['haiəʳ] *s.* alquiler. 2 *t.* alquilar.
his [hiz, iz] *a.-pron. m.* [el] suyo, [la] suya; [los] suyos, [las] suyas [de él].

hiss [his] *s.* siseo. *2* silbido. *3 i.-t.* silbar, sisear.
historian [his'tɔ:riən] *s.* historiador.
historic(al [his'tɔrik, -əl] *a.* histórico.
history ['histəri] *s.* historia.
hit [hit] *s.* golpe. *2* éxito. *3 t.* golpear, dar con. ¶ Pret. y p. p.: *hit* [hit].
hitch [hitʃ] *s.* tropiezo. *2 t.* mover [a tirones].
hitch-hiking ['hitʃhaikiŋ] *s.* autostop.
hither ['hiðə^r] *adv.* acá, hacia acá.
hitherto ['hiðə'tu:] *adv.* hasta aquí, hasta ahora.
hive [haiv] *s.* colmena.
hoard [hɔ:d] *s.* depósito. *2 t.* acumular, atesorar.
hoarse [hɔ:s] *a.* ronco, áspero.
hoary ['hɔ:ri] *a.* cano, canoso.
hobble ['hɔbl] *s.* cojera. *2 i.* cojear.
hobby ['hɔbi] *s.* afición.
hoe [həu] *s.* azada. *2 t.* cavar.
hog [hɔg] *s.* cerdo, cochino.
hoist [hɔist] *s.* grúa, montacargas. *2 t.* izar.
hold [həuld] *s.* presa. *2* asidero. *3* fortaleza. *4* receptáculo. *5* MAR. bodega. *6* dominio, poder. *7 t.* tener, poseer. *8* sujetar. *9* aguantar, sostener. *10* considerar, tener por. *11 i.* agarrarse, asirse. ¶ Pret. y p. p.: *held* [held].
holder ['həuldə^r] *s.* tenedor, poseedor. *2* mango, agarrador.
holding ['həuldiŋ] *s.* posesión.
hold-up ['həuldʌp] *s.* atraco.
hole [həul] *s.* agujero, boquete. *2 t.* agujerear, horadar.
holiday ['hɔlədi, -lid-, -dei] *s.* fiesta, festividad. *2 pl.* vacaciones. *3 a.* festivo.
hollow ['hɔləu] *a.* hueco, *2* falso. *3 s.* hueco.
holm-oak ['həum'əuk] *s.* encina.
holy ['həuli] *a.* santo; sagrado.
homage ['hɔmidʒ] *s.* homenaje.
home [həum] *s.* hogar, casa.
homeland ['həumlænd] *s.* patria.
homeless ['həumlis] *a.* sin casa.
homely ['həumli] *a.* llano, sencillo, casero. *2* feo, vulgar.
homesick ['həum-sik] *a.* nostálgico.

homicide ['hɔmisaid] *s.* homicidio. *2* homicida.
homily ['hɔmili] *s.* homilía.
honest ['ɔnist] *a.* honrado.
honesty ['ɔnisti] *s.* honradez.
honey ['hʌni] *s.* miel.
hono(u)r ['ɔnəʳ] *s.* honor. *3 t.* honrar.
hood [hud] *s.* capucha, caperuza.
hoof [hu:f] *s.* casco, pezuña.
hook [huk] *s.* gancho, garfio. *2 t.* encorvar.
hoop [hu:p] *s.* aro, cerco.
hoot [hu:t] *s.* grito. *2 i.-t.* gritar.
hooter ['hu:təʳ] *s.* sirena.
hop [hɔp] *s.* salto, brinco. *2 i.* brincar, saltar.
hope [həup] *s.* esperanza. *2 t.-i.* esperar, confiar.
hopeful ['həupful] *a.* esperanzado.
hopeless ['həuplis] *a.* desesperado.
horizon [hə'raizn] *s.* horizonte.
horizontal [ˌhɔri'zɔntl] *a.* horizontal.
horn [hɔ:n] *s.* asta, cuerno.
horrible ['hɔribl] *a.* horrible.
horrid ['hɔrid] *a.* horroroso.
horror ['hɔrəʳ] *s.* horror.
horse [hɔ:s] *s.* ZOOL. caballo.
horseback ['hɔ:sbæk] *adv. on* ~, a caballo.
horseman ['hɔ:smən] *s.* jinete.
horsemanship ['hɔ:mənʃip] *s.* equitación.
horsepower ['hɔ:sˌpauəʳ] *s.* caballo de fuerza o de vapor.
horseshoe [hɔ:ʃʃu:] *s.* herradura.
hose [həuz] *s.* calza(s, media(s. *2* manga, manguera.
hospitable ['hɔspitəbl] *a.* hospitalario, acogedor.
hospital ['hɔspitl] *s.* hospital.
host [həust] *s.* hospedero, mesonero. *2* huésped, anfitrión.
hostage ['hɔstidʒ] *s.* rehén.
hostess ['həustis] *s.* mesonera. *2* anfitriona. *3* AVIA. azafata.
hostile ['hɔstail] *a.* hostil.
hostility [hɔs'tiliti] *s.* hostilidad.
hot [hɔt] *a.* caliente.
hotel [həu'tel, əu-] *s.* hotel.
hound [haund] *s.* perro de caza.

hour ['auəʳ] *s.* hora.

house [haus, *pl.* 'hauziz] *s.* casa. *2* TEAT. sala, público.

household ['haushəuld] *s.* casa, familia.

housekeeper ['hausˌki:pəʳ] *s.* ama de llaves.

housewife ['haus-waif] *s.* ama de casa.

housing ['hauziŋ] *s.* alojamiento, vivienda.

hove [həuv] V. TO HEAVE.

how [hau] *adv.* cómo, de qué manera; por qué. *2* qué, cuán [admirativos].

however [hau'evəʳ] *adv.* como quiera que, por muy ... que. *2 conj.* sin embargo, no obstante.

howl [haul] *s.* aullido. *2* grito. *3 i.* aullar.

huddle ['hʌdl] *s.* montón, tropel. *2 t.-i.* amontonar(se.

hue [hju:] *s.* color, matiz.

hug [hʌg] *s.* abrazo. *2 t.* abrazar.

huge [hju:dʒ] *a.* enorme.

hulk [hʌlk] *s.* buque viejo.

hull [hʌl] *s.* cáscara, corteza. *2 t.* mondar.

hum [hʌm] *s.* zumbido. *2 i.* zumbar.

human ['hju:mən] *a.* humano.

humane [hju(:)'mein] *a.* humanitario.

humanity [hju(:)'mæniti] *s.* humanidad. *2 pl.* humanidades.

humble ['hʌmbl] *a.* humilde. *2 t.-ref.* humillar(se.

humidity [hju(:)'miditi] *s.* humedad.

humiliate [hju(:)'milieit] *t.* humillar.

humility [hju(:)'militi] *s.* humildad, sumisión.

humour ['hju:məʳ] *s.* humorismo. *2* humor, genio. *2 t.* complacer.

humo(u)rous ['hju:mərəs] *a.* humorístico, gracioso.

hump [hʌmp] *s.* jiba, joroba.

humpbacked ['hʌmpbækt] **humped** [hʌmpt], **humpy** 'hʌmpi] *a.* jorobado, jiboso.

hunch [hʌntʃ] *s.* joroba, jiba. *2 t.-i.* encorvar [la espalda].

hundred ['hʌndrəd] *a.* cien. *2* **-th** [-θ] centésimo.

hundredweight ['hʌndrədweit] *s.* quintal: (Ingl.) 58.8 kg.; (E. U.) 45.36 kg.

hung [hʌŋ] V. TO HANG.

hunger ['hʌŋgəʳ] *s.* hambre. *2 i.* tener hambre.

hungry ['hʌngri] *a.* hambriento.

hunk [hʌŋk] *s.* fam. trozo.
hunt [hʌnt] *s.* caza. *2 t.-i* cazar.
hunter ['hʌntəʳ] *s.* cazador.
hunting ['hʌntiŋ] *s.* caza.
hurl [hə:l] *s.* tiro, lanzamiento. *2 t.* lanzar, tirar.
hurrah! [hu'rɑ:] *interj.* ¡hurra!
hurricane ['hʌrikən] *s.* huracán.
hurry ['hʌri] *s.* prisa, premura. *2 t.-i.* dar(se prisa, apresurar(se.
hurt [hə:t] *s.* herida, lesión. *2 a.* herido, lastimado. *3 t.* herir, lastimar. ¶ Pret. y p. p.: *hurt* [hə:t].
hurtful [hə:tful] *a.* perjudicial.
husband ['hʌzbənd] *s.* marido. *2 t.* economizar.
husbandman ['hʌzbəndmən] *s.* agricultor.
husbandry ['hʌzbəndri] *s.* agricultura. *2* economía.
hush [hʌʃ] *s.* quietud, silencio. *2 t.-i.* callar.
husk [hʌsk] *s.* cáscara, vaina.
hustle ['hʌsl] *s.* actividad. *2 t.-i.* apresurar(se.
hut [hʌt] *s.* choza, cabaña.
hydraulic [hai'drɔ:lik] *a.* hidráulico.
hygiene ['haidʒi:n] *s.* higiene.
hymn [him] *s.* himno.
hypocrisy [hi'pɔkrəsi] *s.* hipocresía.
hypocrite ['hipəkrit] *s.* hipócrita.
hypothesis [hai'pɔθisis]
hysterical [his'tərikəl] *a.* histérico.

I

I [ai] *pron. pers.* yo.

ice (ais) *s.* hielo. *2 t.* helar.

iceberg ['aisbə:g] *s.* iceberg.

icy ['aisi] *a.* helado, frío.

idea [ai'diə] *s.* idea.

identical [ai'dəntikəl] *a. a.* idéntico.

identification (ai,dentifi'keiʃən] *s.* identificación.

identify [ai'dentifai] *t.* identificar.

identity [ai'dentiti] *s.* identidad.

idiom ['idiəm] *s.* modismo.

idiot ['idiət] *s.* idiota.

idle ['aidl] *a.* ocioso. *2 i.* estar ocioso.

idol ['aidl] *s.* ídolo.

idolatry [ai'dɔlətri] *s.* idolatría.

if [if] *conj.* si.

ignoble [ig'nəubl] *a.* innoble.

ignorance ['ignərəns] *s.* ignorancia.

ignorant ['ignərənt] *a.* ignorante.

ignore [ig'nɔ:ʳ] *t.* desconocer, hacer caso omiso.

I'll [ail] *contr.* de I SHALL y I WILL.

ill [il] *a.* enfermo. *2 s.* mal, desgracia. *3 adv.* mal.

illegal (i'li:gəl] *a.* ilegal.
illicit [i'lisit] *a.* ilícito.
illiterate [i'litərit] *a.* iletrado, analfabeto.
illness ['ilnis] *s.* enfermedad.
illuminate [i'lju:mineit] *t.* iluminar.
illusion [i'lu:ʒən] *s.* ilusión; espejismo, engaño.
illustrate ['iləstreit] *t.* ilustrar [con dibujos, etcétera].
illustrious [i'lʌstriəs] *a.* ilustre.
I'm [aim] *contr.* de I AM.
image ['imidʒ] *s.* imagen.
imaginable [i'mædʒinəbl] *a.* imaginable.
imaginary [i'mædʒinəri] *a.* imaginario.
imagination [iˌmædʒi'neiʃən] *s.* imaginación.
imagine [i'mædʒin] *t.* imaginar.
imitate ['imiteit] *t.* imitar.
immaculate [i'mækjulit] *a.* inmaculado.
immediate [i'mi:djət] *a.* inmediato.
immense [i'mens] *a.* inmenso.
immerse [i'mə:s] *t.* sumergir. 2 absorber.
immigrant ['imigrənt] *a.-s.* inmigrante.
immigration [ˌimi'greiʃən] *s.* inmigración.
imminent ['iminənt] *a.* inminente.
immortal [i'mɔ:tl] *a.-s.* inmortal.
immovable [i'mu:vəbl] *a.* inamovible, inmóvil.
immunize ['imju(:)naiz] *t.* inmunizar.
imp [imp] *s.* diablillo, duende.
impact ['impækt] *s.* golpe, choque, impacto.
impair [im'pɛəʳ] *t.* dañar.
impartial [im'pɑ:ʃəl] *a.* imparcial.
impatient [im'peiʃənt] *a.*
impeach [im'pi:tʃ] *t.* acusar [de alta traición]; procesar; censurar.
impeachment [im'pi:tʃmənt] *s.* acusación [de alta traición]; proceso.
impede [im'pi:d] *t.* impedir, estorbar.
impediment [im'pedimənt] *s.* impedimento, estorbo.
impel [im'pel] *t.* impulsar.
impeding [im'pendiŋ] *a.* inminente, amenazador.
imperil [im'peril] *t.* poner en peligro.

imperious [im'piəriəs] *a.* imperioso
impervious [im'pəːvjəs] *a.* impenetrable.
impetuous [im'petjuəs] *a.* impetuoso
impetus ['impitəs] *s.* ímpetu.
impious ['impiəs] *a.* impío.
implement ['implimənt] *s.* instrumento. *2 pl.* enseres.
implicate ['implikeit] *t.* implicar. *2* entrelazar.
implore [im'plɔːʳ] *t.* implorar.
imply [im'plai] *t.* implicar.
import ['impɔːt] *s.* importancia. *2* importación. *3* [im'pɔːt] *t.-i.* importar. *4 t.* significar.
importance [im'pɔːtəns] *s.* importancia. *2* cuantía.
impose [im'pəuz] *t.* imponer.
impossibility [imˌpɔsə'biliti] *s.* imposibilidad.
impossible [im'pɔsibl] *a.* imposible.
impostor [im'pɔstəʳ] *s.* impostor.
impoverish [im'pɔvəriʃ] *t.* empobrecer.
impress ['impres] *s.* impresión. *2* [im'pres] *t.* imprimir.
impressive [im'presiv] *a.* impresionante, emocionante.
imprint ['imprint] *s.* impresión, huella. *2* [im'print] *t.* imprimir, estampar. *2* grabar.
imprison [im'prizn] *t.* encarcelar.
improbable [im'prɔbəbl] *s.* improbable. *2* inverosímil.
improper [im'prɔpəʳ] *a.* impropio. *2* indecoroso.
improve [im'pruːv] *t.* mejorar, desarrollar.
improvise ['imprəvaiz] *t.-i.* improvisar.
impulse ['impʌls] *s.* impulso.
impunity [im'pjuːniti] *s.* impunidad.
impute [im'pjuːt] *t.* imputar, atribuir.
in [in] *prep.* en, con, de, dentro de, durante, entre, por.
inability [ˌinə'biliti] *s.* incapacidad, impotencia.
inaccessible [ˌinæk'sesəbl] *a.* inaccesible.
inactive [in'æktiv] *a.* inactivo.
inadequate [in'ædikwit] *a.* inadecuado. *2* insuficiente.
inappropriate [ˌinə'prəupriit] *a.* impropio.
inasmuch as [inəz'mʌtʃ æz, -əz] *conj.* considerando que; ya que.

inaugurate [i'nɔ:gjureit] *t.* inaugurar.

incapable [in'keipəbl] *a.* incapaz.

incense ['insens] *s.* incienso. *2* [in'sens] *t.* encolerizar, indignar.

incessant [in'sesnt] *a.* incesante.

inch [intʃ] *s.* pulgada [2'54 cm].

incident ['insidənt] *a.-s.* incidente.

inclemency [in'klemənsi] *s.* inclemencia. *2* intemperie.

incline [in'klain] *s.* pendiente, declive. *2 t.-i.* inclinar(se.

include [in'klu:d] *t.* incluir.

incoherence [ˌinkəu'hiərəns] *s.* incoherencia.

income ['inkəm] *s.* ingresos.

incomprehensible [inˌkɔmpri'hensəbl] *a.* incomprensible.

inconceivable [ˌinkən'si:vəbl] *a.* inconcebible. *2* increíble.

inconsistent [ˌinkən'sistənt] *a.* incompatible, contradictorio.

inconvenience [ˌinkən'vi:njəns] *s.* inconveniencia. *2 t.* incomodar.

incorporate [in'kɔ:pəreit] *t.-i.* incorporar(se, unir(se.

incorrect [ˌinkə'rekt] *a.* incorrecto. *2* inexacto.

increase ['inkri:s] *s.* aumento. *2* [in'kri:s] *t.* aumentar. *3* agrandar. *4 i.* aumentarse.

incredulous [in'kredjuləs] *a.* incrédulo.

incumbent [in'kʌmbənt] *a. to be ~ on,* incumbir a.

incur [in'kə:ʳ] *t.* incurrir en; contraer; hacer.

incurable [in'kjuərəbl] *a.* incurable.

indebted [in'detid] *a.* endeudado.

indeed [in'di:d] *adv.* realmente, ¡claro que sí!

indefatigable [ˌindi'fætigəbl] *a.* infatigable.

indemnity [in'demniti] *s.* indemnidad.

indent [in'dent] *t.* mellar, dentar.

independence [ˌindi'pendəns] *s.* independencia.

indescribable [ˌindis'kraibəbl] *a.* indescriptible.

index ['indeks] *s.* índice.

Indian ['indjən] *a.-s.* indio.

indicate ['indikeit] *t.* indicar.

indication [ˌindi'keiʃən] *s.* indicación; señal.

indict [in'dait] *t.* acusar.

indifference [in'difrəns] *s.* indiferencia.

indigestion [ˌindi'dʒestʃən] *s.* indigestión.
indignant [in'dignənt] *a.* indignado.
indignation [ˌindig'neiʃən] *s.* indignación.
indignity [in'digniti] *s.* indignidad. 2 ultraje, afrenta.
indispensable [ˌindis'pensəbl] *a.* indispensable.
indite [in'dait] *t.* redactar.
individual [ˌindi'vidjuəl] *a.* individual. 2 *s.* individuo.
indomitable [in'dɔmitəbl] *a.* indomable.
indoors ['in'dɔ:z] *adv.* dentro de casa; en local cerrado.
indorse, indorsee, etc., V. ENDORSE (TO), ENDORSEE, etcétera.
induce [in'dju:s] *t.* inducir.
inducement [in'dju:smənt] *s.* móvil, aliciente.
indulge [in'dʌldʒ] *t.* satisfacer [pasiones, etc.]. 2 consentir.
industrial [in'dʌstriəl] *a.* industrial.
industrious [in'dʌstriəs] *a.* industrioso, laborioso.
industry ['indəstri] *s.* industria. 2 diligencia, laboriosidad.
ineffectual [ˌini'fektʃual] *a.* ineficaz. 2 inútil, vano.
inefficient [ˌini'fiʃənt] *a.* ineficaz.
inept [i'nept] *a.* inepto.
inequality [ˌini(:)'kwɔliti] *s.* desigualdad. 2 desproporción.
inert [i'nə:t] *a.* inerte.
inexpensive [ˌiniks'pensiv] *a.* barato, poco costoso.
inexperience [ˌiniks'piəriəns] *s.* inexperiencia, impericia.
inexpressive [ˌiniks'presiv] *a.* inexpresivo.
infamous ['infəməs] *a.* infame.
infancy ['infənsi] *s.* infancia.
infantry ['infəntri] *s.* MIL. infantería.
infect [in'fekt] *t.* infectar.
infer [in'fə:ʳ] *t.* inferir.
inferior [in'fiəriəʳ] *a.-s.* inferior.
infernal [in'fə:nl] *a.* infernal.
infest [in'fest] *t.* infestar.
infidel ['infidəl] *a.-s.* infiel.
infinite ['infinit] *a.-s.* infinito.
infirmity [in'fə:miti] *s.* enfermedad.

inflame [in'fleim] *t.-i.* inflamar(se.

inflate [in'fleit] *t.* inflar.

inflict [in'flikt] *t.* infligir.

influence ['influəns] *s.* influencia. *2 t.* influir en o sobre.

inform [in'fɔ:m] *t.* informar.

informal [in'fɔ:ml] *a.* sin ceremonia. *2* desenvuelto.

informant [in'fɔ:mənt] *s.* informador.

information [ˌinfə'meiʃən] *s.* información. *2* informes.

infuriate [in'fjuərieit] *t.* enfurecer.

ingenious [in'dʒi:njəs] *a.* ingenioso, hábil, sutil.

ingenuity [ˌindʒi'nju(:)iti] *s.* ingenio, inventiva. *2* ingeniosidad, artificio.

ingratitude [in'grætitju:d] *s.* ingratitud.

ingredient [in'gri:djənt] *s.* ingrediente.

inhabit [in'hæbit] *t.* habitar, morar en.

inhabitant [in'hæbitənt] *s.* habitante.

inhale [in'heil] *i.* inhalar.

inherent [in'hiərənt] *a.* inherente. *2* innato.

inherit [in'herit] *t.* heredar.

inheritance [in'heritəns] *s.* herencia.

initial [i'niʃəl] *a.-s.* inicial.

initiate [i'niʃieit] *s.* iniciar.

inject [in'dʒekt] *t.* inyectar.

injunction [in'dʒʌŋkʃən] *s.* orden, mandato.

injure ['indʒəʳ] *t.* dañar, perjudicar.

injurious [in'dʒuəriəs] *a.* dañoso; injurioso.

injury ['indʒəri] *s.* daño.

injustice [in'dʒʌstis] *s.* injusticia.

ink [iŋk] *s.* tinta.

inkling ['iŋkliŋ] *s.* insinuación, indicio.

inland ['inlænd] *a.-n.-adv.* de tierra adentro.

inlay ['in'lei] *t.* incrustar. ¶ Pret. p. p.: *inlaid* ['in'leid].

inlet ['inlet] *s.* caleta; ría.

inmate ['inmeit] *s.* asilado, preso; residente.

inn [in] *s.* posada, fonda.

inner ['nəʳ] *a.* interior, íntimo.

innocence ['inəsəns] *s.* inocencia.

innovation [ˌinəu'veiʃən] *s.* innovación, novedad.

inordinate [i'nɔ:dinit] *a.* inmoderado, excesivo.

inquest ['inkwest] *s.* información judicial.

inquire [in'kwaiəʳ] *t.* averiguar, investigar.
inquiry [in'kwaiəri] *s.* indagación, investigación, pregunta.
inquisition [ˌinkwi'ziʃən] *s.* inquisición, pesquisa.
inroad ['inrəud] *s.* incursión.
inrush ['inrʌʃ] *s.* empuje.
insane [in'sein] *a.* loco, demente.
inscribe [in'skraib] *t.* inscribir.
insect ['insekt] *s.* ZOOL. insecto.
insensible [in'sensibl] *a.* insensible. 2 inanimado.
insensitive [in'sensitiv] *a.* insensible.
insert [in'sə:t] *t.* insertar.
inside ['in'said] *s.* interior.
insidious [in'sidiəs] *a.* insidioso.
insight ['insait] *s.* perspicacia, intuición.
insinuate [in'sinjueit] *t.-i.* insinuar(se.
insist [in'sist] *i.* insistir.
insolence ['insələns] *s.* insolencia. 2 altanería.
insomuch [ˌinsəu'mʌtʃ] conj. ~ *that,* de manera que. 2 ~ *as,* ya que, puesto que.
inspect [ins'pekt] *t.* inspeccionar, examinar.
inspiration [ˌinspi'reiʃən] *s.* inspiración.
inspire [ins'paiəʳ] *t.* inspirar. 2 infundir.
install [ins'tɔ:l] *t.* instalar.
instance ['instəns] *s.* ejemplo.
instant ['instənt] *s.* instante, momento. 2 *a.* instante, insistente. 3 corriente, actual: *the 10th* ~, el diez del corriente.
instead [ins'ted] *adv.* en cambio. 2 ~ *of,* en lugar de.
instinct ['instiŋkt] *s.* instinto.
institute ['institju:t] *s.* instituto, institución. 2 *t.* instituir.
insulate ['insjuleit] *t.* aislar.
insult ['insʌlt] *s.* insulto; [in'sʌlt] *t.* insultar.
insurance [in'ʃuərəns] *s.* COM. seguro.
insure [in'ʃuəʳ] *t.* COM. asegurar. 2 garantizar.
insurgent [in'sə:dʒənt] *a.-s.* insurgente, insurrecto.
insurmountable [ˌinsə(:)'mauntəbl] *a.* insuperable.
insurrection [ˌinsə'rekʃən] *s.* insurrección.
intact [in'tæk] *a.* intacto, íntegro.

integral ['intigrəl] *a.* integrante; esencial. *2* íntegro, completo. *3* *a.-s.* MAT. integral.
integrity [in'tegriti] *s.* integridad.
intellect ['intilek] *s.* intelecto, inteligencia.
intelligence [in'telidʒəns] *s.* inteligencia, talento. *2* noticia. *3* información secreta.
intemperate [in'tempərit] *a.* excesivo, extremado. *2* intemperante. *3* bebedor.
intend [in'tend] *t.* proponerse. *2* querer decir.
intense [in'tens] *a.* intenso.
intensify [in'tensifai] *f.* intensificar.
intent [in'tent] *a.* atento. *2* *s.* intento, propósito.
intention [in'tenʃən] *s.* intención.
inter [in'tə:ʳ] *t.* enterrar.
interchange ['intə'tʃeindʒ] *s.* intercambio. *2* comercio; [ˌintə'tʃeindʒ] *t.* cambiar, trocar.
intercourse ['intəkɔ:s] *s.* trato, comunicación. *2* comercio.
interest ['intrist] *s.* interés. *2* *t.* interesar.
interesting ['intristiŋ] *a.* interesante.
interfere [ˌintə'fiəʳ] *i.* interponerse, entrometerse.
interior [in'tiəriəʳ] *a.* interior.
internal [in'tə:nl] *a.* interno.
interpose [ˌintə(:)'pəuz] *t.-i.* interponer(se.
interpret [in'tə:prit] *t.* interpretar.
interrupt [ˌintə'rʌpt] *t.* interrumpir.
interval ['intəvəl] *s.* intervalo.
intervene [ˌintə'vi:n] *i.* intervenir.
interview ['intəvju:] *s.* entrevista. *2* *t.* entrevistar.
interweave [ˌintə'wi:v] *t.* entretejer.
intestine [in'testin] *a.* intestino.
intimate ['intimit] *a.* íntimo. *2* ['intimeit] *t.* notificar, intimar.
into ['intu] *prep.* en, dentro [indicando movimiento, transformación, penetración, inclusión].
intoxicate [in'tɔksikeit] *t.* embriagar. *2* MED. intoxicar.
intrigue [in'tri:g] *s.* intriga. *2* *t.-i.* intrigar.
introduce [ˌintrə'dju:s] *t.* introducir.
intrude [in'tru:d] *t.* imponer. *2* *i.* estorbar.

invade [in'veid] *t.* invadir.

invalid [in'vælid] *a.* inválido, nulo.

invaluable [in'væljuəbl] *a.* inestimable, precioso.

invasion [in'veiʒən] *s.* invasión.

inveigle [in'vi:gl] *t.* engañar, seducir.

invent [in'vent] *t.* inventar.

invert [in'və:t] *t.* invertir.

invest [in'vest] *t.* invertir [dinero]. *2* MIL. sitiar, cercar.

investigate [in'vestigeit] *t.* investigar. *2* indagar.

investment [in'vestmənt] *s.* investidura. *2* inversión. *3* MIL. cerco, sitio.

inveterate [in'vetərit] *a.* inveterado. *2* empedernido.

invincible [in'vinsibl] *a.* invencible.

invisible [in'vizəbl] *a.* invisible.

invite [in'vait] *t.* invitar.

invoice ['invɔis] *s.* COM. factura. *2 t.* COM. facturar.

invoke [in'vəuk] *t.* invocar.

involve [in'vɔlv] *t.* envolver.

inward ['inwəd] *a.* interior.

inwards ['inwədz] *adv.* hacia dentro.

irate [ai'reit] *a.* airado.

ire ['aiəʳ] *s.* ira, cólera.

Irish ['aiəriʃ] *a.* irlandés.

iron ['aiən] *s.* hierro. *2* plancha. *3 t.* planchar.

ironic(al [ai'rɔnik, -əl] *a.* irónico.

irony ['aiərəni] *s.* ironía.

irregular [i'regjuləʳ] *a.* irregular.

irrepressible [ˌiri'presəbl] *a.* irreprimible.

irresponsible [ˌiri'spɔnsəbl] *a.* irresponsable.

irrigate ['irigeit] *t.* regar.

irritable ['iritəbl] *a.* irritable.

irritate ['iriteit] *t.* irritar.

island ['ailənd] *s.* isla, ínsula.

isle [ail] *s.* isla. *2* isleta.

isolate ['aisəleit] *t.* aislar.

issue ['iʃu:, 'isju:] *s.* *s.* salida. *2* principio. *3* edición. *4 t.* verter. *5* expedir. *6* publicar. *7 i.* nacer.

it [it] *pr. neutro* él, ella, ello, eso, lo, la, le.

italic [i'tælik] *a.* itálico. *2 s. pl.* IMPR. bastardilla, cursiva.

itch [itʃ] *s.* MED. sarna. *2* picazón, comezón. *3 i.* sentir picazón.

item ['aitəm] *adv.* item. *2 s.* partida [de una cuenta]. *3* punto, detalle. *4* artículo. *5* noticia.
its [its] *a.-pron. neutro* su, sus, suyo, suyos [de él, ella, etc.].
itself [it'self] *pron. neutro* él mismo, ella misma, ello mismo, **si, sí** mismo.
ivory ['aivəri] *s.* marfil.
ivy ['aivi] *s.* hiedra.

J

jab [dʒæb] *s.* pinchazo; golpe. *2 t.* pinchar; golpear.

jack [dʒæk] *s.* hombre, mozo. 2 gato [del coche].

jacket ['dʒækit] *s.* chaqueta, americana.

jade [dʒeid] *s.* rocín, jamelgo.

jail [dʒeil] *s.* cárcel. *2 t.* encarcelar.

jam [dʒæm] *s.* confitura. 2 atasco. *3 t.* obstruir.

jangle ['dʒæŋgl] *i.* parlotear.

January ['dʒænjuəri] *s.* enero.

Japanese [ˌdʒæpə'ni:z] *a.-s.* japonés.

jar [dʒɑ:ʳ] *s.* jarra, tarro. 2 sonido áspero. *3 t.-i.* [hacer] sonar, vibrar con sonido áspero.

jargon ['dʒɑ:gən] *s.* jerga.

jaundice ['dʒɔ:ndis] *s.* MED. ictericia. 2 mal humor, envidia.

jaunty ['dʒɔ:nti] *a.* vivo, garboso, airoso.

jaw [dʒɔ:] *s.* ZOOL. mandíbula.

jazz [dʒæz] *s.* jazz.

jealous ['dʒeləs] *a.* celoso.

jean [dʒein, dʒi:n] *s.* TEJ. dril. 2 [dʒi:nz] *pl.* pantalones tejanos.

jeer [dʒiəʳ] *s.* burla, mofa. *2 t.-i.* burlarse, mofarse [de].

jelly ['dʒeli] *s.* jalea. 2 gelatina.

jeopardize ['dʒepədaiz] *t.* arriesgar, exponer.

jerk [dʒɔ:k] *s.* tirón, sacudida. *2 t.* sacudir, traquetear.

jest [dʒest] *s.* broma, burla. *2 i.* bromear, chancearse.

jet [dʒet] *s.* MINER. azabache. *2* surtidor, chorro. *3* reactor [avión]. *4 i.* salir, brotar en chorro.

Jew [dʒu:] *a.-s.* judío, israelita.

jewel ['dʒu:əl] *s.* joya, alhaja.

jewel(l)er ['dʒu:ələʳ] *s.* joyero.

jewellery, jewelry ['dʒu:əlri] *s.* joyas, pedrería.

Jewish ['dʒu:iʃ] *a.* judío.

jib [dʒib] *s.* MAR. foque.

jilt [dʒilt] *s.* coqueta [mujer]. *2 i.* despedir o dejar plantado [a un novio].

jingle ['dʒiŋgl] *s.* tintineo. *2 i.* hacer sonar.

jingoism ['dʒiŋgəuizəm] *s.* jingoísmo, patriotería.

job [dʒɔb] *s.* trabajo, tarea. *2* empleo, ocupación.

jocund ['dʒɔkənd] *s.* jocundo.

jog [dʒɔg] *s.* empujoncito.

join [dʒɔin] *t.* unir, juntar.

joiner ['dʒɔinəʳ] *s.* ebanista, carpintero.

joinery ['dʒɔinəri] *s.* ebanistería, carpintería.

joining ['dʒɔiniŋ] *s.* unión, juntura.

joint [dʒɔint] *s.* ANAT. coyuntura, articulación. *2* junta, unión, empalme.

joke [dʒəuk] *s.* chiste; chanza. *2 i.* bromear.

jolly ['dʒɔli] *a.* alegre, divertido. *2 adv.* muy.

jolt [dʒəult] *s.* traqueteo. *2 i.* dar tumbos.

jostle ['dʒɔsl] *t.* empujar.

jot [dʒɔt] *s.* jota, pizca. *2 t.* apuntar.

journal ['dʒə:nl] *s.* diario, periódico.

journey ['dʒə:ni] *s.* viaje. *2 i.* viajar.

joust [dʒaust] *s.* justa. *2 i.* justar.

jovial ['dʒəuvjəl] *a.* jovial.

joy [dʒɔi] *s.* gozo, júbilo.

joyful ['dʒɔiful] *a.* jubiloso, alegre, gozoso.

judge [dʒʌdʒ] *s.* juez, magistrado. *2 t.-i.* juzgar. *3* creer, suponer.

judg(e)ment ['dʒʌdʒmənt] *s.* decisión. *2* juicio.

judicious [dʒu(:)'diʃəs] *a.* juicioso, discreto.

jug [dʒʌg] *s.* jarro, cántaro.

juggle ['dʒʌgl] *s.* juego de manos, escamoteo; trampa. *2 i.* hacer juegos de manos.

juice [dʒu:s] *s.* zumo; jugo.

juicy ['dʒu:si] *a.* jugoso.

July [dʒu(:)'lai] *s.* julio [mes].

jumble ['dʒʌmbl] *s.* mezcla. *2 t.* mezclar confusamente.

jump [dʒʌmp] *s.* salto, brinco. *2 i.* saltar, brincar.

jumpy ['dʒʌmpi] *a.* saltón.

junction ['dʒʌŋkʃən] *s.* unión.

June [dʒu:n] *s.* junio [mes].

jungle ['dʒʌŋgl] *s.* selva virgen.

junior ['dʒu:njəʳ] *a.* menor, más joven, hijo.

junk [dʒʌnk] *s.* junco. *2* chatarra, desperdicios.

jurisdiction [ˌdʒuəris'dikʃən] *s.* jurisdicción.

jury ['dʒuəri] *s.* DER. jurado.

just [dʒʌst] *a.* justo, recto. *2* merecido. *3* fiel, exacto. *4 adv.* justamente, precisamente. *5* hace poco: ~ *now,* ahora mismo.

justice ['dʒʌstis] *s.* justicia.

justification [ˌdʒʌstifi'keiʃən] *s.* justificación.

justify ['dʒʌstifai] *t.-i.* justificar(se.

jut [dʒʌt] *i.* salir, sobresalir.

jute [dʒu:t] *s.* yute.

juvenile ['dʒu:vinail] *a.* juvenil.

K

keel [ki:l] *s.* quilla.
keen [ki:n] *a.* agudo, afilado. 2 aficionado a.
keep [ki:p] *s.* mantenimiento, subsistencia. 2 *t.* guardar. 3 tener, mantener. 4 cuidar, custodiar, guardar. 5 detener, impedir. 6 retener. 7 callar, ocultar. 8 celebrar, tener [reunión, sesión, sesión, etc.]. 9 *i.* mantenerse, conservarse. ¶ Pret. p. p.: *kept* [kept].
keeper ['ki:pəʳ] *s.* guardián. 2 custodio, velador, defensor.
keeping ['ki:piŋ] *s.* guardia, custodia. 2 mantenimiento.
keg [keg] *s.* cuñete, barril.
kennel ['kenl] *s.* perrera.
kept [kept] V. TO KEEP.
kerb [kə:b] *s.* encintado, bordillo [de la acera].
kerchief ['kə:tʃif] *s.* pañuelo.
kernel ['kə:nl] *s.* grano, almendra, núcleo del fruto.
kettle ['ketl] *s.* caldero, olla.
key [ki:] *s.* llave. 2 clave.
keyhole ['ki:həul] *s.* ojo de la cerradura.
keystone ['ki:-stəun] *s.* ARQ. clave. 2 fig. piedra angular.
kick [kik] *s.* puntapié, patada. 2 *t.* dar puntapiés a.
kid [kid] *s.* cabrito. 2 chaval.
kidnap ['kidnæp] *t.* secuestrar, raptar.

kidney ['kidni] *s.* ANAT. riñón. *2* índole. *3* ~ *bean,* alubia, judía.
kill [kil] *t.* matar.
killer ['kilə^r] *s.* matador.
kiln [kiln] *s.* horno.
kin [kin] *s.* parientes, parentela.
kind [kaind] *a.* bueno, bondadoso, benévolo. *2 s.* género, especies, clase.
kind-hearted ['kaind-'hɑ:tid] *a.* bondadoso.
kindle ['kindl] *t.-i.* encender(se. *2* inflamar(se.
kindly ['kaindli] *a.* amable. *2 adv.* amablemente.
kindness ['kaindnis] *s.* bondad.
kindred ['kindrid] *a.* pariente.
king [kiŋ] *s.* rey, monarca.
kingdom ['kiŋdəm] *s.* reino.
kingly ['kiŋli] *a.* real, regio.
kiss [kis] *s.* beso. *2 t.-i.* besar(se.
kit [kit] *s.* equipo, avíos.
kitchen ['kitʃin] *s.* cocina.
kite [kait] *s.* cometa [juguete].
kitty [kiti] *s.* gatito, minino.
knack [næk] *s.* maña, arte.
knave [neiv] *s.* bribón, pícaro.
knead [ni:d] *t.* amasar.
knee (ni:) *s.* ANAT. rodilla.
kneel [ni:l] *i.* arrodillarse. ¶ Pret. y p. p.: *knelt* [nelt] o *kneeled* ['ni:ld].
knell [nel] *s.* doble, toque de difuntos.
knew [nju:] *pret.* de TO KNOW.
knickerbockers ['nikəbɔkəz], **knickers** ['nikəz] *s.* calzón ancho y corto.
knife, *pl.* **knives** [naif, naivz] *s.* cuchillo; cuchilla; navaja.
knight [nait] *s.* caballero [de una orden]. *2 t.* armar caballero.
knight-errant ['nait--'erənt] *s.* caballero andante.
knit [nit] *t.* tejer [a punto de aguja o malla]. ¶ Pret. y p. p: *knit* [nit] o *knited* ['nitid].
knob [nɔb] *s.* bulto, protuberancia. *2* botón, tirador [de puerta, etc.].
knock [nɔk] *s.* golpe, porrazo. *2 t.-i.* golpear.
knock-out ['nɔkaut] *s.* BOX. fuera de combate.
knoll [nəul] *s.* loma, otero.
knot [nɔt] *s.* nudo, lazo. *2 t.* anudar.
know [nəu] *t.* conocer. *2* saber. *3* ver, compren-

der. ¶ Pret.: *knew* [nju:] p. p.: *known* [nəun].

knowing ['nəuin] *a.* inteligente; astuto; entendido; enterado.

knowledge ['nɔlidʒ] *s.* conocimiento.

known [nəun] *p. p.* de TO KNOW.

knuckle ['nʌkl] *s.* ANAT. nudillo. *2 t.* golpear o apretar con los nudillos.

L

label ['leibl] *s.* rótulo, etiqueta. 2 *t.* rotular.
laboratory [lə'bɔrətri] *s.* laboratorio.
laborious [lə'bə:riəs] *s.* trabajador, laborioso.
labo(u)r ['leibəʳ] *s.* trabajo, labor. 2 Partido Laborista. 3 *i.* trabajar, esforzarse, forcejear. 4 *t.* trabajar; arar, cultivar.
labo(u)rer ['leibərəʳ] *s.* trabajador, obrero.
labyrinth ['læbərinθ] *s.* *s.* laberinto, dédalo.
lace [leis] *s.* cordón, cinta. 2 *t.* atar.
lack [læk] *s.* falta, carencia. 2 *i.-t.* carecer de, necesitar.
lacquer ['lækəʳ] *s.* laca, barniz. 2 *t.* barnizar.
lad [læd] *s.* muchacho, mozo.
ladder ['lædəʳ] *s.* escalera [de mano].
lade [leid] *t.* cargar. ¶ P. p.: *laded* ['leidid] o *laden* ['leidn].
lady ['leidi] *s.* señora, dama.
lag [læg] *s.* retardo, retraso. 2 *i.* rezagarse.
lagoon [lə'gu:n] *s.* albufera, laguna.
laid [leid] V. TO LAY.
lain [lein] *p. p.* de TO LIE.
lair [lɛəʳ] *s.* guarida.
lake [leik] *s.* lago, laguna. 2 laca, carmín [color].
lamb [læm] *s.* cordero.
lame [leim] *a.* cojo, lisiado. 2 *t.* encojar, lisiar.
lament [lə'ment] *s.* la-

mento. *2 t.-i.* lamentar(se.

lamentable ['læməntəbl] deplorable.

lamp [læmp] *s.* lámpara.

lance [lɑ:ns] *s.* lanza. *2 t.* alancear.

land [lænd] *s.* tierra. *2 t.* desembarcar. *3* coger, sacar [un pez]. *4* conseguir. *5* aterrizar.

landing ['lændiŋ] *s.* desembarco.

landlady ['læn,leidi] *s.* propietaria; casera. *2* mesonera.

landlord ['lænlɔ:d] *s.* propietario [de tierras]; casero; mesonero.

landmark ['lænmɑ:k] *s.* hito, mojón.

landowner ['lænd,əunə^r] *s.* hacendado, terrateniente.

landscape ['lænskeip] *s.* paisaje.

lane [lein] *s.* senda, vereda.

language ['læŋgwidʒ] *s.* lenguaje.

languid ['læŋgwid] *a.* lánguido.

languish ['læŋgwiʃ] *i.* languidecer. *2* consumirse.

lantern ['læntən] *s.* linterna.

lap [læp] *s.* falda, regazo. *2 t.* sobreponer, encaballar.

lapse [læps] *s.* lapso, error. *2 i.* pasar, transcurrir.

lard [lɑ:d] *s.* tocino gordo. *2* manteca de cerdo.

large [lɑ:dʒ] *a.* grande, grueso. 2 amplio. *3* extenso, lato.

lark [lɑ:k] *s.* ORN. alondra. *2* diversión. *3 i.* bromear.

lash [læʃ] *s.* pestaña. *2* latigazo. *3* látigo. *4 t.* azotar.

lass [læs] *f.* chica, moza.

last [lɑ:st] *a.* último, final: ~ *but one,* penúltimo. *2 s.* fin, final. *3 i.* durar, permanecer.

latch [lætʃ] *s.* picaporte, pestillo.

late [leit] *a.* retrasado, tardío. *2 adv.* tarde.

lately ['leitli] *adv.* últimamente, recientemente.

latent ['leitənt] *a.* latente.

later ['leitə^r] *a.-adv. comp.* de LATE: ~ *on,* más adelante.

lateral ['lætərəl] *a.* lateral.

latest ['leitist] *superl.* de LATE.

lather ['lɑ:ðə^r] *s.* espuma. *2 t.* enjabonar. *3 i.* hacer espuma.

latitude ['lætitju:d] *s.* latitud.

latter ['lætəʳ] *a.* más reciente, último: *the former ... the ~*, aquél ... éste.

lattice ['lætis] *s.* celosía.

laugh [lɑ:f] *s.* risa. *2 i.* reír, reírse.

laughter ['lɑftəʳ] *s.* risa.

launch [lɔ:ntʃ] *s.* MAR. botadura. *2* MAR. lancha. *3 t.-i.* lanzar(se. *4* MAR. botar.

laundress ['lɔ:ndris] *s.* lavandera.

laundry [l'ɔ:ndri] *s.* lavadero. *2* lavandería. *3* ropa lavada.

laurel ['lɔrəl] *s.* BOT. laurel.

lavender ['lævindəʳ] *s.* espliego.

lavish ['læviʃ] *a.* pródigo. *2 t.* prodigar.

law [lɔ:] *s.* ley, regla, precepto. *2* derecho, jurisprudencia.

lawful ['lɔ:ful] *a.* legal.

lawless ['lɔ:lis] *a.* sin ley. *2* ilegal, ilícito.

lawn [lɔ:n] *s.* césped, prado.

lawsuit ['lɔ:sju:t] *s.* pleito, litigio. *2* proceso.

lawyer ['lɔ:jəʳ] *s.* letrado, abogado.

lax [læks] *a.* laxo.. *2* impreciso.

1) **lay** (lei) *pret.* de TO LIE.

2) **lay** [lei] *a.* seglar. *2* lego. *3 s.* situación. *4* LIT. lay, balada.

3) **lay** [lei] *t.* tumbar, acostar, tender. *2* poner, dejar; colocar. *3* extender, aplicar. *4* exponer. *5* apostar. ¶ Pret. y p. p.: *laid* [leid].

layer ['leiəʳ] *s.* capa, estrato.

layman ['leimən] *s.* lego, laico.

lazy ['leizi] *a.* perezoso, holgazán.

1) **lead** [led] *s.* plomo. *2 t.* emplomar.

2) **lead** [li:d] *s.* primacía, primer lugar. *2* dirección, mando, guía. *3 t.* conducir, guiar; dirigir; impulsar. ¶ Pret. y p. p.: *led* [led]

leader ['li:dəʳ] *s.* conductor, guía. *2* jefe, líder.

leadership ['li:dəʃip] *s.* dirección, jefatura.

leading ['li:diŋ] *a.* principal, capital, primero.

leaf [li:f], *pl.* **leaves** [li:vz] hoja [de planta, libro, etc.].

leafy ['li:fi] *a.* frondoso.

league [li:g] *s.* liga, unión. *2 t.-i.* unir(se, aliar(se.

leak [li:k] *s.* escape [de un fluido]. *2 i.* tener escasez o pérdidas [un recipiente].

lean [li:n] *a.* delgado, flaco. *2 t.-i.* apoyar(se. ¶ Pret. y p. p.: *leant* [lent] o *leaned* [li:nd].
leap [li:p] *s.* salto, brinco. *2 i.* saltar, brincar. ¶ Pret. y p. p.: *leapt* [lept] o *leaped* [li:pt].
learn [lə:n] *t.-i.* aprender. ¶ Pret. y p. p.: *learned* [lə:nd] o *learnt* [lə:nt].
learned ['lə:nid] *a.* ilustrado, sabio, versado en.
learning ['lə:niŋ] *s.* instrucción.
learnt [lə:nt] V. TO LEARN.
lease [li:s] *t.* arrendar.
leash [li:ʃ] *s.* traílla, correa.
least [li:st] *a. superl.* de LITTLE. mínimo, menor.
leather ['leðəʳ] *s.* cuero.
leave [li:v] *s.* permiso, licencia. *2 t.* dejar. *3 i.* partir. ¶ Pret. y p. p.: *left* [left].
leaven ['levn] *s.* levadura.
leaves (li:vz] *s. pl.* de LEAF.
lecture ['lektʃəʳ] *s.* conferencia. *2 i.* dar una conferencia.
lecturer ['lektʃərəʳ] *s.* conferenciante; lector [Universidad].
led [led] V. TO LEAD.
ledge [ledʒ] *s.* repisa.
lees [li:z] *s. pl.* heces, poso.
left [left] V. TO LEAVE. *2 a.* izquierdo. *3 s.* izquierda.
leg [leg] *s.* pierna.
legacy ['legəsi] *s.* legado.
legal ['li:gəl] *s.* legal.
legend ['ledʒənd] *s.* leyenda.
legion ['li:dʒən] *s.* legión.
legislation [ˌledʒis'leiʃən] *s.* legislación.
legislature ['ledʒisleitʃəʳ] *s.* cuerpo de legisladores.
legitimate [li'dʒitimit] *a.* legítimo. *2* [li'dʒitimeit] *t.* legitimar.
leisure ['leʒəʳ] *s.* ocio, tiempo libre.
leisurely ['leʒəli] *a.* lento. *2 adv.* despacio.
lemon ['lemən] *s.* limón.
lemonade [ˌlemə'neid] *s.* limonada.
lend [lend] *t.* prestar. ¶ Pret. y p. p.: *lent* [lent].
length [leŋθ] *s.* longitud; extensión; duración.
lengthen ['leŋθən] *t.-i.* alargar(se; prolongar(se.
Lent [lent] *s.* cuaresma.
lent [lent] V. TO LEND.
less [les] *a.-adv.-prep.* menos.
lessen ['lesn] *t.-i.* disminuir.
lesser ['lesəʳ] *comp. de* LES menor.

lesson ['lesn] *s.* lección.
lest [lest] *conj.* no sea que, para que no.
let [let] *s.* estorbo, obstáculo. *2 t.* arrendar, alquilar. *3* dejar, permitir. *4* AUX. ~ *us run,* corramos; ~ *him come,* que venga. ¶ Pret. y p. p.: *let* [let].
letter ['letəʳ] *s.* letra [del alfabeto, signo]. *2* letra [sentido literal]. *3* carta; documento.
lettuce ['letis] *s.* BOT. lechuga.
level ['levl] *a.* liso, llano, horizontal. *2* igual. *3* equilibrado. *4* juicioso. *5 s.* nivel. *6* llano, llanura. *7 t.* nivelar.
lever ['li:vəʳ] *s.* palanca.
levy ['levi] *s.* leva, recluta. *2 t.* reclutar.
lewd [lu:d] *a.* lujurioso.
liability [ˌlaiə'biliti] *s.* riesgo. *2* responsabilidad.
liable ['laiəbl] *a.* expuesto, sujeto, propenso.
liar ['laiəʳ] *s.* embustero.
liberal ['libərəl] *a.* liberal. *2* abundante.
liberate ['libəreit] *t.* libertar.
liberty ['libəti] *s.* libertad.
librarian [lai'brɛəriən] *s.* bibliotecario, -ria.
library ['laibrəri] *s.* biblioteca.
license, licence ['laisəns] *s.* licencia, libertinaje. *2* licencia [poética]. *3* licencia, permiso. *4 t.* autorizar, dar permiso.
lick [lik] *s.* lamedura. *2 t.* lamer.
lid [lid] *s.* tapa. *2* párpado.
1) **lie** [lai] *s.* mentira. *2 i.* mentir. ¶ Pret. y p. p.: *lied* [laid] ger.: *lying* ['laiiŋ].
2) **lie** [lai] *i.* tenderse; apoyarse. *2* estar. *3* constituir. ¶ Pret.: *lay* [lei]; p. p.: *lain* [lein]; ger.: *lying* ['laiiŋ].
lieutenant [lef'tenənt] *s.* lugarteniente.
life [laif], *pl.* **lives** [laivz] *s.* vida. *2* animación.
lifeless ['laiflis] *a.* sin vida.
lifelong ['lai-lɔŋ] *a.* de toda la vida.
lifetime ['laiftaim] *s.* curso de la vida. *2* eternidad. *3 a.* perpetuo, vitalicio.
lift [lift] *s.* elevación, alzamiento. *2* (Ingl.] ascensor. *3 t.-i.* alzar(se, levantar(se.
light [lait] *s.* luz. *2* fuego, cerilla. *3* aspecto, punto de vista. *4 a.* de luz. *5* blondo, rubio;

blanca [tez]. *6* leve. *7* *adv.* ligeramente; fácilmente. *8* *t.-i.* encender(se. ¶ Pret. y p. p.: *lighted* ['laitid] o *lit* [lit].

lighten ['laitn] *t.-i.* iluminar(se. *2* aclarar(se. *3* *i.* relampaguear. *4* *t.-i.* aligerar(se. *5* alegrar(se.

lighter ['laitəʳ] *s.* encendedor.

lighthouse ['laithaus] *s.* MAR. faro, farola.

lighting ['laitiŋ] *s.* iluminación; alumbrado.

lightning ['laitniŋ] *s.* relámpago.

like [laik] *a.* igual, semejante, como. *2* *t.* querer, gustarle a uno: *I like him,* me gusta.

likelihood ['laiklihud] *s.* probabilidad; verosimilitud.

likely ['laikli] *a.* probable.

liken ['laikən] *t.* asemejar.

likeness ['laiknis] *s.* semejanza.

likewise ['laik-waiz] *adv.* igualmente. *2* además.

liking ['laikiŋ] *s.* inclinación. *2* preferencia.

lily ['lili] *s.* BOT. lirio; azucena.

limb [lim] *s.* miembro [de hombre o animal].

lime [laim] *s.* cal.

limestone ['laimstəun] *s.* piedra caliza.

limit ['limit] *s.* límite. *2* *t.* limitar

limp [limp] *s.* cojera. *2* *i.* cojear.

linden ['lindən] *s.* BOT. tilo.

line [lain] *s.* cuerda, cabo, cordel. *2* línea. *3* conducción, tubería. *4* verso [línea]. *5* arruga [en la cara]. *6* TEAT. papel. *7* *t.* linear, rayar. *8* arrugar [el rostro]. *9* alinearse.

lineage ['liniidʒ] *s.* linaje.

linen ['linin] *s.* lienzo, lino.

liner ['lainəʳ] *s.* vapor o avión de línea.

linger ['liŋgəʳ] *i.* demorar.

lining ['lainiŋ] *s.* forro.

link [liŋk] *s.* eslabón. *2* vínculo, enlace. *3* *t.-i.* eslabonar(se.

linoleum [li'nəuljəm] *s.* linóleo.

lion ['laiən] *s.* león.

lioness ['laiənis] *s.* leona.

lip [lip] *s.* labio. *2* pico.

lip-stick ['lip-stik] *s.* lápiz para labios.

liquid ['likwid] *a.-s.* líquido. *2* *a.* claro, cristalino.

lisp [lisp] *i.* cecear.
list [list] *s.* lista, catálogo. *2 t.* poner en lista.
listen ['lisn] *i.* escuchar, oír, atender. | Gralte. con *to*.
listener ['lisnə^r] *s.* oyente.
lit [lit] *pret.* y *p. p.* de TO LIGHT.
literature [('lit(ə)ritʃə^r] *s.* literatura.
lithe [laið], **lithesome** [-səm] *a.* flexible, cimbreño, ágil.
litre, liter ['li:tə^r] *s.* litro.
litter ['litə^r] *s.* litera. *2* camilla. *3* basura. *4 t.* poner o dejar en desorden.
little ['litl] *a.* pequeño, chico, menudo. *2 a.-adv.-s.* poco; un poco de; algo.
live [laiv] *a.* vivo. *2* [liv] *i.-t.* vivir.
livelihood ['laivlihud] *s.* vida, medios de vida.
lively [laivli] *a.* vivo, vivaz, vivaracho. *2* animado. *3 adv.* vivamente.
liver ['livə^r] *s.* hígado.
livery ['livəri] *s.* librea.
livestock ['laivstɔk] *s.* ganado, ganadería.
living ['liviŋ] *a.* vivo, viviente. *2 s.* vida.
lizard ['lizəd] *s.* ZOOL. lagarto.
load [ləud] *s.* carga. *2* peso. *3 t.* cargar.
loaf [ləuf] *s.* pan, hogaza. *2 i.* holgazanear.
loan [ləun] *s.* préstamo. *2 t.-i.* prestar
loath [ləuθ] *a.* poco dispuesto.
loathe [ləuð] *t.* aborrecer, detestar.
lothsome ['ləuðsəm] *a.* aborrecible, odioso.
lobster ['lɔbstə^r] *s.* ZOOL. langosta; bogavante.
local ['ləukəl] *a.* local.
localize ['ləukəlaiz] *t.* localizar, limitar. *2* dar carácter local.
locate [ləu'keit] *t.* localizar.
location [ləu'keiʃən] *s.* localización. *2* situación.
lock [lɔk] *s.* rizo, bucle. *2* cerradura. *3 t.* cerrar [con llave].
locker ['lɔkə^r] *s.* cofre, armario.
lockout ['lɔkaut] *s.* lockout [cierre de fábrica por los patronos].
locomotive ['ləukə,məutiv] *a.-s.* locomotora.
lodge [lɔdʒ] *s.* casita, pabellón. *2 t.* alojar, hospedar.
lodging ['lɔdʒiŋ] *s.* alojamiento.

loft [lɔft] *s.* desván.
lofty ['lɔti] *a.* alto, elevado. *2* altanero.
log [lɔg] *s.* leño, tronco.
logic ['lɔdʒik] *s.* lógica.
logical ['lɔdʒikəl] *a.* lógico.
loiter ['lɔitə^r] *i.* holgazanear.
lone [loun] *a.* solo.
loneliness ['ləunlinis] *s.* soledad.
lonely ['ləunli] *a.* solo, solitario.
long [lɔŋ] *a.* largo. *2 s.* longitud, largo. *3 i.* [con *for, after* o *to*] ansiar, anhelar.
longing ['lɔŋiŋ] *s.* ansia. *2 a.* ansioso.
look [luk] *s.* mirada. *2* semblante. *3* aspecto. *4 i.* mirar; considerar. *5 i.* parecer. *6 ~ at,* mirar. *7 ~ after,* cuidar de, *8 ~ for,* buscar.
looking-glass ['lukiŋglɑ:s] *s.* espejo.
lookout ['luk'aut] *s.* vigía. *2* atalaya, miradero. *3 pl.* perspectivas.
loom [lu:m] *s.* TEJ. telar. *2 t.-i.* vislumbrarse, amenazar.
loop [lu:p] *s.* curva. *2* lazo. *3* rizo. *4 t.* doblar.
loose [lu:s] *a.* suelto, flojo. *2 t.* soltar, desatar, aflojar.
loosen ['lu:sn] *t.* soltar, desatar.
loot [lu:t] *s.* botín, presa. *2 t.-i.* saquear.
lop [lɔp] *t.* podar.
lord [lɔ:d] *s.* señor, dueño, amo. *2* lord [título].
lordship ['lɔ:dʃip] *s.* señoría.
lorry ['lɔri] *s.* camión.
lose [lu:z] *t.* perder. *2 i.* perderse; extraviarse. ¶ Pret. y p. p.: *lost* [lɔst].
loss [lɔs] *s.* pérdida.
lost [lɔst] V. TO LOSE.
lot [lɔt] *s.* lote, parte. *2* solar. *3* suerte. *4* colección. *5 a ~ of, lots of,* mucho(s.
lottery ['lɔtəri] *s.* lotería.
loud [laud] *a.* fuerte [sonido]. *2* alta [voz]
loud-speaker ['laud'spi:kə^r] *s.* RADIO altavoz.
lounge [laundʒ] *s.* salón de descanso o tertulia. *2 i.* pasear, pasar el rato.
louse [laus], *pl.* **lice** [lais] *s.* ENT. piojo.
love [lʌv] *s.* amor, cariño, afecto, afición. *2 t.* amar, querer. *3* gustar de, tener afición a.
lovely ['lʌvli] *a.* amable, adorable, encantador.
lover ['lʌvə^r] *s.* enamorado; amante.

low [ləu] *a.* bajo. *2* pobre. *3* escaso, insuficiente. *4* débil, enfermo. *5* *adv.* bajo.
lower ['ləuəʳ] *t.* bajar. *2* arriar. *3* *comp.* de LOW. *4* ['lauəʳ] *i.* mirar ceñudo. *5* encapotarse [el cielo].
loyal ['lɔiəl] *a.* leal, fiel.
luck [lʌk] *s.* suerte, fortuna.
luckless ['lɔklis] *a.* desafortunado.
lucky ['lʌki] *a.* afortunado.
ludicrous ['lu:dikrəs] *a.* cómico.
luggage ['lʌgidʒ] *s.* equipaje [de viajero].
lukewarm ['lu:k-wɔ:m] *a.* tibio.
lull [lʌl] *s.* momento de calma. *2* *t.-i.* calmar(se.
lumber ['lʌmbəʳ] *s.* madera.
luminous ['lu:minəs] *a.* luminoso.
lump [lʌmp] *s.* pedazo, terrón.
lunatic ['lu:nətik] *a.-s.* loco, demente.
lunch [lʌntʃ], **luncheon** [-ən] *s.* almuerzo. *2* *i.* almorzar.
lung [lʌŋ] *s.* pulmón.
lurch [lə:tʃ] *s.* sacudida. *2* *i.* dar sacudidas.
lure [ljuəʳ] *s.* señuelo, reclamo. *2* *t.* atraer.
lurk [lə:k] *i.* acechar.
luscious ['lʌʃəs] *i.* delicioso. *2* empalagoso.
lush [lʌʃ] *a.* lujuriante.
lust [lʌst] *s.* avidez. *2* lujuria. *3* *t.* codiciar [con lujuria].
lustre ['lʌstəʳ] *s.* lustre, brillo.
lustrous ['lʌstrəs] *a.* lustroso.
lusty ['lʌsti] *a.* lozano, fuerte.
lute [lu:t] *s.* MÚS. laúd.
luxuriant [lʌg'zjuəriənt] *a.* lujuriante, exuberante.
luxurious [lʌg'zjuəriəs] *a.* lujoso.
luxury ['lʌkʃəri] *s.* lujo, fausto.
lying ['laiiŋ] *ger.* de TO LIE. *2* *a.* mentiroso. *3* tendido, echado. *4* situado.
lynch [lintʃ] *t.* linchar.
lynx [liŋks] *s.* ZOOL. lince.
lyre ['laiəʳ] *s.* MÚS. lira.
lyric ['lirik] *a.* lírico. **2** *s.* poema lírico.

M

mace [meis] *s.* maza.
machine [məˈʃiːn] *s.* máquina. *2* bicicleta, automóvil, etc.
machinery [məˈʃiːnəri] *s.* maquinaria.
mad [mæd] *a.* loco.
madam [ˈmædəm, mæˈdɑːm] *s.* señora [tratamiento de respeto].
madden [ˈmædn] *t.-i.* enloquecer.
made [meid] V. TO MAKE.
madman [ˈmædmən] *s.* loco.
madness [ˈmædnis] *s.* locura.
magazine [ˌmægəˈziːn] *s.* almacén, depósito. *2* revista [periódico].
magic [ˈmædʒik] *s.* magia. *2 a.* mágico.
magical [ˈmædʒikəl] *a.* mágico.
magician [məˈdʒiʃən] *s.* mago.
magistrate [ˈmædʒistreit] *s.* magistrado.
magnificence [mægˈnifisns] *s.* magnificencia.
magnify [ˈmægnifai] *t.* agrandar, aumentar.
maid [meid] *s.* doncella, criada, camarera.
maiden [ˈmeidn] *s.* doncella, joven soltera.
mail [meil] *s.* malla. *2* correo, correspondencia. *3 t.* echar al correo, enviar por correo.
maim [meim] *t.* mutilar.
main [mein] *a.* primero; principal. *2 s.* cañería principal.
mainland [ˈmeinlənd] *s.* continente, tierra firme.
maintain [me(i)nˈtein] *t.* mantener, sostener.
maize [meiz] *s.* BOT. maíz.

majestic [mə'dʒestik] *a.* majestuoso.
majesty ['mædʒisti] *s.* majestad.
major ['meidʒəʳ] *a.* mayor, principal. *2 s.* DER. mayor de edad.
majority [mə'dʒɔriti] *s.* mayoría. *2* mayor edad.
make [meik] *s.* hechura, forma. *2* obra, fabricación. *3 t.* hacer [crear, elaborar, fabricar; formar; causar, producir; preparar; efectuar, etc.]. ¶ Pret. y p. p.: *made* [meid].
make-up ['meikʌp] *s.* composición, modo de ser. *2* maquillaje; cosméticos.
malady ['mælədi] *s.* mal, enfermedad.
male [meil] *a.* macho. *2* masculino. *3 s.* varón.
malice ['mælis] *s.* malicia.
malicious [mə'liʃəs] *a.* malévolo.
malignant [mə'lignənt] *a.* maligno. *2* maléfico.
mallet ['mælit] *s.* mazo, mallete.
malt [mɔ:lt] *s.* malta.
mammal ['mæməl] *s.* ZOOL. mamífero.
man [mæn), *pl.* **men** [men] *s.* hombre.
manacles ['mænəklz] *s. pl.* manillas, esposas.
manage ['mænidʒ] *t.* manejar. *2* dirigir, regir.
management ['mænidʒmənt] *s.* manejo, gobierno, administración; cuidado.
manager ['mænidʒəʳ] *s.* director.
mandate ['mændeit] *s.* mandato.
mane [mein] *s.* crin, melena.
manger ['meindʒəʳ] *s.* pesebre.
mangle ['mæŋgl] *s.* máquina para exprimir ropa. *2 t.* destrozar, mutilar.
manhood ['mænhud] *s.* virilidad, valor. *2* los hombres.
manifest ['mænifest] *a.* manifiesto, patente. *2 t.-i.* manifestar(se.
manipulate [mə'nipjuleit] *t.* manipular, manejar.
mankind [mæn'kaind] *s.* género humano. *2* los hombres.
manlike ['mænlaik] *a.* varonil.
manliness ['mænlinis] *s.* virilidad, hombría, valor.
manly ['mænli] *a.* varonil, viril.
manner ['mænəʳ] *s.* manera, modo.

mannerly ['mænəli] *a.* cortés, urbano, atento. *2 adv.* urbanamente.
manor ['mænəʳ] *s.* casa señorial en el campo, casa solariega.
mansion ['mænʃən] *s.* palacio.
mantle ['mæntl] *s.* manto. *2 t.* cubrir.
manufacture [ˌmænju'fæktʃəʳ] *s.* manufactura. *2 t.* manufacturar.
manufacturer [ˌmænju'fæktʃərəʳ] *s.* fabricante.
manure [mə'njuəʳ] *s.* AGR. abono, estiércol. *2 t.* abonar, estercolar.
manuscript ['mænjuskript] *a.-s.* manuscrito.
many ['meni] *a.-pron.* muchos, -chas.
map [mæp] *s.* mapa, carta.
mar [mɑːʳ] *t.* estropear.
marble ['mɑːbl] *s.* mármol.
March [mɑːtʃ] *s.* marzo [mes].
march [mɑːtʃ] *s.* marcha. *2 i.* marchar, andar.
mare [mɛəʳ] *s.* yegua.
margin ['mɑːdʒin] *s.* margen.
marine [[mə'riːn] *s.* marino.
mariner ['mærinəʳ] *s.* marinero.
mark [mɑːk] *s.* marca, señal. *2* mancha. *3* huella. *4* signo, indicio. *5* rótulo. *6* importancia, distinción. *7* punto, nota, calificación. *8* blanco, hito, fin, propósito. *9* marco [moneda]. *10 t.* marcar, señalar. *11* indicar. *12* delimitar. *13* notar, observar, advertir. *14* puntuar, calificar.
market ['mɑːkit] *s.* mercado, bolsa.
marketing ['mɑːkitiŋ] *s.* venta, comercialización.
marquis, -quess ['mɑːkwis] *s.* marqués.
marriage ['mæridʒ] *s.* matrimonio.
married ['mærid] *a.* casado.
marrow ['mærəu] *s.* meollo, médula, tuétano.
marry ['mæri] *t.* casar, desposar. *2 i.* casarse con.
marsh [mɑːʃ] *s.* pantano.
marshy ['mɑːʃi] *a.* pantanoso.
mart [mɑːt] *s.* mercado.
martyr ['mɑːtəʳ] *s.* mártir. *2 t.* martirizar.
martyrdom ['mɑːtədəm] *s.* martirio.
marvel ['mɑːvəl] *s.* maravilla. *2 i.* maravillarse.
marvellous ['mɑːvələs] *a.* maravilloso, prodigioso.

masculine ['mæskjulin] *a.* masculino, varonil.
mask [mɑ:sk] *s.* máscara. 2 *i.* ponerse careta. 3 disfrazarse.
mason ['meisn] *s.* albañil. 2 masón.
masonry ['meisnri] *s.* albañilería. 2 (con may.) masonería.
masquerade [ˌmæskə'reid] *s.* mascarada: ~ *ball,* baile de máscaras. 2 máscara [disfraz]. 3 *i.* disfrazarse.
mass [mæs] *s.* masa, bulto, mole. 2 misa.
massacre ['mæsəkə^r] *s.* carnicería, matanza. 2 *t.* hacer una matanza de.
massage ['mæsɑ:ʒ] *s.* masaje. 2 *t.* dar masaje.
massive ['mæsiv] *a.* macizo, masivo.
mast [mɑ:st] *s.* MAR. mástil, palo. 2 asta.
master ['mɑ:stə^r] *s.* amo, patrón, dueño. 2 señor, señorito [dicho por un criado]. 3 *t.* dominar, vencer, subyugar.
masterful ['mɑ:stəful] *a.* dominante, autoritario. 2 hábil.
masterly ['mɑ:stəli] *a.* magistral.
masterpiece ['mɑ:təpi:s] *s.* obra maestra.
mastery ['mɑ:stəri] *s.* dominio, autoridad.
mat [mæt] *s.* estera. 2 *a.* mate, sin lustre. 3 *t.* hacer mate. 2 esterar.
match [mætʃ] *s.* fósforo, cerilla. 2 pareja, igual. 3 contrincante temible. 4 juego [de dos cosas]. 5 DEP. lucha, partida, partido. 6 casamiento, partido. 7 *t.* casar, hermanar. 8 oponer, equiparar. 9 igualar a.
matchless ['mætʃlis] *a.* sin igual, incomparable.
mate [meit] *s.* compañero, -ra. 2 consorte, cónyuge. 3 *t.* casar, desposar.
material [mə'tiəriəl] *a.* material. 2 físico, corpóreo. 3 importante, esencial. 4 *s.* material, materia. 5 tela, género.
mathematics [ˌmæθi'mætiks] *s.* matemáticas.
matrimony ['mætriməni] *s.* matrimonio.
matron ['meitrən] *s.* matrona.
matter ['mætə^r] *s.* materia. 2 cosa. 3 importancia. 4 *what is the* ~?, ¿qué ocurre? 5 *i.* importar.
mattress ['mætris] *s.* colchón.
mature [mə'tjuə^r] *a.* maduro. 2 *t.-i.* madurar.

maxim ['mæksim] *s.* máxima, sentencia.

May [mei] *s.* mayo [mes].

may [mei] *v. aux.* poder [tener facultad, libertad, oportunidad o permiso ser posible o contingente]. ¶ Pret.: *might* [mait]. | Sólo tiene pres. y pret.

maybe ['meibi:] *adv.* acaso.

mayor [mɛəʳ] *s.* alcalde.

maze [meiz] *s.* laberinto.

me [mi:, mi] *pron. pers.* me, mi: *with me,* conmigo.

meadow ['medəu] *s.* prado.

meager, meagre ['mi:gəʳ] *a.* magro, flaco.

meal [mi:l] *s.* comida. *2* harina [de maíz, etc.].

mean [mi:n] *s.* bajo, humilde. *2* ruin, bajo, vil. *3* mezquino, tacaño. *4* (E. U.) avergonzado. *5* medio, mediano, intermedio. *6 s.* medio [término medio]. *7 pl.* medio, medios. *8 t.* significar, querer decir. *9* decir en serio. *10* pretender. *11* destinar. ¶ Pret. y p. p.: *meant* [ment].

meaning ['mi:niŋ] *s.* significación, sentido, acepción. *2* intención.

meant [ment] V. *to* MEAN.

meantime ['mi:n'taim], **meanwhile** [-'wail] *adv.* entretanto.

measles ['mi:zlz] *s. pl.* MED. sarampión.

measure ['meʒəʳ] *s.* medida. *2* cantidad, grado, extensión. *3* ritmo. *4 t.-i.* medir.

meat [mi:t] *s.* carne [como alimento]. *2* vianda, comida.

mechanic [mi'kænik] *a.* mecánico. *2 s.* obrero, mecánico.

mechanical [mi'kænikəl] *a.* mecánico.

mechanics [mi'kæniks] *s.* mecánica [ciencia].

mechanism ['mekənizəm] *s.* mecanismo. *2* mecanicismo.

medal ['medl] *s.* medalla.

meddle ['medl] *i.* entrometerse, meterse [en].

medicine ['medsin] *s.* medicina [medicamento; ciencia].

meditate ['mediteit] *t.* proyectar, proponerse. *2 i.* meditar.

medium ['mi:djəm] *s.* medio, punto o grado medio. *2* medio, conducto. *3* medium. *4 a.* mediano, medio.

meek [mi:k] *a.* manso, suave, humilde dócil.

meet [mi:t] *t.* encontrar, hallar, topar con; enfrentarse con. *2* conocer, ser presentado a. *3* reunirse, entrevistarse con. *4* hacer frente a [gastos, etc.]. ¶ Pret. y p. p.: *met* [met].

meeting ['mi:tiŋ] *s.* reunión, junta, sesión. *2* asamblea, mitin.

melancholy ['melənkɔli] *s.* melancolía, hipocondría. *2 a.* melancólico.

mellow ['meləu] *a.* maduro, sazonado [fruto]. *2* tierno, blando. *3* suave [vino]. *4* lleno, puro, suave [voz, sonido, color, luz]. *5 t.-i.* madurar.

melody ['melədi] *s.* melodía, aire.

melon ['melən] *s.* BOT. melón.

melt [melt] *t.-i.* fundir(se, derretir(se.

member ['membəʳ] *s.* miembro.

memorable ['memərəbl] *a.* memorable.

memorial [mi'mɔ:riəl] *a.* conmemorativo. *2 s.* monumento conmemorativo. *3* memorial, petición. *4* nota, apunte.

memorize ['meməraiz] *t.* aprender de memoria.

memory ['meməri] *s.* memoria.

men [men] *s. pl.* de MAN.

menace ['menəs] *s.* amenaza. *2 t.-i.* amenazar.

mend [mend] *t.* componer, reparar. *2 i.* corregirse, enmendarse.

mention ['menʃən] *s.* mención *2 t.* mencionar, nombrar.

merchandise ['mə:tʃəndaiz] *s.* mercancía, géneros.

merchant ['mə:tʃənt] *s.* mercader, comerciante. *2 a.* mercante, mercantil.

merciful ['mə:siful] *a.* misericordioso, clemente, compasivo.

merciless ['mə:silis] *a.* implacable, despiadado, cruel.

mercy ['mə:si] *s.* misericordia, clemencia, compasión. *2* merced, gracia.

mere [miəʳ] *a.* mero, solo.

merge [mə:dʒ] *t.-i.* unir(se, combinar(se, fusionar(se.

merit ['mərit] *s.* mérito. *2 t.* merecer.

merriment ['merimənt] *s.* alegría.

merry ['meri] *a.* alegre

merry-go-round ['merigəu,raund] *s.* tiovivo, caballitos.

mesh [meʃ] *s.* malla [de red].

mess [mes] *s.* enredo, lío; asco, suciedad. *2 t.* enredar, ensuciar.
message ['mesidʒ] *s.* mensaje.
messenger ['mesindʒəʳ] *s.* mensajero.
met [met] V. TO MEET.
meter ['mi:təʳ] *s.* contador.
method ['meθəd] *s.* método.
metre (E.U.) **meter** ['mi:təʳ] *s.* metro.
mice V. MOUSE.
mid [mid] *a.* medio.
middle ['midl] *a.* medio, de en medio, mediano, intermedio. *2 s.* medio, mediados, mitad, centro.
midget ['midʒit] *a.* enano.
midnight ['midnait] *s.* medianoche.
midst [midst] *s.* centro, medio.
midsummer ['midˌsʌməʳ] *s.* canícula. ,
midway ['mid'wei] *s.* mitad del camino. *2* avenida central.
midwife ['midwaif] *s.* partera, comadrona.
mien [mi:n] *s.* semblante, aire.
might [mait] *pret.* de MAY. *2 s.* poderío, fuerza.
mighty ['maiti] *a.* poderoso. *2* vigoroso, potente. *3* importante.
migrate [mai'greit] *i.* emigrar.
migration [mai'greiʃən] *s.* migración.
mild [maild] *a.* apacible, blando. *2* manso, dócil. *3* leve, moderado, templado. *4* dúctil.
mile [mail] *s.* milla.
military ['militəri] *a.* militar. *2* s. *the* ~, los militares.
milk [milk] *s.* leche. *2 t. t.* ordeñar.
mill [mil] *s.* molino. *2* fábrica. *2 t.* moler, triturar.
miller ['miləʳ] *s.* molinero.
mimic ['mimik] *a.* mímico. *2 t.* imitar, remedar. ¶ Pret. y p. p.: *mimicked;* ger.: *mimicking.*
mince [mins] *s.* carne picada. *2 t.* desmenuzar; picar [carne]. *3 i.* andar, hablar, etc., de un modo afectado.
mind [maind] *s.* mente, espíritu, entendimiento, juicio; ánimo. *2* mentalidad. *3* intención, propósito, deseo. *4* pensamiento, mientes, memoria, recuerdo. *5* opinión, parecer. *6 t.* tener en cuenta; hacer caso de. *7* tener inconveniente en;

molestarle una [una cosa]. *8* cuidar de, atender, ocuparse de. *9* tener cuidado con. *10* recordar, acordarse de. *11* i. *never* ~, no importa, no se preocupe.

mindful ['maindful] *a.* atento, cuidadoso.

mine [main] *pron. pos.* mío, -a; míos, -as. *2 s.* MIN., FORT., MIL. mina. *3 t.* minar. *4* extraer [mineral].

miner ['mainəʳ] *s.* minero.

mineral ['minərəl] *a.-s.* mineral.

mingle ['miŋgl] *t.-i.* mezclar(se, juntar(se.

minister ['ministəʳ] *s.* ministro. *2 t.* dar, suministrar. *3 i.* oficiar. *4* asistir, auxiliar.

ministry ['ministri] *s.* ministerio. *2* clero.

minor ['mainəʳ] *a.-s.* menor.

minstrel ['minstrəl] *s.* trovador, juglar. *2* (E. U.) cantor cómico.

mint [mint] *s.* casa de moneda. *2* BOT. menta. *3 t.* acuñar.

minute [mai'nju:t] *a.* diminuto. *2* minucioso. *3* ['minit] *s.* minuto. *4* minuta.

miracle ['mirəkl] *s.* milagro.

miraculous [mi'rækjuləs] *a.* milagroso. *2* maravilloso.

mire ['maiəʳ] *s.* cieno, lodo.

mirror ['mirəʳ] *s.* espejo. *2 t.-i.* reflejar(se.

mirth [mə:θ] *s.* alegría.

mischief ['mis-tʃif] *s.* mal, daño.

mischievous ['mis-tʃivəs] *a.* malo, dañino.

misdoer ['mis'du:əʳ] *s.* malhechor, delincuente.

miser ['maizəʳ] *a.-s.* mísero.

miserable ['mizərəbl] *a.* desdichado; abatido.

miserly ['maizəli] *a.* avaro, tacaño.

misery ['mizəri] *s.* miseria. *2* desdicha, infelicidad.

misfortune [mis'fɔ:tʃən] *s.* infortunio, desdicha.

misgiving [mis'giviŋ] *s.* presentimiento, recelo, temor.

mishap ['mishæp] *s.* desgracia.

mislead [mis'li:d] *t.* descaminar, descarriar.

Miss [mis] *s.* señorita [antepuesto al nombre].

miss [mis] *s.* errada; fracaso. *2 t.* errar. *3* perder [un tren, la ocasión, etc.]. *4* echar de menos.

missing ['misiŋ] *a.* extraviado, perdido.

mission ['miʃən] *s.* misión.
mist [mist] *s.* niebla, vapor.
mistake [mis'teik] *s.* equivocacón, error, confusión. *2 t.* equivocar; confundir. ¶ Pret.: *mistook;* p. p.: ~ *taken.*
mistaken [mis'teikən] *p. p.* de TO MISTAKE.
mistress ['mistris] *s.* ama, dueña, señora. *2* maestra. *3* amante.
mistrust ['mis'trʌst] *s.* desconfianza. *2 t.* desconfiar de.
misty ['misti] *a.* brumoso.
misunderstand ['misʌndə'stænd] *t.* entender mal.
misunderstanding ['misʌndə'stændiŋ] *s.* equivocación, error.
misuse ['mis'ju:s] *s.* mal uso. *2* [-'ju:z] *t.* maltratar. *3* usar mal.
mitten ['mitn] *s.* mitón.
mix [miks] *s.* mezcla. *2 t.-i.* mezclar(se.
mixture ['mikstʃəʳ] *s.* mezcla.
moan [məun] *s.* gemido, quejido. *2 i.* gemir, quejarse.
moat [məut] *s.* FORT. foso.
mob [mɔb] *s.* populacho. *2 t.* atacar en tumulto.
moccasin ['mɔkəsin] *s.* mocasín.
mock [mɔk] *a.* ficticio. *2* burlesco. *3 s.* burla *4 t.* mofarse de.
mockery ['mɔkəri] *s.* burla.
model ['mɔdl] *s.* modelo. *2 t.* modelar, moldear.
moderate ['mɔdərit] *a.* moderado; templado. *2* ['mɔdəreit] *t.-i.* moderar(se, templar(se.
modern ['mɔdən] *a.* moderno.
modest ['mɔdist] *a.* modesto.
modesty ['mɔdisti] *s.* modestia.
modify ['mɔdifai] *t.* modificar. *2* moderar.
moist [mɔist] *a.* húmedo.
moisten ['mɔisn] *t.-i.* humedecer(se, mojar(se.
moisture ['mɔistʃəʳ] *s.* humedad.
mole [məul] *s.* lunar. *2* rompeolas; muelle.
molest [məu'lest] *t.* molestar, inquietar, vejar.
molten ['məultən] *p. p. irr.* de TO MELT. *2 a.* fundido [metal].
moment ['məumənt] *s.* momento, instante. *2* importancia.
momentous [məu'mentəs] *a.* importante, trascendental.
momentum [məu'mentəm] *s.* ímpetu, impulso.

monarch ['mɔnək] *s.* monarca.
monarchy ['mɔnəki] *s.* monarquía.
monastery ['mɔnəstri] *s.* monasterio, convento.
monastic(al [mə'næstik, -əl] *a.* monástico.
Monday ['mʌndi, -dei] *s.* lunes.
money ['mʌni] *s.* moneda, dinero.
mongrel ['mʌŋgrəl] *a.-s.* mestizo, cruzado.
monitor ['mɔnitəʳ] *s.* instructor.
monk [mʌŋk] *s.* monje, fraile.
monkey ['mʌŋki] *s.* ZOOL. mono.
monkish ['mʌŋkiʃ] *a.* monacal.
monopoly [mə'nɔpəli] *s.* monopolio.
monotonous [mə'nɔtənəs] *a.* monótono.
monotony [mə'nɔtəni] *s.* monotonía.
monster ['mɔnstəʳ] *s.* monstruo.
month [mʌnθ] *s.* mes.
monument ['mɔnjumənt] *s.* monumento.
mood [mu:d] *s.* genio, talante. 2 humor, disposición.
moody ['mu:di] *a.* malhumorado, triste, caviloso.
moon [mu:n] *s.* ASTR. luna.
moor [muəʳ] *s.* páramo, brezal. 2 *t.* amarrar.
Moor [muəʳ] *s.* moro, sarraceno.
mop [mɔp] *s.* bayeta. 2 greña. 3 *t.* limpiar al suelo, fregar.
moral ['mɔrəl] *a.* moral. 2 *s.* moraleja. 3 *pl.* moral, ética.
morale [mɔ'rɑ:l] *s.* moral [estado de ánimo].
morality [mə'ræliti] *s.* moralidad.
morbid ['mɔ:bid] *a.* mórbido.
more [mɔ:ʳ, mɔəʳ] *a.-adv.* más: *the ~ the merrier,* cuantos más mejor.
moreover [mɔ:'rəuvəʳ] *adv.* además, por otra parte.
morning ['mɔ:niŋ] *s.* [la] mañana. 2 *a.* matinal, matutino.
Moroccan [mə'rɔkən] *a.-s.* marroquí.
morose [mə'rəus] *a.* malhumorado, hosco.
morrow ['mɔrəu] *s.* mañana, día siguiente.
morsel ['mɔ:səl] *s.* bocado.
mortal ['mɔ:tl] *a.-s.* mortal.
mortality [mɔ:'tæliti] *s.* mortalidad.

mortar ['mɔ:təʳ] *s.* mortero.
mortgage ['mɔ:gidʒ] *s.* hipoteca. *2 t.* hipotecar.
mortify ['mɔ:tifai] *t.-i.* mortificar(se, humillar(se.
mosaic [mə'zeiik] *a.* mosaico.
moss [mɔs] *s.* BOT. musgo; moho.
most [məust] *adj. superl.* de MORE, MUCH y MANY. *2* muchos, los más, la mayoría de. *3 adv.* sumamente, muy; más. *4 s.* lo más, lo sumo.
motel [məu'tel] *s.* motel.
moth [mɔθ] *s.* ENT. polilla.
mother ['mʌðəʳ] *s.* madre.
motif [məu'ti:f] *s.* MÚS., B. ART. motivo, tema.
motion ['məuʃən] *s.* movimiento. *2* seña. *3 pl.* cine. *4 i.-t.* hacer seña o ademán [a uno].
motionless ['məuʃenlis] *a.* inmóvil.
motive ['məutiv] *s.* motivo. *2 a.* motor, motriz.
motor ['məutəʳ] *s.* motor. *2 a.* motor, motriz.
motto ['mɔtəu] *s.* mote, lema, consigna.
mo(u)ld [məuld] *s.* moho. *2* molde, matriz. *3 t.* moldear. *4 i.* enmohecerse.
mo(u)lding ['məuldiŋ] *s.* CARP., ARQ. moldura. *2* moldeado.
mound [maund] *s.* montículo. *2* montón.
mount [maunt] *s.* monte. *2* montura, cabalgadura. *3 t.-i.* subir. *4* montar(se en o sobre.
mountain ['mauntin] *s.* montaña.
mountaineer [ˌmaunti'niəʳ] *s.* montañés. *2* alpinista.
mountainous ['mauntinəs] *a.* montañoso, montuoso.
mourn [mɔ:n] *t.-i.* lamentar(se, llorar.
mournful ['mɔ:nful] *a.* triste, lúgubre, fúnebre.
mouse [maus], *pl.* **mice** [mais] *s.* ZOOL. ratón.
mouth [mauθ, *pl.* mauðz] *s.* boca.
mouthful ['mauθful] *s.* bocado.
movable ['mu:vəbl] *a.* movible. *2 s. pl.* muebles. *3* bienes muebles.
move [mu:v] *s.* movimiento. *2* jugada. *3 t.* mover. *4* conmover, enternecer. *5* jugar. *6 i.* moverse, andar. *7* irse.
movie ['mu:vi] *s.* película [de cine]. *2* pl. *the movies*, el cine.

mow [məu] *t.* segar. ¶ Pret. *mowed* [məud]; p. p.: *mown* [məun].
much [mʌtʃ] *a.* mucho, -cha. 2 *adv.* muy, mucho.
mud [mʌd] *s.* barro, lodo.
muddy ['mʌdi] *a.* barroso, fangoso.
muffle ['mʌfl] *t.* envolver. 2 amortiguar.
mug [mʌg] *s.* jarro [para beber].
mulberry ['mʌlbəri] *s.* BOT. moral: *white* ~, morera. 2 mora.
mule [mju:l] *s.* ZOOL. mulo.
multiple ['mʌltipl] *a.* múltiple.
multiply ['mʌltiplai] *t.-i.* multiplicar(se.
multitude ['mʌltitju:d] *s.* multitud, muchedumbre.
mumble ['mʌmbl] *t.-i.* mascullar, murmurar, musitar.
mummy ['mʌmi] *s.* momia. 2 mamá.
munch [mʌntʃ] *t.* mascar.
munitions [mju(:)'niʃənz] *s. pl.* municiones.
murder ['mə:dər] *s.* asesinato. 2 *t.* asesinar, matar.
murderer ['mə:dərər] *s.* asesino.
murderous ['mə:dərəs] *a.* asesino, homicida. 2 cruel.
murmur ['mə:mər] *s.* murmullo.
murmur ['mə:mər] *i.-t.* murmurar. 2 *i.* quejarse.
muscle ['mʌsl] *s.* ANAT. músculo.
muse [mju:z] *i.* meditar. 2 *s.* musa.
museum [mju(:)'ziəm] *s.* museo.
mushroom ['mʌʃrum] *s.* BOT. seta, champiñón.
music ['mju:zik] *s.* música.
musician [mju(:)'ziʃən] *s.* músico.
musk [mʌsk] *s.* almizcle.
musket ['mʌskit] *s.* mosquete.
muslin ['mʌzlin] *s.* muselina.
2) **must** [mʌst, məst] *aux. defect.* [usado sólo en el presente] deber, haber de, tener que. 2 deber de. 3 ser necesario.
mustard ['mʌstəd] *s.* mostaza.
muster ['mʌstər] *s.* reunión. 2 *t.-i.* juntar(se, reunir(se.
mute [mju:t] *a.-s.* mudo.
mutilate ['mju:tileit] *t.* mutilar.
mutiny ['mju:tini] *s.* motín. 2 *i.* amotinarse.

mutter ['mʌtə^{r}] *s.* murmullo. *2 t.-i.* murmurar, refunfuñar.

mutton ['mʌtn] *s.* carnero, carne de carnero.

mutual ['mju:tʃuəl] *a.* mutuo.

muzzle ['mʌzl] *s.* hocico, morro. *2 t.* abozalar.

my [may] *a. pos.* mí, mis. *2* interj. *oh, my!,* ¡caramba!

myrtle ['mə:tl] *s.* mirto.

myself [mai'self] *pron.* yo, yo mismo; a mí, a mí mismo, me.

mysterious [mis'tiəriəs] *a.* misterioso.

mystery ['mistəri] *s.* misterio.

mystic ['mistik] *a.-s.* místico.

myth [miθ] *s.* mito. *2* fábula.

mythology [mi'θɔlədʒi] *s.* mitología.

N

nail [neil] *s.* ANAT., ZOOL. uña. *2* clavo. *3 t.* clavar; fijar.

naked ['neikid] *a.* desnudo.

name [neim) *s.* nombre. *2 t.* llamar. *3* nombrar.

nameless ['neimlis] *a.* anónimo. *2* innominado. *3* humilde.

namely ['neimli] *adv.* a saber.

nap [næp] *s.* siesta, sueñecito. *2 i.* dormitar.

napkin ['næpkin] *s.* servilleta.

narrative ['nærətiv] *a.* narrativo. *2 s.* narración, relato.

narrow ['nærəu] *a.* estrecho. *2* escaso. *3* mezquino. *4 t.-i.* estrechar(se, angostar(se.

nasal ['neizəl] *a.-s.* nasal.

nasty ['nɑ:sti] *a.* sucio.

nation ['neiʃən] *s.* nación.

nationality [ˌnæʃə'næliti] *s.* nacionalidad.

native ['neitiv] *a.* nativo [metal]. *2* natal.

natural ['nætʃrəl] *a.* natural. *2* nato. *3 s.* idiota, simple.

nature ['neitʃə] *s.* naturaleza. *2* carácter. *3* natural, índole, genio.

naught [nɔ:t] *s.* cero. *2* nada.

naughty ['nɔ:ti] *a.* travieso.

naval ['neivəl] *a.* naval.

navigation [ˌnævi'geiʃən] *s.* navegación.

navigator ['nævigeitəʳ] *s.* navegante.
navy ['neivi] *s.* armada, flota.
nay [nei] *adv.* no.
near [niəʳ] *a.* cercano, próximo. 2 *adv.* cerca. 3 *t.-i.* acercar(se.
nearby ['niəbai] *a.* cercano. 2 *adv.* cerca.
nearly ['niəli] *adv.* cerca. 2 casi.
neat [ni:t] *a.* pulcro, ordenado.
necessary ['nesisəri] *a.* necesario.
necessity [ni'sesiti] *s.* necesidad.
neck [nek] *s.* cuello, garganta.
necklace ['neklis] *s.* collar.
need [ni:d] *s.* necesidad. 2 *t.* necesitar.
needful ['ni:dful] *a.* necesario.
needless ['ni:dlis] *a.* innecesario.
needy ['ni:di] *a.* necesitado.
negative ['negətiv] *a.* negativo. 2 *s.* negativa, negación.
neglect [ni'glekt] *s.* abandono. 2 *t.* abandonar, descuidar.
negligence ['neglidʒəns] *s.* negligencia, descuido, dejadez.
negotiate [ni'gəuʃieit] *t.-i.* negociar.
negro ['ni:grəu] *a.-s.* negro [pers.].
neigh [nei] *s.* relincho. 2 *i.* relinchar.
neighbo(u)r ['neibəʳ] *s.* vecino.
neighbo(u)rhood ['neibəhud] *s.* vecindad 2 cercanías.
neighbo(u)ring ['neibəriŋ] *a.* vecino, adyacente.
neither ['naiðəʳ, 'ni:ðəʳ] *a.* ninguno [de los dos], ningún, -na. 2 *conj.* ni. 3 *adv.* tampoco, ni siquiera. 4 *pron.* ninguno, ni el uno ni el otro.
nephew ['nevju(:)] *s.* sobrino.
nerve [nə:v] *s.* ANAT., BOT. nervio. 2 valor. 3 descaro.
nervous ['nə:vəs] *a.* nervioso. 2 vigoroso. 3 tímido.
nest [nest] *s.* nido. 2 *i.* anidar. 3 buscar nidos.
nestle ['nesl] *i.* acurrucarse. 2 anidar.
net [net] *s.* red. 2 malla. 3 *a.* COM. neto.
nettle ['netl] *s.* BOT. ortiga. 2 *t.* provocar.
neuter ['nju:təʳ], **neutral** [-trəl] *a.* neutro. 2 neutral.

never [ˈnevəʳ] *adv.* nunca, jamás.
nevertheless [ˌnevəðəˈles] *adv. conj.* no obstante, sin embargo.
newborn [ˈnjuːbɔːn] *a.* recién nacido.
newcomer [ˈnjuːˈkʌməʳ] *s.* recién venido o llegado.
news [njuːz] *s.* noticia, noticias. 2 prensa, periódicos.
newspaper [ˈnjuːsˌpeipəʳ] *s.* diario, periódico.
next [nekst] *a.* próximo, inmediato, contiguo. 2 *adv.* luego, después, a continuación. 3 *prep.* al lado de. 4 después de.
nibble [ˈnibl] *s.* mordisco. 2 *t.* mordisquear.
nice [nais] *s.* bueno, agradable. 2 lindo. 3 elegante. 4 exacto, preciso.
niche [nitʃ] *s.* nicho, hornacina.
nick [nik] *s.* mella.
nickel [ˈnikl] *s.* QUÍM. níquel. 2 fam. (E. U.) moneda de cinco centavos.
nickname [ˈnikneim] *s.* apodo.
niece [niːs] *s. f.* sobrina.
night [nait] *s.* noche. 2 *a.* nocturno.
nightfall [ˈnaitfɔːl] *s.* anochecer.
nightgown [ˈnaitgaun] *s.* camisón, bata de noche.
nightingale [ˈnaitiŋgeil] *s.* ORN. ruiseñor.
nightmare [ˈnaitmɛəʳ] *s.* pesadilla.
nimble [ˈnimbl] *a.* ágil, ligero.
nine [nain] *a.-s.* nueve.
nineteen [ˈnainˈtiːn] *a.-s.* diecinueve. 2 **-th** [-θ] decimonono.
ninetieth [ˈnaintiiθ] *a.-s.* nonagésimo.
ninety [ˈnainti] *a.-s.* noventa.
ninth [nainθ] *a.* nono, noveno.
nip [nip] *s.* pellizco, mordisco. 2 *t.* pellizcar.
nit [nit] *s.* liendre.
no [nəu] *adv.* no. 2 *a.* ningún, ninguno: ~ *one,* ninguno, nadie.
nobility [nəuˈbiliti] *s.* nobleza.
noble [ˈnəubl] *a.-s.* noble.
nobleman [ˈnəublmən] *s.* noble.
nobody [ˈnəubədi] *pron.* nadie, ninguno.
nod [nɔd] *s.* inclinación de cabeza. 2 cabezada. 3 *i.-t.* inclinar la cabeza [para asentir o saludar]. 4 dormitar.
noise [nɔiz] *s.* ruido, sonido. 2 *t.* divulgar, rumorear

noiseless ['nɔizlis] *a.* silencioso.

noisome ['nɔisəm] *a.* nocivo, asqueroso.

noisy ['nɔizi] *a.* ruidoso.

nominate ['nɔmineit] *t.* nombrar. 2 proponer.

nonchalance ['nɔnʃələns] *s.* indiferencia, abandono.

none [nʌn] *pron.* ninguno nada. 2 nadie. 3 *adv.* no, en ningún modo: ~ *the less,* no obstante, sin embargo.

nonsense ['nɔnsəns] *s.* disparate, tonterías.

nook [nuk] *s.* rincón.

noon [nu:n] *s.* mediodía.

nor [nɔ:ʳ] *conj.* ni. 2 tampoco.

normal ['nɔ:məl] *a.* normal.

Norman ['nɔ:mən] *a.-s.* escandinavo.

north [nɔ:θ] *s.* norte. 2 *a.* del norte, septentrional.

northern ['nɔ:ðən] *a.* del norte, septentrional.

Norwegian [nɔ:'wi:dʒən] *a.-s.* noruego.

nose [nəuz] *s.* ANAT., ZOOL. nariz. 2 *t.* oler, olfatear.

nostril ['nɔstril] *s.* ventana de la nariz. 2 ollar.

not [nɔt] *adv.* no.

notable ['nəutəbl] *a.* notable.

notch [nɔtʃ] *s.* muesca. 2 *t.* hacer muescas en. 3 mellar, dentar.

note [nəut] *s.* nota, señal. 2 *t.* notar, observar.

notebook ['nəutbuk] *s.* libreta, cuaderno.

nothing ['nʌθiŋ] *s.* nada. 2 ARIT. cero.

notice ['nəutis] *s.* informe, aviso, advertencia. 2 despido. 3 *t.* notar, observar.

noticeable ['nəutisəbl] *a.* notable.

notify ['nəutifai] *t.* notificar. 2 informar.

notion ['nəuʃən] *s.* noción. 2 idea, concepto. 3 *pl.* (E. U.) mercería.

notorious [nəu'tɔ:riəs] *a.* notorio, conocido, famoso. | Ús. gralte. en sentido peyorativo.

notwithstanding [ˌnɔtwiθ'stændiŋ] *adv.* no obstante. 2 *prep.* a pesar de 3 *conj.* aunque, por más que.

nought [nɔ:t] *s.* NAUGHT.

noun [naun] *s.* GRAM. nombre.

nourish ['nʌriʃ] *t.* nutrir, alimentar, sustentar.

nourishment ['nʌriʃmənt] *s.* nutrición. 2 alimento.

novel ['nɔvəl] *a.* nuevo. 2 *s.* novela.
novelist ['nɔvəlist] *s.* novelista.
novelty ['nɔvəlti] *s.* novedad.
November [nəu'vembəʳ] *s.* noviembre.
novice ['nɔvis] *s.* novicio.
now [nau] *adv.* ahora; hoy día; actualmente.: ~ *and then,* de vez en cuando.
nowadays ['nauədeiz] *adv.* hoy día, hoy en día.
nowhere ['nəu(h)wεəʳ] *adv.* en ninguna parte.
nucleus ['nju:kliəs] *s.* núcleo.
nuisance ['nju:sns] *s.* fastidio. 2 pers. o cosa molesta, fastidiosa.
numb [nʌm] *a.* entumecido. 2 *t.* entumecer, entorpecer.
number ['nʌmbəʳ] *s.* número. 2 *t.* numerar. 3 contar.
numberless ['nʌmbəlis] *a.* innumerable.
numeral ['nju:mərəl] *a.* numeral. 2 *s.* número, cifra.
numerous ['nju:mərəs] *a.* numeroso. 2 muchos.
nun [nʌn] *s.* monja, religiosa.
nuptial ['nʌpʃəl] *a.* nupcial.
nurse [nə:s] *s.* ama, niñera. 2 enfermera. 3 *t.* criar. 4 cuidar.
nursery ['nə:sri] *s.* cuarto de los niños: ~ *rhymes,* cuentos en verso. 2 criadero, vivero.
nut [nʌt] *s.* BOT. nuez.
nymph [nimf] *s.* ninfa.

O

oak [əuk] *s.* roble.
oar [ɔ:ʳ, ɔəʳ] *s.* remo.
oasis [əu'eisis] *s.* oasis.
oat [əut] *s.* BOT. avena.
oath [əuθ] *s.* juramento, jura. *2* blasfemia.
oatmeal ['əutmi:l] *s.* harina o puches de avena.
obedience [ə'bi:djəns] *s.* obediencia.
obedient [ə'bi:diənt] *a.* obediente. *2* dócil.
obey [ə'bei] *t.-i.* obedecer.
object ['ɔbdʒikt] *s.* objeto. *2* [əb'dʒekt] *t.* objetar.
objection [əb'dʒekʃən] *s.* objeción, reparo, inconveniente.
objective [əb'dʒektiv, ɔb-] *a.-s.* objetivo.
obligation [ˌɔbli'geiʃən] *s.* obligación, deber.
oblige [ə'blaidʒ] *t.* obligar. *2* complacer.
oblique [ə'bli:k] *a.* oblicuo.
obliterate [ə'blitəreit] *t.* borrar.
oblivion [ə'bliviən] *s.* olvido.
oblivious [ə'bliviəs] *a.* desmemoriado. *2* olvidado.
obscene [ɔb'si:n] *a.* obsceno.
obscure [əbs'kjuəʳ] *a.* oscuro. *2 t.* oscurecer. *3* ocultar.
obscurity [əb'skjuəriti] *s.* oscuridad. *2* confusión.
observance [əb'zə:vəns] *s.* observancia. *2* ceremonia, rito.
observation [ˌɔbzə(:)'veiʃən] *s.* observación.

observatory [əb'zə:vətri] *s.* observatorio. *2* atalaya.
observe [əb'zə:v] *t.* observar. *2* guardar [una fiesta].
obsolete ['ɔbsəli:t] *a.* anticuado.
obstacle ['ɔbstəkl] *s.* obstáculo.
obstinacy ['ɔbstinəsi] *s.* obstinación. *2* pertinacia.
obstinate ['ɔbstinit] *a.* obstinado.
obstruct [əbs'trʌkt] *t.* obstruir. *2* atorar, atascar.
obstruction [əbs'trʌkʃən] *s.* obstrucción. *2* obstáculo.
obtain [əb'tein] *t.* obtener.
obtruder [əb'tru:dəʳ] *s.* entremetido, intruso.
obstrusive [əb'tru:siv] *a.* entremetido, intruso, molesto.
obviate ['ɔbvieit] *t.* obviar.
obvious ['ɔbviəs] *a.* obvio, evidente, palmario.
occasion [ə'keiʒən] *s.* ocasión, oportunidad, caso, circunstancia. *2 t.* ocasionar, causar.
occasional [ə'keiʒənl] *a.* ocasional, casual.
occupation [ˌɔkju'peiʃən] *s.* ocupación. *2* posesión, tenencia.
occupy ['ɔkjupai] *t.* ocupar, habitar. *2* emplear, invertir.
occur [ə'kə:ʳ] *i.* hallarse. *2* ocurrir, suceder.
occurrence [ə'kʌrəns] *s.* suceso, caso.
ocean ['əuʃən] *s.* océano.
October [ɔk'təubəʳ] *s.* octubre.
oculist ['ɔkjulist] *s.* oculista.
odd [ɔd] *a.* impar, non. *2* ocasional. *3* y tantos; y pico. *4* raro, extraño.
odds ['ɔdz] *s. pl.* y *sing.* desigualdad; superioridad. *2* desavenencia.
ode [əud] *s.* LIT. oda.
odicus ['əudiəs] *a.* odioso.
odo(u)r ['əudəʳ] *s.* olor.
of [ɔv, əv] *prep.* En muchos casos se traduce por *de;* en otros, por *a, en, con, por,* etc.
off [ɔ:f, ɔf] *adv.* lejos, fuera; enteramente, del todo; indica alejamiento, ausencia, separación, disminución, privación, cesación. *2 prep.* lejos de *3 a.* alejado, ausente. *4* FÚTBOL ~ *side,* fuera de juego.
offence [ə'fens] *s.* ofensa, agravio.

offend [ə'fend] *t.* ofender.

offender [ə'fendəʳ] *s.* ofensor; delincuente.

offense [ə'fens] *s.* OFFENCE.

offensive [ə'fensiv] *a.* ofensivo 2 *s.* ofensiva.

offer ['ɔfəʳ] *s.* oferta. 2 *t.-i.* ofrecer(se.

offering ['ɔfəriŋ] *s.* ofrenda.

off-hand ['ɔf'hænd] *adv.* de improviso, sin pensarlo.

office ['ɔfis] *s.* oficio, función. 2 cargo. 3 oficina, despacho.

officer ['ɔfisəʳ] *s.* MIL., MAR. oficial. 2 funcionario.

official [ə'fiʃəl] *a.* oficial. 2 *s.* funcionario.

officiate [ə'fiʃieit] *i.* oficiar. 2 *t.* celebrar.

officious [ə'fiʃəs] *a.* oficioso.

offset ['ɔfset] *s.* compensación. 2 offset.

offspring ['ɔfspriŋ] *s.* prole, hijos. 2 fig. resultado.

oft [ɔ(:)ft], **often** ['ɔ(:)fn] *adv.* a menudo, frecuentemente.

oil [ɔil] *s.* aceite; óleo. 2 petróleo.

oilcloth ['ɔil-klɔθ] *s.* hule.

oily ['ɔili] *a.* aceitoso.

ointment ['ɔintmənt] *s.* unto, ungüento.

old [əuld] *a.* viejo; anciano.

old-fashioned ['əuld'fæʃənd] *a.* anticuado; pasado de moda.

olive ['ɔliv] *s.* BOT. olivo. 2 aceituna, oliva.

omelet, omelette ['ɔmlit] *s.* tortilla de huevos.

omen ['əumən] *s.* agüero.

ominous ['ɔminəs] *a.* ominoso, siniestro.

omission [ə'miʃən] *s.* omisión.

omit [ə'mit] *t.* omitir.

on [ɔn, ən] *prep.* en, sobre; a; de; con; por; bajo: ~ *foot,* a pie; ~ *arriving,* al llegar; ~ *duty,* de servicio. 2 adelante, continuando. 3 *a.* abierto, encendido.

once [wʌns] *adv.-s.* vez, una vez: *at* ~, a la vez; en seguida; ~ *upon a time there was,* érase una vez.

one [wʌn] *a.* uno, una. 2 *pron.* uno, una: ~ *another,* el uno al otro.

onion ['ʌnjən] *s.* BOT. cebolla.

only ['əunli] *s.* solo, único. 2 *adv.* sólo, solamente. 3 *if* ~, *ojalá,* si, si al menos. 4 *conj.* sólo que, pero.

onset ['ɔnset] *s.* ataque.

onto ['ɔntu, -te] *prep.* hacia, sobre.

onward(s ['ɔnwəd(z] *adv.* hacia adelante.

ooze [u:z] *s.* fango, légamo. *2 i.* rezumarse, escurrirse. *3 t.* exudar, sudar.

opaque [əu'peik] *a.* opaco.

open ['əupən] *a.* abierto: *in the open air,* al aire libre. *2 t.* abrir. *3* iniciar, empezar.

opening ['əupəniŋ] *s.* apertura. 2 abertura, entrada. 3 TEAT. estreno.

operate ['ɔpəreit] *t.* hacer funcionar, mover. *2 i.* obrar, producir efecto.

operation [ˌɔpə'reiʃən] *s.* operación. 2 funcionamiento.

opinion [ə'pinjən] *s.* opinión, buen concepto.

opponent [ə'pəunənt] *s.* oponente, contrario, adversario.

opportunity [ˌɔpə'tju:niti] *s.* oportunidad; lugar, ocasión.

oppose [ə'pəuz] *t.* oponer.

opposite ['ɔpəzit] *a.* opuesto *2 prep.* enfrente de. *3 adv.* enfrente.

opposition [ˌɔpə'ziʃən] *s.* oposición; resistencia.

oppress [ə'pres] *t.* oprimir.

oppression [ə'preʃən] *s.* opresión.

optician [ɔp'tiʃən] *s.* óptico.

optimistic [ˌɔpti'mistik] *a.* optimista.

or [ɔ:ʳ] *conj.* o, u.

oracle ['ɔrəkl] *s.* oráculo.

oral ['ɔ:rəl] *a.* oral.

orange ['ɔrindʒ] *s.* BOT. naranja: *~ blossom,* azahar.

oration [ɔ:'reiʃən] *s.* discurso.

orator ['ɔrətəʳ] *s.* orador.

oratory ['ɔrətəri] *s.* oratoria. 2 oratorio.

orb [ɔ:b] *s.* orbe, esfera.

orbit ['ɔ:bit] *s.* ASTR. órbita.

orchard ['ɔ:tʃəd] *s.* huerto.

orchestra ['ɔ:kistrə] *s.* orquesta. 2 TEAT. platea.

ordain [ɔ:'dein] *t.* ordenar.

ordeal [ɔ:'di:l] *s.* prueba penosa, experiencia penosa. 2 ordalía.

order ['ɔ:dəʳ] *s.* orden: *in ~ to,* para, a fin de. 2 COM. pedido. *3 t.* ordenar. 4 COM. hacer un pedido.

orderly ['ɔ:dəli] *a.* ordenado.

ordinary ['ɔ:din(ə)ri] *a.-s.* ordinario, corriente.
ore [ɔ:ʳ, ɔəʳ] *s.* MIN. mineral, ganga, mena.
organ ['ɔ:gən] *s.* órgano.
organism ['ɔ:gənizəm] *s.* BIOL., FIL. organismo.
organization [ˌɔ:gənai'zeiʃən] *s.* organización.
organize ['ɔ:gənaiz] *t.-i.* organizar(se.
orgy ['ɔ:dʒi] *s.* orgía.
Orient ['ɔ:riənt] *s.* oriente.
orient ['ɔ:rient] *t.* orientar.
orifice ['ɔrifis] *s.* orificio.
origin ['ɔridʒin] *s.* origen.
original [ə'ridʒənl] *a.* original.
originate [ə'ridʒineit] *t.-i.* originar(se, producir(se.
ornament ['ɔ:nəmənt] *s.* ornamento. *2* [-ment] *t.* ornamentar.
orphan [ˌɔ:fən] *a.-s.* huérfano.
ostrich ['ɔstritʃ] *s.* avestruz.
other ['ʌðəʳ] *a.-pron.* otro, otra, otras, otras: *every ~ day,* días alternos.
otherwise ['ʌðə-waiz] *adv.* de otra manera.
otter ['ɔtəʳ] *s.* ZOOL. nutria.
2) **ought** [ɔ:t] *def.* y *aux.* [seguido de infinitivo con *to*] deber [en presente o mejor condicional].
ounce [auns] *s.* onza [28.35 gr.].
our ['auəʳ] *a.* nuestro, -a, -os, -as.
ours ['auəz] *pron. pos.* [el, lo] nuestro, [la] nuestra, [los] nuestros, [las] nuestras.
ourselves [ˌauə'selvz] *pron.* nosotros mismos. *2* nos, a nosotros mismos.
out [aut] *adv.* fuera, afuera, hacia fuera. *2* claro, sin rodeos. *3 a.* ausente, fuera de casa.
outbreak ['autbreik] *s.* erupción.
outburst ['autbə:st] *s.* arranque, explosión.
outcast ['outkɑ:st] *a.-s.* desterrado, proscrito, paria.
outcome ['autkʌm] *s.* resultado.
outcry ['aut-krai] *s.* grito, protesta.
outdoor ['aut'dɔ:] *a.* al aire libre. *2* **-s** [-z] *adv.* fuera de casa, al aire libre.
outer ['autəʳ] *a.* exterior.

outfit ['autfit] *s.* equipo. *2 t.* equipar.
outing ['autiŋ] *s.* salida, jira.
outlaw ['aut-lɔ:] *s.* bandido.
outlet ['aut-let] *s.* salida.
outline ['aut-lain] *s.* contorno, perfil. *2* bosquejo, esbozo.
outlook ['aut-luk] *s.* atalaya. *2* perspectiva.
out-of-date ['autəv'deit] *a.* pasado de moda, anticuado.
output ['autput] *s.* producción; rendimiento.
outrage ['aut-reidʒ] *s.* ultraje. *2 t.* ultrajar, atropellar.
outrageous [aut'reidʒəs] *a.* ultrajante. *3* violento.
outright ['aut-rait] *a.* sincero, franco, directo.
outset ['aut-set] *s.* principio, salida.
outside ['aut'said] *s.-adj.* exterior. *2 adv.* fuera, afuera, por fuera. *3 prep.* fuera de, más allá; excepto.
outsider ['aut'saidə^r] *s.* forastero.
outskirts ['aut-skə:ts] *s. pl.* alrededores.
outstanding [aut'stændiŋ] *a.* saledizo, saliente. *2* destacado.
outstretch [aut'stretʃ] *t.* extender, alargar.
outstrip [aut'strip] *t.* adelantar, dejar atrás.
outward ['autwed] *a.* exterior. *2* **-s** [-z] *adv.* hacia fuera.
oval ['əuvəl] *a.* oval, ovalado.
oven ['ʌvn] *s.* horno, hornillo.
over ['əuvə^r] *adv.* arriba, por encima. *2* al otro lado. *3* completamente. *4* más, de más. *5 prep.* sobre, encima de. *6* al lado o a la vuelta de. *7* más de. *8* durante. *9 a.* superior, más alto. *10* acabado.
overalls ['əuvərɔ:lz] *s.* mono de trabajo. *2* guardapolvo.
overcoat ['əuvəkəut] *s.* sobretodo, gabán, abrigo.
overcome [ˌəuvə'kʌm] *t.* vencer, triunfar.
overcrowd` [ˌəuvə'kraud] *t.* apiñar, atestar.
overflow ['əuvə-fləu] *s.* inundación. *2* [ˌəuvə'fləu] *t.-i.* inundar(se.
overhaul ['əuvəhɔ:l] *s.* repaso. *2* [ˌəuvə'hɔ:l] *t.* repasar.
overhead ['əuvə'hed] *a.-adv.* [situado] arriba, en lo alto.

overhear [ˌəuvəˈhiəʳ] *t.* oír por casualidad.
overjoyed [ˌəuvəˈdʒɔid] *a.* alborozado, jubiloso.
overland [ˈəuvəlænd] *a.-adv.* por tierra, por vía terrestre.
overlap [ˌəuvəˈlæp] *t.* cubrir, traslaparse.
overlook [ˌəuvəˈluk] *t.* mirar desde lo alto. *2* pasar por alto, disimular.
overnight [ˈəuvəˈnait] *adv.* en la noche anterior.
overpowering [ˌəuvəˈpauəriŋ] *a.* abrumador, arrollador.
overrun [ˌəuvəˈrʌn] *t.* cubrir enteramente, invadir.
oversea [ˈəuvəˈsi:] *a.* de ultramar. *2* **-s** (-z) *adv.* ultramar.
overshadow [ˌəuvəˈʃædəu] *s.* dar sombra a. *2* eclipsar.
overtake [ˌəuvəˈteik] *t.* alcanzar, atrapar.
overthrow [ˌəuvəˈθrəu] *t.* volcar, tumbar, derribar.
overture [ˈəuvətjuəʳ] *s.* insinuación, proposición. *2* MÚS. obertura.
overturn [ˌəuvəˈtə:n] *t.* volcar, trabucar.
overwhelm [ˌəuvəˈwelm] *t.* aplastar. *2* abrumar.
owe [əu] *t.* deber, adeudar.
owl [aul] *s.* ORN. búho.
own [əun] *a.* propio, mismo, de uno. *2* s. *one's* ~, lo suyo, lo de uno. *3 t.* poseer, tener. *4* reconocer, confesar.
owner [ˈəunəʳ] *s.* dueño.
ox [ɔks], *pl.* **oxen** [ˈɔksən] *s.* buey.
oxygen [ˈɔksidʒən] *s.* oxígeno.
oyster [ˈɔistəʳ] *s.* ostra.

P

pace [peis] *s.* paso. *2 i.* andar, pasear.

pacific [pə'sifik] *a.* pacífico.

pacify ['pæsifai] *t.* pacificar.

pack [pæk] *s.* lío, fardo, bala. *2 t.-i.* empacar, empaquetar.

package ['pækidʒ] *s.* fardo.

packet ['pækit] *s.* paquete.

pact [pækt] *s.* pacto, convenio.

pad [pæd] *s.* cojincillo, almohadilla. *2 t.* rellenar, acolchar.

pagan ['peigən] *a.-s.* pagano.

page [peidʒ] *s.* paje. *2* botones. *3* página.

pageant ['pædʒənt] *s.* cabalgata.

paid [peid] V. TO PAY.

pail [peil] *s.* balde, cubo.

pain [pein] *s.* dolor, pena. *2 t.* doler. *3* causar dolor.

painful ['peinful] *a.* doloroso, penoso.

painstaking ['peinzˌteikiŋ] *a.* afanoso, industrioso, esmerado.

paint [peint] *s.* pintura, color. *2 t.-i.* pintar.

painter ['peintəʳ] *s.* pintor.

painting ['peintiŋ] *s.* pintura. *2* pintura, cuadro.

pair [pɛəʳ] *s.* par, pareja. *2 t.-i.* aparear(se, acoplar(se.

pajamas [pə'dʒɑːməz] *s. pl.* pijama.

pal [pæl] *s.* compañero.

palace ['pælis] *s.* palacio.

palate ['pælit] *s.* paladar.
pale [peil] *a.* pálido. *2 s.* estaca, palizada. *3 i.* palidecer.
palfrey ['pɔ:lfri] *s.* palafrén.
pall [pɔ:l] *s.* paño mortuorio 2 palio. *3 t.* ahitar, empalagar.
pallid ['pælid] *a.* pálido.
palm [pɑ:m] *s.* BOT. palma. 2 palma [de la mano]. *3 t.* manosear.
pamphlet ['pæmflit] *s.* folleto.
pan [pæn] *s.* cacerola, cazuela.
pancake ['pænkeik] *s.* hojuela; torta delgada.
pane [pein] *s.* cristal, vidrio. 2 cara, faceta.
pang [pæŋ] *s.* punzada.
panic ['pænik] *a.-s.* pánico.
pant [pænt] *s.* jadeo, resuello. *2 i.* jadear, resollar.
panther ['pænθəʳ] *s.* ZOOL. pantera; (E. U.) puma.
pantry ['pæntri] *s.* despensa.
pants [pænts] *s. fam.* pantalones. 2 calzoncillos.
papa [pə'pɑ:] *s. fam.* papá.
papal ['peipəl] *a.* papal, pontificio.
paper ['peipəʳ] *s.* papel. 2 papel, periódico, diario. *3 t.* empapelar.
par [pɑ:ʳ] *s.* equivalencia.
parachute ['pærəʃu:t] *s.* paracaídas.
parade [pə'reid] *s.* ostentación; alarde; desfile. *3 t.* desfilar por; hacer alarde de. *4 i.* pasar revista.
paradise ['pærədais] *s.* paraíso.
paradox ['pærədɔks] *s.* paradoja.
paragraph ['pærəgrɑ:f] *s.* párrafo. 2 suelto, artículo corto.
parallel ['pærəlel] *a.* paralelo. *2 s.* paralelismo, semejanza. *3 t.* igualar, parangonar.
paralise ['pærəlaiz] *t.* paralizar.
paralysis [pə'rælisis] *s.* parálisis.
paramount ('pærəmaunt] *a.* superior, supremo, máximo.
parapet ['pærəpit] *s.* parapeto.
parasite ['pærəsait] *s.* parásito.
parcel [pɑ:sl] *s.* pequete, bulto. 2 parcela. *3 t.* parcelar. 4 empaquetar.
parch [pɑ:tʃ] *t.* tostar.
parchment ['pɑ:tʃmənt] *s.* pergamino; vitela.

pardon ['pɑːdn] *s.* perdón. *3 t.* perdonar.
pare [pɛəʳ] *t.* mondar.
parent ['pɛərənt] *s.* padre o madre. *2 pl.* padres.
parentage ['pɛərəntidʒ] *s.* linaje, nacimiento.
parish ['pæriʃ] *s.* parroquia.
Parisian [pə'rizjən] *a.-s.* parisiense.
park [pɑːk] *s.* parque. *2 t.-i.* aparcar.
parliament ['pɑːləmənt] *s.* parlamento, cortes.
parlo(u)r ['pɑːləʳ] *s.* sala de estar o recibimiento. *2* (E. U.) salón [de belleza]; sala [de billares]. *3* locutorio.
parole [pə'rəul] *s.* palabra de honor.
parrot ['pærət] *s.* loro
parry ['pæri] *s.* parada, quite. *2 t.-i.* parar [un golpe, etc.].
parsley ['pɑːsli] *s.* BOT. perejil.
parson ['pɑːsn] *s.* párroco, cura, clérigo.
part [pɑːt] *s.* parte. *2* cuidado, deber. *3* TEAT. papel. *4* (E. U.) raya [del cabello]. *5 t.* dividir, partir. *6* irse, despedirse.
partake [pɑː'teik] *t.* compartir.
partial ['pɑːʃəl] *a.* parcial.
participate [pɑː'tisipeit] *i.-t.* participar.
particle ['pɑːtikl] *s.* partícula.
particular [pə'tikjuləʳ] *a.* particular. *2* minucioso. *3 s.* pormenor, detalle.
parting ['pɑːtiŋ] *s.* separación. *2* marcha; despedida.
partisan [ˌpɑːti'zæn] *s.* partidario. *2* guerrillero.
partition [pɑː'tiʃən] *s.* partición. *2* división.
partner ['pɑːtnəʳ] *s.* socio. *2* compañero. *3* pareja [de baile]. *4* cónyuge.
partridge ['pɑːtridʒ] *s.* perdiz.
party ['pɑːti] *s.* partido. *2* reunión, fiesta. *3* parte [en un contrato, una contienda, etc.]. *4* individuo.
pass [pɑːs] *s.* paso, pasaje. *2* pase. *3* aprobación. *4 t.-i.* pasar. *5* aprobar. ¶ Part. p.: *passed* o *past.*
passage ['pæsidʒ] *s.* paso, pasaje, tránsito.
passenger ['pæsindʒəʳ] *s.* viajero.
passion ['pæʃən] *s.* pasión.
passionate ['pæʃənit] *a.* apasionado.

passive ['pæsiv] *a.* pasivo.
passport ['pɑ:s-pɔ:t] *s.* pasaporte.
past [pɑ:st] *a.-s.* pasado, pretérito. *2 prep.* pasado, después de.
paste [peist] *s.* pasta, masa.
pastime ['pɑ:s-taim] *s.* pasatiempo.
pastor ['pɑ:stəʳ] *s.* pastor [esp. espiritual].
pastoral ['pɑ:stərəl] *a.* pastoril. *2 a.-s.* pastoral.
pastry ['peistri] *s.* pastelería.
pasture ['pɑ:stʃəʳ] *s.* pasto. *2 t.-i.* pacer, apacentarse.
pat [pæt] *a.* exacto, oportuno. *2 adv.* oportunamente. *3 s.* golpecito, palmadita. *4 t.* dar palmaditas o golpecitos.
patch [pætʃ] *s.* remiendo. *2 t.* remendar.
patent ['peitənt] *a.* patente. *2* patentado. *3 s.* patente. *4 t.* patentar.
path [pɑ:θ] *s.* camino, senda.
pathetic [pə'θetik] *a.* patético.
pathos ['peiθɔs] *s.* patetismo.
pathway ['pɑ:θ-wei] *s.* camino.
patience ['peiʃəns] *s.* paciencia.
patient ['peiʃənt] *a.* paciente.
patriarch ['peitriɑ:k] *s.* patriarca.
patriot ['peitriət] *s.* patriota.
patriotism ['pætriətizəm] *s.* patriotismo.
patrol [pə'troul] *s.* patrulla. *2 i.-t.* patrullar, rondar.
patron ['peitrən] *a.* patrón. *2* patrono.
patronage ['pætrənidʒ] *s.* protección, patrocinio.
patronize ['pætrənaiz] *t.* proteger, patrocinar.
pattern ['pætən] *s.* modelo. *2* patrón, plantilla.
pause [pɔ:z] *s.* pausa. *2 i.* pausar.
pave [peiv] *t.* pavimentar.
pavement ['peivmənt] *s.* pavimiento. *2* acera; andén.
pavillion [pə'viljən] *s.* pabellón.
pawn [pɔ:n] *s.* peón [de ajedrez]. *2* empeño, garantía. *3 t.* empeñar [un objeto].
pay [pei] *s.* paga, sueldo. *2 t.-i.* pagar. *3 t.* costear, sufragar. *4* rendir [homenaje]; prestar [atención]. *5 i.* compensar, ser provechoso. ¶ Pret. y p. p.: *paid* [peid].

payment ['peimənt] *s.* pago.

pea [pi:] *s.* guisante.

peace [pi:s] *s.* paz.

peaceful ['pi:sful] *a.* pacífico.

peach [pi:tʃ] *s.* melocotón.

peacock ['pi:kɔk] *s.* pavo real.

peak [pi:k] *s.* pico, cumbre.

peal [pi:l] *s.* repique. 2 *t.-i.* repicar [las campanas].

peanut ['pi:nʌt] *s.* cacahuete.

pear [pɛəʳ] *s.* BOT. pera.

pearl [pə:l] *s.* perla, margarita. 2 *t.* perlar.

peasant ['pezənt] *s.* labriego.

peat [pi:t] *s.* turba [materia].

pebble ['pebl] *s.* guija, guijarro.

peck [pek] *s.* picotazo. 2 *t.* picar.

peculiar [pi'kju:liəʳ] *a.* peculiar.

peculiarity [piˌkju:li'æriti] *s.* peculiaridad.

peddler ['pedləʳ] *s.* buhonero.

pedestal ['pedistl] *s.* pedestal.

pedestrian [pi'destriən] *a.* pedestre. 2 peatón, caminante.

peel [pi:l] *s.* piel, corteza. 2 *t.* pelar, mondar.

peep [pi:p] *s.* atisbo, ojeada. 2 pío [de ave]. 3 *i.* atisbar, fisgar. 4 piar.

peer [piəʳ] *s.* par, igual. 2 *i.* mirar [atentamente]. 3 asomar.

peerless ['piəlis] *a.* sin par.

peevish ['pi:viʃ] *a.* malhumorado, brusco.

peg [peg] *s.* clavija, estaquilla. 2 percha, colgador.

pelt [pelt] *s.* pellejo, cuero. 2 *t.* tirar, arrojar. 3 *i.* caer con fuerza [la lluvia].

pen [pen] *s.* pluma. 2 *t.* escribir. ¶ Pret. y p. p.: *penned* o *pent.*

penalty ['penəlti] *s.* castigo.

penance ['penəns] *s.* penitencia.

pencil ['pensl] *s.* lápiz, lapicero.

pendulum ['pendjuləm] *s.* péndulo; péndola.

penetrate ['penitreit] *t.-i.* penetrar. 2 *t.* atravesar.

penitent ['penitənt] *a.-s.* penitente, arrepentido.

penitentiary [ˌpeni'tenʃəri] *a.* penitencial. 2 penitenciario. *3 s.* penitenciaría.

penniless ['penilis] *a.* pobre.

penny ['peni], *pl.* **pennies** ['peniz] o [en comp.] **pence** [pens] *s.* penique.

pension ['penʃən] *s.* pensión, jubilación. *2* ['pɑ:ŋsiɔ:ŋ] pensión, casa de huéspedes.

pension ['penʃən] *t.* pensionar, retirar, jubilar.

pensive ['pensiv] *a.* pensativo.

pent-up ['pentʌp] *a.* encerrado. *2* reprimido.

people ['pi:pl] *s.* pueblo, nación. *2* gente, personas. *3 t.* poblar.

pepper ['pepəʳ] *s.* pimienta. *2 t.* sazonar con pimienta.

perceive [pə'si:v] *t.* percibir, ver.

percentage [pə'sentidʒ] *s.* porcentaje.

pecertible [pə'septibl] *a.* perceptible, sensible.

perception [pə'sepʃən] *s.* percepción.

perch [pə:tʃ] *s.* percha. *2* pértiga, palo. *3 t.-i.* encaramar(se.

perchance [pə'tʃɑ:ns] *adv.* acaso, por ventura.

peremptory [pə'remptəri] *a.* perentorio, terminante.

perennial [pə'renjəl] *a.* perennal, perenne.

perfect ['pə:fikt] *a.* perfecto. *2* [pə'fekt] *t.* perfeccionar.

perfection [pə'fekʃən] *s.* perfección.

perform [pə'fɔ:m] *t.* hacer, realizar. *2 i.* actuar. *3* desempeñar un papel, tocar un instrumento, etcétera.

performance [pə'fɔ:məns] *s.* cumplimiento, desempeño. *2* acción. *3* función, representación, concierto; actuación de un artista, etc.

perfume ['pə:fju:m] *s.* perfume.

perfume [pə'fju:m] *t.* perfumar, embalsamar.

perhaps [pə'hæps, præps] *adv.* quizá, tal vez.

peril ['peril] *s.* peligro, riesgo.

perilous ['periləs] *a.* peligroso.

period ['piəriəd] *s.* período.

periodical [ˌpiəri'ɔdikəl] *a.* periódico. *2 s.* periódico, revista.

perish ['periʃ] *i.* perecer.

perjury ['pə:dʒəri] *s.* perjurio.

permanent ['pə:mənənt] *a.* permanente, estable, duradero.

permission [pə'miʃən] *s.* permiso, licencia, venia.
permit ['pə:mit] *s.* permiso. *2* [pə'mit] *t.* permitir.
pernicious [pə:'niʃəs] *a.* pernicioso. *2* malvado.
perpetual [pə'petjuəl, -tʃuəl] *a.* perpetuo. *2* continuo.
perpetuate [pə'petʃueit] *t.* perpetuar.
perplex [pə'pleks] *t.* dejar perplejo; confundir.
perplexity [pə'pleksiti] *s.* perplejidad, duda, confusión.
persecute ['pə:sikju:t] *t.* perseguir, vejar, oprimir.
perseverance [ˌpə:si'viərəns] *s.* perseverancia.
persevere [ˌpə:si'viəʳ] *i.* perseverar.
persist [pə'sist] *i.* persistir.
persistent [pə'sistənt] *a.* persistente. *2* constante, tenaz.
person ['pə:sn] *s.* persona.
personable ['pə:sənəbl] *a.* bien parecido.
personage ['pə:sənidʒ] *s.* personaje.
personal ['pə:sənl] *a.* personal.
personality [ˌpə:sə'næliti] *s.* personalidad.
personnel [ˌpə:sə'nel] *s.* personal, dependencia.
perspective [pə'spektiv] *s.* perspectiva.
perspiration [ˌpə:spi'reiʃən] *s.* transpiración, sudor.
perspire [pəs'paiəʳ] *t.-i.* transpirar, sudar.
persuade [pə'sweid] *t.* persuadir, inducir.
persuasion [pe'sweiʒən] *s.* persuasión. *2* creencia.
pert [pə:t] *a.* petulante.
pertain [pə:'tein] *i.* pertenecer; corresponder.
pertinent ['pə:tinənt] *a.* pertinente, oportuno, atinado.
perturb [pə'tə:b] *t.* perturbar, agitar.
peruse [pə'ru:z] *t.* leer.
Peruvian [pə'ru:vjən] *a.-s.* peruano.
pervade [pə:'veid] *t.* penetrar, difundirse por.
perverse [pə'və:s] *a.* perverso.
perverseness [pə'və:snis], **perversity** [pə'və:siti] *s.* perversidad, malicia.
pervert [pə'və:t] *t.* pervertir. *2* corromper.
pest [pest] *s.* peste; plaga.
pestilence ['pestiləns] *s.* peste.
pet [pet] *a.* querido, mimado. *2* *s.* animal doméstico. *3* *t.-i.* acariciar(se.

petal ['petl] *s.* BOT. pétalo.
petition [pi'tiʃən] *s.* petición. *2 t.* solicitar.
petrol ['pətrəl] *s.* (Ingl.] gasolina, bencina.
petroleum [pi'trəuljəm] *s.* petróleo, aceite mineral.
petticoat ['petikɔut] *s.* enaguas. *2* falda.
petty ['peti] *a.* pequeño, insignificante, mezquino.
phantom ['fæntəm] *s.* fantasma. *2* ilusión óptica. *3 a.* fantasmal.
phase [feiz] *s.* fase.
pheasant ['feznt] *s.* faisán.
phenomenon [fi'nɔminən] *s.* fenómeno.
philosopher [fi'lɔsəfəʳ] *s.* filósofo.
philosophy [fi'lɔsəfi] *s.* filosofía.
philtre ['filtəʳ] *s.* filtro, bebedizo.
phlegmatic(al [fleg'mætik(əl] *a.* flemático.
phone [fəun] *s.* fam. teléfono. *2 t.-i.* telefonear.
photo ['fəutəu] *s.* fam. fotografía.
photograph ['fəutəgrɑ:f] *s.* fotografía. *2 t.-i.* fotografiar.
phrase [freiz] *s.* frase, locución.
physical ['fizikəl] *a.* físico.
physician [fi'ziʃən] *s.* médico.
physics ['fiziks] *s. pl.* física.
physique [fi'zi:k] *s.* físico, figura [de persona].
piano ['pjænəu, 'pjɑ:nəu) *s.* piano.
pick [pik] *s.* pico [herramienta]. *2* cosecha. *3* selección. *4 t.* picar, agujerear. *5* coger [flores, frutos, etc.]. *6* escoger.
picket ['pikit] *s.* piquete.
pickle ['pikl] *s.* salmuera, escabeche. *2 t.* escabechar.
pickpocket ['pik,pɔkit] *s.* ratero.
picnic ['piknik] *s.* comida al aire libre. *2 i.* comer en el campo.
picture ['piktʃəʳ] *s.* pintura, cuadro. *2* imagen, retrato. *3* escena, cuadro. *4* descripción. *5 the pictures,* el cine. *6 t.* pintar, retratar.
pie [pai] *s.* pastel, empanada.
piece [pi:s] *s.* pieza, trozo, pedazo: *~ of furniture,* mueble. *2 t.* apedazar.
pier [piəʳ] *s.* pilar, estribo. *2* embarcadero.
pierce [piəs] *t.* atravesar.
piety ['paiəti] *s.* piedad.
pig [pig] *s.* ZOOL. cerdo.

pigeon ['pidʒin] *s.* ORN. pichón.

pike [paik] *s.* pica [arma].

pile [pail] *s.* pelo, lana. *2* pila, montón. *3* ELECT. pila, batería. *4* pira. *5* estaca. *6 t.* amontonar. *7* sostener con pilotes. *8 i.* acumularse.

pilgrim ['pilgrim] *s.* peregrino, romero.

pilgrimage ['pilgrimidʒ] *s.* peregrinación, romería.

pill [pil] *s.* píldora. *2* fig. mal trago.

pillage ['pilidʒ] *s.* pillaje. *2 t.* pillar.

pillar ['pilə^r] *s.* pilar, columna.

pillow ['pilou] *s.* almohada.

pilot [['pailət] *m.* piloto. *2 t.* pilotar.

pin [pin] *s.* alfiler. *2* broche. *3* clavija, chaveta. *4* bolo [para jugar]. *5 t.* prender; clavar, sujetar.

pinch [pintʃ] *s.* apuro. *2* punzada. *3* pellizco. *4 t.* pellizcar. *5* coger, prender. *6 i.* economizar.

pine [pain] *s.* BOT. pino: ~ *cone,* piña; ~ *nut,* piñón. *2 i.* desfallecer.

pineapple ['pain,æpl] *s.* BOT. ananás, piña de América.

pinion ['pinjən] *s.* ORN. ala. *2* MEC. piñón.

pink [piŋk] *s.* BOT. clavel. *2* color de rosa. *3* estado perfecto. *4 a.* rosado.

pinnacle ['pinəkl] *s.* pináculo.

pint [paint] *s.* pinta.

pioneer [,paiə'niə^r] *s.* pionero.

pious ['paiəs] *a.* pío, piadoso.

pipe [paip] *s.* tubo, cañería. *2* flauta, caramillo. *3* pitido, silbido. *4* pipa [para fumar]. *5* MÚS. gaita. *6 t.-i.* tocar [en] el caramillo. *7* chillar, pitar.

pipe-line ['paip-lain] *s.* tubería.

piper ['paipə^r] *s.* gaitero.

piping ['paipiŋ] *a.* agudo. *2 s.* trinos. *3* ribete. *4* tubería.

pique [pi:k] *s.* pique, resentimiento. *2 t.* picar, irritar.

pirate ['paiərit] *s.* pirata. *2 t.-i.* piratear.

pistil ['pistil] *s.* BOT. pistilo.

pistol ['pistl] *s.* pistola.

pit [pit] *s.* hoyo; foso, pozo. *2* boca [del estómago]. *3* hueso [de fruta].

pitch [pitʃ] *s.* pez, brea. *2* echada, tiro [en ciertos juegos]. *3* inclinación, pendiente. *4* MÚS., FONÉT. tono. *5* DEP. campo. *6 t.* empecinar, embrear. *7* tirar, arrojar. *8* clavar; poner, colocar.

pitcher ['ptʃəʳ] *s.* jarro, cántaro. *2* DEP. lanzador.

piteous ['pitiəs] *a.* lastimoso.

pith [piθ] *s.* meollo, médula.

pitiable ['pitiəbl] *a.* lastimoso.

pitiful ['pitiful] *a.* PITIABLE. *2* compasivo.

pitiless ['pitilis] *a.* despiadado.

pity ['piti] *s.* piedad. *2 what a ~!*, ¡qué lástima! *3 t.* compadecer, apiadarse de.

pivot ['pivət] *s.* eje, pivote.

placard ['plækɑ:d] *s.* cartel.

place [pleis] *s.* lugar, sitio. *2* puesto; rango, dignidad. *3* plazuela; calle corta. *4 t.* colocar, poner.

placid ['plæsid] *s.* plácido.

plague [pleig] *s.* plaga. *2* peste. *3 t.* plagar, infestar.

plaid [plæd] *s.* manta escocesa.

plain [plein] *a.* llano. *2* evidente. *3* franco. *4* simple. *5* feo. *6 s.* llanura.

plaintiff ['pleintif] *s.* DER. demandante.

plaintive ['pleintiv] *a.* lastimero.

plait [plæt] *s.* pliegue. *2* trenza. *3 t.* plegar. *4* trenzar.

plan [plæn] *s.* plano, diseño. *2* plan, proyecto. *3 t.* planear, proyectar.

plane [plein] *a.* plano. *2 s.* plano [superficie]. *3* nivel. *4* aeroplano, avión. *5* cepillo, garlopa. *6* BOT. *~ tree*, plátano [árbol]. *7 i.* AVIA. volar; planear.

planet ['plænit] *s.* ASTR. planeta.

plank [plæŋk] *s.* tablón, tabla. *2 t.* entarimar.

plant [plɑ:nt] *s.* BOT. planta. *2* equipo, instalación. *3* fábrica, taller. *4 t.* plantar, sembrar. *5* implantar.

plantation [plæn'teiʃən] *s.* plantación. *2* plantío.

plaster ['plɑ:stəʳ] *s.* yeso. *2* FARM. parche. *3 t.* enyesar. *4* emplastar.

plastic ['plæstik] *a.-s.* plástico.

plate [pleit] *s.* placa. *2* grabado, lámina. *3* plato, fuente. *4* vajilla [de plata, etc.]. *5 t.* planchar. *6* dorar, platear, niquelar, chapear.

platform ['plætfɔ:m] *s.* plataforma. *2* FERROC. andén.

platinum ['plætinəm] *s.* platino.

plausible ['plɔ:zibl] *a.* verosímil, creíble.

play [plei] *s.* juego, broma. *2* TEAT. representación. *3* comedia, drama, etc. *4 t.* jugar. *5* TEAT. representar [una obra]; hacer [un papel]. *6* MÚS. tocar, tañer.

player ['pleiəʳ] *s.* jugador. *2* TEAT. actor. *3* ejecutante.

playful ['pleiful] *a.* juguetón.

playground ['plei-graund] *s.* patio de recreo. *2* campo de juego.

playwright ['pleirait] *s.* autor dramático.

plea [pli:] *s.* pretexto; disculpa. *2* súplica; defensa.

plead [pli:d] *t.* alegar. *2 i.* pleitear, abogar.

pleasant ['pleznt] *a.* agradable.

please [pli:z] *t.-i.* agradar, gustar; complacer.

pleasing ['pli:ziŋ] *a.* agradable.

pleasure ['pleʒəʳ] *s.* placer, deleite, goce, gusto.

pleat [pli:t] *s.* pliegue, doblez.

plebeian [pli'bi:ən] *a.* plebeyo.

pledge [pledʒ] *s.* prenda [garantía], rehén, fianza. *2* brindis. *3 t.* dar en prenda, empeñar. *4* brindar por.

plentiful ['plentiful] *a.* abundante, copioso.

plenty ['plenti] *s.* abundancia: ~ *of,* mucho.

plight [plait] *s.* condición, estado. *2* apuro, aprieto.

plod [plɔd] *i.* afanarse.

plot [plɔt] *s.* solar, parcela. *2* conspiración, complot. *3* LIT. trama, argumento. *4 t.* tramar, urdir.

plough, (E. U.) **plow** [plau] *s.* arado. *2 t.-i.* arar, labrar.

ploughman, (E. U.) **plowman** ['plaumən] *s.* arador, labrador.

pluck [plʌk] *s.* valor, resolución. *2* tirón, estirón. *3 t.* coger, arrancar. *4* desplumar. *5* MÚS. puntear.

plug [plʌg] *s.* tapón, espita. *2* clavija, enchufe. *3 t.* tapar. *4* enchufar.

plum [plʌm] *s.* ciruela.

plumage ['plu:midʒ] *s.* plumaje.
plumb [plʌm] *s.* plomo, plomada. *2 a.* vertical. *3* completo. *4 adv.* a plomo. *5 t.* sondear.
plumber ['plʌmər] *s.* plomero. *2* fontanero.
plume [plu:m] *s.* pluma. *2* plumaje.
plump [plʌmp] *a.* regordete. *2 t.-i.* engordar(se.
plunder ['plʌndər] *s.* pillaje. *2 t.* pillar, saquear.
plunge [plʌndʒ] *s.* zambullida. *2 t.-i.* zambullir(se.
plus [plʌs] *prep.* más.
ply [plai] *s.* pliegue, doblez. *2 t.* usar, manejar. *3* trabajar con ahínco en.
poach [pəutʃ] *i.* cazar o pescar en vedado.
pocket ['pɔkit] *s.* bolsillo. *2 t.* embolsar(se.
pocket-book ['pɔkitbuk] *s.* libro de bolsillo. *2* billetero, cartera.
poem ['pəuim] *s.* poema.
poet ['pəuit] *s.* poeta, vate.
poetry ['pə(u)itri] *s.* poesía.
point [pɔint] *s.* punta. *2* punzón, buril, puñal, etc. *3* punto. *4 t.* aguzar, sacar punta a. *5* apuntar, asestar, encarar. *6* señalar, indicar, hacer notar.
pointer ['pɔintər] *s.* indicador; índice; manecilla.
poise [pɔiz] *s.* equilibrio. *2 t.* equilibrar.
poison ['pɔizn] *s.* veneno. *2 t.* envenenar.
poisonous ['pɔiznəs] *a.* venenoso.
poke [pəuk] *s.* empujón, codazo. *2 t.* picar, atizar.
poker ['pəukər] *s.* atizador. *2* póquer [juego].
pole [pəul] *s.* polo. *2* (con may.) polaco, ca.
police [pə'li:s] *s.* policía.
policeman [pə'li:smən] *s.* policía; guardia de seguridad, urbano.
policy ['pɔlisi] *s.* política, línea de conducta; maña. *2* póliza [de seguro].
Polish ['pəuliʃ] *a.-s.* polaco.
polish ['pɔliʃ] *s.* pulimento; betún; cera. *2* lustre, brillo. *3 t.* pulir, bruñir, lustrar.
polite [pə'lait] *a.* cortés.
politeness [pə'laitnis] *s.* cortesía, urbanidad.
politic ['pɔlitik] *a.* político, prudente.
political [pə'litikəl] *a.* político [de la política].
politician [ˌpɔli'tiʃən] *s.* político.
politics ['pɔlitiks] *s. pl.* política.

poll [pəul] *s.* cabeza [pers.]. *2* votación. *3* lista electoral. *4 pl.* colegio electoral. *5* urnas electorales. *6 t.* recibir y escrutar [los votos]. *7* dar [voto].

pollute [pə'lu:t, -'lju:t] *t.* impurificar, contaminar.

pollution [pə'lu:ʃən, -'lju:-] *s.* contaminación.

polo ['pəuləu] *s.* polo [juego].

pomp [pɔmp] *s.* pompa, fausto.

pompous ['pɔmpəs] *a.* pomposo.

pond [pɔnd] *s.* estanque, charca.

ponder ['pɔndəʳ] *t.* ponderar, pesar.

ponderous ['pɔndərəs] *a.* pesado, macizo. *2* pesado, aburrido.

pony ['pəuni] *s.* jaquita.

pool [pu:l] *s.* charco, balsa; piscina.

poop [pu:p] *s.* MAR. popa.

poor [puəʳ] *a.* pobre. *2* malo; de mala calidad. *3* débil; enfermo.

pop [pɔp] *s.* estallido, taponazo. *2 t.* hacer estallar.

Pope [pəup] *s.* papa, pontífice.

poplar ['pɔpləʳ] *s.* BOT. álamo.

poppy ['pɔpi] *s.* amapola.

popular ['pɔpjuləʳ] *a.* popular.

popularity [ˌpɔpju'læriti] *s.* popularidad.

population [ˌpɔpju'leiʃən] *s.* población [habitantes].

porcelain ['pɔ:səlin] *s.* porcelana.

porch [pɔ:tʃ] *s.* porche, atrio.

porcupine ['pɔ:kjupain] *s.* ZOOL. puerco espín.

pore [pɔ:ʳ, pɔəʳ] *s.* poro. *2* i. *to ~ over,* mirar de cerca.

pork [pɔ:k] *s.* cerdo.

port [pɔ:t] *s.* puerto.

portable ['pɔ:təbl] *a.* portátil.

porter ['pɔ:təʳ] *s.* portero. *2* mozo de cuerda o estación.

portion ['pɔ:ʃən] *s.* porción, porte. *2* herencia, dote. *3* sino, suerte. *4 t.* distribuir.

portrait ['pɔ:trit] *s.* retrato.

portray [pɔ:'trei] *t.* retratar.

Portuguese [ˌpɔ:tju'gi:z] *a.-s.* portugués.

pose [pəuz] *s.* actitud. *2* afectación. *3 t.* plantear [un problema, etc.]. *4 t.* B. ART. posar por.

position [pə'ziʃən] *s.* posición.
positive ['pɔzitiv] *a.* positivo. *2* seguro.
possess [pə'zəs] *t.* poseer.
possibility [ˌpɔsi'biliti] *s.* posibilidad.
possible ['pɔsibl] *a.* posible.
possibly ['pɔsibli] *adv.* posiblemente, tal vez.
post [pəust] *s.* poste, pilar. *2* puesto, empleo. *3* correo, estafeta; correos. *4 t.* anunciar [con carteles]. *5* apostar, situar. *6* enviar por correo.
postage ['pəustidʒ] *s.* franqueo: ~ *stamp,* sello de correos.
postal ['pəustəl] *a.* postal: ~ *order,* giro postal.
poster ['pəustəʳ] *s.* cartel.
posterity [pɔs'teriti] *s.* posteridad.
postman ['pəus(t)mən] *s.* cartero.
postpone [pəus(t)'pəun] *t.* aplazar, diferir. *2* posponer.
postscript ['pəusskript] *s.* posdata.
posture ['pɔstʃəʳ] *s.* postura.
pot [pɔt] *s.* olla, puchero. *2* maceta, tiesto.
potato [pə'teitəu] *s.* BOT. patata: *sweet* ~, batata, boniato.
potent ['pəutənt] *a.* potente.
potentate ['pəutənteit] *s.* potentado.
potential [pəu'tenʃəl] *a.-s.* potencial.
potter ['pɔtəʳ] *s.* alfarero.
pottery ['pɔtəri] *s.* alfarería.
pouch [pautʃ] *s.* bolsa, saquito.
poultry ['pəultri] *s.* pollería.
pounce [pauns] *s.* zarpazo. *2 i.* saltar, abalanzarse.
pound [paund] *s.* libra. *2 t.* moler, majar, machacar.
pour [pɔːʳ, pɔəʳ] *t.* verter. *2 i.* fluir, correr.
pout [paut] *s.* mohín. *2 i.* hacer mohines.
poverty ['pɔvəti] *s.* pobreza.
powder ['paudəʳ] *s.* polvo. *2* polvos [de tocador]. *3* pólvora. *4 t.* polvorear. *5 t.-i.* pulverizar(se.
power ['pauəʳ] *s.* poder. facultad. *2* potencia.
powerful ['pauəful] *a.* poderoso.
powerless ['pauelis] *a.* impotente, ineficaz.

practicable ['præktikəbl] *a.* practicable. 2 factible. 3 transitable.
practical ['præktikəl] *a.* práctico. 2 ~ *joke*, broma, chasco.
practically ['præctikəli] *adv.* prácticamente.
practice ['præktis] *s.* práctica.
practise ['præktis] *t.-i.* practicar.
practitioner [præk'tiʃə-nəʳ] *s.* médico, etc., que ejerce.
prairie ['prɛəri] *s.* pradera.
praise [preiz] *s.* alabanza. 2 *t.* alabar, ensalzar.
prance [prɑ:ns] *s.* cabriola. 2 *i.* cabriolar, trenzar [el caballo].
prank [præŋk] *s.* travesura, retozo.
pray [prei] *t.-i.* rogar.
prayer [prɛəʳ] *s.* ruego, súplica, rezo, oración.
preach [pri:tʃ] *t.-i.* predicar, sermonear.
preacher ['pri:tʃəʳ] *s.* predicador.
precarious [pri'kɛəriəs] *a.* precario. 2 incierto, inseguro.
precaution [pri'kɔ:ʃən] *s.* precaución.
precede [pri(:)'si:d] *t.-i.* preceder.
precedent ['presidənt] *s.* precedente. 2 [pri'si:-dənt] *a.* precedente, anterior.
precept ['pri:sept] *s.* precepto.
precinct ['pri:siŋkt] *s.* recinto.
precious ['preʃəs] *a.* precioso.
precipice ['precipis] *s.* precipicio.
precipitate [pri'sipitit] *a.* precipitado, súbito. 2 QUÍM. precipitado.
precipitate (to) [pri'sipiteit] *t.-i.* precipitar(se.
precipitous [pri'sipitəs] *a.* pendiente, escarpado.
precise [pri'sais] *a.* preciso.
precision [pri'siʒən] *s.* precisión.
predecessor ['pri:disə-səʳ] *s.* predecesor, antecesor.
predict [pri'dikt] *t.* predecir, vaticinar.
predominate [pri'dɔmi-neit] *i.* predominar, prevalecer.
preface ['prefis] *s.* prefacio.
prefer [pri'fə:ʳ] *t.* preferir, anteponer.
preference ['prefərəns] *s.* preferencia. 2 predilección.
preferential [ˌprefə'ren-ʃəl] *a.* preferente.
pregnant ['pregnənt] *a.* preñada. 2 importante.

prehistory ['pri:'histəri] *s.* prehistoria.
prejudice ['predʒudis] *s.* prejuicio. *2* perjuicio. *3* *t.* prevenir. *4* perjudicar.
prelate ['prelit] *s.* prelado.
preliminary [pri'liminəri] *a.-s.* preliminar.
prelude ['prelju:d] *s.* preludio. *2* *t.-i.* preludiar.
premature [ˌpremə'tjuəʳ] *a.* prematuro.
premier ['premjəʳ] *a.* primero. *2* *s.* primer ministro.
premise ['premis] *s.* premisa. *2* *pl.* casa, finca. *3* [pri'maiz] *t.* suponer, dar por sentado.
preoccupy [pri(:)'ɔkjupai] *t.* preocupar. *2* predisponer.
preparation [ˌprepə'reiʃən] *s.* preparación. *2* preparativo.
preparative [pri'pærətiv], **preparatory** [pri'pærətəri] *a.* preparatorio.
prepare [pri'pɛəʳ] *t.* preparar. *2* prevenir, disponer.
preponderate [pri'pɔndəreit] *i.* preponderar.
preposterous [pri'pɔstərəs] *a.* absurdo, descabellado.
prerogative [pri'rɔgətiv] *s.* prerrogativa.
Presbyterian [ˌprezbi'tiəriən] *a.-s.* presbiteriano.
prescribe [pris'kraib] *t.* prescribir [ordenar; recetar].
presence ['prezns] *s.* presencia.
present ['preznt] *a.* presente. *2* *s.* presente, regalo. *3* [pri'zent] *t.* presentar.
presentation [ˌprezen'teiʃən] *s.* presentación. *2* regalo, obsequio.
preservation [ˌprezə'veiʃən] *s.* preservación. *2* conservación.
preserve [pri'zə:v] *s.* conserva, confitura. *2* *t.* preservar, conservar.
preside [pri'zaid] *t.-i.* presidir; dirigir.
president ['prezidənt] *s.* presidente.
press [pres] *s.* muchedumbre. *2* empuje, presión. *3* prisa, apremio. *4* prensa [máquina; periódicos]. *5* imprenta. *6* *t.* apretar. *7* prensar. *8* urgir, apremiar.
pressure ['preʃəʳ] *s.* presión. *2* impulso, empuje. *3* urgencia, apremio.
prestige [pres'ti:ʒ] *s.* prestigio.
presume [pri'zju:m] *t.* presumir, suponer. *2* *i.*

atreverse.
presumption [pri'zʌmpʃən] *s.* presunción.
presumptuous [priˌzʌmptjuəs] *a.* presuntuoso, presumido.
pretence [pri'tens] *s.* pretensión. *2* pretexto.
pretend [pri'tend] *t.* aparentar, fingir. *2 t.-i.* pretender.
pretext ['pri:tekst] *s.* pretexto.
pretty ['priti] *a.* lindo, bonito. *2 adv.* muy, casi.
prevail [pri'veil] *i.* prevalecer. *2* predominar.
prevalent ['prevələnt] *a.* reinante, corriente, general.
prevent [pri'vent] *t.* prevenir, evitar, impedir.
previous ['pri:vjəs] *a.* previo.
prey [prei] *s.* presa, rapiña. *2* i. *to ~ on, upon* o *at,* hacer presa; pillar.
price [prais] *s.* precio. *2 t.* apreciar, estimar.
priceless ['praislis] *a.* inapreciable, que no tiene precio.
prick [prik] *s.* pinchazo, picadura, resquemor. *2* aguijón. *3 t.* pinchar, punzar, picar.
pride [praid] *s.* orgullo.
pride [praid] t. *to ~ oneself on,* enorgullecerse de.
priest [pri:st] *m.* sacerdote.
primary ['praiməri] *a.* primario.
prime [praim] *a.* primemero, principal. *2* albor, amanecer. *3* lo mejor. *4 t.* cebar [un arma, etc.].
primeval [prai'mi:vəl] *a.* primitivo.
primitive ['primitiv] *a.* primitivo. *2* prístino.
prince [prins] *s.* príncipe.
princely ['prinsli] *a.* noble, regio.
princess [prin'ses] *f.* princesa.
principal ['prinsipəl] *a.* principal. *2 s.* jefe. *3* director [de un colegio].
principle ['prinsəpl] *s.* principio.
print [print] *s.* impresión. *2 t.-i.* imprimir, estampar.
printing ['printiŋ] *s.* impresión, estampado. *2* imprenta. *3* impreso.
prior ['praiəʳ] *a.* anterior, previo. *2 s.* prior.
prison ['prizn] *s.* prisión, cárcel.
prisoner ['priznəʳ] *s.* preso.
privacy ['privəsi] *s.* aislamiento.
private ['praivit] *a.* privado, personal, particular.

privation [prai'veiʃən] *s.* privación [carencia; necesidad; miseria].

privilege ['privilidʒ] *s.* privilegio.

privy ['privi] *a.* privado, oculto.

prize [praiz] *s.* premio. *2* presa, captura. *3 t.* apreciar, estimar.

probability [ˌprɔbə'biliti] *s.* probabilidad. *2* verosimilitud.

probable ['prɔbəbl] *a.* probable, verosímil.

problem ['prɔblæm] *s.* problema.

procedure [prə'si:dʒəʳ] *s.* proceder. *2* procedimiento.

proceed [prə'si:d] *i.* proseguir, seguir adelante. *2* proceder, provenir.

proceeding [prə'si:diŋ, prəu-] *s.* proceder, procedimiento.

proceeds ['prəusi:dz] *s. pl.* producto, beneficios.

process ['prəuses] *s.* proceso, marcha. *2* procedimiento.

procession [prə'seʃən] *s.* procesión. *2* cortejo, desfile.

proclaim [prə'kleim] *t.* proclamar. *2* promulgar.

proclamation [ˌprɔklə'meiʃən] *s.* proclamación. *2* edicto.

procure [prə'kjuəʳ] *t.* lograr, obtener, procurar.

prodigal ['prɔdigəl] *a.-s.* pródigo.

prodigious [prə'didʒəs] *a.* prodigioso, portentoso.

produce ['prɔdju:s] *s.* producto. *2* [prə'dju:s] *t.* presentar. *3* producir.

producer [prə'dju:səʳ] *s.* productor. *2* TEAT. director.

product ['prɔdʌkt] *s.* producto.

production [prə'dʌkʃən] *s.* producción. *2* TEAT. dirección escénica, representación.

productive [prə'dʌktiv] *a.* productivo. *2* producente.

profane [prə'fein] *a.* profano. *2 t.* profanar.

profess [prə'fes] *t.* profesar. *2* declarar, confesar.

profession [prə'feʃən] *s.* profesión. *2* declaración.

professor [prə'fəsəʳ] *s.* profesor, catedrático.

proffer ['prɔfəʳ] *s.* oferta, proposición. *2 t.* ofrecer, proponer.

profile ['prəufi:l, -fail] *s.* perfil.

profit ['prɔfit] *s.* provecho. *2 t.* aprovechar, ser útil a.

profitable ['prɔfitəbl] *a.* provechoso, beneficioso.
profiteer [ˌprɔfi'tiəʳ] *s.* explotador, logrero, acaparador.
profound [prə'faund] *a.* profundo. *2* hondo. *3* abstruso.
program(me ['prəugræm] *s.* programa. *2* plan.
progress ['prəugres] *s.* progreso. *2* [prə'gres] *i.* progresar.
progressive [prə'gresiv] *a.* progresivo.
prohibit [prə'hibit] *t.* prohibir. *2* impedir.
prohibition [ˌprəui'biʃən] *s.* prohibición.
project ['prɔdʒekt] *s.* proyecto. *2* [prə'dʒekt] *t.* proyectar.
proletariat(e [ˌprouleˈtɛəriət] *a.-s.* proletariado.
prologue ['prəulɔg] *s.* prólogo.
prolong [prə'lɔŋ] *t.* prolongar.
promenade [ˌprɔmi'nɑːd] *s.* paseo.
prominence ['prɔminəns] *s.* prominencia. *2* altura.
prominent ['prɔminənt] *a.* prominente, saliente. *2* notable.
promise ['prɔmis] *s.* promesa. *2 t.-i.* prometer.
promontory ['prɔməntri] *s.* promontorio.
promote [prə'məut] *t.* promover, ascender.
promotion [prə'məuʃən] *s.* promoción.
prompt [prɔmpt] *a.* pronto, presto, puntual. *2 t.* incitar.
prone [prəun] *a.* prono.
prong [prɔŋ] *s.* gajo, púa.
pronounce [prə'nauns] *t.-i.* pronunciar(se.
pronunciation [prəˌnʌnsi'eiʃən] *s.* pronunciación.
proof [pruːf] *s.* prueba, demostración. *2* ensayo.
prop [prɔp] *s.* puntal, apoyo. *2 t.* apuntalar, apoyar.
propagate ['prɔpəgeit] *t.* propagar. *2* difundir.
propel [prə'pel] *t.* propulsar, impeler.
propeller [prə'peləʳ] *s.* hélice. *2* propulsor.
proper ['prɔpəʳ] *a.* propio, característico. *2* propio, apropiado. *3* correcto [en su uso, etc.].
property ['prɔpəti] *s.* propiedad.
prophecy ['prɔfisi] *s.* profecía.
prophesy ['prɔfisai] *t.-i.* profetizar.
prophet ['prɔfit] *s.* profeta.
prophetic(al [prə'fetik, -əl] *a.* profético.
proportion [prə'pɔːʃən] *s.* proporción; **armonía,**

correlación. 2 *t.* proporcionar.

proportional [prəˈpɔ:ʃənl], **proportionate** [prəˈpɔ:ʃənit] *a.* proporcional.

proposal [prəˈpəuzəl] *s.* propuesta, proposición.

propose [prəˈpəuz] *t.* proponer. 2 brindar por.

proposition [ˌprɔpəˈziʃən] *s.* proposición. 2 (E. U.) cosa, asunto, negocio.

proprietor [prəˈpraiətəʳ] *s.* propietario, dueño.

propriety [prəˈpraiəti] *s.* propiedad, cualidad de apropiado. 2 corrección, decencia. 3 *pl.* urbanidad, reglas de conducta.

prose [prəuz] *s.* prosa.

prosecute [ˈprɔsikju:t] *t.* proseguir, continuar. 2 procesar, enjuiciar.

prosecution [ˌprɔsiˈkju:ʃən] *s.* procesamiento.

prospect [ˈprɔspekt] *s.* perspectiva, paisaje, panorama. 2 [prəsˈpekt] *t.-i.* explorar.

prospective [prəsˈpektiv] *a.* probable, posible, en perspectiva.

prosper [ˈprɔspəʳ] *t.-i.* prosperar.

prosperity [prɔsˈperiti] *s.* prosperidad.

prosperous [ˈprɔspərəs] *a.* próspero. 2 favorable.

prostrate [ˈprɔstreit] *a.* postrado. 2 [prɔsˈtreit] *t.* postrar.

protect [prəˈtekt] *t.* proteger.

protection [prəˈtekʃən] *s.* protección.

protective [prəˈtektiv] *a.* protector. 2 proteccionista.

protest [ˈprəutest] *s.* protesta. 2 [prəˈtest] *t.-i.* protestar.

Protestant [ˈprɔtistənt] *a.-s.* protestante.

protrude [prəˈtru:d] *t.* sacar, hacer salir.

proud [praud] *a.* orgulloso, sobebio, altanero.

prove [pru:v] *t.* probar; comprobar. 2 resultar.

proverb [ˈprɔvəb] *s.* proverbio.

provide [prəˈvaid] *t.* proveer.

provided [prəˈvaidid] conj. ~ *that,* con tal que, siempre que.

providence [ˈprɔvidəns] *s.* providencia, previsión.

province [ˈprɔvins] *s.* provincia. 2 región, distrito.

provision [prəˈviʒən] *s.* provisión.

provisional [prəˈviʒənl] *a.* provisional.

provocative [prəˈvɔkətiv] *a.* provocativo. 2 irritante.

provoke [prə'vəuk] *t.* provocar. 2 irritar.
prow [prau] *s.* proa.
prowess ['prauis] *s.* valor. 2 proeza; destreza.
prowl [praul] *t.-i.* andar al acecho.
proximate ['prɔksimit] *a.* próximo, inmediato.
prudence ['pru:dəns] *s.* prudencia.
prudent ['pru:dənt] *a.* prudente; previsor.
prune [pru:n] *t.* podar.
Prussian ['prʌʃən] *a.-s.* prusiano.
pry [prai] *i.* espiar, acechar.
psalm [sɑ:m] *s.* salmo.
psychiatrist [sai'kaiətrist] *s.* psiquiatra.
psychologic(al [ˌsaikə'lɔdʒik(əl] *a.* psicológico.
psychology [sai'kɔledʒi] *s.* psicología.
pub [pʌb] *s.* pop. (Ingl.) cervecería, taberna.
public ['pʌblik] *a.* público. 2 *s.* público.
publication [ˌpʌbli'keiʃən] *s.* publicación. 2 edición.
publicity [pʌb'lisiti] *s.* publicidad. 2 notoriedad.
publish ['pʌbliʃ] *t.* publicar.
publisher ['pʌbliʃəʳ] *s.* editor.
pucker ['pʌkəʳ] *s.* arruga. 2 *t.* arrugar.
pudding ['pudiŋ] *s.* budín, pudín.
puddle ['pʌdl] *s.* charco, poza.
Puerto Rican ['pwe:təu'ri:kən] *a.-s.* portorriqueño.
puff [pʌf] *s.* soplo, bufido. 2 bocanada. 3 coc. bollo. 4 *i.* soplar, jadear; echar bocanadas.
pugilist ['pju:dʒilist] *s.* púgil.
pull [pul] *s.* tirón, sacudida. 2 tirador. 3 esfuerzo prolongado. 4 atracción. 5 trago. 6 chupada [a un cigarro]. 7 ventaja, superioridad. 8 *t.* tirar de. 9 beber, chupar.
pulley ['puli] *s.* polea.
pulp [pʌlp] *s.* pulpa. 2 pasta [de papel].
pulpit ['pulpit] *s.* púlpito.
pulse [pʌls] *s.* pulso, pulsación. 2 *i.* pulsar, latir.
pump [pʌmp] *s.* MEC. bomba. 2 *t.* impeler.
pumpkin ['pʌmpkin] *s.* BOT. calabaza.
punch [pʌntʃ] *s.* ponche. 2 puñetazo. 3 empuje, vigor. 4 punzón. 5 (mayúsc.) Polichinela. 6 *t.* picar; perforar.
punctual ['pʌŋktjuəl] *a.* puntual, exacto.

punish ['pʌniʃ] *t.* castigar.

punishment ['pʌniʃmənt] *s.* castigo. 2 vapuleo.

puny ['pju:ni] *a.* endeble.

pup [pʌp] *s.* cachorro.

pupil ['pju:pl, -pil] *s.* discípulo. 2 ANAT. pupila.

puppet [pʌpit] *s.* títere, marioneta.

purchase ['pə:tʃəs] *s.* compra. 2 *t.* comprar, adquirir.

purchaser ['pə:tʃəsəʳ] *s.* comprador.

pure ['pjuəʳ] *a.* puro.

purge [pə:dʒ] *s.* purga. 2 *t.* purgar.

purifier ['pjuərifaiəʳ] *s.* purificador.

Puritan ['pjuəritən] *a.-s.* puritano.

purity ['pjuəriti] *s.* pureza.

purple ['pə:pl] *a.* purpúreo. 2 *s.* púrpura.

purport ['pə:pət] *s.* significado. 2 *t.* significar, quere decir.

purpose ['pə:pəs] *s.* propósito, intencion. 2 *t.-i.* proponerse, intentar.

purr [pə:ʳ] *s.* ronroneo. 2 *i.* ronronear.

purse [pə:s] *s.* bolsa, bolsillo. 2 *t.* arrugar, fruncir.

pursue [pə'sju:] *t.* seguir, perseguir. 2 *i.* proseguir, continuar.

pursuit [pə'sju:t] *s.* seguimiento, caza, busca.

purveyor [pə:'veiəʳ] *s.* proveedor.

push [puʃ] *s.* empujón. 2 impulso. 3 *t.* empujar, impeler. 4 apretar.

puss [pus] *s.* gatito, minino. 2 chiquilla, mozuela.

put [put] *s.* acción de TO PUT. 2 golpe, lanzamiento. 3 *t.* poner, colocar. 4 hacer [una pregunta]. 5 *to ~ on,* ponerse [una prenda]. 6 *to ~ over,* aplazar. 7 *to ~ up,* levantar, erigir. ¶ Pret. y p. p.: *put* [put]; ger.: *putting* ['putiŋ].

puzzle ['pʌzl] *s.* embarazo, perplejidad. 2 enredo, embrollo. 3 acertijo, rompecabezas. 4 *t.* confundir. 5 embrollar.

pygmy ['pigmi] *a.-s.* pigmeo.

pyramid ['pirəmid] *s.* pirámide.

Q

quack [kwæk] *s.* graznido. *2* curandero, charlatán. *3 i.* graznar.

quail [kweil] *s.* ORN. codorniz. *2 i.* abatirse, acobardarse.

quaint [kweint] *a.* curioso, original, pintoresco.

quake [kweik] *i.* temblar.

Quaker ['kweikəʳ] *a.-s.* cuáquero.

qualification [ˌkwɔlifi'keiʃən] *s.* calificación. *2* condición, requisito. *3* capacidad, idoneidad.

qualify ['kwɔlifai] *t.* calificar, capacitar.

quality ['kwɔliti] *s.* calidad, cualidad.

quantity ['kwɔntiti] *s.* cantidad.

quarrel ['kwɔrəl] *s.* riña. *2 i.* reñir.

quarrelsome ['kwɔrəlsəm] *a.* pendenciero, rencilloso.

quarry ['kwɔri] *s.* cantera.

quart [kwɔ:t] *s.* cuarto de galón.

quarter ['kwɔ:təʳ] *s.* cuarto, cuarta parte. *2* cuarto [de hora; de la luna]. *3* (E. U.) veinticinco centavos. *4* trimestre. *5* parte, dirección. *6* barrio, vecindad, *7 pl.* cuartel, oficina; vivienda, alojamiento. *8 t.* alojar.

quaver ['kweivəʳ] *i.* temblar, vibrar.

quay [ki:] *s.* muelle.

queen [kwi:n] *s.* reina.

queer [kwiəʳ] *a.* raro, extraño.

quell [kwel] *t.* reprimir.

quench [kwentʃ] *t.* apagar.
query ['kwiəri] *s.* pregunta. *2 t.* preguntar, inquirir.
quest [kwest] *s.* busca. *2 t.* buscar.
question ['kwestʃən] *s.* pregunta. *2* objeción, duda. *3* cuestión, problema, asunto. *4 t.* preguntar, interrogar.
questionable ['kwestʃənəbl] *a.* cuestionable. *2* dudoso.
queue [kju:] *s.* cola, hilera. *2 i.* hacer cola.
quick [kwik] *a.* vivo, rápido. *2* **-ly** *adv.* vivamente, prontamente, aprisa.
quicken ['kwikən] *t.* vivificar, resucitar.
quiet ['kwaiət] *a.* quieto, inmóvil. *2* callado, silencioso. *3 s.* quietud, silencio. *4 t.* aquietar.
quill [kwil] *s.* pluma [de ave]. *2* cañón [de pluma].
quilt [kwilt] *s.* colcha. *2 t.* acolchar.
quit [kwit] *a.* absuelto, descargado. *2* libre, exento. *3 t.* abandonar. *4 i.* irse. *5* dimitir.
quite [kwait] *adv.* completamente, del todo; realmente, verdaderamente.
quiver ['kwivə^r] *s.* aljaba, carcaj. *2* vibración, temblor. *3 t.* vibrar, temblar.
quotation [kwəu'teiʃən] *s.* cita [texto citado].
quote [kwəut] *t.* citar [un texto, un autor].
quoth [kwəuθ] ~ *I,* dije; ~ *he,* dijo.

R

rabbit ['ræbit] *s.* ZOOL. conejo.

rabble ['ræbl] *s.* populacho, chusma, canalla.

race [reis] *s.* raza; casta. *2* carrera, regata. *3 i.* correr [en una carrera, etcétera].

racial ['reiʃəl] *a.* racial.

rack [ræk] *s.* estante. *2* aparato de tortura. *3 t.* torturar.

racket ['rækit] *s.* raqueta. *2* alboroto. *3* diversión. *4 i.* armar jaleo.

radiance ['reidjəns] *s.* brillo.

radiant ['reidjənt] *a.* radiante.

radiate ['reidieit] *t.-i.* radiar, irradiar.

radiation [ˌreidi'eiʃən] *s.* radiación.

radiator ['reidieitəʳ] *s.* radiador.

radical ['rædikəl] *a.-s.* radical. *2 a.* esencial, fundamental.

radio ['reidiəu] *s.* ELECT. radio: ~ *set,* aparato de radio.

radish ['rædiʃ] *s.* BOT. rábano.

raft [rɑ:ft] *s.* balsa, almadía.

rafter ['rɑ:ftəʳ] *s.* ARQ. viga.

rag [ræg] *s.* trapo, harapo.

rage [reidʒ] *s.* rabia, ira. *2 i.* rabiar, encolerizarse.

ragged ['rægid] *a.* andrajoso, harapiento.

raid [reid] *s.* incursión, ataque. *2 t.* hacer una incursión en.

rail [reil] *s.* barra; pasamano. *2* raíl; ferrocarril. *3 t.* cercar, poner barandilla a.

railing [ˈreiliŋ] *s.* barandilla, pasamano, barrera.

railroad [ˈreilrəud] (E. U.), **railway** [-wei] (Ingl.) *s.* ferrocarril, vía férrea.

raiment [ˈreimənt] *s.* ropa, vestidos.

rain [rein] *s.* lluvia: ~ *bow,* arco iris; ~ *drops,* gota de agua; ~ *fall,* chaparrón. *2 i.-impers.-t.* llover.

rainy [ˈreini] *a.* lluvioso.

raise [reiz] *s.* aumento. *2 t.* levantar, alzar, elevar. *3* cultivar [plantas], criar [animales]. *4* (E. U.) criar, educar.

raisin [ˈreizn] *s.* pasa.

rake [reik] *s.* libertino. *2* AGR. rastro, rastrillo. *3 t.* AGR. rastrillar. *4* atizar, hurgar [el fuego].

rally [ˈræli] *s.* reunión. *2 t.-i.* reunir(se, concentrar(se.

ramble [ˈræmbl] *s.* paseo, excursión. *2* divagación. *3 i.* pasear, vagar. *4* divagar.

ran [ræn] *pret.* de TO RUN.

ranch [rɑːntʃ] *s.* rancho.

random [ˈrændəm] *s.* azar, acaso. *2 a.* ocasional, fortuito.

rang [ræŋ] *pret.* de TO RING.

range [reindʒ] *s.* fila, hilera. *2* esfera [de una actividad]. *3* escala, gama, serie. *4* extensión [de la voz]. *5* alcance [de un arma, etc.]. *6 t.* alinear; arreglar, ordenar. *7 i.* alinearse. *8* extenderse, variar.

ranger [ˈreindʒəʳ] *s.* guardabosque.

rank [ræŋk] *a.* lozano, lujuriante, vicioso. *2* rancio. *3* grosero. *4 s.* línea, hilera, fila. *5* rango, grado. *6 t.* alinear. *7* ordenar, arreglar.

ransom [ˈrænsəm] *s.* rescate. *2 t.* rescatar, redimir.

rap [ræp] *s.* golpe seco. *2 t.-i.* golpear.

rapacious [rəˈpeiʃəs] *a.* rapaz.

rape [reip] *s.* violación. *2 t.* forzar, violar.

rapid [ˈræpid] *a.* rápido.

rapidity [rəˈpiditi] *s.* rapidez.

rapt [ræpt] *a.* arrebatado, absorto.

rapture [ˈræptʃəʳ] *s.* rapto, arrobamiento, éxtasis.

rapturous [ˈræptʃərəs] *a.* arrobado, embelesado.

rare [rɛəʳ] *a.* raro.

rarity ['rɛəriti] *s.* rareza.
rascal ['rɑːskəl] *s.* bribón, pillo.
rash [ræʃ] *a.* irreflexivo, precipitado; imprudente.
rasp [rɑːsp] *t.* raspar.
raspberry ['rɑːzbəri] *s.* BOT. frambuesa; frambueso.
rat [ræt] *s.* ZOOL. rata.
rate [reit] *s.* razón, proporción, velocidad. *2* precio, valor. *3* clase, orden. *4 at any* ~, al menos, de todos modos. *5 t.* valuar, tasar. *6* estimar, juzgar. *7* reñir, regañar.
rather ['rɑːðəʳ] *adv.* bastante. *2* mejor, más: *I would* ~, me gustaría más.
ratify ['rætifai] *t.* ratificar.
ration ['ræʃən] *s.* ración. *2 t.* racionar.
rational ['ræʃənl] *a.* racional.
rattle ['rætl] *s.* tableteo. *2* estertor. *3* cascabel [de serpiente]. *4* sonajero. *5* matraca. *6 t.* hacer sonar. *7* aturdir. *8 i.* tabletear, matraquear.
rattlesnake ['rætlsneik] *s.* serpiente de cascabel.
ravage ['rævidʒ] *s.* daño. *2 t.* asolar, arruinar.
rave [reiv] *i.* delirar.
raven ['reivn] *s.* ORN. cuervo.
ravenous ['rævinəs] *a.* voraz.
ravine [rə'viːn] *s.* barranca.
raw [rɔː] *a.* crudo, en bruto, en rama. *2* crudo, húmedo, frío [viento, tiempo]. *3* novato.
ray [rei] *s.* rayo [de luz, etc.]. *2* GEOM. radio. *3* ICT. raya.
razor ['reizəʳ] *s.* navaja de afeitar.
reach [riːtʃ] *s.* alcance, poder. *2 t.* alargar, extender, tender. *3* llegar.
react [ri(ː)'ækt] *i.* reaccionar.
reactor [ri(ː)'æktəʳ] *s.* reactor.
read [riːd] *t.* leer. ¶ Pret. y p. p.: *read* [red].
reader ['riːdəʳ] *s.* lector. *2* libro de lectura. ,
readily ['redili] *adv.* prontamente. *2* de buena gana.
readiness ['redinis] *s.* prontitud.
reading ['riːdiŋ] *s.* lectura.
ready ['redi] *a.* preparado, pronto, listo, dispuesto.
real [riəl] *a.* real, verdadero.
realism ['riælizəm] *s.* realismo.

reality [ri(:)'æliti] *s.* realidad.

realization [ˌriəlai'zeiʃən] *s.* realización. *2* comprensión.

realize ['riəlaiz] *t.* comprender, darse cuenta de. *2* realizar, efectuar.

realm [relm] *s.* reino. *2* campo, dominio, región.

reap [ri:p] *t.* segar, guadañar. *2* recoger, cosechar.

reaper ['ri:pəʳ] *s.* segador.

reappear ['ri:ə'piəʳ] *i.* reaparecer.

rear [riəʳ] *a.* trasero, último, posterior. *2 s.* trasera, parte de atrás. *3 t.* levantar, alzar; erigir. *4* criar, cultivar.

reason ['ri:zn] *s.* razón. *2 t.-i.* razonar. *3 i.* persuadir o disuadir con razones.

reasonable ['ri:zənəbl] *a.* racional [ser]. *2* razonable.

reasoning [ri:z(ə)niŋ] *s.* razonamiento.

reassure [ˌri:ə'ʃuəʳ] *t.* tranquilizar; alentar.

rebel ['rebl] *a.-s.* rebelde. *2* [ri'bel] *i.* rebelarse, sublevarse.

rebellion [ri'beljən] *s.* rebelión.

rebuff [ri'bʌf] *s.* repulsa, desaire. *2 t.* rechazar, desairar.

rebuild ['ri:'bild] *t.* reconstruir.

rebuke [ri'bju:k] *s.* reproche. *2 t.* increpar, reprender.

recall [ri'kɔ:l] *s.* llamada [para hacer volver]. *2* anulación, revocación. *3 t.* llamar, hacer volver. *4* anular, revocar.

recede [ri'si:d] *i.* retroceder. *2* retirarse, alejarse.

receipt [ri'si:t] *s.* recepción. *2* cobranza. *3* recibo. *4* receta. *5* ingresos.

receive [ri'si:v] *t.* recibir; tomar, aceptar.

receiver [ri'si:vəʳ] *s.* receptor. *2* cobrador, tesorero.

recent ['ri:snt] *a.* reciente.

receptacle [ri'septəkl] *s.* receptáculo, recipiente.

reception [ri'sepʃən] *s.* recepción. *2* admisión, aceptación.

receptionist [ri'sepʃənist] *s.* recepcionista.

recess [ri'ses] *s.* hueco, entrada. *2* suspensión, descanso.

recipe ['resipi] *s.* récipe, receta.

reciprocal [ri'siprəkəl] *a.* recíproco; mutuo.

recite [ri'sait] *t.-i.* recitar. 2 *t.* narrar.
reckless ['reklis] *a.* temerario, imprudente.
reckon ['rekən] *t.-i.* contar, calcular.
reckoning ['rekəniŋ] *s.* cuenta, cómputo, cálculo.
reclaim [ri'kleim] *t.* poner en cultivo; hacer utilizable. 2 DER. reclamar.
recline [ri'klain] *t.-i.* reclinar(se, recostar(se.
recognize ['rekəgnaiz] *t.* reconocer.
recoil [ri'kɔil] *s.* retroceso. 2 *i.* retroceder.
recollect [ˌrekə'lekt] *t.-i.* recordar, acordarse. 2 ['ri:kə'lekt] *t.* recoger. 3 recobrar.
recollection [ˌrekə'lekʃən] *s.* recuerdo, memoria.
recommend [ˌrekə'mend] *t.* recomendar. 2 alabar.
recommendation [ˌrekəmen'deiʃən] *s.* recomendación.
recompense ['rekəmpens] *s.* recompensa. 2 indemnización. 3 *t.* recompensar. 4 indemnizar.
reconcile ['rekənsail] *t.* reconciliar.
reconciliation [ˌrekənsili'eiʃən] *s.* reconciliación.
reconstruct ['ri:-kəns'trʌkt] *t.* reconstruir.
record ['rekɔ:d] *s.* inscripción. 2 acta, historia. 3 DER. expediente. 4 disco; grabación [en disco]. 5 DEP. récord, marca. 6 [ri'kɔ:d] *t.* inscribir, registrar. 7 fijar en la memoria. 8 grabar en disco o en cinta magnetofónica.
recorder [ri'kɔ:dər] *s.* archivero, registrador. 2 MEC. indicador, contador. 3 *tape-~*, magnetófono.
recount [ri'kaunt] *t.* contar, relatar.
recourse [ri'kɔ:s] *s.* reso, refugio, auxilio.
recover [ri'kʌvər] *t.* recobrar, recuperar.
recovery [ri'kʌvəri] *s.* recobro, recuperación.
recreation [ˌrekri'eiʃən] *s.* recreación, recreo.
recruit [ri'kru:t] *s.* recluta. 2 *t.* reclutar, alistar.
rectangle ['rekˌtæŋgl] *s.* GEOM. rectángulo.
rector ['rektər] *s.* rector.
recur [ri'kə:r] *t.* volver [a un tema]. 3 volver a ocurrir, repetirse.
recurrence [ri'kʌrəns] *s.* repetición, reaparición.
red [red] *a.* encarnado, rojo.

redden ['redn] *t.* enrojecer.
reddish ['rediʃ] *a.* rojizo.
redeem [ri'di:m] *t.* redimir.
redemption [ri'dempʃən] *s.* redención.
red-hot ['red'hɔt] *a.* calentado al rojo, muy caliente.
redouble [ri'dʌbl] *t.* reduplicar, redoblar.
redress [ri'dres] *s.* reparación. 2 *t.* corregir, reparar.
redskin ['red-skin] *s.* indio piel roja.
reduce [ri'dju:s] *t.* reducir. 2 rebajar, diluir.
reduction [ri'dʌkʃən] *s.* reducción.
reed [ri:d] *s.* BOT. caña.
reef [ri:f] *s.* arrecife.
reel [ri:l] *s.* carrete; rollo. 2 *t.* devanar.
re-enlist ['ri:in'list] *t.-i.* reenganchar(se.
refer [ri'fə:ʳ] *t.* referir.
referee [ˌrefə'ri:] *s.* árbitro, juez.
reference ['refrəns] *s.* referencia, relación.
refine [ri'fain] *t.* refinar.
refinement [ri'fainmənt] *s.* refinamiento. 2 sutileza.
reflect [ri'flekt] *t.* reflejar.
reflection [ri'flekʃən] *s.* reflexión, reverberación.
reform [ri'fɔ:m] *s.* reforma. 2 *t.* reformar, mejorar.
reformation [ˌrefə'meiʃən] *s.* reforma.
reformer [ri'fɔ:məʳ] *s.* reformador.
refrain [ri'frein] *s.* estribillo. 2 *t.* refrenar, contener.
refresh [ri'freʃ] *t.* refrescar. 2 renovar, restaurar.
refreshment [ri'freʃmənt] *s.* refrescadura. 2 refresco.
refrigerate [ri'fridʒəreit] *t.* refrigerar, helar.
refrigerator [ri'fridʒəreitəʳ] *s.* refrigerador. 2 nevera, frigorífico.
refuge ['refju:dʒ] *s.* refugio.
refugee [ˌrefju(:)'dʒi:] *s.* refugiado. 2 asilado.
refund [ri:'fʌnd] *t.* restituir, reembolsar.
refusal [ri'fju:zəl] *s.* rechazamiento. 2 negativa, denegación.
refuse ['refju:s] *s.* desecho, basura. 2 [ri'fju:z] *t.* rehusar, rechazar.
refute [ri'fju:t] *t.* refutar.
regain [ri'gein] *t.* recobrar.
regal ['ri:gəl] *a.* real, regio.

regard [ri'gɑ:d] *s.* miramiento. *2* afecto, respeto. *3* relación, respecto. *4 pl.* recuerdos. *5 t.* mirar, contemplar. *6* tocar a, concernir, referirse a: *as regards,* en cuanto a.

regarding [ri'gɑ:diŋ] *prep.* tocante a, respecto de.

regent ['ri:dʒənt] *a.-s.* regente.

regime [rei'ʒi:m] *s.* régimen político.

region ['ri:dʒən] *s.* región.

register ['redʒistəʳ] *s.* registro; archivo, protocolo. *2 t.-i.* registrar(se, inscribir(se.

registration [ˌredʒis'treiʃən] *s.* registro, inscripción, matrícula.

regret [ri'gret] *s.* pesar, sentimiento. *2* remordimiento. *3 i.* sentir, lamentar. *4* arrepentirse.

regretful [ri'gretful] *a.* arrepentido, pesaroso.

regular ['regjuləʳ] *a.* normal, corriente.

regulate ['regjuleit] *t.* regular, arreglar, reglamentar.

regulation [ˌregju'leiʃən] *s.* regulación. *2* reglamentación.

rehearsal [ri'hə:səl] *s.* ensayo.

rehearse [ri'hə:s] *t.* ensayar. *2* repasar.

reign [rein] *s.* reino, soberanía. *2* reinado. *3 i.* reinar.

rein [rein] *s.* rienda.

reindeer ['reindiəʳ] *s.* reno.

reinforce [ˌri:in'fɔ:s] *t.* reforzar.

reinforcement [ˌri:in'fɔ:smənt] *s.* refuerzo.

reiterate [ri:'itəreit] *t.* reiterar, repetir.

reject [ri'dʒekt] *t.* rechazar, rehusar.

rejoice [ri'dʒɔis] *t.-i.* alegrar(se, regocijar(se.

rejoicing [ri'dʒɔisiŋ] *s.* alegría.

rejoin [ri'dʒɔin] *t.-i.* responder. *2* ['ri:'dʒɔin] *t.* volver a juntarse con.

relapse [ri'læps] *s.* recaída. *2 i.* recaer.

relate [ri'leit] *t.* relatar, referir. *2* relacionar.

relation [ri'leiʃən] *s.* relación, relato. *2* parentesco, afinidad. *4* pariente, deudo.

relationship [ri'leiʃənʃip] *s.* relación [entre cosas o pers.]. *2* parentesco.

relative ['relətiv] *a.* relativo. *2 s.* pariente, deudo, allegado.

relax [ri'læks] *t.-i.* relajar(se, descansar. *2 s.* descanso; diversión.

relaxation [ˌri:læk'seiʃən] *s.* relajación, aflojamiento, descanso.

relay [ri'lei] *s.* relevo. *2* ['ri:'lei] *t.* volver a colocar. ¶ Pret. y p. p.: *relaid* ['ri:'leid]. *3* retransmitir por radio. ¶ Pret. y p. p.: *relayed* ('ri:'leid].

release [ri'li:s] *s.* libertad. *2* estreno. *3 t.* libertar *4* estrenar; publicar.

relent [ri'lent] *i.* ablandarse.

relentless [ri'lentlis] *a.* implacable, inexorable.

reliable [ri'laiəbl] *a.* confiable, digno de confianza.

reliance [ri'laiəns] *s.* confianza.

relic ['relik] *s.* reliquia. *2 pl.* restos, ruinas.

relief [ri'li:f] *s.* ayuda, auxilio. *2* alivio. *3* relieve, realce. *4* MIL. relevo.

relieve [ri'li:v] *t.* remediar, auxiliar, socorrer. *2* realzar, hacer resaltar. *3* MIL. relevar.

religion [ri'lidʒən] *s.* religión.

religious [ri'lidʒəs] *a.* religioso.

relinquish [ri'liŋkwiʃ] *t.* abandonar, dejar.

relish ['reliʃ] *s.* buen sabor. *2 t.* saborear. *3 i.* gustar, agradar.

reluctance [ri'lʌktəns] *s.* repugnancia, renuencia, aversión.

reluctant [ri'lʌktənt] *a.* renuente, reacio.

rely [ri'lai] *i.* [con *on* o *upon*] confiar o fiar en.

remain [ri'mein] *i.* quedar. *2* permanecer, continuar. *3 s. pl.* restos; sobras.

remainder [ri'meindəʳ] *s.* resto.

remark [ri'mɑ:k] *s.* observación. *2 t.* observar, advertir, notar.

remarkable [ri'mɑ:kəbl] *a.* observable. *2* notable.

remedy ['remidi] *s.* remedio. *2 t.* remediar.

remember [ri'membəʳ] *t.* recordar, acordarse de.

remind [ri'maind] t. *to ~ of,* recordar.

reminder [ri'maindəʳ] *s.* recordatorio.

reminiscent [ˌremi'nisnt] *a.* recordativo, evocador.

remit [ri'mit] *t.* remitir.

remnant ['remnənt] *s.* remanente, resto, residuo. *2* vestigio.

remonstrate ['remənstreit] *i.* protestar, objetar.

remorse [ri'mɔ:s] *a.* remordimiento, compunción.

remote [ri'məut] *a.* remoto.

removal [ri'mu:vəl] *s.* remoción, levantamiento. *2* mudanza.
remove [ri'mu:v] *t.-i.* trasladar(se, mudar(se.
Renaissance [rə'neisəns] *s.* Renacimiento.
rend [rend] *t.* rasgar. ¶ Pret. y p. p.: *rent* [rent].
render ['rendəʳ] *t.* dar, entregar. *2* devolver. *3* volver, hacer, poner.
rendezvous ['rɔndivu:] *s.* cita.
renew [ri'nju:] *t.-i.* renovar(se. *2* reanudar(se.
renewal [ri'nju(:)əl] *s.* renovación, renuevo. *2* reanudación.
renounce [ri'nauns] *t.* renunciar. *2* renegar, abjurar.
renown [ri'naun] *s.* renombre.
rent [rent] *s.* renta, arriendo. *2* grieta. *3* cisma. *4 p. p.* de TO REND. *5 t.-i.* arrendar(se.
reorganize ['ri:'ɔ:gənaiz] *t.* reorganizar.
repair [ri'pɛəʳ] *s.* reparación. *3 t.* reparar.
reparation [ˌrepə'reiʃən] *s.* reparación, compensación.
repast [ri'pɑ:st] *s.* comida.
repay [ri:'pei] *t.* pagar, corresponder a.
repeal [ri'pi:l] *s.* abrogación. *2 t.* abrogar.
repeat [ri'pi:t] *t.-i.* repetir(se.
repel [ri'pel] *t.* repeler.
repent [ri'pent] *i.* arrepentirse. *2 t.* arrepentirse de.
repentance [ri'pentəns] *s.* arrepentimiento.
repetition [ˌrepi'tiʃən] *s.* repetición. *2* repaso.
replace [ri'pleis] *t.* reponer.
replenish [ri'pleniʃ] *t.* llenar. *2* rellenar.
reply [ri'plai] *s.* respuesta. *2 t.* responder.
report [ri'pɔ:t] *s.* voz, rumor. *2* noticia. *3* relato. *4 t.* relatar. *5* informar.
reporter [ri'pɔ:təʳ] *s.* reportero.
repose [ri'pəuz] *s.* reposo. *2 t.* descansar, reclinar.
represent [ˌrepri'zent] *t.* representar, significar.
representation [ˌreprizen'teiʃən] *s.* representación.
representative [ˌrepri'zentətiv] *a.* representativo. *2* (E. U.) diputado.
repress [ri'pres] *t.* reprimir.
reprint ['ri:print] *s.* reimpresion. *2* separata. *3*

['ri:'print] *t.* reimprimir.

reproach [ri'prəutʃ] *s.* reproche. *2 t.* reprochar.

reproduce [ˌri:prə'dju:s] *t.-i.* reproducir(se.

reproduction [ˌri:prə'dʌkʃən] *s.* reproducción.

reproof [ri'pru:f], **reproval** [ri'pru:vəl] *s.* reprobación.

reprove [ri'pru:v] *t.* reprobar, reprender, censurar.

reptile ['reptail] *a.-s.* reptil.

republic [ri'pʌblik] *s.* república.

repudiate [ri'pju:dieit] *t.* repudiar.

repulse [ri'pʌls] *s.* repulsa. *2 t.* rechazar, repeler.

reputable ['repjutəbl] *a.* estimable, honrado, honroso.

reputation [ˌrepju(:)'teiʃən] *s.* reputación, fama.

repute [ri'pju:t] *s.* reputación. *2 t.* reputar, tener por.

reputedly [ri'pju:tidli] *adv.* según se cree.

request [ri'kwest] *s.* ruego. *2 t.* rogar, solicitar.

require [ri'kwaiə^r] *t.-i.* requerir, pedir, demandar.

requirement [ri'kwaiəmənt] *s.* requisito, condición.

requisite ['rekwizit] *a.* requerido. *2 s.* requisito, cosa esencial.

rescue ['reskju:] *s.* rescate. *2 t.* libertar, rescatar, salvar.

research [ri'sə:tʃ] *s.* búsqueda, investigación. *2 t.* buscar, investigar.

resemblance [ri'zembləns] *s.* parecido, semejanza.

resemble [ri'zembl] *t.* parecerse, asemejarse a.

resent [ri'zent] *t.* resentirse.

resentful [ri'zentful] *a.* resentido, ofendido. *2* rencoroso.

resentment [ri'zentmənt] *s.* resentimiento, enojo.

reservation [ˌrezə'veiʃən] *s.* reserva. *2* terreno reservado.

reserve [ri'zə:v] *s.* reserva, repuesto. *2* reserva [discreción]. *3 t.* reservar.

reservoir ['rezəvwɑ:^{r}] *s.* depósito. *2* alberca. *3* embalse.

reside [ri'zaid] *i.* residir.

residence ['rezidəns] *s.* residencia, morada, mansión.

resident ['rezidənt] *a.* residente.

resign [ri'zain] *t.* dimitir.
resignation [ˌrezig'neiʃən] *s.* dimisión. *2* resignación.
resin ['rezin] *s.* resina.
resist [ri'zist] *t.-i.* resistir.
resistance [ri'zistəns] *s.* resistencia.
resistant [ri'zistənt] *a.* resistente.
resolute ['rezəlu:t] *a.* resuelto.
resolution [ˌrezə'lu:ʃən] *s.* resolución. *2* propósito.
resolve [ri'zɔlv] *s.* resolución. *2 t.* resolver.
resonance ['rezənəns] *s.* resonancia.
resort [ri'zɔ:t] *s.* recurso, medio. *2* refugio. *3* balneario. *4 i.* acudir; recurrir.
resound [ri'zaund] *i.* resonar, retumbar.
resource [ri'sɔ:s] *s.* recurso.
resourceful [ri'zɔ:sful] *a.* listo, ingenioso.
respect [ris'pekt] *s.* respeto. *2 t.* respetar. *3* respectar; atañer.
respectable [ris'pektəbl] *a.* respetable.
respectful [ris'pektful] *a.* respetuoso.
respecting [ris'pektiŋ] *prep.* con respecto a, en cuanto a.
respective [ris'pektiv] *a.* respectivo.
respiration [ˌrespi'reiʃən] *s.* respiración, respiro.
respite ['respait] *s.* respiro, tregua, descanso.
resplendent [ris'plendənt] *a.* resplandeciente.
respond [ris'pɔnd] *i.* responder, contestar.
response [ris'pɔns] *s.* respuesta.
responsibility [risˌpɔnsi'biliti] *s.* responsabilidad. *2* cometido.
responsible [ris'pɔnsəbl] *a.* responsable.
responsive [ris'pɔnsiv] *a.* obediente; que se interesa.
rest [rest] *s.* descanso, reposo. *2* apoyo, soporte. *3* resto, restante. *4 i.* descansar. *5* apoyarse, basarse [en]. *6* quedar, permanecer.
restaurant ['restərɔ̃:ŋ] *s.* restaurante.
restful ['restful] *a.* quieto.
restive ['restiv] *a.* inquieto, intranquilo.
restless ['restlis] *a.* inquieto.
restoration [ˌrestə'reiʃən] *s.* restauración. *2* restitución.
restore [ris'tɔ:ʳ] *t.* restaurar. 2 restablecer.
restrain [ris'trein] *t.* re-

frenar, contener, reprimir.

restraint [ris'treint] *s.* refrenamiento, cohibición.

restrict [ris'trikt] *t.* restringir, limitar.

restriction [ris'trikʃən] *s.* restricción, limitación.

result [ri'zʌlt] *s.* resultado. *2* i. *to ~ from,* resultar. *3 to ~ in,* dar por resultado.

resume [ri'zju:m] *t.* reasumir, volver a tomar.

resumption [ri'zʌmpʃən] *s.* reasunción. *2* recobro.

resurrection [ˌrezə'rekʃən] *s.* resurreccion; renacimiento.

retail ['ri:teil] *s.* detall. *2* [ri:'teil] *t.* detallar.

retain [ri'tein] *t.* retener.

retainer [ri'teinəʳ] *s.* criado; partidario.

retaliate [ri'tælieit] *i.* desquitarse. *2 t.* devolver.

retard [ri'tɑ:d] *s.* retardo. *2 t.* retardar, retrasar.

retinue ['retinju:] *s.* séquito.

retire [ri'taiəʳ] *t.-i.* retirar(se.

retirement [ri'taiəmənt] *s.* retiro.

retort [ri'tɔ:t] *s.* réplica mordaz. *2 t.-i.* replicar, redargüir.

retrace [ri'treis] *i.* desandar. *2* recordar.

retreat [ri'tri:t] *s.* retirada. *2 i.* retirarse, retroceder.

retrieve [ri'tri:v] *t.* recobrar, recuperar.

return [ri'tə:n] *s.* vuelta, regreso, retorno. *2 i.* volver, regresar. *3 t.* volver, devolver.

reunion ['ri:'ju:njən] *s.* reunión.

reunite ['ri:ju:'nait] *t.-i.* reunir(se; reconciliar(se.

reveal [ri'vi:l] *t.* revelar.

revel ['revl] *s.* holgorio, orgía. *2 i.* jaranear.

revelation [ˌrevi'leiʃən] *s.* revelación. *2* Apocalipsis.

revenge [ri'vendʒ] *s.* venganza. *2 t.* vengar, vindicar.

revenue ['revinju:] *s.* renta.

revere [ri'viəʳ] *t.* reverenciar, venerar.

reverence ['revərəns] *s.* reverencia, respeto. *2 t.* reverenciar.

reverend ['revərənd] *a.* reverendo, venerable.

reverse [ri'və:s] *a.* inverso. *3 t.* invertir.

review [ri'vju:] *s.* revista. *2* revisión. *3* reseña. *4 t.* rever. *5* revisar.

revile [ri'vail] *t.* ultrajar.

revise [ri'vaiz] *t.* revisar.
revision [ri'viʒən] *s.* revisión.
revival [ri'vaivəl] *s.* restauración, renacimiento.
revive [ri'vaiv] *t.* reanimar, restablecer.
revolt [ri'vəult] *s.* revuelta. *2 i.* sublevarse, amotinarse.
revolution [ˌrevə'lu:ʃən] *s.* revolución.
revolve [ri'vɔlv] *t.* voltear. *2 i.* rodar, girar.
revolver [ri'vɔlvəʳ] *s.* revólver.
reward [ri'wɔ:d] *s.* premio, recompensa. *2 t.* recompensar.
rhinoceros [rai'nɔsərəs] *s.* ZOOL. rinoceronte.
rhyme [raim] *s.* LIT. rima. *2 t.-i.* rimar. *3 t.* consonar.
rhythm ['riðəm] *s.* ritmo.
rib [rib] *s.* ANAT., BOT., MAR. costilla. *2* ENT. nervio [de ala]. *3* varilla [de paraguar o abanico].
ribbon ['ribən] *s.* cinta, galón.
rice [rais] *s.* arroz.
rich [ritʃ] *a.* rico.
riches ['ritʃiz] *s. pl.* riqueza.
rid [rid] *t.* librar, desembarazar; *to get ~ of,* librarse de. ¶ Pret. y p. p.: *rid* [rid] o *ridded* ['ridid].
ridden ['ridn] V. TO RIDE.
riddle [ridl] *s.* enigma. *2 t.* resolver, descifrar.
ride [raid] *s.* paseo o viaje a caballo, en bicicleta, en coche. *2 i.* ir a caballo, en bicicleta, en coche, etc. ¶ Pret.: *rode* [rəud]; p. p.: *ridden* ['ridn].
ridge [ridʒ] *s.* cerro, cresta.
ridicule ['ridikju:l] *s.* ridículo. *2 t.* ridiculizar.
ridiculous [ri'dikjuləs] *a.* ridículo.
rifle ['raifl] *s.* rifle, fusil. *2 t.* pillar, saquear.
rift [rift] *s.* hendedura, grieta.
rig [rig] *t.* MAR. aparejar.
rigging ['rigiŋ] *s.* MAR. aparejo.
right [rait] *a.* recto, derecho. *2* justo, honrado. *3* derecho, diestro, de la derecha. *4 adv.* exactamente. *5* bien; justamente. *6* a la derecha. *7* interj. *all ~!,* ¡está bien!, ¡conformes! *8 s.* derecho, justicia, razón. *9 t.* hacer justicia a.
righteous ['raitʃəs] *a.* recto, justo. *2* honrado, virtuoso.
rightful ['raitful] *a.* justo.
rigid ['ridʒid] *a.* rígido.

rigo(u)r ['rigəʳ] *s.* rigidez, rigor, severidad.

rill [ril] *s.* arroyuelo, riachuelo.

rim [rim] *s.* borde, margen.

rind [raind] *s.* corteza.

ring [riŋ] *s.* anillo, sortija. *2* BOX. ring, cuadrilátero. *3* corro, círculo. *4* pista, arena.

1) **ring** [riŋ] *t.* cercar, circundar. *2* poner anillos a. ¶ Pret. y p. p.: *ringed* [riŋd].

2) **ring** [riŋ] *i.* hacer sonar; tocar, tañer, repicar: *to ~ up,* llamar por teléfono. ¶ Pret.: *rang* [ræŋ]; p. p.: *rung* [rʌŋ].

rinse [rins] *t.* enjuagar.

riot ['raiət] *s.* tumulto, alboroto. *2 i.* armar alboroto.

riotous ['raiətəs] *a.* amotinado.

rip [rip] *s.* rasgadura. *2 t.* rasgar, abrir.

ripe [raip] *a.* maduro.

ripen ['raipən] *t.-i.* madurar.

ripple ['ripl] *s.* onda, rizo. *2 i.* rizarse, ondear.

rise [raiz] *s.* levantamiento, subida. *2* elevación. *3* salida [de un astro]. *4* causa, origen. *5 i.* subir, ascender, elevarse, alzarse, remontarse. *6* salir [un astro]. *7* nacer, salir, originarse. ¶ Pret.: *rose* [rəuz]; p.p.: *risen* ['rizn].

risen [rizn] *p. p.* de TO RISE.

risk [risk] *s.* riesgo, peligro. *2 t.* arriesgar, aventurar.

risky ['riski] *a.* arriesgado.

rite [rait] *s.* rito.

ritual ['ritʃuəl] *a.s.* ritual.

rival ['raivəl] *a.* competidor. *2 s.* rival. *3 t.* competir.

rivalry ['raivəlri] *s.* rivalidad.

river ['rivəʳ] *s.* río, cuenca.

riveside ['rivəsaid] *s.* ribera.

rivet ['rivit] *t.* clavar, remachar. *2* fijar, absorber.

rivulet ['rivjulit] *s.* riachuelo.

road [rəud] *s.* carretera. camino.

roadway ['rəudwei] *s.* carretera.

roam [rəum] *i.* rodar, vagar, errar. *2 t.* vagar por.

roar [rɔːʳ, rɔəʳ] *s.* rugido. *2 i.* rugir.

roast [rəust] *s.* asado. *2 t.-i.* asar(se. *3* tostar(se.

rob [rɔb] *t.* robar, hurtar.
robber ['rɔbəʳ] *s.* ladrón.
robbery ['rɔbəri] *s.* robo.
robe [rəub] *s.* ropaje, vestidura. *2* bata. *3* vestido de mujer. *4 t.-i.* vestirse.
robust [rə'bʌst] *a.* robusto.
rock [rɔk] *s.* roca, peña. *2 t.* acunar. *3 t.-i.* mecer(se, balancear(se.
rocket ['rɔkit] *s.* cohete.
rocky ['rɔki] *a.* rocoso, pedregoso.
rod [rɔd] *s.* vara, varilla. *2* caña [de pescar].
rode [rəud] *pret.* de TO RIDE.
roe [rəu] *s.* hueva. *2* corzo.
rogue [rəug] *s.* pícaro, bribón.
role, rôle [rəul] *s.* papel [que se hace o representa].
roll [rəul] *s.* rollo. *2* lista, nómina. *3* bollo, panecillo. *4* ARQ. voluta. *5* retumbo [del trueno]; redoble [del tambor]. *6* balanceo. *7* oleaje; rodadura. *8 t.* hacer rodar. *9 i.* rodar, girar. *10* retumbar, tronar.
roller ['rəuləʳ] *s.* MEC. rodillo. *2* rueda.
Roman ['rəumən] *a.-s.* romano. *2 a.* latina [lengua]. *3 s.* latín. *4* IMPR. redondo [tipo].
romance [rə'mæns] *s.* romance; novela. *2* idilio amoroso. *3* ficción, invención.
romantic [rəu'mæntik, -rə-] *a.* romántico.
romp [rɔmp] *i.* jugar, saltar, retozar.
roof [ru:f] *s.* techo. *2 t.* cubrir, techar.
room [rum, ru:m] *s.* cuarto, pieza, habitación, sala.
roomy ['rumi] *a.* espacioso, amplio.
roost [ru:st] *s.* percha; gallinero. *2 i.* dormir [las aves en la percha].
rooster ['ru:stəʳ] *s.* gallo [para comer].
root [ru:t] *s.* raiz. *2 i.-t.* hozar. *3 t.* arraigar, implantar.
rope [rəup] *s.* cuerda, soga.
rose [rəuz] *s.* BOT. rosal. *2* rosa [flor, color]: ~ *bud*, capullo de rosa. *3 pret.* de TO RISE.
rosy ['rəuzil] *a.* rosado.
rot [rɔt] *s.* putreacción. *2 t.-i.* pudrir(se, corromper(se.
rotary ['rəutəri] *a.* rotatorio.
rotate [rəu'teit] *i.* rodar, girar.
rotten ['rɔtn] *a.* podrido.

rouge [ruːʒ] *s.* colorete, arrebol.

rough [rʌf] *a.* áspero, tosco. *2 t.* hacer o labrar toscamente.

round [raund] *a.* redondo. *2* rollizo. *3* circular. *4* claro, categórico. *5* fuerte, sonoro. *6* cabal, completo. *7 s.* círculo, esfera; corro. *8* redondez. *9* recorrido, ronda. *10* ronda [de bebidas, etc.]. *11* serie [de sucesos, etc.], rutina. *12* salva [de aplausos]. *13* descarga, salva, disparo. *14* BOX. asalto. *15 adv.* alrededor; por todos lados. *16 t.* redondear. *17* rodear, cercar.

roundabout [ˈraundəbaut] *a.* indirecto, hecho con rodeos. *2 s.* circunloquio. *3* tiovivo.

rouse [rauz] *t.-i.* despertar.

rout [raut] *s.* rota, derrota. *2 t.* derrotar, poner en fuga.

route [ruːt] *s.* ruta, camino.

routine [ruːˈtiːn] *s.* rutina.

rove [rəuv] *i.* vagar, errar.

rover [ˈrəuvəʳ] *s.* vagabundo, andariego.

1) **row** [rau] *s.* riña, pendencia

2) **row** [rəu] *s.* fila, hilera. *2* paseo en bote.

1) **row** [rau] *t.* fam. pelearse con. *2 i.* pelearse.

2) **row** [rəu] *i.* remar, bogar. *2 t.* mover al remo.

royal [ˈrɔiəl] *a.* real, regio.

royalty [ˈrɔiəlti] *s.* realeza. *2* derechos de autor.

rub [rʌb] *s.* friega, frote. *2 t.* estregar, restregar.

rubber [ˈrʌbəʳ] *s.* goma; caucho.

rubbish [ˈrʌbiʃ] *s.* basura, escombros; tonterías.

ruby [ˈruːbi] *s.* MINER. rubí.

rudder [ˈrʌdəʳ] *s.* timón.

ruddy [ˈrʌdi] *a.* colorado.

rude [ruːd] *a.* rudo.

rudiment [ˈruːdimənt] *s.* rudimento.

rue [ruː] *t.-i.* llorar.

ruff [rʌf] *s.* gorguera.

ruffian [ˈrʌfjən] *a.* matón, canalla.

ruffle [ˈrʌfl] *s.* volante fruncido. *2 t.* rizar, alechugar, fruncir.

rug [rʌg] *s.* alfombra.

rugged [ˈrʌgid] *a.* rugoso, escabroso, accidentado.

ruin [ruin] *s.* ruina. *2 t.* arruinar.

ruinous [ˈruinəs] *a.* ruinoso.

rule [ru:l] *s.* regla, precepto. *2 t.-i.* gobernar, regir.

ruler ['ru:lə^r] *s.* gobernante. *2* regla [instrumento].

rum [rʌm] *s.* ron, aguardiente. *2 a.* extraño, singular.

rumble ['rʌmbl] *s.* rumor. *2 i.* retumbar.

rumo(u)r ['ru:mə^r] *s.* rumor. *2 t.* rumorear, propalar.

rump [rʌmp] *s.* ancas.

rumple ['rʌmpl] *t.-i.* arrugar(se, chafar(se, ajar(se.

run [rʌn] *s.* corrida, carrera. *2* curso, marcha, dirección. *3* viaje, paseo. *4 t.-i.* correr. *5* dirigir [un negocio]. *6* extenderse; llegar, alcanzar [hasta]. ¶ Pret.: *ran* [ræn]; p. p.: *run* [rʌn]; ger; *running.*

rung [rʌŋ] *s.* escalón [de escala]. *2 p. p.* de TO RING.

runner ['rʌnə^r] *s.* corredor. *2* contrabandista.

running ['rʌniŋ] *s.* carrera, corrida, curso. *2* marcha, funcionamiento. *3* dirección, manejo. *4 a.* corredor. *5* corriente.

rural ['ruərəl] *a.* rural, rústico.

rush [rʌʃ] *s.* movimiento o avance impetuoso. *2* prisa, precipitación. *3 i.* arrojarse, abalanzarse, precipitarse. *4 t.* empujar.

Russian ['rʌʃən] *a.-s.* ruso.

rust [rʌst] *s.* moho, orín. *2 t.* enmohecer(se.

rustic ['rʌstik] *a.-s.* rústico. *2* campesino. *3 a.* campestre.

rustle ['rʌsl] *s.* susurro, crujido. *2 i.* susurrar, crujir.

rusty ['rʌstl] *a.* mohoso.

rut [rʌt] *s.* carril, rodada. *2* rutina, costumbre.

ruthless ['ru:θlis] *s.* despiadado, inhumano.

rye [rai] *s.* BOT. centeno. *2* BOT. ~ *grass,* ballico, césped inglés.

S

Sabbath ['sæbəθ] *s.* sábado [judío].

sabre ['seibə^r^] *s.* sable.

sack [sæk] *s.* saco. *2* saqueo. *3* despido. *4 t.* saquear. *4* ensacar. *5* despedir.

sacred ['seikrid] *a.* sagrado.

sacrifice ['sækrifais] *s.* sacrificio.

sacrifice ['sækrifais] *t.* sacrificar; inmolar.

sacrilege ['sækrilidʒ] *s.* sacrilegio.

sad [sæd] *a.* triste.

sadden ['sædn] *t.-i.* entristecer(se.

saddle ['sædl] *s.* silla de montar. *2 t.* ensillar.

sadness [s'ædnis] *s.* tristeza.

safe [seif] *a.* salvo, ileso. *2 s.* arca, caja de caudales.

safeguard ['seifgɑ:d] *s.* salvaguardia, resguardo.

safety ['seifti] *s.* seguridad.

sagacious [sə'geiʃəs] *a.* sagaz.

sage [seidʒ] *s.* BOT. salvia. *2 a.-s.* sabio, filósofo, hombre prudente.

said]sed] V. TO SAY.

sail [seil] *s.* MAR. vela. *2* aspa [de molino]. *3 i.* navegar.

sailor ['seilə^r^] *s.* marinero.

saint [sent, sən(t)] *s.* san, santo, -ta.

sake [seik] *s.* causa, amor: *for God's* ~, por el amor de Dios.
salad ['sæləd] *s.* ensalada.
salary ['sæləri] *s.* salario.
sale [seil] *s.* venta.
salesman ['seilzmən] *s.* vendedor. *2* viajante de comercio.
sallow ['sæləu] *a.* pálido, cetrino. *2 s.* sauce cabruno.
salmon ['sæmən] *s.* ICT. salmón.
salon ['sælɔ:n] *s.* salón.
saloon [sə'lu:n] *s.* salón. [gran sala]. *2* (E. U.) taberna, bar.
salt [sɔ:lt] *s.* QUÍM. sal. *2* sal común. *3 a.* salado, salino. *4 t.* salar.
salutation [ˌsælju'teiʃən] *s.* salutación, saludo.
salute [sə'lu:t] *s.* saludo. *2 t-i.* saludar.
salvage ['sælvidʒ] *s.* salvamento.
salvation [sæl'veiʃən] *s.* salvación.
same [seim] *a.-pron.* mismo, misma, etc.
sample ['sɑ:mpl] *s.* COM. muestra. *2* muestra, cala. *3 t.* sacar muestra de; probar, catar.
sanction ['sæŋkʃən] *s.* sanción. *2 t.* sancionar.
sanctuary ['sæŋktjuəri] *s.* santuario.
sand [sænd] *s.* arena.
sandal ['sændl] *s.* sandalia.
sandwich ['sænwidʒ] *s.* emparedado, bocadillo.
sane [sein] *a.* sano. *2* cuerdo.
sang [sæŋ] V. TO SING.
sanguine ['sæŋgwin] *a.* rubicundo. *2* sanguíneo.
sanitary ['sænitəri] *a.* sanitario.
sanity ['sæniti] *s.* cordura.
sap [sæp] *s.* savia. *2* vigor. *3 t.* zapar, minar.
sapphire ['sæfaiəʳ] *s.* zafiro.
sarcasm ['sɑ:kæzəm] *s.* sarcasmo.
sarcastic [sɑ:'kæstik] *a.* sarcástico.
sardine [sɑ:'di:n] *s.* ICT. sardina.
sash [sæʃ] *s.* faja, ceñidor: ~ *window,* ventana de guillotina.
sat [sæt] V. TO SIT.
satanic [sə'tænik] *a.* satánico.
satchel ['sætʃəl] *s.* bolsa; cartera escolar.

satellite ['sætəlait] *s.* satélite.

satin ['sætin] *s.* TEJ. raso.

satire ['sætaiəʳ] *s.* sátira.

satiric [sə'tirik] *a.* satírico.

satisfaction [ˌsætis'fækʃən] *s.* satisfacción.

satisfactory [ˌsætis'fæktəri] *a.* satisfactorio. *2* suficiente.

satisfy ['sætisfai] *t.* satisfacer. *2* contentar. *3* convencer.

saturate ['sætʃəreit] *t.* saturar. *2* empapar, llenar.

saucer ['sɔ:səʳ] *s.* platillo.

saucy ['sɔ:si] *a.* descarado.

saunter ['sɔ:ntəʳ] *i.* pasear; andar despacio.

sausage ['sɔsidʒ] *s.* salsicha.

savage ['sævidʒ] *a.* salvaje.

save [seiv] *prep.* salvo, excepto. *2 t.* salvar, librar.

saving ['seiviŋ] *s.* economía, ahorro. *2 pl.* ahorros. *3 prep.* salvo, excepto.

saviour ['seivjə] *s.* salvador.

savour ['seivəʳ] *s.* sabor; olor. *2 t.* saborear.

savoury ['seivəri] *a.* sabroso. *2* fragante.

saw [sɔ:] *s.* sierra [herramienta]. *2* dicho, refrán. *3 pret.* de TO SEE. *4 t.-i.* serrar, aserrar. ¶ Pret.: *sawed* [sɔ:d]; p. p.: *sawn* [sɔ:n]

Saxon ['sæksn] *a.-s.* sajón.

say [sei] *s.* dicho, aserto. *2* turno para hablar. *3 t.* decir. ¶ Pres.: *says* [səz]; pret. y p. p.: *said* [sed].

saying ['seiiŋ] *s.* dicho, sentencia.

scabbard ['skæbəd] *s.* vaina.

scaffold ['skæfəld] *s.* andamio.

scale [skeil] *s.* platillo. *2* balanza, báscula. *3* escala. *4 t.* pesar.

scalp [skælp] *s.* cuero cabelludo. *3 t.* arrancar la cabellera.

scaly ['skeili] *a.* escamoso. *2* ruin. *3* avaro.

scamper ['skæmpəʳ] *s.* huida precipitada. *2 i.* huir, correr.

scan [skæn] *t.* escandir. *2* escrutar, explorar.

scandal ['skændl] *s.* escándalo. *2* ignominia. *3* difamación.

scandalous ['skændələs] *a.* escandaloso, vergonzoso.
scant [skænt] *a.* escaso, corto.
scanty ['skænti] *a.* escaso, insuficiente, exiguo.
scar [skɑ:ʳ] *s.* cicatriz.
scarce [skɛəs] *a.* escaso, raro.
scarcity ['skɛəsiti] *s.* escasez.
scare [skɛəʳ] *s.* susto, alarma. *2 t.* asustar, alarmar.
scarf [skɑ:f] *s.* echarpe.
scarlet ['skɑ:lit] *a.* rojo, de color escarlata.
scatter ['skætəʳ] *t.* dispersar. *2* disipar, desvanecer.
scenario [si'nɑ:riəu] *s.* TEAT., CINEM. guión.
scene [si:n] *s.* escena. *2* escenario. *3* TEAT. decorado.
scenery ['si:nəri] *s.* paisaje. *2* THEAT. decorado.
scent [sent] *s.* olfato. *2* olor. *3 t.* oler, husmear.
scepter, sceptre ['septəʳ] *s.* cetro [real].
schedule ['ʃedju:l, (E. U.) 'skedju:l] *s.* lista, inventario; horario.
scheme [ski:m] *s.* esquema. *2 t.* proyectar, idear.
schism ['sizəm] *s.* cisma.
scholar ['skɔləʳ] *s.* colegial, -a. *2* becario. *3* sabio, erudito.
scholarship ['skɔleʃip] *s.* saber, erudición. *2* beca [para estudiar].
school [sku:l] *s.* escuela. *2 t.* enseñar, instruir.
schoolmaster ['sku:lˌmɑ:stəʳ] *s.* profesor de instituto.
schoolmistress ['sku:lˌmistris] *s.* profesora de instituto.
science ['saiens] *s.* ciencia. *2* ciencas naturales.
scientist ['saiəntist] *s.* hombre de ciencia.
scissors ['sizəz] *s. pl.* tijeras.
scoff [skɔf] *s.* burla, mofa. *2 i.* mofarse, burlarse.
scold [skəuld] *t.* reñir, regañar.
scoop [sku:p] *s.* cucharón, cazo.
scope [skəup] *s.* alcance [de un arma]. *2* campo o radio [de acción]. *3* mira, designio.

scorch [skɔ:tʃ] *t.* chamuscar, socarrar.
score [skɔ:ʳ, skɔəʳ] *s.* muesca, entalladura. *2* cuenta [de lo que se debe]. *3* tantos, tanteo. *4* razón, motivo. *5* veintena. *6* MÚS. partitura. *7 t.* esclopear. *8* marcar, ganar [puntos, tantos]. *9* rayar. *10* MÚS. orquestar.
scorn [skɔ:n] *s.* desdén, desprecio. *2 t.* desdeñar, despreciar.
Scot [skɔt], *s.*, **Scotch** [skɔtʃ] *a.-s.* escocés.
scoundrel ['skaundrəl] *s.* granuja.
scour ['skauəʳ] *t.* fregar.
scourge [skə:dʒ] *s.* látigo. *2 t.* azotar, flagelar.
scout [skaut] *s.* MIL. explorador, escucha. *2 t.-i.* explorar.
scowl [skaul] *s.* ceño, sobrecejo. *2 i.* mirar con ceño.
scramble ['skræmbl] *s.* lucha, arrebatiña. *2* gateamiento. *3 i.* trepar, gatear. *4* andar a la arrebatiña.
scrap [skræp] *s.* trozo, pedazo.
scrape [skreip] *s.* raspadura, rasguño. *3 t.* raspar, rascar.
scratch [skrætʃ] *s.* arañazo. *2 t.* arañar, rayar.
scream [skri:m] *s.* chillido, grito. *2 t.-i.* chillar, gritar.
screech [skri:tʃ] *s.* chillido. *2* chirrido. *3 i.* chillar. *4* chirriar.
screen [skri:n] *s.* pantalla. *2 t.* ocultar, tapar.
screw [skru:] *s.* tornillo, rosca. *2 t.* atornillar.
script [skript] *s.* escritura. *2* manuscrito; guión [cine].
Scripture ['skriptʃəʳ] *s.* Sagrada Escritura.
scroll [skrəul] *s.* rollo de papel o pergamino [esp. escrito].
scrub [skrʌb] *a.* desmirriado. *2 s.* fregado, fregoteo. *3 t.* fregar, estregar.
scruple ['skru:pl] *s.* escrúpulo. *2 i.* tener escrúpulo.
scrutinize ['skru:tinaiz] *t.* escrutar, escudriñar.
sculptor ['skʌlptəʳ] *s.* escultor.
sculpture ['skʌlptʃəʳ] *s.* escultura.
scurry ['skʌri] *i.* huir, escabullirse.
scuttle ['skʌtl] *s.* escotillón. *2 t.* MAR. barrenar, echar a pique.
scythe [saið] *s.* guadaña.
sea [si:] *s.* mar, océano.
seal [si:l] *s.* ZOOL. foca.

2 sello, sigilo. 3 *t.* sellar, precintar.

seam [si:m] *s.* costura. 2 *t.* coser.

seaman ['si:mən] *s.* marinero.

sear [siəʳ] *t.* secar; abrasar, chamuscar.

search [sə:tʃ] *s.* busca, búsqueda. 2 *t.-i.* buscar.

seasick ['si:-sik] *a.* mareado.

seaside ['si:'said] *s.* orilla del mar, costa, playa.

season ['si:zn] *s.* estación [del año]. 2 tiempo, temporada. 3 *t.* sazonar. 4 habituar, aclimatar.

seat [si:t] *s.* asiento. 2 sitio, sede, residencia. 3 *t.* sentar. 4 establecer, instalar.

secede [si'si:d] *i.* separarse.

seclude [si'klu:d] *t.* apartar, aislar. 2 recluir.

seclusion [si'klu:ʒən] *s.* aislamiento. 2 reclusión.

second ['sekənd] *a.* segundo. 2 secundario, subordinado. 3 inferior. 4 *s.* segundo [división del minuto]. 5 *t.* secundar, apoyar.

secondary ['sekəndəri] *a.* secundar.

secret ['si:krit] *a.* secreto. 2 callado, reservado. 3 *s.* secreto.

secretary ['sekrətri] *s.* secretario.

sect [ekt] *s.* secta.

section ['sekʃən] *s.* sección.

secular ['sekjuləʳ] *a.* secular. 2 seglar, lego.

secure [si'kjuəʳ] *a.* seguro. 2 *t.* asegurar; afianzar.

security [si'kjuəriti] *s.* seguridad. 2 protección.

sediment ['sedimənt] *s.* sedimento. 2 heces, poso.

seduce [si'dju:s] *t.* seducir.

see (si:) *s.* ECLES. sede, silla. 2 *t.-i.* ver. 3 mirar, observar. 4 considerar, juzgar. 5 *to ~ after,* cuidar. ¶ Pret.: *saw* [sɔ:); p. p.: seen [si:n].

seed [si:d] *s.* BOT. semilla. 2 *t.-i.* sembrar.

seek [si:k] *t.* buscar. ¶ Pret. y p. p.: *sought* [sɔ:t].

seem [si:m] *i.* parecer.

seeming ['si:miŋ] *a.* aparente; parecido. 2 *s.* apariencia.

seen [si:n] V. TO SEE.

seer ['si(:)əʳ] *s.* profeta, vidente.

seethe [si:ð] *i.* hervir.

segment ['segmənt] *s.* segmento.

segregation [ˌsegri'geiʃən] *s.* segregación, separación.

seize [si:z] *t.* asir, agarrar.

seizure ['si:ʒəʳ] *s.* captura.

seldom ['seldəm] *adv.* raramente, rara vez.

select [si'lekt] *a.* selecto. *2 t.* escoger, elegir.

selection [si'lekʃən] *s.* selección.

self [self], *pl.* **selves** [selvz] *a.* mismo; idéntico. *2* **self-,** [en compuestos] auto-, por sí mismo; ~ *conscious,* tímido; ~ *sufficient,* presuntuoso.

selfish ['selfiʃ] *a.* interesado, egoísta. *2* **-ly** *adv.* interesadamente, egoístamente.

selfishness ['selfiʃnis] *s.* egoísmo.

sell [sel] *s.* fam. engaño, estafa. *2 t.-i.* vender(se. ¶ Pret. y p. p.: *sold* [səuld].

seller ['seləʳ] *s.* vendedor.

semblance ['sembləns] *s.* semejanza. *2* aspecto.

senate ['senit] *s.* senado.

send [send] *t.* enviar, mandar. *2* lanzar. ¶ Pret. y p. p.: *sent* [sent].

senior ['si:njəʳ] *a.* mayor, de más edad; más antiguo; decano. *2* (E. U.) del último curso de una facultad. *3 s.* anciano.

sensation [sen'seiʃən] *s.* sensación. *2* sensacionalismo.

sensational [sen'seiʃənl] *a.* sensacional.

sense [sens] *s.* sentido [corporal; del humor, etc.]. *2* cordura, buen sentido. *3* inteligencia. *4* significado, acepción. *5* sensación, impresión, conciencia. *6 t.* sentir, percibir, darse cuenta.

senseless ['senslis] *a.* insensible.

sensible ['sensibl] *a.* juicioso, prudente, sensato, cuerdo.

sensitive ['sensitiv] *a.* sensitivo. *2* sensible, impresionable.

sensual ['sensjuel] *a.* sensual.

sent [sent] V. TO SEND.

sentence ['sentəns] *s.* sentencia. fallo; condena. *2* sentencia, máxima. *3* GRAM. oración, período.

sentiment ['sentimənt] *s.* sentimiento. *2* sensibilidad. *3* parecer, opinión. *4* concepto, frase.

sentimental [ˌsenti'mentl] *a.* sentimental.

sentry ['sentri] *s.* centinela.

separate ['seprit] *a.* separado. *2* ['sepəreit] *t.* separar. *3* despegar.

separation [ˌsepəˈreiʃən] *s.* separación. 2 porción.
September [səpˈtembəʳ] *s.* septiembre.
sepulchre [ˈsepəlkəʳ] *s.* sepulcro.
sequence [ˈsi:kwəns] *s.* sucesión, continuación; serie.
serene [siˈri:n] *a.* sereno, claro.
serf [sə:f] *s.* siervo. 2 esclavo.
sergeant [ˈsɑ:dʒənt] *s.* MIL. sargento.
series [ˈsiəri:z] *s.* serie.
serious [ˈsiəriəs] *a.* serio.
seriousness [ˈsiəriəsnis] *s.* seriedad, gravedad.
sermon [ˈsə:mən] *s.* sermón.
serpent [ˈsə:pənt] *s.* serpiente.
serum [ˈsiərəm] *s.* suero.
servant [ˈsə:vənt] *s.* sirviente, criado.
serve [sə:v] *t.-i.* servir. 2 surtir, abastecer.
service [ˈsə:vis] *s.* servicio.
serviceable [ˈsə:visəbl] *a.* servible. 2 útil. 3 servicial.
servile [ˈsə:vail] *a.* servil.
servitude [ˈsə:vitju:d] *s.* servidumbre. 2 esclavitud.
session [ˈseʃən] *s.* sesión.
set [set] *s.* juego, servicio, colección; grupo. 2 aparato [de radio, etc.]. 3 *a.* resuelto, determinado. 4 fijo, inmóvil. 5 *t.* poner, colocar. 6 destinar, fijar. 7 *to ~ about,* poner a. 8 *to ~ aside,* dejar a un lado. 9 *to ~ fire to,* pegar fuego a. 10 *to ~ free,* libertar. 11 *to ~ going,* poner en marcha. ¶ Pret y p. p.: *set* [set]; ger.: *setting* [ˈsetiŋ]
setting [ˈsetiŋ] *s.* puesta [del sol]. 2 escenario [de una narración]; ambiente; decorado [teatro]. 3 *~ up,* establecimiento.
settle [ˈsetl] *s.* escaño, banco. 2 *t.* colocar, establecer. 3 fijar, asegurar. 4 colonizar, poblar. 5 *i.* establecerse, instalarse.
settler [ˈsetləʳ] *s.* poblador, colono.
seven [ˈsevn] *a.-s.* siete. 2 **-teen** [-ˈti:n] diecisiete. 3 **-teenth** [-ˈti:nθ] decimoséptimo. 4 **-th** [-θ] septimo. 5 **-tieth** [-tiəθ, -tiiθ] septuagésimo. 6 **-ty** [-ti] setenta.
sever [ˈsevəʳ] *t.-i.* separar(se; romper(se.
several [ˈsevrəl] *a.* varios.
severe [siˈviəʳ] *a.* severo.

severity [si'veriti] *s.* severidad.

sew [səu] *t.-i.* coser. ¶ Pret.: *sewed* [səud]; p. p.: *sewn* [səun] o *sewed.*

sewer ['sjuə^r] *s.* alcantarilla.

sewing ['səuiŋ] *s.* costura: ~ *machine,* máquina de coser.

sex [seks] *s.* sexo.

sexual ['seksjuəl] *a.* sexual.

shabby ['ʃæbi] *a.* raído.

shack [ʃæk] *s.* (E. U.) cabaña.

shade [ʃeid] *s.* sombra. *2* matiz, tinte. *3* pantalla [de lámpara]. *4* visillo, cortina. *5 t.* hacer o dar sombra. *6* proteger, esconder.

shadow ['ʃædəu] *s.* sombra. *2 t.* sombrear; oscurecer.

shaft [ʃɑ:ft] *s.* astil. *2* asta. *3* saeta.

shaggy ['ʃægi] *a.* lanudo, peludo. *2* áspero. *3* desgreñado.

shake [ʃeik] *s.* meneo, sacudida. *2* apretón [de manos]. *3 t.* sacudir, agitar, blandir. ¶ Pret.: *shook* [ʃuk]; p. p.: *shaken* ['ʃeikən].

shaky ['seiki] *a.* tembloroso.

shall [ʃæl, ʃəl] *v. def. aux.* del futuro. En 1.as personas denota simple acción futura; en 2.as y 3.as, voluntad, intención, mandato: *I shall go,* iré; *he shall go,* tiene que ir. *2* SHOUL [ʃud, ʃəd] pret. de *shall.* En 1.as personas, forma potencial; en 2.as y 3.as, voluntad, intención, mandato: *I should come,* vendría; *you should come,* deberías venir.

shallow ['ʃæləu] *a.* bajo, poco profundo. *2* superficial, frívolo.

sham [ʃæm] *s.* fingimiento. *2 t.-i.* fingir, simular.

shame [ʃeim] *s.* vergüenza. *2 t.* avergonzar.

shameful ['ʃeimful] *a.* vergonzoso.

shape [ʃeip] *s.* forma, figura. *2 t.* formar, dar forma a; modelar.

shapeless ['ʃeiplis] *a.* informe. 2 deforme.

share (ʃɛə^r] *s.* parte, porción. *2* participación. *3 t.* distribuir, repartir.

shark [ʃɑ:k] *s.* ICT. y fig. tiburón. *2* estafador.

sharp [ʃɑ:p] *a.* agudo, aguzado, afilado, cortante, punzante.

sharpen ['ʃɑ:pən] *t.* afilar.

shatter ['ʃætəʳ] *t.* romper, hacer estallar.
shave [ʃeiv] *t.-i.* afeitar(se.
shaving ['ʃeiviŋ] *s.* afeitado.
shawl [ʃɔ:l] *s.* chal, mantón.
she [ʃi:, ʃi] *pron. pers.* ella. 2 hembra: *she-ass,* borrica.
sheaf [ʃi:f], *pl.* **sheaves** [ʃi:vz] *s.* haz, gavilla.
shear [ʃiəʳ] *s.* esquileo. 2 lana esquilada. 3 *t.* esquilar, trasquilar. ¶ P. p.: *shorn* [ʃɔ:n]
sheath [ʃi:θ] *s.* vaina, funda.
sheathe [ʃi:ð] *t.* envainar, enfundar.
shed [ʃed] *s.* cobertizo, alpende. 2 *t.* verter, derramar. 3 *i.* mudar [la piel, etc.]. ¶ Pret. y p. p.: *shed.*
sheep [ʃi:p] *s. sing.* y *pl.* carnero(s, oveja(s.
sheer [ʃiəʳ] *a.* puro, mero. 2 *t.-i.* desviar(se.
sheet [ʃi:t] *s.* lámina, plancha. 2 sábana.
shelf [ʃelf], *pl.* **shelves** [ʃelvz] *s.* anaquel; *pl.* estantería.
shell [ʃəl] *s.* ZOOL. concha, caparazón. 2 cáscara [de huevo, nuez, etc.]. 3 bala [de cañón], bomba, granada. 4 *t.* descascarar, mondar. 5 bombardear.
shellfish ['ʃelfiʃ] *s.* marisco(s.
shelter ['ʃeltəʳ] *s.* abrigo, refugio. 2 *t.-i.* guarecer(se, abrigar(se.
shelves [ʃelvz] *s. pl.* de SHELF.
shepherd ['ʃepəd] *s.* pastor.
sheriff ['ʃerif] *s.* alguacil mayor, sheriff.
sherry ['ʃeri] *s.* vino de Jerez.
shield [ʃi:ld] *s.* escudo. 2 *t.* proteger, escudar.
shift [ʃift] *s.* recurso, maña. 2 tanda, turno [de obreros; de trabajo]. 3 cambio, desviación. 4 *t.-i.* cambiar, mudar [de posición, etc.]. 5 usar subterfugios.
shilling ['ʃiliŋ] *s.* chelín.
shimmer ['ʃiməʳ] *s.* luz trémula. 2 *i.* rielar, brillar débilmente.
shin [ʃin] *s.* espinilla. 2 *i.-t.* trepar, subir.
shine [ʃain] *s.* brillo. 2 *i.* brillar. ¶ Pret. y p. p.: *shone* [ʃɔn].
shingle ['ʃiŋgl] *s.* guijarro. 2 ripia [para techar]. 3 (E. U.) letrero de despacho.

ship [ʃip] *s.* buque, barco. *2 t.-i.* embarcar(se. *3 t.* transportar.
shipment [ˈʃipmənt] *s.* cargamento, embarque.
shipping [ˈʃipiŋ] *s.* embarque.
shipwreck [ˈʃip-rek] *s.* naufragio.
shire [ˈʃaiəʳ] *s.* (Ingl.) distrito.
shirk [ʃəːk] *t.* eludir.
shirt [ʃəːt] *s.* camisa.
shiver [ˈʃivəʳ] *s.* temblor. *2 i.-t.* temblar, tiritar.
shoal [ʃəul] *s.* bajo, banco [de arena o de peces].
shock [ʃɔk] *s.* golpe, choque. *2* conmoción. *3 t.* chocar; ofender. *4* conmover.
shod [ʃɔd] V. TO SHOE.
shoe [ʃuː] *s.* zapato: ~ *black*, limpiabotas; ~ *polish*, betún: *shoehorn*, calzador. *2 t.* calzar; herrar [a un caballo]. ¶ Pret. y p. p.: *shod* [ʃɔd].
shoemaker [ˈʃuːˌmeikəʳ] *s.* zapatero.
shone [ʃɔn] TO SHINE.
shook [ʃuk] V. TO SHAKE.
shoot [ʃuːt] *s.* BOT. vástago, retoño. *2* cacería. *3 t.* fusilar. *4* disparar. *5* DEP. chutar. *6 i.* ir de caza. *7 to ~ up*, brotar [las plantas, etc.]. ¶ Pret. y p. p.: *shot* [ʃɔt].
shop [ʃɔp] *s.* tienda, comercio. *2 i.* comprar: *to go shopping*, ir de compras.
shore [ʃɔːʳ] *s.* orilla, costa, playa.
shorn [ʃɔːn] V. TO SHEAR.
short [ʃɔːt] *a.* corto; breve, escaso, poco. *2* bajo [de estatura]. *3* seco, brusco. *4 ~ hand*, taquígrafo, taquigrafía; ~ *sighted*, corto de vista. *5 adv.* brevemente, cortamente; ~ *of*, excepto, si no. *6 s.* CINEM. película corta. *7 pl.* pantalones cortos [para deporte].
shortage [ˈʃɔːtidʒ] *s.* escasez.
shorten [ˈʃɔːtn] *t. - i.* acortar(se, abreviar.
shot [ʃɔt] *a.* tornasolado, matizado. *2 s.* tiro, disparo. *3* bala. *4* tirada [en ciertos juegos]. *6* V. TO SHOOT.
shot-gun [ˈʃɔtgʌn] *s.* escopeta de caza.
should [ʃud, ʃəd] V. SHALL.
shoulder [ˈʃəuldəʳ] *s.* hombro. *2 t.* echar o llevar al hombro; cargar con.
shout [ʃaut] *s.* grito, griterío. *2 t.-i.* gritar, vocear.

shove [ʃʌv] *s.* empujón, empuje. *2 t.-i.* empujar, dar empujones.
shovel [ˈʃʌvl] *s.* pala. *2* palada.
show [ʃəu] *s.* presentación. *2* exposición. *3* espectáculo; función [de teatro, cine]. *4* ostentación. *5 t.* mostrar, enseñar, exhibir. *6* hacer ver, demostrar. *7 to ~ how to,* enseñar a [hacer algo]. *8 to ~ up,* destacar. *9* TEAT. actuar. ¶ Pret.: *showed* [ʃəud]; p. p.: *shown* [ʃəun] o *showed.*
shower [ˈʃauəʳ] *s.* chubasco, chaparrón. *2* abundancia. *3 ~ bath,* ducha.
shown [ʃəun] V. TO SHOW.
showy [ˈʃəui] *a.* vistoso.
shrank [ʃræŋk] V. TO SHRINK.
shred [ʃred) *s.* tira, jirón. *2 t.* hacer tiras, jirones, trizas.
shrew [ʃru:] *s.* ZOOL. musaraña. *2* mujer de mal genio, arpía.
shrewd [ʃru:d] *a.* sagaz, listo.
shriek [ʃri:k] *s.* chillido, alarido. *2 i.* chillar, gritar.
shrill [ʃril] *a.* agudo, chillón. *2 t.-i.* chillar.
shrine [ʃrain] *s.* urna, relicario.
shrink [ʃriŋk] *t.-i.* encoger(se, contraerse; disminuir. ¶ Pret.: *shrank* [ʃræŋk] o *shrunk* [ʃrʌŋk]; p. p.: *shrunk* o *shrunken* [ˈʃrʌŋkən].
shrivel [ˈʃrivl] *t.-i.* arrugar(se, encoger(se.
shroud [ʃraud] *s.* mortaja. *2 t.* amortajar. *3* ocultar.
shrub [ʃrʌb] *s.* arbusto.
shrug [ʃrʌg] *t.-i.* encoger(se [de hombros].
shrunk [ʃrʌŋk] V. TO SHRINK.
shudder [ˈʃʌdəʳ] *s.* temblor. *2 i.* estremecerse.
shuffle [ˈʃʌfl] *t.* barajar. *2* arrastrar los pies.
shun [ʃʌn] *t.* rehuir.
shut [ʃʌt] *t.* cerrar [una puerta, etc.]. *2* tapar, obstruir. *3 to ~ down,* cerrar una fábrica; *to ~ up,* tapar; callarse. ¶ Pret. y p. p.: *shut* [ʃʌt]; ger.: *shutting.*
shutter [ˈʃʌtəʳ] *s.* postigo.
shy [ʃai] *a.* tímido, asustadizo. *2 i.* esquivar; asustarse.
shyness [ˈʃainis] *s.* timidez. *2* vergüenza, recato. *3* cortedad.
sick [sik] *a.-s.* enfermo. *2* mareado. *3 to be ~ of,* estar harto de.

sicken ['sikn] *t.-i.* enfermar, poner(se enfermo.
sickle ['sikl] *s.* hoz.
sickly ['sikli] *a.* enfermizo.
sickness ['siknis] *s.* enfermedad.
side [said] *s.* lado, costado. *2* orilla, margen. *3* falda [de montaña]. *4* partido, bando. *5 a.* lateral; secundario. *6 t.* ponerse o estar al lado de.
sideboard ['saidbɔ:d] *s.* aparador.
sidewalk ['said-wɔ:k] *s.* (E. U.) acera.
sideward(s ['saidwəd, -z] *adv.* de lado, hacia un lado.
sideways ['said-weiz], **sidewise** [-waiz] *a.* dirigido hacia un lado. *2 adv.* de lado. *3* oblicuamente. *4* de soslayo.
siege [si:dʒ] *s.* sitio, asedio, cerco.
sieve [siv] *s.* cedazo, tamiz.
sift [sift] *t.* cerner, tamizar, cribar.
sigh [sai] *s.* suspiro. *2 i.* suspirar.
sight [sait] *s.* vista, visión: *at* ~, *on* ~, a primera vista. *2* escena, espectáculo. *3* monumentos. *4* **-ly** *a.* vistoso, hermoso.
sight [sait] *t.-i.* ver, mirar.
sign [sain] *s.* signo, señal. *2 t.-i.* firmar, rubricar.
signal ['signəl] *s.* señal, seña. *2 a.* señalado, notable. *3 t.-i.* hacer señales.
signature ['signətʃəʳ] *s.* firma.
significance, -cy [sig'nifikəns, -si] *s.* significado. *2* importancia.
significant [sig'nifikənt] *a.* significativo. *2* importante.
signify ['signifai] *t.* significar. *2 i.* importar.
silence ['sailəns] *s.* silencio. *2 t.* imponer silencio.
silent ['sailənt] *a.* silencioso.
silhouette [ˌsilu'et] *s.* silueta.
silk [silk] *s.* seda [materia, hilo, tejido]: ~ *hat,* sombrero de copa.
silken ['silkən] *a.* de seda.
sill [sil] *s.* umbral; antepecho; alféizar.
silliness ['silinis] *s.* tontería.
silly ['sili] *a.* tonto, necio.
silver ['silvəʳ] *s.* plata. *2 a.* de plata.
similar ['siniləʳ] *a.* similar.

similarity [ˌsimiˈlæriti] *s.* semejanza, parecido.
simmer [ˈsiməʳ] *t.-i.* hervir a fuego lento.
simple [ˈsimpl] *a.* simple. *2* tonto, bobo.
simplicity [simˈplisiti] *s.* simplicidad. *2* sencillez.
simplify [ˈsimplifai] *t.* simplificar.
simply [ˈsimpli] *adv.* simplemente; meramente.
simultaneous [ˌsiməlˈteinjəs] *a.* simultáneo.
sin [sin] *s.* pecado. *2 i.* pecar.
since [sins] *adv.* desde. *2 prep.* desde, después de *3 conj.* desde que, después que. *4* ya que, puesto que.
sincere [sinˈsiəʳ] *a.* sincero.
sinew [ˈsinju:] *s.* ANAT tendón. *2* fuerza muscular. *3* energía.
sinful [ˈsinful] *a.* pecador.
sing [siŋ] *t.-i.* cantar. ¶ Pret.: *sang* [sæŋ]; p. p.: *sung* [sʌŋ].
singer [ˈsiŋəʳ] *s.* cantante.
single [ˈsiŋgl] *a.* único. *2* célibe: *~ man,* soltero. *3* sencillo, simple. *4* individual. *5* t. *to ~ out,* singularizar.
singular [ˈsiŋgjuləʳ] *a.* singular. *2* raro, estrafalario.
sinister [ˈsinistəʳ] *a.* siniestro.
sink [siŋk] *s.* sumidero. *2* fregadero. *3 t.-i.* hundir(se, sumergir(se. *4 to ~ down,* derrumbarse. *5* ponerse [el sol]. ¶ Pret.: *sank* [sæŋk] o *sunk* [sʌŋk]; p. p.: *sunk* o *sunken* [ˈsʌŋkən].
sinner [ˈsinəʳ] *s.* pecador.
sinuosity [ˈsinjuˈɔsiti] *s.* sinuosidad, tortuosidad.
sinuous [ˈsinjuəs] *a.* sinuoso.
sip [sip] *s.* sorbo. *2 t.-i.* beber a sorbos.
sir [sə:ʳ, səʳ] *s.* señor. *2* [Ingl.] tratamiento que se antepone al nombre de un caballero o baronet: *Sir Winston Churchill.*
sire [ˈsaiəʳ] *s.* señor [tratamiento del soberano]. *2* progenitor.
siren [ˈsaiərin, -rən] *s.* MIT. sirena. *2* sirena [pito].
sister [ˈsistəʳ] *s.* hermana. *2* sor, monja. *3* enfermera. *4 sister-in-law,* cuñada.
sit [sit] *t.-i.* sentar(se; posarse [un pájaro]; estar sentado. *2* empollar [las gallinas]. *3* celebrar sesión. *4* sentar bien [un

traje]. 5 *to ~ down*, sentarse; establecerse. 6 *to ~ for*, representar [un distrito]; servir de modelo. 7 *to ~ on* o *upon*, deliberar sobre. 8 *to ~ up*, incorporarse [en la cama]. ¶ Pret. y p. p.: *sat* [sæt].

site [sait] *s.* sitio, escenario. 2 asiento, situación.

situation [ˌsitju'eiʃən] *s.* situación. 2 empleo.

six [siks] *a.-s.* seis. 2 **-teen** [-'ti:n] dieciséis. 3 **-teenth** [-'ti:nθ] decimosexto. 4 **-th** [-θ] sexto. 5 **-tieth** [-tiəθ] sexagésimo. 6 **-ty** [-ti] sesenta.

size [saiz] *s.* medida, tamaño. 2 *t.* clasificar según tamaño.

skate [skeit] *s.* patín. 2 *i.* patinar.

skeleton ['skelitn] *s.* esqueleto. 2 armazón. 3 esbozo, esquema. 4 *~ key*, llave maestra.

sketch [sketʃ] *s.* boceto. 2 *t.* esbozar.

ski [ski:] *s.* esquí. 2 *i.* esquiar.

skid [skid] *t.* hacer deslizar sobre maderos, etc.

skilful ['skilful] *a.* diestro.

skill [skil] *s.* habilidad.

skilled [skild] *a.* práctico.

skim [skim] *t.* espumar.

skin [skin] *s.* piel, cutis. 2 odre. 3 cáscara, hollejo. 4 *skin-deep*, superficial. 5 *t.* desollar, despellejar.

skip [skip] *s.* salto. 2 omitir, pasar por alto.

skirmish ['skə:miʃ] *s.* escaramuza.

skirt [skə:t] *s.* falda. 2 orilla. 3 *t.-i.* bordear, rodear.

skull [skʌl] *s.* cráneo, calavera.

sky [skai] *s.* cielo, firmamento.

skylark ['skailɑ:k] *s.* ORN. alondra.

slab [slæb] *s.* tabla, plancha.

slack [slæk] *a.* flojo; débil. 2 *s.* inactividad, calma. 3 *pl.* pantalones anchos.

slain [slein] V. TO SLAY.

slam [slæm] *s.* golpe, portazo. 2 *t.* cerrar de golpe.

slander ['slɑ:ndəʳ] *s.* calumnia. 2 *t.* calumniar, difamar.

slang [slæŋ] *s.* jerga, argot.

slant [slɑ:nt] *s.* inclinación. 2 punto de vista. 3 *t.-i.* inclinar(se.

slap [slæp] *s.* palmada; bofetón. *2* insulto. *3 t.* pegar, abofetear.
slash [slæʃ] *s.* cuchillada, tajo. *2 t.* acuchillar.
slate [sleit] *s.* pizarra.
slaughter ['slɔ:təʳ] *s.* matanza. *2 t.* matar. *3* sacrificar [reses].
Slav [slæv, slɑ:v] *a.-s.* eslavo.
slave [sleiv] *s.* esclavo.
slavery ['sleivəri] *s.* esclavitud.
slay [slei] *t.* matar. ¶ Pret.: *slew* [slu:]; p. p.: *slain* [slein].
sled [sled], **sledge** [sledʒ] *s.* trineo, rastra.
sleek [sli:k] *a.* liso, bruñido. *2 t.* pulir, alisar.
sleep [sli:p] *s.* sueño. *2 i.* dormir. ¶ Pret. y p. p.: *slept* [slept].
sleeping ['sli:piŋ] *a.* dormido.
sleeplessness ['sli:p-lisnis] *s.* insomnio.
sleepy ['sli:pi] *a.* soñoliento.
sleeve [sli:v] *s.* manga.
slender ['slendəʳ] *a.* delgado.
slept [slept] V. TO SLEEP.
slew [slu:] V. TO SLAY.
slice [slais] *s.* rebanada, lonja. *2 t.* rebanar. *3* tajar.
slick [slik] *a.* fam. mañoso. *2 t.* alisar, pulir.
slid [slid] V. TO SLIDE.
slide [slaid] *s.* corrimiento de tierra; falla. *2 i.-t.* resbalar. ¶ Pret. y p. p.: *slid* [slid].
slight [slait] *a.* ligero. *2* pequeño, insignificante. *3* delgado. *4 s.* desaire. *5 t.* despreciar.
slim [slim] *a.* delgado, esbelto.
slime [slaim] *s.* limo. *2* viscosidad.
slimy ['slaimi] *a.* fangoso.
sling [sliŋ] *s.* honda. *2 t.* tirar con honda. *3* lanzar. ¶ Pret. y p. p.: *slung* [slʌŋ].
slip [slip] *s.* resbalón. *2* huida, esquinazo. *3* tira [trozo estrecho]. *4* combinación [de mujer]. *5 t.-i.* resbalar(se.
slipper ['slipəʳ] *s.* zapatilla.
slippery ['slipəri] *a.* resbaladizo.
slit [slit] *s.* corte, hendedura. *2 t.* hender, cortar. ¶ Pret. y p. p.: *slit.*
slogan ['sləugən] *s.* eslogan.
slope [sləup] *s.* cuesta. *2* ladera. *3 i.* inclinarse.
slot [slɔt] *s.* hendedura,

abertura: ~ *machine,* tragaperras.

sloth [sləuθ] *s.* pereza, galvana.

slouch [slautʃ] *s.* pers. desmañada, perezosa. *2* inclinación, caída. *3 i.* andar agachado o alicaído.

slow [sləu] *a.* lento, tardo. *2* torpe. *3* atrasado. *4 adv.* lentamente, despacio. *5 t.-i.* retardar.

slug [slʌg] *s.* ZOOL. babosa. *2 t.* pasar [un tiempo] ocioso. *3* aporrear.

sluggish ['slʌgiʃ] *a.* flojo, indolente. *2* lento.

slum [slʌm] *s.* barrio miserable.

slumber ['slʌmbəʳ] *s.* sueño. *2 i.* dormitar. *3* dormirse.

slump [slʌmp] *s.* hundimiento. *2 i.* caer, desplomarse.

slung [slʌŋ] V. TO SLING.

slur [slə:ʳ] *s.* mancha, borrón. *2 t.* manchar. *3* pasar por alto.

sly [slai] *a.* astuto, socarrón. *2 on the ~,* a hurtadillas. *3* **-ly** *adv.* astutamente.

smack [smæk] *s.* gustillo. *2* poquito. *3* restallido, golpe. *4* i. *to ~ of,* tener un gustillo de. *5 i.-t.* chasquear el látigo. *6* chuparse los dedos. *7* besar sonoramente.

small [smɔ:l] *a.* pequeño, insignificante: *~ change,* dinero suelto. *2* bajo [estatura].

smart [smɑ:t] *a.* elegante: *the ~ set,* la gente distinguida. *2* listo, astuto. *3* fuerte, violento. *4 s.* dolor. *5 i.* escocer doler.

smash [smæʃ] *s.* rotura, destrozo. *2* choque [de vehículos, etc.]. *3* fracaso, bancarrota. *4 t.-i.* romper(se, destrozar(se. *5* quebrar. *6* chocar.

smattering ['smætəriŋ] *s.* barniz, tintura; conocimiento superficial.

smear [smiəʳ] *s.* embadurnamiento, mancha. *2 t.* embadurnar, untar.

smell [smel] *s.* olfato [sentido]. *2* olor. *3 t.* oler. *4* olfatear, husmear. ¶ Pret. y p. p.: *smelt* [smelt].

smelt [smelt] *t.* fundir [minerales]. *2* extraer [metal] por fusión. *3 pret.* y *p. p.* de TO SMELL.

smile [smail] *s.* sonrisa. *2 i.* sonreír(se.

smite [smait] *t.* golpear. *2* asolar. *3* remorder [la conciencia]. ¶ Pret.:

smote [sməut] p. p.: *smiten* ['smitn].

smith [smiθ] *s.* forjador. *2* herrero.

smithy ['smiði] *s.* forja,

smitten ['smitn] V. TO SMITE.

smog [smɔg] *s.* niebla mezclada con humo.

smoke [sməuk] *s.* humo. *2 t.-i.* fumar. *3* ahumar.

smoky ['sməuki] *a.* lleno de humo.

smooth [smu:ð] *t.* alisar. *2* cepillar, pulir. *3* facilitar [las cosas]. *4* suavizar. *5* calmar. *6 a.* liso, llano. *7* afable.

smote [sməut] V. TO SMITE.

smother ['smʌðəʳ] *t.-i.* ahogar(se; sofocar(se.

smuggle ['smʌgl] *t.* pasar de contrabando.

snail [sneil] *s.* caracol; babosa.

snake [sneik] *s.* culebra, serpiente. *2 i.* serpentear.

snap [snæp] *s.* chasquido. *2* mordisco. *3* energía, vigor. *4 ~ shot,* foto instantánea. *5 t.-i.* chasquear. *6* tirar un bocado a. *4* hacer una instantánea.

snare [snɛəʳ] *s.* lazo. *2* celada. *3 t.* atrapar.

snarl [snɑ:l] *s.* gruñido. *2 i.* regañar; gruñir.

snatch [snætʃ] *s.* acción de arrebatar. *2* trozo, pedacito. *3* rato. *4 t.* coger, arrebatar, quitar.

sneak [sni:k] *s.* persona ruin. *2 t.-i.* andar u obrar furtivamente. *3* hurtar, ratear.

sneer [sniəʳ] *s.* burla, mofa. *2 i.* reírse con burla o desprecio; burlarse.

sneeze [sni:z] *s.* estornudo. *2 i.* estornudar.

sniff [snif] *s.* olfato, husmeo. *2 t.* olfatear, husmear.

snob [snɔb] *s.* esnob [persona con pretensiones sociales.]

snore [snɔ:ʳ] *i.* roncar.

snort [snɔ:t] *i.* resoplar.

snout [snaut] *s.* trompa [del elefante]. *2* hocico, morro.

snow [snou] *s.* nieve. *2 i.* nevar.

snuff [snʌf] *s.* rapé. *2 t.* oler.

snuffle ['snʌfl] *i.* respirar con la nariz obstruida.

snug [snʌg] *a.* cómodo, abrigado.

so [səu] *adv.* así; eso, lo mismo: *I hope* ~, así lo espero. 2 ~ *that,* para que. 3 tan, tanto: ~ ~ *good,* tan bueno. 4 y así, por tanto. 5 *conj.* con tal que; para que. 6 *and* ~ *forth,* etcétera; ~ *far as,* hasta; ~ *long,* hasta la vista; ~ *much,* tanto; ~ *many,* tantos; *so-so,* regular; *so-and-so,* fulano [de tal]; ~ *far* hasta ahora, hasta aquí; ~ *to say,* o *to speak,* por decirlo así.

soak [səuk] *s.* remojo, remojón. 2 borrachín. 3 *t.-i.* remojar(se, empapar(se.

soap [səup] *s.* jabón. 2 *t.* jabonar.

soar [sɔːʳ, sɔəʳ] *i.* elevarse.

sob [sɔb] *s.* sollozo. 3 *i.* sollozar.

sober ['səubəʳ] *a.* sobrio.

so-called ['səu'kɔːld] *a.* llamado.

sociable ['səuʃəbl] *a.* sociable.

social ['səuʃəl] *a.* social.

socialism ['səuʃəlizəm] *s.* socialismo.

society [sə'saiəti] *s.* sociedad.

sock [sɔk] *s.* calcetín. 2 golpe.

socket ['sɔkit] *s.* hueco en que encaja algo; cuenca [del ojo]; alveolo [de diente]; enchufe.

sod [sɔd] *s.* césped.

sofa ['səufə] *s.* sofá.

soft [sɔft] *a.* blando, maleable.

soften ['sɔfn] *t.-i.* ablandar(se, suavizar(se.

softness ['sɔftnis] *s.* suavidad.

soil [sɔil] *s.* tierra, terreno. 2 *t.* ensuciar, manchar.

sojourn ['sɔdʒeːn] *s.* estancia. 2 *i.* estar, residir [por una temporada].

solace ['sɔləs] *s.* consuelo, alivio. 2 *t.* consolar, aliviar.

sold [səuld] V. TO SELL.

soldier ['səuldʒəʳ] *s.* soldado.

sole ['səul] *s.* planta [del pie]; palma [del casco del caballo]. 2 suela [del zapato]. 3 suelo, base. 4 ICT. lenguado. 5 *a.* solo, único: ~ *right,* exclusiva.

solemn ['sɔləm] *a.* solemne.

solicit [sə'lisit] *t.* solicitar.

solicitor [sə'lisitəʳ] *s.* abogado, procurador. 2 E. U. representante.

solid ['sɔlid] *a.* sólido.

solitary ['sɔlitəri] *a.* solitario.

solitude ['sɔlitju:d] *s.* soledad.
soluble ['sɔljubl] *a.* soluble.
solution [sə'lu:ʃən] *s.* solución.
solve [sɔlv] *t.* resolver.
somber, sombre ['sɔmbəʳ] *a.* oscuro, sombrío.
some [sʌm, səm] *a.-pron.* algún, algunos. *2* un poco de.
somebody ['sʌmbədi] *pron.* alguien, alguno.
somehow ['sʌmhau] *adv.* de algún modo.
someone ['sʌmwʌn] *pron.* SOMEBODY.
something ['sʌmθiŋ] *s.* algo, alguna cosa.
sometimes ['sʌmtaimz] *adv.* algunas veces, a veces.
somewhat ['sʌmwɔt] *s.* algo, un poco. *2 adv.* algo, algún tanto; en cierto modo.
somewhere ['sʌmwɛəʳ] *adv.* en alguna parte.
son [sʌn] *s.* hijo. *2 son--in-law,* yerno.
song [sɔŋ] *s.* canto. *2* MÚS., LIT. canción. canto, copla, cantar.
son-in-law ['sʌninlɔ:] *s.* yerno.
sonnet ['sɔnit] *s.* LIT. soneto.
soon [su:n] *adv.* pronto, luego: *I had (would) sooner not do it,* preferiría no hacerlo.
soot [sut] *s.* hollín.
soothe [su:ð] *t.* aliviar.
sophisticated [sə'fistikeitid] *a.* sofisticado. *2* artificial.
sorcerer ['sɔ:sərəʳ] *s.* hechicero.
sorcery ['sɔ:səri] *s.* hechicería.
sordid ['sɔ:did] *a.* sórdido.
sore [sɔ:ʳ, sɔəʳ] *a.* dolorido. *2 s.* herida, llaga.
sorrow ['sɔrəu] *s.* dolor, pesar. *2 i.* afligirse.
sorry ['sɔri] *a.* afligido, pesaroso, triste: *I am ~,* lo siento.
sort [sɔ:t] *s.* clase, especie. *2* modo, manera: *in a ~,* en cierto modo. *3 t.* ordenar, clasificar.
sought [sɔ:t] V. TO SEEK.
soul [səul] *s.* alma.
sound [saund] *a.* sano. *2 s.* son, sonido. *3 i.* sonar. *4 t.* tocar, tañer.
soup [su:p] *s.* sopa.
sour ['sauəʳ] *a.* ácido, agrio. *2 i.-t.* agriarse. *3* enranciarse.
source [sɔ:s] *s.* fuente, manantial.
south [sauθ] *s.* sur, mediodía.
southern ['sʌðən] *a.* del sur.
sovereign ['sɔvrin] *a.* so-

berano. *2 s.* soberano [monarca; moneda].

soviet ['səuviet] *s.* soviet. *2 a.* soviético.

1) **sow** [sau] *s.* cerda, marrana.

2) **sow** [səu] *t.* sembrar. ¶ Pret.: *sowed* [səud]; p. p.: *sown* [səun] o *sowed.*

space [speis] *s.* espacio. *2* oportunidad. *3 t.* espaciar.

spacious ['speiʃəs] *a.* espacioso.

spade [speid] *s.* laya, pala.

span [spæn] *s.* palmo. *2* ojo [de puente]. *3* extensión. *4* V. TO SPIN.

spangle ['spæŋgl] *s.* lentejuela.

Spaniard ['spænjəd] *s.* español.

Spanish ['spæniʃ] *a.* español. *2 s.* lengua española o castellana.

spank [spæŋk] *t.* azotar.

spar [spɑ:r] *s.* pértiga. *2* combate de boxeo. *3 i.* hacer movimientos de ataque y defensa con los puños [como en el boxeo]. *4* reñir, disputar.

spare [spɛər] *a.* de repuesto. *2* flaco, enjuto. *3* sobrio, frugal. *4 t.* ahorrar, economizar. *5* prescindir de, pasar sin.

spark [spɑ:k] *s.* chispa; centella. *2 i.* chispear, echar chispas.

sparkle ['spɑ:kl] *s.* chispa. *2 i.* chispear.

sparrow ['spærəu] *s.* gorrión.

spat [spæt] V. TO SPIT. *2 t.-i.* (E. U.) reñir, disputar.

spatter ['spætər] *t.* salpicar.

speak [spi:k] *i.* hablar: *to ~ out,* hablar claro. *2 t.* hablar, decir, expresar. *3* hablar [una lengua]. ¶ Pret.: *spoke* [spəuk]; p. p.: *spoken* ['spəukən].

speaker ['spi:kər] *s.* el que habla. *2* orador. *3* presidente [de una asamblea]. *4* RADIO locutor.

spear [spiər] *s.* lanza, venablo. *2* arpón [para pescar]. *3 t.* alancear. *4* atravesar con arpón.

special ['speʃəl] *a.* especial. *2* particular, peculiar. *3 s.* tren, autobús, etc., especial.

specialist ['speʃəlist] *a.-s.* especialista.

specialize ['speʃəlaiz] *t.-i.* especializar(se. *2* detallar.

species ['spi:ʃi:z] *s.* especie [imagen: apariencia]. 2 clase, suerte. 3 género humano.

specific(al [spə'sifik, -əl] *a.* específico. 2 preciso. 3 característico. 4 *s.* FARM. específico.

specify ['spesifai] *t.* especificar, detallar.

specimen ['spesimin] *s.* espécimen.

speck [spek] *s.* manchita. 2 *t.* manchar.

speckle ['spekl] *s.* manchita, mota.

spectacle ['spektəkl] *s.* espectáculo. 2 *pl.* gafas, anteojos.

spectacular [spek'tækjuləʳ] *a.* espectacular. 2 sensacional.

spectator [spek'teitəʳ] *s.* espectador.

specter, spectre ['spektəʳ] *s.* espectro, aparición.

speculate ['spekjuleit] *i.* especular, teorizar.

speech [spi:tʃ] *s.* palabra, lenguaje. 2 idioma. 3 discurso. 4 TEAT. parlamento. 5 conversación.

speed [spi:d] *s.* rapidez, prisa. 2 *t.* acelerar, dar prisa a. ¶ Pret. y p. p.: *sped* [sped] o *speeded* ['spi:did].

speedy ['spi:di] *a.* rápido.

spell [spel] *s.* hechizo, encanto. 2 turno, tanda. 3 *t.-i.* deletrear. ¶ Pret. y p. p.: *spelled* [speld] o *spelt* [spelt].

spelling ['speliŋ] *s.* deletreo; ortografía.

spend [spen] *t.* gastar. 2 pasar [el tiempo]. ¶ Pret. y p. p.: *spent*

sphere [sfiəʳ] *s.* esfera. 2 globo.

spice [spais] *s.* especia. 2 *t.* condimentar con especias.

spider ['spaidəʳ] *s.* araña.

spike [spaik] *s.* pincho, púa. 2 BOT. espiga. 3 *t.* clavar con clavos.

spill [spil] *t.-i.* derramar(se. ¶ Pret. y p. p.: *spilled* [spild] o *spilt* [spilt].

spin [spin] *s.* giro, vuelta. 2 *t.-i.* hilar. 3 hacer girar. ¶ Pret.: *spun* [spʌn] o *span* [spæn]; p. p.: *spun* [spʌn].

spinach ['spinidʒ] *s.* espinaca.

spinal ['spainl] *a.* espinal.

spindle ['spindl] *s.* huso.

spine [spain] *s.* espinazo.

spinner ['spinəʳ] *s.* hilador. 2 máquina de hilar.

spiral ['spaiərəl] *a.* espiral.

spire ['spaiəʳ] *s.* cima, aguja de campanario.

spirit ['spirit] *s.* espíritu. *2 pl.* alcohol, bebida espirituosa. *3 t.* alentar, animar.

spiritual [['spiritjuəl] *a.* espiritual. *2 s.* espiritual [canto religioso de los negros].

spit [spit] *s.* asador. 2 esputo. *3 i.* escupir, esputar. *4* lloviznar. ¶ Pret. y p. p.: *spat* [spæt].

spite [spait] *s.* despecho, rencor. *2 in ~ of,* a pesar de. *3 t.* molestar.

spiteful ['spaitful] *a.* rencoroso.

splash [splæʃ] *s.* salpicadura. *2 t.* salpicar, rociar.

spleen [spli:n] *s.* ANAT. bazo. 2 bilis, mal humor. *3* esplín, melancolía.

splendid ['splendid] *a.* espléndido. 2 ilustre, glorioso.

splendo(u)r ['splendəʳ] *s.* brillo. 2 magnificencia.

splinter ['splintəʳ] *s.* astilla. *2 t.-i.* astillar(se.

split [split] *s.* grieta. 2 división. *3 t.-i.* hender(se, partir(se. ¶ Pret. y p. p.: *split* [split].

spoil [spɔil] *s.* despojo, botín. *2 t.* saquear, robar. *3* estropear. *4* mimar, malcriar. ¶ Pret. y p. p.: *spoiled* [spɔild] o *spoilt* [spɔilt].

spoke [spəuk] *pret.* de TO SPEAK. *2 s.* rayo [de rueda].

spoken ['spəukən] V. TO SPEAK.

spokesman ['spəuksmən] *s.* portavoz, vocero.

sponge [spʌndʒ] *s.* esponja. *2 t.* lavar con esponja, borrar.

sponsor ['spɔnsəʳ] *s.* fiador. *2 t.* responder de, o por.

spontaneous [spɔn'teinjəs] *a.* espontáneo.

spool [spu:l] *s.* carrete.

spoon [spu:n] *s.* cuchara.

sport [spɔ:t] *s.* deporte. *2 t.* ostentar. *3 i.* jugar.

sporting ['spɔ:tiŋ] *a.* deportivo.

sportsman ['spɔ:tsmən] *m.* deportista.

spot [spɔt] *s.* mancha, borrón. 2 sitio lugar. *3 a.* disponible [dinero]. *4 t.* manchar. *5* localizar.

spotless ['spɔtlis] *a.* limpio.

spouse [spauz] *s.* esposo, -a.

spout [spaut] *s.* caño, espita. 2 chorro, surtidor. *3 t.* echar [en chorro]. *4 i.* chorrear.

sprang [spræŋ] V. TO SPRING.

sprawl [sprɔ:l] *i.* tenderse, yacer; tumbarse.
spray [sprei] *s.* líquido pulverizado; rocío [del mar, etc.]. *2 t.* pulverizar.
spread [spred] *s.* despliegue, desarrollo, extensión [de terreno, etc.]. *2 t.-i.* extender(se, desplegar(se. *3 t.* ofrecer a la vista. ¶ Pret. y p. p.: *spread* [spred].
sprig [sprig] *s.* ramita.
sprightly ['spraitli] *a.* alegre, enérgico, animado.
spring [spriŋ] *s.* primavera. *2* fuente. *3* origen. *4* salto. *5* muelle. *6* elasticidad. *7* vigor. *8 i.* saltar. *9* nacer, brotar. *10* provenir, seguirse. *11 t.* hacer saltar o estallar [una mina]. ¶ Pret.: *sprang* [spræŋ]; p. p.: *sprung* [sprʌŋ].
sprinkle ['spriŋkl] *s.* rocío. *2 t.* rociar.
sprint [sprint] *s.* esprint. *2 i.* esprintar.
sprite [sprait] *s.* duende, trasgo.
sprout [spraut] *s.* retoño, brote. *2 i.* brotar, retoñar.
spruce [spru:s] *a.* pulcro. *2 t.-i.* asear(se.
sprung [sprʌŋ] V. TO SPRING.
spun [spʌn] V. TO SPIN.
spur [spə:ʳ] *s.* espuela. *2* estímulo. *3 t.* espolear. *4* estimular.
spurn [spə:n] *s.* coz, puntapié. *2 t.* desdeñar, despreciar.
spurt [spə:t] *s.* borbotón. *2* explosión [de ira, etc.]. *3 i.* brotar. *4* estallar [una pasión].
sputter ['spʌtəʳ] *s.* rociada [de saliva, etc.]. *2 i.* echar saliva al hablar.
spy [spai] *s.* espía. *2 t.* espiar.
squad [skwɔd] *s.* escuadra, pelotón.
squadron ['skwɔdrən] *s.* escuadra; escuadrilla.
squall [skwɔ:l] *s.* chubasco. *2 impers.* caer chubascos.
square [skwɛəʳ] *s.* GEOM. cuadro, cuadrado. *2* MAT. cuadrado. *3* casilla [ajedrez, etc.]. *4* plaza [de ciudad]. *5* escuadra, cartabón. *6 a.* fornido. *7* exacto, justo. *8* recto, honrado. *9* saldado en paz; empatado. *10* rotundo, categórico. *11* abundante [comida]. *12 t.* GEOM., MAT. cuadrar. *13* elevar al cuadrado. *14* saldar [cuentas].
squash [skɔʃ] *s.* calabaza. *2 t.-i.* aplastar(se, estrujar(se.

squat [skwɔt] *a.* en cuclillas. *2 i.* sentarse en cuclillas.

squawk [skwɔ:k] *s.* graznido. *2 i.* graznar, chillar.

squeak [ski:k] *s.* chillido. *2 i.* chillar, chirriar.

squeal [ski:l] *s.* chillido. *2 i.* chillar.

squeeze [skwi:z] *s.* apretón. *2 t.* apretar.

squint [skwint] *s.* estrabismo. *2* mirada de soslayo o furtiva. *3 squint-eyed,* bizco. *4 i.* bizcar. *5* mirar de soslayo.

squire ['skwaiəʳ] *s.* escudero. *2* (Ingl.) hacendado; caballero.

squirm [skwə:m] *i.* retorcerse, serpear.

squirrel ['skwirəl] *s.* ardilla.

stab [stæb] *s.* puñalada. *2 t.-i.* apuñalar.

stability [stə'biliti] *s.* estabilidad.

stable ['steibl] *a.* estable. *2 s.* establo, cuadra. *3 t.-i.* poner, tener o estar en un establo.

stack [stæk] *s.* almiar. *2* pila, montón. *3* pabellón [de fusiles]. *4* cañón [de chimenea]. *5 t.* apilar, amontonar.

staff [stɑ:f] *s.* palo, bastón. *2* personal. *3 t.* proveer de personal técnico o directivo.

stag [stæg] *s.* ciervo.

stage [steidʒ] *s.* escenario. *2* campo [de actividades]. *3* parada; jornada. *4* grado, fase. *5 t.* poner en escena.

stagger ['stægəʳ] *i.* vacilar.

stagnant ['stægnənt] *a.* estancado.

staid [steid] *a.* serio, formal.

stain [stein] *s.* mancha. *2 t.-i.* manchar(se.

stair [stɛəʳ] *s.* escalón, peldaño.

staircase ['stɛəkeis] *s.* escalera.

stake [steik] *s.* estaca; poste. *2 t.* estacar. *3* apostar.

stale [steil] *a.* pasado, rancio, no fresco.

stalk [stɔ:k] *s.* BOT. tallo, caña. *2 t.* andar majestuosamente. *3* espiar, acechar.

stall [stɔ:l] *s.* establo. *2* puesto de venta. *3 t.-i.* poner en establo. *4 i.* pararse.

stalwart ['stɔ:lwət] *a.-s.* fornido. *2* valiente; leal.

stammer ['stæməʳ] *s.* tartamudeo. *2 i.* tartamudear.

stamp [stæmp] *s.* estampa, huella. *2* sello. *3* género, suerte. *4 t.* estampar, imprimir. *5* caracterizar. *6* poner sello a.

stanch [sta:ntʃ] *t.* restañar [la sangre].

stand [stænd] *s.* posición, puesto. *2* alto, parada. *3* resistencia. *4* tablado, tribuna. *5* puesto [en el mercado]; quiosco [de venta]. *6* velador, pie, soporte. *7 i.* estar, tenerse o ponerse en pie; levantarse: ~ *up,* ponte en pie. *8* detenerse. *9* mantenerse firme, resistir. *10* aguantar. *11 to ~ aside,* apartarse. *12 to ~ by,* apoyar; estar alerta. *13 to ~ for,* representar. *14 to ~ off,* apartarse. *15 to ~ out,* sobresalir. ¶ Pret. y p. p.: *stood* [stud].

standard ['stændəd] *s.* norma; nivel. *2* modelo. *3* estandarte. *4 a.* normal, corriente.

standardize ['stændədaiz] *t.* unificar, regularizar.

standing ['stændiŋ] *a.* derecho, de pie. *2* parado. *3* fijo. *4* vigente [ley]. *5 s.* posición.

standpoint ['stændpɔint] *s.* punto de vista.

staple ['steipl] *s.* grapa. *2* producto principal [de un país]. *3* materia prima. *4 a.* corriente. *5* principal.

star [sta:r] *s.* ASTR. estrella, astro. *2 t.* tachonar de estrellas.

starch [sta:tʃ] *s.* almidón. *2 t.* almidonar.

stare [stεər] *s.* mirada fija. *2 t.-i.* mirar fijamente.

stark [sta:k] *a.* rígido. *2 adv.* completamente.

starlight ['sta:lait] *s.* luz de estrellas. *2 a.* iluminado por las estrellas.

starry ['sta:ri] *a.* estrellado.

start [sta:t] *s.* sobresalto. *2* marcha, partida. *3* ventaja. *4 by starts,* a ratos; a empujones. *5 i.* sobresaltarse. *6* salir; arrancar [el motor, etc.]. *7 t.* empezar.

startle ['sta:tl] *t.-i.* asustar(se; sobresaltar(se.

starvation [sta:'veiʃən] *s.* hambre, inanición.

starve [sta:v] *i.* morir o padecer hambre. *2 t.* matar de hambre.

state [steit] *s.* estado, situación. *2 t.* exponer, declarar.

stately ['steitli] *a.* majestuoso.

statement ['steitmənt] *s.* declaración, afirmación.

statesman ['steitsmən] *s.*

estadista, hombre de estado.

station ['steiʃən] *s.* estación. 2 parada, apeadero. 3 puesto. 4 *t.* estacionar, situar.

statistics [stə'tistiks] *s.* estadística.

statue ['stætju:] *s.* estatua.

stature ['stætʃər] *s.* estatura.

status ['steitəs] *s.* estado legal. 2 estado, condición.

statute ['stætju:t] *s.* estatuto.

staunch [stɔ:ntʃ] *a.* leal, incondicional. 2 *t.* restañar.

stave [steiv] *s.* duela. 2 palo. 3 LIT. estrofa. 4 MÚS. pentagrama. 5 *t.* poner duelas a. 6 *t.-i.* romper(se, agujerear(se. ¶ Pret. y p. p.: *staved* [steivd] o *stove* [stəuv].

stay [stei] *s.* MAR. estay, tirante. 2 sostén, apoyo. 3 parada, estancia. 4 aplazamiento. 5 varilla [de corsé]. 6 *pl.* corsé. 7 *t.* sostener, apoyar. 8 resistir. 9 detener, frenar. 10 aplazar. 11 *i.* estar de pie o quieto; pararse. 12 estar o quedarse en casa; *to ~ up,* velar.

stead [sted] *s.* (precedido de *in*) lugar, vez; utilidad; *in ~ of,* en vez de.

steadfast ['stedfəst] *a.* firme, resuelto.

steady ['stedi] *a.* firme. 2 *t.-i.* afianzar(se, dar firmeza.

steak [steik] *s.* tajada, bistec.

steal [sti:l] *s.* hurto, robo. 2 *t.-i.* hurtar, robar. 3 *to ~ away,* escabullirse, escapar. ¶ Pret.: *stole* [stəul]; p. p.: *stolen* ['stəulən].

stealthy ['stelθi] *a.* furtivo.

steam [sti:m] *s.* vapor 2 *t.* cocer o preparar al vapor. 3 *i.* emitir vaho.

steamboat ['sti:mbəut], **steamer** ['sti:mər], **steamship** ['sti:mʃip] *s.* vapor [buque].

steed [sti:d] *s.* corcel.

steel [sti:l] *s.* acero. 2 *t.* acerar.

steep [sti:p] *a.* empinado. 2 excesivo. 3 *s.* cuesta. 4 *t.* empapar.

steeple ['sti:pl] *s.* campanario, torre con aguja.

steer [stiər] *t.* gobernar [una embarcación]; conducir, guiar [un vehículo].

stem [stem] *s.* BOT. tallo, tronco. *2* tronco [de una familia]. *3* raíz [de una palabra]. *4 t.* estancar, represar. *5* navegar contra [la corriente].

stenographer [steˈnɔgrəfəʳ] *s.* taquígrafo.

step [step] *s.* paso. *2* estribo. *3* huella, pisada. *4 i.* andar, caminar; *to ~ aside,* apartarse; *to ~ back,* retroceder *5 t.* sentar [el pie].

stepmother [ˈstepˌmʌðəʳ] *s.* madrastra.

sterile [ˈsterail] *a.* estéril.

sterling [ˈstə:liŋ] *a.* esterlina. *2* puro, de ley.

stern [stə:n] *a.* duro, riguroso. *2 s.* popa.

stew [stju:] *s.* estofado, guisado. *2 t.* estofar, guisar.

steward [ˈstjuəd] *s.* mayordomo.

stewardess [ˈstjuədis] *s.* camarera: azafata.

stick [stik] *s.* palo, garrote. *2 t.* clavar, hincar. *3* levantar [con *up*]. ¶ Pret. y p. p.: *stuck* [stʌk].

sticky [ˈstiki] *a.* pegajoso.

stiff [stif] *a.* tieso. *2* duro, difícil. *3* terco, obstinado. *4 ~ neck,* tortícolis; obstinación; ***stiff-necked,*** obstinado.

stiffen [ˈstifn] *t.-i.* atiesar(se. *2* envarar(se.

stifle [ˈstaifl] *t.-i.* ahogar(se; sofocar(se.

stigma [ˈstigmə], *pl.* **stigmas** (-z) o **-mata** [-tə] *s.* estigma.

still [stil] *a.* quieto, inmóvil. *2* suave [voz, ruido]. *3 adv.* aún, todavía. *4 conj.* no obstante, a pesar de eso. *5 s.* silencio, quietud. *6 i.* acallar. *7* detener(se; calmar(se.

stillness [ˈstilnis] *s.* quietud.

stimulant [ˈstimjulənt] *a.-s.* estimulante. *2 s. pl.* bebidas alcohólicas.

stimulate [ˈstimjuleit] *t.-i.* estimular.

stimulus [ˈstimjuləs] *s.* estímulo.

sting [stiŋ] *s.* picadura, punzada. *2 t.-i.* picar, punzar. ¶ Pret. y p. p.: *stung* [stʌŋ].

stink [stiŋk] *s.* hedor, peste. *2 i.* heder, oler mal. ¶ Pret.: *stank* [stæŋk] o *stunk* [stʌŋk]; p. p.: *stunk.*

stint [stint] *s.* limitación. *2 t.* limitar, escatimar.

stir [stə:ʳ] *s.* movimiento. *2 t.-i.* mover(se, menear(se.

stirrup [ˈstirəp] *s.* estribo.

stitch [stitʃ] *s.* puntada [de costura]. *2 t.* pespuntar.

stock [stɔk] *s.* tronco. *2* zoquete. *3* pilar. *4* provisión, existencia. *5* TEAT. repertorio. *6* inventario. *7* ganado. *8* capital de un negocio. *9* COM. título; acción. *10* muebles. *11* mango [de caña de pescar, etc.]; caja [de fusil, etc.]. *12* valores públicos. *13 pl.* cepo [castigo]. *14 a.* común, usual. *15 t.* tener en existencia. *16* abastecer, proveer.

stockade [stɔˈkeid] *s.* vallado, estacada.

stocking [ˈstɔkiŋ] *s.* media, calceta.

stole [stəul], **stolen** [ˈstəulən] V. TO STEAL.

stolid [ˈstɔlid] *a.* estólido.

stomach [ˈstʌmək] *s.* estómago.

stone [stəun] *s.* piedra. *2* hueso [de fruta]. *3* (Ingl.) peso de 14 libras. *4 t.* apedrear.

stony [ˈstəuni] *a.* pedregoso.

stood [stud] V. TO STAND.

stool [stu:l] *s.* taburete, escabel. *2* excremento.

stoop [stu:p] *s.* inclinación. *2 i.* agacharse, doblar el cuerpo.

stop [stɔp] *s.* alto, parada. *2 t.-i.* detener(se, parar(se.

storage [ˈstɔ:ridʒ] *s.* almacenamiento. *2* almacenaje.

store [stɔʳ, stɔəʳ] *s.* abundancia; provisión. *2* tesoro. *3* ~-*house,* almacén. *4* [E. U.) tienda, comercio. *5 pl.* reservas. *6 t.* proveer, abastecer.

storey [stɔ:ri] *s.* piso, planta.

stork [stɔ:k] *s.* ORN. cigüeña.

storm [stɔ:m] *s.* tempestad. *2 t.* tomar al asalto. *3 i.* haber tempestad.

stormy [ˈstɔ:mi] *a.* tempestuoso.

story [ˈstɔ:ri] *s.* historieta, leyenda, cuento. *2 fam.* chisme. *3* ARQ. piso [de edificio].

stout [staut] *a.* fuerte, recio.

stove [stəuv] *s.* estufa; hornillo. 2 V. TO STAVE.

stow [stəu] *t.* apretar.

straggle [ˈstrægl] *i.* andar perdido; extraviarse.

straight [streit] *a.* recto, derecho. *2* erguido. *3* sincero; honrado. *4* puro, sin mezcla. *5 adv.* seguido: *for two hours ~,* dos horas seguidas; *~ away,* en seguida; ~ *ahead*, enfrente. *6 s.* recta, plano. *7* escalera [en póker].

straighten ['streitn] *t.-i.* enderezar(se. *2* arreglar.

straightforward [streit'fɔ:wəd] *a.* recto, derecho. *2* honrado.

straightway ['streit-wei] *adv.* inmediatamente, en seguida.

strain [strein] *s.* tensión o esfuerzo excesivo. *2* esguince. *3* estirpe. *4* tono, acento. *5* aire, melodía. *6 t.* estirar demasiado. *7* torcer, violentar.

strait [streit] *a.* estrecho. *2* difícil. *3 s.* GEOGR. estrecho. *4 pl.* apuros.

strand [strænd] *s.* playa, ribera. *2 t.-i.* embarrancar.

strange [streindʒ] *a.* extraño. *2* ajeno. *3* raro.

stranger ['streindʒəʳ] *s.* extraño.

strangle ['strængl] *t.-i.* ahogar(se. *2 t.* estrangular.

strap [stræp] *s.* correa, tira. *2 t.* atar con correas.

stratagem ['strætidʒəm] *s.* estratagema.

stratum ['strɑ:təm], *pl.* **strata** [-tə] *s.* estrato, capa.

straw [strɔ:] *s.* paja.

strawberry ['strɔ:bəri] *s.* fresa.

stray [strei] *a.* descarriado. *2 i.* desviarse. *3* descarriarse.

streak ['stri:k] *s.* raya, línea. *2 t.* rayar, listar.

stream [stri:m] *s.* corriente. *2 i.* fluir, manar.

street [stri:t] *s.* calle: *streetcar*, (E. U.) tranvía.

strength [streŋθ] *s.* fuerza.

strengthen ['streŋθən] *t.-i.* fortalecer(se, reforzar(se.

strenuous ['strenjuəs] *a.* estrenuo, enegético, vigoroso.

stress [stres] *s.* esfuerzo; tensión. *2* acento. *3 t.* acentuar; recalcar.

stretch [stretʃ] *s.* extensión. *2 t.-i.* extender(se, alargar(se.

stretcher ['stretʃəʳ] *s.* tendedor. *2* camilla.

strew [stru:] *t.* esparcir. *2* regar. ¶ Pret.: *strewed* [stru:d]; p. p.: *strewed* o *strewn* [stru:n].

stricken ['strikən] *p. p.* de TO STRIKE.

strict [strikt] *a.* estricto.

stridden ['stridn] V. TO STRIDE.

stride [straid] *s.* zancada. *2 i.* andar a pasos

largos. ¶ Pret.: *strode* [strəud]; p. p.: *stridden* ['stridn].

strife [straif] *s.* disputa.

strike [straik] *s.* golpe. *2* huelga: *to go on ~*, declararse en huelga; *~ breaker*, esquirol. *3 t.* golpear. *4* encender [una cerilla]. *5* producir un efecto súbito. *6* acuñar [moneda]. *7* MÚS. tocar. *8 how does she ~ you?*, ¿qué opina de ella? *9 i.* marchar, partir. *10* declararse en huelga. *11* [del reloj] dar la hora. ¶ Pret.: *struck* [strʌk]; p. p.: *struck* o *stricken* ['strikən].

string [striŋ] *s.* cordón, cordel. *2 t.* atar. ¶ Pret. y p. p.: *strung* [strʌŋ].

strip [strip] *s.* tira, lista. *2 t.-i.* despojar(se, desnudarse. ¶ Pret. y p. p.: *stripped* [stript].

stripe [straip] *s.* raya, lista. *2 t.* rayar, listar: *striped,* rayado, listado.

strive [straiv] *i.* esforzarse. ¶ Pret.: *strove* [strəuv]; p. p.: *striven* ['strivn].

strode [strəud] *pret.* le TO STRIDE.

stroke [strəuk] *s.* golpe. *2* brazada [del que nada]. *3* MED. ataque [de apoplejía, etc.]. *4* trazo, rasgo, pincelada. *5* caricia. *6 t.* acariciar.

stroll [strəul] *s.* paseo. *2 i.* pasear.

strong [strɔŋ] *a.* fuerte. *2 strong-minded,* de creencias arraigadas.

stronghold ['strɔŋhəuld] *s.* fortaleza, plaza fuerte.

strove [strəuv] V. TO STRIVE.

struck [strʌk] V. TO STRIKE.

structure ['strʌktʃər] *s.* estructura. *2* construcción, edificio.

struggle ['strʌgl] *s.* esfuerzo. *2 i.* luchar.

strut [strʌt] *s.* contoneo. *2 i.* contonearse.

stubble ['stʌbl] *s.* rastrojo.

stubborn ['stʌbən] *a.* obstinado.

stuck [stʌk] V. TO STICK.

stud [stʌd] *s.* tachón. *2 t.* tachonar.

student ['stju:dənt] *s.* estudiante.

studious ['stju:djəs] *a.* estudioso, aplicado.

study ['stʌdi] *s.* estudio. *2 t.-i.* estudiar.

stuff [stʌf] *s.* material, materia prima. *2* tonterías. *3 t.* llenar. *4* disecar [un animal].

stuffy ['stʌfi] *a.* mal ventilado. 2 (E. U.) malhumorado.
stumble ['stʌmbl] *s.* tropiezo. 2 *i.* trópezar. 3 vacilar.
stump [stʌmp] *s.* tocón, cepa. 2 muñón [de miembro cortado]; raigón [de muela, etc.]. 3 colilla [de cigarro]. 4 (E. U.) *to be up a ~*, estar en un brete. 5 *t.* cortar el tronco [de un árbol]. 6 tropezar. 7 (E. U.) recorrer haciendo discursos electorales.
stun [stʌn] *t.* aturdir.
stung [stʌŋ] V. TO STING.
stunk [stʌŋk] V. TO STINK.
stunt [stʌnt] *t.* impedir el desarrollo de.
stupefy ['stju:pifai] *t.* causar estupor, aturdir.-
stupendous [stju:'pendəs] *a.* estupendo, asombroso.
stupid ['stju:pid] *a.-s.* estúpido.
stupidity [stju(:)'piditi] *s.* estupidez, tontería.
sturdy ['stə:di] *a.* robusto.
style [stail] *s.* estilo.
subdivision ['sʌbdi,viʒən] *s.* subdivisión.
subdue [səb'dju:] *t.* sojuzgar.
subject ['sʌbdʒikt] *a.* sometido. 2 *a.-s.* súbdito. 3 *s.* sujeto, asunto, tema; asignatura. 4 [səb'dʒekt] *t.* sujetar, someter.
sublime [sə'blaim] *a.* sublime.
submarine [,sʌbmə'ri:n] *a.-s.* submarino.
submerge [səb'mə:dʒ] *t.-i.* sumergir(se. 2 *t.* inundar.
submission [səb'miʃən] *s.* sumisión. 2 sometimiento.
submit [səb'mit] *t.-i.* someter(se. 2 presentar.
subordinate [sə'bɔ:dinit] *a.* subordinado, subalterno. 2 [sə'bɔ:dineit] *t.* subordinar.
subscribe [səb'skraib] *t.-i.* subscribir(se, firmar.
subscription [səb'skipʃən] *s.* subscripción, abono.
subsequent ['sʌbsikwənt] *a.* subsiguiente.
subside [səb'said] *i.* menguar, bajar [el nivel].
subsidy ['sʌbsidi] *s.* subvención.
subsist [səb'sist] *i.* subsistir.
subsistence [səb'sistəns] *s.* subsistencia. 2 manutención.
substance ['sʌbstəns] *s.* substancia.

substantial [səb'stænʃəl] *a.* substancial. 2 esencial.
substitute ['sʌbstitju:t] *s.* substituto, suplente. 2 *t.* substituir.
substitution [ˌsʌbsti'tju:ʃən] *s.* substitución; reemplazo.
subterranean [ˌsʌbtə'reinjən], **subterraneous** [-njəs] *a.* subterráneo.
subtle ['sʌtl] *a.* sutil.
subtlety ['sʌtlti] *s.* sutileza.
subtract [səb'trækt] *t.* substraer. 2 MAT. restar.
suburb ['sʌbə:b] *s.* suburbio.
subway ['sʌbwei] *s.* paso subterráneo. 2 (E. U.) ferrocarril subterráneo.
succeed [sək'si:d] *i.* suceder [a una pers.]. 2 tener buen éxito; salir bien.
success [sək'ses] *s.* éxito.
succesful [sək'sesful] *a.* afortunado.
succession [sək'seʃən] *s.* sucesión.
successive [sək'sesiv] *a.* sucesivo.
successor [sək'sesəʳ] *s.* sucesor.
succo(u)r ['sʌkəʳ] *s.* socorro. 2 *t.* socorrer.
succumb [sə'kʌm] *t.* sucumbir.
such [sʌtʃ] *a.-pron.* tal(es, semejante(s. 2 *pron.* éste, -ta, etc.; *as ~*, como a tal. 3 *~ as*, el, la, los, las que; tal(es como. 4 *adv.* tan, así, tal: *~ a good man*, un hombre tan bueno.
suck [sʌk] *t.-i.* chupar.
sucker ['sʌkəʳ] *s.* mamón. 2 lechón, cordero lechal.
suckle ['sʌkl] *t.* amamantar, criar.
sudden ['sʌdn] *a.* súbito.
suds [sʌdz] *a.-s.* espuma.
sue [sju:, su:] *t.-i.* DER. demandar.
suffer ['sʌfəʳ] *t.-i.* sufrir.
suffering ['sʌfəriŋ] *s.* sufrimiento, padecimiento. 2 *a.* doliente, enfermo. 3 sufrido.
suffice [sə'fais] *i.* bastar, ser suficiente.
sufficient [sə'fiʃənt] *a.* suficiente, bastante.
suffocate ['sʌfəkeit] *t.-i.* sofocar(se, asfixiar(se.
suffrage ['sʌfridʒ] *s.* sufragio, voto.
sugar ['ʃugəʳ] *s.* azúcar. 2 *t.* azucarar.
suggest [sə'dʒest] *t.* sugerir.
suggestion [sə'dʒestʃən] *s.* sugestión. 2 indicación. 3 señal.
suggestive [sə'dʒestiv] *a.* sugestivo.

suicide ['sjuisaid] *s.* suicidio. *2* suicida.

suit [sju:t] *s.* petición. *2* cortejo, galanteo. *3* DER. demanda; pleito. *4* traje. *5* colección. *6* palo de la baraja. *7 t.* vestir. *8 t.-i.* convenir, ir o venir bien.

suitable ['sju:təbl] *a.* propio, conveniente, apropiado.

suit-case ['sju:tkeis] *s.* maleta.

suite [swi:t] *s.* séquito. *2* serie de habitaciones.

suitor ['sju:təʳ] *s.* DER. demandante. *2* aspirante.

sulk [sʌlk] *i.* estar enfurruñado, de mal humor.

sulky ['sʌlki] *a.* enfurruñado, malhumorado.

sullen ['sʌlən] *a.* hosco, huraño.

sulphur ['sʌlfəʳ] *s.* azufre.

sultry ['sʌltri] *a.* bochornoso; sofocante.

sum [sʌm] *s.* MAT. suma. *2* total. *3 t.-i.* sumar.

summarize ['sʌməraiz] *t.* resumir, compendiar.

summary ['sʌməri] *a.* sumario. *2* resumen.

summer ['sʌməʳ] *s.* verano. *2 i.* veranear.

summit ['sʌmit] *s.* cúspide, cumbre, cima.

summon ['sʌmən] *t.* llamar. *2* citar, emplazar.

sumptuous ['sʌmptjuəs] *a.* suntuoso.

sun [sʌn] *s.* sol. *2 t.* asolear. *3 i.* tomar el sol.

sunbeam ['sʌnbi:m] *s.* rayo de sol.

sunburn ['sʌnbə:n] *t.-i.* quemar(se, tostar(se con el sol.

Sunday ['sʌndi, -dei] *s.* domingo.

sunder ['sʌndəʳ] *s.* separación. *2 t.-i.* separar(se, dividir(se.

sundown ['sʌndaun] *s.* puesta de sol.

sundry ['sʌndri] *a.* varios.

sung [sʌŋ] V. TO SING.

sunk [sʌŋk] V. TO SINK.

sunlight ['sʌnlait] *s.* sol, luz de sol.

sunny ['sʌni] *a.* soleado.

sunrise ['sʌnraiz] *s.* salida del sol, amanecer.

sunset ['sʌnset] *s.* ocaso.

sunshine ['sʌnʃain] *s.* luz del sol.

sup [sʌp] *t.-i.* cenar. *2 t.* beber, tomar a sorbos.

superb [su:'pə:b] *a.* soberbio.

superintendent [ˌsju:pərin'tendənt] *s.* superintendente, inspector.

superior [sju(:)'piəriəʳ] *a.-s.* superior.

superiority [sju(:)ˌpiəri'ɔriti] *s.* superioridad.

superlative [sju(:)ˈpə:lətiv] *a.-s.* superlativo. *2* exagerado.
supersede [ˌsju:pəˈsi:d] *t.* reemplazar.
superstition [ˌsju:pəˈstiʃən] *s.* superstición.
superstitious [ˌsju:pəˈstiʃəs] *a.* supersticioso.
supervise [ˈsju:pəvaiz] *t.* inspeccionar, revisar.
supervision [ˌsju:pəˈviʒən] *s.* ispección, vigilancia.
supervisor [ˈsju:pəvaizəʳ] *s.* inspector, director.
supper [ˈsʌpəʳ] *s.* cena.
supplant [səˈplɑ:nt] *t.* suplantar.
supple [ˈsʌpl] *a.* flexible.
supplement [ˈsʌplimənt] *s.* suplemento. *2* [-ment] *t.* complementar.
supplication [ˌsʌpliˈkeiʃən] *s.* súplica, plegaria; ruego.
supply [səˈplai] *s.* provisión. *2 t.* suministrar.
support [səˈpɔ:t] *s.* apoyo, ayuda. *2* sustento. *3 t.* apoyar, sostener. *4* mantener.
supporter [səˈpɔ:təʳ] *s.* defensor, partidario.
suppose [səˈpəuz] *t.* suponer. *2* creer.
supposed [səˈpəuzd] *a.* supuesto, presunto. *2* **-ly** *adv.* supuestamente.
supposition [ˌsʌpəˈziʃən] *s.* suposición.
suppress [səˈpres] *t.* suprimir. *2* contener.
suppression [səˈpreʃən] *s.* supresión; represión.
supremacy [suˈpreməsi] *s.* supremacía.
supreme [suˈpri:m] *a.* supremo; sumo.
sure [ʃuəʳ] *a.* seguro, firme: *to make* ~ asegurar(se de. *2* **-ly** seguramente.
surety [ˈʃuərəti] *s.* garantía. *2* fiador.
surf [sə:f] *s.* oleaje, rompiente(s.
surface [ˈsə:fis] *s.* superficie.
surge [sə:dʒ] *s.* oleaje. *2 i.* hinchar(se, agitar(se.
surgeon [ˈsə:dʒən] *s.* cirujano.
surgery [ˈsə:dʒəri] *s.* cirujía.
surgical [ˈsə:dʒikəl] *a.* quirúrgico.
surly [ˈsə:li] *a.* hosco, malhumorado.
surmise [ˈsə:maiz] *s.* conjetura, suposición. *2* [sə:ˈmaiz] *t.* conjeturar, suponer.
surmount [sə:ˈmaunt] *t.* vencer, superar. *2* coronar.
surname [ˈsə:neim] *s.* apellido.
surpass [sə:ˈpɑ:s] *t.* sobrepujar, aventajar.

surprise [sə'praiz] *s.* sorpresa. *2 t.* sorprender.

surrender [sə'rendəʳ] *s.* rendición. *2* entrega, renuncia. *3 t.-i.* rendir(se, entregar(se.

surround [sə'raund] *t.* rodear, cercar.

surrounding [sə'raundiŋ] *a.* circundante. vecino. *2 s. pl.* alrededores.

survey ['sə:vei] *s.* medición; plano [de un terreno]. *2* inspección, examen. *3* perspectiva, bosquejo [de historia, etc.]. *4* [sə:'vei] *t.* medir, deslindar [tierras]. *5* levantar el plano de. *6* inspeccionar, examinar. *7* dar una ojeada general a.

surveyor [sə(:)'veiəʳ] *s.* agrimensor; topógrafo. *2* inspector. *3* vista [de aduanas].

survival [sə'vaivəl] *s.* supervivencia. *2* resto, reliquia.

survive [sə:'vaiv] *t.-i.* sobrevivir.

survivor [sə'vaivəʳ] *s.* sobreviviente.

susceptible [sə'septibl] *a.* susceptible; capaz.

suspect ['sʌspekt] *a.-s.* sospechoso. *2* [səs'pekt] *t.* sospechar.

suspend [səs'pend] *t.* suspender, colgar. *2* aplazar.

suspense [səs'pens] *s.* suspensión, interrupción. *2* ansiedad, suspense.

suspension [səs'penʃən] *s.* suspensión.

suspicion [səs'piʃən] *s.* sospecha.

suspicious [səs'piʃəs] *a.* sospechoso. *2* suspicaz.

sustain [səs'tein] *t.* sostener. *2* mantener, sustentar.

swagger ['swægəʳ] *s.* andar arrogante. *2* fanfarronería. *3 i.* contonearse, fanfarrear.

swain [swein] *s.* zagal.

swallow ['swɔləu] *s.* ORN. golondrina. *2* gaznate. *3* trago. *4 ~-tail,* frac. *5 t.-i.* tragar, engullir.

swam [swæm] V. TO SWIM.

swamp ['swɔmp] *s.* pantano. *2 t.-i.* sumergir(se, hundir(se.

swampy ['swɔmpi] *a.* pantanoso, cenagoso.

swan [swɔn] *s.* cisne.

swarm [swɔ:m] *s.* enjambre, multitud. *2 i.* pulular, hormiguear.

swart [swɔ:t), **swarthy** ['swɔ:ði] *a.* moreno, atezado.

sway [swei] *s.* oscilación. *2* poder, dominio. *3 i.* oscilar. *4 t.-i.* dominar, influir en.

swear [swɛəʳ] *t.-i.* jurar. ¶ Pret.: *swore* [swɔ:); p. p.: *sworn* [swɔ:n].

sweat [swet] *s.* sudor; trasudor. *2 t.-i.* sudar; trasudar. *3 t.* hacer sudar; explotar [al que trabaja].

sweater ['swetəʳ] *s.* el que suda. *2* explotador [de obreros]. *3* suéter.

Swedish ['swi:diʃ] *a.* sueco. *2 s.* idioma sueco.

sweep [swi:p] *s.* barrido. *2* redada. *3* extensión. *4* deshollinador. *5 t.* barrer. *6* deshollinar. ¶ Pret. y p. p.: *swept* [swept].

sweeper ['swi:pəʳ] *s.* barrendero.

sweet [swi:t] *a.* dulce, azucarado. *2* amable. *3 s. pl.* dulces, caramelos.

sweeten ['swi:tn] *t.-i.* endulzar(se, dulcificar-(se.

sweetheart ['swi:thɑ:t] *s.* novio,-a; amor.

swell [swel] *s.* hinchazón. *2 t.-i.* hinchar(se, inflar(se. ¶ Pret.: *swelled* [sweld]; p. p.: *swollen* ['swəulən] y *swelled.*

swelling ['sweliŋ] *s.* hinchazón.

swept [swept] V. TO SWEEP.

swerve [swə:v] *s.* desviación. *2 t.-i.* desviar(se, apartar(se.

swift [swift] *a.* rápido, veloz.

swiftness ['swiftnis] *s.* velocidad, rapidez.

swim [swim] *s.* acción o rato de nadar. *2 swimming-pool,* piscina. *3 i.* nadar. ¶ Pret.: *swam* (swæm]; p. p.: *swum* (swʌm].

swine [swain] *s. sing.* y *pl.* ZOOL. cerdo, cerdos.

swing [swiŋ] *s.* oscilación, giro; ritmo. *2* columpio. *3 t.-i.* balancear(se, columpiar(se. *4 t.* hacer oscilar o girar. *5* suspender, colgar. ¶ Pret. y p. p.: *swung* [swʌŋ].

swirl [swə:l] *s.* remolino. *2 t.-i.* girar.

Swiss [swis] *a.-s.* suizo, -za.

switch [switʃ] *s.* vara flexible; látigo. *2* latigazo. *3* ELECT. interruptor, conmutador. *4* cambio. *5 t.* azotar, fustigar. *6* cambiar, desviar. *7* ELECT. *to ~ on,* conectar [dar la luz]; *to ~ off,* desconectar.

swollen ['swəulən] V. TO SWELL.

swoon [swu:n] *s.* desmayo. *2 i.* desmayarse, desfallecer.

swoop [swu:p] *i.* abatirse.
sword [sɔ:d] *s.* espada [arma].
swore [swɔ:ʳ], **sworn** [swɔ:n] V. TO SWEAR.
swum [swʌm] V. TO SWIM.
swung [swʌŋ] V. TO SWING.
syllable ['siləbl] *s.* sílaba.
symbol ['simbl] *s.* símbolo.
symmetric(al [si'metrik, -əl] *a.* simétrico.
symmetry ['simitri] *s.* simetría.
sympathetic(al [ˌsimpə'θetik, -əl] *a.* compasivo; comprensivo.
sympathize ['simpəθaiz] *i.* compadecerse. *2 t.* comprender.
sympathy ['simpəθi] *s.* solidaridad. *2* comprensión.
symphony ['simfəni] *s.* sinfonía.
symptom ['simptəm] *s.* síntoma.
syndicate ['sindikit] *s.* sindicato financiero, trust. *2* ['sindikeit] *t.-i.* sindicar(se, asociar(se.
syrup ['sirəp] *s.* jarabe.
system ['sistəm] *s.* sistema.
systematic(al [ˌsisti'mætik, -əl] *a.* sistemático.

T

table ['teibl] *s.* mesa: ~ *cloth,* mantel; ~ *ware,* vajilla, servicio de mesa. *2* tabla [de materias, etc.]; lista, catálogo. *3 t.* poner sobre la mesa. *4* poner en forma de índice.

tablet ['tæblit] *s.* tablilla. *2* lápida, placa. *3* FARM. tableta. *4* bloc de papel.

tack [tæk] *s.* tachuela. *2* hilván. *3* cambio de rumbo. *4 t.* clavar con tachuelas. *5* hilvanar. *6* cambiar de rumbo.

tackle ['tækl] *s.* equipo, aparejos. *2 t.* agarrar. *3* abordar [un problema, etcétera].

tact [tækt] *s.* tacto, discreción.

tactics ['tæktiks] *s. pl.* táctica.

tactless ['tæktlis] *a.* falto de tacto.

tag [tæg] *s.* herrete. *2* marbete, etiqueta. *3* cabo, resto. *4 t.* poner herretes.

tail [teil] *s.* cola, rabo. *2* SAST. faldón: ~ *coat,* frac.

tailor ['teilə^r] *s.* sastre.

taint [teint] *s.* mancha, infección. *2 t.* manchar. *3 t.-i.* inficionar(se.

take [teik] *s.* toma, tomadura. *2* redada. *3* recaudación [de dinero]. *4 take-off,* remedo, parodia; despegue [del avión]. *5 t.* tomar, coger; agarrar; apoderarse de. *6* asumir. *7* deleitar, cautivar. *8* llevar, conducir. *9* dar [un golpe, un paseo, un salto, etc.]. *10* hacer [ejercicio, un viaje]. *11 i.* arraigar [una planta]. *12* prender [el fuego; la vacuna]. *13* tener éxito. *14 to ~ a chance*, correr el riesgo. *15 to ~ after,* parecerse a. *16 to ~ amiss,* interpretar mal. *17 to ~ care of,* cuidar de. *18 to ~ cold,* resfriarse. *19 to ~ down,* descolgar. *20 to ~ in,* meter en; abarcar. *21 I ~ it that,* supongo que... *22 to ~ leave,* despedirse. *23 to ~ off,* descontar, rebajar; despegar [el avión]; remedar. *24 to ~ place,* ocurrir, tener lugar. ¶ Pret.: *took* [tuk]; p. p.: *taken* [ˈteikən].

taking [ˈteikiŋ] *a.* atractivo, seductor. *2 s.* toma. *3* afecto, inclinación.

tale [teil] *s.* cuento, fábula.

talent [ˈtælənt] *s.* talento.

talk [tɔ:k] *s.* conversación. *2 i.* hablar; conversar. *3 to ~ into,* persuadir a. *4 to ~ out of,* disuadir de. *5 to ~ over,* examinar. *6 to ~ up,* alabar; hablar claro.

tall [tɔ:l] *a.* alto [pers., árbol]. *2* excesivo, exorbitante.

tallow [ˈtæləu] *s.* sebo.

tame [teim] *a.* manso, *2 t.* domar, domesticar.

tamper [ˈtæmpəʳ] i. *to ~ with,* meterse en, enredar con; falsificar.

tan [tæn] *s.* color tostado. *2 a.* tostado, de color de canela. *2 t.* curtir [las pieles]. *2* tostar, atezar.

tangible [ˈtændʒəbl] *a.* tangible.

tangle [ˈtæŋgl] *s.* enredo. *2 t.-i.* enredar(se, enmarañar(se.

tank [tæŋk] *s.* tanque, cisterna.

tap [tæp] *s.* grifo, espita. *2* golpecito, palmadita. *3 t.* poner espita a. *4 t.-i.* dar golpecitos o palmadas [a o en].

tape [teip] *s.* cinta, galón: *~ measure,* cinta métrica; *~ recorder,* aparato magnetofónico. *2 t.* atar con cinta. *3* medir con cinta. *4* grabar en cinta magnetofónica.

taper [ˈteipəʳ] *s.* candela. *2 t.-i.* adelgazar(se.

tapestry [ˈtæpistri] *s.* tapiz.

tar [tɑ:ʳ] *s.* alquitrán, brea. *2 t.* alquitranar.

tardy ['tɑ:di] *a.* lento, tardo.

target ['tɑ:git] *s.* blanco, objetivo.

tariff ['tærif] *s.* tarifa.

tarnish ['tɑ:niʃ] *t.-i.* deslustrar(se. empañar(-se.

tarry ['tɑ:ri] *a.* alquitranado. *2* ['tæri] *i.* detenerse, demorarse.

tart [tɑ:t] *a.* áspero. *2 s.* tarta. *3* prostituta.

task [tɑ:sk] *s.* tarea, labor.

tassel ['tæsəl] *s.* borla.

taste [teist] *s.* gusto [sentido]. *2* sabor. *3* afición. *4* gusto [por lo bello, etc.]. *5* sorbo, bocadito. *6* muestra, prueba. *7 t.* gustar, saborear. *8* probar, catar *9* i. *to ~ of,* saber a.

tatters ['tætəz] *s.* harapos.

tattoo [tə'tu:] *t.* tatuar.

taught [tɔ:t] V. TO TEACH.

taunt [tɔ:nt] *s.* provocación. *2 t.* provocar.

taut [tɔ:t] *a.* tirante, tieso.

tavern ['tævən] *s.* taberna.

tawny ['tɔ:ni] *a.* moreno.

tax [tæks] *s.* impuesto, contribución. *2 t.* gravar con impuestos.

taxation [tæk'seiʃən] *s.* impuestos.

taxi ['tæsi), **taxicab** ['taksikæb] *s.* taxi [coche].

tea [ti:] *s.* té: *~ party,* té [reunión]; *~ set,* juego de té.

teach [ti:tʃ] *t.-i.* enseñar, instruir. ¶ Pret. y p. p.: *taught* [tɔ:t]

teacher ['ti:tʃəʳ] *s.* maestro, -tra.

team [ti:m] *s.* tiro [de nimales]. *2* grupo, cuadrilla. *3* DEP. equipo. *4 t.* enganchar, uncir.

1) **tear** [tiəʳ] *s.* lágrima.

2) **tear** [tɛəʳ] *s.* rotura, desgarro. *2 t.* romper, rasgar. ¶ Pret.: *tore* [tɔ:ʳ, tɔəʳ); p. p.: *torn* [tɔ:n].

tease [ti:z] *t.* fastidiar.

teaspoonful ['ti:spu(:)nˌful] *s.* cucharadita.

technical ['teknikəl] *a.* técnico.

technique [tek'ni:k] *s.* técnica.

tedious ['ti:djəs] *a.* tedioso.

teem [ti:m] *t.* producir. *2* i. *to ~ with,* abundar en.

teeth [ti:θ] *s. pl.* de TOOTH

telegram ['teligræm] *s.* telegrama.

telegraph ['teligrɑ:f, -græf] *s.* telégrafo. *2* telegrama. *3 t.-i.* telegrafiar.

telephone ['telifəun] *s.* teléfono. *2 t.-i.* telefonear.

telescope ['teliskəup] *s.* telescopio.

television ['teli,viʒən] *s.* televisión.

tell [tel] *t.* contar, numerar. *2* narrar, relatar, decir. *3* mandar, ordenar. *4* distinguir, conocer; adivinar. *5 there is no telling,* no es posible decir o prever. *6 it tells,* tiene su efecto. ¶ Pret. y p. p.: *told* [təuld].

temper ['tempəʳ] *s.* temple [del metal]. *2* genio; humor. *3* cólera, mal genio. *4 t.* templar, moderar. *5* templar [el metal].

temperament ['tempərəmənt] *s.* temperamento [de una pers.].

temperance ['tempərəns] *s.* templanza, sobriedad.

temperate ['tempərit] *a.* templado, sobrio, moderado.

temperature ['tempritʃəʳ] *s.* temperatura: *to have a ~,* tener fiebre.

tempest ['tempist] *s.* tempestad.

temple ['templ] *s.* templo. *2* ANAT. sien.

temporary ['tempərəri] *a.* temporal, provisional, interino.

tempt [tempt] *t.* tentar.

temptation [temp'teiʃən] *s.* tentación. *2* incentivo.

ten [ten] *a.-s.* diez. *2* **-th** [-θ] décimo.

tenant ['tenənt] *s.* inquilino.

tend [tend] *t.* cuidar, atender. *2 i.* tender [a un fin].

tendency ['tendənsi] *s.* tendencia; propensión.

tender ['tendəʳ] *a.* tierno. *2* delicado [escrupuloso]. *3 s.* cuidador, guardador. *4* oferta, propuesta. *5 t.* ofrecer, presentar. *6 t.-i.* ablandar(se.

tendernes ['tendənis] *s.* ternura, suavidad. *2* debilidad.

tenement ['tenimənt] *s.* habitación, vivienda.

tennis ['tenis] *s.* tenis.

tenor ['tenəʳ] *s.* contenido, significado. *2* curso, tendencia. *3* MÚS. tenor.

tense [tens] *a.* tenso; tirante, tieso. *2 s.* GRAM. tiempo [de verbo].

tension ['tenʃən] *s.* tensión.

tent [tent] *s.* tienda de campaña. *2 i.* acampar.

term [tə:m] *s.* plazo, período. 2 trimestre. 3 *pl.* condiciones; acuerdo. 4 *t.* nombrar.
terminal ['tə:minl] *a.* terminal. 2 *s.* término.
terminate ['tə:mineit] *t.* limitar. 2 *t.-i.* terminar.
termination [ˌtə:mi'neiʃən] *s.* terminación, fin.
terrace ['terəs] *s.* terraza.
terrible ['teribl] *a.* terrible.
terrific [te'rifik] *a.* terrorífico.
terrify ['terifai] *t.* aterrar.
territory ['teritəri] *s.* territorio.
terror ['terəʳ] *s.* terror, espanto.
test [test] *s.* copela. 2 prueba, ensayo. 3 PSIC. test. 4 *t.* examinar, probar, ensayar.
testament ['testəmənt] *s.* testamento.
testify ['testifai] *t.* testificar, testimoniar.
testimony ['testiməni] *s.* testimonio, declaración.
text [tekst] *s.* texto.
textile ['tekstail] *a.* textil.
than [ðæn, ðən] *conj.* que [después de comparativo]. 2 de: *more ~ once,* más de una vez.
thank [θæŋk] *t.* dar gracias. 2 *s. pl. thanks,* gracias.
thankful ['θæŋkful] *a.* agradecido.
thanksgiving ['θæŋksˌgiviŋ] *s.* acción de gracias.
that [ðæt] *a.* ese, esa, aquel, aquella. 2 *pron.* ése, ésa, eso, aquél, aquélla, aquello. 3 *pron. rel.* [ðət, ðæt] que. 4 *conj.* [ðət] que: *so ~,* para que. 5 *adv.* así, tan: *~ far,* tan lejos; *~ long,* de este tamaño.
thatch [θætʃ] *s.* paja seca. 2 *t.* poner techo de paja.
thaw [θɔ:] *s.* deshielo. 2 *t.-i.* deshelar(se.
the [ðə: ante vocal, ði] el, la, lo; los, las. 2 adv. *~ more he has, ~ more he wants,* cuanto más tiene [tanto] más quiere.
theater, theatre ['θiətəʳ] *s.* teatro.
theatrical [θi'ætrikəl] *a.* teatral. 2 *s.* comedia.
theft [θeft] *s.* robo, hurto.
their [ðɛəʳ, ðəʳ] *a. pos.* su, sus [de ellos o de ellas].
theirs [ðɛəz] *prons. pos.* [el] suyo [la] suya, [los] suyos, [las] suyas [de ellos o de ellas].
them [ðem, ðəm] *pron.*

pers. [sin prep.] los, las, les. *2* [con prep.] ellos, ellas.

theme [θi:m] *s.* tema, materia.

themselves [ðəm'selvz] *pron. pers.* ellos mismos, ellas mismas. *2* se [reflx.],, a sí mismos.

then [ðen] *adv.* entonces. *2* luego, después; además. *3 conj.* por consiguiente. *4 now ~*, ahora bien; *~ and there*, allí mismo; *now and ~*, de vez en cuando.

thence [ðens] *adv.* desde allí, desde entonces: *~ forth,* desde entonces. *2* por lo tanto, por eso.

theory ['θiəri] *s.* teoría.

there [ðεəʳ, ðəʳ] *adv.* allí, allá ahí: *~ is, ~ are,* hay; *~ was, ~ were,* había; *~ he is,* helo ahí. *2 interj.* ¡eh!, ¡vaya!, ¡ea! *3 thereabuts,* por allí, aproximadamente. *4 thereafter,* después de ello; por lo tanto. *5 thereby,* en relación con esto. *6 therefore,* por lo tanto. *7 therein,* en eso; allí dentro. *8 thereof,* de eso, de ellos. *9 thereon,* encima de ello; en seguida. *10 thereupon,* por tanto; inmediatamente.

thermometer [θə'mɔmitəʳ] *s.* termómetro.

these [ði:z] *a.* estos, estas. *2 pron.* éstos, éstas.

they [ðei] *pron. pers.* ellos, ellas.

thick [θik] *a.* espeso, grueso. *2* espeso, poblado [barba], tupido. *3 s.* grueso, espesor.

thicken ['θikən] *t.-i.* espesar(se, engrosar(se.

thicket ['θikit] *s.* espesura, matorral.

thickness ['θiknis] *s.* espesor.

thief [θi:f] *s.* ladrón, ratero.

thieve [θi:v] *i.* robar.

thigh [θai] *s.* ANAT. muslo.

thimble ['θimbl] *s.* dedal.

thin [θin] *s.* delgado, fino. *2* ligero, transparente. *3 t.-i.* adelgazar(se. *4* aclarar(se.

thine [ðain] *pron. pos.* [el] tuyo [la] tuya, [los] tuyos, [las] tuyas. *2 a.* tu, tus. | Úsase sólo en poesía y en la Biblia.

thing [θiŋ] *s.* cosa: *poor ~!,* ¡pobrecito!

think [θiŋk] *t.-i.* pensar, juzgar, creer. ¶ Pret. y p. p.: *though* [θɔ:t].

third [θə:d] *a.* tercero. *2 s.* tercio [tercera parte].

thirst [θə:st] *s.* sed. *2* anhelo. *3 i.* tener sed. *4* anhelar, ansiar.

thirsty ['θə:sti] *a.* sediento.
thirteen ['θə:'ti:n] *a.-s.* trece. *2* **-th** [-θ] decimotercero.
thirtieth ['θə:tiiθ] *a.* trigésimo.
thirty ['θə:ti] *a.-s.* treinta.
this [ðis] *a.* este, esta. *2 pron.* éste, ésta, esto.
thither ['ðiðə^r] *adv.* allá, hacia allá.
thorn [θɔ:n] *s.* espina,
thorny ['θɔ:ni] *a.* espinoso.
thorough ['θʌrə] *a.* completo, total, acabado. *2* perfecto.
thoroughfare ['θʌrəfεə^r] *s.* vía pública, camino.
those [ðəuz] *a.* esos, esas; aquellos, aquellas. *2 pron.* ésos, ésas; aquéllos, aquéllas.
thou [ðau] *pron.* tú. | Úsase sólo en poesía y en la Biblia.
though [ðəu] *conj.* aunque, si bien; sin embargo. *2 as* ~, como si.
thought [θɔ:t] V. TO THINK. *2 s.* pensamiento, idea, intención.
thoughtful ['θɔ:tful] *a.* pensativo, meditabundo. *2* atento.
thoughtfulness ['θɔ:tfulnis] *s.* consideración, atención.
thoughtless ['θɔ:tlis] *a.* irreflexivo, atolondrado, incauto.
thoughtlessness ['θɔ:tlisnis] *s.* irreflexión, ligereza.
thousand ['θauzənd] *a.* mil. *2* **-th** ['θauzənθ] milésimo.
thrash [θræʃ] *t.-i.* trillar.
thrashing ['θræʃiŋ] *s.* THRESHING. *2* zurra, paliza.
thread [θred] *s.* hilo. *2* fibra. *3 t.* enhebrar, ensartar.
threat [θret] *s.* amenaza.
threaten ['θretn] *t.-i.* amenazar.
three [θri:] *a.-s.* tres: ~ *fold,* triple; tres veces más.
thresh [θreʃ] *t.-i.* trillar,
threshing ['θreʃiŋ] *s.* trilla.
theshold ['θreʃ(h)əuld] *s.* umbral.
threw [θru:] *pret.* de TO THROW.
thrift [θrift] *s.* economía, frugalidad. *2* (E. U.] crecimiento, desarrollo vigoroso.
thriftless ['θriftlis] *a.* manirroto, impróvido.
thrifty ['θrifti] *a.* económico, frugal. *2* industrioso. *3* (E. U.) próspero, floreciente.

thrill [θril] *s.* emoción. 2 *t.* hacer estremecer. 3 *i.* temblar.

thriller ['θrilər] *s.* cuento o drama espeluznante.

thrive [θraiv] *i.* crecer. 2 prosperar, medrar. ¶ Pret.: *throve* [θrəuv] o *thrived* [θraivd]; p. p.: *thrived* o *thriven* ['θrivn].

throat [θrəut] *s.* garganta.

throb [θrɔb] *s.* latido. 2 *i.* latir, palpitar.

throe [θrəu] *s.* angustia.

throne [θrəun] *s.* trono.

throng [θrɔŋ] *s.* muchedumbre. 2 *i.* apiñarse.

throttle ['θrɔtl] *s.* garganta. 2 *t.-i.* ahogar(se.

through [θru:] *prep.* por, a través de. 2 por medio de, a causa de. 3 *adv.* de un lado a otro, de parte a parte, hasta el fin; completamente, enteramente. 4 *a.* directo: ~ *train,* tren directo. 5 de paso. 6 *to be* ~ *with,* haber acabado con.

throughout [θru:'aut] *prep.* por todo, durante todo, a lo largo de. 2 *adv.* por o en todas partes, desde el principio hasta el fin.

throw [θrəu] *s.* lanzamiento, tiro. 2 *t.* tirar, arrojar, lanzar. 3 derribar. 4 *to* ~ *away,* desperdiciar. 5 *to* ~ *back,* devolver; replicar. 6 *to* ~ *off,* librarse de; improvisar [versos]. 7 *to* ~ *out,* echar fuera, proferir. 8 *to* ~ *over,* abandonar. ¶ Pret.: *threw* [θru:]; p. p.: *thrown* [θrəun].

thrush [θrʌʃ] *s.* ORN. tordo.

thrust [θrʌst] *s.* estocada, lanzada. 2 *t.* meter, clavar, hincar. 3 empujar. 4 *i.* meterse, abrirse paso. ¶ Pret. y p. p.: *thrust* [θrʌst].

thumb [θʌm] *s.* pulgar.

thump [θʌmp] *s.* golpe, porrazo. 2 *t.-i.* golpear, aporrear.

thunder ['θʌndər] *s.* trueno. 2 *i.* tronar.

thunder-bolt ['θʌndəbəult] *s.* rayo, centella.

Thursday ['θə:zdi, -dei] *s.* jueves.

thus [ðʌs] *adv.* así, de este modo. 2 hasta este punto: ~ *far,* hasta aquí; hasta ahora.

thwart [θwɔ:t] *t.* desbaratar, frustrar, impedir.

thyself [ðai'self] *pron.* tú mismo, ti mismo. | Úsase sólo en poesía y en la Biblia.

tick [tik] *s.* ZOOL. garrapata. 2 tictac. 3 marca,

señal. *4 i.* hacer tictac; latir [el corazón]. *5* señalar, marcar.

ticket ['tikit] *s.* billete, boleto, entrada: *return ~*, billete de ida y vuelta. *2* lista de candidatos. *3* etiqueta.

tickle ['tikl] *s.* cosquillas. *2 t.* hacer cosquillas. *3* halagar.

tide [taid] *s.* marea; corriente. *2* época.

tidings ['taidiŋz] *s.* noticias.

tidy ['taidi] *a.* aseado, pulcro. *2 t.* asear, arreglar.

tie [tai] *s.* cinta, cordón. *2* lazo, nudo. *3* corbata. *4* empate. *5 t.* atar. *6 t.-i.* empatar.

tiger ['taigəʳ] *s.* tigre.

tight [tait] *a.* bien cerrado, hermético. *2* tieso, tirante. *3* duro, severo. *4* tacaño.

tighten ['taitn] *t.-i.* apretar(se, estrechar(se.

tile [tail] *s.* teja. *2 t.* tejar.

till [til] *prep.* hasta. *2 conj.* hasta que. *3 t.-i.* labrar.

tilt [tilt] *s.* inclinación, ladeo. *2* justa, torneo. *3* lanzada, golpe. *4* disputa. *5 t.-i.* inclinar(se. *6* volcar(se. *7 t.* dar lanzadas, acometer.

timber ['timbəʳ] *s.* madera, viga. *2* bosque.

time [taim] *s.* tiempo. | No tiene el sentido de estado atmosférico. *2* hora; vez; plazo: *behind ~*, retrasado [el tren]; *behind the times*, anticuado; *on ~*, puntual; *to have a good ~*, divertirse, pasar un buen rato; *what's the ~?*, *what ~ is it?*, ¿qué hora es? *3 t.* escoger el momento. *4* regular, poner en hora [el reloj]. *5* cronometrar.

timely ['taimli] *adv.* oportunamente; temprano

timid ['timid] *a.* tímido.

tin [tin] *s.* QUÍM. estaño. *2* lata, hojalata. *3* lata, bote. *4 t.* estañar. *5* enlatar: *tinned goods*, conservas.

tinge [tindʒ] *s.* tinte, matiz. *2 t.* teñir, matizar.

tingle ['tiŋgl] *s.* hormigueo. *2 i.* hormiguear.

tinkle ['tiŋkl] *s.* tintineo. *2 i.* retiñir, tintinear.

tint [tint] *s.* tinte, matiz. *2 t.* teñir, matizar.

tiny ['taini] *a.* pequeñito.

tip [tip] *s.* extremo, punta. *2* propina. *3* soplo, aviso confidencial. *4 t.-i.*

inclinar(se, volcar(se. 5 *t.* dar propina a. 6 dar un soplo o aviso confidencial a.

tiptoe ['tiptəu] *s.* punta de pie. 2 *i.* andar de puntillas.

tirade [tai'reid] *s.* andanada, invectiva.

tire ['taiəʳ] *s.* AUT. neumático. 2 *t.-i.* cansar(se.

tireless ['taiəlis] *a.* incansable.

tiresome ['taiəsəm] *a.* cansado.

tissue ['tisju:, 'tiʃju:] *s.* tisú, gasa.

tit [tit] s. ~ *for tat,* golpe por golpe.

title ['taitl] *s.* título.

to [tu:, tu, tə] *prep.* a, hacia, para; hasta: *a quarter ~ five,* las cinco menos cuarto; *I have ~ go,* tengo que ir. 2 *to* ante verbo es signo de infinitivo y no se traduce. 3 adv. *to come ~,* volver en sí; *~ and fro,* de acá para allá.

toad [təud] *s.* sapo.

toast [təust] *s.* tostada. 2 brindis. 3 *t.-i.* tostar(se.

tobacco [tə'bækəu] *s.* tabaco.

today, to-day [te'dei] *adv.* hoy, hoy en día. 2 *s.* el día de hoy.

toe [təu] *s.* dedo del pie.

together [tə'geðəʳ] *adv.* junto; juntos, reunidos, juntamente; de acuerdo; *to call ~,* convocar. 2 al mismo tiempo. 3 sin interrupción.

toil [tɔil] *s.* trabajo, esfuerzo. 2 *i.* afanarse, esforzarse.

toilet ['tɔilit] *s.* tocador; cuarto de baño; retrete. 2 tocado; peinado; aseo personal.

token ['təukən] *s.* señal, indicio. 2 moneda, ficha.

told [təuld] V. TO TELL.

tolerance ['tɔlərəns] *s.* tolerancia.

tolerant ['tɔlərənt] *a.* tolerante.

tolerate ['tɔləreit] *t.* tolerar.

toll [təul] *s.* tañido de campana. 2 peaje, tributo. 3 *t.* tañer. 4 *t.-i.* [con *up*] sumar.

tomato [tə'mɑ:təu; (E. U.) tə'meitəu] *s.* tomate.

tomb [tu:m] *s.* tumba.

tomorrow [tə'mɔrəu] *adv.* mañana.

ton [tʌn] *s.* tonelada.

tone [təun] *s.* tono. 2 *t.* dar tono a.

tongs [tɔŋz] *s. pl.* pinzas.

tongue [tʌŋ] *s.* lengua. 2 idioma.

tonic ['tɔnik] *a.-s.* tónico.

tonight [tə'nait] *s.* esta noche.
tonnage ['tʌnidʒ] *s.* tonelaje.
tonsil ['tɔnsl] *s.* amigdala.
too [tu:] *adv.* demasiado. 2 *a.* ~ *much,* demasiado; ~ *many,* demasiados. 2 3 también, además.
took [tuk] V. TO TAKE.
tool [tu:l] *s.* instrumento, herramienta.
tooth [tu:θ], *pl.* **teeth** [ti:θ] *s.* diente; muela: ~ *hache,* dolor de muedientes; ~ *pick,* mondadientes; ~ *paste,* pasta dentífrica.
top [tɔp] *s.* parte superior, cima, cumbre. 2 *a.* superior. 3 *t.* desmochar. 4 coronar. 5 sobresalir.
topic ['tɔpik] *s.* asunto, tema. 2 *pl.* tópicos, lugares comunes.
topmost ['təpməust] *a.* [el] más alto.
topple ['tɔpl] *t.* derribar. 2 *i.* tambalearse.
topsy-turvy ['tɔpsi'tə:vi] *adv.* patas arriba, en desorden. 2 *a.* desordenado.
torch [tɔ:tʃ] *s.* hacha, antorcha; linterna.
tore [tɔ:ʳ] V. TO TEAR.
torment ['tɔ:ment] *s.* tormento, tortura. 2 [tɔ:'ment] *t.* atormentar.
torn [tɔ:n] V. TO TEAR. 2 *a.* roto.
tornado [tɔ:'neidəu] *s.* tornado, huracán.
torpedo [tɔ:'pi:dəu] *s.* torpedo. 2 *t.* torpedear.
torrent ['tɔrənt] *s.* torrente.
torrid ['tɔrid] *a.* tórrido.
tortoise ['tɔ:təs] *s.* tortuga.
torture ['tɔ:tʃəʳ] *s.* tortura. 2 *t.* torturar.
toss [tɔs] *s.* sacudida. 2 tiro. 3 *t.* sacudir. 4 arrojar. 5 *i.* agitarse.
total ['təutl] *a.* entero. 2 *s.* total.
totter ['tɔtəʳ] *i.* vacilar.
touch [tʌtʃ] *s.* toque. 2 tacto; contacto. 3 *t.* tocar, tantear. 4 conmover. 5 alcanzar, llegar a.
touching ['tʌtʃiŋ] *prep.* en cuanto a, tocante a. 2 *a.* conmovedor.
tough [tʌf] *a.* duro, correoso. 2 fuerte. 3 (E. U.) pendenciero. 4 terco, tenaz. 5 penoso.
tour [tuəʳ] *s.* viaje, excursión. 2 *i.* viajar por, hacer turismo.
tourist ['tuərist] *s.* turista.
tournament ['tuənəmənt] *s.* torneo, justa. 2 certamen.
tow [təu] *s.* estopa. 2 remolque. 3 *t.* remolcar.

toward [tə'wɔ:d], **towards** [-z] *prep.* hacia. *2* cerca de. *3* para. *4* con, para con.

towel ['tauəl] *s.* toalla.

tower ['tauəʳ] *s.* torre, torreón. *2 i.* descollar, sobresalir.

town [taun] *s.* población, ciudad, pueblo; municipio: ~ *council,* ayuntamiento; ~ *hall,* casa del ayuntamiento.

toy [tɔi] *s.* juguete. *2 i.* jugar.

trace [treis] *s.* huella, pisada. *2 t.* trazar, esbozar. *3* rastrear.

track [træk] *s.* rastro, pista. *2* vía [de tren, tranvía, etc.]. *3 t.* rastrear.

tract [trækt] *s.* área, región.

tractor ['træktəʳ] *s.* tractor.

trade [treid] *s.* profesión, ocupación; oficio, arte mecánica: ~ *union,* sindicato obrero. *2* comercio, tráfico; ~ *mark,* marca registrada. *3* parroquia, clientela. *4 i.* comerciar, negociar, tratar.

trader ['treidəʳ] *s.* comerciante.

tradesman ['treidzmən] *s.* comerciante, tendero. *2* artesano.

tradition [trə'diʃən] *s.* tradición.

traditional [trə'diʃənl] *a.* tradicional.

traduce [trə'dju:s] *t.* difamar, calumniar.

traffic ['træfik] *s.* tráfico. *2* tránsito: ~ *lights,* semáforo.

tragedy ['trædʒidi] *s.* tragedia.

trail [treil] *s.* cola [de vestido, cometa, etc.]. *2* rastro, huella. *3 t.-i.* arrastrar(se. *4* seguir la pista.

trailer ['treiləʳ] *s.* AUTO. remolque. *2* rastreador. *3* avance.

train [trein] *s.* tren. *2* fila, recua. *3* cola [de cometa, vestido, etc.]. *4 t.-i.* ejercitar(se. *5* DEP. entrenar. *6* apuntar [un cañón, etc.].

trainer ['treinəʳ] *s.* amaestrador. *2* DEP. preparador.

training ['treiniŋ] *s.* adiestramiento. *2* DEP. entrenamiento.

trait [trei, (E. U.) treit] *s.* toque, pincelada. *2* rasgo.

traitor ['treitəʳ] *a.-s.* traidor.

tram [træm], **tramcar** 'træmkɑ:ʳ] *s.* tranvía.

tramp [træmp] *s.* vagabundo. *2 i.* viajar a pie,

vagabundear. *3 t.* pisar; apisonar.

trample ['træmpl] *t.* hollar, pisar fuerte.

trance [trɑ:ns] *s.* enajenamiento, rapto, éxtasis.

tranquil ['træŋkwil] *a.* tranquilo.

tranquility [træŋ'kwiliti] *a.* tranquilidad, sosiego.

transact [træn'zækt] *t.* llevar a cabo, tramitar.

transaction [træn'zækʃən] *s.* despacho, negociación. *2* COM., DER. transacción; arreglo. *3 pl.* actas [de una sociedad docta].

transcript ['trænskript] *s.* transcripción, copia.

transfer ['trænsfə:ʳ] *s.* transferencia, traslado. *2* [træns'fə:ʳ] *t.* transferir, trasladar.

transform [træns'fɔ:m] *t.-i.* transformar(se.

transformation [ˌtrænsfə'meiʃən] *s.* transformación.

transgress [træns'gres] *t.* transgredir, quebrantar.

transient ['trænziənt] *a.* transitorio, pasajero. *2 s.* transeúnte.

transit ['trænsit] *s.* tránsito, paso.

transition [træn'siʒən] *s.* transición.

translate [træns'leit] *t.* traducir. *2* trasladar.

translation [træns'leiʃən] *s.* traducción. *2* traslado.

transmission [trænz'miʃən] *s.* transmisión. *2* AUTO. cambio de marchas.

transmit [trænz'mit] *t.* transmitir. *2* enviar, remitir.

transparent [træns'pɛərənt] *a.* transparente. *2* franco, ingenuo.

transplant [træns'plɑ:nt] *t.* trasplantar.

transport ['trænspɔ:t] *s.* transporte, acarreo. *2* rapto, éxtasis. *3* [træns'pɔ:t] *t.* transportar, acarrear. *4* transportar, enajenar.

transportation [ˌtrænspɔ:'teiʃən] *s.* transporte, sistemas de transporte. *2* (E. U.) coste del transporte; billete, pasaje.

trap [træp] *s.* trampa, lazo. *2 t.* atrapar.

trapper ['træpəʳ] *s.* trampero.

trash [træʃ] *s.* hojarasca, broza.

travel ['trævl] *s.* viaje. *2 i.* viajar.

travel(l)er ['trævləʳ] *s.* viajero.

traverse ['trævə(:)s] *s.* travesaño. *2 t.* cruzar, atravesar.

tray [trei] *s.* bandeja.

treacherous ['tretʃərəs] *a.* traidor, falso, engañoso.
treachery ['tretʃəri] *s.* traición.
tread [tred] *s.* paso. *2* huella. *3 t.* pisar, hollar. ¶ Pret.: *trod* [trɔd]; p. p.: *trodden* ['trɔdn] o *trod.*
treason ['tri:zn] *s.* traición.
treasure ['treʒəʳ] *s.* tesoro. *2 t.* atesorar.
treasurer ['trəʒərəʳ] *s.* tesorero.
treasury ['treʒəri] *s.* tesorería.
treat [tri:t] *s.* agasajo, convite. *2 t.-i.* tratar. *3 t.* convidar.
treatise ['tri:tiz] *s.* tratado.
treatment ['tri:tmənt] *s.* trato.
treaty ['tri:ti] *s.* tratado.
treble ['trebl] *a.* triple, triplo. *2 t.-i.* triplicar(se.
tree [tri:] *s.* árbol: *apple ~*, manzano.
tremble ['trembl] *s.* temblor. *2 i.* temblar.
tremendous [tri'mendəs] *a.* tremendo.
tremor ['treməʳ] *s.* temblor.
tremulous ['tremjuləs] *a.* trémulo, tembloroso.
trench [trentʃ] *s.* foso, zanja. *2 t.* abrir fosos o zanjas en.
trend [trend] *s.* dirección, rumbo. *2* inclinación, tendencia. *3 i.* dirigirse, tender.
trespass ['trespəs] *s.* transgresión. *2* i. *to ~ against,* infringir.
trial ['traiəl] *s.* prueba, ensayo. *2* aflicción. *3* juicio, proceso.
triangle ['traiæŋgl] *s.* triángulo.
tribe [traib] *s.* tribu.
tribunal [trai'bju:nl] *s.* tribunal. *2* juzgado.
tributary ['tribjutəri] *a.-s.* tributario; afluente [río].
tribute ['tribju:t] *s.* tributo.
trick [trik] *s.* treta, ardid. *2 t.-i.* engañar, estafar.
trickle ['trikl] *i.* gotear.
tried [traid] V. TO TRY. *2 a.* probado, fiel.
trifle ['trəifl] *s.* fruslería. *2 i.* bromear, chancear(se.
trifling ['traifliŋ] *a.* fútil, ligero.
trigger ['trigəʳ] *s.* gatillo.
trill [tril] *s.* trino, gorjeo. *2 i.* trinar, gorjear. *3 t.* pronunciar con vibración.

trim [trim] *a.* bien arreglado. *2* elegante; pulcro, acicalado. *3 s.* adorno, aderezo. *4* buen estado. *5 t.* arreglar, disponer. *6* cortar [el pelo, etc.]; podar.
trinket ['triŋkit] *s.* joya, dije.
trip [trip] *s.* viaje, excursión. *2 i.* saltar, brincar. *3* tropezar.
triple ['tripl] *a.* triple.
trite [trait] *a.* gastado, trivial.
triumph ['traiəmf] *s.* triunfo. *2 i.* triunfar.
triumphant [trai'ʌmfənt] *a.* triunfante. *2* victorioso.
trivial ['triviəl] *a.* trivial, fútil.
triviality [ˌtrivi'ælity] *s.* trivialidad, menudencia.
trod [trɔd] V. TO TREAD.
trodden ['trɔdn] V. TO TREAD.
trolley ['trɔli] *s.* trole. *2* carretilla.
troop [tru:p] *s.* tropa, cuadrilla.
trophy ['trəufi] *s.* trofeo.
tropic ['trɔpik] *s.* trópico.
tropical ['trɔpikəl] *a.* tropical.
trot [trɔt] *s.* trote. *2 i.* trotar.
trouble ['trʌbl] *s.* perturbación, molestia. *2* apuro. *3* avería. *4 t.* turbar, perturbar.
troublesome ['trʌblsəm] *a.* molesto, pesado. *2* enojoso.
trough [trɔf] s. *food* ~, comedero; *drinking* ~, abrevadero. *2* hoyo, depresión.
trousers ['trauzəz] *s. pl.* pantalon(es.
trousseau ['tru:səu] *s.* ajuar de novia.
trout [traut] *s.* trucha.
truant ['tru(:)ənt] *s.* tunante, holgazán. *2 a.* ocioso; perezoso.
truce [tru:s] *s.* tregua.
truck [trʌk] *s.* (Ingl.) vagón de plataforma. *2* (E. U.) camión. *3* carretilla de mano. *4* cambio, trueque. *5 garden* ~, hortalizas frescas.
truculence ['trʌkjuləns] *s.* truculencia, crueldad.
truculent ['trʌkjulənt] *a.* truculento.
trudge [trʌdʒ] *s.* caminata. *2 i.-t.* andar con esfuerzo.
true [tru:] *a.* verdadero, cierto.
truism ['tru(:)izəm] *s.* verdad manifiesta; perogrullada.
truly ['tru:li] *adv.* verdaderamente. *2* sinceramente: *yours (very) truly,* su afectísimo.

trump [trʌmp] *s.* triunfo [en los naipes]. *2 t.* matar con un triunfo [en naipes].
trumpet [ˈtrʌmpit] *s.* trompeta.
trunk [trʌŋk] *s.* tronco [de árbol; del cuerpo, etc.]. *2* cofre, baúl. *3* trompa [de elefante]. *4 pl.* pantalones cortos [para deporte]. *5 ~ call,* conferencia interurbana.
trust [trʌst] *s.* confianza, fe. *2* depósito, cargo, custodia. *3* COM. crédito. *4* trust, asociación de empresas. *5 t.* confiar en.
trustee [trʌsˈtiː] *s.* fideicomisario; administrador legal.
trustworthy [ˈtrʌstˌwəːði] *a.* digno de confianza, fidedigno.
trusty [ˈtrʌsti] *a.* fiel, honrado.
truth [truːθ] *s.* verdad.
truthful [ˈtruːθful] *a.* veraz.
try [trai] *s.* prueba, ensayo. *2 t.* probar, intentar: *~ on,* probarse [un traje].
trying [ˈtraiiŋ] *a.* molesto; cansado; difícil.
tub [tʌb] *s.* tina, baño.
tuberculosis [tjuˌbəːkjuˈləusis] *s.* tuberculosis.
tuck [tʌk] *t.* hacer alforzas o pliegues.
Tuesday [ˈtjuːzdi, -dei] *s.* martes.
tuft [tʌft] *s.* penacho, cresta.
tug [tʌg] *s.* tirón, estirón. *2 t.* arrastar. *3* remolcar.
tulip [ˈtjuːlip] *s.* tulipán.
tumble [ˈtʌmbl] *s.* tumbo, voltereta. *2* desorden. *3 i.* dar volteretas, voltear. *4 t.* derribar.
tumbler [ˈtʌmbləʳ] *s.* vaso. *2* volatinero, acróbata.
tumult [ˈtjuːmʌlt] *s.* tumulto.
tune [tjuːn] *s.* melodía; tonada. *2 i.* templar, afinar. *3 i.* armonizar.
tunic [ˈtjuːnik] *s.* túnica.
tunnel [ˈtʌnl] *s.* túnel.
turbulent [ˈtəːbjulənt] *a.* turbulento, agitado.
turf [təːf] *s.* césped.
Turk [təːk] *s.* turco.
turkey [ˈtəːki] *s.* pavo.
turmoil [ˈtəːmɔil] *s.* confusión, alboroto.
turn [təːn] *s.* vuelta, giro. *2* turno. *3 t.-i.* volver(se; voltear(se. *4* girar, dar vueltas. *5* trastornar. *6* volverse. *7 to ~ away,* despedir, echar; desviar. *8 to ~ back,* volver atrás, devolver. *9 to ~ down,* rechazar [una

oferta]. *10 to* ~ *inside out,* volver al revés. *11 to* ~ *off, out,* cortar [el agua, etc.], apagar [la luz]; ~ *on, dar* [la luz, el agua, etc.].

turnip ['tə:nip] *s.* nabo.

turpentine ['tə:pəntain] *s.* trementina, aguarrás.

turret ['tʌrit] *s.* torrecilla.

turtle ['tə:tl] *s.* ZOOL. tortuga.

tutor ['tju:təʳ] *s.* preceptor. *2 t.* enseñar, instruir.

twang [twæŋ] *s.* sonido vibrante. *2* gangueo, tonillo nasal.

tweed [twi:d] *s.* paño de mezcla de lana.

twelfth [twelfθ] *a.-s.* duodécimo: ~ *night,* noche de reyes, epifanía.

twelve [twelv] *a.-s.* doce.

twentieth ['twentiiθ] *a.-s.* vigésimo.

twenty ['twenti] *a.-s.* veinte.

twice [twais] *adv.* dos veces.

twig [twig] *s.* ramita.

twilight ['twailait] *s.* crepúsculo.

twin [twin] *s.* gemelo, mellizo.

twine [twain] *s.* cordel. *2 t.* torcer; tejer.

twinkle ['twiŋkl] *s.* destello. *2* parpadeo. *3 i.* destellar. *4* parpadear; guiñar.

twirl [twə:l] *s.* giro o vuelta rápidos; molinete. *2 t.-i.* girar o hacer girar rápidamente.

twist [twist] *s.* torsión, torcedura. *2 t.-i.* torcer(se, retorcer(se.

twitch [twitʃ] *s.* crispamiento. *2 t.* tirar de. *3 i.* crisparse.

two [tu:] *a.-s.* dos. *2 twofold,* doble.

type [taip] *s.* tipo, modelo, ejemplar: ~ *writing,* mecanografía; *typist,* mecanógrafa.

typewriter ['taipˌraitəʳ] *s.* máquina de escribir.

typical ['tipikl] *a.* típico.

tyranny ['tirəni] *s.* tiranía.

tyrant ['taiərənt] *s.* tirano.

tyre ['taiəʳ] *s.* neumático.

U

ugly [ˈʌgli] *a.* feo. *2* horroroso. *3* (E. U.) de mal genio.

ultimate [ˈʌltimit] *a.* último. *2* fundamental, esencial.

umbrella [ʌmˈbrelə] *s.* paraguas.

umpire [ˈʌmpaiəʳ] *s.* árbitro.

unable [ˈʌnˈeibl] *a.* incapaz.

unaware [ˈʌnəˈwɛəʳ] *a.* desprevenido, ignorante. *2* **-s** [-z] *adv.* inesperadamente, de improviso.

unbearable [ʌnˈbɛərəbl] *a.* insufrible, insoportable.

unbound [ˈʌnˈbaund] *a.* desatado, suelto.

unbroken [ˈʌnˈbrəukən] *a.* entero, intacto. *2* ininterrumpido.

uncanny [unˈkæni] *a.* misterioso.

uncle [ˈʌŋkl] *s.* tío.

unclean [ˈʌnˈkli:n] *a.* sucio.

uncouth [ʌnˈku:θ] *a.* tosco.

uncover [ʌnˈkʌvəʳ] *t.-i.* destapar(se, descubrir(se.

undaunted [ʌnˈdɔ:ntid] *a.* impávido, intrépido, impertérrito.

under [ˈʌndəʳ] *prep.* bajo, debajo de. *2* menos de; dentro. *3* en tiempo de. *4* conforme a, según. *5 a.* inferior.

underbrush [ˈʌndəbrʌʃ] *s.* maleza [de un bosque].

undergo [ˌʌndəˈgəu] *t.* sufrir, padecer, aguantar. ¶ Pret.: *underwent*

[ˌʌndəˈwent]; p. p.: *undergone* [ˌʌndəˈgɔn].

underground [ˈʌndəgraund] *a.* subterráneo. 2 secreto, clandestino. 3 *s.* subterráneo. 4 metro, ferrocarril subterráneo. 5 [ˌʌndəˈgraund] *adv.* bajo tierra. 6 en secreto.

underlying [ˌʌndəˈlaiiŋ] *a.* subyacente. 2 fundamental.

undermine [ˌʌndəˈmain] *t.* minar, socavar.

undermost [ˈʌndəməust] *a.* el más bajo.

underneath [ˌʌndəˈni:θ] *adv.* debajo. 2 *prep.* debajo de.

understand [ˌʌndəˈstænd] *t.* entender, comprender. ¶ Pret. y p. p.: *understood* [ˌʌndəˈstud].

understanding [ˌʌndəˈstændiŋ] *s.* inteligencia, comprensión. 2 *a.* inteligente; comprensivo.

understood [ˌʌndəˈstud] V. TO UNDERSTAN .

undertake [ˌʌndəˈteik] *t.* emprender, acometer. 2 comprometerse a. ¶ Pret.: *undertook* [ˌʌndəˈtuk]; p. p.: *undertaken* [ˌʌndəˈteikən].

undertaker [ˈʌndəˌteikəʳ] *s.* empresario de pompas fúnebres.

undertaking [ˌʌndəˈteikiŋ] *s.* empresa. 2 promesa. 3 [ˈʌndəˌteikiŋ] funeraria.

underwear [ˈʌndəwɛəʳ] *s.* ropa interior.

undisturbed [ˈʌndisˈtə:bd] *a.* tranquilo; impasible, sereno.

undo [ˈʌnˈdu:] *t.* desatar, desabochar. 2 deshacer. 3 anular. ¶ Pret.: *undid* [ˈʌnˈdid]; p. p.: *undone* [ˈʌnˈdʌn].

undone [ˈʌnˈdʌn] *p. p.* de TO UNDO: *to leave ~*, dejar por hacer. 2 poco asado.

undress [ˈʌnˈdres] *t.-i.* desnudar(se, desvestir(se.

undue [ˈʌnˈdju:] *a.* indebido.

uneasy [ʌnˈi:zi] *a.* intranquilo, incómodo.

uneven [ˈʌnˈi:vən] *a.* desigual, desnivelado. 3 impar.

unfair [ˈʌnˈfɛəʳ] *a.* injusto.

unfit [ˈʌnˈfit] *a.* incapaz, inepto. 2 inadecuado, impropio.

unfold [ˈʌnˈfəuld] *t.-i.* desplegar(se, extender(se.

ungrateful [ʌnˈgreitful] *a.* ingrato, desagradecido.

unhappy [ʌnˈhæpi] *a.* infeliz, desgraciado. *2* triste.

unhealthy [ʌn'helθi] *a.* enfermo.

unheeded ['ʌn'hi:did] *a.* desatendido, inadvertido.

union ['ju:njən] *s.* unión: *the Union,* los Estados Unidos. 2 asociación o sindicato obrero: *Trade Union,* sindicato obrero.

unique [ju:'ni:k] *a.* único; singular, raro.

unison ['ju:nizn] *a.* unísono.

unit ['ju:nit] *s.* unidad.

unite [ju:'nait] *t.-i.* unir(se.

unity ['ju:niti] *s.* unidad.

universal [ˌju:ni'və:səl] *a.* universal.

universe ['ju:nivə:s] *s.* universo.

university [ˌju:ni'və:siti] *s.* universidad. 2 *a.* universitario.

unkind [ʌn'kaind] *a.* duro, cruel. 2 poco amable.

unknown ['ʌn'nəun] *a.* desconocido, ignorado, ignoto.

unlawful ['ʌn'lɔ:ful] *a.* ilegal.

unless [ən'les] *conj.* a menos que, a no ser que. *2* salvo, excepto.

unlike ['ʌn'laik] *a.* desemejante, diferente. 2 *adv.* de diferente modo que. *3 prep.* a diferencia de.

unlikely [ʌn'laikli] *a.* improbable. 2 incierto. *3* inverosímil. *4 adv.* improbablemente.

unload ['ʌn'ləud] *t.* descargar [un buque, etc.].

unlock ['ʌn'lɔk] *t.* abrir [una puerta, etc.].

unmarried ['ʌn'mærid] *a.* soltero, soltera.

unmistakable ['ʌnmis'teikəbl] *a.* inequívoco, claro, evidente.

unmoved ['ʌn'mu:vd] *a.* firme. 2 frío, indiferente.

unpleasant [ʌn'pleznt] *a.* desagradable, molesto. 2 **-ly** *adv.* desagradablemente.

unravel [ʌn'rævl] *t.* desenredar, desenmarañar.

unready ['ʌn'redi] *a.* desprevenido, desapercibido.

unrest ['ʌn'rest] *s.* inquietud.

unruly [ʌn'ru:li] *a.* indócil.

unsafe ['ʌn'seif] *a.* inseguro.

unselfish ['ʌn'selfiʃ] *a.* altruista.

unskilled ['ʌn'skild], **unskillful** ['ʌn'skilful] *a.* torpe, inhábil.

unspeakable [ʌn'spi:kəbl] *a.* inefable, indecible.

unsteady ['ʌn'stedi] *a.* inseguro.

untidy [ʌn'taidi] *a.* desaliñado.

untie ['ʌn'tai] *t.* desatar, desanudar.

until [ən'til] *prep.* hasta [con sentido temporal]. 2 *conj.* hasta que.

untimely [ʌn'taimli] *a.* inoportuno. 2 prematuro.

unto ['ʌntu] *prep.* *(poét. y ant.)* hacia, a, hasta, contra, en.

untold ['ʌn'təuld] *a.* no dicho. 2 no revelado. 3 incalculable.

untrue ['ʌn'tru:] *a.* falso.

unwholesome ['ʌn'həulsəm] *a.* insalubre, malsano. 2 dañino.

unwilling ['ʌn'wiliŋ] *a.* reacio.

unwise ['ʌn'waiz] *a.* imprudente.

up [ʌp] *adv.* hacia arriba. 2 en pie. 3 a la altura de: *well ~ in,* bien enterado. 4 enteramente, completamente. *tu burn ~,* quemar del todo. 5 en contacto o proximidad: *close ~ to,* tocando a. 6 en reserva: *to lay ~,* acumular. 7 hasta: *~ to date,* hasta la fecha. 8 *prep.* subido a, en lo alto de: *~ a tree,* subido a un árbol. 9 hacia arriba: *~ the river,* río arriba. 10 *a.* ascendente: *~ train,* tren ascendente. 11 derecho; levantado [no acostado]. 12 que está en curso: *what is ~?,* ¿qué ocurre? 13 entendido, enterado. 14 capaz, dispuesto. 15 acabado: *the time is ~,* expiró el plazo. 16 s. *ups and downs,* altibajos. 17 *interj.* ¡arriba!, ¡aúpa! 18 *~ there!,* ¡alto ahí!

upbraid [ʌp'breid] *t.* reconvenir, reprender.

uphill ['ʌp'hil] *adv.* cuesta arriba. 2 *a.* ascendiente. 3 dificultoso.

uphold [ʌp'həuld] *t.* levantar; mantener derecho. 2 sostener, apoyar. ¶ Pret. y p. p.: *upheld* [ʌp'held].

upholster [up'həulstəʳ] *t.* tapizar y emborrar [muebles].

upland ['ʌplənd] *s.* meseta.

uplift ['ʌplift] *s.* levantamiento.

upon [ə'pɔn] *prep.* sobre, encima. 2 *nothing to live ~,* nada con qué vivir; *~ pain of,* bajo pena de; *~ seeing this,* viedo esto.

upper ['ʌpəʳ] *a. comp.* de UP: superior, alto, más elevado: ~ *classes,* la clase alta ~ *House,* cámara alta; *to have the* ~ *hand of,* ejercer el mando. *2 s.* pala y caña del zapato. *3* litera alta.

uppermost ['ʌpəməust, -məst] *a.* el más alto o elevado; predominante. *2 adv.* en lo más alto; en primer lugar.

upright ['ʌp'rait] *a.* derecho, vertical. *2* ['ʌprait] recto, honrado.

uprising [ʌp'raiziŋ] *s.* levantamiento. *2* insurrección.

uproar ['ʌpˌrɔ:] *s.* gritería, alboroto, tumulto.

uproot [ʌp'ru:t] *t.* desarraigar, extirpar.

upset ['ʌpset] *a.* volcado, tumbado. *2* trastornado, desarreglado. *3* [ʌp'set] *s.* vuelco. *4* trastorno. *5* [ʌp'set] *t.* volcar. *6* trastornar, desarreglar. ¶ Pret. y p. p.: *upset.*

upside ['ʌpsaid] *s.* lado o parte superior: ~ *down,* al revés, patas arriba.

upstairs ['ʌp'stɛəz] *adv.* arriba, al o en el piso de arriba. *2 a.* de arriba.

up-to-date ['ʌptə'deit] *a.* al corriente. *2* moderno, del día.

upward ['ʌpwəd] *a.* dirigido hacia arriba, ascendente.

upward(s ['ʌpwəd, -z] *adv.* hacia arriba, arriba.

urchin ['ə:tʃin] *s.* pilluelo.

urge [ə:dʒ] *s.* impulso. *2* ganas. *3 t.* insistir en. *4* recomendar. *5* instar.

urgent ['ə:dʒənt] *a.* urgente. *2* insistente.

urn [ə:n] *s.* urna. *2* jarrón.

us [ʌs, əs, s] *pron. pers.* [caso objetivo] nos. *2* [con prep.] nosotros.

usage ['ju:zidʒ] *s.* trato, tratamiento. *2* uso, costumbre.

use [ju:s] *s.* uso, empleo. *2* utilidad, servicio, provecho. *3* práctica, costumbre. *4* [ju:z] *t.* usar, emplear. *5* practicar, hacer. *6* tratar [bien, mal].

useful ['ju:sful] *a.* útil.

useless ['ju:slis] *a.* inútil.

usher ['ʌʃəʳ] *s.* ujier, portero. *2* TEAT. acomodador. *3 t.* introducir.

usual ['ju:ʒuəl] *a.* usual, habitual: *as* ~, como de costumbre.

usurp [ju:'zə:p] *t.* usurpar.

usury ['ju:ʒuri] *s.* usura.

utensil [ju:'tensl] *s.* utensilio.

utility [ju:'tiliti] *s.* utilidad, provecho. *2* empresa de servicio público.

utilize ['ju:tilaiz] *t.* utilizar, emplear, explotar.

utmost ['ʌtməust, -məst] *a.* sumo, extremo. *2 s.* lo más posible.

utter ['ʌtəʳ] *a.* absoluto, total. *2 t.* pronunciar, articular. *3* decir, expresar.

V

vacancy ['veikənsi] *s.* vacío. *2* [empleo, habitación] vacante.

vacation [və'keiʃən] *s.* vacación.

vacuum ['vækjuəm] *s.* vacío: ~ *cleaner,* aspirador eléctrico.

vagabond ['vægəbɔnd] *a.*--*s.* vagabundo.

vagrant ['veigrənt] *a.*-*s.* vago.

vague [veig] *a.* vago, indefinido.

vain [vein] *a.* vano, fútil.

vale [veil] *s.* valle, cañada.

valentine ['væləntain] *s.* tarjeta o regalo el día de san Valentín. *2* novio, novia.

valet ['vælit, -lei, -li] *s.* criado.

valiant ['væljənt] *a.* valiente.

valley ['væli] *s.* valle, cuenca.

valo(u)r ['vælə^r] *s.* valor.

valuable ['væljuəbl] *a.* valioso, costoso. *2 s. pl.* objetos de valor.

valuation [ˌvælju'eiʃən] *s.* valoración, tasación.

value ['vælju:] *s.* valor [de una cosa]; precio, mérito. *2 t.* valorar. *3* apreciar, estimar.

van [væn] *s.* furgón; camioneta. *2* vanguardia.

vane [vein] *s.* veleta. *2* aspa.

vanilla [və'nilə] *s.* BOT. vainilla.

vanish ['væniʃ] *i.* desaparecer, desvanecerse.

vanity [ˈvæniti] *s.* vanidad.
vanquish [ˈvæŋkwiʃ] *t.* vencer, derrotar.
vapo(u)r [ˈveipəʳ] *s.* vapor, vaho. *2* niebla ligera.
variable [ˈvɛəriəbl] *a.-s.* variable.
variety [vəˈraiəti] *s.* variedad.
various [ˈvɛəriəs] *a.* vario [diverso; variable]. *2* varios.
varnish [ˈvɑːniʃ] *s.* barniz. *2 t.* barnizar. *3* CERÁM. vidriar.
vary [ˈvɛəri] *t.-i.* variar. *2 i.* diferenciarse.
vase [vɑːz] *s.* jarrón; florero.
vassal [ˈvæsəl] *s.* vasallo.
vast [vɑːst] *a.* vasto. *2* inmenso.
vat [væt] *s.* tina, tanque.
vault [vɔːlt] *s.* ARQ. bóveda. *2* sótano; cripta tumba o panteón subterráneo. *3* salto [con pértiga, etc.]. *4 t.* abovedar. *2 t.-i.* saltar [por encima], saltar con pértiga.
vaunt [vɔːnt] *i.* jactarse.
veal [viːl] *s.* ternera [carne].
vegetable [ˈvedʒitəbl] *a.* vegetal. *2 s.* vegetal. *3* legumbre, hortaliza.
veil [veil] *s.* velo. *2 t.* velar.
vein [vein] *s.* ANAT. vena. *2* humor, disposición.
velvet [ˈvelvit] *s.* terciopelo.
venerable [ˈvenərəbl] *a.* venerable. *2* venerado.
vengeance [ˈven(d)ʒəns] *s.* venganza.
venison [ˈvenzn, ˈvenizn] *s.* venado, carne de venado.
venom [ˈvenəm] *s.* veneno.
vent [vent] *s.* orificio, abertura. *2* expansión, desahogo. *3 t.* dar salida a.
venture [ˈventʃəʳ] *s.* ventura, azar, riesgo. *2 t.-.* aventurar(se, arriesgar(se.
veranda(h [vəˈrændə] *s.* veranda.
verb [vəːb] *s.* GRAM. verbo.
verbal [ˈvəːbl] *a.* verbal. *2* oral.
verdict [ˈvəːdikt] *s.* veredicto.
verdure [ˈvəːdʒəʳ] *s.* verde, verdura, verdor.
verge [vəːdʒ] *s.* borde, orilla. *2 i.* inclinarse, acercarse.
verify [ˈverifai] *t.* verificar.

veritable ['veritəbl] *a.* verdadero.

verse [və:s] *s.* LIT. verso.

version ['və:ʃən] *s.* versión.

vertical ['və:tikəl] *a.* vertical.

very ['veri] *a.* mismo, idéntico: *at that ~ moment,* en aquel mismo instante. *2* verdadero, puro, solo: *the ~ truth,* la pura verdad. *3 adv.* muy, sumamente: *~ much,* mucho, muchísimo.

vessel ['vesl] *s.* vasija, vaso. *2* nave, embarcación.

vest [vest] *s.* chaleco. *2 t. to ~ in,* dar, atribuir, conferir a.

vex [veks] *t.* vejar, molestar. *2* disgustar, desazonar.

vibrate [vai'breit] *t.-i.* vibrar, hacer vibrar.

vice [vais] *s.* vicio. *2* torno de banco. *3* fam. sustituto, suplente.

vicinity [vi'siniti] *s.* vecindad.

vicious ['viʃəs] *a.* vicioso [depravado; defectuoso].

victim ['viktim] *s.* víctima.

victor ['viktəʳ] *m.* vencedor.

victory ['viktəri] *s.* victoria.

victual ['vitl] *t.-i.* avituallar(se. *2 s. pl.* vituallas.

view [vju:] *s.* vista, visión, consideración; mirada. *2* opinión, punto de vista. *3* aspecto. *4* propósito. *5 t.* ver, mirar. *6* examinar, inspeccionar. *7* considerar.

vigorous ['vigərəs] *a.* vigoroso.

vigo(u)r ['vigəʳ] *s.* vigor.

vile [vail] *a.* vil, ruin.

village ['vilidʒ] *s.* aldea, lugar.

villager ['vilidʒəʳ] *s.* lugareño, aldeano.

villain ['vilən] *s.* bribón, canalla.

villainy ['viləni] *s.* villanía.

vine [vain] *s.* BOT. vid, parra.

vinegar ['vinigəʳ] *s.* vinagre.

vineyard ['vinjəd] *s.* viña.

violate ['vaiəleit] *t.* violar.

violence ['vaiələns] *s.* violencia.

violet ['vəiəlit] *s.* violeta. *2* color de violeta.

violin [ˌvaiə'lin] *s.* violín.

viper ['vaipəˌ] *s.* víbora.

virgin ['vəːdʒin] *s.* virgen, doncella. *2 a.* virgen; virginal.

virtue ['vəːtjuː] *s.* virtud.

visage ['vizidʒ] *s.* rostro.

viscount ['vaikaunt] *s.* vizconde.

visible ['vizibl] *a.* visible.

visión ['viʒən] *s.* vista [sentido]. *2* visión.

visit ['vizit] *s.* visita. *2 t.* visitar. *3* afligir, castigar.

visitor ['vizitəʳ] *s.* visita, visitante. *2* visitador.

vitality [vai'tæliti] *s.* vitalidad. *2* animación, vigor.

vivid ['vivid] *a.* vivido. *2* vivo, animado.

vocabulary [və'kæbjuləri] *s.* vocabulario. *2* léxico.

vocal ['vəukəl] *a.-s.* vocal. *2 a.* oral. *3* vocálico. *4* fig. hablador, elocuente.

vocation [vəu'keiʃən] *s.* vocación. *2* oficio, profesión.

vogue [vəug] *s.* boga, moda.

voice [vɔis] *s.* voz. *2* habla, palabra. *3* opinión, voto. *2 t.* expresar, decir.

void [vɔid] *s.* vacío; vacante.

volcanic [vɔl'kænik] *a.* volcánico.

volcano [vɔl'keinəu] *s.* volcán.

volley ['vɔli] *s.* descarga. *2 t.* lanzar una descarga.

volume ['voljum] *s.* volumen, tomo, libro.

voluntary ['vɔləntəri] *a.* voluntario. *2* espontáneo.

volunteer [ˌvɔlən'tiəʳ] *s.* voluntario. *2 t.-i.* ofrecer(se voluntariamente.

vomit ['vɔmit] *t.-i.* vomitar.

vote [vəut] *s.* voto, votación. *2 t.-i.* votar [dar su voto].

voter ['vəutəʳ] *s.* votante.

vouch [vautʃ] *t.* testificar. *2* garantizar.

vow [vau] *s.* voto, promesa solemne. *2* voto, deseo; súplica. *3 t.* hacer voto de; prometer solemnemente.

vowel ['vauəl] *a.-s.* GRAM. vocal.

voyage [vɔiidʒ] *s.* viaje por mar o por el aire, travesía. *2 i.* viajar, navegar.

vulgar ['vʌlgəʳ] *a.* vulgar. *2* común, ordinario. de mal gusto.

vulture ['vʌltʃəʳ] *s.* buitre.

W

wade [weid] *i.* andar sobre terreno cubierto de agua, lodo, etc. *2 t.* vadear.

waft [wɑ:ft] *s.* soplo, ráfaga. *2 t.-i.* mecer(se.

wag [wæg] *s.* meneo. 2 bromista, guasón, *3 t.-i.* menear(se.

wage [weidʒ] *s.* paga, jornal. *2 t.* hacer; librar; proseguir.

wager ['weidʒəʳ] *s.* apuesta. *2 t.-i.* apostar.

wag(g)on ['wægən] *s.* carromato, furgón.

waif [weif] *s.* cosa o animal sin dueño. 2 niño abandonado; golfillo.

wail [weil] *s.* lamento, gemido. *2 t.-i.* lamentar(se, deplorar.

waist [weist] *s.* cintura, talle.

waistcoat ['weiskəut] *s.* chaleco.

wait [weit] *s.* espera. 2 detención, demora. *3 i.-t.* esperar, aguardar [con *for*]. *4 i.* servir: *to ~ at table,* servir a la mesa.

waiter ['weitəʳ] *s.* mozo, camarero.

waiting ['weitiŋ] *s.* espera. 2 servicio.

waitress ['weitris] *s.* camarera.

wake [weik] *s.* estela, aguaje. 2 vela, velatorio. *3* [a veces con *up*] *t.-i.* despertar(se, despabilarse. ¶ Pret. *waked* [weikt] o *woke* [wəuk]; p. p.: *waked* o *woken* ['wəukən].

waken ['weikən] *t.-i.* despertar.

walk [wɔ:k] *s.* paseo, vuelta. *2* paseo, alamemeda, senda. *3* paso [del caballo, etc.]. *4 i.* andar, caminar: *to ~ away,* irse; *to ~ out, to ~ out with,* salir con, ser novio de; *to ~ up to,* acercarse a; *to ~ the hospitals,* estudiar medicina. *5 t.* sacar a paseo. *6* recorrer.

walking ['wɔ:kiŋ] *s.* marcha, paseo.

wall [wɔ:l] *s.* pared, muro.

wallet ['wɔlit] *s.* cartera [de bolsillo].

wallow ['wɔləu] *i.* revolcarse. *2* nadar [en la abundancia].

walnut ['wɔ:lnʌt] *s.* BOT. nuez.

wan [wɔn] *a.* pálido, descolorido. *2* triste, enfermizo.

wand [wɔnd] *s.* vara.

wander ['wɔndəʳ] *t.-i.* errar, vagar.

wane [wein] *i.* menguar. disminuir. *2* declinar.

want [wɔnt] *s.* falta, necesidad, carencia, escasez. *2 t.* necesitar. *3* querer, desear.

wanting ['wɔntiŋ] *a.* falto, defectuoso. *2* necesitado.

wanton ['wɔntən] *a.* travieso. *2* lascivo. *3 s.* mujer disoluta.

war [wɔ:ʳ] *s.* guerra. *2 i.* guerrear, estar en guerra.

warble ['wɔ:bl] *s.* trino. *2 t.-i.* trinar, gorjear.

ward [wɔ:d] *s.* guarda, custodia. *2 t.* guardar, proteger.

warden ['wɔ:dn] *s.* vigilante, guardián. *2* gobernador.

wardrobe ['wɔ:drəub] *s.* armario, guardarropa.

ware [wɛəʳ] *s. sing.* o *pl.* géneros, mercancías.

warehouse ['wɛəhaus] *s.* almacén.

warfare ['wɔ:fɛəʳ] *s.* guerra.

warlike ['wɔ:-laik] *a.* guerrero.

warm [wɔ:m] *a.* caliente, cálido, caluroso: *I am ~,* tengo calor; *it is ~,* hace calor. *2 t.-i.* calentar(se.

warmth [wɔ:mθ] *s.* calor moderado. *2* afecto, cordialidad.

warn [wɔ:n] *t.* avisar, advertir, prevenir. *2* amonestar.

warning ['wɔ:niŋ] *s.* aviso, advertencia. *2* amonestación.

warp [wɔ:p] *s.* TEJ. urdimbre. *2 t.* urdir.

warrant ['wɔrənt] *s.* autorización, poder. 2 *t.* autorizar.

warrior ['wɔriəʳ] *s.* guerrero.

warship ['wɔː-ʃip] *s.* buque de guerra.

wary ['wɛəri] *a.* cauto.

was [wɔz, wəz] *pret.* de TO BE.

wash [wɔʃ] *s.* lavado, ablusión. 2 baño, capa. 3 loción. 4 *t.* lavar. 5 bañar, regar; *to ~ up,* lavar los platos.

washing ['wɔʃiŋ] *s.* acción de TO WASH. 2 colada. 3 *a.* de lavar: *~-machine,* lavadora.

wasp [wɔsp] *s.* avispa.

waste [weist] *a.* yermo, inculto. 2 *s.* extensión. inmensidad. 3 *t.* devastar, destruir. 4 gastar, mermar.

wasteful ['weistful] *a.* asolador; derrochador.

watch [wɔtʃ] *s.* reloj de bolsillo. 2 vela, vigilia: *~ night,* noche vieja. 3 vigilancia, observación. 4 centinela, vigilante. 5 *i.* velar [estar despierto]. 6 vigilar, estar alerta.

watchful ['wɔtʃful] *a.* desvelado. 2 vigilante, en guardia.

watchman ['wɔtʃmən] *s.* sereno.

water ['wɔːtəʳ] *s.* agua: *in deep ~,* o *waters,* en apuros. 2 *a.* de agua, acuático. 3 *t.* regar, rociar, mojar. 4 *i.* chorrear agua o humedad; llorar.

waterfall [['wɔːtəfɔːl] *s.* cascada, catarata.

watery ['wɔːtəri] *a.* acuoso.

wave [weiv] *s.* ola. 2 onda. 3 *i.* flotar, ondear.

waver ['weivəʳ] *s.* oscilación. 2 *i.* ondear, oscilar.

wax [wæks] *s.* cera. 2 *t.* encerar. 3 *i.* crecer, aumentar.

way [wei] *s.* vía, camino, calle, canal, conducto. 2 viaje, rumbo, curso, dirección, sentido: *the other ~ round,* al revés; *this ~,* por aquí. 3 paso. 4 espacio, distancia, trecho. 5 marcha, progreso. 6 modo, manera: *anyway,* de todos modos. 7 lado, aspecto. 8 medio. 9 sistema de vida, costumbre. 10 estado, condición. 11 *pl.* maneras [de una persona]. 12 *by ~ of,* pasando por, por vía de. 13 *by the ~,* a propósito. 14 *a.* de camino, de tránsito: *~ train,* tren, tranvía.

wayward ['weiwed] *a.* díscolo; caprichoso.

we [wi:, wi) *pron.* nosotros.

weak [wi:k] *a.* débil, flojo.

weaken ['wi:kən] *t.-i.* debilitar(se.

weakness ['wi:knis] *s.* debilidad.

weal [wi:l] *s.* bien, prosperidad: *public ~*, bien público. *2* cardenal [en la piel].

wealth [welθ] *s.* riqueza.

wealthy ['welθi] *a.* rico.

weapon ['wepən] *s.* arma.

wear [wɛəʳ] *s.* uso [de ropa, calzado, etc.]. *2* ropa, vestidos. *3 t.* traer puesto, usar, llevar. *4 t.-i.* gastar(se, deteriorar(se. *5 to ~ away,* gastar(se, consumir(se. ¶ Pret.: *wore* [wɔ:ʳ, wɔəʳ]; p. p.: *worn* [wɔ:n]

weariness ['wiarinis] *s.* cansancio, fatiga. *2* aburrimiento.

weary ['wiəri] *a.* fatigado. *2 t.-i.* cansar(se, fatigar(se.

weasel ['vi:zl] *s.* comadreja.

weather ['weðəʳ] *s.* tiempo [estado de la atmósfera]. *2 t.-i.* curar(se, secar(se a la intemperie.

weave [wi:v] *s.* tejido, textura. *2 t.* tejer. *3* urdir, tramar. ¶ Pret.: *wove* [wəuv]; p. p.: *woven* ['wəuvən] o *wove.*

weaver ['wi:vəʳ] *s.* tejedor.

web [web] *s.* tejido, tela; telaraña.

we'd [wi:d] *contrac.* de WE HAD, WE SHOLD O WE WOULD.

wed [wed] *t.-i.* casar(se. [con]. ¶ Pret. y p. p.: *wedded* ['wedid] o *wed* [wed].

wedding ['wediŋ] *s.* boda.

wedge [wedʒ] *s.* cuña, calce. *2 t.* acuñar, meter cuñas.

Wednesday ['wenzdi, -dei] *s.* miércoles.

weed [wi:d] *s.* yerbajo. *2 t.* desyerbar.

week [wi:k] *s.* semana: *a ~ from today,* de hoy en ocho días.

weep [wi:p] *t.-i.* llorar. ¶ Pret. y p. p.: *wept* [wept].

weeping ['wi:piŋ] *s.* llanto.

weigh [wei] *t.-i.* pesar(se.

weight [weit] *s.* peso, gravedad: *to put on ~*, engordar. *2 t.* sobrecargar.

weird [wiəd] *a.* raro, extraño, misterioso.

welcome ['welkəm] *a.* bien venido. 2 grato, agradable. 3 *you are* ~, no hay de qué. 4 *s.* bienvenida, buena acogida. 5 *t.* dar la bienvenida, acoger.

welfare ['welfεəʳ] *s.* bienestar.

we'll [wi:l] *contrac.* de WE SHALL y WE WILL.

1) **well** [wel] *a.* bien hecho, satisfactorio, bueno, apto. 2 s. *well-being,* bienestar. 3 pozo. 4 *adv.* bien, felizmente. 5 *as* ~, además; también.

2) **well** [wel] *t.-i.* manar.

went [went] *pret.* de TO GO.

wept [wept] V. TO WEEP.

we're [wiəʳ] *contrac.* de WE ARE.

were [wə:ʳ, wəʳ] V. TO BE.

west [west] *s.* oeste, occidente. 2 *a.* occidental, del oeste.

wet [wet] *a.* mojado. 2 húmedo. 3 *s.* humedad. 4 *t.* mojar. ¶ Pret. y p. p.: *wet* o *wetted.*

wetness ['wetnis] *s.* humedad.

whale [h)weil] *s.* ballena.

wharf [h)wɔ:f] *s.* muelle.

what [h)wɔt] *a.* y *pron. interr.* qué; cuál: ~ *for?,* ¿para qué? 2 *pron. rel.* lo que. 3 *a. rel.* que: ~ *a man!,* ¡qué hombre! 4 *interj.* ¡eh!, ¡qué!

whatever [wɔt'evəʳ] *pron.* cualquier cosa que, todo lo que. 2 *a.* cualquiera que.

whatsoever [ˌwɔtsəu'evəʳ] *pron.* y *a.* WHATEVER.

wheat [h)wi:t] *s.* trigo.

wheel [h)wi:l] *s.* rueda. 2 torno. 3 AUTO. volante.

when [h)wen] *adv.-conj.* cuando.

whence [h)wens] *adv.* de donde; por lo cual.

whenever [h)wen'evəʳ] *adv.* cuando quiera que, siempre que.

where [h)wεəʳ] *adv.-conj.* donde, en donde, adonde, por donde.

whereas [wεər'æz] *conj.* considerando que. 2 mientras que.

whereby [wεə'bai] *adv.* por donde; por lo cual; con lo cual.

wherein [wεər'in] *adv.* en donde, en que, con que.

whereupon [ˌwεərə'pɔn] *adv.* entonces, después de lo cual.

wherever [wεər'evəʳ] *adv.* dondequiera que, adondequiera que, por dondequiera que.

whether ['weðə[r]] *conj.* si. *2* sea, ya sea que, tanto si... (como).
which [h)witʃ] *a.* y *pron. interrogativo* [selectivo] ¿qué?, ¿cuál?, ¿cuáles *2 pron. rel.* lo que, lo cual. *3 a. rel.* que {cuando el antecedente es cosa].
whichever [h)witʃ'evə[r]] *pron.* y *a.* cual(es)quiera [que].
while [h)wail] *s.* rato, tiempo: *be worth ~*, valer la pena. *2 conj.* mientras [que]. *3 t.* pasar [el rato, etc.].
whilst [h)wailst] *conj.* mientras [que].
whim [h)wim] *s.* antojo.
whimper ['h)wimpə[r]] *s.* gemido. *2 i.* gemir, lloriquear.
whine [h)wain] *s.* gemido. *2 i.* gemir, quejarse.
whip [h)wip] *s.* látigo, azote. *2 t.* fustigar, azotar.
whir [h)wə:[r]] *s.* zumbido. *2 i.* zumbar.
whirl [h)wə:l] *s.* remolino. *2 i.* girar rápidamente. *3 t.* hacer girar.
whirlpool ['h)wə:l-pu:l] *s.* vórtice, remolino de agua.
whisker ['h)wiskə[r]] *s.* patilla.
whisper ['h)wispə[r]] *s.* susurro. *2 i.-t.* susurrar, murmurar.
whistle ['h)wisl] *s.* silbato, pito. *2 i.-t.* silbar, pitar.
whit [h)wit] *s.* pizca.
white [h)wait] *a.* blanco: *~-hot,* candente. *2 s.* clara [de huevo].
whiten ['h)waitn] *t.* blanquear, emblanquecer.
whitewash ['h)wait-wɔʃ] *t.* blanquear, enjalbegar.
whither ['h)wiðə[r]] *adv.* adonde.
who [hu:, hu] *pron. rel.* quien, quienes, que, el que, la que, los que, las que. *2 pron. interr.* ¿quién?, ¿quiénes?
whoever [hu(:)'evə[r]] *pron. rel.* quienquiera que, cualquiera que.
whole [həul] *a.* todo, entero. *2 s.* total, conjunto.
wholesale ['həul-seil] *a.-adv.* al por mayor. *2 s.* venta al por mayor.
wholesome ['houlsəm] *a.* sano.
whom [hu:m, hum] *pron.* caso oblicuo de WHO) a quien, a quienes; que, al que, etc.
whoop [hu:p] *s.* grito, alarido. *2 t.-i.* gritar, vocear.

whose [hu:z] *pron.* (genitivo de WHO y WHICH) cuyo -a, cuyos -as, del que, de quien(es.

why [h)wai] *adv. conj.* ¿por qué?, ¿cómo? *2 interj.* ¡cómo!, ¡toma! *3 s.* porqué, causa.

wicked ['wikid] *a.* malo, perverso.

wicker ['wikəʳ] *s.* mimbre.

wide [waid] *a.* ancho. *2* amplio, extenso. *3 adv.* ampliamente. *4* lejos, a distancia.

widen ['waidn] *t.-i.* ensanchar(se, extender(se.

wide-spread ['waidspred] *a.* extendido. *2* muy difundido.

widow ['widəu] *s.* viuda.

width [widθ] *s.* anchura, ancho.

wield [wi:ld] *t.* manejar.

wife [waif], *pl.* **wives** [waivz] *s.* esposa.

wig [wig] *s.* peluca, peluquín.

wild [waild] *a.* salvaje, montaraz, silvestre.

wilderness ['wildənis] *s.* tierra inculta, desierto.

wile [wail] *s.* ardid, maña.

will [wil] *s.* voluntad.

1) **will** [wil] *t.* querer, ordenar. ¶ Pret. y p. p.: *willed.*

2) **will** (sin **to**) [wil] *t.* querer, desear. ¶ Pret.: *would* [wud]. | No se usa otro tiempo.

3) **will** (sin **to**) [wil] *v. defect* y *aux.* pret. y condicional: *would* [wud, wəd]. Se usa *will* para formar el fut. y *would* en condicional en 2.ª y 3.ª pers.

willing ['wiliŋ] *a.* deseoso, dispuesto. *2* gustoso.

willow ['wiləu] *s.* sauce.

wilt [wilt] *t.-i.* marchitar(se.

wily ['waili] *a.* astuto.

win [win] *t.* ganar. *2 i.* vencer, triunfar. ¶ Pret. y p. p.: *won* [wʌn].

wince [wins] *s.* respingo. *2 i.* cejar, acobardarse; respingar.

wind [wind] *s.* viento, aire. *2* rumbo, punto cardinal. *3* aliento, respiración.

1) **wind** [wind] *t.-i.* husmear, olfatear. *2 t.* airear. ¶ Pret. y p. p.: *winded* ['windid].

2) **wind** [waind] *t.* devanar. *2* dar cuerda a [un reloj]. *3* izar, elevar. ¶ Pret. y p. p.: *wound* [waund].

3) **wind** [waind] *t.* soplar. ¶ Pret. y p. p.: *winded* ['waindid] o *wound* [waund].

window ['windəu] *s.* ventana.
windy ['windi] *a.* ventoso.
wine [wain] *s.* vino.
wing [wiŋ] *s.* ala. *2* vuelo. *3* TEAT. bastidor.
wink [wiŋk] *s.* parpadeo. *2* guiño. *3* destello. *4 i.* pestañear. *5* hacer guiños. *6* centellear.
winner ['winəʳ] *s.* ganador.
winning ['winiŋ] *a* triunfante, ganador. *2* atractivo. *3* **-s** *s. pl.* ganancias [en el juego].
winter ['wintəʳ] *s.* invierno.
wintry ['wintri] *a.* invernal.
wipe [waip] *t.* limpiar.
wire ['waiəʳ] *s.* alambre. *2* telegrama; telégrafo. *3 t.* poner un telegrama.
wireless ['waiəlis] *s.* radio.
wiry ['waiəri] *a.* de alambre. *2* delgado y fuerte; nervudo.
wisdom ['wizdəm] *s.* sabiduría.
wise [waiz] *a.* cuerdo, prudente. *2 s.* manera: *in no* ~, de ningún modo.
wish [wiʃ] *s.* deseo, anhelo. *2 t.* desear, anhelar, ansiar.
wishful ['wiʃful] *a.* deseoso.
wistful ['wistful] *a.* triste, pensativo.
wit [wit] *s.* agudeza, ingenio.
witch [witʃ] *s.* bruja, hechicera.
witchcraft ['witʃkrɑ:ft], **witchery** ['witʃəri] *s.* brujería, hechicería. *2* encanto, fascinación.
with [wið] *prep.* con; para con; a, de, en, entre: *charged* ~, acusado de.
withdraw [wið'drɔ:] *t.-i.* retirar(se. *2* apartar(se, separar(se. ¶ Pret.: *withdrew* [wið'dru:]; p. p.: *withdrawn* [wið'drɔ:n].
withdrawal [wið'drɔ:əl] *s.* retiro, retirada.
wither ['wiðəʳ] *t.* marchitar(se, secar(se, ajar(se.
withhold [wið'həul] *t.* detener, contener. *2* suspender [un pago]. *3* negar. ¶ Pret. y p. p.: *withheld* [wið'held].
within [wi'ðin] *prep.* dentro de [los límites de], en. *2* al alcance de. *3 adv.* dentro, en o al interior, en la casa.
without [wi'ðaut] *prep.* sin. *2* falto de. *3* fuera

de. *4 adv.* fuera. *5 conj.* si no, a menos de.

withstand [wið'stænd] *t.* resistir, aguantar, oponerse a. ¶ Pret. y p. p.: *withstood* [wið'stud].

witness ['witnis] *s.* testigo. *2 t.* dar testimonio de, atestiguar.

witty ['witi] *a.* ingenioso, agudo.

wives [waivz] *s. pl.* de WIFE.

wizard ['wizəd] *s.* brujo, hechicero.

woe [wəu] *s.* pena, aflicción.

wo(e)ful ['wəuful] *a.* triste, afligido. *2* lastimero, doloroso.

woke [wəuk] V. TO WAKE.

wolf [wulf], *pl.* **wolves** [wulvz] *s.* lobo: ~ *cub,* lobezno.

woman ['wumən], *pl.* **women** ['wimin] *s.* mujer.

womb [wu:m] *s.* útero, matriz.

won [wʌn] V. TO WIN.

wonder ['wʌndəʳ] *s.* admiración, asombro: *no* ~, no es de extrañar. *2* incertidumbre. *3 t.* desear saber, preguntarse.

wonderful ['wʌndəful] *a.* admirable, maravilloso.

wondrous ['wʌndrəs] *a.* sorprendente, asombroso.

wont [wəunt] *a.* acostumbrado: *to be* ~ *to,* soler, acostumbrar. *2 s.* costumbre, hábito.

won't [wəunt] *contr.* de WILL NOT.

woo [wu:] *t.-i.* cortejar.

wood [wud] *s.* bosque, selva. *2* madera, leña.

woodpecker ['wud,pekəʳ] *s.* pájaro carpintero.

wool [wul] *s.* lana.

word [wə:d] *s.* palabra, vocablo. *2* palabra, promesa. *3* aviso, recado. *4 pl.* palabras, disputa: *to have words,* disputar. *5 t.* expresar [con palabras].

wore [wɔ:ʳ, wɔəʳ] V. TO WEAR.

work [wə:k] *s.* trabajo, labor; ocupación, empleo; operación, funcionamiento. *2* obra. *3 pl.* fábrica, taller. *4* maquinaria [de un artefacto]. *5 i.* trabajar; laborar. *6* surtir efecto, dar resultado. *7 to* ~ *out,* resultar [bien o mal]; DEP. entrenarse. *8 t.* fabricar, producir. *9 to* ~ *off,* deshacerse de. *10* ~ *up,* inflamar.

worker ['wə:kəʳ] *s.* obrero.

working ['wə:kiŋ] *a.* que trabaja. *2* activo, laborioso.

workman ['wə:kmən] *s.* obrero.
workroom ['wə:k-rum], **workshop** [-ʃɔp] *s.* taller, obrador.
world [wə:ld] *s.* mundo.
worldly ['wə:ldli] *a.* mundano, mundanal. *2* terrenal.
worm [wə:m] *s.* gusano. *2 i.-ref.* introducirse, insinuarse.
worn [wɔ:n] *p. p.* de TO WEAR. *2 ~ out,* usado, gastado.
worried ['wʌrid] *a.* angustiado, preocupado.
worry ['wʌri] *s.* preocupación. *2 t.-i.* inquietar(se, preocupar(se. *3 to ~ out,* hallar solución.
worse [wə:s] *a. - adv. comp.* de *bad,* peor.
worship ['wə:ʃip] *s.* culto, adoración. *2 t.* adorar.
worst [wə:st] *s. superl.* peor [en sentido absoluto]: *the ~,* el peor. *2 adv. superl.* peor, pésimamente. *3 t.* vencer, derrotar.
worth [wə:θ] *s.* valor, precio. *2 a.* digno, merecedor de.
worthless ['wə:θlis] *a.* sin valor.
worthy ['wə:ði] *a.* estimable, excelente. *2* digno, merecedor.
would [wud, wəd] *pret.* de WILL 2; *pret.* y *condicional* de WILL 3.
would-be ['wudbi:] *a.* supuesto, seudo. *2* aspirante.
wouldn't ['wudənt] *contracción* de WOULD NOT.
wound [wu:nd] *s.* herida. *2 t.* herir, lastimar.
wove [wəuv], **woven** ['wəuven] V. TO WEAVE.
wrangle ['ræŋgl] *s.* disputa. *2 i.* disputar.
wrap [ræp] *s.* envoltura. *2* manta, abrigo. *3 t.-i.* cubrir(se, envolver(se.
wrapping ['ræpiŋ] *s.* envoltura.
wrath [rɔθ] *s.* cólera, ira.
wreak [ri:k] *t.* infligir.
wreath [ri:θ] *s.* corona, guirnalda.
wreathe [ri:ð] *t.-i.* entrelazar.
wreck [rek] *s.* naufragio; ruina, destrucción. *2 t.* hacer naufragar, echar a pique. *3 t.-i.* arruinar(se, destruir(se.
wreckage ['rekidʒ] *s.* naufragio, ruina.
wrench [rentʃ] *s.* tirón. *2 t.* tirar de.
wrest [rest] *t.* torcer violentamente. *2* arrancar.
wrestle ['resl] *i.* luchar a brazo partido.

wretch [retʃ] *s.* miserable, infeliz.
wretched ['retʃid] *a.* infeliz. *2* malo, ruin.
wriggle ['rigl] *t.-i.* retorcer(se, menear(se.
wring [riŋ] *t.* torcer, retorcer. ¶ Pret. y p. p.: *wrung* [ruŋ].
wrinkle ['riŋkl] *s.* arruga, surco.
wrist [rist] *s.* ANAT. muñeca.
writ [rit] *s.* escrito, escritura.
write [rait] *t.-i.* escribir: *to ~ back,* contestar por carta; *to ~ down,* anotar; *to ~ out,* redactar; *to ~ up,* poner al día. ¶ Pret.: *wrote* [rəut]; p. p.: *written* ['ritn].
writer ['raitəʳ] *s.* escritor, autor.
writhe [raið] *t.-i.* retorcer(se, torcer(se.
writing ['raitiŋ] *s.* escritura, escrito.
wrong [rɔŋ] *a.* malo, injusto. *2* erróneo, equivocado. *2 the ~ side,* el revés [de una tela]. *3 adv.* mal, al revés. *4 s.* agravio, injusticia. *5 t.* agraviar, ofender.
wroth [rəuθ] *a.* enojado, furioso.
wrought [rɔ:t] *pret.* y *p. p. irreg.* de TO WORK. *2 a.* trabajado, labrado, forjado.
wrung [rʌŋ] V. TO WRING.

X

Xmas ['krisməs] *s.* abrev. de CHRISTMAS.
X-rays ['eks'reiz] *s. pl.* rayos X.

Y

yard [jɑ:d] *s.* yarda [medida inglesa de longitud = 0'914 m]. *2* patio, corral.

yarn [jɑ:n] *s.* hebra, hilo. *2* cuento increíble.

yawn [jɔ:n] *s.* bostezo. *2 i.* bostezar.

year [je:ʳ] *s.* año.

yearly ['je:li] *a.* anual.

yearn [je:n] *i.* [con *for* o *after*], anhelar, suspirar por.

yeast [ji:st] *s.* levadura.

yell [jel] *s.* grito. alarido. *2 i.* gritar, dar alaridos.

yellow ['jeləu] *a.* amarillo.

yelp [jelp] *s.* ladrido, aullido. *2 i.* ladrar, aullar.

yeoman ['jəumən] *s.* hacendado. *2 ~ of the guard,* guardián de la Torre de Londres.

yes [jes] *adv.-s.* sí [respuesta afirmativa].

yesterday ['jestədi, -dei] *s.* y *adv.* ayer.

yet [jet] *adv.* todavía, aun. *2 conj.* aún así, no obstante.

yield [ji:ld] *s.* producto, rendimiento. *2 t.* producir, rendir. *3* entregar, ceder. *4* rendirse.

yoke [jəuk] *s.* yugo; esclavitud. *2 t.* uncir, acoyundar.

yolk [jəuk] *s.* yema [de huevo].

yon [jɔn], **yonder** ['jɔndəʳ] *a.* aquel, aquella, etc., aquellos, etc. *2 adv.* allá; más allá.

yore [jɔ:ʳ] *s.* otro tiempo.

you [ju:, ju] *pron.* de 2.ª pers. *sing.* y *pl.* tú, usted, vosotros, ustedes. 2 a ti, te; le, a usted; os, a vosotros; les, a ustedes.

young [jʌŋ] *a.* joven.

youngster ['jʌŋstəʳ] *s.* muchacho, joven.

your [juəʳ, jɔ:ʳ] *a.* tu, tus, vuestro, -a, -os, -as; su, de usted, de ustedes.

yours [juəz, jɔ:z] *pron. pos.* [el] tuyo, -a, -os, -as, [el] vuestro, -a, -os, -as; [el] suyo, -a, -os, -as [de usted o ustedes].

yourself [juə'self, jɔ:-] *pron. pers.* tú, ti, usted mismo; te, se [reflexivos].

yourselves [juə'selvz, jɔ:-] *pron. pl.* de YOURSELF.

youth [ju:θ] *s.* juventud.

youthful ['ju:θful] *a.* joven, juvenil. 2 fresco, vigoroso.

Z

zeal [zi:l] *s.* celo, fervor.

zealous ['zeləs] *a.* celoso, entusiasta.

zero ['ziərəu] *s.* cero.

zest [zest] *s.* sabor, gusto. 2 entusiasmo; aliciente.

zigzag ['zigzæg] *s.* zigzag. 2 *i.* zigzaguear.

zinc [ziŋk] *s.* cinc, zinc.

zone [zəun] *s.* zona.

zoological [ˌzəuə'lɔdʒikl] *a.* zoológico.

SPANISH-ENGLISH
ESPAÑOL-INGLÉS

ABBREVIATIONS USED IN THIS DICTIONARY

a.	adjective
adv.	adverb
AER.	aeronautics
AGR.	agriculture
Am.	Spanish America
ANAT.	anatomy
ARCH.	architecture
art.	article
ARTILL.	artillery
ARTS	fine arts
ASTR.	astronomy
AUTO.	automobile
aux.	auxiliary verb
BIB.	Bible; Biblical
BIOL.	biology
BOOK-KEEP.	bookkeeping
BOT.	botany
BOX.	boxing
BULLF.	bullfighting
CARDS	playing cards; card games
CARP.	carpentry
CHEM.	chemistry
CINEM.	cinema; movies
coll.	colloquial
COM.	commerce
comp.	comparative
COND.	conditional
conj.	conjunction
CONJUG.	conjugation
COOK.	cooking
def.	defective; definite
dem.	demonstrative
dim.	diminutive
ECCL.	ecclesiastical
ECON.	economics
EDUC.	education
ELEC.	electricity
ELECT.	electricity
ENTOM.	entomology
exclam.	exclamatory; exclamation
F. ARTS.	fine arts
Fut.	future
GEOG.	geography
GEOL.	geology
GEOM.	geometry
GER.	gerund
GOLF	golf
GRAM.	grammar
HIST.	history
HUNT.	hunting
i.	intransitive
ICHTH.	ichthyology
Imper.	imperative

Imperf.	imperfect
impers.	impersonal verb
IND.	industry
indef.	indefinite
INDIC.	indicative
INF.	infinitive
Instit.	secondary school; high school
INSUR.	insurance
interj.	interjection
interrog.	interrogative
interr. pron.	interrogative pronoun
irr., irreg.	irregular
JEW.	jewelry
LAW	law
LIT.	literature
LITURG.	liturgy
LOG.	logic
m.	masculine; masculine noun
MACH.	machinery
MATH.	mathematics
MEC.	mechanics
MECH.	mechanics
MED.	medicine
METAL.	metallurgy
MIL.	military
MIN.	mining
MUS.	music
n.	noun
NAUT.	nautical
neut.	neuter
ORN.	ornithology
p.	pronominal (reflexive) verb
PAINT.	painting
PAST P.	past participle
pers.	personal
PHIL.	philosophy
PHOT.	photography
PHYS.	physics
PHYSIOL.	physiology
pl.	plural
POL.	politics
poss.	possessive
p. p.	past participle
prep.	preposition
Pres.	present
Pret.	preterite
PRINT.	printing
pr. n.	proper noun
pron.	pronoun
RADIO	radio; broadcasting
ref.	reflexive verb
REL.	religion
rel.	relative
RLY.	railway; railroad
SEW.	sewing
sing.	singular

SPORT.	sports
SUBJ.	subjunctive
superl.	superlative
SURG.	surgery
t.	transitive verb
TELEPH.	telephone
TELEV.	television
THEAT.	theater
Univers.	University
V.	vide, see
ZOOL.	zoology

KEY TO SPANISH PRONUNCIATION ACCORDING TO THE INTERNATIONAL PHONETIC ALPHABET (I. P. A.)

SPANISH VOWELS

Spanish vowels always have the same value. The pronunciation of Spanish vowels, compared with vowels in English, is much more tense.

Spanish vowels	phonetic symbols	explanation of the sounds
i	[i]	The Spanish /i/ is not as closed as in the English *s***ea***t,* but not as open as in *s***i***t.* It resembles the French **i** in *f***i***lle*: **i***sla* [ízla], *av***i***sar* [aβisár].
e	[e]	The Spanish /e/ is more closed than the English **e** in *m***e***n.* It is similar to the French **e** in *chant***é**: *qu***e***so* [késo], *noch***e** [nótʃe].
a	[a]	The Spanish /a/ is not like the English **a** in *f***a***ther* or in *h***a***t.* It is similar to the English **o** in *s***o***n,* but more open and frontal. It is similar to the French **a** in *ch***a***t*: **a***rte* [árte], **a***mor* [amór].
o	[o]	It is similar to the English **ou** in *b***ou***ght,* but not so long. It resembles the French **eau** in *b***eau**: **o***la* [óla], *ric***o** [rríko].
u	[u]	It is more closed than the English **u** in *f***u***ll.* It is similar to the English **oo** in *f***oo***l* [fu:l], but not so long and tense. It resembles the French **ou** in *p***ou***le*: *l***u***na* [lúna], *r***u***tina* [rrutína]. NOTE. It is silent after **q** and in **gue, gui,** unless marked by a diaeresis: *ver***güe***nza* [berɣwénθa], *ar***güi***r* [arɣwir].

SPANISH SEMIVOWELS

Spanish semi-vowels	phonetic symbols	explanation of the sounds
i, y	[ĭ]	When it is the second element in Spanish falling diphthongs (see below), it resembles the **i** in the English *voice*. In Spanish it is louder and much more prominent than in English: *a***i***re* [áĭre], *re***y** [rréĭ].
u	[ŭ]	When it is the second element in Spanish falling diphthongs, it is like the **u** in the English *ho***u***se* [haus]. In Spanish it is louder and much more prominent than in English: *ca***u***sa* [káŭsa].

SPANISH SEMICONSONANTS

Spanish semicon-sonants	phonetic symbols	explanation of the sounds
i, y	[j]	When it is the first element in Spanish rising diphthongs (see below), this sound is similar to the English **y** in **y***es* or **y***et*: *s***i***ete* [sjéte], *hac***i***a* [áθja].
u	[w]	This sound is similar to the English **w** in **w***ait*: *c***u***atro* [kwátro], *b***u***eno* [bwéno].

SPANISH DIPHTHONGS

There are two kinds of diphthongs in Spanish: falling and rising diphthongs.

Falling diphthongs: /ai/, *c***ai***go* [káĭɣo], *h***ay** [áĭ]; /ei/, **rei***na* [rréĭna], *l***ey** [léĭ]; /oi/, **oi***ga* [óĭɣa]; *h***oy** [óĭ]; /au/, **cau***to* [káŭto]; /eu/, *d***eu***da* [déŭða]; /ou/, *b***ou** [bóŭ].

In falling diphthongs, the first elements **e, o** are more closed than in English. The second elements **i, u,** called semivowels, are louder and much more prominent in Spanish than in English.

Rising diphthongs: /ja/, *hac***ia** [áθja]; /je/, *t***ie***mpo* [tjémpo]; /jo/, *lab***io** [láβjo]; /ju/ *v***iu***da* [bjúða]; /w/, *c***ua***tro* [kwátro]; /we/ *b***ue***no* [bwéno]; /wi/, *f***ui** [fwi]; /wo/, *ard***uo** [árðwo].

SPANISH TRIPHTHONGS

The strong vowels **a, e** in the middle of two weak vowels (**i, u**) take the stress. The final vowel **i** is much more prominent in Spanish than in English.

/jai/, *estud***iáis** [estuðjáis]; /jei/, *limp***iéis** [limpjéis]; /wai/, *averig***uáis** [aβeriɣwáis], *Parag***uay** [paraɣwái]; /wei/, *santig***üéis** [santiɣwéis], *b***uey** [bwéi].

SPANISH CONSONANTS

Spanish consonants	phonetic symbols	explanation of the sounds
p (pe)	[p]	Like the English /p/, but without any aspiration, as in *spin:* **p***adre* [páðre], *ca***p***a* [kápa].
		NOTE: a) Omitted in sé(p)tiembre, suscri(p)tor, sé(p)timo.
		b) It can be dropped, except in affected speech, in the initial groups *ps-*: (p) sicología.
		c) **p** in end syllable position followed by a consonant becomes [β]: *a***p***to* [áβto].
b (be) v (uve)		The Spanish letters **b** and **v** have the same sound. There are two pronunciations: [b] and [β] according to position:
	[b]	Like the English /b/ in the initial position and after **m** or **n** (**mb, n‿b, nv**): **b***ueno* [bwéno]; **v***enir* [benír]; *ho***mb***re* [ómbre]; *u***n‿b***uen día* [um bwén día]; *e***nv***idia* [embídja]; *u***n‿v***als* [um bals].
	[β]	In any other position not mentioned above. Try to pronounce it with your lips slightly open, as if blowing out a candle

Spanish consonants	phonetic symbols	explanation of the sounds
		and making the vocal cords vibrate: *lo***b***o* [lóβo]; *la* **v***aca* [la βáka]; *á***b***side* [áβsiðe].
t (te)	[t]	The Spanish /t/ is pronounced as in English, but a) with the tip of the tongue behind the upper teeth (not between the teeth); b) without any aspiration or puff of air. It is similar to the English /t/ in the group *st-*: **st***one* [stəun]. Examples: **t***ener* [tenér], **t***in***t***a* [tínta]. NOTE: /t/ at the end of a syllable followed by a consonant becomes /ð/: *a***t***las* [áðlas].
d (de)		This Spanish letter has two different pronunciations /d/ and /ð/ according to position.
	[d]	In the initial position and after **i or n,** the Spanish /d/ is similar to the English /d/, but with the tip of the tongue behind the upper teeth (not between the teeth): **d***inero* [dinéro], *fa***ld***a* [fálda], *co***nd***e* [kónde], *u***n**‿**d***iente* [un djénte].
	[ð]	In any other position not mentioned above, the sound of the Spanish letter **d** is similar to the English **th** in **th***is*: *tu* **d***inero* [tu ðinéro], *ca***d***a* [káða], *ciu***d***a***d** [θjuðáð]. NOTE a) The final **-d** of some words tends to disappear altogether: **virtu***(d)*, **verda***(d)*, **juventu***(d)*, **uste***(d)*, **Madri***(d)*. b) In words ending in **-ado,** the pronunciation of [ð] is even softer and in popular speech tends to disappear. c) The Spanish letter **z** in end syllable position followed by a voiced consonant (b, v, d, g, l, m, n, r) is pronounced [ð]: *ju***zg***ar* [xuðɣár].

Spanish consonants	phonetic symbols	explanation of the sounds
c (ce) en ca, co, cu, que, qui, k	[k]	This Spanish sound is similar to the English /k/, but without any aspiration, like in *scar* [ska:]. This [k] sound is represented in Spanish by: 1.° **c** followed by **a, o, u, l** or **r: ca***ro* [káro], *sa***co** [sáko], **cu***bo* [kuβo], **cl***aro* [kláro], **cr***istal* [kristál]. 2.° **qu** followed by **e, i**: The **u** is silent: **que***dar* [keðár], **qui***nto* [kinto]. 3.° **k** in a few words of foreign origin: **k***ilômetro* [kilómetro]. NOTE: **c** at the end of a syllable followed by a consonant becomes [ɣ]: *ac***t***o* [áɣto].
g (ge)		The Spanish letter **g** has three different sounds: /g/, /ɣ/, /x/.
en ga, go, gu, gue, gui	[g]	This Spanish sound is similar to the English /g/ in good [gud]. It is represented in Spanish by **g** followed by **a, o, u** at the beginning of a breath group or after **n: ga***nar* [ganár], **go***ta* [góta], **gu***sano* [gusáno], *te***ngo** [téngo]. The **u** is silent in **gu***e*, **gu***i*, unless marked with a diaeresis: **gue***rra* [gérra], **gui***tarra* [gitá rra]. But, *ver***güe***nza* [berɣwénθa], *ar***gúi***r* [arɣwir].
	[ɣ]	In any other position not mentioned above, the Spanish /g/ has no equivalent in English. The contact of the back of the tongue with the soft palate is not complete and the air passing through the narrow passage produces a slight friction: *el* **g***allo* [el ɣáʎo], *ha***g***o* [áɣo], *di***g***no* [díɣo].
	[x]	For the third pronunciation of /g/ see the phonetic symbol [x].
m (eme)	[m]	Like the English /m/ in **my: m***adre* [máðre], **a***m***or** [amór].

Spanish consonants	phonetic symbols	explanation of the sounds
		NOTE a) Final **m** is pronounced as **n**: *hare***m** [arén], *álbu***m** [álβun]. b) **n** before **p, b, β, v, f,** and **m** is pronounced like English */m/: co***n**‿**pan**‿**b***lando* [kom pam βlándo], ***en****vidia* [embíðja], ***en****fado* [emfáðo], *co***nm***igo* [kommiɣo].
n (ene)	[n]	The Spanish **n** is pronounced like the English **n** in **n***ine* [nain]: **n***adar* [naðár]. NOTE: **n** before **p, b, β, v, f** and **m** is pronounced like the English /m/ (see phonetic symbol [m]).
ng, nca, nco, ncu, nque, nqui, nj	[ŋ]	The Spanish letter **n** before **g, j, c** (in **ca, co, cu**) and **qu** (in **que, qui**) is pronounced like the English **n** in *si***ng** or *i***nk.** Its phonetic symbol is /ŋ/: *te***ng***o* [téŋgo], *ba***nco** [báŋko], *mo***nj***a* [móŋxa].
ñ (eñe)	[ɲ]	This sound has no equivalent in English. The closest sound in English is **ni** in *o***ni***on*: *a***ñ***o* [áɲo], *ri***ñ***ón* [rriɲón].
l (ele)	[l]	Like the English **l** in **l***et*: **l***ado* [láðo], *cielo* [θjélo].
ll (elle)	[ʎ]	This sound, as it exists in Castilian Spanish, has no equivalent in English. The closest sound in English is **li** in *mi***lli***on,* pronounced rapidly: **ll***ave* [ʎáβe], *ca***ll***e* [káʎe]. In some parts of Spain and in most Spanish-speaking countries of Latin America, **ll** is pronounced like the English **y** in **y***et* (yeísmo) or like **s** in *mea***s***ure* [ˈmeʒəʳ]: *ca***ll***e* [káje or káʒe].
f (efe)	[f]	Like the English f in **f***oot* [fut]: **f***ilosofía* [filosofía].
ce, ci za, zo zu	[θ]	In Castilian Spanish this sound is like the English **th** in **th***in* [θin]. It is represented by **ce, ci, za, zo** and **zu: ce***ro* [θéro], **ci***ento* [θjénto], **za***pato* [θapáto]. In Andalusia and in Spanish-speaking

Spanish consonants	phonetic symbols	explanation of the sounds
		American countries this sound is pronounced like the **s** in **s**oul.
s (ese)	[s]	It is similar to the English **s** in **s**oul, except in the instances mentioned in [z] (below): **s**illa [síʎa], ca**s**a**s** [kásas].
s + {b, v, d, g, l, m, n}	[z]	The Spanish **s** when followed by a voiced consonant (**b, v, d, g, l, m, n**) is pronounced like the English **s** in *ro*s*e* [rəuz]: *i*s*la* [izla], *mi*sm*o* [mizmo], *e*sb*elto* [ezβélto], *de*sd*e* [dézðe].
ya, ye, yo, yu, hi-	[ǰ]	This sound has no equivalent in English. The Spanish groups **ya, ye, yo, yu** and **hi-**, when not at the beginning of a breath group and not preceded by **n** or **l**, have a sound similar to the English **y** in **y**es, but more closed and tense: *la‿***hi***erba* [la ǰérβa], *ma***yo** [máǰo], *mi‿***ye***rno* [mi ǰérno].
ya, ye, yo, yu, hi-	[dʒ]	The groups **ya, ye, yo, yu, hi-** at the beginning of a syllable and preceded by **n** or **l** have a sound similar to the English **j** in **j***ump* [dʒʌmp], though not as strong: *cón***yu***ge* [kóndʒuxe], *in***ye***cción* [indʒekθjón], *el‿***yu***go* [el dʒüɣo].
che (che)	[tʃ]	This symbol represents one sound. It is similar to the English **ch** in **ch***ur***ch** [tʃə:tʃ]: *mu***ch***a***ch***o* [mutʃátʃo].
j (jota) ge, gi	[x]	This sound has no equivalent in English. It is similar to the composer's name, **Bach.** The back of the tongue is brought close to the soft palate and friction is produced by the air passing through them. It is represented in Spanish by a) the letter **j**: **j***abón* [xaβón]. b) **ge, gi**: *co***ge***r* [koxér], **gi***tano* [xitáno]. The letter **j** is silent in reloj [rreló].
r (ere)	[r]	The pronunciation of the Spanish [r] has no equivalent in English. It is pro-

Spanish vowels	phonetic symbols	explanation of the sounds
		nounced with a single trill of the tongue against the teeth. NOTE: A single *r* is pronounced like the double **rr**: 1) at the beginning of a word: **r***io* [rrío]. 2) when preceded by **n, l** or **s**: *ho***nr***a* [ónrra], *a***lr***ededor* [alrreðeðór], *I***s**-**r***ael* [i(s)rraél].
rr (erre)	[rr]	The pronunciation of the Spanish [rr] has no equivalent in English. It is pronounced with several trills (two or three) of the tip of the tongue against the teeth: *to***rr***e* [tórre]. Remember (see the NOTE on the preceding sound) that a single /r/ is pronounced as double /rr/ 1) at the beginning of a word: **r***io* [rrío]. 2) when preceded by **n, l** or **s:** *ho***nr***a* [ónrra], *a***lr***ededor* [alrreðeðór], *i***sr***aelita* [i(s)rraelíta]. NOTE: It is very important to notice the opposition between /r/ one trill, and /rr/ two or three trills: *caro/carro, cero/cerro, coral/corral.*
h (hache)		Always silent in Spanish: **h***umo* [úmo].
w (uve doble)		This is not a letter of the Spanish alphabet. It is only used in recent loanwords. It has two pronunciations: 1) as /b/ or /β/ in assimilated English or German words: **w***atio* [b-, βátjo], **w***ater* [b-, βáter]; **w***alkiria* [b-, βalkírja], **W***agner* [b-, βáɣner]. 2) as the English /w/ in non-assimilated English words: **w***eek-end* [wikén]; **w***hisky* [wíski or ɣwíski].
x (equis)		This letter is pronounced [ɣs], never [gz]: *e***x***amen* [eɣsámen]. In ordinary speech it is pronounced like the English **s** in *soul*: *e***x***poner* [e(ɣ)sponér], *e***x***celente* [e(ɣ) sθelénte].

AN OVERVIEW OF SPANISH GRAMMAR

ACCENTUATION/ACENTUACIÓN

Rules of accentuation

All words in Spanish (except adverbs ending in **-mente**) have only one stressed syllable. The stressed syllable is sometimes indicated by a written accent.

In words with no written accent, the ending of the word determines the placement of stress.

- Words that end in a consonant (except *n* or *s*) stress the last syllable: pa**red**, a**ñil**, ca**paz**.
  —The final y as part of a diphthong is treated as a consonant: carey, Paraguay.
- Words that end in a vowel or in *n* or *s* stress the next to the last (penultimate) syllable: **ca**sa, **pa**san, **li**bros.

Note: Adverbs ending in **-mente** retain the original stress (and written accent) of the root word as well as stress the first syllable of the adverbial ending: **clara****men**te, **difícil**-**men**te, **úl**tima**men**te.

The written accent is used in the following cases:

- Words that end in a vowel or the consonants *n* or *s* and that stress the last styllable: ca**fé**, ta**lón**, a**nís**.
- Words that end in a consonant (except *n* or *s*) and that stress the next to the last syllable: **ár**bol, **quí**dam.
- All words that stress the third from the last (antepenultimate) syllable: **pár**vulo, **má**ximo, **á**nimo.

Note: Verbs having unstressed pronouns attached to them preserve the written accent when they ordinarily carry one: lle**vó**me, apu**ré**la.

Other uses of the written accent

- The written accent is used to distinguish between two words with the same spelling but different meanings or functions:

él (pronoun)	**el** (article)
tú (pronoun)	**tu** (possessive adjective)
mí (pronoun)	{ **mi** (possessive adjective) { **mi** (musical note)
sí (adverb)	**si** (conjunction)
sí (pronoun)	
sé (of the verb ser)	**se** (reflexive pronoun)
sé (of the verb saber)	
más (adverb)	**mas** (conjunction)
dé (of the verb dar)	**de** (preposition)
té (noun)	**te** (pronoun)
éste **ése** (pronouns) **aquél**	**este** **ese** (adjectives) **aquel**
sólo (adverb)	**solo** (adjective)

- The written accent is also used in the following cases:
  —**Quién**, **cuál**, **cúyo**, **cuánto**, **cuán**, **cuándo**, **cómo**, and **dónde** in interrogative and exclamatory sentences.

- **Qué**, **cúyo**, **cuándo**, **cómo**, and **porqué** used as nouns: sin **qué** ni para **qué**, el **cómo** y el **cuándo**.
  —**Quién**, **cuál**, and **cuándo** having a distributive sense: **quién** más, **quién** menos.
  —**Aún** when it is interchangeable with **todavía**: no ha llegado **aún**.
  —The vowels *i* and *u* are accented when they are preceded or followed by another vowel and form a separate stressed syllable: llovía, baúl.

—The conjunction **o** takes an accent when it comes between two arabic numberals to avoid mistaking it for zero (0): 3 **ó** 4.

ARTICLES/ARTÍCULOS

The article in Spanish is a variable part of speech, agreeing with the noun in gender and number.

Definite articles

	Masculine	Feminine
Singular	**el** libro (the book)	**la** cara (the face)
Plural	**los** libros (the books)	**las** caras (the faces)

The neuter article **lo** is used to give a substantive value to some adjectives: **lo** bello (the beautiful, what is beautiful, beautiful things); **lo** profundo de sus pensamientos (the profoundness of his thoughts).

Indefinite articles

	Masculine	Feminine
Singular	**un** hombre (a man)	**una** naranja (an orange)
Plural	**unos** hombres (some men)	**unas** narajas (some oranges)

Special cases

- The masculine article is used with feminine nouns that begin with a stressed **a**: **el** alma (the soul); un ave (a bird).

- With reflexive verbs, the definite article is equivalent to an English possessive adjective in sentences like: me lavo **las** manos, I wash my hands; ponte **el** sombrero, put on your hat.
- When followed by **de** or an adjective, the Spanish article may be used as a pronoun equivalent to *the one* or *the ones*: el **del** sombrero blanco, the one in the white hat.

GENDER/GÉNERO

All nouns in Spanish have a gender: masculine, feminine, common, or epicene. Some adjectives having the value of a noun are in the neuter gender.

Note: For all practical purposes, common and epicene nouns are masculine or feminine and are treated as such in the entries of this dictionary.

Some observations

- Nouns denoting living beings usually have a different form for the masculine or feminine gender: **trabajador**, **trabajadora**, working man, working woman; **actor**, **actriz**, actor, actress; **oso**, **osa**, bear (male), bear (female); **buey**, **vaca**, ox, cow; **caballo**, **yegua**, horse, mare.
- Some nouns that denote persons have only one ending for both masculine and feminine genders. They are in the common gender, and the sex is indicated solely by the article: **un** pianista, **una** pianista, a pianist.
- Some masculine nouns and feminine nouns are used to denote animals of either sex. They are in the epicene gender, and the sex is indicated by the word **macho** or **hembra** following the noun: una serpiente **macho**, a

male serpent; un rinoceronte **hembra**, a female rhinoceros.

- Nouns denoting material or spiritual things are never in the neuter gender but have either the masculine or feminine gender attributed to them. The reader is advised to look for the gender in the corresponding entries of this dictionary whenever a question arises.

FORMATION OF THE PLURAL/PLURAL

The plural of Spanish nouns and adjectives is formed by adding **s** or **es** to the singular word.

The plural is formed by adding **s** to:

- Words ending in an unstressed vowel: casa, **casas**; blanco, **blancos**.
- Words ending in an accented **é**: café, **cafés**.

The plural is formed by adding **es** to:

- Words ending in an accented **á**, **í**, or **ú**: bajá, **bajaes**; rubi, **rubies**.
  Exception: **Papá**, **mamá**, **chacó**, and **chapó** add **s**; maravedí has three forms for the plural: **maravedis**, **maravedies**, and **maravedises**.
- The names of the vowels: a, **aes**; e, **ees**; i, **íes**, etc.
- Nouns and adjectives ending in a consonant: árbol, **árboles**; anís, **anises**; cañón, **cañones**. Exception: Nouns of more than one syllable ending in an **s** preceded by an unstressed vowel do not change in the plural: lunes, **lunes**; crisis, **crisis**. Observe that nouns and adjectives

ending in **z** change the **z** to **c** in their written plurals: vez, **veces**; feliz, **felices**.

Proper names

When a proper name is used in the plural, all the preceding rules and exceptions are observed. Exception: Family names ending in **z** (Núñez, Pérez, etc.) do not change in the plural.

Nouns of foreign origin

Usually nouns of foreign origin form the plural according to the preceding rules. However, the plural of lord is **lores**, and the plural of cinc or zinc is **cincs** or **zincs**.

Latin words, such as ultimátum, déficit, fiat, and exequátur, have no plural form.

Compound nouns and adjectives

- When the elements of the compound noun or adjective are separate, only the first element takes the plural form: **ojos** de buey, **patas** de gallo.
- When the compound is imperfect, such as ricahembra, mediacaña, both the elements take the plural form: **ricashembras, mediascañas.**
- When the compound is perfect, the plural is formed at the end of the word: **ferrocarriles**, **patitiesos**.
- The plurals of cualquiera and quienquiera are **cualesquiera** and **quienesquiera**.

DIRECT AND INDIRECT OBJECTS/ COMPLEMENTOS DIRECTO E INDIRECTO

Direct object

As a rule, the direct object is not preceded by a preposition. However, the positions of the subject and object in Spanish are often reversed, and the direct object is sometimes preceded by the preposition **a** to avoid confusion.

Examples and exceptions:

Construction with **a**	*Construction without* **a**
César venció **a** Pompeyo. (Proper noun—name of a person)	Plutarco os dará mil Alejandros. (Proper noun used as a common noun)
Ensilló **a** Rocinante. (Proper noun—name of an animal)	Ensilló el caballo. (Common noun of an animal)
Conquistó **a** Sevilla. Conozco Madrid. Uncertain use. (Proper nouns—names of places without the article)	Visitó La Coruña. Veremos El Escorial. (Proper nouns—names of places preceded by the article)
Busco **al** criado de mi casa. (Common noun of a specified person)	Busco criados diligentes. (Common noun of nonspecified persons)

Tienen por Dios **al** viento. Temo **al** agua. (Noun of a personified thing or of a thing to which an active quality is attributed)	Partiremos esta leña. Recojo el agua. (Nouns of things in general)
No conozco **a** nadie. Yo busco **a** otros, **a** alguien, **a** ti. (Indefinite pronoun representing a person or personal pronoun)	No sabía nada. Di algo. (Indefinite pronouns representing things)
Aquel **a** quien amo.	No sé quién vendrá.

Indirect object

The indirect object is always preceded by the prepositions **a** or **para**: Escribo una carta **a** mi madre. Compro un libro **para** mi hijo. (I write a letter to my mother. I buy a book for my son.)

ADJECTIVES/ADJETIVOS

The adjective in Spanish is a variable part of speech and must agree in gender and number with the noun it qualifies: libro **pequeño**, casa **pequeña**; casas **pequeñas**.

Some adjectives, however, have the same ending for both masculine and feminine genders: hombre **fiel**, mujer **fiel**; hombres **fieles**, mujeres **fieles**.

Placement of the adjective

Predicate adjectives usually follow the verb: la nieve es **blanca**, the snow is white.

Nevertheless, the order of the sentence can be reversed for emphasis or in some fixed expressions: ¡**buena** es ésta!, that is a good one!; ¡**bueno** está lo bueno!, leave well enough alone.

Adjectives that directly modify a noun may either precede or follow it.

Special cases

- Adjectives that express a natural quality or a quality associated with a person or thing are placed before the noun: el **fiero** león, la **blanca** nieve.

- Indefinite, interrogative, and exclamative adjectives; the adjectives **medio**, **buen**, **mal**, **poco**, **mucho**, and **mero**; and adjectives expressing cardinal numbers are placed before the noun: **algún** día, some day; ¿**qué** libro prefiere usted?, which book do you prefer?; **dos** hombres, two men.

  Alguno, when placed after a noun, has a negative sense: no hay remedio **alguno**, there is no remedy.

- Some adjectives change meaning or connotation when they precede or follow a noun: un **simple** hombre, a mere man; un hombre **simple**, a simpleton.

- Some adjectives change in form when used before a noun. **Grande** may be shortened to **gran** when used in the sense of extraordinary or distinguished: un **gran** rey, a great king; una **gran** nación, a great nation.

- The masculine adjectives **alguno**, **ninguno**, **bueno**, **malo**, **primero**, and **tercero** drop the final **o** when placed before a noun: **algún** dia, some day; **ningún** hombre, no man; **primer** lugar, first place; **tercer** piso, third floor.

- The masculine adjective **Santo** is shortened to **San** before all names of saints except Tomás, Toribio, and Domingo: **San** Juan, Saint John: **Santo** Tomás, Saint Thomas.

Comparative degree

The English comparatives—*more. . .than, less. . .than*, and adjective + *er than*—are expressed in Spanish as **más . . .que, menos. . .que**: Pedro es **más** (or **menos**) atlético **que** Juan, Peter is more (or less) athletic than John.

In a comparative expression, when **que** is followed by a conjugated verb or a number, it is replaced by **de lo que** and **de**, respectively: esto es más dificil **de lo que** parece, this is more difficult than it seems; hay más **de** diez personas, there are more than ten people.

The English comparatives, *as. . .as* and *so. . .as*, are expressed in Spanish as **tan. . .como**: mi casa es **tan** hermosa **como** la de usted, my house is as beautiful as yours.

Superlative degree

The English superlatives—*the most* (or *the least*). . .*in* or *of* and adjective + *est. . .in* or *of*—are expressed in Spanish as **el más** (or **el menos**). . .**de**: **el** barrio **más** populoso **de** la ciudad, the most populous quarter in the town.

- the absolute superlative is formed by placing **muy** before the adjective or by adding the ending **-ísimo** to the adjective: **muy** excelente, **excelentísimo**, most excellent.

- Adjectives ending in a vowel drop the vowel and add **-ísimo**: grande, **grandísimo**; alto, **altísimo**.

- Adjectives ending in **co** or **go**, change **c** to **qu** and **g** to **gu** and add **-ísimo**; poco, **poquísimo**; largo, **larguísimo**.
- Adjectives ending in **io** drop the ending and add **-ísimo**: limpio, **limpísimo**.
- Adjectives containing an accented diphthong—**ie** or **ue**—change **ie** to **e** and **ue** to **o** and add **-ísimo**: valiente, **valentísimo**; fuerte, **fortísimo**.
- Adjectives ending in **ble** change this ending to **bilísimo**: amable, **amabilísimo**.
- Some adjectives have special forms for the comparative and superlative degrees: bueno, mejor, óptimo; malo, peor, pésimo; grande, mayor, máximo; pequeño, menor, mínimo.

NUMERALS/NUMERALES

Observations

1) **Uno**, when it precedes a masculine noun, and **ciento**, when it precedes any noun and when used in a cardinal number, take the shortened forms **un** and **cien**: **un** libro; **cien** hombres; **cien** mil soldados.
2) The cardinal numbers between 20 and 30 are spelled **veintiuno**, veintidós, veintitrés, etc.
3) The cardinal numbers between 30 and 40, 40 and 50, etc. (under 100), use the conjunction **y**: treinta **y** uno, ochenta **y** tres.
4) The preceding rules apply to the spelling of any cardinal number over 100: **ciento** veintiuno, 121;

seiscientos cuarenta y dos, 642; **cien mil cuarenta, 100.040.** Note that **millón**, **billón**, and the like take the indefinite article **un**; however, **ciento**, **cien**, and **mil** do not: **un** millón, a million; **ciento**, a hundred; **mil**, a thousand; **cien mil**, one hundred thousand.

5) Ordinal numbers between 10th and 20th are: **undécimo**, **duodécimo**, **decimotercero** or **decimotercio**, **decimocuarto**, **decimoquinto**, **decimosexto**, **decimoséptimo**, **decimoctavo**, and **decimonoveno** or **decimononono**.

6) The ordinal numbers between 20th and 30th, 30th and 40th, etc. are formed by adding the first nine ordinal numbers to **vigésimo**, **trigésimo**, **cuadragésimo**, etc.: **vigésimo primero**, twenty-first; **trigésimo segundo**, thirty-second; **cuadragésimo tercero**, forty-third.

7) Most ordinal numbers may also be formed by adding the endings **-eno**, **-ena**, and **-avo**, **-ava** to the cardinal numbers. The ordinal numbers ending in **-avo** (except octavo) are used only to express fractions: una **dozava** parte, one twelfth part; el **dozavo** de, a twelfth of.

8) The cardinal numbers (except **uno**) may be used as ordinals. However, from 2 to 10, preference is given to the ordinal numbers for the names of kings, chapters of books, etc.
—For the days of the month (except the first), only cardinal numbers are used: el **primero** de junio, el **dos** de octubre, el **catorce** de diciembre.

9) As a rule, cardinal numbers are placed before the noun; but when they are used as ordinal numbers,

they are placed after the noun: **dos** libros, capítulo **quince**.

10) All the ordinal numbers and the cardinal numbers **uno**, **doscientos**, **trescientos**, through **novecientos** agree with the noun they qualify: la **primera** puerta, el **tercer** hombre, **una** casa, **doscientos** libros, **trescientas cuatro** personas.

PERSONAL PRONOUNS/ PRONOMBRES PERSONALES

Subject pronouns

Person	*Singular*	*Plural*
1st	yo	nosotros, nosotras, nos
2nd	usted, tú	ustedes, vosotros, vosotras, vos
3rd	él, ella	ellos, ellas

- The subject pronoun in Spanish is used only for emphasis or to prevent ambiguity. When neither of these reasons for its use exists, its presence in the sentence makes the style heavy and should be avoided.
- **Usted** and **ustedes** are technically second person pronouns used out of courtesy. However, they take the verb in the third person.
- **Nos** is used by kings, bishops, etc. in their writings or proclamations in the same way as the English *royal we* and *us*. **Nosotros** is used by writers in the same way as the *editorial we* in English.

- **Vos** is used to address God, a saint, a king, etc. In some American countries **tú** is used.

Object pronouns

Direct Object Pronouns

Person	*Singular*	*Plural*
1st	me	nos
2nd	te, le, lo, la	os, los, las
3rd	le, lo, la	los, las

Indirect Object Pronouns (without a preposition)

Person	*Singular*	*Plural*
1st	me	nos
2nd	te, le	os, les
3rd	le	les

Object Pronouns (with a preposition)

Person	*Singular*	*Plural*
1st	mi	nosotros, nosotras
2nd	usted, ti	ustedes, vosotros, vosotras
3rd	él, ella, sí	ellos, ellas, sí

- **Sí** is equivalent to *himself, herself, itself,* and *themselves* relating to the subject of the sentence: esto es malo de **sí**, this is bad in itself; habla de **sí mismo**, he speaks of himself.
- When the indirect object pronouns **le** and **les** must precede another third person pronoun, they are replaced

by **se**. Incorrect: **le** lo mandaron, **les** las quitaron. Correct: **se** lo mandaron, **se** las quitaron.

Reflexive Pronouns

Person	*Singular*	*Plural*
1st	me	nos
2nd	te	os
3rd	se	se

Se may also be:
—An indication of the passive voice.
—An impersonal subject equivalent to the English *one*, *you*, *they*, *people*: **se** habló de todo, they talked about everything. However, when the verb is reflexive, **se** cannot be used this way. Instead, **uno**, **alguno**, or **alguien** may be substituted as the impersonal subject.

Observations:

- When the verb is a gerund or a form of the imperative or infinitive mood, the object pronoun or pronouns are placed after the verb: diciéndo**lo**, dáme**lo**, observar**nos**. In compound tenses, they are placed after the auxiliary verb: habiéndo**me** dado, habero**s** comprendido.

  When the gerund or infinitive is subordinate to another verb, the pronouns may pass to the main verb: quieren molestar**te** or **te** quieren molestar; iban diciéndo**lo** or **lo** iban diciendo.

- Direct and indirect object pronouns may be placed before or after the verb when the verb is in the indicative, subjunctive, or conditional mood. In everyday language, it is usual to place them before the verb.

- When there are two object pronouns, the indirect precedes the direct, and a reflexive pronoun precedes another pronoun: **me lo** dio, **se las** prometí.
- Object pronouns that follow the verb are incorporated into the verb: **diciéndolo, molestarte**.

  Sometimes in this union, the final letter of the verb must be dropped to avoid a metaplasm: correct: **unámonos**, incorrect: **unamosnos**; correct: **sentaos**, incorrect: **sentados**.

Order of placement

When two or more pronouns accompany the verb, either preceding or following it, the second person pronoun is placed before the first person pronoun, and this before the third person pronoun. The pronoun **se** always precedes the others. (**Te me** quieren arrebatar. **Nos lo** ofrecen. **Se te** conoce en la cara.)

POSSESSIVE PRONOUNS AND ADJECTIVES/ POSESIVO (Adjetivo y pronombre)

- The Spanish possessive adjective and pronoun agree with the noun representing the possessed thing: **mi** sombrero, my hat; **mis** libros, my books; **tus** caballos, **vuestros** caballos, your horses.
- The third person possessive adjective or noun, especially in the form of **su**, is very ambiguous because it can mean *his*, *her*, *its*, and *their*. It is also equivalent to *your* when used in correlation with **usted** or **ustedes**. To prevent misunderstanding, the practice had been to add the possessor's name (or a pronoun representing it) preceded by **de**: su casa **de Luis**; su libro **de ellos**; su

madre **de usted**. However, this use is now restricted to **su. . .de usted** or **su. . .de ustedes**: **su** libro **de usted**, **su** madre **de ustedes**. In most cases, it is preferable to reword the sentence to avoid ambiguity.

- **Nuestro** and **vuestro** denote only one possessor when the corresponding personal pronoun **nosotros**, **nos**, or **vos**) denotes one person.
- In some sentences, the definite article replaces the possessive adjective: he dejado **los** guantes sobre la mesa, I have left my gloves on the table; te has olvidado **el** paraguas, you have forgotten your umbrella.

CONJUGATION OF VERBS/CONJUGACIÓN

Regular verbs in Spanish fall into three groups: **-ar** verbs (first conjugation, **-er** verbs (second conjugation), and **-ir** verbs (third conjugation).

Models of the three conjugations (simple tenses)

amar (to love) temer (to fear) recibir (to receive)

Indicative Mood

Present

am-o, -as, -a; -amos, -áis, -an
tem-o, -es, -e; -emos, -éis, -en
recib-o, -es, -e; -imos, -ís, -en

Preterite

am-é, -aste, -ó; -amos, -asteis, -aron
tem } recib } -i, -iste, -ió; -imos, -isteis, -ieron

Imperfect

am-aba, -abas, -aba; -ábamos, -abais, -aban
tem } recib } -ía, -ías, -ía; -íamos, -íais, -ían

Future

amar } temer } recibir } é, -ás, -á; -emos, -éis, -án

Conditional

amar, temer, recibir } -ía, -ías, -ía, -íamos, -íais, -ían

Subjunctive Mood

Present	Imperfect (s-form)
am-e, -es, -e; -emos, -éis, -en	am-ase, -ases, -ase; -ásemos, -aseis, -asen
tem, recib } -a, -as, -a; -amos, -áis, -an	tem, recib } -iese, -ieses, -iese; -iésemos, -ieseis, -iesen

Imperfect (r-form)	Future
am-ara, -aras, -ara; -áramos, -arais, -aran	am-are, -ares, -are; -áremos, -areis, -aren
tem, recib } -iera, -ieras, -iera; -iéramos, -ierais, -ieran	tem, recib } -iere, -ieres, -iere; -iéremos, -iereis, -ieren

Past Participle

amado temido recibido

Gerund

amando temiendo recibiendo

Compound tenses are formed by the auxiliary verb **haber** and the past participle of the conjugated verb: **he comido**, I have eaten; **habrá llegado**, he will have arrived; **habías temido**, you had feared.

Irregular verbs

The conjugations of irregular verbs are given in the entries corresponding to their infinitives.

Orthographic-changing verbs

Some verbs undergo spelling changes to preserve their regularity to the ear: tocar, **toque**; llegar, **llegue**; vencer, **venzo**; lanzar, **lance**, etc. These orthographic-changing verbs are neither considered nor treated as irregular verbs in this dictionary.

PASSIVE VOICE/VOZ PASIVA

The Spanish language expresses the passive voice in two different ways:

1) By a form of the verb **ser** and a past participle: la serpiente **fue muerta** por Pedro, the snake was killed by Peter.

2) By the pronoun **se** preceding the verb: aquí **se habla** español, Spanish is spoken here.

The second form of the passive voice is often difficult to distinguish from the active voice in sentences where **se** is an impersonal subject.

EXPRESSING NEGATION/NEGACIÓN

Negation is expressed by the adverb **no**, which is equivalent to the English *no* and *not*.

- **No** is always placed before the verb: la casa **no es** mía, the house is not mine; el niño **no come**, the child does not eat.
  —Other words, even whole sentences, may be placed between **no** and the verb: no **se lo** daré, I will not give it

to him; no **todos los presentes** estaban conformes, not all those present agreed.

—Whenever the meaning may not be clearly understood, **no** must accompany the words it modifies. For example: tu madre **no puede** venir, your mother cannot come; tu madre **puede no** venir, your mother may not come.

- Words expressing negation: **jamás, nunca, nada, nadie, ninguno**, and the phrases **en mi vida, en todo el día**, etc. are substituted for **no** when they precede the verb: **jamás** volveré, **nunca** lo sabrás, **nada** me falta, a **nadie** veo, **ninguno** sobra.

  —However, when these words follow the verb, **no** must be used in the sentence and precede the verb: **no** volveré **jamá, no** lo sabrás **nunca, no** me falta **nada, no** veo a **nadie, no** sobra **ninguno.**

  —When the sentence contains many words that express negation, only one of them can be placed before the verb: **nadie** me ayudó nunca en nada, **nunca** me ayudó nadie en nada.

  —If the verb is preceded by **no**, all other negative words must follow the verb: No me ayudó **nunca nadie** en **nada.**

- **No** may be used without expressing negation:

  —In sentences subordinate to a verb expressing fear or possibility, **no** is substituted for **a que**: temía **no** viniese, I feared that he should come.

  —As an expletive in sentences like: Nadie dudurá que la falta de precisión. . . **no** dimane de. . . , No one will doubt that the lack of precision comes from (or is due to). . . .

INTERROGATIVES/INTERROGACIÓN

Construction of the interrogative sentence

Sentences with no interrogative word:

- The subject is placed after the verb. If a compound tense is used, the subject follows the participle. Remember that in Spanish the subject is expressed only for emphasis or when its presence is necessary for meaning.

¿Ha llegado tu padre?
¿Viene alguien?
¿Trae cada uno su libro?
Llaman.—¿Será él?
¿Vienes?
¿Viene usted?
¿Viene ella?

Sentences with an interrogative word:

- When the interrogative word is the subject, the sentence order is not reversed.

¿Quién llama?
¿Qué dolor es comparable al mío?

- When the interrogative word is an attribute, an object, or a complement, the sentence order is reversed.

¿Cuál es tu libro?
¿Qué quiere tu hermano?
¿Con quién habla usted?

Complement, object, or subject placed at the beginning of the sentence:

- For emphasis, a complement or object is placed at the beginning of a sentence. If a direct or indirect object is emphasized, it may be repeated by means of a pronoun: A este hombre, ¿**lo** conocían ustedes? A tu padre, ¿**le** has escrito? De este asunto, ¿han hablado ustedes?

- The subject can also be placed at the beginning of an interrogative sentence, but then the question is indicated only by the question marks and vocal intonation: ¿Los estudiantes estaban contentos? or Los estudiantes, ¿estaban contentos?

Interrogative sentences are punctuated with two question marks: the one (¿) at the beginning of the question and the other (?) at the end of the question.

THE INFINITIVE/INFINITIVO

The infinitive in Spanish has practically the same uses as the infinitive in English.

Exception: In some subordinate sentences that express what is ordered, expected, desired, etc., the subjunctive or indicative mood is used; whereas in English, the infinitive would be used: El capitán ordenó a los soldados **que trajesen** al prisionero. (The captain ordered the soldiers *to bring* the prisoner.) Me pidió **que pagase** la cuenta. (He asked me *to pay* the bill.) Esperan **que se irá** pronto. (They expect him *to go* away soon.)

The Spanish infinitive is used as a noun in the same way as the English infinitive, and sometimes gerunds are used as nouns. **Errar** es humano. (To err is human.) El **comer** es necesario para la vida. (Eating is necessary for life.)

PARTICIPLES/PARTICIPIOS

Past participle

- The past participle is always invariable when it is used to form a compound tense: **he recibido** una carta, los libros que **he recibido.**
  —When the past participle is used as an adjective or an attribute, it agrees with its noun in number and gender: un problema **resuelto**, la obra está **terminada.**
  —When the past participle is used with the verbs **tener, llevar, dejar**, etc., it is made to agree in number and gender with a related noun: tengo **resueltos** los problemas, I have the problems solved; llevo **escritas** cuatro cartas, I have four letters written; la dejó **hecha** una furia, when he left her, she was in a rage.
- Many past participles in Spanish have both a regular and an irregular form. As a rule, the irregular forms of the past participles are used only as adjectives and sometimes as nouns: Dios le ha **bendecido**, God has blessed him; una medalla **bendita**, a blessed medal.

Present participle

Very few Spanish verbs have a present participle (in the Latin sense). This participle has become an adjective. Only **concerniente, condescendiente, conducente, correspondiente,** and some others that can have the same complements and objects as the verb, retain something of their participial nature.

THE GERUND/GERUNDIO

Formation

The first conjugation adds **-ando** to the stem of the infinitive (amar, **amando**). The second and third conjugations add **-iendo** (temer, **temiendo**; recibir, **recibiendo**). The gerund does not change for number and gender.

Observations

- The gerund in Spanish never acts as a noun. It expresses an action occurring at the same time as or immediately preceding the action of the main verb: Lee **paseándose**, he reads while strolling; **viendo** a su padre, corrió hacia él, on seeing his father, he ran toward him; **habiendo estudiado** la proposición, me resuelvo a aceptarla, having studied the proposition, I resolve to accept it.

  The gerund never expresses an action that occurs after the action of the main verb.

- When the gerund is related to the subject of the main sentence, it may be used only in an explanatory sense: el lobo, **huyendo de los perros**, se metió en el bosque. (The wolf, fleeing from the dogs, went into the woods.)

  The gerund is never used restrictively. *It is correct to say:* Los pasajeros, **llevando pasaporte**, pudieron desembarcar. (The passengers, having their passports, were able to disembark.) *It is incorrect to say:* Los pasajeros **llevando pasaporte** pudieron desembarcar. (Only the passengers having their passports could disembark.) This can be expressed as: Los pasajeros **que llevaban** pasaporte. . . .

- When the gerund is related to the object of the main verb, the object then acts as the subject of the gerund. This use is correct only when the gerund expresses an action perceptible in its course, never a state, quality, or action not perceptible in its course. *It is correct to say:* Vi a un hombre **plantando** coles. (I saw a man planting cabbages.) *It is incorrect to say:* Envió una caja **conteniendo** libros. (He sent a box containing books.) In this case, it is necessary to say: Envió una caja **que contiene** libros.

- The gerund is often used in phrases that are independent of a main sentence, as in titles, captions, inscriptions on engravings, photographs, paintings, etc.: César **pasando** el Rubicón (Caesar crossing the Rubicon); las ranas **pidiendo** rey (the frogs asking for a king).

- The gerund is frequently used as an adverb: Ella se fue **llorando** (she went away in tears); el tiempo pasa **volando** time passes swiftly).

  As an adverb, the gerund may also express the way in which something is done or attained; hizo una cuerda **uniendo varias sábanas** (he made a rope by tying several sheets together).

ADVERBS/ADVERBIOS

Adverbs ending in -mente

Some adverbs are formed by adding **-mente** to the end of an adjective: fiel, **fielmente**. If the adjective can change gender, **-mente** is added to the feminine form: rico, rica, **ricamente**.

Placement of the adverb

Generally, when the adverb is qualifying an adjective or another adverb, it immediately precedes the word it qualifies: un libro **bien** escrito, a well-written book; tan **lindamente** ilustrado, so beautifully illustrated.

When the adverb modifies a verb, it may precede or follow the verb: **mañana** llegará mi padre or mi padre llegará **mañana**; my father will arrive tomorrow.

The negative adverb is always placed before the verb: **no** conozco a este hombre, I don't know this man; **no** lo conozco, I don't know him.

When a direct or indirect object pronoun precedes the verb, the adverb cannot separate the pronoun from the verb: **ayer** la vi or la vi **ayer**, I saw her yesterday. The adverb in Spanish almost never separates an auxiliary verb from the principal verb: ha vencido **fácilmente** a su adversario, he has easily defeated his opponent.

Note: When a word is qualified by two or more adverbs that end in **-mente**, only the last adverb has the ending **-mente**; the others retain the adjective form: ella habió **clara, concisa** y **elegantemente**; she spoke clearly, concisely, and elegantly.

Comparative and superlative degrees

Adverbs can also be expressed in comparative and superlative degrees: **más claramente**, more clearly; **clarísimamente**, very clearly or most clearly.

SYNTAX/SINTAXIS

Sentence construction in Spanish is very free. As a general rule its elements, with the exception of object pronouns may be placed in any order.

Examples:

Pedro llegará las tres.	Traigo un regalo para ti.
Pedro a las tres llegará.	Traigo para ti un regalo.
Llegará a las tres Pedro.	Un regalo traigo para ti.
A las tres llegará Pedro.	Un regalo para ti traigo.
A las tres Pedro llegará.	Para ti traigo un regalo.
	Para ti un regalo traigo.

The use of any one of these constructions is a matter of style or of psychological or emotional intent. Nevertheless, the placement of the verb at the end of the sentence is considered affected, even though it is grammatically correct. It is rarely used in writing and not used at all in conversation.

Special cases

There are some cases in which the subject must be placed after the verb. The more important ones are:

- In some interrogative sentences.
- In exclamatory sentences beginning with **qué**, **cuál**, **cuán**, **cuánto**: ¡Qué alegría tendrá **Juan**! ¡Cuál sería **su sorpresa**!
- After **cualquiera que** and **quienquiera que**, used with the verb **ser**, and after **por. . .que** and **por muy. . .que**, when the intervening word is an attribute: Cualquiera que fuese **su estado**. Por muy habil que sea **tu hermano**.

- In parenthetic sentences using the verbs **decir**, **preguntar**, **responder**, **exclamar**, etc.: Nadie—dijo **Juan**—lo creería.

- In sentences expressing a wish or desire, a condition, or a supposition: ¡Viva **la Reina**! Si se presenta **la ocasión**. Si lo quiere **usted** así.

- In sentences beginning with the adverbs or phrases **cuando**, **apenas**, **en cuanto**, etc.: Cuando llegue **tu padre**. Apenas lo oyó **Juan**. En cuanto estemos **todos** reunidos.

- In imperative sentences having **usted** as a subject or having a subject that is to be emphasized: Oiga **usted**. Ven **tú** si no viene él.

COMMON SPANISH SUFFIXES

-able, -ible are equivalent to the English suffixes **-able**, **-ible**.

-ada
- is often equivalent to *-ful*, *-load*: **cucharada**, spoonful; **vagonada**, **carretada**, truckload.
- indicates:
  —a blow with or of, a stroke of: **bofetada**, slap in the face; **puñalada**, stab.
  —an action peculiar to: **bufonada**, buffoonery.
  —a group or collection of: **manada**, herd, flock.

-ado, -ada are often equivalent to *-ed* in words such as: **barbado**, bearded.

-ado, -ato indicate office, state, term, or place, in nouns such as: **obispado**, bishopric; **decanato**, deanship; **reinado**, reign; **noviciado**, novitiate.

-ado, -ido are the endings of the past participle. They take feminine and plural endings when the participle is used as an adjective.

-acho, -acha, -azo, -aza, -ón, -ona, -ote, -ota are augmentative endings.

-aco, -aca, -acho, -acha, -ejo, -eja, -ucho, -ucha	are depreciative endings.
-azo	indicates a blow, shot, or explosion: **bastonazo**, blow with a cane; **pistoletazo,** pistol shot.
-dad, -idad, -ez, -eza	are usually equivalent to *-iry*, *-hood*, and *-ness*: **castidad**, chastity; **cortedad**, shortness; **niñez**, childhood; **pureza**, purity.
-al, -ar, -edo, -eda	denote field, orchard, grove, etc.: **arrozal**, rice field; **manzanar**, apple orchard; **rosaleda**, rose garden.
-dura	forms derivatives of verbs, often meaning action or the effect of action: **barredura**, sweeping; **barreduras,** sweepings.
-ería	• is equivalent to *-ness* is words such as: **tontería**, foolishness, a foolish act. • usually denotes: —profession, trade, occupation; place where something is made, sold, etc.: **herrería**, ironworks; **carpintería**, carpentry; **ingeniería**, engineering. —collection or ware: **ollería**, earthenware; **cristalería**, glassware.

-ero, -era
- often denote:
  —one having some trade, habit, or occupation: **zapatero**, shoemaker; **embustero**, liar; **tendero**, shopkeeper; **cajero**, cashier.
  —a tree or plant: **melocotonero**, peach tree.
  —a place: **achicharradero** inferno, hot place.
- form adjectives with various attributes: **dominguero**, Sunday (an attribute); **guerrero**, warlike.

-ía
- is equivalent to *-y* in words such as: **geometría**, geometry; **teología**, theology.
- denotes office, employment, status, etc., in words such as: **soberanía**, sovereignty; **ciudadanía**, citizenry, citizenship.

-ico, -ica, -illo, -illa, -ito, -ita, -uelo, -uela,* -ete, -eta, -uco, -uca, -ucho, -ucha are diminutive endings.

-ísimo is the ending of the absolute superlative: **fortísimo**, very strong, strongest.

---

*Includes the variants **-cico, -ecico, -cillo, -ecillo, -zuelo, -ezuelo**, etc.

-izo, -ucho, -izco, -uzco mean *tending to*, *somewhat*: **rojizo**, reddish; **malucho**, in bad health; **blanquizco**, whitish; **negruzco**, blackish.

-mente is the adverbial ending equivalent to the English suffix *-ly*: **sabiamente**, wisely; **rápidamente**, swiftly.

-miento, -ción have the meaning of *-ment*, *-tion*, or *-ing* in words denoting action or effect: **presentimiento**, presentiment; **coronamiento**, **coronación**, coronation, crowning.

-or, -ora, -dor, -dora mean *that does* or *serves to do*, and are equivalent to *-ing* (in adjectives) and *-er* or *-or* (in nouns): **casa editora**, publisher, publishing house; **lector**, **lectora**, reader; **investigador**, investigator.

-ura forms abstract nouns derived from adjectives: **altura**, height; **blancura**, whiteness.

A

a [a] *prep.* to, at, by, in.
abad [aβáð] *m.* abbot.
abadejo [aβaðéxo] *m.* codfish.
abadía [aβaðía] *f.* abbey.
abajo [aβáxo] *adv.* down. *2* below, under. *3* downstairs.
abalanzarse [aβalanθárse] *p.* to throw oneself.
abandonar [aβandonár] *t.* to abandon, leave. *2* to give up. *3 p.* to neglect oneself.
abandono [aβandóno] *m.* ease, indolence.
abanicar [aβanikár] *t.* to fan. *2 p.* to fan oneself.
abanico [aβaníko] *m.* fan.
abarcar [aβarkár] *t.* to clasp, grasp, include.
abarrotar [aβarrotár] *t.* to cram, overstock.
abastecer [aβasteθér] *t.* to purvey, supply. ¶ CONJUG. like *agradecer.*
abatimiento [aβatimjénto] *m.* low spirits.
abasto [aβásto] *m.* supply. *2 dar ~ a,* to be sufficient for.
abatir [aβatír] *t.-p.* to bring down, throw down; dishearten; to be disheartened.
abedul [aβeðúl] *m.* birch tree.
abeja [aβéxa] *f.* bee: *~ reina,* queen-bee.
abertura [aβertúra] *f.* opening, aperture, gap.
abeto [aβéto] *m.* fir, silver fir; spruce.
abierto [aβjérto] *p. p.* opened. *2* open. *3* sincere, frank.

abismo [aβísmo] *m.* abyss, gulf.

ablandar [aβlandár] *t.-p.* to soften. *2 t.* to appease.

abnegación [aβneɣaθjón] *f.* abnegation, selfdenial.

abochornar [aβotʃornár] *t.* to shame. *2 p.* to blush, be ashamed.

abofetear [aβofeteár] *t.* to slap.

abogado [aβoɣáðo] *m* lawyer, barrister.

abolición [aβoliθjón] *f.* abolition.

abolir [aβolír] *t.* to abolish, cancel.

abominable [aβomináβle] *a.* abominable.

abominar [aβominár] *t.* to abominate. *2* to detest, abhor.

abonar [aβonár] *t.* to approve. *2* to guarantee. *3* to improve. *4* to manure. *5* COM. to credit; to discount. *6 t.-p.* to subscribe [for].

abono [aβóno] *m.* payment. *2* fertilizer. *3* subscription.

abordar [aβorðár] *t.* to board. *2* to approach.

aborrecer [aβorreθér] *t.* to abhor, hate. ¶ CONJUG. like *agradecer.*

abortar [aβortár] *i.* to miscarry, abort.

aborto [aβórto] *m.* miscarriage. *2* monster.

abrasador [aβrasaðór] *a.* burning, scorching, very hot.

abrasar [aβrasár] *t.* to burn, sear, scorch. *2 p.* to feel very hot; to burn with [love, etc.].

abrazar [aβraθár] *t.* to to embrace, hug, clasp. *2* to include. *3 p.* to embrace each other.

abrazo [aβráθo] *m.* embrace, hug.

abreviación [aβreβjaθjón] *f.* abbreviation. *2* abridgement. *3* shortening.

abreviar [aβreβjár] *t.* to abridge, abbreviate, shorten.

abrigar [aβriɣár] *t.* to cover, wrap. *2* to shelter. *3* to entertain [hopes, etc.]. *4 p.* to take shelter.

abrigo [aβríɣo] *m.* protection. *2* shelter. *3* overcoat.

abril [aβríl] *m.* April.

abrir [aβrír] *t.* to open. *2* to unfold; to split. *3* to lead [a procession]. *4* ~ *paso,* to make way. *5 p.* to blossom. ¶ Past. p.: *abierto.*

abrojo [aβróxo] *m.* thistle; thorn.

abrumar [aβrumár] *t.* to overwhelm. *2* to oppress.

abrupto [aβrúβto] *a.* craggy, abrupt.

absoluto [aβsolúto] *a.* absolute. *2 en ~,* not at all, certainly not.

absolver [aβsolβér] *t.* to absolve. 2 to acquit. ¶ CONJUG. like *mover.*

absorbente [aβsorβénte] *a.-m.* absorbent. *2 a.* absorbing.

absorber [aβsorβér] *t.* to absorb.

absorto [aβsórto] *a.* amazed. 2 absorbed.

abstenerse [aβstenérse] *p.* to abstain, refrain.

abstinencia [aβstinénθja] *f.* abstinence: *día de ~,* fast day.

abstracción [aβstraɣθjón] *f.* abstracción.

absurdo [aβsúrðo] *a.* absurd. *2 m.* nonsense.

abuela [aβwéla] *f.* grandmother.

abuelo [aβwélo] *m.* grandfather. *2 pl.* grandparents.

abundancia [aβundánθja] *f.* abundance, plenty.

abundante [aβundánte] *a.* abundant, copious.

abundar [aβundár] *i.* to abound, be full. 2 to be rich.

aburrido [aβurríðo] *a.* bored, weary. 2 boring, tedious.

aburrir [aβurrír] *t.* to annoy, bore. *2 p.* to get bored.

abusar [aβusár] *i.* to abuse; to take undue advantage of.

abuso [aβúso] *m.* abuse, misuse.

acá [aká] *adv.* here, hither: *~ y acullá,* here and there.

acabar [akaβár] *t.-i.* to finish, end: *~ con,* to destroy; *~ en,* to end in; *~ por,* to end by. 2 to kill. *3 i.* to die. *4 p.* to end, be over. *5 acaba de llegar,* he has just arrived.

academia [akaðémja] *f.* academy.

académico [akaðémiko] *a.* academic. *2 m.* academician.

acaecer [akaeθér] *impers.* to happen. ¶ CONJUG. like *agradecer.*

acalorar [akalorár] *t.* to warm, heat. 2 to excite. *3 p.* to get excited.

acanalado [akanaláðo] *a.* grooved, fluted, corrugated.

acaparar [akaparár] *t.* to monopolize. 2 COM. to corner.

acariciar [akariθjár] *t.* to caress, fondle. 2 to cherish [hopes, etc.].

acarrear [akarreár] *t.* to carry. 2 to cause, occasion. *3 p.* to bring upon oneself.

acaso [akáso] *m.* chance, hazard. 2 *adv.* by chance; perhaps.

acatar [akatár] *t.* to respect, obey.

acceder [aɣθeðér] *i.* to accede, agree, consent.

accesible [aɣθesíβle] *a.* accessible.

acceso [aɣθéso] *m.* entry, admitance.

accesorio [aɣθesórjo] *a.* accessory.

accidente [aɣθiðénte] *m.* accident.

acción [aɣθjón] *f.* action, act. 2 COM. share, *stock. 3 THEAT. plot.

acechar [aθetʃár] *t.* to lurk. 2 to lie in wait.

aceite [aθéĭte] *m.* olive oil.

aceituna [aθeĭtúna] *f.* olive.

acento [aθénto] *m.* accent. 2 stress.

acentuar [aθentuár] *t.* to accent. 2 to stress. 3 to emphasize.

aceptar [aθeβtár] *t.* to accept.

acera [aθéra] *f.* pavement, *sidewalk.

acerca de [aθérka ðe] *adv.* about, concerning, with regard to.

acercamiento [aθerkamjénto] *m.* approach, approximation.

acercar [aθerkár] *t.* to bring or place near. 2 *p.* to come near.

acero [aθéro] *m.* steel.

acertar [aθertár] *t.* to hit [the mark]. 2 to guess. 3 to do well, right; to succeed [in]. 4 *i.* to happen, chance. ¶ CONJUG. INDIC. Pres.: *acierto, aciertas, acierta; aciertan.* | SUBJ. Pres.: *acierte, aciertes, acierte; acierten.* | IMPER.: *acierta, acierte; acierten.*

ácido [áθiðo] *a.* acid, sour, tart. 2 *a.-m.* acid.

acierto [aθjérto] *m.* good aim, hit. 2 good guess. 3 wisdom. 4 knack; success.

aclamación [aklamaθjón] *f.* acclamation. 2 acclaim.

aclamar [aklamár] *t.* to acclaim, cheer, hail, applaud.

aclarar [aklarár] *t.* to clear, clarify. 2 to rinse. 3 to explain. 4 *i.* to clear up. 5 to dawn. 6 *p.* to become clear.

acoger [akoxér] *t.* to receive, admit. 2 to shelter. 3 *p.* to take refuge [in].

acogida [akoxíða] *f.* reception; acceptance; welcome.

acometer [akometér] *t.* to attack, charge. 2 to undertake.

acomodado [akomoðáðo] *a.* convenient, fit, apt. 2 well-to-do.

acomodar [akomoðár] *t.* to accommodate.

acompañamiento [akompaɲamjénto] *m.* attendance, retinue.

acompañar [akompaɲár] *t.* to accompany, go with. 2 to enclose.

acongojar [akoŋgoxár] *t.* to grieve. 2 *p.* to feel anguish.

aconsejar [akonsexár] *t.* to advise. 2 *p.* to take advice.

acontecer [akonteθér] *impers.* to happen, occur. ¶ CONJUG. like *agradecer*.

acontecimiento [akonteθimjénto] *m.* event, happening.

acordar [akorðár] *t.* to decide. 2 MUS. to attune. 3 *i.* to agree. 4 *p.* to come to an agreement. 5 *acordarse de,* to remember. ¶ CONJUG. like *contar*.

acorde [akórðe] *a.* agreeing. 2 *m.* chord.

acortar [akortár] *t.* to shorten.

acosar [akosár] *t.* to pursue closely. 2 to persecute.

acostar [akostár] *t.* to put to bed; to lay down. 2 p. to go to bed. ¶ CONJUG. like *contar*.

acostumbrado [akostumbráðo] *a.* accustomed. 2 customary.

acostumbrar [akostumbrár] *t.* to accustom. 2 *i.* to be used [to]. 3 *p.* to get used [to].

acre [ákre] *a.* acrid, tart, pungent. 2 *m.* acre.

acreditado [akreðitáðo] *a.* reputable, well-known.

acreditar [akreðitár] *t.* to accredit. 2 to prove to be. 3 to bring credit to. 4 *p.* to win credit.

acreedor [akreeðór] *a.* deserving, worthy. 2 *m.* creditor.

acta [áɣta] *f.* record [of proceedings]. 2 certificate of election. 3 statement of facts; affidavit.

actitud [aɣtitúð] *f.* attitude.

actividad [aɣtiβiðáð] *f.* activity.

activo [aɣtíβo] *a.* active. 2 *m.* assets.

acto [áɣto] *m.* act, action, deed: *en el ~*, at once. 2 meeting, public function. 3 act [of a play].

actor [aɣtór] *m.* actor.

actriz [aɣtríθ] *f.* actress.
actuación [aɣtwaθjón] *f.* action, performance. *2 pl.* law proceedings.
actual [aɣtwál] *a.* present, current.
actualidad [aɣtwaliðáð] *f.* present time. *2* current events. *3 pl.* CINEM. news-reel.
actualmente [aɣtwálménte] *adv.* at present.
actuar [aɣtuár] *t.* to put into action. *2 i.* to act, perform.
acuático [akwátiko] *a.* aquatic.
acudir [akuðír] *i.* to go or come [to]. *2* to frequent.
acueducto [akweðúɣto] aqueduct.
acuerdo [akwérðo] *m.* agreement, understanding: *estar de ~,* to agree; *de común ~,* by mutual agreement. *2* resolution.
acurrucarse [akurrukárse] *p.* to huddle up, cuddle.
acusación [akusaθjón] *f.* accusation, charge.
acusado [akusáðo] *a. m.-f.* accused, defendant.
acusar [akusár] *t.* to accuse, charge. *2* to acknowledge.
achacar [atʃakár] *t.* to impute, ascribe.
achaque [atʃáke] *m.* ailment. *2* weakness.
adaptar [aðaβtár] *t.-p.* to adapt, fit, suit.
adecuado [aðekwáðo] *a.* adequate, fit, suitable.
adelantamiento [aðelantamjénto] *m.* advance. *2* progress. *3* overtaking.
adelantar [aðelantár] *t.* to advance. *2* to get ahead of. *3 i.* to be fast. *4* to overtake. *5* to improve.
adelante [aðelánte] *adv.* forward, ahead, onward: *en ~,* henceforth. *2 interj.* come in!
adelanto [aðelánto] *m.* progress. *2* advance.
ademán [aðemán] *m.* gesture; attitude. *2 pl.* manners.
además [aðemás] *adv.* moreover, besides. *2 ~ de,* besides.
adentro [aðéntro] *adv.* within, inside, indoors.
adherir [aðerír] *i.-p.* to adhere, stick [to].
adiós [aðjós] *interj.* good-bye!
adivinanza [aðiβinánθa] *f.* prediction; riddle.
adivinar [aðiβinár] *t.* to guess, foresee. *2* to solve.
adivino [aðiβíno] *m.-f.* diviner, fortuneteller.
adjetivo [aðxetíβo] *a.-n.* adjective.

administración [aðministraθjón] *f.* administration, management.
administrador [aðministraðór] *m.* administrator, manager, trustee.
administrar [aðministrár] *t.* to administer, manage.
admirable [aðmiráβle] *a.* admirable. 2 **-mente** *adv.* admirably.
admiración [aðmiraθjón] *f.* admiration. 2 wonder. 3 exclamation mark (!).
admirar [aðmirár] *t.* to admire. 2 *p.* to be astonished.
admisión [aðmisjón] *f.* admission.
admitir [aðmitír] *t.* to admit. 2 to accept.
adolecer [aðoleθér] *i.* to be ill. ¶ CONJUG. like *agradecer*.
adolescente [aðolesθénte] *a.-n.* adolescent.
adonde [aðónde] *adv.* where.
adopción [aðoβθjón] *f.* adoption.
adoptar [aðoβtár] *t.* to adopt.
adoración [aðoraθjón] *f.* worship.
adorar [aðorár] *t.* to worship.
adornar [aðornár] *t.* to adorn, embellish, garnish.
adorno [aðórno] *m.* adornment, ornament.
adquirir [aðkirír] *t.* to acquire. 2 to buy. ¶ CONJUG. INDIC. Pres.: *adquiero, adquieres, adquiere; adquieren.* ‖ SUBJ. Pres.: *adquiera, adquieras, adquiera; adquieran.* ‖ IMPER.: *adquiere, adquiera; adquieran.*
aduana [aðwána] *f.* customs, customs-house.
adueñarse [aðweɲárse] *p.* to seize, take possession of.
adular [aðulár] *t.* to flatter.
adulterar [aðulterár] *t.* to adulterate, corrupt.
adúltero [aðúltero] *m.* adulterer 2 *f.* adulteress.
adulto [aðúlto] *a.-n.* adult, grown-up.
advenimiento [aðβenimjénto] *m.* advent. arrival, coming.
adverbio [aðβérβjo] *m.* adverb.
adversario [aðβersárjo] *m.* adversary, opponent.
adversidad [aðβersiðáð] *f.* adversity.
adverso [aðβérso] *a.* adverse.
advertencia [aðβerténθja] *f.* warning, advice. 2 foreword. 3 notice.

advertir [aðβertír] *t.* to notice, realize. 2 to advise, warn. ¶ CONJUG. like *discernir*.
adyacente [adǰaθénte] *a.* adjacent.
aéreo [aéreo] *a.* aerial. 2 *correo* ~, air-mail.
aeroplano [aeropláno] *m.* aeroplane, airplane.
aeropuerto [aeropwérto] *m.* airport.
afable [afáβle] *a.* kind.
afán [afán] *m.* anxiety, eagerness, desire.
afanarse [afanárse] *p.* to strive to, toil.
afanoso [afanóso] *a.* eager, anxious, desirous.
afectar [afeɣtár] *t.* to affect. 2 *p.* to be affected.
afecto [aféɣto] *a.* fond. 2 *m.* affection, love.
afectuoso [afeɣtuóso] *a.* fond, loving; kind.
afeitar [afeĭtár] *t.-p.* to shave, have a shave.
afición [afiθjón] *f.* fondness, liking. 2 hobby.
aficionado [afiθjonáðo] *m.* amateur. 2 fan, devote, keen on, fond of.
aficionarse [afiθjonárse] *p.* to grow fond of, take a liking to.
afilar [afilár] *t.* to sharpen, whet, point; to taper
afiliar [afiljár] *t.* to affiliate. 2 *p.* to join.
afinar [afinár] *t.* to polish. 2 MUS. to tune.
afirmación [afirmaθjón] *f.* affirmation, assertion.
afirmar [afirmár] *t.* to make firm. 2 to affirm, say. 3 *p.* to steady oneself.
aflicción [afliɣθjón] *f.* grief, sorrow, distress.
afligir [aflixír] *t.* to afflict. 2 *t.-p.* to grieve.
aflojar [afloxár] *t.* to slacken, loosen, relax.
afluente [aflwénte] *a.* fluent. 2 *m.* affluent.
afluir [afluír] *i.* to flow in; to congregate in. ¶ CONJUG. like *huir*.
afortunadamente [afortunádaménte] *adv.* luckily, fortunately.
afortunado [afortunáðo] *a.* lucky, happy.
afrenta [afrénta] *f.* affront, outrage.
afrentar [afrentár] *t.* to affront, outrage.
africano [afrikáno] *a.-n.* African.
afrontar [afrontár] *t.* to confront, face.
afuera [afwéra] *adv.* out, outside. 2 *f. pl.* outskirts, environs.
agachar [aɣatʃár] *t.* to lower. 2 *p.* to stoop; to crouch, squat.

agalla [aɣáʎa] *f.* gall. 2 gill. *3 pl.* guts.
agarrar [aɣarrár] *t.* to seize, catch; grasp. 2 *p.* to take hold of.
agasajar [aɣasaxár] *t.* to fête, regale, entertain.
agencia [axénθja] *f.* agency.
agente [axénte] *m.* agent. 2 *~ de cambio y bolsa,* stockbroker; *~ de policía,* policeman.
ágil [áxil] *a.* agile, nimble.
agitación [axitaθjón] *f.* agitation, excitement.
agitar [axitár] *t.* to agitate; to flurry, excite. 2 to shake, stir. *3 p.* to be agitated.
aglomeración [aɣlomeraθjón] *f.* agglomeration, crowd.
agobiar [aɣoβjár] *t.* to weigh down, oppress.
agonía [aɣonía] *f.* agony, death agony.
agosto [aɣósto] *m.* August.
agotar [aɣotár] *t.* to exhaust, work out, sell out. 2 *p.* to run out; to be sold out.
agraciado [aɣraθjáðo] *a.* graceful, genteel.
agradable [aɣraðáβle] *a.* agreeable, pleasant, enjoyable.
agradar [aɣraðár] *t.* to please; to like.
agradecer [aɣraðeθér] *t.* to thank for, be grateful for. ¶ CONJUG. INDIC. Pres.: *agradezco, agradeces,* etc. ‖ SUBJ. Pres.: *agradezca, agradezcas,* etc. ‖ IMPER.: *agradezca, agradezcamos, agradezcan.*
agradecido [aɣraðeθiðo] *a.* grateful, thankful.
agradecimiento [aɣraðeθimjénto] *m.* gratitude, thankfulness.
agrado [aɣráðo] *m.* affability. 2 pleasure, liking.
agrandar [aɣrandár] *t.* to enlarge, expand.
agravar [aɣraβár] *t.* to make heavier. 2 *p.* to get worse.
agravio [aɣráβjo] *m.* insult, injury.
agredir [aɣreðír] *t.* to assail, assault, attack.
agregar [aɣreɣár] *t.* to add, join.
agrícola [aɣríkola] *a* agricultural.
agricultor [aɣrikultór] *m.* farmer.
agricultura [aɣrikultúra] *f.* agriculture, farming.
agrio [áɣrjo] *a.* sour. 2 bitter. 3 rough, tart.
agrupación [aɣrupaθjón] *f.* grouping. 2 groupment.
agrupar [aɣrupár] *t.* to group, gather.

agua [áɣwa] *f.* water: ~ *dulce*, fresh water; ~ *salada*, salt water.
aguantar [aɣwantár] *t.* to bear, endure, suffer. *2 p.* to restrain oneself.
aguar [aɣwár] *t.* to water. *2* to spoil.
aguardar [aɣwarðár] *t.* to wait [for]; to expect, await.
aguardiente [aɣwarðjénte] *m.* brandy, liquor.
agudo [aɣúðo] *a.* acute [sharp; keen]. *2* witty *3* oxytone [word].
águila [áɣila] *f.* eagle.
aguinaldo [aɣináldo] *m.* Christmas box.
aguja [aɣúxa] *f.* needle. *2* hand [of clock]. *3* steeple. *4 pl.* RLY. switch.
agujerear [aɣuxereár] *t.* to pierce, bore.
agujero [aɣuxéro] *m.* hole.
aguzar [aɣuθár] *t.* to sharpen. *2* to prick up.
ahí [aí] *adv.* there.
ahijado [aixáðo] *m.* godson.
ahínco [aíŋko] *m.* eagerness, ardour.
ahogar [aoɣár] *t.* to choke, smother, suffocate; to strangle; to quench. *2* to drown. *3 p.* to be drowned.
ahondar [aondár] *t.* to deepen.
ahora [aóra] *adv* now; at present.
ahorcar [aorkár] *t.* to hang.
ahorrar [aorrár] *t.* to save, spare.
ahorro [aórro] *m.* saving. *2 pl.* savings.
aire [áire] *m.* air: *al* ~ *libre*, in the open air.
aislamiento [aizlamjénto] *m.* isolation. *2* seclusion.
aislar [aizlár] *t.* to isolate. *2 p.* to seclude oneself.
¡ajá! [axá] *interj.* good!
ajar [axár] *t.* to spoil, fade. *2 p.* to wither.
ajedrez [axeðréθ] *m.* chess [game].
ajeno [axéno] *a.* another's, strange, alien. *2* foreing [to].
ají [axí] *m.* red pepper, chili.
ajo [áxo] *m.* garlic.
ajuar [axwár] *m.* household furniture. *2* trousseau.
ajustado [axustáðo] *a.* adjusted. *2* right. *3* tight.
ajustar [axustár] *t.* to adjust, fit. *2* to make [an agreement]. *3* to settle. *4 i.* to fit tight. *5 p.* to conform [to].
al [al] *contr.* of A & EL.

ala [ála] *f.* wing. *2* brim [of a hat]. *3* flap [of a table].
alabanza [alaβánθa] *f.* praise.
alabar [alaβár] *t.* to praise. *2 p.* to boast.
alacena [alaθéna] *f.* cupboard, closet.
alacrán [alakrán] *m.* scorpion.
alado [aláðo] *a.* winged.
alambre [alámbre] *m.* wire.
alameda [alaméða] *f.* poplar grove. *2* avenue.
álamo [álamo] *m.* poplar.
alarde [alárðe] *m.* show.
alardear [alarðeár] *i.* to boast, brag.
alargar [alarɣár] *t.* to lengthen, extend. *3* to stretch out.
alarma [alárma] *f.* alarm.
alarmante [alarmánte] *a.* alarming.
alarmar [alarmár] *t.* to alarm. *2 p.* to be alarmed.
alba [álβa] *f.* dawn.
albañil [alβaɲíl] *m.* mason, bricklayer.
albedrío [alβeðrío] *m.* free will. *2* pleasure.
albergar [alβerɣár] *t.* to shelter, lodge. *2 p.* to take shelter, lodge.
albergue [alβérɣe] *m.* shelter, lodging, harbour, refuge.
alborada [alβoráða] *f.* dawn; reveille.
alborotar [alβorotár] *t.* to disturb. *2 p.* to get excited. *3* to riot.
alboroto [alβoróto] *m.* uproar, noise. *2* riot.
álbum [álβun] *m.* album.
alcachofa [alkatʃófa] *f.* artichoke.
alcalde [alkálde] *m.* mayor.
alcaldía [alkaldía] *f.* town-hall.
alcance [alkánθe] *m.* overtaking. *2* reach: *al ~ de uno,* within one's reach. *3* range, consequence. *4* understanding.
alcantarilla [alkantaríʎa] *f.* sewer, drains.
alcanzar [alkanθár] *t.* to overtake. *2* to reach. *3* to get, obtain. *4* to understand. *5 i.* to reach [to]. *6* to be sufficient.
alcaparra [alkapárra] *f.* caper.
alcázar [alkáθar] *m.* fortress.
alcoba [alkóβa] *f.* bedroom.
alcohol [alkoól] *m.* alcohol.
alcornoque [alkornóke] *m.* cork oak.
aldaba [aldáβa] *f.* knocker.
aldea [aldéa] *f.* village.

aldeano [aldeáno] *m.* villager, countryman.

alegar [aleɣár] *t.* to allege, plead.

alegoría [aleɣoría] *f.* allegory.

alegrar [aleɣrár] *t.* to cheer. *2* to enliven. *3 p.* to be glad. *4* to rejoice, cheer.

alegre [aléɣre] *a.* glad, joyful. *2* cheerful, merry, gay, bright.

alegría [aleɣría] *f.* joy, pleasure. *2* merriment.

alejar [alexár] *t.* to remove to a distance, to move away. *2* to separate. *3 p.* to go or move away.

aleluya [alelúja] *f.* hallelujah. *2 f. pl.* doggerel.

alemán [alemán] *a.-n.* German.

alentar [alentár] *i.* to breathe. *2 t.* to encourage, cheer. ¶ CONJUG. like *acertar*.

alerta [alérta] *adv.* on the watch. *2 interj.* look out! *3 m.* sentinel's call.

alfabeto [alfaβéto] *m.* alphabet.

alfiler [alfilér] *m.* pin.

alfombra [alfómbra] *f.* floor carpet, rug.

alforjas [alfórxas] *f. pl.* saddle-bag, wallet.

alga [álɣa] *f.* sea-weed.

algarabía [alɣaraβía] *f.* jargon. *2* hubbub, uproar.

algarroba [alɣarróβa] *f.* carob.

algarrobo [alɣarróβo] *m.* carob-tree.

algo [álɣo] *pron.* something. *2 adv.* somewhat.

algodón [alɣoðón] *m.* cotton.

alguacil [alɣwaθíl] *m.* constable; bailiff.

alguien [álɣjen] *pron.* somebody, someone.

algún -o [alɣún -o] *a.* some, any: ~ *vez*, sometimes. *2 pron.* someone, anyone, somebody, anybody.

alhaja [aláxa] *f.* jewel.

aliado [aliáðo] *m.* ally. *2 a.* allied.

alianza [aljánθa] *f.* alliance, league.

aliar [aliár] *t.-p.* to ally.

alicates [alikátes] *m. pl.* pliers.

aliento [aljénto] *m.* breath. *2* courage.

alimaña [alimáɲa] *f.* vermin.

alimentación [alimentaθjón] *f.* food, feeding, nourishment.

alimentar [alimentár] *t.* to feed, nourish.

alimenticio [alimentíθjo] *a.* nutritious, nourishing.

alimento [aliménto] *m.* food, nourishment.

aliviar [aliβjár] *t.* to lighten. *2* to alleviate, allay. *3 p.* to get better.
alivio [alíβjo] *m.* alleviation, allay; relief.
aljibe [alxíβe] *m.* cistern; water tank. *2* tanker.
alma [álma] *f.* soul. *2* bore. *3* core, heart.
almacén [almaθén] *m.* store, warehouse, shop. *2* depot; magazine.
almacenar [almaθenár] *t.* to store. *2* to hoard.
almanaque [almanáke] *m.* almanac.
almeja [alméxa] *f.* shellfish, clam.
almena [[alména] *f.* battlement.
almendra [alméndra] *f.* almond.
almendro [alméndro] *m.* almond-tree.
almíbar [almíβar] *m.* syrup.
almidón [almiðón] *m.* starch.
almidonar [almiðonár] *t.* to starch.
almirante [almiránte] *m.* admiral.
almohada [almoáða] *f.* pillow; cushion.
almohadón [almoaðón] *m.* large pillow.
almorzar [almorθár] *i.* to lunch, have lunch.
almuerzo [almwérθo] *m.* lunch, luncheon.
alocado [alokáðo] *a.* mad, foolish, reckless.
alojamiento [aloxamjénto] *m.* lodging, accommodation.
alojar [aloxár] *t.* to lodge, billet. *2 p.* to put up.
alondra [alóndra] *f.* lark.
alpiste [alpíste] *m.* canary seed.
alquería [alkería] *f.* farmhouse.
alquilar [alkilár] *t.* to let, rent; to hire.
alrededor [alrreðeðór] *adv.* around, about.
alrededores [alrreðeðóres] *m. pl.* outskirts, surroundings.
altanero [altanéro] *a.* haughty.
altavoz [altaβóθ] *m.* loudspeaker.
alterar [alterár] *t.* to alter, change. *2* to excite. *3* to disturb. *4 p.* to become altered.
altercado [alterkáðo] *m* dispute, argument.
altercar [alterkár] *t.* to dispute, argue.
alternar [alternár] *t.-i.* to alternate. *2 i.* to mix.
alternativa [alternatíβa] *f.* alternative.
alternativo [alternatíβo] *a.* alternate, alternative.
altibajos [altiβáxos] *m. pl.* ups and downs.

altitud [altitúð] *f.* heigth; altitude.
altivez [altiβéθ] *f.* haughtiness.
altivo [altíβo] *a.* haughty.
alto [álto] *a.* high. *2* tall. *3* upper. *4* excellent. *5* loud. *6 m.* height. *7* halt. *8 interj.* stop!
altura [altúra] *f.* height. *2* tallness. *3* top.
aludir [aluðír] *i.* to allude, mention.
alumbrado [alumbráðo] *m.* lights: ~ *público,* public lighting.
alumbrar [alumbrár] *t.* to light. *2 i.* to give birth.
aluminio [alumínjo] *m.* aluminium, aluminum.
alumno [alúmno] *m.* pupil.
alusión [alusjón] *f.* allusion, mention, reference.
alzar [alθár] *t.* to raise, lift, hoist. *2* to build. *3 p.* to rise; to get up, stand up. *4* to rebel.
allá [aʎá] *adv.* there; yonder: *más* ~, farther.
allí [aʎí] *adv.* there.
amabilidad [amaβiliðáð] *f.* kindness, amiability.
amable [amáβle] *a.* kind, nice, friendly.
amado [amáðo] *m.* loved.
1) **amanecer** [amaneθér] *i.* to dawn. ¶ CONJUG. like *agradecer.*
2) **amanecer** [amaneθér] *m.* dawn, daybreak.
amante [amánte] *m.-f.* lover; paramour; *f.* mistress.
amapola [amapóla] *f.* corn poppy.
amar [amár] *t.* to love *2* to like, be fond of.
amargamente [amárɣaménte] *adv.* bitterly.
amargo [amárɣo] *a.* bitter. *2* sour [temper].
amargura [amarɣúra] *f.* bitterness. *2* grief.
amarillento [amariʎénto] *a.* yellowish. *2* pale.
amarillo [amaríʎo] *a.-m.* yellow.
amarrar [amarrár] *t.* to tie, fasten, rope.
amasar [amasár] *t.* to knead, mix. *2* to amass.
ambición [ambiθjón] *f.* ambition.
ambicioso [ambiθjóso] *a* covetous, eager.
ambiente [ambjénte] *m.* atmosphere, setting.
ambos [ámbos] *a.-pron.* both.
ambulancia [ambulánθja] *f.* ambulance.
ambulante [ambulánte] *a.* walking, travelling.
amedrentar [ameðrentár] *t.* to frighten, scare.
amenaza [amenáθa] *f.* threat, menace.
amenazar [amenaθár] *t.* to threaten, menace.

amenidad [ameniðáð] *f.* amenity, pleasantness.
amenizar [ameniθár] *t.* to render pleasant, brighten, enliven.
ameno [améno] *a.* pleasant, delightful.
americano [amerikáno] *a.-n.* American.
ametralladora [ametraʎaðóra] *f.* machine-gun.
amigable [amiɣáβle] *a.* friendly, amicable.
amigo [amíɣo] *m.* friend.
amistad [amistáð] *f.* friendship.
amistoso [amistóso] *a.* friendly, amicable.
amo [ámo] *m.* master, lanlord, owner. *2* boss.
amontonar [amontonár] *t.* to heap, pile. *2 p.* to crowd, throng.
amor [amór] *m.* love, affection: ~ *propio,* conceit, self-esteem.
amoroso [amoróso] *a.* loving, affectionate.
amparar [amparár] *t.* to protect, shelter.
amparo [ampáro] *m.* protection, shelter.
ampliación [ampliaθjón] *f.* enlargement, broadening.
ampliar [ampliár] *t.* to enlarge, amplify, extend.
amplio [ámpljo] *a.* ample, *2* wide. *3* large.
ampolla [ampóʎa] *f.* blister. *2* water bubble. *3* cruet. *4* bottle.
amueblar [amweβlár] *t.* to furnish.
analfabeto [analfaβéto] *a.-m.* illiterate.
análisis [análisis] *m.* analysis. *2* GRAM. parsing.
analizar [analiθár] *t.* to analyze. *2* GRAM. to parse.
analogía [analoxía] *f.* analogy.
análogo [análoɣo] *a.* analogous, similar.
anaranjado [anaraŋxáðo] *a.-n.* orange-(coloured).
anarquía [anarkía] *f.* anarchy.
anciano [anθjáno] *a.* old, aged. *2 m.-f.* old man or woman; elder.
ancla [áŋkla] *f.* anchor.
anclar [aŋklár] *i.* to anchor.
ancho [ántʃo] *a.* broad, wide. *2* lax.
anchura [antʃúra] *f.* breadth, width.
andaluz [andalúθ] *a.-n.* Andalusian.
andante [andánte] *a.* walking. *2* [knight-] errant.
andar [andár] *i.* to walk, go, move; [of a machine] to run, work. ¶ CONJUG. INDIC. Pret.: *anduve, anduviste,* etc. ‖ SUBJ. Imperf.: *andu-*

viera, anduvieras, etc., or *anduviese, anduvieses,* etc. | Fut.: *anduviere, anduvieres,* etc.

andrajoso [andraxóso] *a.* ragged, in tatters.

anécdota [anéɣðota] *f.* anecdote, story.

anegar [aneɣár] *t.* to flood, inundate. *3 p.* to drown.

anemia [anémja] *f.* anaemia, anemia.

anexo [anéɣso] *a.* annexed, attached. *2 m.* outbuilding.

ángel [áŋxel] *m.* angel.

anglosajón [aŋglosaxón] *a.-n.* Anglo-Saxon.

angosto [aŋgósto] *a.* narrow.

anguila [aŋgila] *f.* eel.

ángulo [áŋgulo] *m.* angle.

angustia [aŋgústja] *f.* anguish, distress.

angustiar [aŋgustjár] *t.* to afflict, distress, worry.

angustioso [aŋgustjóso] *a.* distressing.

anhelante [anelánte] *a.* panting. *2* desirous, longing.

anhelar [anelár] *i.* to pant. *2 t.* to long for.

anhelo [anélo] *m.* longing, yearning, desire.

anidar [aniðár] *i.* to nest.

anillo [aníʎo] *m.* ring, finger ring.

ánima [ánima] *f.* soul.

animado [animáðo] *a.* animate. *2* lively. *3* full of people.

animal [animál] *m.* animal. *2* blockhead.

animar [animár] *t.* to animate. *2* to cheer up *3* to encourage. *4* to enliven. *5 p.* to take heart.

ánimo [ánimo] *m.* mind. *2* courage. *3* intention. *4 interj.* cheer up!

animoso [animóso] *a.* brave, courageous.

aniquilar [anikilár] *t.* to annihilate, destroy, crush.

anís [anís] *m.* anise. *2* anissette.

aniversario [anißersárjo] *m.* anniversary.

anoche [anótʃe] *adv.* last night.

1) **anochecer** [anotʃeθér] *i.* to grow dark. ¶ CONJUG. like *agradecer.*

2) **anochecer** [anotʃeθér] *m.* nightfall, evening.

anónimo [anónimo] *a.* anonymous. *2* COM. limited [company].

anormal [anormál] *a.* abnormal, subnormal.

anotación [anotaθjón] *f.* annotation. *2* entry.

anotar [anotár] *t.* to write, note down.

ansia [ánsja] *f.* anguish. *2* eagerness, longing.

ansiar [ansjár] *t.* to wish, long for, covet.
ansiedad [ansjeðáð] *f.* anxiety, uneasiness.
ansioso [ansjóso] *a.* anxious, eager, greedy.
antaño [antáɲo] *adv.* last year. 2 formerly, long ago.
1) **ante** [ánte] *m.* elk, moose. 2 muff, buckskin.
2) **ante** [ánte] *prep.* before. 2 ~ *todo,* above all.
anteanoche [anteanótʃe] *adv.* the night before last.
anteayer [anteaǰér] *adv.* the day before yesterday.
antecedente [anteθeðénte] *a.-m.* antecedent. 2 *m. pl.* references.
antemano (de) [antemáno] *adv.* beforehand.
antena [anténa] *f.* feeler. 2 RADIO. aerial.
anteojo [anteóxo] *m.* spyglass. 2 *pl.* binocular. 3 spectacles.
antepasado [antepasáðo] *m.* ancestor, forefather.
anterior [anterjór] *a.* anterior, former, previous.
anteriormente [anterjórnénte] *adv.* previously, before.
antes [ántes] *adv.* before. 3 *conj.* ~ *bien,* rather.
antesala [antesála] *f.* waiting-room.
anticipar [antiθipár] *t.* to bring forward, advance. 2 *p.* to forestall.
anticuado [antikwáðo] *a.* old-fashioned, obsolete, out-of-date.
antiguamente [antíɣwaménte] *adv.* anciently, in old times.
antigüedad [antiɣweðáð] *f.* seniority 2 *pl.* antiques.
antiguo [antíɣwo] *a.* ancient, old; antique.
antipático [antipátiko] *a.* disagreeable; unpleasant.
antojarse [antoxárse] *p.* to take a fancy to; to long.
antojo [antóxo] *m.* caprice, whim, fancy.
antorcha [antórtʃa] *f.* torch, flambeau.
antropología [antropoloxía] *f.* anthropology.
anual [anwál] *a.* yearly. 2 **-mente** *adv.* annually, yearly.
anular [anulár] *t.* to annul, cancel. 2 *a.* ring-shaped: *dedo* ~, ring-finger.
anunciar [anunθiár] *t.* to announce. 2 to advertise.
anuncio [anúnθjo] *m.* announcement. 2 advertisement.
anzuelo [anθwélo] *m.* fish-hook.
añadir [aɲaðír] *t.* to add.

añil [aɲil] *m.* indigo.
año [áɲo] *m.* year: ~ *bisiesto,* leap-year. *2 tengo 20 años,* I'm 20 years old.
apacible [apaθíβle] *a.* gentle, mild, calm.
apadrinar [apaðrinár] *t.* to act as godfather to; to support; to sponsor.
apagado [apaɣáðo] *a.* out, quenched. *2* dull, muffled.
apagar [apaɣár] *t.* to put out, turn out. *2* to quench. *3* to soften.
aparador [aparaðór] *m.* sideboard, buffet. *2* shop--window.
aparato [aparáto] *m.* apparatus, device, set. *2* machine, airplane. *3* display, show.
aparcar [aparkár] *t.* to park [cars, etc.].
aparecer [apareθér] *i.-p.* to appear, turn up. ¶ CONJUG. like *agradecer.*
aparejar [aparexár] *t.* to prepare, get ready. *2* to saddle. *3* to rig out.
aparente [aparénte] *a.* apparent, seeming.
aparición [apariθjón] *f.* apparition, appearance. *2* ghost.
apariencia [aparjénθja] *f.* appearance, aspect. *2 guardar las apariencias,* to keep up appearances.
apartado [apartáðo] *a.* retired, distant. *2 m.* post-office box. *3* section [of a law, etc.].
apartamento [apartaménto] *m.* retirement. *2* flat, apartment.
apartar [apartár] *t.* to separate, set apart. *2* to turn aside; to remove, move away. *3 p.* to move away.
aparte [apárte] *a.* separate, other. *2 adv.* apart, aside. *3 m.* THEAT. aside. *4 punto y* ~, paragraph.
apasionado [apasjonáðo] *a.* ardent, passionate.
apasionar [apasjonár] *t.* to excite strongly. *2 p.* to become impassioned. *3* to become passionately fond [of].
apear [apeár] *t.-p.* to dismount, alight.
apedrear [apeðreár] *t.* to stone.
apelación [apelaθjón] *f.* appeal.
apelar [apelár] *i.* to appeal, have recourse to.
apellido [apeʎíðo] *m.* surname.
apenado [apenáðo] *a.* sorry, troubled.
apenas [apénas] *adv.* scarcely, hardly. *2* no sooner than.
apercibir [aperθiβír] *t.* to prepare beforehand.

2 to warn. 3 to see. 4 *p.* to get ready.

apertura [apertúra] *f.* opening.

apetecer [apeteθér] *t.* to desire, crave, wish. ¶ CONJUG. like *agradecer*.

apetito [apetíto] *m.* hunger, appetite.

ápice [ápiθe] *m.* summit.

apio [ápjo] *m.* celery.

aplacar [aplakár] *t.* to appease, soothe.

aplastar [aplastár] *t.* to flatten. 2 to crush. 3 *p.* to become flat.

aplaudir [aplaŭðír] *t.-i.* to applaud, clap.

aplazar [aplaθár] *t.* to adjourn, put off, postpone.

aplicación [aplikaθjón] *f.* application, studiousness.

aplicado [aplikáðo] *a.* applied. 2 diligent.

aplicar [aplikár] *t.* to apply. 2 *p.* to devote oneself to.

apoderar [apoðerár] *t.* to empower. 2 *p.* to seize.

aportación [aportaθjón] *f.* contribution.

aportar [aportár] *t.* to contribute, bring.

aposento [aposénto] *m.* room, apartment.

apostar [apostár] *t.-p.-i.* to bet, wager. ¶ CONJUG. like *contar*.

apóstol [apóstol] *m.* apostle.

apoteótico [apoteótiko] *a.* glorifying. 2 glorious.

apoyar [apoǰár] *t.* to rest, lean. 2 to support; to found. 3 to prove. 4 to prop. 5 *i.-p.* to rest, lean [on]; to be supported [on or by]. 6 *p.* to base oneself.

apoyo [apóǰo] *m.* support. 2 protection, help.

apreciar [apreθjár] *t.* to estimate, value. 2 to esteem, like, appreciate.

aprender [aprendér] *t.* to learn.

aprendiz [aprendíθ] *m.* apprentice; learner.

aprendizaje [aprendiθáxe] *m.* apprenticeship.

apresar [apresár] *t.* to seize, capture.

apresurar [apresurár] *t.* to hasten. 2 *p.* to hurry up.

apretar [apretár] *t.* to press down. 2 to tighten. 3 [of garments] to fit pinch. 4 to urge. 5 ~ *el paso,* to quicken the pace. 6 *i.* ~ *a correr,* to start running. 7 *p.* to crowd. ¶ CONJUG. like *acertar*.

aprisa [aprísa] *adv.* quickly, hurriedly.

aprisionar [aprisjonár] *t.* to imprison. 2 to hold fast, shackle, bind, tie.

aprobación [aproβaθjón] *f.* approbation, approval; applause.
aprobado [aproβáðo] *m.* pass mark, pass.
aprobar [aproβár] *t.* to approve. *2* to pass. ¶ CONJUG. like *contar.*
apropiado [apropjáðo] *a.* fit, appropriate, suitable.
aprovechar [aproβetʃár] *t.* to make use of, profit by. *2* to use up. *3 i.* to be useful. *4 p.* to avail oneself of, take advantage of.
aproximadamente [aproɣsimáðaménte] *adv.* approximately.
aproximar [aproɣsimár] *t.* to bring near. *2 p.* to approach, come near.
aptitud [aβtitúð] *f.* aptitude, fitness, talent.
apto [áβto] *a.* able, competent. *2* fit, suitable.
apuesta [apwésta] *f.* bet, wager.
apuesto [apwésto] *a.* good-looking. *2* elegant, spruce.
apuntar [apuntár] *t.* to aim. *2* to point out. *3* to note, write down. *4* to stitch, pin lightly. *5* THEAT. to prompt. *6 i.* to dawn.
apunte [apúnte] *m.* note. *2* rough sketch.
apuñalar [apuɲalár] *t.* to stab, knife.
apurar [apurár] *t.* to use up, exhaust. *2* to hurry, press. *3* to worry. *4 p.* to be worried.
apuro [apúro] *m.* trouble. *2* want. *3* worry.
aquel [akél] *m.*, **aquella** [akéʎa] *f. dem. a. sing.* that. **aquellos** [akéʎos] *m.*, **aquellas** [akéʎas] *f. pl.* those.
aquél [akél] *m.*, **aquélla** [akéʎa] *f. dem. pron. sing.* that one; the former. **aquello** [akéʎo] *neut.* that, that thing. **aquéllos** [akéʎos] *m.*, **aquéllas** [akéʎas] *f. pl.* those [ones]; the former.
aquí [akí] *adv.* here. *2 de ~ en adelante,* from now on.
árabe [áraβe] *a.-n.* Arab, Arabic, Arabian.
arado [aráðo] *m.* plough.
araña [arána] *f.* spider. *2* chandelier, lustre.
arañar [araɲár] *t.* to scratch; to scrape up.
arañazo [araɲáθo] *m.* scratch.
arar [arár] *t.* to plough.
arbitrio [arβítrjo] *m.* free will. *2* arbitrament. *3 pl.* taxes.
árbitro [árβitro] *m.* arbiter. *2* umpire. *3* referee.
árbol [árβol] *m.* tree. *2* shaft. *3* mast.

arboleda [arβoléða] *f.* grove, woodland.
arbusto [arβústo] *m.* shrub, bush.
arca [árka] *f.* coffer, chest. *2* safe. *3* ark.
arcángel [arkáŋxel] *m.* archangel.
arcilla [arθíʎa] *f.* clay.
arco [árko] *m.* arc. *2* bow: ~ *iris,* rainbow.
archipiélago [artʃipjélaɣo] *m.* archipelago.
arder [arðér] *t.* to burn.
ardid [arðíð] *m.* stratagem, trick.
ardiente [arðjénte] *a.* burning, hot. *2* passionate.
ardilla [arðíʎa] *f.* squirrel.
ardor [arðór] *m.* ardour, heat. *2* courage.
arduo [árðwo] *a.* hard, difficult, arduous.
área [área] *f.* area.
arena [aréna] *f.* sand.
arenal [arenál] *m.* sandy ground. *2* sand pit.
arenisca [areníska] *f.* sandstone.
arenoso [arenóso] *a.* sandy.
arenque [aréŋke] *m.* herring.
argentino [arxentíno] *m.* Argentine, Argentinean.
argüir [arɣuír] *t.* to infer. *2* to argue. ¶ CONJUG. like *huir.*
argumentación [arɣumentaθjón] *f.* argumentation.
argumento [arɣuménto] *m.* argument. *2* plot [of a play].
árido [áriðo] *a.* dry, arid.
arisco [arísko] *a.* unsociable, surly.
aritmética [ariðmétika] *f.* arithmetic.
arma [árma] *f.* weapon, arm.
armada [armáða] *f.* navy. *2* fleet. *3* armada.
armadura [armaðúra] *f.* armo(u)r. *2* framework.
armar [armár] *t.* to arm. *2* to fit out [a ship]. *3* to set up, mount. *4 p.* to arm oneself.
armario [armárjo] *m.* cupboard, wardrobe.
armiño [armíɲo] *m.* ermine, stoat.
armonía [armonía] *f.* harmony.
armonioso [armonjóso] *a.* harmonious.
armonizar [armoniθár] *t.-i.* to harmonize.
aro [áro] *m.* hoop, ring.
aroma [aróma] *f.* aroma, scent, fragance.
arpa [árpa] *f.* harp.
arquear [arkeár] *t.* to arch. *2* to gauge.
arqueología [arkeoloxía] *f.* archæology.

arquitecto [arkitéɣto] *m.* architect.
arquitectura [arkiteɣtúra] *f.* architecture.
arrabal [arraβál] *m.* suburb. *2 pl.* outskirts.
arraigar [arraĭɣár] *i.-p.* to take root.
arrancar [arraŋkár] *t.* to uproot, pull out. *2* to pluck [feathers]. *3 i.* to start.
arrasar [arrasár] *t.* to level; to raze, demolish.
arrastrar [arrastrár] *t.* to drag, trail. *2* to carry away. *3 p.* to crawl.
arrear [arreár] *t.* to drive. *2* to deliver [a blow].
arrebatar [arreβatár] *t.* to snatch. *2* to carry away. *3 p.* to be led away [by emotion].
arreglar [arreɣlár] *t.-p.* to arrange. *2* to put in order. *3* to smarten up. *4* to mend, fix up.
arreglo [arréɣlo] *m.* arrangement. *2* settlement. *3* mending. *4 con* ~ *a,* according to.
arrendar [arrendár] *t.* to rent, lease. ¶ CONJUG. like *acertar.*
arrepentimiento [arrepentimjénto] *m.* repentance; regret.
arrepentirse [arrepentírse] *p.* to repent, regret. ¶ CONJUG. like *hervir.*
arrestar [arrestár] *t.* to arrest, imprision.
arresto [arrésto] *m.* arrest, detention.
arriba [arríβa] *adv.* up, upwards; upstairs; above, at top: *cuesta* ~, up the hill; *de* ~ *abajo,* from top to bottom.
arribar [arriβár] *i.* to arrive. *2* to put into port.
arriesgar [arrjezɣár] *t.* to risk, hazard, venture. *2 p.* to expose oneself to danger. *3* to dare.
arrimar [arrimár] *t.* to bring close [to]. *2 p.* to go near; to lean against.
arrinconar [arriŋkonár] *t.* to put in a corner. *2* to corner. *3* to ignore.
arrodillarse [arroðiʎárse] *p.* to kneel [down].
arrogancia [arroɣánθja] *f.* arrogance, pride.
arrogante [arroɣánte] *a.* arrogant, proud.
arrojado [arroxáðo] *a.* *a.* bold, dashing, rash.
arrojar [arroxár] *t.* to throw, fling. *2* to vomit. *3* to show [a balance]. *4 p.* to throw oneself.
arrojo [arróxo] *m.* boldness, dash, bravery.
arrollar [arroʎár] *t.* to roll up. *2* to run over.
arropar [arropár] *t.-p.* cover, wrap up.

arrostrar [arrostrár] *t.* to face, stand, defy.

arroyo [arróǰo] *m.* brook, stream. *2* gutter.

arroz [arróθ] *m.* rice.

arruga [arrúɣa] *f.* wrinkle, crease, line.

arrugar [arruɣár] *t.* to wrinkle; to crease. *2* to fold. *3 ~ la frente,* to frown.

arruinar [arrwinár] *t.* to ruin. *2 p.* to go to ruin.

arrullar [arruʎár] *t.* to lull. *2* to coo.

arrullo [arrúʎo] *m.* lullaby. *2* cooing.

arte [árte] *m.-f.* art: *bellas artes,* fine arts. *2* craft, skill.

artefacto [artefáɣto] *m.* contrivance, appliance, device, machine.

artesano [artesáno] *m.* artisan, craftsman.

articulación [artikulaθjón] *f.* articulation. *2* joint.

artículo [artíkulo] *m.* article. *2* entry. *3* editorial.

artificial [artifiθjál] *a.* artificial.

artificio [artifíθjo] *m.* skill. *2* trick. *3* device.

artillería [artiʎería] *f.* artillery; guns.

artillero [artiʎéro] *m.* gunner.

artista [artísta] *m.-f.* artist; actor, actress.

artístico [artístiko] *a.* artistic.

arzobispo [arθoβíspo] *m.* archbishop.

as [as] *m.* ace; champion.

asalariado [asalarjáðo] *a.* salaried. *2 m.* wage-earner.

asaltar [asaltár] *t.* to assail, assault.

asalto [asálto] *m.* assault. *2* BOX. round.

asamblea [asambléa] *f.* assembly, meeting.

asar [asár] *t.-p.* to roast.

ascender [asθendér] *i.* to ascend, climb. *2* to accede. *3* to amount [to]. *4* to be promoted. ¶ CONJUG. like *entender.*

ascendiente [asθendjénte] *m.* ancestor. *3* ascendancy.

ascensor [asθensór] *m.* lift, elevator.

asco [ásko] *m.* nausea; *dar ~,* to be disgusting.

aseado [aseáðo] *a.* clean, tidy.

asear [aseár] *t.* to clean, tidy.

asegurar [aseɣurár] *t.* to secure. *2* to fasten. *3* to ensure. *4* to assure. *5* to assert. *6* COM. to insure. *7 p.* to make sure.

asentar [asentár] *t.* to seat. *2* to place, stablish. *3* to affirm. *4* to enter. *5 p.* to sit down. ¶ CONJUG. like *acertar.*

asentir [asentír] *i.* to assent. *2* to nod. ¶ CONJUG. like *hervir.*

aseo [aséo] *m.* tidiness. *2* cleaning: *cuarto de* ~, toilet-room.

asesinar [asesinár] *t.* to murder, assassinate.

asesinato [asesináto] *m.* murder, assassination.

asesino [asesíno] *m.* murderer, assassin.

asesor [asesór] *m.* adviser, consultant.

asfixiar [asfiɣsjár] *t.-p.* to suffocate.

así [así] *adv.* so, thus.

asiático [asjátiko] *a.-n.* Asiatic.

asiduo [asíðwo] *a.* assiduous, frequent.

asiento [asjénto] *m.* seat, chair; situation.

asignación [asiɣnaθjón] *f.* assignation. *2* allowance.

asignar [asiɣnár] *t.* to assign, appoint.

asignatura [asiɣnatúra] *f.* subject of study.

asilo [asilo] *m.* asylum, shelter.

asimismo [asímízmo] *adv.* likewise, also.

asir [asír] *t.* to seize, grasp, take.

asistencia [asisténθja] *f.* audience. *2* help.

asistente [asisténte] *a.-n.* present. *2 m.* assistant, helper.

asistir [asistír] *i.* to attend, be present. *3 t.* to help.

asma [ázma] *f.* MED. asthma.

asno [ázno] *m.* ass, donkey, jackass.

asociación [asoθjaθjón] *f.* association.

asociar [asoθjár] *t.* to associate.

asolar [asolár] *t.* to raze. ¶ CONJUG. like *contar.*

asomar [asomár] *i.* to begin to appear. *2 t.* to put out. *3 p.* to look out.

asombrar [asombrár] *t.* to frigten. *2* to astonish. *3 p.* to be astonished.

asombro [asómbro] *m.* amazement, astonishment. *2* fright.

asombroso [asombróso] *a.* amazing, astonishing.

aspa [áspa] *f.* X-shaped figure. *2* wing [of windmill]. *3* blade [of a propeller].

aspecto [aspéɣto] *m.* aspect, look, appearance.

áspero [áspero] *a.* rough. *2* harsh. *3* rude.

aspiración [aspiraθjón] *f.* aspiration. *2* longing. *3* breathin in, breath.
aspirar [aspirár] *t.* to breathe in. *2* to draw in. *3 i.* to aspire to.
asqueroso [askeróso] *a.* dirty, disgusting.
asta [ásta] *f.* shaft. *2* flagstaff. *4* horn.
astilla [astíʎa] *f.* chip, splinter.
astillero [astiʎéro] *m.* *m.* shipyard, dockyard.
astro [ástro] *m.* star.
astronauta [astronáuta] *m.-f.* astronaut.
astrónomo [astrónomo] *m.* astronomer.
astucia [astúθja] *f.* cunning. *2* trick.
asueto [aswéto] *m.* day off, school holiday.
asumir [asumír] *t.* to assume, take upon oneself.
asunto [asúnto] *m.* matter, subject. *2* affair.
asustar [asustár] *t.* to frighten. *2 p.* to be frightened.
atacar [atakár] *t.* to attack, impugn.
atajar [ataxár] *i.* to take a short cut. *2 t.* to stop.
ataque [atáke] *m.* attack. *2* fit, stroke.
atar [atár] *t.* to tie, bind.
1) **atardecer** [atarðeθér] *impers.* to grow dark.
2) **atardecer** [atarðeθér] *m.* evening, nightfall.
atareado [atareáðo] *a.* busy.
atarearse [atareárse] *p.* to be very busy.
ataúd [ataúð] *m.* coffin.
ataviar [ataβjár] *t.* to dress up, adorn.
atavío [ataβío] *m.* dress, adornment. *2 pl.* adornments.
atemorizar [atemoriθár] *t.* to frighten. *2 p.* to become frightened.
atención [atenθjón] *f.* attention. *2* kindness.
atender [atendér] *i.-t.* to attend, pay attention. *2* to heed. *3* to take care [of]. *4 t.* to listen to. ¶ CONJUG. like *entender*.
atentado [atentáðo] *m.* crime. *2* attempted murder.
atentamente [aténtaménte] *adv.* attentively. *2* politely.
atento [aténto] *a.* attentive. *2* polite.
aterrador [aterraðór] *a.* terrifying, dreadful, appalling.
1) **aterrar** [aterrár] *t.* to pull down. ¶ CONJUG. like *acertar*.
2) **aterrar** [aterrár] *t.-p.* ATERRORIZAR.
aterrizar [aterriθár] *t.* to land, alight.

aterrorizar [aterroriθár] *t.* to terrify, appal. 2 *p.* to be terrified.
atisbar [atizβar] *t.* to peep at, spy on, watch.
atlántico [aðlántiko] *a.-m.* Atlantic.
atleta [aðléta] *m.* athlete.
atlético [aðlétiko] *a.* athletic.
atletismo [aðletízmo] *m.* athletics.
atmósfera [aðmósfera] *f.* atmosphere.
atómico [atómiko] *a.* atomic.
átomo [átomo] *m.* atom.
atónito [atónito] *a.* astonished, amazed.
atormentar [atormentár] *t.* to torment. 2 torture. 3 *p.* to worry.
atracar [atrakár] *t.* to assault, *hold up. 2 *i.* NAUT. to come alongside. 3 *p.* to gorge oneself.
atracción [atraɣθjón] *f.* attraction, appeal.
atraco [atráko] *m.* assault, robbery, *hold-up.
atractivo [atraɣtíβo] *a.* attractive. 2 *m.* charm.
atraer [atraér] *t.* to attract, draw. 2 to lure. 3 to charm. ¶ CONJUG. like *traer.*
atrapar [atrapár] *t.* to catch. 2 to trap, ensnare.
atrás [atrás] *adv.* back, backward(s, behind.
atrasado [atrasáðo] *a.* behind [time]. 2 backward. 3 slow.
atravesar [atraβesár] *t.* to cross. 2 to pierce; to pass through. ¶ CONJUG. like *acertar.*
atreverse [atreβérse] *p.* to dare, venture, risk.
atrevido [atreβíðo] *a.* daring, bold.
atribuir [atriβuír] *t.* to attribute, ascribe. 2 *p.* to assume. ¶ CONJUG. like *huir.*
atributo [atriβúto] *m.* attribute.
atrio [átrjo] *m.* courtyard; portico.
atrocidad [atroθiðáð] *f.* *f.* atrocity, excess.
atropellar [atropeʎár] *t.* to run over, trample. 2 to knock down. 3 to outrage. 4 *p.* to be hasty.
atropello [atropéʎo] *m.* accident. 2 outrage.
atroz [atróθ] *a.* atrocious. 2 huge, awful.
atún [atún] *m.* tunny.
aturdir [aturðír] *t.* to deafen. 2 to make giddy. 3 to bewilder. 4 to amaze.
audacia [aŭðáθja] *f.* boldness, audacity.

audaz [aŭðáθ] *a.* audacious, bold, daring.
audición [aŭðiθjón] *f.* hearing. *2* concert.
audiencia [aŭðjénθja] *f.* audience. *2* Spanish provincial high court.
auditor [aŭðitór] *m.* judge-advocate.
auditorio [aŭðitórjo] *m.* audience, auditory.
auge [áŭxe] *m.* boom. *2* boost. *3* topmost height. *4 estar en ~*, to be on the increase.
aula [áŭla] *f.* class-room.
aumentar [aŭmentár] *t.-i.-p.* to increase. *2 i.-p.* to grow larger.
aumento [aŭménto] *m.* enlargement, increase.
aun [áun] *adv.* even, still: *~ cuando*, although.
aún [aún] *adv.* yet, as yet, still.
aunque [áŭŋke] *conj.* though, although.
aura [áŭra] *f.* gentle breeze. *2* aura.
áureo [áŭreo] *a.* golden.
aurora [aŭróra] *f.* dawn.
ausencia [aŭsénθja] *f.* absence; lack.
ausentarse [aŭsentárse] *p.* to be absent; to leave.
ausente [aŭsénte] *a.* absent.
austero [aŭstéro] *a.* austere, stern, strict.
auténtico [aŭténtiko] *a.* authentic, genuine, real.
auto [áŭto] *m.* judicial decree, writ, warrant. *2* car. *3* religious play. *4 pl.* LAW proceedings.
autobús [aŭtoβús] *m.* bus.
autocar [aŭtokár] *m.* coach.
automático [aŭtomátiko] *a.* automatic(al.
automóvil [aŭtomóβil] *m.* automobile, motorcar.
autonomía [aŭtonomía] *f.* autonomy. *2* home rule.
autónomo [aŭtónomo] *a.* autonomous.
autopista [aŭtopísta] *f.* motorway, turnpike.
autor [aŭtór] *m.-f.* author, authoress [writer]. *2* perpetrator.
autoridad [aŭtoriðáð] *f.* authority.
autorizar [aŭtoriθár] *t.* to authorize, empower, permit, legalize, approve.
autostop [aŭtostóp] *m.* hitch-hiking: *hacer ~*, to hitch-hike.
1) **auxiliar** [aŭsiljár] *t.* to help, assist.
2) **auxiliar** [aŭsiljár] *a.* auxiliary. *2 m.* assistant.

auxilio [aŭsíljo] *m.* help, aid, assistance.
avance [aβánθe] *m.* advance payment. *2* trailer.
avanzada [aβanθáða] *f.* MIL. outpost; advance guard.
avanzar [aβanθár] *i.* to improve, progress.
avaricia [aβaríθja] *f.* avarice, greed.
avariento [aβarjénto], **avaro** [aβáro] *a.* miserly, niggard. *2 m.-f.* miser.
ave [áβe] *f.* bird; fowl: ~ *de rapiña,* bird of prey.
avellana [aβeʎána] *f.* hazel-nut.
avemaría [aβemaría] *f.* Hail Mary.
avena [aβéna] *f.* oats.
avenida [aβeníða] *f.* flood, freshet. *2* avenue.
aventajar [aβentaxár] *t.* to surpass, excel. *2* to improve.
aventura [aβentúra] *f.* adventure. *2* chance, risk, hazard.
aventurar [aβenturár] *t.* to venture, hazard. *2 p.* to risk, dare, run the risk.
aventurero [aβenturéro] *m.* adventurer. *2 f.* adventuress.
avergonzar [aβerɣonθár] *t.* to shame. *2 p.* to be ashamed. *3* to blush. ¶ CONJUG. like *contar.*
averiguar [aβeriɣwár] *t.* to inquire, find out.
avestruz [aβestrúθ] *f.* ostrich.
aviación [aβjaθjón] *f.* aviation; air force.
aviador [aβjaðór] *m.* aviator, airman, air pilot.
avicultura [aβikultúra] *f.* aviculture.
avión [aβjón] *m.* airplane, aircraft.
avisar [aβisár] *t.* to inform. *2* to warn; to advise.
aviso [aβíso] *m.* notice, advice; warning.
avispa [aβíspa] *f.* wasp.
avivar [aβiβár] *t.* to enliven. *2* to brighten [light, colours].
¡ay! [áĭ] *interj.* alas!
ayer [aǰér] *adv.-m.* yesterday, in the past.
ayuda [ajúða] *f.* help, aid, assistance.
ayudante [aǰuðánte] *m.* aid, assistant.
ayudar [aǰuðár] *t.* to help, aid, assist.
ayunar [aǰunár] *i.* to fast; to go hungry.
ayuntamiento [aǰuntamjénto] *m.* town council. *2* town hall.
azada [aθáða] *f.* hoe.

azafata [aθafáta] *f.* air-hostes, stewardess.

azahar [aθaár] *m.* orange-blossom.

azar [aθár] *m.* hazard, chance: *al* ~, at random.

azotar [aθotár] *t.* to whip, flog. *2* to spank. *3* [of sea, etc.] to beat.

azote [aθóte] *m.* scourge, whip, birch, thong.

azotea [aθotéa] *f.* flat roof, terrace roof.

azúcar [aθúkar] *m.-f.* sugar.

azucarar [aθukarár] *t.* to sugar, sweeten.

azucena [aθuθéna] *f.* white lily.

azufre [aθúfre] *m.* sulphur, brimstone.

azul [aθúl] *a.-m.* blue: ~ *celeste,* sky blue; ~ *marino,* navy blue.

azulado [aθuláðo] *a.* bluish.

azulejo [aθuléxo] *m.* glazed tile.

B

bacalao [bakaláo] *m.* cod-fish.

bacteria [baktérja] *f.* bacterium, *pl.* -a; germ.

bache [bátʃe] *m.* pot-hole. *2* air-pocket.

bachiller [batʃiʎér] *m.-f.* one who has the Spanish certificate of secondary education. *2* chatterbox.

bachillerato [batʃiʎeráto] *m.* the Spanish certificate of secondary education.

bahía [baía] *f.* bay.

bailar [bai̯lár] *i.* to dance. *2* [of a top] to spin.

bailarín [bai̯larín] *a.* dancing. *2 m.-f.* dancer.

baile [bái̯le] *m.* dance; ball.

bajar [baxár] *i.* to come down, go down. *2* to fall. *3 t.-i.* to get down. *4 t.* to lower [prices, etc.].

1) **bajo** [báxo] *adv.* in a low voice. *2 prep.* beneath, under.

2) **bajo** [báxo] *a.* low. *2* short. *3* lower: *la clase baja,* the lower classes. *4 piso* ~, *planta baja,* ground floor. *5 m.* hollow, deep. *6* shoal. *7* bass.

bala [bála] *f.* bullet, shot. *2* bale [of goods].

balancear [balanθeár] *i.-p.* to rock, swing, roll. *2 t.* to balance.

balanza [balánθa] *f.* [pair of] scales, balance.

balar [balár] *i.* to bleat.

balcón [balkón] *m.* balcony.
balde [bálde] *m.* bucket, pail. 2 *adv. de* ~, free. 3 *en* ~, in vain.
balón [balón] *m.* ball; football. 2 bag. 3 CHEM. balloon.
baloncesto [balonθésto] *m.* basket-ball.
balsa [bálsa] *f.* pool. 2 NAUT. raft.
bálsamo [bálsamo] *m.* balsam, balm.
ballena [baʎéna] *f.* whale; whalebone.
bambú [bambú] *m* bamboo.
banca [báŋka] *f.* COM. banking. 2 bank. 3 bench.
banco [bánko] *m.* bench. 2 COM. bank.
banda [bánda] *f.* sash. 2 band, gang. 3 side [of ship]. 4 MUS. band.
bandada [bandáða] *f.* flock [of birds].
bandeja [bandéxa] *f.* tray, salver.
bandera [bandéra] *f.* flag, banner, standard.
bandido [bandíðo] *m.* outlaw. 2 bandit, highwayman.
bando [bándo] *m.* faction, party. 2 edict.
bandolero [bandoléro] *m.* robber, highwayman.
banquero [baŋkéro] *m.* banker.
banquete [baŋkéte] *m.* banquet, feast.
bañar [baɲár] *t.-p.* to bathe, take a bath.
baño [báɲo] *m.* bath; bathing. 2 bathtub.
bar [bar] *m.* bar.
baraja [baráxa] *f.* pack [of cards].
baranda [baránda] *f.* railing, balustrade, banisters.
baratillo [baratíʎo] *m.* second-hand goods.
barato [baráto] *a.* cheap.
barba [bárβa] *f.* chin. 2 beard.
barbaridad [barβariðáð] cruelty, atrocity.
bárbaro [bárβaro] *a.* barbarous. 2 *m.-f.* barbarian.
barbería [barβería] *f.* barber's shop.
barbero [barβéro] *m.* barber.
barbudo [barβúðo] *a.* bearded.
barca [bárka] *f.* boat, ferry-boat.
barco [bárko] *m.* ship.
barniz [barníθ] *m.* varnish; glaze.
barómetro [barómetro] *m.* barometer.
barón [barón] *m.* baron.
barquero [barkéro] *m.* boatman; ferryman.

barra [bárra] *f.* bar. 2 MECH. lever. 2 ~ *de labios,* lipstick.
barraca [barráka] *f.* cabin, hut. 2 farmhouse.
barranco [barráŋko] *m.* precipice. 2 ravine, gorge.
barrer [barrér] *t.* to sweep. 2 NAUT. to rake.
barrera [barréra] *f.* barrier; parapet; fence.
barriada [barriáða] *f.* quarter, district; slum quarter.
barriga [barríɣa] *f.* belly.
barril [barril] *m.* barrel. keg.
barrio [bárrjo] *m.* town ward, quarter: *barrios bajos,* slums.
barro [bárro] *m.* mud.
basar [basár] *t.* to base, found. 2 *p.* to be based upon.
base [báse] *f.* basis, base.
básico [básiko] *a.* basic.
basta [básta] *f.* basting stitch.
bastante [bastánte] *a.* sufficient, enough. 2 *adv.* enough, rather.
bastar [bastár] *i.* to suffice, be enough.
basto [básto] *a.* coarse, rough.
bastón [bastón] *m.* cane, walking stick.
basura [basúra] *f.* rubbish, garbage, sweepings, refuse.
bata [báta] *f.* dressing-gown. 2 white coat.
batalla [batáʎa] *f.* batle, fight, struggle.
batallón [bataʎón] *m.* battalion.
batería [batería] *f.* battery: ~ *de cacina,* pots and pans.
batir [batír] *t.* to beat, strike. 2 to flop [wings]. 3 to beat, defeat. 4 to clap [hands]. 5 MIL. to reconnoitre the ground. 6 *p.* to fight.
baúl [baúl] *m.* luggage trunk, portmanteau.
bautismo [baŭtízmo] *m.* baptism; christening.
bautizar [baŭtiθár] *t.* to baptize, christen. 2 to name. 3 to water [wine].
bautizo [baŭtíθo] *m.* christening [party].
bayoneta [bajonéta] *f.* bayonet.
beber [beβér] *t.-p.* to drink.
bebida [beβíða] *f.* drink.
beca [béka] *f.* scholarship, allowance, grant.
becerrada [beθerráða] *f.* BULLF. fight with young bulls.
becerro [beθérro] *m.*

calf, young bull. 2 calf-skin. 3 ~ *marino*, seal.
bejuco [bexúko] *m.* liana; rattan.
bélico [béliko] *a.* warlike.
belleza [beʎéθa] *f.* beauty.
bello [béʎo] *a.* beautiful, fine, lovely, handsome.
bellota [beʎóta] *f.* acorn.
bendecir [bendeθír] *t.* to bless.
bendición [bendiθjón] *f.* benediction, blessing. 2 *pl.* wedding ceremony.
bendito [bendíto] *a.* holy, blessed. 2 happy. 3 *m.* simple-minded soul.
beneficencia [benefiθénθja] *f.* beneficence. 2 charity; public welfare.
beneficiar [benefiθjár] *t.* to benefit. 2 to improve [land]. 3 *p.* to profit.
beneficio [benefíθjo] *m.* benefit, advantage, profit.
beneficioso [benefiθjóso] *a.* profitable, advantageous, useful.
benéfico [benéfiko] *a.* charitable, beneficent.
benigno [beníɣno] *a.* gentle, kind, benign.
berbiquí [berβikí] *m.* carpenter's brace.
berenjena [bereŋxéna] *f.* egg-plant.
besar [besár] *t.* to kiss.
beso [béso] *m.* kiss.
bestia [béstja] *f.* beast. 2 idiot.
betún [betún] *m.* shoe-polish.
biberón [biβerón] *m.* feeding-bottle.
Biblia [bíβlja] *f.* Bible.
bíblico [bíβliko] *a.* Biblical.
biblioteca [biβljotéka] *f.* library.
bicicleta [biθikléta] *f.* bicycle, bike, cycle.
1) **bien** [bjén] *adv.* well, properly, right 2 ~ ... ~, either ... or. 3 *ahora* ~, now then. 4 *más* ~, rather. 5 *si* ~, although.
2) **bien** [bjén] *m.* good. 2 welfare, benefit: *hacer* ~, to do good. 3 *pl.* property, estate, goods: *bienes inmuebles*, real estate; *bienes muebles*, movables.
bienaventurado [bjenaβenturáðo] *a.* blessed, happy. 2 simple.
bienestar [bjenestár] *m.* well-being, comfort.
bienhechor [bjenetʃór] *m.* benefactor.
bienvenida [bjembeníða] *f.* welcome: *dar la* ~, to welcome.
bigote [biɣóte] *m.* m(o)ustache. 2 whiskers [of a cat].
billar [biʎár] *m.* billiards [-table, -room, -hall].
billete [biʎéte] *m.* short letter. 2 love-letter. 3

ticket. *4 ~ de banco,* bank-note.

billón [biʎón] *m.* (British) billion; (U.S.A.) trillion.

biografía [bjoɣrafía] *f.* biography.

bisabuelo, la [bisaβwélo, la] *m.-f.* great-grandfather; great-grandmother. *2 m. pl.* great-grandparents.

bisagra [bisáɣra] *f.* hinge.

bisiesto [bisjésto] *a. año ~,* leap year.

bistec [bisté] *m.* beefsteak.

bizco [bíθko] *a.* squint-eyed, cross-eyed.

bizcocho [biθkótʃo] *m.* biscuit. *2* sponge cake.

blanco [bláŋko] *a.* white. *2* fair [complexion]. *3 m.-f.* white person. *4 m.* white colour. *5* target, mark. *6* aim, goal. *7* interval. *8* blank.

blancura [blaŋkúra] *f.* whiteness. *2* fairness.

blancuzco [blaŋkúθko] *a.* whitish.

blando [blándo] *a.* soft. *2* gentle, mild.

blanquear [blaŋkeár] *t.* to whiten. *2* to whitewash.

blasfemar [blasfemár] *i.* to curse, swear.

blasfemia [blasfémja] *f.* curse, swear-word, oath.

bloque [blóke] *m.* block.

bloqueo [blokéo] *m.* blockade; blocking.

blusa [blúsa] *f.* blouse.

bobería [boβería] *f.* silliness.

bobo [bóβo] *a.* silly, foolish. *2 m.-f.* fool.

boca [bóka] *f.* mouth. *2* entrance, opening.

bocadillo [bokaðíʎo] *m.* sandwich, snack.

bocado [bokáðo] *m.* mouthful. *2* bit.

bocina [boθína] *f.* horn.

bochornoso [botʃornóso] *a.* hot. *2* shameful.

boda [bóða] *f.* marriage, wedding.

bodega [boðéɣa] *f.* wine-cellar. *2* wine shop. *3* NAUT hold.

bofetada [bofetáða] *f.*, **bofetón** [bofetón] *m.* slap, buffet, blow.

bogar [boɣár] *i.* to row.

bohemio [boémjo] *a.-n.* bohemian.

bola [bóla] *f.* ball.

boletín [boletín] *m.* bulletin, journal.

boleto [boléto] *m.* (Am.) ticket.

bolígrafo [bolíɣrafo] *m.* ball-point pen, biro.

bolo [bólo] *m.* skittle, ninepin.

bolsa [bólsa] *f.* bag. *2* purse. *3* stock exchange.

bolsillo [bolsíʎo] *m.* pocket; purse.

bolso [bólso] *m.* purse; handbag.

bollo [bóʎo] *m.* bun, roll. *2* row, confusion.

bomba [bómba] *f.* pump. *2* bomb; shell.

bombardear [bombarðeár] *t.* to bomb, bombard, raid.

bombero [bombéro] *m.* fireman; *pl.* fire brigade.

bombilla [bombíʎa] *f.* light bulb.

bombo [bómbo] *m.* MUS. bass-drum. *2* writing up. *3* revolving lottery box.

bombón [bombón] *m.* bon-bon, sweet, candy.

bondad [bondáð] *f.* goodness. *2* kindness.

bondadoso [bondaðóso] *a.* kind, good.

bonito [bonito] *a.* pretty, nice. *2 m.* ICHTH. bonito, striped tunny.

bono [bóno] *m.* COM. bond, certificate; ~ *del tesoro,* exchequer bill.

boquete [bokéte] *m.* gap, breach.

bordado [borðáðo] *m.* embroidering; embroidery.

bordar [borðár] *t.* to embroider.

borde [bórðe] *m.* border, edge. *2* hem.

bordo [bórðo] *m.* board: *a* ~, on board.

borracho [borrátʃo] *a.* drunk. *2 m.-f.* drunkard.

borrador [borraðór] *m.* draft. *2* duster, eraser.

borrar [borrár] *t.* to cross, rub out, blot out; to erase.

borrasca [borráska] *f.* storm, tempest.

borrico [borríko] *m.* ass, donkey.

bosque [bóske] *m.* forest, wood, grove, thicket.

bosquejar [boskexár] *t.* to sketch, outline.

bosquejo [boskéxo] *m.* sketch, outline.

bostezar [bosteθár] *i.* to yawn.

bota [bóta] *f.* leather wine bag. *2* cask. *3* boot.

botar [botár] *t.* to throw, fling out. *2* to launch. *3 i.* to bound. *4* to jump.

bote [bóte] *m.* small boat: ~ *salvavidas,* life-boat. *2* bound, bounce. *3* pot. *4 de* ~ *en* ~, crowded.

botella [botéʎa] *f.* bottle, flask, jar.

botica [botíka] *f.* chemist's shop, drugstore.

botijo [botíxo] *m.* drinking jar, earthenware jug.

botín [botín] *m.* booty, plunder. *2* boot. *3* spat.

botiquín [botikín] *m.* medicine case; first-aid kit.

botón [botón] *m.* button.

botones [botónes] *m.* buttons, bellboy.
bóveda [bóβeða] *f.* vault.
bovino [boβíno] *a.* bovine.
boxeador [boɣseaðór] *m.* boxer.
boxear [boɣseár] *i.* to box.
boxeo [boɣséo] *m.* boxing.
bramar [bramár] *i.* to bellow, roar.
brasa [brása] *f.* live coal, hot coal.
bravío [braβío] *a.* ferocious, wild, untamed.
bravo [bráβo] *a.* brave, courageous. 2 excellent. 3 ferocious [animal].
brazalete [braθaléte] *m.* bracelet, armlet.
brazo [bráθo] *m.* arm. 2 power. 3 branch [of river]. 4 forelegs.
brea [bréa] *f.* tar, pitch.
bregar [breɣár] *i.* to fight. 2 to work hard.
breve [bréβe] *a.* short, brief. 2 *f.* MUS. breve. 3 *adv.* *en* ~, soon, shortly. 4 **-mente** *adv.* briefly.
brevedad [breβeðáð] *f.* brevity, briefness.
bribón [briβón] *m.-f.* rascal, scoundrel.
brida [bríð] *f.* bridle, rein. 2 clamp.
brillante [briʎánte] *a.* brilliant, shining, bright. 2 *m.* brilliant [diamond]. 3 **-mente** *adv.* brilliantly.
brillar [briʎár] *i.* to shine. 2 to glitter. 3 to be outstanding.
brillo [bríʎo] *m.* brilliance, brightness, shine.
brincar [briŋkár] *i.* to spring, leap, jump, hop.
brinco [bríŋko] *m.* spring, leap, jump, hop.
brindar [brindár] *i.* to toast. 2 *t.-i.* to offer, afford. 3 *p.* to offer to [do something].
brío [brío] *m.* strength, spirit. 2 liveliness; courage.
brioso [brióso] *a.* vigorous, spirited, lively.
brisa [brísa] *f.* breeze.
británico [britániko] *a.* British.
brocha [brótʃa] *f.* painter's brush; shaving-brush.
broche [brótʃe] *m.* clasp, hook and eye; brooch.
broma [bróma] *f.* fun, merriment; joke: *gastar una* ~ *a,* to play a joke on; *en* ~, in fun; ~ *pesada,* practical joke.
bromear [bromeár] *i.* to joke, jest, make fun of.
bronce [brónθe] *m.* bronze.
bronceado [bronθeáðo] *a.*

bronzed. 2 sunburnt. 3 *m.* bronze finish.

brotar [brotár] *i.* to sprout; to bud, shoot. 2 to spring. 3 *t.* to put forth [plants, etc.].

bruja [brúxa] *f.* witch, sorceress.

brújula [brúxula] *f.* compass; magnetic needle.

bruma [brúma] *f.* mist, fog.

brusco [brúsko] *a.* rude. 2 sudden. 3 sharp [curve].

brutal [brutál] *a.* brutal, savage.

bruto [brúto] *a.* brute, brutish. 2 stupid, ignorant. 3 rough.

bucle [búkle] *m.* curl,

buche [bútʃe] *m.* crop.

bueno [bwéno] *a.* good. 2 kind. 3 suitable. 4 well. 5 *por las buenas,* willingly; *buenos días,* good morning.

buey [bwéĭ] *m.* ox: *carne de ~,* beef.

búfalo [búfalo] *m.* ZOOL. buffalo.

bufón [bufón] *m.-f.* buffoon, jester.

buhardilla [bwardíʎa] *f.* garret, attic. 2 (Am.) skylight.

búho [búo] *m.* owl.

bujía [buxía] *f.* wax candle. 2 candlestick. 3 spark-plug.

bulbo [búlβo] *m.* bulb.

bulto [búlto] *m.* volume, size, bulk. 2 form, body. 3 swelling. 4 bundle.

bulla [búʎa] *f.* noise, uproar.

bullicioso [buʎiθjóso] *a.* noisy, lively. 2 riotous.

bullir [buʎír] *i.* to boil. 2 to bustle about.

buque [búke] *m.* ship, vessel: *~ de guerra,* warship; *~ de vela,* sailboat; *~ cisterna,* tanker; *~ mercante,* merchant ship.

burgués [burɣés] *m.-f.* bourgeois, middle class person.

burla [búrla] *f.* mockery, scoff: *hacer ~ de,* to mock, make fun of. 2 joke, jest: *de burlas,* in fun. 3 trick.

burlar [burlár] *t.* to mock. 2 to deceive, seduce. 3 to frustrate. 4 *i.-p. burlarse de,* to make fun of, laugh at.

burlón [burlón] *a.* mocking. 2 *m.-f.* mocker, joker.

burro [búrro] *m.* donkey, ass.

buscar [buskár] *t.* to look for, search for, seek.

búsqueda [búskeða] *f.* search, hunt, quest.
busto [bústo] *m.* bust.
butaca [butáka] *f.* arm-chair. *2* orchestra stall.
butano [butáno] *m.* butane [gas].
butifarra [butifárra] *f.* pork sausage.
buzón [buθón] *m.* letter-box, pillar-box.

C

cabal [kaβál] *a.* just, complete. *2* perfect.
cabalgar [kaβalɣár] *i.* to ride, go riding.
caballería [kaβaʎería] *f.* riding animal. *2* cavalry. *3* knighthood: ~ *andante,* knight-errantry.
caballero [kaβaʎéro] *m.* rider, horseman. *2* ~ *andante,* knight-errant. *3* gentleman. *4* sir.
caballo [kaβáʎo] *f.* horse. *2* knight [in chess]. *3* CARDS queen. *4* horsepower. *5 a* ~, on horseback.
cabaña [kaβáɲa] *f.* cabin, hut. *2* large number of cattle.
cabecera [kaβeθéra] *f.* principal part. *2* seat of honour. *3* headboard. *4* bedside.
cabellera [kaβeʎéra] *f.* hair. *2* scalp.
cabello [kaβéʎo] *m.* hair, head of hair.
caber [kaβér] *i.* to fit into, go in; to hold; to have enough room for. ¶ CONJUG. INDIC. Pres.: *quepo,* cabes, cabe, etc. | Pret.: *cupe, cupiste,* etc. || COND.: *cabría, cabrías,* etc. || SUBJ. Pres.: *quepa, quepas,* etc.. | Imperf.: *cupiera, cupieras,* etc., or *cupiese, cupieses,* etc. | Fut.: *cupiere, cupieres,* etc. || || IMPER.: cabe, *quepa; quepamos,* cabed, *quepan.*
cabeza [kaβwθa] *f.* head.

2 mind, understanding. 3 source [of a river].

cabida [kaβíða] *f.* room, capacity, space.

cabina [kaβína] *f.* cabin.

cable [káβle] *m.* cable.

cabo [káβo] *m.* end, extremity: *de ~ a rabo,* from head to tail. 2 *llevar a ~,* to carry out. 3 strand. 4 GEOG. cape. 5 MIL. corporal.

cabra [káβra] *f.* goat.

cabrito [kaβríto] *m.* kid.

cabrón [kaβrón] *m.* buck, billy-goat. 2 you bastard!

cacahuete [kakawéte] *m.* peanut, monkey nut.

cacao [kakáo] *m.* cacao [tree]; cocoa [drink].

cacarear [kakareár] *i.* to cackle, crow. 2 to boast.

cacería [kaθería] *f.* hunt, hunting, shoot, shooting.

cacerola [kaθeróla] *f.* casserole, saucepan, pan.

cacique [kaθíke] *m.* Indian chief. 2 political boss.

cacharro [katʃárro] *m.* piece of crockery. 2 rickety machine.

cachete [katʃéte] *m.* slap, punch in the face.

cachorro [katʃórro] *m.-f.* puppy, cub.

cada [káða] *a.* each, every: *~ cual, ~ uno,* every one.

cadalso [kaðálso] *m.* scaffold; platform.

cadáver [kaðáβer] *m.* corpse, dead body.

cadena [kaðéna] *f.* chain: *~ perpetua,* life imprisonment.

cadencia [kaðénθja] *f.* rhythm, cadence.

cadera [kaðéra] *f.* hip.

cadete [kaðéte] *m.* cadet.

caducar [kaðukár] *i.* COM. to lapse, expire.

caer [kaér] *t.-p.* to fall, drop, fall down, come down; to fall off, fall out. 2 *~ en la cuenta de,* to realize. 3 to lie, be located. 4 *~ bien* or *mal,* to suit, fit, or not to suit, fit. ¶ CONJUG. INDIC. Pres.: *caigo,* caes, etc. | Pret.: caí, caíste, *cayó;* caímos, caísteis, *cayeron.* || SUBJ. Pres.: *caiga, caigas,* etc. | Imperf.: *cayera, cayeras,* etc., or *cayese, cayeses,* etc. || IMPER.: cae, *caiga; caigamos,* caed, *caigan.* || GER.: *cayendo.*

café [kafé] *m.* coffee. 2 café [tea-shop].

cafetal [kafetál] *m.* coffee plantation.

cafetera [kafetéra] *f.* coffee-pot.

cafetería [kafetería] *f.* cafeteria, café, coffee house.

caída [kaíða] *f.* fall, drop; downfall: *a la* ~ *del sol,* at sunset.

caimán [kai̯mán] *m.* alligator, caiman.

caja [káxa] *f.* box, chest, case. *2* cashbox; cashier's office. *3* ~ *de ahorros,* savings-bank.

cajero [kaxéro] *m.* cashier.

cajón [kaxón] *m.* drawer.

cal [kal] *f.* lime.

calabaza [kalaβáθa] *f.* gourd, pumpkin: *dar calabazas,* to fail; to be jilted.

calabozo [kalaβóθo] *m.* dungeon. *2* cell [of jail].

calambre [kalámbre] *m.* MED. cramp, spasm.

calamidad [kalamiðáð] *f.* disaster, misfortune.

calar [kalár] *t.* to soak, drench. *2* to pierce. *3* to plug [a melon]. *4* to see through [a person's intentions]. *5 p.* to get soaked. *6* to pull down [one's hat].

calavera [kalaβéra] *f.* skull. *2 m.* madcap.

calceta [kalθéta] *f.* stocking, hose: *hacer* ~, to knit.

calcetín [kalθetín] *m.* sock.

calcio [kálθjo] *m.* calcium.

calcular [kalkulár] *t.-i.* to calculate. *2 t.* to conjecture, guess.

cálculo [kálkulo] *m.* calculation, estimate.

caldear [kaldeár] *t.* to heat. *2 p.* to grow hot.

caldera [kaldéra] *f.* kettle. *2* boiler.

caldero [kaldéro] *m.* small kettle or cauldron.

caldo [káldo] *m.* broth. *2 pl.* vegetal juices.

calefacción [kalefaɣθjón] *f.* heating: ~ *central,* central heating.

calendario [kalendárjo] *m.* calendar, almanac.

calentador [kalentaðór] *m.* heater.

calentar [kalentár] *t.* to warm, heat. *2* to spank. *3 p.* to become heated, excited or angry.

calentura [kalentúra] *f.* fever, temperature.

calibre [kalíβre] *m.* calibre, bore, gauge.

calidad [kaliðáð] *f.* quality. *2* nature. *3* rank.

cálido [káliðo] *a.* warm, hot.

caliente [kaljénte] *a.* warm, hot.

calificar [kalifikár] *t.* to qualify, rate, class as. *2* to award marks to [in examination].

cáliz [káliθ] *m.* chalice.

calizo [kalíθo] *a.* limy; lime (atribut).
calma [kálma] *f.* calm. *2* composure. *3* slowness.
calmante [kalmánte] *a.* soothing. *2 m.* sedative.
calmar [kalmár] *t.* to calm, quiet. *2* to soothe. *3* to calm oneself.
calmoso [kalmóso] *a.* calm, quiet. *2* slow.
calor [kalór] *m.* heat, warmth: *hace* ~, it is hot: *tengo* ~, I feel warm, hot. *2* enthusiasm, ardour.
calumnia [kalúmnja] *f.* calumny, slander.
calumniar [kalumnjár] *t.* to calumniate, slander.
caluroso [kaluróso] *a.* hot [weather]. *2* warm, hearty.
calvario [kalβárjo] *m.* calvary, suffering.
calvo [kálβo] *a.* bald, hairless. *2* barren.
calzado [kalθáðo] *a.* shod. *2 m.* footwear; boots, shoes.
calzar [kalθár] *t.-p.* to put on [one's shoes, gloves].
calzón [kalθón] *m.* breeches, trousers.
calzoncillos [kalθonθíʎos] *m. pl.* pants, underpants.
callado [kaʎáðo] *a.* silent, quiet.
callar [kaʎár] *i.-p.* to be, keep or become silent; to shut up, be quiet: to stop [talking].
calle [káʎe] *f.* street, road: ~ *mayor*, high street.
callo [káʎo] *m.* callosity; corn. *2 pl.* tripe [food].
cama [káma] *f.* bed, couch; bedstead.
cámara [kámara] *f.* chamber, room, hall. *2* granary. *3* ~ *alta*, upper house; ~ *baja*, lower house. *4* inner tube [of tire].
camarada [kamaráða] *m.* comrade, companion, pal, friend.
camarera [kamaréra] *f.* maid. *2* waitress. *3* stewardess [on a ship]; air-hostess [on an airliner].
camarero [kamaréro] *m.* waiter. *2* steward. *3* chamberlain.
camarón [kamarón] *m.* shrimp, prawn.
camarote [kamaróte] *m.* cabin, stateroom.
cambiar [kambjár] *t.-i.* to change, shift. *2 t.* to convert: ~ *por*, to exchange for.
cambio [kámbjo] *m.* change; shifting. *2* ex-

change. 3 RLY. switch. 4 *libre* ~, free trade; *a* ~ *de*, in exchange for; *en* ~, on the other hand; in exchange; ~ *de marchas*, AUTO. gear-shift.
camello [kaméʎo] *m.* camel.
camilla [kamíʎa] *f.* stretcher, litter.
caminante [kaminánte] *m.-f.* traveller, walker.
caminar [kaminár] *i.* to travel, journey. 2 to walk, march, go.
camino [kamíno] *m.* path, road, way, track, course, journey, travel.
camión [kamjón] *m.* lorry, *truck.
camisa [kamísa] *f.* shirt: chemise.
camiseta [kamiséta] *f.* vest, undershirt.
campamento [kampaménto] *m.* camp, encampment.
campana [kampána] *f.* bell.
campanada [kampanáða] stroke of a bell. 2 scandal.
campanario [kampanárjo] belfry, church tower.
campaña [kampáɲa] *f.* countryside, level country. 2 campaign.
campeón [kampeón] *m.* champion; defender.
campeonato [kampeonáto] *m.* championship.
campesino [kampesíno] *a.* rural. 2 *s.* peasant, countryman.
campestre [kampéstre] *a.* rural; wild.
campiña [kampíɲa] *f.* arable land; fields, countryside.
campo [kámpo] *m.* fields, country, countryside. 2 cultivated land. 3 ground. 4 GOLF. links. 5 MIL. camp.
can [kan] *m.* dog.
cana [kána] *f.* white hair.
canadiense [kanaðjénse] *a.-n.* Canadian.
canal [kanál] *m.* canal [artificial channel]. 2 GEOG. channel, strait. 3 *m.-f.* gutter.
canalla [kanáʎa] *f.* rabble, mob, riff-raff. 2 *m.* rascal, scoundrel.
canapé [kanapé] *m.* couch, sofa, lounge.
canario [kanárjo] *a.-n.* Canarian. 2 *m.* ORN. canary.
canasta [kanásta] *f.* basket, hamper.
canastilla [kanastíʎa] *f.* small basket.
canastillo [kanastíʎo] *m.* basket-tray.
canasto [kanásto] *m.* large basket.

cancelar [kanθelár] *t.* to cancel, annul.
cáncer [kánθer] *m.* cancer.
canciller [kanθiʎér] *m.* chancellor.
canción [kanθjón] *f.* song.
cancionero [kanθjonéro] *m.* collection of lyrics. *2* song-book.
cancha [kántʃa] *f.* sports ground; court; cockpit.
candado [kandáðo] *m.* padlock.
candela [kandéla] *f.* candle, taper. *2* candlestick. *3* fire.
candidato [kandiðáto] *m.-f.* candidate.
cándido [kándiðo] *a.* white. *2* naïve, simple.
candil [kandíl] *m.* oil-lamp, hand-lamp.
candor [kandór] *m.* whiteness. *2* candour.
candoroso [kandoróso] *a.* ingenuous, innocent.
canela [kanéla] *f.* cinnamon.
cangrejo [kaŋgréxo] *m.* crab, crayfish.
canguro [kaŋgúro] *m.* kangaroo.
cano [káno] *a.* gray-haired, hoary.
canoa [kanóa] *f.* canoe.
canon [kánon] *m.* canon. *2* tax. *3* canon law.
canoso [kanóso] *a.* gray-haired, hoary.
cansado [kansáðo] *a.* tired. *2* worn-out.
cansancio [kansánθjo] *m.* weariness, fatigue.
cansar [kansár] *t.-i.* to tire. *2 t.* to weary, bore. *3* to exhaust. *4 p.* to get tired. *5 i.* to be tiring.
cantante [kantánte] *a.* singing. *2 m.-f.* singer.
1) **cantar** [kantár] *m.* song: ~ *de gesta,* epic poem.
2) **cantar** [kantár] *t.-i.* to sing. *2 i.* coll. to confess. *3* [of cocks] to crow.
cántaro [kántaro] *m.* pitcher, jug.
cantera [kantéra] *f.* quarry, stone pit.
cántico [kántiko] *m.* canticle, religious song.
cantidad [kantiðáð] *f.* quantity, amount.
cantina [kantína] *f.* canteen, refreshment room.
canto [kánto] *m.* singing, chant, song. *2* crow [of cock]; chirp [of insects]. *3* corner. *4* edge: *siempre de* ~, this side upside. *5* stone: ~ *rodado,* boulder.
cantón [kantón] *m.* canton, region.
cantor [kantór] *m.-f.* singer.

caña [káɲa] *f.* cane; reed: ~ *de azúcar*, sugar-cane. *2* ~ *de pescar*, fishing-rod.
cañada [kaɲáða] *f.* glen, dell. *2* cattle path.
cañaveral [kaɲaβerál] *m.* reedbed. *2* sugar-cane plantation.
cañería [kaɲería] *f.* pipe.
caño [káɲo] *m.* short tube or pipe.
cañón [kaɲón] *m.* tube, pipe. *2* barrel [of gun]. *3* flue [of chimney]. *4* ARTILL. cannon, gun. *5* canyon, ravine. *6* quill.
cañonazo [kaɲonáθo] *m.* gun-shot.
caoba [kaóβa] *f.* mahogany.
capa [kápa] *f.* cloak, mantle, cape. *2* coat [of paint, etc.]. *3* stratum.
capacidad [kapaθiðáð] *f.* capacity, content. *2* ability.
capacitar [kapaθitár] *t.* to enable.
capataz [kapatáθ] *m.* foreman, overseer.
capaz [kapáθ] *a.* roomy. *2* capable. *3* able, competent.
capellán [kapeʎán] *m.* chaplain.
capilla [kapíʎa] *f.* hood, cowl. *2* chapel; oratory.
capital [kapitál] *a.* capital [main, great]: *pena* ~, capital punishment. *2 m.* property, fotune. *3* ECON. capital. *4 f.* capital, chief town.
capitalista [kapitalísta] *a.-n.* capitalist.
capitán [kapitán] *m.* captain.
capítulo [kapítulo] *m.* chapter.
capota [kapóta] *f.* bonnet, lady's hat. *2* bonnet, *hood [of carriage].
capricho [kapríʧo] *m.* caprice, whim, fancy. *2* longing.
caprichoso [kapriʧóso] *a.* capricious, whimsical, fanciful.
cápsula [káβsula] *f.* capsule.
capturar [kaβturár] *t.* to capture, arrest.
capullo [kapúʎo] *m.* cocoon. *2* flower bud.
cara [kára] *f.* face, visage, countenance: *echar en* ~, to reproach; *de* ~ *a*, opposite, facing; ~ *a* ~, face to face. *2* look, aspect, front, façade. *2* head [of a coin]: ~ *y cruz*, heads or tails.
carabela [karaβéla] *f.* caravel.
caracol [karakól] *m.* snail. *2 escalera de* ~, spiral staircase.

carácter [karáɣter], *pl.* **caracteres** [karaɣtéres] *m.* character [type, letter; distintive qualities]. 2 nature.

característico [karaɣterístico] *a.* characteristic(al. 2 *f.* characteristic.

caracterizar [karaɣteriθár] *t.* to characterize. 2 to give distinction, etc. 3 *p.* THEAT. to dress up, make up.

¡caramba! [karámba] *interj.* good gracious!

carambola [karambóla] *f.* BILL. cannon.

caramelo [karamélo] *m.* caramel, sweetmeat, sweet.

caravana [karaβána] *f.* caravan.

¡caray! [karái̯] *interj.* ¡CARAMBA!

carbón [karβón] *m.* coal; charcoal. 2 ELEC. carbon, crayon.

carbonero [karβonéro] *m.* coaldealer, charcoal seller. 3 *f.* coal cellar.

carburador [karβuraðór] *m.* carburet(t)er, -or.

carcajada [karkaxáða] *f.* burst of laughter, guffaw.

cárcel [kárθel] *f.* jail, gaol, prison.

carcelero [karθeléro] *m.* jailer, gaoler.

carcomer [karkomér] *t.* to bore; to eat away; to corrode.

cardenal [karðenál] *m.* cardinal. 2 bruise.

cardo [kárðo] *m.* thistle.

carecer de [kareθér] *i.* to lack, be in need of. ¶ CONJUG. like *agradecer*.

careta [karéta] *f.* mask.

carga [kárɣa] *f.* loading; charging. 2 burden. 3 cargo, freight.

cargamento [karɣaménto] *m.* cargo, shipment.

cargar [karɣár] *t.* to load. 2 to burden. 3 to charge. 4 to assume responsibilities. 5 to impute. 6 to annoy. 7 *i.* to load up: ~ *con,* to shoulder, take the weigh of. 8 *p.* to lean [the body towards].

cargo [kárɣo] *m.* loading. 2 burden, weight. 3 employment, post. 4 charge, responsibility. 5 accusation. 6 *hacerse ~ de,* to take charge of; to understand.

caricatura [karikatúra] *f.* caricature; cartoon.

caricia [karíθja] *f.* caress.

caridad [kariðáð] *f.* charity.

cariño [karíɲo] *m.* love, affection, fondness.

cariñosamente [kariɲósaménte] *adv.* affectionately.
cariñoso [kariɲóso] *a.* loving, affectionate.
caritativo [karitatíβo] *a.* charitable.
carnaval [karnaβál] *m.* carnival.
carne [kárne] *f.* flesh. *2* meat [as a food].
carnero [karnéro] *m.* sheep; mutton; ram.
carnet [karné] *m.* notebook. *2* membership card. *3* ~ *de conducir,* driver's licence.
carnicería [karniθería] *f.* butcher's [shop]. *2* massacre.
carnicero [karniθéro] *m.* butcher. *2* carnivorous.
caro [káro] *a.* dear, costly; expensive.
carpeta [karpéta] *f.* table cover. *2* portfolio.
carpintería [karpintería] *f.* carpentry. *2* carpenter's shop.
carpintero [karpintéro] *m.* carpenter: *pájaro* ~, woodpecker.
carrera [karréra] *f.* running. *2* road, highway. *3* race. *4* ladder [in a stocking]. *5* career. *6* profession. *7 pl.* horse-racing.
carreta [karréta] *f.* long, narrow cart.
carretera [karretéra] *f.* highway, main road.
carretero [karretéro] *m.* carter. *2* cart-wright.
carretilla [karretíʎa] *f.* wheelbarrow; handcart.
carretón [karretón] *m.* small cart. *2* handcart.
carro [kárro] *m.* cart. *2* (Am.) car. *3* chariot.
carrocería [karroθería] *f.* coachwork.
carroza [karróθa] *f.* coach, carriage.
carruaje [karruáxe] *m.* carriage; vehicle.
carta [kárta] *f.* letter, epistle; note: ~ *certificada,* registered letter. *2* chart, map. *3* playing-card.
cartel [kartél] *m.* poster, placard, bill.
cartera [kartéra] *f.* wallet. *2* portfolio; brief--case. *3* satchel.
cartero [kartéro] *m.* postman; mailman.
cartón [kartón] *m.* cardboard, pasteboard.
cartulina [kartulína] *f.* light card-board.
casa [kása] *f.* house, building: ~ *consistorial,* town hall: ~ *de socorro,* first-aid hospital; ~ *solariega,* manor. *2* home, family: *en* ~, at home. *3* firm.

casamiento [kasamjénto] *m.* marriage, wedding.

casar [kasár] *i.* to marry; to match [colours]; to blend. *2 p.* to get married, marry.

cascabel [kaskaβél] *m.* jingle bell.

cascajo [kaskáxo] *m.* gravel, rubbish.

cáscara [káskara] *f.* rind, peel [of orange, etc.]; shell [of egg, etc.]. *2* crust, hull.

casco [kásko] *m.* helmet. *2* skull. *3* cask [for liquids]. *4* hull [of ship]. *5* hoof [of horse, etc.]. *6 pl.* brains.

caserío [kaserío] *m.* group of houses. *2* hamlet.

casero [kaséro] *a.* homely; informal. *2* home-made. *3* home-loving. *4 m.-f.* landlord, landlady. *5* renter, tenant.

caseta [kaséta] *s.* hut.

casi [kási] *adv.* almost, nearly.

casino [kasíno] *m.* casino, club.

caso [káso] GRAM., MED. case. *2* event: *venir al ~*, to be relevant; *vamos al ~*, let's come to the point; *en ~ de que*, in case; *en todo ~*, anyhow, at any rate. *3* notice; *hacer ~ omiso*, to take no notice.

casta [kásta] *f.* caste. *2* race, stock. *3* lineage. *4* kind.

castaña [kastáɲa] *f.* chestnut.

castaño [kastáɲo] *a.* chestnut-coloured, auburn, brown, hazel. *2 m.* chestnut tree.

castañuela [kastaɲwéla] *f.* castanet.

castellano [kasteʎáno] *a.-n.* Castilian.

castigar [kastiɣár] *t.* to punish, chastise. *2* to mortify.

castigo [kastíɣo] *m.* punishment; penance, penalty.

castillo [kastíʎo] *m.* castle.

casualidad [kaswaliðáð] *f.* chance, accident; event: *por ~*, by chance.

catálogo [katáloɣo] *m.* catalogue.

catar [katár] *t.* to taste, sample. *2* to look at.

catarata [kataráta] *f.* waterfall.

catarro [katárro] *m.* catarrh; cold.

catástrofe [katástrofe] *f.* catastrophe, mishap.

catecismo [kateθízmo] *m.* catechism.

cátedra [káteðra] *f.* chair [professorship].

catedral [kateðrál] *a.-f.* cathedral.

catedrátrico [kateðrático] *m.* (Univers.) professor; (Instit.) grammar-school teacher.

categoría [kateɣoría] *f.* category, rank, quality. 2 class, kind.

católico [katóliko] *a. n.* catholic.

catorce [katórθe] *a.-n.* fourteen.

catre [kátre] *m.* cot, light bed.

cauce [káŭθe] *m.* river--bed. 2 channel, ditch.

caucho [káŭtʃo] *m.* rubber.

caudal [kaŭðál] *m.* fortune; abundance. 3 volume [of water].

caudaloso [kaŭðalóso] *a.* full-flowing. 2 rich.

caudillo [kaŭðiʎo] *m.* chief, leader.

causa [káŭsa] *f.* cause, origin, reason, motive.

causar [kaŭsár] *t.* to cause, give rise to, bring about.

cautela [kaŭtéla] *f.* caution. 2 craft, cunning.

cautivar [kaŭtiβár] *t.* to capture. 2 to win. 3 to captivate, charm.

cautiverio [kaŭtiβérjo] *m.* captivity.

cautivo [kaŭtíβo] *a.-n.* captive, prisoner.

cavar [kaβár] *t.-i.* to dig, excavate.

caverna [kaβérna] *f.* cavern, cave.

cavidad [kaβiðáð] *f.* cavity.

caza [káθa] *f.* hunting, chase; shooting. 2 game. 3 *m.* AER. fighter.

cazador [kaθadór] *m.* hunter. 3 *f.* huntress. 4 hunting jacket.

cazar [kaθár] *t.-i.* to hunt, chase, shoot.

cazuela [kaθwéla] *f.* earthen pan; large casserole.

cebada [θeβáða] *f.* barley.

cebar [θeβár] *t.* to fatten up, feed. 2 to prime; to bait. 3 to nourish. 4 *p.* *cebarse en,* to vent one's fury on.

cebolla [θeβóʎa] *f.* onion.

cebra [θéβra] *f.* zebra.

ceder [θeðér] *t.* to cede. 2 *i.* to yield, give in, give way.

cedro [θéðro] *m.* cedar.

céfiro [θéfiro] *m.* zephir; soft breeze.

cegar [θeɣár] *i.* to go blind. 2 *t.* to blind. 3 to dazzle. 4 to wall up [a door, etc.]. 5 *p.* to be blinded.

ceguera [θeɣéra] *f.* blindness.

ceja [θéxa] *f.* brow, eyebrow.

cejar [θexár] *i.* to go backward. *2* to give way.

celar [θelár] *t.* to see to. *2* to watch over. *3* to conceal.

celda [θélda] *f.* cell.

celebración [θeleβraθjón] *f.* celebration. *2* holding. *3* applause.

celebrar [θeleβrár] *t.* to celebrate; to make [a festival]; to hold [a meeting]. *2* to praise. *3* to be glad of. *4* to say Mass. *5 p.* to take place.

célebre [θéleβre] *a.* famous, remarkable.

celebridad [θeleβriðáð] *f.* famous person. *2* fame.

celeste [θeléste] *a.* heavenly.

celestial [θelestjál] *a.* heavenly.

celo [θélo] *m.* zeal. *2* heat, rut. *3 pl.* jealousy.

celoso [θelóso] *a.* zealous. *2* jealous.

célula [θélula] *f.* cell.

cementerio [θementérjo] cemetery, graveyard.

cemento [θeménto] *m.* cement; concrete.

cena [θéna] *f.* supper; dinner.

cenar [θenár] *i.* to have supper, have dinner.

cencerro [θenθérro] *m.* cow-bell.

cenicero [θeniθéro] *m.* ash-tray.

ceniciento [θeniθjénto] *a.* *a.* ashen, ashgrey. *2 f.* Cinderella.

ceniza [θeníθa] *f.* ash. *2 pl.* cinders.

censo [θénso] *m.* census.

censura [θensúra] *f.* censure. *2* censorship.

censurar [θensurár] *t.* to censure, blame, criticize.

centavo [θentáβo] *a.* hundredth. *2 m.* one-hundredth. *3* cent.

centella [θentéʎa] *f.* lightning. *2* spark, flash.

centena [θenténa] *f.* a hundred.

centenar [θentenár] *m.* hundred.

centeno [θenténo] *m.* rye.

centésimo [θentésimo] *a.-n.* hundredth.

centímetro [θentímetro] *m.* centimetre.

céntimo [θéntimo] *m.* centime, cent.

centinela [θentinéla] *m.-f.* sentinel, sentry.

central [θentrál] *a.* central. *2 f.* main office. *3* TELEPH. exchange, *central. *4* ELEC. power-station.

céntrico [θéntriko] *a.* centric, central. *2* downtown.

centro [θéntro] *m.* centre, middle. *2* club. *3* main office.

ceñir [θeɲír] *t.* to gird; to girdle. *2* to fit tight. *3* ~ *espada,* to wear a sword. *4 p.* to be concise. ¶ CONJUG. like *reír.*

ceño [θéɲo] *m.* frown. *2* threatening aspect.

cepa [θépa] *f.* underground part of the stock. *2* grape-vine; vine stem.

cepillo [θepíʎo] *m.* brush: ~ *de dientes,* tooth-brush. *2* CARP. plane. *3* alms box.

cera [θéra] *f.* wax.

cerámica [θerámika] *f.* ceramics, pottery.

1) **cerca** [θérca] *f.* hedge, fence.

2) **cerca** *adv.* near, close, nigh. *2* ~ *de,* nearly, about.

cercado [θerkáðo] *a.* fenced-in, walled-in. *2 m.* enclosure.

cercanía [θerkanía] *f.* proximity. *2 pl.* neighbourhood, surroundings.

cercano [θerkáno] *a.* near. *2* neighbouring.

cercar [θerkár] *t.* to fence in. *2* to surround. *3* MIL. to lay siege to.

cerco [θérko] *m.* circle; edge. *2* rim. *3* MIL. siege, blockade.

cerdo [θérdo] *m.* swine, hog, pig. *2* pork [meat].

cereal [θereál] *a.-m.* cereal.

cerebral [θereβrál] *a.* cerebral.

cerebro [θeréβro] *m.* head, brains.

ceremonia [θeremónja] *f.* ceremony. *2* formality.

cereza [θeréθa] *f.* cherry.

cerezo [θeréθo] *m.* cherry-tree.

cerilla [θeríʎa] *f.* match.

cero [θéro] *m.* zero, nought; nothing; nil.

cerrado [θerráðo] *a.* closed, shut; locked.

cerradura [θerraðúra] *f.* lock.

cerrajero [θerraxéro] *m.* locksmith.

cerrar [θerrár] *t.* to close, shut. *2* to fasten, bolt, lock. *3* to clench [the fist]. *4* to block up, bar. *5* to wall. *6* to seal [a letter]. *7* to turn off [the water, etc.]. *8 i.* [of a shop, etc.] to shut.

cerro [θérro] *m.* neck. *2* back, backbone. *3* hill.

certeza [θertéθa] *f.* certainty.

certificado [θertifikáðo] *a.* registered. *2 m.* registered letter. *3* certificate.
cerveza [θerβéθa] *f.* beer, ale.
cesar [θesár] *i.* to cease, stop.
césped [θéspeð] *m.* lawn, grass.
cesta [θésta] *f.* basket, hamper.
cesto [θésto] *m.* basket: *~ de los papeles,* waste-paper basket.
cetro [θétro] *m.* scepter.
ciclo [θíklo] *m.* cycle.
ciclón [θiclón] *m.* cyclone, hurricane.
ciegamente [θjéɣaménte] *adv.* blindly.
ciego [θjéɣo] *a.* blind. *2* blocked. *3 m.-f.* blind man.
cielo [θjélo] *m.* sky. *2* heaven. *3 ~ raso,* ceiling.
cien [θjén] *a.* [a, one] hundred.
ciénaga [θjénaɣa] *f.* marsh, bog, swamp.
ciencia [θjénθja] *f.* science; learning, knowledge.
científico [θjentífiko] *a.* scientific. *2 m.-f.* scientist.
ciento [θjénto] *a.-m.* [a, one] hundred: *por ~,* per cent.
cierto [θjérto] *a.* certain, sure: *por ~ que,* by the way.
ciervo [θjérβo] *m.* deer; stag.
cifra [θífra] *f.* cipher, figure, number. *2* amount.
cigarra [θiɣárra] *f.* cicada, grasshopper.
cigarillo [θiɣarríʎo] *m.* cigarette.
cigarro [θiɣárro] *m.* cigar.
cigüeña [θiɣwéɲa] *m.* stork. *2* MACH. crank, winch.
cilindro [θilíndro] *m.* cylinder. *2* roller.
cima [θíma] *f.* summit, top, peak. *2 dar ~,* to carry out, complete.
cimiento [θimjénto] *f.* foundation; groundwork, basis.
cinco [θiŋko] *a.* five.
cincuenta [θiŋkwénta] *a.-m.* fifty.
cine [θíne] *m.* cinema, movies, pictures.
cínico [θíniko] *a.* cynical. *2* impudent. *3 m.-f.* cynic.
cinta [θínta] *f.* ribbon, tape. *2* film.
cintura [θintúra] *f.* waist.
cinturón [θinturón] *m.* belt, girdle.

circo [θírko] *m.* circus.

circuito [θirkwíto] *m.* circuit.

circulación [θirkulaθjón] *f.* circulation. *2* currency. *3* traffic.

1) **circular** [θirkulár] *a.* circular. *2 f.* circular letter.

2) **circular** *i.* to pass along, cross.

círculo [θírkulo] *m.* circle. *2* club.

circundar [θirkundár] *t.* to surround.

circunscribir [θirkunskriβír] *t.* to circumscribe. *2 p.* to be confined to.

circunstancia [θirkunstánθja] *f.* circumstance.

cirio [θírjo] *m.* wax candle.

ciruela [θirwéla] *f.* plum: ~ *pasa,* prune.

cirugía [θiruxía] *f.* surgery.

cirujano [θiruxáno] *m.* surgeon.

cisne [θízne] *m.* swan.

cisterna [θistérna] *f.* cistern. *2* water tank.

cita [θita] *f.* appointment, date. *2* quotation.

citación [θitaθjón] *f.* quotation. *2* LAW summons, citation.

citar [θitár] *t.* to make an appointment. *2* to cite, quote. *3* LAW to summon.

ciudad [θjuðáð] *f.* city, town.

ciudadano [θjuðaðáno] *m.-f.* citizen.

cívico [θíβiko] *a.* civic.

civil [θiβíl] *a.* civil. *2 a.-n.* civilian.

civilización [θiβiliθaθjón] *f.* civilization.

civilizar [θiβiliθár] *t.* to civilize. *2 p.* to become civilized.

clamar [klamár] *t.-i.* to clamour for, cry out for.

clamor [klamór] *m.* clamour, outcry. *2* plaint.

claramente [kláraménte] *adv.* clearly. *2* frankly, openly.

clarín [klarín] *m.* bugle.

claro [kláro] *a.* bright. *2* clear. *3* obvious. *4* light [colour]. *5* outspoken. *6 adv.* clearly. *7 interj.* of course! *8 m.* space, interval. *9* clearing [in woods]. *10 poner en* ~, to make plain, to clear up.

clase [kláse] *f.* class: ~ *alta, media, baja,* upper, middle, lower classes; ~ *obrera,* working class. *2* kind, sort: *toda* ~ *de,* all kind of. *3* RLY., EDUC. class. *4* classroom.

clásico [klásiko] *a.* classic(al. *2 m.* classic [author].

clasificación [klasifikaθjón] *f.* classification. 2 sorting, filing.
clasificar [klasifikár] *t.* to classify. 2 to sort, file.
claustro [kláŭstro] *m.* cloister.
clavar [klaβár] *t.* to drive, stick, stab with. 2 to nail. 3 to fix [eyes, etc.].
clave [kláβe] *f.* key. 2 code. 3 MUS. clef.
clavel [klaβél] *m.* pink, carnation.
clavo [kláβo] *m.* nail.
clemencia [kleménθja] *f.* mercy, clemency.
clemente [kleménte] *a.* merciful, clement.
clérigo [klériɣo] *m.* clergyman, priest.
cliente [kliénte] *m.-f.* client. 2 customer.
clientela [klientéla] *f.* clientele, customers.
clima [klíma] *m.* climate.
clínica [klínika] *f.* clinic.
club [kluβ] *m.* club, society.
cobarde [koβárðe] *a.* cowardly. 2 *m.-f.* coward.
cobijar [koβixár] *t.* to cover, shelter. 2 *p.* to take shelter.
cobrador [koβraðór] *m.* collector. 2 conductor.
cobrar [koβrár] *t.* to collect, receive; to cash: ~ *ánimo,* to take courage; ~ *fuerzas,* to gather strength. 4 HUNT. to retrieve.
cobre [kóβre] *m.* copper.
cocer [koθér] *t.* to cook. 2 to boil. 3 to bake [bread, etc.].
cocido [koθíðo] *a.* cooked, boiled, baked. 2 *m.* Spanish stew.
cociente [koθjénte] *m.* quotient.
cocina [koθína] *f.* kitchen: ~ *económica,* cooking range.
cocinar [koθinár] *t.* to cook. 2 *i.* to do the cooking.
cocinero [koθinéro] *m.* cook.
coco [kóko] *m.* coconut. 2 bogeyman.
cocodrilo [kokoðrílo] *m.* crocodile.
cocotero [kokotéro] *m.* coconut tree.
coche [kótʃe] *m.* coach, carriage, car: ~ *de alquiler,* cab, taxi. 2 AUTO. car. 3 RLY. car, carriage: ~ *cama,* sleeping-car; ~ *restaurante,* dining-car.
cochero [kotʃéro] *m.* coachman.
cochino [kotʃíno] *a.* filthy, dirty. 2 *m.* ZOOL.

pig, hog. *3 m.-f.* dirty person.

codicia [koðíθja] *f.* covetousness, greed.

codiciar [koðiθjár] *t.* to covet, long for.

codicioso [koðiθjóso] *a.* covetous, greedy.

código [kóðiɣo] *m.* code.

codo [kóðo] *m.* elbow. *2* bend [in tube, etc.].

cofre [kófre] *m.* coffer; trunk, chest.

coger [koxér] *t.* to take, seize, grasp; to take hold of. *2* to pick, gather. *3* to catch.

cohete [koéte] *m.* rocket.

coincidir [koĭnθiðír] *i.* to coincide.

cojín [koxín] *m.* cushion.

cojo [kóxo] *a.* lame, crippled.

col [kol] *f.* cabbage.

cola [kóla] *f.* tail; end. *2* train [of gown]. *3* queue: *hacer ~,* to queue up. *4* glue.

colaboración [kolaβoraθjón] *f.* collaboration.

colaborar [kolaβorár] *i.* to collaborate. *2* to contribute.

colador [kolaðór] *m.* strainer, colander.

colar [kolár] *t.* to strain, filter; to bleach with lye. *3 p.* to sneak in. ¶ CONJUG. like *contar.*

colcha [kóltʃa] *f.* quilt.

colchón [koltʃón] *m.* mattress.

colchoneta [koltʃonéta] *f.* thin mattress.

colección [koleɣθjón] *f.* collection.

coleccionar [koleɣθjonár] *t.* to collect.

colectivo [koleɣtíβo] *a.* collective.

colega [koléɣa] *m.* colleague.

colegial, la [kolexjál, la] *m.* schoolboy. *2* schoolgirl.

colegio [koléxjo] *m.* school. *2* college. *3 ~ electoral,* polling station.

cólera [kólera] *f.* anger, rage. *2 m.* cholera.

colgante [kolɣánte] *a.* hanging.

colgar [kolɣár] *t.* to hang, suspend. *2* to impute. *3 i.* to hang [be suspended], dangle.

colina [kolína] *f.* hill, hillock.

colindar [kolindár] *i.* to border on; to be adjoining.

colmado [kolmáðo] *a.* full, abundant. *2 m.* grocer's, *foodstore.

colmar [kolmár] *t.* to fill. *2* to fulfil.

colmena [kolména] *f.* beehive.

colmillo [kolmíʎo] *m.* eye-tooth, fang; tusk.

colmo [kólmo] *m.* fill, completion: *es el ~*, it's the limit.

colocación [kolokaθjón] *f.* location. *2* placement. *3* employment; job. *4* investment [of capital].

colocar [kolokár] *t.* to place, put; to set, lay. *3 p.* to get a job.

colonia [kolónja] *f.* colony. *2* eau-de-Cologne.

colonial [kolonjál] *f.* colonial.

colonización [koloniθaθjón] *f.* colonization.

colonizador [koloniθaðór] *m.* colonizer, colonist.

colono [kolóno] *m.* colonist, settler. *2* farmer.

coloquio [kolókjo] *m.* colloquy. *2* talk, conversation.

color [kolór] *m.* colo(u)r; colo(u)ring.

colorado [koloráðo] *a.* colo(u)red. *2* red: *ponerse ~*, to blush.

colorete [koloréte] *m.* rouge.

colorido [koloríðo] *m.* colo(u)ring.

colosal [kolosál] *a.* colossal.

coloso [kolóso] *m.* colossus.

columna [kolúmna] *f.* column.

columpio [kolúmpjo] *m.* swing; seesaw.

collar [koʎár] *m.* necklace. *2* collar.

coma [kóma] *f.* GRAM. comma. *2 m.* MED. coma.

comadre [komáðre] *f.* midwife; godmother.

comandante [komandánte] *m.* MIL. commander. *2* major.

comarca [komárka] *f.* region, district, country.

combate [kombáte] *m.* combat, fight, battle. *2* BOX. fight.

combatir [kombatír] *t.-i.* to combat, fight.

combinación [kombinaθjón] *f.* combination.

combustible [kombustíβle] *a.* combustible. *2 m.* fuel.

comedia [koméðja] *f.* comedy, play. *2* farce.

comediante [komeðjánte] *m.* actor. *2 f.* actress.

comedor [komeðór] *m.* dining-room.

comentar [komentár] *t.* to comment on.

comentario [komentárjo] *m.* LIT. commentary. *2* comment.

comentarista [komentarísta] *m.-f.* commentator.

comenzar [komenθár] *t.-i.* to start, begin.

comer [komér] *t.-p.* to eat [up]. *2 i.* to eat, feed. *3* to dine; to have a meal.
comercial [komerθjál] *a.* commercial.
comerciante [komerθjánte] *m.* merchant, trader, tradesman.
comerciar [komerθjár] *i.* to trade, deal. *2* to do business with.
comercio [komérθjo] *m.* commerce, trade. 2 shop, store.
comestible [komestíβle] *a.* eatable. *2 m. pl.* food, groceries; victuals, provisions: *tienda de comestibles,* grocer's [shop], grocery.
cometer [kometér] *t.* to entrust, commit. *2* to do, perpetrate.
cómico [kómiko] *a.* comic, amusing. *2* comical, funny. *3 m.* actor. *4 f.* actress.
comida [komíða] *f.* food; meal. *2* dinner.
comienzo [komjénθo] *m. m.* commencement, beginning.
comino [komíno] *m.* cumin [seed]: *no valer un ~,* not to be worth a rush.
comisario [komisárjo] *m. ~ de policía,* police inspector.
comisión [komisjón] *f.* commission. *2* committee.
como [kómo] *adv.* as, like: *tanto ~,* as much as. *2* conj. *así ~,* as soon as. *3* if. *4* because, as. *5 ~ quiera que,* since, as, inasmuch. *6 adv. interrg.* how: *¿cómo está usted?,* how do you do? *7* why; what. *8 interj.* why!, how now!
comodidad [komoðiðáð] *f.* comfort, convenience, ease, leisure.
cómodo [kómoðo] *a.* comfortable. *2* handy, cosy.
compadecer [kompaðeθér] *t.* to pity, feel sorry for. *2 p.* to have pity on.
compañerismo [kompaɲerízmo] *m.* good fellowship.
compañero [kompaɲéro] *m.* companion, fellow, mate, partner.
compañía [kompaɲía] *f.* society. *2* THEAT. company.
comparación [komparaθjón] *f.* comparison.
comparar [komparár] *t.* to compare. *2* to confront.
comparecer [kompareθér] *i.* to appear [before a judge, etc.].

compartir [kompartír] *t.* to share.

compás [kompás] *m.* [a pair of] compasses. 2 MUS. time, measure.

compasión [kompasjón] *f.* compassion, pity.

compasivo [kompasíβo] *a.* compassionate, merciful, full of pity.

compatriota [kompatrjóta] *m.-f.* fellow-countryman, compatriot.

compendio [kompéndjo] *m.* summary, digest.

compensación [kompensaθjón] *f.* compensation.

compensar [kompensár] *t.* to compensate. 2 to make up for.

competencia [kompeténθja] *f.* ability. 2 rivalry.

competente [kompeténte] *a.* competent, suitable. 2 qualified.

competidor [kompetiðór] *m.-f.* competitor, rival.

competir [kompetír] *i.* to compete. ¶ CONJUG. like *servir.*

complacer [komplaθér] *t.* to please. 2 *p.* to be pleased. ¶ CONJUG. like *agradecer.*

complaciente [komplaθjénte] *a.* obliging. 2 indulgent.

complejo [kompléxo] *a.-m.* complex.

complementar [komplementár] *t.* to complement.

complemento [kompleménto] *m.* complement. 2 GRAM. object.

completar [kompletár] *t.* to complete, finish.

completo [kompléto] *a.* complete. 2 full up.

complicado [komplikáðo] complicate(d, complex.

complicar [komplikár] *t.* to complicate. 2 to involve. 3 *p.* to become complicated.

cómplice [kómpliθe] *m.-f.* accomplice.

componer [komponér] *t.* to compose; compound. 2 to fix. 3 to adorn. 4 to settle [a dispute]. 5 *p.* to dress up, make up. 6 *componerse de,* to consist of. 7 to manage.

comportamiento [komportamjénto] *m.* behavio(u)r, conduct.

comportarse [komportárse] *p.* to behave.

composición [komposiθjón] *f.* composition. 2 agreement.

compositor [kompositór] *m.* composer.

compostura [kompostúra] *f.* repair, mending. 2 dignity. 3 neatness. 4 adjustment.

comprar [komprár] *t.* to purchase, buy.

comprender [komprendér] *t.* to comprehend. *2* to understand.
comprensión [komprensjón] *f.* comprehension. *2* understanding.
comprimir [komprimír] *t.* to compress. *2* to control.
comprobar [komproβár] *t.* to verfy, check. *2* to prove.
comprometer [komprometér] *t.* to risk, jeopardize. *2 p.* to become engaged.
compromiso [kompromíso] *m.* engagement, obligation. *3* trouble.
compuesto [kompwésto] *a* composed. *2* mended. *3 m.* compound.
comulgar [komulɣár] *i.* to take, receive Communion.
común [komún] *a.* common. *2* ordinary. *3 por lo ~,* generally.
comunal [komunál] *a.* communal.
comunication [komunikaθjón] *f.* communication.
comunicar [komunikár] *t.* to communicate, report. *3 i.* [of the telephone] to be engaged.
comunidad [komuniðáð] *f.* community.
comunión [komunjón] *f.* communion.
comunismo [komunízmo] *m.* communism.
comunista [komunísta] *a.-s.* communist.
comúnmente [komúnménte] *adv.* commonly, usually.
con [kon] *prep.* with.
concebir konθeβír] *t.-i.* to conceive. ¶ CONJUG. like *servir.*
conceder [konθeðér] *t.* to grant, award. *2* to admit.
concentración [konθentraθjón] *f.* concentration.
concentrar [konθentrár] *t.-p.* to concentrate.
concepción [konθeβθjón] conception.
concepto [konθéβto] *m.* concept, idea. *2* opinion.
concertar [konθertár] *t.* to arrange; to conclude; to agree upon. *2 i.-p.* to agree. ¶ CONJUG. like *acertar..*
concesión [konθesjón] *f.* concession. *2* grant.
conciencia [konθjénθja] *f.* conscience. *2* consciousness.
concierto [konθjérto] *m.* agreement. *2* MUS. concert.
conciliador [konθiljaðór] *a.* conciliating. *2 m.-f.* conciliator.
concilio [konθíljo] *m.* council.

conciudadano [konθjuðaðáno] *a.* fellow-citizen.

concluir [koŋkluír] *t.-i.-p.* to finish, end. *2* to conclude.

conclusión [koŋklusjón] *f.* end, conclusion.

concretar [koŋkretár] *i.* to summarize; to fix details. *2 p.* to keep close to the point.

concreto [koŋkréto] *a.* concrete; definite.

concurrencia [koŋkurrénθja] *f.* concurrence; audience.

concurrir [koŋkurrír] *i.* to concur. *2* to be present at.

concurso [koŋkúrso] *m.* competition.

concha [kóntʃa] *f.* shell.

conde [kónde] *m.* earl, count.

condena [kondéna] *f.* sentence, conviction.

condenar [kondenár] *t.* condemn, sentence. *2 p.* to be damned.

condesa [kondésa] *f.* countess.

condición [kondiθjón] *f.* condition: *a ~ de que,* provided that. *2 pl.* terms.

condimentar [kondimentár] *t.* to season.

conducir [konduθír] *t.* to lead. *2* to manage. *3* to drive [a vehicle]. *4 p.* to behave. ¶ CONJUG. INDIC. Pres.: *conduzco,* conduces, etc. | Pret.: *conduje, condujiste,* etc. || SUBJ. Pres.: *conduzca, conduzcas,* etc. | Imperf.: *condujera,* etc., or *condujese,* etc. | Fut.: *condujere,* etc. || IMPERAT.: conduce, *conduzca; conduzcamos,* conducid, *conduzcan.*

conducta [kondúɣta] *f.* conduct, behavio(u)r. *2* management.

conductor [konduɣtór] *m.* guide, leader. *2* driver [of a vehicle]. *4* PHYS., RLY. conductor.

conectar [koneɣtár] *t.* to connect; to switch on, turn on.

conejo [konéxo] *m.* rabbit: *conejillo de Indias,* guinea-pig.

conexión [koneɣsjón] *f.* connection.

confeccionar [komfeɣθjonár] *t.* to make. *3* to manufacture.

conferencia [komferénθja] *f.* lecture. *2* conference. *3* TELEPH. trunk call.

conferenciante [komferenθjánte] *m.-f.* lecturer.

conferenciar [komferenθjár] *i.* to meet for discussion, confer with.

confesar [komfesár] *t.-i.* to confess. 2 to acknowledge.

confesión [komfesjón] *f.* confession.

confesor [komfesór] *m.* confessor.

confiado [komfjáðo] *a. a.* unsuspecting. 2 self-confident.

confianza [komfjánθa] *f.* confidence, reliance, trust. 4 familiarity.

confiar [komfjár] *i.* to confide, trust, rely on. 2 to entrust.

confín [komfín] *m.* limit, border.

confirmación [komfirmaθjón] *f.* confirmation.

confirmar [komfirmár] *t.* to confirm.

conflicto [komflíɣto] *m.* conflict, struggle. 2 difficulty.

conformar [komformár] to adjust. 2 to agree. 3 *p.* to yield.

conforme [komfórme] *a.* alike; in agreement; resigned; ready to. 2 *adv.* according to.

conformidad [komformiðáð] *f.* conformity. 2 agreement. 3 resignation.

confrontar [komfrontár] *t.* to confront. 2 to compare.

confundir [komfundír] *t.* to mix up. 2 to confound. 3 *p.* to get mixed up. 4 to be mistaken; to make a mistake.

confusión [komfusjón] *f.* confusion. 2 disorder. 3 shame.

confuso [komfúso] *a.* confused. 2 troubled. 3 obscure.

congelar [koŋxelár] *t.-p.* to congeal, freeze.

congoja [koŋgóxa] *f.* anguish, anxiety.

congregación [koŋgreɣaθjón] *f.* congregation.

congregar [koŋgreɣár] *t.-p.* to congregate.

congresista [koŋgresísta] *m.* congress-man.

congreso [koŋgréso] *m.* congress, assembly.

conjugación [koŋxuɣaθjón] *f.* conjugation.

conjuntamente [koŋxúntaménte] *adv.* jointly.

conjunto [koŋxúnto] *a.* conjunt, united. 2 *m.* total: *en* ~, altogether.

conjurar [koŋxurár] *i.-p.* to swear together; to conspire. 2 *t.* to conjure.

conmemoración [kommemoraθjón] *f.* commemoration.

conmemorar [kommemorár] *t.* to commemorate

conmigo [kommíɣo] *pron.* with me, with myself.

conmovedor [kommoβeðór] *a.* moving, touching, exciting.

conmover [kommoβér] *t.* to move, touch, excite. *2 p.* to be touched.

conocedor [konoθeðór] *m.-f.* connoisseur, judge.

conocer [konoθér] *t.* to know. *2* to be acquainted with, meet [a person]. *3 p.* to be acquainted with each other.

conocimiento [konoθimjénto] *m.* knowledge; information. *2* intelligence.

conque [kóŋke] *conj.* so, so then, well then.

conquista [koŋkísta] *f.* conquest.

conquistador [koŋkistaðór] *m.* conqueror. *2 m.* lady-killer.

conquistar [koŋkistár] *t.* to conquer; to win, gain.

consagración [konsaɣraθjón] *f.* consecration.

consagrar [konsaɣrár] *t.* to consecrate, hallow.

consciente [konsθjénte] *a.* conscious.

consecuencia [konsekwénθja] *f.* consequence.

consecutivo [konsekutíβo] *a.* consecutive.

conseguir [konseɣír] *t.* to obtain, attain, get. *2* to succeed in, manage to.

consejo [konséxo] *m.* advice; piece of advice. *2* council, board.

consentimiento [konsentimjénto] *m.* consent.

consentir [konsentír] *t.* to allow, permit. ¶ CONJUG. like *hervir*.

conserje [konsérxe] *m.* door-keeper, porter.

conservación [konserβaθjón] *f.* conservation.

conservador [konserβaðór] *m.* curator. *2 a.-n.* POL. conservative.

conservar [konserβár] *t.* to keep, maintain.

considerable [konsiðeráβle] *a.* considerable.

consideración [konsiðeraθjón] *f.* consideration.

considerar [konsiðerár] *t.* to consider, think over.

consignar [konsiɣnár] *t.* to consign. *2* to deposit. *3* to record, register.

consigo [konsíɣo] *pron.* with him [her, it, one]; with them, with you.

consiguiente [konsiɣjénte] *a.-n.* consequent. *2 por ~,* therefore.

consistente [konsisténte] *a.* consistent, firm, solid.

consistir [konsistír] *i.* to consist [of, in, with]; to be based on.

consolador [konsolaðór] *a.* consoling, comforting.

consolar [konsolár] *t.* to console, comfort, cheer. ¶ CONJUG. like *contar*.

consolidar [konsoliðár] *t.-p.* to consolidate, strengthen.

conspicuo [konspíkwo] *a.* conspicuous, eminent.

conspirar [konspirár] *i.* to conspire, plot.

constancia [konstánθja] constancy, steadiness.

constante [konstánte] *a.* constant, steady. 2 **-mente** *adv.* constantly.

constar [konstár] *i.* to be on record. 2 to consist of. 3 to be clear from.

constelación [konstelaθjón] *f.* constellation.

constitución [konstituθjón] *f.* constitution.

constituir [konstituír] *t.* to constitute; to establish: ¶ CONJUG. like *huir*.

construcción [konstruɣθjón] *f.* construction, building; structure.

construir [konstrwír] *t.* to construct, build.

consuelo [konswélo] *m.* consolation, comfort. 2 relief.

cónsul [kónsul] *m.* consul.

consulta [konsúlta] *f.* consultation. 2 reference.

consultar [konsultár] *t.-i.* to consult, take advice.

consumidor [konsumiðór] *m.* consumer.

consumir [konsumír] *t.* to consume. 2 to waste away, spend. 3 *p.* to burn out.

consumo [konsúmo] *m.* consumption.

contabilidad [kontaβiliðáð] *f.* accounting, book-keeping.

contable [kontáβle] *a.* countable. 2 *m.* book-keeper, accountant.

contacto [kontáɣto] *m.* contact. 2 touch.

contado [kontáðo] *a.* counted. 2 rare. 3 *m. al* ~, cash down.

contador [kontaðór] *m.* computer. 2 counter. 3 meter. 4 book-keeper.

contagiar [kontaxjár] *t.* to infect with, contaminate.

contagio [kontáxjo] *m.* contagion, infection.

contagioso [kontaxjóso] *a.* contagious, infectious.

contaminación [kontaminaθjón] *f.* contamination, pollution.

contar [kontár] *t.* to count. 2 to tell, narrate: ~ *con*, to rely on.

contemplar [kontemplár] *t.* to contemplate, look at. 2 to pamper.
contemporáneo [kontemporáneo] *a.-n.* contemporary.
contendiente [kontendjénte] *m.-f.* adversary; contestant, contender.
contener [kontenér] *t* to contain, check. 2 to restrain, refrain. 3 to hold back.
contenido [konteníðo] *a.* moderate. 2 *m.* contents.
contentar [kontentár] *t.* to content, please. 2 *p.* to be pleased.
contento [konténto] *a.* pleased, glad. 2 *m.* joy.
contestación [kontestaθjón] *f.* answer, reply. 2 debate.
contestar [kontestár] *t.* answer, write back.
contienda [kontjénda] *f.* contest, fight, battle.
contigo [kontíɣo] *pron.* with you.
contiguo [kontíɣwo] *a.* next, neighbouring.
continental [kontinentál] *a.* continental.
continente [kontinénte] *m.* continent.
continuación [kontinwaθjón] *f.* continuation.
continuamente [kontínwaménte] *adv.* incessantly.
continuar [kontinuár] *t.* to continue. 2 *i.* to go on.
continuo [kontínwo] *a* continuous; steady.
contorno [kontórno] *m* outline. 2 *sing.-pl.* surroundings.
contra [kóntra] *prep.* against. 2 *m.* con: *el pro y el* ~, the pros and cons.
contraer [kontraér] *t.-p.* to contract, shrink. 2 to get, catch. ¶ CONJUG. like *traer.*
contrariedad [kontrarjeðáð] *f.* contrariety. 2 set-back, disappointment.
contrario [kontrárjo] *a.* contrary. 2 harmful. 3 *m.-f.* opponent, adversary. 4 *al* ~, on the contrary.
contrarrestar [kontrarrestár] *t.* to resist, counteract.
contraste [kontráste] *m.* opposition. 2 contrast.
contratar [kontratár] *t.* to contract for. 2 to engage, hire.
contratiempo [kontratjémpo] *m.* mishap, set-back.
contrato [kontráto] *m.* contract.

contribución [kontriβuθjón] *f.* contribution. *2* tax.
contribuir [kontriβuír] *i.* to contribute to.
contribuyente [kontriβujénte] *m.-f.* contributor, taxpayer.
contrincante [kontriŋkánte] *m.* competitor, rival.
control [kontról] *m.* control, check.
controlar [kontrolár] *t.* to control, check.
convalecer [kombaleθér] *i.* to convalesce, recover. ¶ CONJUG. like *agradecer.*
convencer [kombenθér] *t.* to convince.
convención [kombenθjón] *f.* convention.
conveniencia [kombenjénθja] *f.* utility, advantage. *2 pl.* income, property.
conveniente [kombenjénte] *a.* convenient, advantegeous. *3* **-mente** *adv.* conveniently.
convenio [kombénjo] *m.* agreement, pact.
convenir [kombenír] *i.* to agree. *2* to come together. *3* to be convenient, advantageous.
convento [kombénto] *m.* convent.
conversación [kombersaθjón] *f.* conversation, talk.
conversar [kombersár] *i.* to converse, talk.
conversión [kombersjón] conversion.
convertir [kombertír] *t.* to convert, transform *2 p.* to be or become converted.
convicción [kombiɣθjón] *f.* conviction, belief
convicto [kombíɣto] *a.* convicted.
convidar [kombiðár] *t.* to invite.
convite [kombíte] *m.* banquet; invitation.
convocar [kombokár] *t.* to convoke, call together.
cónyuge [kónɟuxe] *m.-f.* spouse, consort. *2 pl.* husband and wife.
coñac [koɲá] *m.* cognac, brandy.
cooperación [kooperaθjón] *f.* co-operation.
cooperar [kooperár] *t.* to co-operate.
cooperativa [kooperatíβa] *f.* co-operative.
coordinación [koorðinaθjón] *f.* co-ordination.
copa [kópa] *f.* wineglass. *2 tomar una* ~, to have a drink. *3* cup. *4* top.
copia [kópja] *f.* copy. *2* imitation.

copiar [kopjár] *t.* to copy. *2* to take down.
copioso [kopjóso] *a.* copious, plentiful.
copla [kópla] *f.* folksong, ballad.
copo [kópo] *m.* flake. *2* clot. *3* bunch of wool, flax, etc. *4* sweeping all posts. *5* MIL. cutting off and capturing the enemy.
coqueta [kokéta] *f.* coquette, flirt. *2 a.* coquettish.
coraje [koráxe] *m.* courage. *2* anger.
coral [korál] *m.* coral.
corazón [koraθón] *m.* heart. *2* BOT. core.
corbata [korβáta] *f.* tie.
corcel [korθél] *m.* steed, charger.
corcho [kórtʃo] *m.* cork.
cordel [korðél] *m.* string.
cordero [korðéro] *m.* lamb.
cordial [korðjál] *a.* friendly, hearty. *2* **-mente** *adv.* heartily.
cordillera [korðiʎéra] *f.* mountain range.
cordón [korðón] *m.* braid; yarn, cord, string. *2* lace. *3* cordon.
corneta [kornéta] *f.* bugle; cornet.
coro [kóro] *m.* choir. *2* chorus.
corola [koróla] *f.* BOT. corolla.
corona [koróna] *f.* crown; wreath.
coronel [koronél] *m.* colonel.
corporación [korporaθjón] *f.* corporation.
corporal [korporál] *a.* bodily, corporal.
corpulento [korpulénto] *a.* bulky, stout.
corral [korrál] *m.* yard, farm yard.
correa [korréa] *f.* leather strap, leash.
corrección [korreɣθjón] *f.* correctness. *2* reprehension.
correcto [korréɣto] *a.* correct, proper, right.
corredor [korreðór] *a.* running. *2 m.* SPORT. runner. *3* COM. broker *4* corridor.
corregir [korrexír] *t.* to correct. *2* to reprimand. ¶ CONJUG. like *servir*.
correo [korréo] *m.* postman; courier. *2* post-office. *3* mail, post.
correr [korrér] *i.* to run. *2* to blow. *3* to spread. *4* to pass. *5* to hurry. *6 t.* to run [a horse; a risk]. *7* to fight. *8* to draw. *9* ~ *prisa,* to be urgent, pressing. *10 p.* to slide, slip. *11* to be ashamed.

correspondencia [korrespondénθja] *f.* correspondence, letter-writing.

corresponder [korrespondér] *i.* to correspond, answer. *2* to pertain. *4 p.* to love each other.

correspondiente [korrespondjénte] *a.* suitable, appropriate.

corrida [korríða] *f.* course, race. *2 ~ de toros,* bullfight.

corriente [korrjénte] *a.* flowing, running. *2* current. *3* usual. *4 f.* stream. *5* ELEC. current.

corro [kórro] *m.* circle, ring of spectators

corroborar [korroβorár] to corroborate, strengthen.

corromper [korrompér] *t.* to corrupt. *2* to bribe. *3* to spoil *4 p.* to rot.

corrupción [korruβθjón] *f.* corruption.

cortar [kortár] *t.* to cut, slash; to cut away, off, out or up; to sever. *2* to carve, chop. *3* to cross. *4* to hew. *5* to cut short. *6* to stop, bar. *7 p.* [of milk] to sour, curdle.

1) **corte** [kórte] *m.* cutting edge. *2* cut. *3* art of cutting clothes. *4* length. *5* felling [of trees]. *6* ELECT. break.

2) **corte** [kórte] *f.* court. *2* city. *3* (Am.) court [of justice]. *4* courtship: *hacer la ~ a,* to pay court to.

cortés [kortés] *a.* courteous, polite.

cortesano [kortesáno] *a.* obliging. *2 m.* courtier. *3 f.* courtesan.

cortesía [kortesía] *f.* politeness.

corteza [kortéθa] *f.* bark [of tree]; crust [of bread, etc.]; rind [of cheese, etc.]; peel [of orange, etc.].

cortina [kortína] *f.* curtain; screen, flap.

corto [kórto] *a.* short, brief. *2* wanting. *3* shy. *4* dull, *5* ELEC. *~ circuito,* short circuit. *6 ~ de vista,* short-sighted.

cosa [kósa] *f.* thing, matter: *como si tal ~,* as if nothing had happened.

cosecha [kosétʃa] *f.* harvest, crop; vintage. *2* reaping. *3* harvest time.

cosechar [kosetʃár] *t.-i.* to harvest, crop, reap.

coser [kosér] *t.* to sew; to seam. *2* to stab.

cosquillas [koskíʎas] *f.* tickling: *hacer ~,* to tickle.

costa [kósta] *f.* coast,

shore. *2* cost: *a toda ~*, at all costs; *a ~ de*, at the expense of.

costar [kostár] *i.* to cost. ¶ CONJUG. like *contar*.

coste [kóste] *m.* cost, price: *~ de vida*, cost of living.

costilla [kostíʎa] *f.* rib. *2* chop, cutlet [to eat].

costo [kósto] *m.* cost, price.

costoso [kostóso] *a.* costly, expensive. *2* difficult.

costumbre [kostúmbre] *f.* custom; habit.

costura [kostúra] *f.* sewing, needlework. *2* seam.

costurera [kosturéra] *f.* seamstress.

cotidiano [kotiðjáno] *a.* daily, everyday.

coto [kóto] *m.* preserve: *~ de caza*, game preserve. *3* stop: *poner ~ a*, to put a stop to.

cotorra [kotórra] *f.* parrot. *2* chatterbox.

coz [koθ] *f.* kick. *2* recoil.

cráneo [kráneo] *m.* skull.

creación [kreaθjón] *f.* creation.

creador [kreaðór] *m.* creator. *2* maker.

crear [kreár] *t.* to create. *2* to make.

crecer [kreθér] *i.* to grow, increase. *2* to swell.

creciente [kreθjénte] *a.* growing. *2 m.* crescent.

crecimiento [kreθimjénto] *m.* growth, increase.

crédito [kréðito] *m.* credit, credence: *dar ~ a*, to believe. *2* good reputation: *a ~*, on credit.

credo [kréðo] *m.* creed.

creencia [kreénθja] *f.* belief, creed.

creer [kreér] *t.-i.-p.* to believe. *2* to think, suppose.

crema [kréma] *f.* cream.

cremallera [kremaʎéra] *f.* zipper, zip-fastener.

crepúsculo [krepúskulo] *m.* twilight; dawn.

cresta [krésta] *f.* crest, comb [of a bird]; cock's comb. *2* crest of mountain. *3* tuft.

creyente [kreǰénte] *m.-f.* believer, faithful.

cría [kría] *f.* suckling *2* breeding. *3* brood, young [animals].

criadero [kriaðéro] *m.* tree nursery. *2* breeding place [for animals]. *3* fish hatchery.

criado [kriáðo] *a.* bred. *2 m.* manservant. *3 f.* maid, maidservant.

crianza [kriánθa] *f.* nursing. *2* bringing up, *3* manners.

criar [kriár] *t.* to nurse, suckle. *2* to rear, breed, grow. *3* to bring up, educate.

criatura [kriatúra] *f.* creature. *2* baby, child.

crimen [krímen] *m.* crime, felony.

criminal [kriminál] *a.-n.* criminal.

crin [krin] *f.* mane.

crío [krío] *m.* baby, kit.

criollo [krióʎo] *a.-n.* Creole.

crisantemo [krisantémo] *m.* chrysanthemum.

crisis [krísis] *f.* crisis. *2* COM. depression; shortage.

cristal [kristál] *m.* crystal. *2* window-pane.

cristalino [kristalíno] *a.* crystalline. *2 m.* crystalline lens.

cristianismo [kristjanízmo] *m.* Christianity.

cristiano [kristjáno] *a.-n.* Christian.

Cristo [krísto] *m. pr. n.* Christ. *2 m.* crucifix.

criterio [kritérjo] *m.* criterion. *2* judgement.

crítica [krítika] *f.* criticism. *2* faultfinding, gossip. *3* the critics.

criticar [kritikár] *t.* to criticize. *2* to censure, find fault with.

crítico [krítiko] *a.* critical. *2 m.* critic.

crónico [króniko] *a.* chronic.

crucificar [kruθifikár] *t.* to crucify; to torture.

crudo [krúðo] *a.* raw, underdone [food]. *2* bitter [weather]. *3* harsh, rough.

cruel [krwél] *a.* cruel, ruthless, harsh.

crueldad [krweldáð] *f.* cruelty; harshness.

cruz [kruθ] *m.* cross: ~ *Roja,* Red Cross. *2* tails [of coin]: *cara o* ~, heads or tails.

cruzada [kruθáða] *f.* crusade.

cruzar [kruθár] *t.* to cross, lie across. *2 p.* to pass each other.

cuaderno [kwaðérno] *m.* exercise-book.

cuadra [kwáðra] *f.* stable.

cuadrado [kwaðráðo] *a.-m.* square.

cuadrangular [kwaðraŋgulár] *a.* quadrangular.

cuadrar [kwaðrár] *t.* to square. *2 i.* to fit, suit. *3 p.* MIL. to stand at attention.

cuadro [kwáðro] *m.* square: *a cuadros,* checkered. *2* picture, painting. *3* frame [of door, etc.]. *4* LIT. picture, description. *5* scene. *6* flower-bed. *7* table, synopsis.

cuadrúpedo [kwaðrúpeðo] *a.-m.* quadruped.

cuajar [kwaxár] *t.-p.* to curd, curdle, coagulate. *2 t.* to fill. *3* to be successful. *4 p.* to become crowded.

cual, cuales [kwál, kwáles] *rel. pron.* who, which, that. *2* as, such as. *3 adv.* like.

cuál, cuáles [kwál, kwáles] *interr. pron.* who, which [one, ones], what. *2 adv.* how.

cualidad [kwaliðáð] *f.* quality.

cualquiera [kwalkjéra], *pl.* **cualesquiera** [kwaleskjéra] *pron.* anyone, anybody. *2 ~ que,* whatever, whichever.

cuan [kwán] *adv. tan... cuan,* as... as.

cuán [kwán] *interrog.-exclam.* how.

cuando [kuándo] *adv.* when: *aun ~,* even though; *de ~ en ~,* now and then.

1) **cuanto** [kwáŋto] *adv. en ~ a,* with regard to, as for. *2 ~ antes,* as soon as possible. *3 ~ más ... tanto más,* the more ... the more. *4* **cuánto** *adv.* how; how much, how long, how far.

2) **cuanto** [kwáŋto] *a.* all the, every, as much [sing.], as many [pl.]. *2 pron.* all [that], as much as [sing.], as many as [pl.], all who. *3* a.-pron. *unos cuantos,* some, a few.

3) **cuánto** [kwánto], **cuántos** [kwántos] (with interrog. or exclam.) *a.-pron.* how much [sing.], how many [pl.], what.

cuarenta [kwarénta] *a.-n.* forty.

cuartel [kwartél] *m.* ward [of a town]. *2* MIL. barracks. *3* MIL. quarters.

cuarteta [kwartéta] *f.* eight syllable quatrain with rhyme abab.

cuarteto [kwartéto] *m.* more-than-eight syllable quatrain with rhymes ABBA. 2 MUS. quartet(te.

cuartilla [kwartiʎa] *f.* sheet of paper.

cuarto [kwárto] *a.* fourth. *2 m.* quarter. *3* room: *~ de baño,* bath-room; *~ de estar,* living-room.

cuatro [kwátro] *a.* four.

cubierta [kuβjérta] *f.* cover(ing; envelope [of a letter]; book-jacket.

2 roof(ing. 3 outer tyre. 4 NAUT. deck.

cubo [kúβo] *m.* bucket, pail. 2 GEOM. cube. 3 hub [of a wheel].

cubrir [kuβrír] *t.* to cover [up]. 2 to hide. 3 to roof [a building].

cucaracha [kukarátʃa] *f.* cockroach.

cuchara [kutʃára] *f.* spoon. 2 dipper.

cucharada [kutʃaráða] *f.* spoonful.

cuchilla [kutʃíʎa] *f.* large knife, cleaver. 2 blade.

cuchillo [kutʃíʎo] *m.* knife.

cuello [kwéʎo] *m.* neck, throat. 2 collar [of a garment].

cuenta [kwénta] *f.* account; count; bill, note: *hacer cuentas,* to cast accounts. 2 COM. account: ~ *corriente,* current account; *por* ~ *de,* for account of. 3 report, information: *dar* ~ *de,* to inform of. 4 *caer en la* ~, *darse* ~, to realize. 5 *tener en* ~, to take into account.

cuento [kwénto] *m.* tale, story: ~ *de hadas,* fairy tale. 2 gossip; 3 count: *sin* ~, numberless.

cuerda [kwérða] *f.* rope, cord, string: *dar* ~ *a un reloj,* to wind up a watch.

cuerdo [kwérðo] *a.* sane, wise, prudent.

cuerno [kwérno] *m.* horn.

cuero [kwéro] *m.* hide, raw hide. 2 leather. 3 *en cueros,* stark naked.

cuerpo [kwérpo] *m.* body; trunk: *luchar* ~ *a* ~, to fight hand to hand. 3 corpse. 4 ~ *de ejército,* army corps.

cuervo [kwérβo] *m.* raven, crow.

cuesta [kwésta] *f.* slope, hill.

cuestión [kwestjón] *f.* question; affair, business. 2 quarrel.

cueva [kwéβa] *f.* cave.

cuidado [kwiðáðo] *m.* care, charge: *al* ~ *de,* in care of; *tener* ~, to be careful: *¡~!,* look out!

cuidadosamente [kwiðaðósaménte] *adv.* carefully.

cuidadoso [kwiðaðóso] *a.* careful.

cuidar [kwiðár] *t.-i.* to take care of, keep, look after, mind. 3 *p.* to take care of oneself.

culebra [kuléβra] *f.* snake.

culminar [kulminár] *t.* to come to a climax.

culpa [kúlpa] *f.* guilt, fault, blame.

culpable [kulpáβle] *a.* guilty.

culpar [kulpár] *t.* to blame.

cultivar [kultiβár] *t.* to cultivate, labour, farm [land, soil].

cultivo [kultíβo] *m.* cultivation, farming.

1) **culto** [kúlto] *m.* cult, worship.

2) **culto** [kúlto] *a.* educated. *2* learned.

cultura [kultúra] *f.* culture.

cumbre [kúmbre] *f.* summit, top, peak. 2 height.

cumpleaños [kumpleáɲos] *m.* birthday.

cumplimiento [kumplimjénto] *m.* fulfilment. *2* observance [of law]. *3* compliment, politeness.

cumplir [kumplír] *t.* to accomplish, perform, fulfil. *2* to keep [a promise]. *3* to do [one's duty]; to observe [a law]. *4* to finish [a term in prison]. *5* reach [of age]. *6* *i.-p.* [of time] to expire. *7* *p.* to be fulfilled.

cuna [kúna] *f.* cradle. *2* lineage.

cundir [kundír] *i.* to spread. *2* to increase in volume.

cuneta [kunéta] *f.* ditch, gutter.

cuña [kúɲa] *f.* wedge.

cuñada [kuɲáða] *f.* sister-in-law.

cuñado [kuɲáðo] *m.* brother-in-law.

cuota [kwóta] *f.* membership fee. *2* quota.

cupón [kupón] *m.* coupon.

cura [kúra] *m.* parish priest. *2* cure: *primera* ~, first aid.

curación [kuraθjón] *f.* cure, healing.

curar [kurár] *i.-p.* to cure, heal, recover, get well. *2* to take care of; to mind. *3* MED. to treat.

curiosidad [kurjosiðáð] *f.* curiosity.

curioso [kurjóso] *a.* curious. *2* clean, tidy.

cursar [kursár] *t.* to frequent. *2* to study [law]. *3* to make [a petition].

curso [kúrso] *m.* course, direction. *2* EDUC. course; school year.

cutis [kútis] *m.* skin; complexion.

cuyo [kúʝo] *poss. pron.* whose, of which, of whom.

CH

chacal [tʃakál] *m.* jackal.
chaleco [tʃaléko] *m.* waistcoat, vest.
chancleta [tʃaŋkléta] *f.* slipper.
chaqueta [tʃakéta] *f.* jacket, sack coat.
charca [tʃárka] *f.* pool, pond.
charco [tʃárko] *m.* puddle, pond.
charla [tʃárla] *f.* chatter. 2 chat. 3 talk.
charlar [tʃarlár] *i.* to chatter. 2 to chat, talk.
charlatán [tʃarlatán] *m.-f.* chatterbox.
charro [tʃárro] *a.* coarse. 2 cheap, flashy.
chascarrillo [tʃaskarríʎo] *m.* joke.
chasco [tʃásko] *m.* trick, deceit. 2 disappointment.
chato [tʃáto] *a.-n.* flat-nosed.
cheque [tʃéke] *m.* cheque, check: ~ *de viajero,* traveller's check.
chicle [tʃiklé] *m.* chewing-gum.
chico [tʃíko] *a.* small, little. 2 *m.* boy, lad. 3 *f.* girl, lass.
chicharrón [tʃitʃarrón] *m.* fried piece of fat.
chichón [tʃitʃón] *m.* bump.
chileno [tʃiléno] *a.-n.* Chilean.
chillar [tʃiʎár] *i.* to shriek, scream. 2 to shout.
chillido [tʃiʎíðo] *m.* shriek, scream.

chimenea [tʃimenéa] *f.* chimney. 2 fireplace. 3 funnel.
china [tʃína] *f.* pebble. 2 China silk.
chinche [tʃíntʃe] *f.* bedbug.
chinela [tʃinéla] *f.* slipper.
chino [tʃíno] *a.-n.* Chinese.
chiquillo [tʃikíʎo] *a.* small. 2 *m.-f.* little boy or girl.
chisme [tʃízme] *m.* gossip. 2 implement.
chismoso [tʃizmóso] *a.* gossipy.
chispa [tʃíspa] *f.* spark, sparkle.
chiste [tʃíste] *m.* joke.
chistoso [tʃistóso] *a.* witty, funny, amusing.
chivo [tʃíβo] *m.* male kid.
chocar [tʃokár] *i.* to collide; to clash, bump together. 3 to surprise.
chocolate [tʃokoláte] *m.* chocolate.
chófer [tʃófer] *m.* driver.
choque [tʃóke] *m.* collision, clash; shock. 2 MIL. encounter. 3 quarrel.
chorizo [tʃoríθo] *m.* pork sausage.
chorro [tʃórro] *m.* jet, spout, flow, stream.
choza [tʃóθa] *f.* hut, cabin.
chuleta [tʃuléta] *f.* chop, cutlet.
chulo [tʃúlo] *a.* pert.
chupar [tʃupár] *t.* to suck, draw.
chupón [tʃupón] *a.* blotting [paper]. 2 *m.* sucker.
chutar [tʃutár] *i.* FOOTBALL to shoot.

D

dado [dáðo] *m.* die [*pl.* dice].
dama [dáma] *f.* lady, dame. *2* king [in draughts]. *3* queen [in chess].
danza [dánθa] *f.* dance.
danzar [danθár] *i.* to dance.
dañar [daɲár] *t.* to harm, damage, injure, hurt. *2* to spoil. *3 p.* to get hurt.
dañino [daɲíno] *a.* harmful.
daño [dáɲo] *m.* harm, damage, loss, injury.
dar [dar] *t.* to give, hand, deliver, grant. *2* to bear, yield. *3* ~ *comienzo,* to begin; ~ *un paseo,* to take a walk. *4 dar como* or *por,* to consider. *5* ~ *a conocer,* to make known; ~ *a luz,* to give birth to; to publish; ~ *que pensar,* to arouse suspicions. *6 i.* ~ *con,* to to meet, find. *7* ~ *de sí,* to yield, stretch. *8 p.* to give oneself. *9* to yield, surrender. *10 darse a la bebida,* to take to drink. *11 darse la mano,* to shake hands. ¶ CONJUG. INDIC. Pres.: *doy, das, da; damos, dais, dan.* | Imperf.: *daba, dabas,* etc. | Pret.: *di, diste, dio; dimos, disteis, dieron.* | Fut.: *daré, darás,* etc. || CON.: *daría, darías,* etc. || SUBJ. Pres.: *dé, des,* etc. | Imperf.: *diera, dieras,* etc., or *diese, dieses,* etc.

| Fut.: *diere, dieres,* etc. || IMPER.: *da, dé; demos, dad, den.* || PAST. P.: *dado.* || GER.: *dando*

dato [dáto] *m.* datum, fact, piece of information.

de [de] *prep.* of; from, by, with: ~ *día,* by day; ~ *noche,* at night.

debajo [deβáxo] *adv.* underneath, below: ~ *de,* under, beneath.

debate [deβáte] *m.* debate, discussion.

1) **deber** [deβér] *m.* duty, obligation *2* homework.

2) **deber** [deβér] *t.* to owe. *2 aux.* [with an inf.] must, have to; ought to, should.

debidamente [deβíðaménte] *adv.* duly, properly.

debido [deβíðo] *a.* owed. *2* due, just, proper: ~ *a,* due to, owing to.

débil [déβil] *a.* weak, feeble. *2* slight, sickly.

debutar [deβutár] *i.* to make one's debut.

decadencia [dekaðénθja] *f.* decline.

decaer [dekaér] *i.* to decline, decay, fall.

decano [dekáno] *m.* dean.

decena [deθéna] *f.* ten.

decente [deθénte] *a.* decent, proper.

decepción [deθeβθjón] *f.* disappointment.

decidir [deθiðír] *t.* to decide, determine. *2 p.* to make up one's mind.

décima [déθima] *f.* a stanza of ten octosyllabic lines.

decimal [deθimál] *a.-m.* decimal.

décimo [déθimo] *a.* tenth.

decir [deθír] *t.* to say, talk, tell, speak: ~ *para sí,* to say to oneself; *querer* ~, to mean; *es* ~, that is to say. ¶ CONJUG. INDIC. Pres.: *digo, dices, dice;* decimos, decís, *dicen.* | Imperf.: decía, decías, etc. | Pret.: *dije, dijiste, dijo; dijimos, dijisteis, dijeron.* | Fut.: *diré, dirás,* etc. || COND.: *diría, dirías,* etc. || SUBJ. Pres.: *diga, digas,* etc. | Imperf.: *dijera, dijeras,* etc., or *dijese, dijeses,* etc. || Fut.: *dijere, dijeres,* etc. | IMPER.: *di, diga; digamos,* decid, *digan.* || P. P.: *dicho.* | GER.: *diciendo.*

decisión [deθisjón] *f.* decision..

decisivo [deθisíβo] *a.* decisive.

declaración [deklaraθjón] *f.* statement.

declarar [deklarár] *t.* to declare. *2* to state. *3* LAW to find [guilty].

declinar [deklinár] *i.* to decline. *2* to decay, fall off. *3 t.* to renounce.

decoración [dekoraθjón] *f.*, **decorado** [dekoráðo] *m.* decoration. *2* THEAT. scenery, setting.

decorar [dekorár] *t.* to decorate.

decorativo [dekoratíβo] *a.* decorative, ornamental.

decoro [dekóro] *m.* decency, dignity. *2* honour.

decretar [dekretár] *t.* to decree.

decreto [dekréto] *m.* decree; order; act.

dedal [deðál] *m.* thimble.

dedicación [deðikaθjón] *f.* dedication.

dedicar [deðikár] *t.* to dedicate. *2* to devote. *3 p.* to devote oneself to.

dedo [déðo] *m.* ~ *de la mano,* finger; ~ *del pie,* toe.

deducir [deðuθír] *t.* to deduce, infer. *2* to deduct, discount. ¶ CONJUG. like *conducir.*

defecto [deféɣto] *m.* defect, fault, blemish.

defectuoso [defeɣtwóso] *a.* defective, faulty.

defender [defendér] *t.-p.* to defend. ¶ CONJUG. like *entender.*

defensor [defensór] *m.-f.* defender. *2* supporter.

deficiencia [defiθjénθja] *f.* deficiency.

deficiente [defiθjénte] *a.* deficient.

definición [definiθjón] *f.* definition.

definido [definíðo] *a.* definite.

definir [definír] *t.* to define.

definitivo [definitíβo] *a.* definitive.

defraudar [defraŭðár] *t.* to defraud, cheat. *2* to frustrate, disappoint. *3* to deceive.

degollar [deɣoʎár] *t.* to behead; to slash the throat. ¶ CONJUG. like *contar.*

dejar [dexár] *t.* to leave: ~ *en paz,* to let alone. *2* to let go. *3* to quit. *4* to allow, let.

del [del] contraction of DE and EL: of the.

delantal [delantál] *m.* apron; pinafore.

delante [delánte] *adv.* before, in front of; ahead.

delantero [delantéro] *m.* SPORT. forward.

delegación [deleγaθjón] *f.* delegation. *2* COM. branch.
delegado [deleγáðo] *m.-f.* delegate, deputy.
deleitar [deleĭtár] *t.* to delight, please. *2 p.* to take pleasure.
deleite [deléĭte] *m.* pleasure, delight.
delgado [delγáðo] *a.* thin, lean, slender.
deliberar [deliβerár] *i.* to deliberate, consider.
delicadeza [delikaðéθa] *f.* delicateness, delicacy. *2* fineness. *3* tenderness.
delicado [delikáðo] *a.* delicate. *2* poor [health].
delicia [delíθja] *f.* delight; pleasure, joy.
delicioso [deliθjóso] *a.* delicious, delightful.
delincuencia [deliŋkwénθja] *f.* delinquency.
delincuente [deliŋkwénte] *a.-n.* delinquent.
delirar [delirár] *i.* to rave, be delirious. *2* to talk nonsense.
delirio [delírjo] *m.* madness; ravings; frenzy.
delito [delíto] *m.* offence, crime, guilt, misdemeano(u)r.
demanda [demánda] *f.* petition, request. *2* COM. demand. *3* LAW claim, lawsuit.
demandar [demandár] *t.* to demand, ask for, beg. *3* LAW to sue.
demás [demás] *a.* the rest of the. *2 pron.* other, others: *por lo ~,* for the rest.
demasiado [demasjáðo] *adv.* too, excessively: *2 a.-pron.* too much, too many.
demente [deménte] *a.* mad, insane. *2 m.-f.* lunatic, maniac.
democracia [demokráθja] *f.* democracy.
democrático [demokrátiko] *a.* democratic.
demonio [demónjo] *m.* demon, devil, fiend.
demorar [demorár] *t.* to delay, put off. *2 i.* to stay.
demostración [demostrθjón] *f.* demonstration; show; proof.
demostrar [demostrár] *t.* to demonstrate, show; to prove.
denominador [denominaðór] *m.* MATH. denominator.
denominar [denominár] *t.* to denominate, name, call.
denotar [denotár] *t.* to denote, mean.
densidad [densiðáð] *f.* density.
denso [dénso] *a.* dense, compact, thick.

dentado [dentáðo] *a.* dentate, toothed. 2 MACH. cogged.
dentadura [dentaðúra] *f.* set of teeth, teeth: ~ *postiza,* false teeth.
dental [dentál] *a.* dental.
dentista [dentísta] *m.* dentist.
dentro [déntro] *adv.* in, inside, within: ~ *de poco,* shortly.
denuncia [denúnθja] *f.* denunciation [of a treaty]. 2 accusations. 3 *presentar una* ~, to make a charge.
denunciar [denunθjár] *t.* *t.* to denounce. 2 accuse. 3 to report. 4 to claim. 5 to charge with.
deparar [deparár] *t.* to provide, present.
departamento [departaménto] *m.* department. 2 compartment.
dependencia [dependénθja] *f.* dependence, dependency. 2 branch office. 3 staff. 4 outbuildings.
depender [dependér] *i.* ~ *de,* to depend on, rely upon.
dependiente [dependjénte] *a.* depending, subordinate. 2 *m.* clerk, assistant.
deponer [deponér] *t.* to lay down, set aside. 2 to remove from office. 3 *t.-i.* LAW to declare, testify.
deporte [depórte] *m.* sport.
deportista [deportísta] *m.* sportsman.
deportivo [deportíβo] *a.* sports, sporting, sportive.
depositar [depositár] *t.* to deposit. 2 to place, put.
depósito [depósito] *m.* trust. 2 sediment. 3 storehouse. 4 tank, reservoir.
depresión [depresjón] *f.* depression. 2 hollow. 3 low spirits.
derecha [derétʃa] *f.* right. 2 right hand. 3 POL. right wing. 4 *a la* ~, to the right.
derecho [derétʃo] *a.* right side, right-hand. 2 straight. 3 standing, upright. 4 *adv.* straight on. 5 *m.* right; justice. 6 law.
derivar [deriβár] *i.-p.* to derive, come from.
derramar [derramár] *t.* to pour out, spill. 2 to shed. 3 *p.* to overflow, run over.
derredor [derreðór] *m.* circuit; contour: *al* ~, *en* ~, around.

derretir [derretír] *t.-p.* to melt, thaw.
derribar [derriβár] *t.* to pull down. *2* to overthrow, knock down.
derrocar [derrokár] *t.* to pull down, demolish. *2* to fell, knock down.
derrota [derróta] *f.* defeat, rout, disaster.
derrotar [derrotár] *t.* to defeat, rout, beat.
derrumbar [derrumbár] *t.* to throw down. *2 p.* to collapse.
desacato [desakáto] *m.* disrespect. *2* disobedience.
desafiar [desafiár] *t.* to challenge, defy, dare.
desafío [desafío] *m.* challenge.
desagradable [desaɣraðáβle] *a.* disagreeable, unpleasant.
desagradar [desaɣraðár] *t.* to be unpleasant to; to displease.
desaguar [desaɣwár] *t.* to drain. *2 i.* to flow [into].
desagüe [desáɣwe] *m.* drainage, drain. *2* water outlet.
desahogar [desaoɣár] *t.-p.* to relieve [one] from care, etc. *2* to vent. *3 p.* to unbosom oneself.
desaliento [desaljénto] *m.* discouragement, dejection.
desamarrar [desamarrár] *t.* to untie, let loose. *2* NAUT. to unmoor.
desamparar [desamparár] *t.* to forsake, leave helpless.
desanimar [desanimár] *t.* to discourage, dishearten. *2 p.* to become discouraged.
desagradable [desaɣraðáβle] *a.* unpleasant, disagreeable.
desaparecer [desapareθér] *i.-p.* to disappear.
desarmar [desarmár] *t.* to disarm. *2* to dismount.
desarme [desárme] *m.* disarmament.
desarreglar [desarreɣlár] *t.* to disarrange, put out of order.
desarrollar [desarroʎár] *t.* to develop.
desarrollo [desarróʎo] *m.* development.
desastrado [desastráðo] *a.* wretched; shabby.
desastre [desástre] *m.* disaster, calamity.
desastroso [desastróso] *a.* disastrous.
desatar [desatár] *t.* to untie, loose, loosen, unfasten. *2* [of a storm] to break out.

desatento [desaténto] *a.* inattentive. 2 impolite.

desatino [desatíno] *m.* nonsense, folly, error.

desayunar(se [desaǰunár(se] *i.-p.* to breakfast, have breakfast.

desayuno [desaǰúno] *m.* breakfast.

desbaratar [dezβaratár] *t.* to destroy, ruin. 2 to frustrate.

desbocarse [dezβokárse] *p.* to run away. 2 to become insolent.

desbordar [dezβorðár] *i.-p.* to overflow.

descabellado [deskaβeʎáðo] *a.* preposterous, absurd.

descalzo [deskálθo] *a.* barefooted.

descansar [deskansár] *i.* to rest; to lie in sleep. 2 to rely on.

descanso [deskánso] *m.* rest, relaxation. 2 break [half-time].

descarga [deskárɣa] *f.* unloading. 2 discharge. 3 volley.

descargar [deskarɣár] *t.* to unload, unburden. 2 to strike [a blow]. 3 to vent [one's fury, etc.]. 4 to fire, discharge.

descartar [deskartár] *t.* to put aside, lay aside.

descarriar [deskarrjár] *t.* to lead astray, mislead. 2 *p.* to go astray. 3 to go wrong.

descendencia [desθendénθja] *f.* descent. 2 lineage.

descender [desθendér] *i.* to go down. 2 to drop. ¶ CONJUG. like *entender*.

descendiente [desθendjénte] *m.-f.* descendant.

descenso [desθénso] *m.* descent. 2 drop, fall. 3 decline.

descollar [deskoʎár] *i.* to stand out, be prominent. ¶ CONJUG. *like contar*.

descomponer [deskomponér] *t.* to put out of order, disarrange, upset. 2 fig. to set at odds. 3 *p.* to decompose; to become putrid. 4 to get out of order. 5 to be altered. 6 to lose one's temper.

descomunal [deskomunál] *a.* huge, enormous.

desconcertar [deskonθertár] *t.* to disconcert. 2 to confuse. 3 *p.* to get out of order.

desconfianza [deskomfjánθa] *f.* mistrust. 2 diffidence.

desconfiar [deskomfjár] *i.* to distrust.

desconocer [deskonoθér] *t.* not to know. *2* to fail to recognize. ¶ CONJUG. like *agradecer*.
desconocido [deskonoθíðo] *a.* unknown. *2* unfamiliar. *3 m.-f.* stranger.
desconsolar [deskonsolár] *t.* to distress, grieve. *2 p.* to become disheartened. ¶ CONJ. lige *contar*.
desconsuelo [deskonswélo] *m.* affliction, grief.
descontar [deskontár] *t.* to discount, deduct.
descontento [deskonténto] *a.* displeased. *2 m.* displeasure.
descorazonar [deskoraθonár] *t.* to dishearten, discourage.
descorrer [deskorrér] *t.* to draw back.
descortés [deskortés] *a.* impolite.
describir [deskriβír] *t.* to describe.
descripción [deskriβθjón] *f.* description.
descubridor [deskuβriðór] *m.* discoverer. *2* scout.
descubrimiento [deskuβrimjénto] *m.* discovery, invention. *2* disclosure.
descubrir [deskuβrír] *t.* to discover, reveal. *2* to make known. *3* to find out. *4 p.* to take off one's hat.
descuento [deskwénto] *m.* discount, rebate.
descuidado [deskwiðáðo] *a.* careless. *2* slovenly.
descuidar [deskwiðár] *t.-i.-p.* to neglect, be careless.
descuido [deskwíðo] *m.* negligence, carelessness. *2* oversight.
desde [dézðe] *prep.* from, since.
desdén [dezdén] *m.* disdain.
desdeñar [dezðeɲár] *t.* to disdain.
desdeñoso [dezðeɲóso] *a.* disdainful, contemptuous.
desdicha [dezðítʃa] *f.* misfortune; unhappiness.
desdichado [dezðitʃáðo] *a.* unfortunate, unhappy.
deseable [deseáβle] *a.* desirable.
desear [deseár] *t.* to desire, wish, want.
desechar [desetʃár] *t.* to cast aside, refuse.
desembarcar [desembarkár] *t.* to disembark, land, go ashore.
desembocadura [desembokaðúra] *f.* mouth. *2* outlet, exit.
desembocar [desembokár] *i.* to flow. *2* to end [at], lead into.

desempeñar [desempeɲár] *t.* to discharge [a duty]. *2* to act, play.

desengañar [deseŋgaɲár] *t.* to undeceive, disillusion. *2* to disappoint.

desengaño [deseŋgáɲo] *m.* disappointment.

desentenderse [desentendérse] *p.* to pretend not to understand; to take no part in.

desenvolver [desembolβér] *t.* to unfold. *2* to develop.

deseo [deséo] *m.* desire; wish, longing.

deseoso [deseóso] *a.* desirous, eager.

desesperación [desesperaθjón] *f.* despair, desperation.

desesperar [desesperár] *t.* to drive mad. *2 i.-p.* to despair; to be exasperated.

desfallecer [desfaʎeθér] *i.* to faint. *3* to lose courage.

desfavorable [desfaβoráβle] *a.* unfavourable.

desfilar [desfilár] *t.* to march past. *2* to file out.

desfile [desfíle] *m.* defiling; marching past, parade, review.

desgarrar [dezɣarrár] *t.* to tear, rend.

desgastar [dezɣastár] *t.* to wear away, waste.

desgaste [dezɣáste] *m.* waste, wear and tear.

desgracia [dezɣráθja] *f.* misfortune. *2* bad luck, mischance.

desgraciado [dezɣraθjáðo] *a.* unfortunate, unlucky. *2 m.-f.* wretch.

desgranar [dezɣranár] *t.* to thresh; to shell.

deshacer [desaθér] *t.* to undo, unmake. *2* to loosen. *3* to destroy. *4* to upset. *5 p.* to melt, dissolve: *deshacerse de,* to get rid of.

deshojar [desoxár] *t.* to strip [a tree] of its leaves. *2 p.* to lose its leaves.

deshonrar [desonrrár] *t.* to dishonour. *2* to seduce.

desierto [desjérto] *a.* deserted. *2 m.* desert, wilderness.

designar [desiɣnár] *t.* to purpose. *2* to designate, appoint.

designio [desíɣnjo] *m.* design, purpose, plan.

desigual [desiɣwál] *a.* unequal. *2* uneven; changeable.

desigualdad [desiɣwalðáð] *f.* difference. *2* unevennes.

desilusión [desilusjón] *f.* disillusion(ment), disappointment.

desinteresado [desinteresáðo] *a.* disinterested. *2* unselfish.

desistir [desistír] *i.* to desist; to stop, give up.

deslizar [dezliθár] *t.-i.-p.* to slide, glide, slip.

deslumbrante [dezlumbránte] *a.* dazzling, glaring.

deslumbrar [dezlumbrár] *t.* to dazzle, daze.

desmayar [dezmaǰár] *t.* to discourage. *2 p.* to faint, swoon.

desmayo [dezmáǰo] *m.* swoon, fainting fit.

desmentir [dezmentír] *t.* to give the lie to. *2* to contradict. ¶ CONJUG. like *hervir*.

desmontar [dezmontár] *t.* to clear. *2* to level. *3* to dismount, take apart. *4 i.* to dismount.

desnivel [dezniβél] *m.* unevennness; slope.

desnudar [deznuðár] *t.-p.* to undress. *2* to uncover, strip.

desnudez [deznuðéθ] *f.* nakedness; bareness.

desnudo [deznúðo] *a.* naked. *2* bare, uncovered.

desobedecer [desoβeðeθér] *t.* to disobey. ¶ CONJUG. like *agradecer*.

desobediencia [desoβeðjénθja] *f.* disobedience.

desobediente [desoβeðjénte] *a.* disobedient.

desocupado [desokupáðo] *a.* free. *2* idle. *3* unemployed.

desocupar [desokupár] *t.* to empty. *2 p.* to disengage oneself.

desolación [desolaθjón] *f.* desolation. *2* anguish.

desolar [desolár] *t.* to desolate. ¶ CONJUG. like *contar*.

desorden [desórðen] *m.* disorder. *2* riot.

desordenado [desorðenáðo] *a.* disorderly. *2* licentious.

desordenar [desorðenár] *t.* to disorder, disarrange.

despacio [despáθio] *adv.* slowly.

despachar [despatʃár] *t.* to dispatch. *2* to attend to; to sell [goods]. *3* to dismiss. *4 i.-p.* to hasten, be quick.

despacho [despátʃo] *m.* dispatch. *2* sale [of goods]. *4* office.

desparramar [desparramár] *t.-p.* to spread, scatter, spill.

despecho [despétʃo] *m.* spite, grudge. *2 a ~ de,* in spite of.

despedazar [despeðaθár] *t.* to tear apart, cut into pieces.

despedida [despeðíða] *f.* farewell, leave. *2* dismissal.

despedir [despeðír] *t.* to throw. *2* to emit, send forth. *3* to dismiss. *4* to say good-bye to. *5 p.* to take one's leave. *6* to leave [a post]. ¶ CONJUG. like *servir.*

despegar [despeɣár] *t.* to detach. *2 i.* AER. to take off.

despeinar [despeĭnár] *t.-p.* to dishevel, mess up.

despejado [despexáðo] *a.* bright. *2* cloudless.

despejar [despexár] *t.* to clear, free. *2 p.* to clear up.

despensa [despénsa] *f.* pantry, larder, store-room.

despeñar [despeɲár] *t.* to fling down. *2 p.* to throw oneself headlong [into].

desperdiciar [desperðiθjár] *t.* to waste, squander.

desperdicio [desperðíθjo] *m.* waste. *2* leavings.

despertador [despertaðór] *m.* alarm-clock.

despertar [despertár] *t.* to wake, awaken. *2* to excite. *3 i.-p.* to wake up, awake. ¶ CONJUG. like *acertar.*

despierto [despjérto] *a.* awake. *2* lively.

desplegar [despleɣár] *t.* to unfold, spread. *2* to display.

desplomarse [desplomárse] *p.* to tumble down. *2* to collapse.

despojar [despoxár] *t.* to despoil, plunder. *2 p.* to take off.

despojo [despóxo] *m.* plundering. *2* spoils. *3 pl.* leavings, scraps.

desposado [desposáðo] *a.* newly married.

desposar [desposár] *t.* to marry. *2 p.* to get married.

despreciar [despreθjár] *t.* to despise.

desprecio [despréθjo] *m.* contempt, disdain, scorn.

desprender [desprendér] *t.* to detach. *2 p.* to withdraw from. *3* to fall down. *4* to follow.

desprendimiento [desprendimjénto] *m.* disinterestedness. *2* landslide.

despreocupado [despreokupáðo] *a.* unprejudiced. *2* unconcerned. *3* broad-minded.

después [despwés] *adv.* after, afterwards, later.
despuntar [despuntár] *t.* to blunt. *2 i.* to dawn. *3* to sprout.
desquitar [deskitár] *t.* to compensate for loss, etc. *2 p.* to take revenge, get even.
destacar [destakár] *t.* to detach. *2 t.-p.* to stand out.
destapar [destapár] *t.* to uncover, uncork. *2* to take off the lid of.
destello [destéʎo] *m.* sparkle. *2* flash; beam.
desteñir [desteɲír] *t.* to undye. *2 p.* to fade. ¶ CONJUG. like *teñir.*
desterrado [desterráðo] *m.-f.* exile, outcast.
desterrar [desterrár] *t.* to exile, banish. ¶ CONJUG. like *acertar.*
destierro [destjérro] *m.* exile, banishment.
destilar [destilár] *t.* to distil. *2* to filter.
destilería [destilería] *f.* distillery.
destinar [destinár] *t.* to destine. *2* to assign.
destino [destíno] *m.* destiny, fate: *con ~ a,* bound for, going to. *3* employment.
destituir [destituír] *t.* to dismiss. ¶ CONJUG. like *huir.*
destornillador [destorniʎadór] *m.* screw-driver.
destreza [destréθa] *f.* skill; cleverness.
destrozar [destroθár] *t.* to break to pieces, shatter, destroy.
destrucción [destruɣθjón] *f.* ruin, destruction.
destructor [destruɣtór] *a.* destructive. *2 m.-f.* destroyer.
destruir [destruír] *t.* to destroy. *2* to waste. ¶ CONJUG. like *huir.*
desvalido [dezβalíðo] *a.* helpless, destitute.
desvalorizar [dezβaloriθár] *t.* to devalue.
desvanecerse [dezβaneθérse] *p.* to vanish. *2* to faint, swoon. *3* to fade. ¶ CONJUG. like *agradecer.*
desvarío [dezβarío] *m.* raving. *2* madness. *3* caprice.
desvelar [dezβelár] *t.* to keep awake. *2 p.* to stay awake.
desvelo [dezβélo] *m.* wakefulness. *2* care.
desventaja [dezβentáxa] *f.* disadvantage; drawback.
desventura [dezβentúra] *f.* misfortune.

desventurado [dezβenturáðo] *a.* unfortunate, wretched.
desvestir [dezβestír] *t.-p.* to undress.
desviar [dezβiár] *t.* to turn aside. *2* RLY. to switch. *3 p.* to deviate, swerve.
desvío [dezβío] *m.* deviation. *2* RLY. side-track.
detallar [detaʎár] *t.* to detail, sell at retail.
detalle [detáʎe] *m.* detail.
detective [deteɣtíβe] *m.* detective.
detector [deteɣtór] *m.* detector.
detener [detenér] *t.* to detain, stop. *2* to arrest, capture. *3 p.* to stop, halt. *4* to delay. ¶ CONJUG. like *tener.*
determinación [determinaθjón] *f.* determination. *2* decision.
determinar [determinár] *t.* to determine. *2* to decide.
detestar [detestár] *t.* to detest, hate.
detrás [detrás] *adv.* behind, back, in the rear.
deuda [déŭða] *f.* debt.
deudo [déŭðo] *m.-f.* relative.
deudor [deŭðór] *m.-f.* debtor.
devaluación [deβaluaθjón] *f.* devaluation.
devoción [deβoθjón] *f.* piety, devoutness.
devolución [deβoluθjón] *f.* return, restitution.
devolver [deβolβér] *t.* to give back.
devorar [deβorár] *t.* to devour.
devoto [deβóto] *a.* devout, pious.
día [día] *m.* day: ~ *de fiesta,* holiday; ~ *laborable,* workday; *hoy ~,* nowadays. *2* daylight, daytime.
diablo [djáβlo] *m.* devil; wicked person.
diablura [djaβlúra] *f.* devilry.
diabólico [djaβóliko] *a.* devilish, fiendish.
diadema [djaðéma] *f.* diadem, crown.
diáfano [djáfano] *a.* transparent, clear.
diálogo [djáloɣo] *m.* dialogue.
diamante [diamánte] *m.* diamond.
diámetro [djámetro] *m.* diameter.
diantre [djántre] *interj.* the deuce!
diariamente [djárjaménte] *adv.* daily, every day.

diario [djárjo] *a.* daily. *2 m.* daily newspaper. *3* day-book.
diarrea [djarréa] *f.* diarrhœa, diarrhea.
dibujar [diβuxár] *t.* to draw, make a drawing of; to sketch, design.
dibujo [diβúxo] *m.* drawing, sketch, portrayal.
dicción [diɣθjón] *f.* diction, speech.
diccionario [diɣθjonárjo] *m.* dictionary.
diciembre [diθjémbre] *m.* December.
dictador [diɣtaðór] *m.* dictator.
dictadura [diɣtaðúra] *f.* dictatorship.
dictar [diɣtár] *t.* to dictate. *2* to issue. *3* to suggest.
dicha [dítʃa] *f.* happiness.
dicho [dítʃo] *a.* said. *2 m.* saying, proverb.
dichoso [ditʃóso] *a.* happy, lucky.
diecinueve [djeθinwéβe] nineteen.
dieciocho [djeθiótʃo] *a.-m.* eighteen.
dieciséis [djeθiséis] *a.-m.* sixteen.
diecisiete [djeθisjéte] *a.-m.* seventeen.
diente [djénte] *m.* tooth: *hablar entre dientes,* to mutter, mumble; *hincar el* ~ *en,* to backbite. *2* clove [of garlic].
diestro [djéstro] *a.* right, right-hand. *2* skilful.
dieta [diéta] *f.* diet. *2* assembly.
diez [diéz] *a.-m.* ten.
diezmo [djéθmo] *m.* tithe.
diferencia [diferénθja] *f.* difference.
diferenciar [diferenθjár] *t.* to differentiate.
diferente [diferénte] *a.* different.
diferir [diferír] *t.* to delay, postpone, put off. ¶ CONJUG. like *hervir.*
difícil [difíθil] *a.* difficult, hard.
dificultad [difikultáð] *f.* difficulty.
difundir [difundír] *t.-p.* to diffuse, spread out.
difunto [difúnto] *m.-f.* deceased, dead.
difusión [difusjón] *f.* diffusion. *2* broadcasting.
digerir [dixerír] *t.* to digest. ¶ CONJUG. like *hervir.*
digestión [dixestjón] *f.* digestion.
dignarse [diɣnárse] *p.* to deign, condescend.
dignidad [diɣniðáð] *f.* dignity.

digno [díɣno] *a.* worthy. 2 deserving.

dilatado [dilatáðo] *a.* vast, large; numerous.

dilatar [dilatár] *t.-p.* enlarge, widen.

dilema [diléma] *m.* dilemma.

diligencia [dilixénθja] *f.* diligence. 2 stage-coach.

diligente [dilixénte] *a.* diligent.

diluvio [dilúβjo] *m.* deluge, downpour; flood.

dimensión [dimensjón] *f.* dimensión, size.

diminuto [diminúto] *a.* little, tiny.

dimisión [dimisjón] *f.* resignation.

dimitir [dimitír] *t.* to resign, give up.

dinamita [dinamíta] *f.* dynamite.

dinero [dinéro] *m.* money, currency, wealth.

Dios [djós] *pr. n.* God: *¡adiós!,* farewell, good-bye.

diosa [djósa] *f.* goddess.

diploma [diplóma] *m.* diploma. 2 licence.

diplomático [diplomátiko] *a.* tactful. 2 *m.-f.* diplomat.

diputado [diputáðo] *m.* deputy, representative.

dique [díke] *m.* mole, dike. 2 dry dock.

dirección [direɣθjón] *f.* direction: ~ *única,* one way. 2 management; postal address.

directamente [diréɣtaménte] *adv.* directly.

directivo [direɣtíβo] *m.* manager, executive.

directo [diréɣto] *a.* direct, straight.

director [direɣtór] *m.-f.* director, manager. 2 MUS. conductor.

dirigente [dirixénte] *a.* leading. 2 *m.-f.* leader.

dirigir [dirixír] *t.* to direct. 2 to manage, govern; to lead. 3 MUS. to conduct. 4 to address [a letter, etc.]. 5 *p.* to speak to. 6 to go to. 7 to apply to.

disciplina [disθiplína] *f.* discipline. 2 teaching. 3 science. 4 *pl.* scourge.

disciplinado [disθiplináðo] *a.* disciplined.

discípulo [disθípulo] *m.-f.* disciple. 2 pupil.

disco [dísko] *m.* disk. 2 record.

discordia [diskórðja] *f.* discord, disagreement.

discreción [diskreθjón] *f.* discretion: *a* ~, at will.

discreto [diskréto] *a.* discreet, prudent. 2 fairly good.

discriminación [diskrimina θjón] *f.* discrimination.

disculpa [diskúlpa] *f.* excuse; plea; apology.

disculpar [diskulpár] *t.* to excuse. *2 p.* to apologize.

discurrir [diskurrír] *i.* to go about, roam. *2* to flow. *3* to pass. *4* to reason, infer. *5* to contrive.

discurso [diskúrso] *m.* talk, speech, lecture.

discusión [diskusjón] *f.* discussion.

discutir [diskutír] *t.-i.* to discuss, debate.

diseminar [diseminár] *t.* to scatter, spread.

diseño [diséɲo] *m.* design, sketch, outline.

disfraz [disfráθ] *m.* disguise, mask; masquerade costume.

disfrazar [disfraθár] *t.* to disguise, conceal, mask.

disfrutar [disfrutár] *t.* to enjoy, possess, benefit by.

disgustar [dizɣustár] *t.* to displease, annoy. *2 p.* to be displeased or hurt.

disgusto [dizɣústo] *m.* displeasure, trouble: *a ~*, against one's will.

disimular [disimulár] *t.* to dissemble. *2* to disguise, conceal. *3* to overlook.

disipar [disipár] *t.* to dissipate, scatter, squander.

disminuir [dizminuír] *t.-i.-p.* to diminish, decrease. ¶ CONJUG. like *huir*.

disolver [disolβér] *t.-p.* to dissolve. ¶ CONJUG. like *mover*.

disparar [disparár] *t.* to discharge, fire, shoot. *2* to throw. *3 p.* to dash off; to bolt. *4* to go off.

disparate [disparáte] *m.* nonsense. *2* blunder, mistake.

disparo [dispáro] *m.* shot, report.

dispensar [dispensár] *t.* to grant. *2* to exempt. *3* to excuse.

dispensario [dispensárjo] *m.* dispensary, clinic.

dispersar [dispersár] *t.* to scatter.

disponer [disponér] *t.* to dispose. *2* to prepare, get ready.

disponible [disponíβle] *a.* ready, available.

disposición [disposiθjón] *f.* disposition. *2* disposal. *3* natural aptitude. *4* order.

disputa [dispúta] *f.* dispute, argument.
disputar [disputár] *t.* to dispute. 2 *i.* to argue.
distancia [distánθja] *f.* distance.
distante [distánte] *a.* distant, far.
distar [distár] *i.* to be distant from.
distinción [distinθjón] *f.* privilege; rank. 2 clarity.
distinguido [distiŋgíðo] *a.* distinguished.
distinguir [distiŋgír] *t.* to distinguish. 2 *p.* to be distinguished; to differ.
distinto [distínto] *a.* distinct. 2 different.
distracción [distraɣθjón] *f.* distraction, amusement. 2 absent-mindedness.
distraer [distraér] *t.* to amuse, entertain. 2 to distract. 3 *p.* to amuse oneself. 4 to be inattentive.
distribución [distriβuθjón] *f.* distribution. 2 arrangement.
distribuir [distriβuír] *t.* to distribute. ¶ CONJUG. like *huir*.
distrito [distríto] *m.* district, region.
diurno [djúrno] *a.* daily, diurnal; day.
diversidad [diβersiðáð] *f.* diversity.
diversión [diβersjón] *f.* amusement, entertainment.
diverso [diβérso] *a.* diverse, different. 2 *pl.* sundry.
divertido [diβertíðo] *a.* amusing, funny.
divertir [diβertír] *t.* to amuse, entertain. ¶ CONJUG. like *hervir*.
dividendo [diβiðéndo] *m.* dividend.
dividir [diβiðír] *t.* to divide, split, separate.
divinidad [diβiniðáð] *f.* divinity.
divino [diβíno] *a.* divine, heavenly.
divisar [diβisár] *t.* to perceive, make out.
división [diβisjón] *f.* division.
divorcio [diβórθjo] *m.* divorce, separation.
divulgar [diβulɣár] *t.* to spread. 2 *p.* to be spread about.
doblar [doβlár] *t.* to double. 2 to fold. 3 to bend, bow. 4 to turn [a page; a corner]. 5 *i.* to toil. 6 *p.* to stoop, give in.
doble [dóβle] *a.* double, twofold.
doblez [doβléθ] *m.* fold, crease. 2 *f.* deceitfulness.

doce [dóθe] *a.-m.* twelve.
docena [doθéna] *f.* dozen.
docente [doθénte] *a.* teaching.
dócil [dóθil] *a.* docile, obedient.
doctor [doɣtór] *m.* doctor.
doctrina [doɣtrína] *f.* doctrine. *2* catechism.
documento [documénto] *m.* document.
dólar [dólar] *m.* dollar.
dolencia [dolénθja] *f.* disease, illness.
doler [dolér] *i.* to ache, hurt, pain. *2* p. *dolerse de,* to repent; to feel sorry for. ¶ CONJUG. like *mover.*
dolor [dolór] *m.* pain, ache, aching: ~ *de cabeza,* headache. *2* sorrow, grief.
dolorido [doloríðo] *a.* sore, aching. *2* sorrowful.
doloroso [doloróso] *a.* painful, distressing.
domador [domaðór] *m.-f.* tamer. *2* horse-breaker.
domar [domár] *t.* to tame. *2* to break in [horses, etc.].
doméstico [doméstiko] *a.* domestic. *2 m.-f.* house servant.
domicilio [domiθíljo] *m.* domicile, home, abode.
dominación [dominaθjón] *f.* domination.
dominante [dominánte] *a.* domineering. *2* dominant.
dominar [dominár] *t.* to dominate. *2* to domineer. *3* to rule over. *4* to control. *5* to master [a subject]. *6* to overlook.
domingo [domíŋgo] *m.* Sunday.
dominio [domínjo] *m.* dominion. *2* control. *3* mastery. *4* domain.
don [don] *m.* gift, present. *2* talent; knack. *3* Don [equiv. to Mr. before Christian name].
donar [donár] *t.* to bestow, grant.
donativo [donatíβo] *m.* gift, donation.
doncella [donθéʎa] *f.* virgin, maiden, maid. *2* maidservant.
donde [dónde] *adv.* where, wherein, whither, in which.
dondequiera [dondekjéra] *adv.* anywhere, wherever.
doña [dóɲa] *f.* [equiv. to Mrs. before Christian name].
doquier, ra [dokjér, ra] *adv.* anywhere.
dorado [doráðo] *a.* gilt, golden. *2 m.* gilding.

dorar [dorár] *t.* to gild. *2* COOK. to brown.

dormilón [dormilón] *a.* sleepy. *2 m.-f.* sleepy-head.

dormir [dormír] *i.* to sleep, rest. *2 p.* to go to sleep, fall asleep. ¶ CONJUG. INDIC. Pres.: *duermo, duermes, duerme;* dormimos, dormís, *duermen.* | Pret.: dormí, dormiste, *durmió;* dormimos, dormisteis, *durmieron.* || SUBJ. Pres.: *duerma, duermas, duerma; durmamos, durmais, duerman.* | Imperf.: *durmiera, durmieras,* etc., or *durmiese, durmieses,* etc. | Fut.: *durmiere, durmieres,* etc. || IMPER.: *duerme, duerma; durmamos,* dormid, *duerman.* | GER.: *durmiendo.*

dormitorio [dormitórjo] *m.* bedroom.

dorso [dórso] *m.* back, reverse.

dos [dos] *a.-n.* two.

doscientos [dosθjéntos] *a.-m.* two hundred.

dosel [dosél] *m.* canopy.

dotar [dotár] *t.* to endow, dower, bestow.

dote [dóte] *m.-f.* dowry, dower. *2 f. pl.* endowments, talents.

dragón [draɣón] *m.* dragon.

drama [dráma] *m.* drama.

dramático [dramátiko] *a.* dramatic.

droga [dróɣa] *f.* drug.

ducado [dukáðo] *m.* duchy. *2* dukedom. *3* ducat [coin].

ducha [dútʃa] *f.* shower-bath.

duda [dúða] *f.* doubt.

dudar [duðár] *i.-t.* to doubt.

dudoso [duðóso] *a.* doubtful.

duelo [dwélo] *m.* duel. *2* grief, sorrow. *3* mourning.

duende [dwénde] *m.* goblin, elf; ghost.

dueña [dwéɲa] *f.* owner, landlady, mistress.

dueño [dwéɲo] *m.* owner, master, landlord.

dulce [dúlθe] *a.* sweet. *2* saltless. *3* fresh [water]. *4 m.* sweet, candy.

dulcería [dulθería] *f.* confectionery shop.

dúo [dúo] *m.* duet, duo.

duodécimo [dwoðéθimo] *a.-m.* twelfth.

duque [dúke] *m.* duke.

duquesa [dukésa] *f.* duchess.

duración [duraθjón] *f.* duration, period.
durante [duránte] *prep.* during, for.
durar [durár] *i.* to endure, last, continue.
dureza [duréθa] *f.* hardness. *2* harshness.
duro [dúro] *a.* hard. *2* harsh. *3* hardy. *4 adv.* hard. *5 m.* five-peseta piece.

E

e [e] *conj.* and.
ebanista [eβanísta] *m.* cabinet-maker.
ébano [éβano] *m.* ebony.
ebrio [éβrjo] *a.* drunk, intoxicated.
eclesiástico [eklesjástiko] *a.* ecclesiastic(al. 2 *m.* clergyman.
eclipse [eklíβse] *m.* eclipse.
eco [éko] *m.* echo.
economía [ekonomía] *f.* economy. 2 saving, thrift.
económico [ekonómiko] economic. 2 thrifty, saving.
economizar [ekonomiθár] *t.* to economize. 2 to save, spare.
ecuador [ekwaðór] *m.* equator.
echar [etʃár] *t.* to throw, cast. 2 to put in, add. 3 to give off [sparks, etc.]. 4 to dismiss. 5 to pour [wine, etc.]. 6 ~ *un trago,* to take a drink; ~ *a perder,* to spoil; ~ *a pique,* to sink; ~ *de menos,* to miss. 7 *i.-p.* ~ *a correr,* to begin to run. 8 *p.* to lie down. 9 to throw oneself into.
edad [eðáð] *f.* age.
edición [eðiθjón] *f.* edition. 2 issue. 3 publication.
edicto [eðíɣto] *m.* edict.
edificar [eðifikár] *t.* to build.
edificio [eðifíθjo] *m.* building.
editor [eðitór] *m.* publisher; editor.

editorial [eðitorjál] *m.* editorial, leading article. *2 f.* publishing house.

educación [eðukaθjón] *f.* education, training. *2* manners; politeness.

educar [eðukár] *t.* to educate; to train, bring up.

efectivamente [efeɣtíβaménte] *adv.* really. *2* indeed.

efectivo [efeɣtíβo] *a.* effective, real. *2 m.* cash: *en ~*, in cash.

efecto [eféɣto] *m.* effect, result: *en ~*, in fact, indeed. *2* impression.

efectuar [efeɣtuár] *t.* to carry out. *2 p.* to take place.

eficacia [efikáθja] *f.* efficiency.

eficaz [efikáθ] *a.* efficient; efficacious.

eficiencia [efiθjénθja] *f.* efficiency.

eficiente [efiθjénte] *a.* efficient.

egoísmo [eɣoízmo] *m.* selfishness.

egoísta [eɣoísta] *a.* selfish.

eje [éxe] *m.* axis. *2* axle, shaft.

ejecución [exekuθjón] *f.* execution; performance, fulfilment.

ejecutar [exekutár] *t.* to execute, fulfil, perform.

ejecutivo [exekutíβo] *a.-s.* executive.

ejemplar [exemplár] *a.* exemplary. *2 m.* pattern. *3* copy.

ejemplo [exémplo] *m.* example: *por ~*, for instance.

ejercer [exerθér] *t.* to exercise. *2* to practise.

ejercicio [exerθíθjo] *m.* exercise, training. *2* MIL. drill.

ejercitar [exerθitár] *t.* practise. *2 t.-p.* to exercise.

ejército [exérθito] *m.* army.

el [el] *def. art. masc. sing.* the.

él [el] *pers. pron. masc. sing.* he; him, it [after prep.].

elaborar [elaβorár] *t.* to elaborate, manufacture.

elección [eleɣθjón] *f.* election. *2* choice. *3* election.

electricidad [eleɣtriθiðáð] *f.* electricity.

electricista [eleɣtriθísta] *m.* electrician; electrical engineer.

eléctrico [eléɣtriko] *a.* electric(al.

elefante [elefánte] *m.* elephant.

elegancia [eleɣánθja] *f.* elegance; smartness.
elegante [eleɣánte] *a.* elegant, smart.
elegir [elexír] *t.* to choose. ¶ CONJUG. like *servir*.
elemental [elementál] *a.* elementary.
elemento [eleménto] *m.* element.
elevación [eleβaθjón] *f.* elevation. 2 height.
elevar [eleβár] *t.* to elevate, raise. 2 *p.* to rise, soar.
eliminación [eliminaθjón] *f.* elimination, removal.
eliminar [eliminár] *t.* to eliminate, remove.
elocuencia [elokwénθja] *f.* eloquence.
elocuente [elokwénte] *a.* eloquent.
elogiar [eloxjár] *t.* to praise.
elogio [elóxjo] *m.* praise, eulogy.
ella [éʎa] *pron.* she; her, it [after prep.].
ello [éʎo] *pron.* it.
ellos, ellas [éʎos, éʎas] *pron.* they; them [after prep.].
emanar [emanár] *i.* to issue, spring.
emancipación [emanθipaθjón] *f.* emancipation.
emanciparse [emanθipárse] *p.* to free oneself; to become free.
embajada [embaxáðа] *f.* embassy. 2 message; errand.
embajador [embaxaðór] *m.* ambassador.
embalar [embalár] *t.* to pack, bale. 2 *i.* to sprint.
embalsamar [embalsamár] *t.* to embalm. 2 to perfume.
embarcación [embarkaθjón] *f.* boat, ship, vessel.
embarcar [embarkár] *t.-i.-p.* to embark.
embargar [embarɣár] *t.* to restrain. 2 to overcome. 3 to seize.
embargo [embárɣo] *m.* seizure. 2 embargo. 3 *sin* ~, nevertheless, however.
embarque [embárke] *m.* shipment.
embelesar [embelesár] *t.* to charm, delight.
embellecer [embeʎeθér] *t.* to embellish, beautify. ¶ CONJUG. like *agradecer*.
embestir [embestír] *t.* to assail, attack. 2 *i.* to rush against. ¶ CONJUG. like *servir*.
emblema [embléma] *m.* emblem, symbol.

emborrachar [emborratʃár] *t.* to intoxicate, make drunk. *2 p.* to get drunk.
emboscada [emboskáða] *f.* ambuscade, ambush.
embriagado [embrjaɣáðo] *a.* intoxicated; drunk.
embriagar [embrjaɣár] *t.* to intoxicate. *2 p.* to get drunk.
embriaguez [embrjaɣéθ] *f.* intoxication, drunkenness.
embrujar [embruxár] *t.* *t.* to bewitch, enchant.
embuste [embúste] *m.* lie, fib, trick, fraud.
embustero [embustéro] *m.-f.* liar.
emergencia [emerxénθja] *f.* emergency.
emigración [emiɣraθjón] *f.* emigration.
emigrante [emiɣránte] *a.-n.* emigrant.
emigrar [emiɣrár] *i.* to emigrate, migrate.
eminente [eminénte] *a.* eminent, excellent.
emitir [emitír] *t.* to issue. 2 to broadcast.
emoción [emoθjón] *f.* emotion, excitement, thrill.
emocionante [emoθjonánte] *a.* moving, touching, thrilling, exciting.
emocionar [emoθjonár] *t.* to move, touch, thrill. *2 p.* to be moved.
empacar [empakár] *t.* to pack.
empalizada [empaliθáða] *f.* stockade, palisade.
empañar [empaɲár] *t.* to swaddle. 2 to dim, blur, tarnish.
empapar [empapár] *t.* to soak, drench.
empaquetar [empaketár] *t.* to pack [up].
emparedado [empareðáðo] *m.* sandwich.
emparentar [emparentár] *i.* to become related by marriage. ¶ CONJUG. like *acertar*.
empatar [empatár] *t.-i.-p.* to tie, draw.
empate [empáte] *m.* tie, draw.
empeñar [empeɲár] *t.* to pledge; to pawn. 2 to engage. *3 p.* to get into debt. *4 empeñarse en,* to insist on; to engage in.
empeño [empéɲo] *m.* pledge. 2 pawn: *casa de empeños,* pawnbroker. 3 insistence.
empeorar [empeorár] *t.-i.-p.* to impair, spoil; grow worse.
emperador [emperaðór] *m.* emperor.
empero [empéro] *conj.* yet, however; but.

empezar [empeθár] *t.-i.* to begin, start. ¶ CONJUG. like *acertar*.

empleado [empleáðo] *m.* employee; clerk.

emplear [empleár] *t.* to employ. 2 to spend, invest [money].

empleo [empléo] *m.* employment, job. 2 use, 3 investment [of money].

empobrecer [empoβreθér] *t.* empoverish. 2 *i.-p.* to become poor. ¶ CONJUG. like *agradecer*.

empolvarse [empolβárse] *p.* to powder one's face.

empollar [empoʎár] *t.* to brood, hatch. 2 to swot up, grind [a subject].

emprender [emprendér] *t.* to undertake; to begin, start out.

empresa [emprésa] *f.* enterprise. 2 firm. 3 management.

empresario [empresárjo] *m.* manager; impresario.

empujar [empuxár] *t.* to push, shove, drive.

empujón [empuxón] *m.* push, shove.

empuñar [empuɲár] *t.* to handle. 2 to clutch, grasp.

en [en] *prep.* in, into.

enamorado [enamoráðo] *a.* in love. 2 *m.-f.* lover.

enamorar [enamorár] *t.* to make love to, court. 2 *p.* to fall in love.

enano [enáno] *a.-m.-f.* dwarf.

encabezamiento [eŋkaβeθamiénto] *m.* heading, headline.

encabezar [eŋkaβeθár] *t.* to head.

encadenar [eŋkaðenár] *t.* to chain. 2 to connect.

encajar [eŋkaxár] *t.* to fit into; to put or force in. 2 to take [a blow]. 3 to be relevant.

encaje [eŋkáxe] *m.* fitting in. 2 socket, groove. 3 lace.

encallecerse [eŋkaʎeθérse] *p.* to become hardened. ¶ CONJUG. like *agradecer*.

encaminar [eŋkaminár] *t.* to direct. 2 *p.* to set out for.

encantador [eŋkantaðór] *a.* charming, delightful.

encantar [eŋkantár] *t.* to enchant, charm.

encanto [eŋkánto] *m.* enchantment. 2 charm, delight.

encaramar [eŋkaramár] *t.* to raise, hoist. 2 *p.* to climb.

encarcelar [eŋkarθelár] *t.* to put in prison.

encarecer [eŋkareθér] *t.* to raise the price of. 2

to emphasize, praise. *3 p.* to get dearer, rise in price.
¶ CONJUG. like *agradecer.*

encargar [eŋkaryár] *t.* to entrust. *2* to order. *3* p. ~ *de,* to take charge of.

encargo [eŋkáryo] *m.* charge. *2* errand. *3* order.

encarnado [eŋkarnáðo] *a.* flesh-coloured. *2* red.

encarnar [eŋkarnár] *t.* to incarnate, embody.

encendedor [enθendeðór] *m.* cigarette-lighter.

encender [enθendér] *t.* to light, set fire to. *2 p.* to burn. *3* [of war] to break out. ¶ CONJUG. like *entender.*

encendido [enθendíðo] *a.* red, flushed.

encerrar [enθerrár] *t.* to shut in, lock up. *2* to enclose, contain. ¶ CONJUG. like *acertar.*

encima [enθíma] *adv.* on, upon, over, above.

encina [enθína] *f.* evergreen oak, holm oak.

enclavar [enklaβár] *t.* to nail. *2* to set.

encoger [eŋkoxér] *t.* to contract, draw back. *2 i.-p.* to shrink. *3* to shrug [one's shoulders].

encomendar [eŋkomendár] *t.* to commend. ¶ CONJUG. like *acertar.*

encontrar [eŋkontrár] *t.-p.* to find; to meet. *2 p.* to be [in a place]. *3* to feel [ill, well, etc.]. *4 encontrarse con,* to come across. ¶ CONJUG. like *contar.*

encorvar [eŋkorβár] *t.* to bend, curve. *2 p.* to stoop.

encubrir [eŋkuβrír] *t.* to conceal, hide, cover.

encuentro [eŋkwéntro] *m.* meeting, encounter.

encuesta [eŋkwésta] *f.* search, inquiry.

enderezar [endereθár] *t.* to straighten. *2* to set upright.

endosar [endosár] *t.* to endorse.

endulzar [endulθár] *t.* to sweeten. *2* to soften.

endurecer [endureθér] *t.-p.* to harden. ¶ CONJUG. like *agradecer.*

enemigo [enemíyo] *a.* enemy, hostile. *3 m.-f.* enemy, foe.

energía [enerxía] *f.* energy: ~ *eléctrica,* electric power.

enérgico [enérxico] *a.* energetic, active, lively.

enero [enéro] *m.* January.

enfadar [emfaðár] *t.* to annoy, anger. *2 p.* to get angry, be cross.

énfasis [émfasis] *f.* emphasis.

enfermar [emfermár] *i* to fall ill.

enfermedad [emfermeðáð] *f.* illness, disease, sickness.

enfermera [emferméra] *f.* nurse.

enfermizo [emfermíθo] *a.* sickly, unhealthy.

enfermo [emférmo] *a.* sick, ill. *2 m.-f.* patient.

enfocar [emfokár] *t.* to focus. *2* to envisage; to approach.

enfrascar [emfranskár] *t.* to bottle. *2 p.* to become absorbed in.

enfrentar [emfrentár] *t.-p.* to confront, face.

enfrente [emfrénte] *adv.* in front, opposite.

enfriar [emfriár] *t.* to cool. *2 p.* to cool down. *3* to get cold.

enfurecer [emfureθér] *t.* to infuriate, enrage. *2 p.* to get furious. ¶ CONJUG. like *agradecer*.

engalanar [eŋgalanár] *t.* to adorn. *2 p.* to dress up.

enganchar [eŋgantʃár] *t.* to hook. *2* to hitch. *3* RLY. to couple. *4* MIL. to recruit.

engañar [eŋgaɲár] *t.* to deceive, dupe, cheat. *2 p.* to be mistaken.

engaño [eŋgáɲo] *m.* deceit, fraud. *2* error.

engañoso [eŋgaɲóso] *a.* deceptive. *2* deceitful.

engarzar [eŋgarθár] *t.* to link. *2* to set, mount.

engendrar [eŋxendrár] *t.* to engender, beget. *2* to originate.

engordar [eŋgorðár] *t.* to fatten. *2 i.* to grow fat.

engrandecer [eŋgrandeθér] *t.* to enlarge. ¶ CONJUG. like *agradecer*.

engreír [eŋgreír] *t.* to make conceited. *2 p.* to become conceited. ¶ CONJUG. like *reír*.

enhorabuena [enoraβwéna] *f.* congratulations: *dar la ~ a,* to congratulate.

enigma [eníɣma] *m.* riddle, enigma.

enjambre [eŋxámbre] *m.* swarm of bees. *2* crowd.

enjaular [eŋxaŭlár] *t.* to cage, pen in.

enjuagar [eŋxwaɣár] *t.* to rinse.

enjugar [eŋxuɣár] *t.* to dry; to wipe.

enlace [enláθe] *m.* tie,

bond. 2 link. 3 RLY. junction; connection.

enlatar [enlatár] *t.* to can, tin.

enlazar [enlaθár] *t.* to lace. 2 to link. 3 *p.* to marry. 4 to be connected.

enloquecer [enlokeθér] *t.* to madden, drive mad. 2 *i.* to go mad or crazy. ¶ CONJUG. like *agradecer.*

enmarañar [emmaraɲár] *t.* to entangle. 2 *p.* to get tangled.

enmendar [emmendár] *t.* to amend [law]. 2 to repair, correct, reform. 3 *p.* to mend one's ways. ¶ CONJUG. like *acertar.*

enmienda [emmjénda] *f.* amendment.

enmudecer [emmuðeθér] *i.* to become dumb. 2 to be silent. ¶ CONJUG. like *agradecer.*

enojar [enoxár] *t.* to make angry, vex, annoy. 2 *p.* to get cross.

enojo [enóxo] *m.* anger, annoyance; rage, trouble.

enorgullecer [enorɣuʎeθér] *t.* to make proud. 2 *p.* to become proud. ¶ CONJUG. like *agradecer.*

enorme [enórme] *a.* enormous, huge.

enredadera [enrreðaðéra] *f.* creeper. 2 bindweed.

enredar [enrreðár] *t.* to tangle. 2 to net. 3 to embroil. 4 *i.* to be mischievous. 5 *p.* to get entangled.

enredo [enrréðo] *m.* tangle. 2 plot [of play].

enriquecer [enrrikeθér] *t.* enrich. 2 *p.* to become wealthy. ¶ CONJUG. like *agradecer.*

enrollar [enrroʎár] *t.* to roll up, wind.

ensalada [ensaláða] *f.* salad.

ensalzar [ensalθár] *t.* to praise, exalt, extol.

ensanchar [ensantʃár] *t.-p.* to widen, enlarge. 2 to strech, expand.

ensayar [ensaǰár] *t.* to to assay. 2 to try out, test. 3 to rehearse.

ensayo [ensáǰo] *m.* assay. 2 rehearsal.

enseñanza [enseɲánθa] *f.* teaching, education.

enseñar [enseɲár] *t.* to teach. 2 to train. 3 to show.

ensillar [ensiʎár] *t.* to saddle.

ensuciar [ensuθjár] *t.* to to dirty, soil. 2 *p.* to get dirty.

ensueño [enswéɲo] *m.* day-dream, illusion

entablar [entaβlár] *t.* to start. *2* to bring a lawsuit. *3* to board [in, up].

entender [entendér] *t.* to understand. *2 p.* to get along well together. ¶ CONJUG. INDIC. Pres.: *entiendo, entiendes, entiende;* entendemos, entendéis, *entienden.* ‖ SUBJ. Pres.: *entienda, entiendas, entienda;* entendamos, entendáis, *entiendan.* ‖ IMPER.: *entiende, entienda;* entendamos, entended, *entiendan.*

entendimiento [entendimjénto] *m.* understanding.

enterar [enterár] *t.* to inform, acquaint. *2 p.* to learn, be informed of; to know.

entereza [enteréθa] *f.* integrity. *2* firmness.

enternecer [enterneθér] *t.* to soften. *2* to touch. *3 p.* to be moved. ¶ CONJUG. like *agradecer.*

entero [entéro] *a.* entire, whole. *2* honest, upright.

enterrar [enterrár] *t.* to bury, inter. *2 p.* to retire, bury oneself. ¶ CONJUG. like *acertar.*

entidad [entiðáð] *f.* entity, organization.

entierro [entjérro] *m.* burial, funeral.

entonar [entonár] *t.* to sing in tune, intone.

entonces [entónθes] *adv.* then: *por ~,* at that time.

entorpecer [entorpeθér] *t.* to dull, blunt. *2* to obstruct, hinder. ¶ CONJUG. like *agradecer.*

entrada [entráða] *f.* entrance, gate. *2* entry; admission. *3* ticket.

entrambos [entrámbos] *a.* both.

entraña [entráɲa] *f.* the innermost part. *2 pl.* entrails. *3* heart.

entrar [entrár] *i.* to enter, go in(to, come in(to, get in(to.

entre [éntre] *prep.* between, among, amongst. *2 ~ tanto,* meanwhile.

entreabrir [entreaβrír] *t.* to set ajar.

entregar [entreɣár] *t.* to deliver, hand over. *2 t.-p.* to give up, surrender. *3 p.* to gield. *4* to devote oneself to.

entrenador [entrenaðór] *m.* trainer, coach.

entretanto [entretánto] *adv.* meanwhile.

entretener [entretenér] *t.-p.* to delay, detain. *2* to entertain, amuse.

entretenimiento [entretenimjénto] *m.* amusement, pastime.

entrevista [entreβísta] *f.* interview, meeting.

entrevistar [entreβistár] *t.* to interview. *2 p.* to have an interview with.

entristecer [entristeθér] *t.* to sadden. *2 p.* to become sad. ¶ CONJUG. like *agradecer*.

entrometido [entrometíðo] *m.-f.* meddler, busybody.

entusiasmar [entusjazmár] *t.* to captivate, excite. *2 p.* to get excited about.

entusiasmo [entusjázmo] *m.* enthusiam, keenness.

entusiasta [entusjásta] *m.-f.* enthusiast, fan.

enumerar [enumerár] *t.* to enumerate.

envasar [embasár] *t.* to bottle, can.

envase [embáse] *m.* container. 2 bottling.

envejecer [embexeθér] *t.* to make old. *2 i.-p.* to grow old. ¶ CONJUG. like *agradecer*.

enviar [embjár] *t.* to send, dispatch.

envidia [embíðja] *f.* envy, jealousy.

envidiar [embiðjár] *t.* to envy, covet.

envidioso [embiðjóso] *a.-n.* envious, jealous.

envío [embío] *m.* sending, shipment; dispatch.

envoltura [emboltúra] *f.* envelope, wrapper.

envolver [embolβér] *t.* to cover, envelop, wrap up. 2 to involve. ¶ CONJUG. like *mover*.

epidemia [epiðémja] *f.* epidemic.

epidémico [epiðémiko] *a.* epidemic(al.

episodio [episóðjo] *m.* episode; incident.

epístola [epístola] *f.* epistle, letter.

época [época] *f.* epoch, time.

equilibrar [ekiliβrár] *t.-p.* to poise, balance.

equilibrio [ekilíβrjo] *m.* balance, poise.

equipaje [ekipáxe] *m.* luggage, baggage. 2 outfit.

equipar [ekipár] *t.* to equip, fit out.

equipo [ekípo] *m.* equipment. 2 squad. 3 SPORT team.

equivalente [ekiβalénte] *a.* equivalent.

equivaler [ekiβalér] *i.* to be equivalent; to be equal.

equivocación [ekiβokaθjón] *f.* mistake, error.

equivocado [ekiβokáðo] *a.* mistaken. *2* wrong.

equivocarse [ekiβokárse] *p.* to be mistaken; to make a mistake; to be wrong.

erguir [erɣír] *t.* to raise, erect, lift. *2 p.* to sit up. ¶ CONJUG. INDIC. Pres.: *irgo* or *yergo, irgues* or *yergues, irgue* or *yergue;* erguimos, erguís, *irguen* or *yerguen.* | Pret.: erguí, erguiste, *irguió;* erguimos, erguisteis, *irguieron.* ‖ SUBJ. Pres.: *irga* or *yerga, irgas* or *yergas,* etc. | Imperf.: *irguiera* o *irguiese,* etc. | Fut.: *irguiere, irguieres,* etc. ‖ IMPER.: *irgue* or *yergue, irga* or *yerga; irgamos* or *yergamos,* erguid, *irgan* or *yergan.* ‖ P. P.: erguido. ‖ GER.: *irguiendo.*

erigir [erixír] *t.* to erect, build. *2* to found.

erizar [eriθár] *t.* to bristle. *2 p.* to stand on end.

erizo [erízo] *m.* hedgehog, porcupine. *2* sea-urchin.

ermita [ermíta] *f.* hermitage.

ermitaño [ermitáɲo] *m.* hermit.

errante [erránte] *a.* errant, wandering, strolling.

errar [errár] *t.* to miss. *2* to wander. *3 i.-p.* to err. ¶ CONJUG. like *acertar.*

erróneo [erróneo] *a.* erroneous, wrong.

error [errór] *m.* error.

erudito [eruðíto] *m.-f.* scholar, learned.

erupción [eruβθjón] *f.* eruption, outbreak. *2* MED. rash.

esbelto [ezβélto] *a.* slender, slim, graceful.

esbozar [ezβoθár] *t.* to sketch, outline.

escabroso [eskaβróso] *a.* rough, rugged. *2* harsh. *3* indecent, blue.

escala [eskála] *f.* ladder, step-ladder. *2* port of call.

escalar [eskalár] *t.* to scale, climb.

escalera [eskaléra] *f.* stair, staircase. *2* ladder.

escalón [eskalón] *m.* step, stair; rung.

escama [eskáma] *f.* scale.

escampar [eskampár] *t.* to clear out. *2 i.* to clear up.

escandalizar [eskandaliθár] *t.* to scandalize.

escándalo [eskándalo] *m.* scandal. *2* noise.

escandaloso [eskandalóso] *a.* scandalous. *2* noisy. *3* shameful.
escapar [eskapár] *i.-p.* to escape; to flee, run away.
escaparate [eskaparáte] *m.* shop-window. *2* show-case.
escape [eskápe] *m.* escape, flight. *2* leak.
escarabajo [eskaraβáxo] *m.* beetle.
escarbar [eskarβár] *t.* to scratch.
escarlata [eskarláta] *a.-f.* scarlet [colour; cloth].
escarpado [eskarpáðo] *a.* *a.* steep; rugged, craggy.
escasamente [eskásaménte] *adv.* scarcely, hardly.
escasear [eskaseár] *t.* to be scarce, fall short.
escasez [eskaséθ] *f.* lack, shortage.
escaso [eskáso] *a.* scarce, scant. *2* short.
escena [esθéna] *f.* stage. *2* scene. *3* scenery.
escenario [esθenárjo] *m.* stage; setting; scene.
esclarecer [esklareθér] *t.* to light up. *2* to clear up. ¶ CONJUG. like *agradecer*.
esclavitud [esklaβitúð] *f.* slavery.
esclavo [eskláβo] *m.-f.* slave.
escoba [eskóβa] *f.* broom.
escoger [eskoxér] *t.* to choose, select, pick out.
escolar [eskolár] *m.* schoolboy, schoolgirl; student. *2 a.* school: *año ~*, school year.
esconder [eskondér] *t.* to hide, conceal.
escondite [eskondíte] *m.* hiding-place.
escopeta [eskopéta] *f.* shot-gun.
escribir [eskriβír] *t.-i.* to write.
escrito [eskríto] *m.* writing.
escritor [eskritór] *m.-f.* writer, author.
escritorio [eskritórjo] *m.* writing-desk. *2* office.
escritura [eskritúra] *f.* writing; hand-writing. *2* LAW deed.
escrúpulo [eskrúpulo] *m.* scruple. *2* doubt.
escrupuloso [eskrupulóso] *a.* scrupulous; careful.
escuadra [eskwáðra] *f.* fleet. *2* squad. *3* square.
escuadrón [eskwaðrón] *m.* squadron; troop.
escuchar [eskutʃár] *t.* to listen to.
escudero [eskuðéro] *m.* squire.
escudo [eskúdo] *m.* shield, buckler. *2* coat of arms. *3* gold crown [coin].

escudriñar [eskuðriɲár] *t.* to inquire into, search.
escuela [eskwéla] *f.* school.
esculpir [eskulpír] *t.* to sculpture; to engrave.
escultor [eskultór] *m.* sculptor.
escultura [eskultúra] *f.* sculpture.
escupir [eskupír] *i.* to spit.
ese [ése] *dem. a.* that; *pl.* those.
ése [ése] *dem. pron.* that one; *pl.* those.
esencia [esénθja] *f.* essence. *2* perfume.
esencial [esenθjál] *a.* essential.
esfera [esféra] *f.* sphere. *2* rank. *3* dial.
esfinge [esfíŋxe] *f.* sphinx.
esforzarse [esforθárse] *p.* to try hard, strive.
esfuerzo [esfwérθo] *m.* effort.
esfumarse [esfumárse] *p.* to disappear.
esgrimir [ezɣrimír] *t.* to wield, brandish. *2 i.* to fence.
eslabón [ezlaβón] *m.* link.
esmaltar [ezmaltár] *t.* to enamel.
esmerado [ezmeráðo] *a.* careful; neat.
esmeralda [ezmerálda] *f.* emerald.
esmero [ezméro] *m.* great care; neatness.
espacio [espáθjo] *m.* space. *2* room. *3* delay.
espacioso [espaθjóso] *a.* spacious, roomy.
espada [espáða] *f.* sword.
espalda [espálda] *f.* back; shoulders.
espantar [espantár] *t.* to frighten, scare. *2 p.* to be afraid.
espanto [espánto] *m.* fright, dread.
espantoso [espantóso] *a.* frightful, dreadful.
español [espaɲól] *a.* Spanish. *2 m.-f.* Spaniard.
esparadrapo [esparaðrápo] *m.* stiking plaster.
esparcir [esparθír] *t.-p.* to scatter, spread. *2 p.* to amuse oneself.
especia [espéθja] *f.* spice.
especial [espeθjál] *a.* especial. *2* special. *3* **-mente** *adv.* especially, specially.
especialidad [espeθjaliðáð] *f.* speciality.
especialista [espeθjalísta] *a.-n.* specialist.
especializar [espeθjaliθár] *i.-p.* to specialize.
especie [espéθje] *f.* kind, sort.

especificar [espeθifikár] *t.* to specify.
específico [espeθífiko] *a.* specific. 2 *m.* patent medecine, specific.
espectacular [espeɣtakulár] *a.* spectacular.
espectáculo [espeɣtákulo] *m.* spectacle; show. 2 scene.
espectador [espeɣtaðór] *m.-f.* spectator. 2 *pl.* audience.
espectro [espéɣtro] *m.* spectre, ghost. 2 spectrum.
espejo [espéxo] *m.* mirror, looking-glass.
esperanza [esperánθa] *f.* hope. 2 expectation.
esperar [esperár] *t.* to hope; to expect. 2 to look forward to. 3 *t.-i.* to await, wait [for].
espeso [espéso] *a.* thick.
espesor [espesór] *m.* thickness.
espetar [espetár] *t.* to spit; to pierce. 2 to read.
espia [espía] *m. f.* spy.
espiar [espiár] *t.* to spy.
espiga [espíɣa] *f.* spike, ear.
espina [espína] *f.* thorn.
espinaca [espináka] *f.* spinach.
espinoso [espinóso] *a.* spiny, thorny. 2 difficult.
espiritismo [espiritízmo] *m.* spiritism, spiritualism.
espiritista [espiritísta] *m.-f.* spiritist, spiritualist.
espíritu [espíritu] *m.* spirit; soul. 2 ghost: *Espíritu Santo,* Holy Ghost. 3 courage.
espiritual [espirituál] *a.-m.* spiritual.
espléndido [espléndiðo] *a.* splendid.
esplendor [esplendór] *m.* splendour.
esplendoroso [esplendoróso] *a.* splendid.
espolvorear [espolβoreár] *t.* to powder.
esponja [espóŋxa] *f.* sponge.
espontáneamente [espontáneaménte] *adv.* spontaneously.
espontaneidad [espontaneĭðáð] *f.* spontaneity.
espontáneo [espontáneo] *a.* spontaneous.
esposa [espósa] *f.* wife. 2 *pl.* handcuffs.
esposo [espóso] *m.* husband.
espuela [espwéla] *f.* spur.
espuma [espúma] *f.* foam, froth. 2 lather. 3 scum.
esqueje [eskéxe] *m.* cutting, slip.

esqueleto [eskeléto] *m.* skeleton.

esquiar [eskjár] *i.* to ski.

esquimal [eskimál] *a.-n.* Eskimo.

esquina [eskína] *f.* corner.

estabilidad [estaβiliðáð] *f.* stability.

estable [estáβle] *a.* steady; firm; regular.

establecer [estaβleθér] *t.* to establish. 2 to decree. 3 *p.* to settle down. ¶ CONJUG. like *agradecer*.

establecimiento [estaβleθimjénto] *m.* settlement. 2 establishment, shop, store.

establo [estáβlo] *m.* stable.

estaca [estáka] *f.* stake. 2 stick, cudgel.

estación [estaθjón] *f.* season. 2 RLY. station.

estacionar [estaθjonár] *t.* to place. 2 *p.* to park.

estadio [estáðjo] *m.* stadium.

estadista [estaðísta] *m.* statesman.

estadística [estaðístika] *f.* statistics.

estado [estáðo] *m.* state, condition. 2 order, class. 3 POL. state, government. 4 MIL. ~ *mayor*, staff.

estafar [estafár] *t.* to swindle.

estallar [estaʎár] *i.* to burst, explode. 2 to break out.

estambre [estámbre] *m.* worsted. 2 BOT. stamen.

estampa [estámpa] *f.* print, engraving.

estampar [estampár] *t.* to print. 2 to stamp.

estancar [estaŋkár] *t.* to stem, sta(u)nch, hold up or back. 2 *p.* to stagnate.

estancia [estánθja] *f.* stay. 2 living-room. 3 Am.) ranch, farm.

estanco [estáŋko] *m.* tobacconist's.

estanque [estáŋke] *m.* pond, reservoir.

estante [estánte] *m.* shelf.

estar [estár] *i.p.* to be; to stay, stand: ~ *quieto,* to stand still. ¶ CONJUG. INDIC. Pres.: *estoy, estás, está;* estamos, estáis, *están.* | Pret.: *estuve, estuviste, estuvo, etc.* || SUBJ. Pres.: *esté, estés, esté;* estemos, estéis, *estén.* | Imperf.: *estuviera, estuvieras,* etc., or *estuviese, estuvieses,* etc. | Fut.: *estuviere, estuvieres,* etc. || IMPER.: *está, esté;* estemos, estad, *es-*

tén. || P. P.: estado. || GER.: estando.

estatua [estátwa] *f.* statue.

estatura [estatúra] *f.* stature, height.

estatuto [estatúto] *m.* statute, regulation.

1) **este** [éste] *m.* east.

2) **este** [éste] *dem. a.* this; *pl.* these.

éste [éste] *dem. pron.* this one; *pl.* these.

estela [estéla] *f.* wake; trail.

estera [estéra] *f.* mat.

estéril [estéril] *a.* sterile, barren.

estiércol [estjérkol] *m.* dung, manure.

estilo [estílo] *m.* style. *2* use.

estima [estíma] *f.* esteem, appreciation.

estimación [estimaθjón] *f.* esteem, regard.

estimar [estimár] *t.* to esteem, hold in regard. *2* to think. *3* to value.

estimular [estimulár] *t.* to stimulate. *2* to incite, encourage.

estímulo [estímulo] *m.* stimulus. *2* encouragement.

estío [estío] *m.* summer.

estirar [estirár] *t.* to stretch, pull out. *2 p.* to stretch out.

estómago [estómaɣo] *m.* stomach.

estorbar [estorβár] *t.* to hinder, obstruct. *2* to annoy.

estorbo [estórβo] *m.* hindrance, obstruction, nuisance.

estrago [estráɣo] *m.* havoc, ruin, ravage.

estrangular [estraŋgulár] *t.* to strangle, throttle.

estrechar [estretʃár] *t.* to narrow. *2* to take in. *3* to tighten. *4* ~ *la mano*, to shake hands with.

estrecho [estrétʃo] *a.* narrow. *2* tight. *3* close. *4 m.* GEOG. strait(s.

estrella [estréʎa] *f.* star.

estrellar [estreʎár] *t.-p.* to smash, shatter.

estremecer [estremeθér] *t.-p.* to shake, shiver, shudder; to thrill. ¶ CONJUG. like *agradecer*.

estrenar [estrenár] *t.* to wear for the first time. to perform [a play] or to show [a film] for the first time.

estreno [estréno] *m.* first use. *2* THEAT. première. *3* début; first performance.

estrépito [estrépito] *m.* noise, din.

estría [estría] *f.* flute, groove.

estribar [estriβár] *i.* to rest on; to lie on.
estribillo [estriβíʎo] *m.* refrain. 2 pet phrase.
estribo [estríβo] *c.* stirrup.
estricto [estríɣto] *a.* strict; severe.
estrofa [estrófa] *f.* strophe, stanza.
estropear [estropeár] *t.* to spoil, ruin, damage. 2 *p.* to get spoiled, ruined.
estructura [estruɣtúra] *f.* structure.
estruendo [estrwéndo] *m.* clangour, crash. 2 uproar.
estrujar [estruxár] *t.* to squeeze, crush.
estuche [estútʃe] *m.* case, sheath, container.
estudiante [estuðjánte] *m.* student.
estudiar [estuðjár] *t.* to study. 2 *i.* to be a student.
estudio [estúðjo] *m.* study. 2 studio. 3 *pl.* learning.
estudioso [estuðjóso] *a.* studious.
estufa [estúfa] *f.* stove, heater: ~ *eléctrica*, electric fire.
estupendo [estupéndo] *a.* wonderful.
estúpido [estúpiðo] *a.-n.* stupid.
etapa [etápa] *f.* stage.
etcétera [etθétera] *f.* etcetera, and so on.
éter [éter] *m.* ether.
eternamente [etérnaménte] *adv.* eternally.
eternidad [eterniðáð] *f.* eternity.
eterno [etérno] *a.* eternal.
etiqueta [etikéta] *f.* label. 2 formality.
eucalipto [eŭkalíβto] *m.* eucalyptus.
eucaristía [eŭkaristía] *f.* Eucharist.
europeo [eŭropéo] *a.-n.* European.
evadir [eβaðír] *t.* to evade, elude. 2 *p.* to escape, break out.
evangélico [eβaŋxéliko] *a.* evangelical.
evangelio [eβaŋxéljo] *m.* gospel.
evaporar [eβaporár] *t.-p.* to evaporate.
eventual [eβentuál] *a.* accidental. 2 **-mente** *adv.* by chance.
evidencia [eβiðénθja] *f.* evidence.
evidente [eβiðénte] *a.* evident, obvious.
evitar [eβitár] *t.* to avoid, elude, shun. 2 to prevent.
evocar [eβokár] *t.* to evoke, call up.

evolución [eβoluθjón] *f.* evolución.
exactamente [esáɣtaménte] *adv.* exactly.
exactitud [esaɣtitúð] *f.* exactness, accuracy.
exacto [esáɣto] *a.* exact, accurate. *2 adv.* right.
exagerado [eɣsaxeráðo] *a.* exaggerated. *2* excessive.
exaltar [eɣsaltár] *t.* to praise. *2 p.* to become excited.
examen [eɣsámen] *m.* examination. *2* investigation.
examinar [eɣsaminár] *t.* to examine. *2* to look into. *3 p.* to sit for an examination.
exceder [esθeðér] *t.* to exceed, surpass, outdo.
excelente [esθelénte] *a.* excellent.
excelso [eɣθélso] *a.* sublime, exalted.
excepción [esθeβθjón] *f.* exception.
excepcional [esθeβθjonál] *a.* exceptional, unusual.
excepto [esθéβto] *adv.* except, save.
exceptuar [esθeβtuár] *t.* to except, leave out.
excesivo [esθesíβo] *a.* excessive, too much.
exceso [esθéso] *m.* excess. *2* intemperance.
excitar [esθitár] *t.* to excite. *2 p.* to get excited.
exclamación [esklamaθjón] *f.* exclamation.
exclamar [esklamár] *i.* to exclaim, cry out.
excluir [eskluír] *t.* to exclude. ¶ CONJUG. like *huir*.
exclusivamente [esklusíβaménte] *adv.* exclusively.
exclusivo [esklusíβo] *a.* exclusive, sole.
excursión [eskursjón] *f.* excursion, trip, tour.
excusa [eskúsa] *f.* excuse, apology.
exención [eɣsenθjón] *f.* exemption.
exhalar [eɣsalár] *t.* to exhale, breathe forth.
exhibir [eɣsiβír] *t.* to exhibit, show. *2 p.* to show off.
exigencia [eɣsixénθja] *f.* demand, requirement.
exigir [eɣsixír] *t.* to require, demand.
eximir [eɣsimír] *t.* to free from.
existencia [eɣsisténθja] *f.* existence. *2* life. *3 pl.* stocks.
existir [eɣsistír] *i.* to exist, be.
éxito [éɣsito] *m.* issue. *2* success.
exótico [eɣsótiko] *a.* exotic.

expansión [espansjón] *f.* expansion. *2* effusion. *3* relaxation.

expedición [espeðiθjón] *f.* expedition. *2* dispatch.

expedir [espeðír] *t.* to issue. *2* to send. *3* to dispatch. ¶ CONJUG. like *servir*.

experiencia [esperjénθja] *f.* experience.

experimentar [esperimentár] *t.* to experiment, try, test. *2* to experience, undergo.

experto [espérto] *a.* skilful. *2 m.* expert.

expiación [espjaθjón] *f.* expiation.

expirar [espirár] *i.* to expire.

explicación [esplikaθjón] *f.* explanation.

explicar [esplikár] *t.* to explain, lecture on, teach.

explorador [esploraðór] *m. f.* explorer; pioneer *2* boy scout.

explorar [esplorár] *t.* to explore.

explosión [esplosjón] *f.* explosion; outburst.

explotación [esplotaθjón] *f.* exploitation.

explotar [esplotár] *t.* to exploit. *2* to explode.

exponer [esponér] *t.* to explain, state. *2* to expose, show. *3* to exhibit.

exportación [esportaθjón] *f.* exportation, export.

exportar [esportár] *t.* to export.

exposición [esposiθjón] *f.* exposition. *2* exhibition, show.

expresamente [esprésaménte] *adv.* on purpose.

expresar [espresár] *t.-p.* to express.

expresión [espresjón] *f.* expression.

expresivo [espresíβo] *a.* expressive. *2* kind.

expreso [espréso] *a.* expressed. *2* clear. *3 m.* RLY. express train.

exprimir [esprimír] *t.* to extract, squeeze out.

expuesto [espuésto] *a.* exposed. *2* exhibited. *3* dangerous. *4* liable.

expulsar [espulsár] *t.* to expel, drive out.

expulsión [espulsjón] *f.* ejection, expulsion.

exquisito [eskisíto] *a.* exquisite.

extasiarse [estasjárse] *p.* to be delighted.

éxtasis [éstasis] *m.* ecstasy, rapture.

extender [estendér] *t.* to spread out. *2* to stretch out. ¶ CONJUG. like *entender*.

extensión [estensjón] *f.* extension. *2* range. *3* expanse, stretch.

extenso [esténso] *a.* extensive, vast, spacious.
exterior [esterjór] *a.* exterior, outer. *2* foreign. *3 m.* outside. *4* appearance. *5* **-mente** externally.
exterminar [esterminár] to exterminate.
externo [estérno] *a.* external. *2 m.-f.* day pupil.
extinguir [estiŋgír] *t.* to extinguish, quench, put out. *2 p.* to go out.
extraer [estraér] *t.* to extract, draw out.
extranjero [estraŋxéro] *a.* foreing. *2 m.-f.* alien, foreigner: *al* or *en el* ~, abroad.
extrañar [estrajnár] *t.* to surprise. *2* (Am.) to miss. *3 p.* to be suprised, wonder.
extraño [estrájno] *a.* foreign. *2* strange, peculiar.
extraordinario [estraorðinárjo] *a.* extraordinary, uncommon.
extravagante [estraβaɣánte] *a.* odd, queer.
extraviar [estraβjár] *t.* to mislay. *2 p.* to stray, get lost.
extremadamente [estremáðaménte] *adv.* extremely
extremidad [estremiðáð] *f.* extremity, end, border. *3 pl.* extremities.
extremo [estrémo] *a.* extreme, farthest. *2* excessive.

F

fábrica [fáβrika] *f.* factory, works, plant, mill.

fabricación [faβrikaθjón] *f.* manufacture.

fabricante [faβrikánte] *m.* manufacturer.

fabricar [faβrikár] *t.* to make, manufacture.

fábula [fáβula] *f.* fable.

fácil [fáθil] *a.* easy. *2* **-mente** *adv.* easily.

facilidad [faθiliðáð] *f.* facility; fluency.

facilitar [faθilitár] *t.* to make easy, facilitate.

factor [faɣtór] *m.* cause. *2* RLY. luggage clerk. *3* MATH. factor.

factoría [faɣtoría] *f.* agency. *2* trading post.

factura [faɣtúra] *f.* invoice, bill.

facultad [fakultáð] *f.* faculty. *2* power. *3* ability. *4 pl.* mental powers.

fachada [fatʃáða] *f.* façade, front. *2* appearance.

faena [faéna] *f.* work, toil. *2* task, job, *chore.

faja [fáxa] *f.* scarf. *2* wrapper. *3* stripe, band.

fajar [faxár] *t.* to band, girdle, wrap up.

falda [fálda] *f.* skirt. *2* lap. *3* foothill, slope.

falso [fálso] *a.* false. *2* untrue. *3* sham. *4* treacherous. *6* counterfeit [money].

falta [fálta] *f.* lack, want, shortage: *a ~ de,* for want of. *2* fault. *3* misdeed. *4* mistake. *5* *hacer ~,* to be necessary.

faltar [faltár] *i.* to be lacking, wanting or missing. *2* to be absent. *3* to offend. *4* to break [one's word].
falto [fálto] *a.* wanting, short.
falla [fáʎa] *f.* fault, failure. *2* break.
fallar [faʎár] *t.* to pass sentence. *2* to trump [at cards]. *3 i.* to fail, miss.
fallecer [faʎeθér] *i.* to expire, decease, die. ¶ CONJUG. like *agradecer*.
fallecimiento [faʎeθimjénto] *m.* decease, death.
fallo [fáʎo] *m.* decision, judgement.
fama [fáma] *f.* fame, renown. *2* rumour.
familia [famílja] *f.* family. *2* household.
familiar [familjár] *a.* informal. *2* colloquial. *3 m.* relative.
famoso [famóso] *a.* famous, renowned.
fanático [fanátiko] *a.* fanatic(al. *2 m.-f.* fanatic, fan, bigot.
fanega [fanéɣa] *f.* grain measure. *2* land measure.
fango [fáŋgo] *m.* mud.
fantasía [fantasía] *f.* fancy, imagination.
fantasma [fantázma] *m.* phantom. *2* ghost.
fantástico [fantástiko] *a.* fantastic, fanciful.
fantoche [fantótʃe] *m.* puppet. *2* coll. ridiculous fellow.
fardo [fárðo] *m.* bundle, bale, burden.
fariseo [fariséo] *m.* pharisee; hypocrite.
farmacéutico [farmaθéŭtiko] *m.-f.* chemist, pharmacist.
farmacia [farmáθja] *f.* pharmacy. *2* chemist's [shop], *drugstore.
faro [fáro] *m.* lighthouse. *2* headlight.
farol [faról] *m.* street lamp, lamp-post.
farsa [fársa] *f.* farce.
fascinar [fasθinár] *t.* to fascinate, charm.
fase [fáse] *f.* phase, aspect, stage.
fastidiar [fastiðjár] *t.* to cloy, sicken, bore. *2 p.* to become annoyed.
fatal [fatál] *a.* fatal. *2* bad, deadly.
fatalidad [fataliðáð] *f.* fatality. *2* mischance.
fatiga [fatíɣa] *f.* fatigue, weariness. *2 pl.* hardships.
fatigar [fatiɣár] *t.* to fatigue, weary, tire. *2 p.* to get tired.
favor [faβór] *m.* help, aid. *2* favo(u)r: *por ~*, please.

favorable [faβoráβle] *a.* favo(u)rable. 2 advantageous. 3 **-mente** *adv.* favo(u)rably.

favorecer [faβoreθér] *t.* to help, aid, favo(u)r. ¶ CONJUG. like *agradecer.*

favorito [faβoríto] *a.-n.* favo(u)rite.

faz [faθ] *f.* face, visage.

fe [fe] *f.* faith: *dar* ~, to believe. 2 ~ *de bautismo,* cerfiticate of baptism.

fealdad [fealdáð] *f.* ugliness, hideousness.

febrero [feβréro] *m.* February.

febril [feβríl] *a.* feverish.

fecundo [fekúndo] *a.* fruitful, fertile.

fecha [fétʃa] *f.* date. 2 day.

federación [feðeraθjón] federation.

federal [feðerál] *a.* federal.

felicidad [feliθiðáð] *f.* happiness. 2 *pl.* congratulations!

felicitación [feliθitaθjón] *f.* congratulation.

felicitar [feliθitár] *t.* to congratulate.

feliz [felíθ] *a.* happy, lucky. 2 **-mente** *adv.* happily.

femenino [femeníno] *a.* feminine.

fenómeno [fenómeno] *m.* phenomenon. 2 monster, freak.

feo [féo] *a.* ugly.

feria [férja] *f.* fair: ~ *de muestras,* trade exhibition or show.

fermentar [fermentár] *i.* to ferment.

feroz [feróθ] *a.* ferocious. 2 wild, fierce, savage.

férreo [férreo] *a.* ferreous, iron: *vía férrea,* railway, *railroad. 2 harsh; stern.

ferretería [ferretería] *f.* hardware. 2 ironmonger's [shop].

ferrocarril [ferrokarríl] *m.* railway, *railroad.

fértil [fértil] *a.* fertile.

fertilizar [fertiliθár] *t.* to fertilize.

ferviente [ferβjénte] *a.* FERVOROSO.

fervor [ferβór] *m.* fervour, zeal, warmth.

fervoroso [ferβoróso] *a.* fervent; devout, zealous.

festejar [festexár] *t.* to celebrate. 2 to feast.

festejo [festéxo] *m.* celebration. 2 courting. 3 *pl.* public rejoincings.

festín [festín] *m.* feast, banquet.

festival [festiβál] *m.* festival.

festivo [festíβo] *a.* festive, gay. *2 día* ~, holiday, *3* witty, humorous.
feudal [feŭðál] *a.* feudal. *2* feudalistic.
feudalismo [feŭðalízmo] *m.* feudalism.
fianza [fiánθa] *f.* bail, security. *2* guarantee.
fiar [fiár] *t.* to answer for. *2 t.-i.* to sell on credit. *3 p.* to trust.
fibra [fíβra] *f.* fibre; staple.
ficción [fiɣθjón] *f.* fiction.
ficha [fítʃa] *f.* chip. *2* domino [piece]. *3* filing card.
fidelidad [fiðeliðáð] *f.* fidelity, faithfulness.
fideos [fiðéos] *m. pl.* vermicelli, noodles.
fiebre [fjéβre] *f.* fever. *2* excitement.
fiel [fjél] *a.* faithful. *2 m.* faithful. *3* pointer. *4* **-mente** *adv.* faithfully.
fiera [fjéra] *f.* wild beast or animal.
fiero [fjéro] *a.* fierce, ferocious. *2* wild [beast].
fiesta [fjésta] *f.* feast, entertainment, party; public rejoicing. *2* holiday. *3* endearment.
figura [fiɣúra] *f.* figure, shape.
figurar [fiɣurár] *t.* to figure, shape. *2 i.* to be counted [among]. *3 p.* to fancy.
fijamente [fíxaménte] *adv.* fixedly, steadily.
fijar [fixár] *t.* to fix, fasten. *2* to stick. *3* to set. *4 p.* to settle; to pay attention.
fijo [fíxo] *a.* fixed. *2* firm, steady, set. *3* fast [colour].
fila [fíla] *f.* row, line; file: *en* ~, in a row.
filial [filjál] *f.* branch.
filme [fílme] *m.* film.
filo [fílo] *m.* edge.
filosofía [filosofía] *f.* philosophy.
filósofo [filósofo] *a.* philosophic. *2 m.-f.* philosopher.
filtrar [filtrár] *t.-i.* to filter. *2 p.* to leak away.
filtro [fíltro] *m.* filter, strainer.
fin [fin] *m.* end: *poner* ~ *a,* to put an end to; *al* ~, at the end; finally; *por* ~, at last. *2* aim, purpose: *a* ~ *de* [*que*], in order to, to.
final [finál] *a.* final, last. *2 m.* end. *3* **-mente** *adv.* finally.
finalizar [finaliθár] *t.-i.* to end, finish.
financiero [finanθjéro] *a.* financial. *2 m.-f.* financier.

finca [fíŋka] *f.* property, land, house, real estate.
fingido [fiŋxíðo] *a.* feigned, sham. 2 false.
fingir [fiŋxír] *t.* to feign, simulate, sham. 2 *p.* to pretend to be.
fino [fíno] *a.* fine. 2 thin. 3 polite. 4 sharp.
firma [fírma] *f.* signature. 2 signing. 3 firm.
firmamento [firmaménto] *m.* sky, firmament.
firmar [firmár] *t.* to sign, subscribe.
firme [fírme] *a.* firm, strong, steady.
firmeza [firméθa] *f.* firmness, steadiness.
fiscal [fiskál] *m.* public prosecutor, *district attorney.
física [físika] *f.* physics.
físico [físiko] *a.* physical. 2 *m.* physicist. 3 looks.
fisonomía [fisonomía] *f.* feature, face.
flaco [fláko] *a.* lean, thin. 2 weak.
flamenco [flaméŋko] *a.-n.* Flemish. 2 Andalusian gypsy [song, etc.]. 3 ORN. flamingo.
flan [flan] *m.* custard tart, cream caramel.
flanco [fláŋko] *m.* flank, side.
flaqueza [flakéθa] *l.* leanness. 2 weakness.
flauta [fláŭta] *f.* flute.
flecha [flétʃa] *f.* arrow.
flexible [fleɣsíβle] *a.* flexible, pliant, supple.
flojo [flóxo] *a.* slack. 2 weak. 3 lax.
flor [flor] *f.* flower, blossom.
florecer [floreθér] *i.* to flower, blossom. ¶ CONJUG. like *agradecer*.
floreciente [floreθjénte] *a.* flourishing, prosperous; thriving.
florero [floréro] *m.* flower vase.
florido [floríðo] *a.* a-bloom, flowery.
flota [flóta] *f.* fleet.
flotante [flotánte] *a.* floating.
flotar [flotár] *i.* to float.
fluido [flwíðo] *a.-m.* fluid. 2 *a.* fluent.
fluir [fluír] *i.* to flow, run. ¶ CONJUG. like huir.
fluvial [fluβjál] *a.* fluvial, river.
foca [fóka] *f.* seal.
foco [fóko] *m.* focus, centre. 2 headlight, spotlight.
fogón [foɣón] *m.* hearth. 2 cooking-range.
follaje [foʎáxe] *m.* foliage.
fomentar [fomentár] *t.* to promote, encourage.
fomento [foménto] *m.* fostering; encouragement.

fonda [fónda] *f.* inn.
fondo [fóndo] *m.* bottom. *2* depth. *3* farthest end. *4* background. *5* nature. *6 s. pl.* funds
fonógrafo [fonóɣrafo] *m.* phonograph.
fontanero [fontanéro] *m.* plumber.
forastero [forastéro] *a. a.* foreign. *2 m.-f.* stranger.
forestal [forestál] *a.* forest [(re)aflorestation].
forma [fórma] *f.* form, shape.
formación [formaθjón] *f.* formation. *2* shape.
formal [formál] *a.* formal. *2* serious.
formalidad [formaliðáð] *f.* seriousness. *3* formality.
formar [formár] *t.* to form, shape.
formidable [formiðáβle] *a.* formidable, fearful.
formón [formón] *m.* chisel.
fórmula [fórmula] *f.* *2* recipe. *3* prescription.
formular [formulár] *t.* to formulate, make out.
foro [fóro] *m.* forum. *2* bar. *3* back-stage.
forrar [forrár] *t.* to line. *2* to cover [a book].
forro [fórro] *m.* lining; book-cover.
fortalecer [fortaleθér] *t.* to strengthen. *2 p.* to grow strong. ¶ CONJUG. like *agradecer*.
fortaleza [fortaléθa] *f.* fortitude. *2* vigour. *3* fortress.
fortín [fortín] *m.* small fort, bunker.
fortuna [fortúna] *f.* fortune, chance, luck. *2* wealth.
forzado [forθáðo] *a.* forced, constrained. *2* *trabajos forzados,* hard labour.
forzar [forθár] *t.* to force, compel, constrain. *2* to break. *3* to violate. ¶ CONJUG. like *contar*.
forzoso [forθóso] *a.* necessary, unavoidable.
forzudo [forθúðo] *a.* strong, vigorous.
fósforo [fósforo] *m.* phosphorus. *2* match.
fósil [fósil] *a.-m.* fossil.
foso [fóso] *m.* pit. *2* ditch, moat.
foto [fóto] *f.* coll. photo.
fotocopia [fotokópja] *f.* photocopy, print.
fotografía [fotoɣrafía] *f.* photography. *2* photograph.
fotográfico [fotoɣráfiko] *a.* photographic: *máquina fotográfica,* camera.
fotógrafo [fotóɣrafo] *m.* photographer.
fracasar [frakasár] *i.* to fail, be unsuccessful.

fracaso [frakáso] *m.* failure, collapse.
fracción [fraɣθjón] *f.* fraction.
fragancia [fraɣánθja] *f.* fragrance.
fragante [fraɣánte] *a.* fragrant, scented.
frágil [fráxil] *a.* fragile, brittle. *2* frail.
fragmento [fraɣménto] *m.* fragment, piece, bit.
fragua [fráɣwa] *f.* forge
fraile [fráile] *m.* friar.
francés [franθés] *a.* French. *2 m.* Frenchman. *3 f.* Frenchwoman.
franco [fráŋko] *a.* frank, open. *2* generous. *3* free. *4 m.* franc.
franja [fráŋxa] *f.* band; stripe. *2* strip.
franqueza [fraŋkéθa] *f.* frankness.
franquicia [fraŋkíθja] *f.* franchise.
frasco [frásko] *m.* bottle, flask, vial.
frase [fráse] *f.* phrase, sentence.
fraternidad [fraterniðáð] *f.* brotherhood, fraternity.
fray [frai] *m.* brother.
frecuencia [frekwénθja] *f.* frequency: *con* ~, frequently.
frecuentar [frekwentár] *t.* to frequent; to haunt.
frecuente [frekwénte] *a.* frequent. *2* **-mente** *adv.* frequently, often.
fregadero [freɣaðéro] *m.* kitchen sink.
fregar [freɣár] *t.* to rub, scrub. *2* to mop [the floor]; to wash up [dishes]. ¶ CONJUG. like *acertar.*
freír [freír] *t.* to fry. ¶ CONJUG. like *reír.*
frenesí [frenesí] *m.* frenzy. *2* vehemence.
freno [fréno] *m.* bridle. *2* brake. *3* control, restraint.
frente [frénte] *f.* forehead; face: *hacer* ~ *a,* to face, meet. *2 m.* front: ~ *a,* in front of; *en* ~, opposite.
fresa [frésa] *f.* strawberry.
fresco [frésko] *a.* cool, fresh. *2* cheeky. *3 m.* cool air: *hacer* ~, to be cool. *4* PAINT. fresco.
frescura [freskúra] *f.* freshness, coolness. *2* cheek.
frialdad [frjalðáð] *f.* coldness.
fricción [friɣθjón] *f.* friction.
frigorífico [friɣorífiko] *a.* refrigerating. *2 m.* refrigerator.
fríjol [fríxol] *m.* kidney bean.
frío [frío] *a.* cold. *2* cool, calm. *3 m.* cold,

coldness: *hace* ~, it is cold.
frívolo [fríβolo] *a.* frivolous.
frondoso [frondóso] *a.* leafy, luxuriant.
frontera [frontéra] *f.* frontier, border.
frotar [frotár] *t.* to rub, scour, strike.
fruta [frúta] *f.* fruit.
frutal [frutál] *a.* fruit-bearing. *2 m.* fruit tree.
frutero [frutéro] *m.-f.* fruiterer. *2 m.* fruit-dish.
fruto [frúto] *m.* fruit.
fuego [fwéɣo] *m.* fire.
fuente [fwénte] *f.* spring; fountain. *2* dish.
fuera [fwéra] *adv.* out [of], outside, with-out.
fuerte [fwérte] *a.* strong. *2* healthy. *3* loud [voice]. *4 m.* fortress. *5* **-mente** *adv.* strongly.
fuerza [fwérθa] *f.* strength, force, power. *2* violence. *3* vigour. *4 sing.-pl.* MIL. force(s.
fuga [fúɣa] *f.* flight, escape. *2* leak.
fugarse [fuɣárse] *p.* to flee, escape.
fugaz [fuɣáθ] *a.* fugitive.
fulgor [fulɣór] *m.* brilliancy, glow.
fumar [fumár] *t.-i.* to smoke.
función [funθjón] *f.* function. *2* show, performance.
funcionamiento [funθjonamjénto] *m.* functioning, working, operation.
funcionar [funθjonár] *i.* to function, work.
funcionario [funθjonárjo] *m.* civil servant, official.
funda [fúnda] *f.* case, sheath, cover.
fundación [fundaθjón] *f.* foundation.
fundador [fundaðór] *m.-f.* founder.
fundamental [fundamentál] *a.* fundamental, essential. *2* **-mente** *adv.* basically.
fundamento [fundaménto] *m.* foundation. *2* ground.
fundar [fundár] *t.* to found, establish, base, ground.
fundición [fundiθjón] *f.* melting. *2* foundry.
fundir [fundír] *t.* to fuse, melt. *2* to found, cast.
funeral [funerál] *a.-m.* funeral. *2 m. pl.* obsequies.
funerario [funerárjo] *a.* funeral. *2 f.* undertaker's shop.
funesto [funésto] *a.* fatal, disastrous. *2* sad.

furia [fúrja] *f.* fury, rage, violence. 2 speed.

furioso [furjóso] *a.* furious, angry, raging, frantic.

furor [furór] *m.* fury, rage; frenzy; passion.

fusil [fusíl] *m.* rifle, gun.

fusilar [fusilár] *t.* to shoot, execute.

fusión [fusjón] *f.* fusion. 2 COM. merger.

fútbol [fúðβol] *m.* football.

futuro [futúro] *a.* future. 2 *m.* future [tense; time].

G

gabán [gaβán] *m.* overcoat, topcoat.

gabinete [gaβinéte] *m.* private room. *2* study. *3* cabinet.

gafas [gáfas] *pl. f.* spectacles, glasses.

gala [gála] *f.* best dress. *2* grace. *3* finery.

galán [galán] *a.* lover. *2* THEAT. leading man.

galante [galánte] *a.* courteous, gallant.

galantería [galantería] *f.* gallantry. *2* compliment. *3* gracefulness.

galardón [galarðón] *m.* reward, recompense.

galera [galéra] *f.* galley.

galería [galería] *f.* gallery; corridor.

galés [galés] *a.* Welsh. *2 n* Welshman.

galón [galón] *m.* braid. *2* MIL. stripe. *3* gallon.

galopar [galopár] *i.* to gallop.

galope [galópe] *m.* gallop.

gallardía [gaʎarðía] *f.* elegance. *2* valour.

gallardo [gaʎárðo] *a.* elegant. *2* brave.

gallego [gaʎéɣo] *a.-n.* Galician.

galleta [gaʎéta] *f.* biscuit, cooky.

gallina [gaʎína] *f.* hen.

gallinero [gaʎinéro] *m.* hen-house, coop.

gallo [gáʎo] *m.* cock, rooster.

gana [gána] *f.* appetite, desire, will: *tener ganas de,* to wish, feel like; *de buena ∼,* willingly; *de mala* ~, reluctantly.

ganadería [ganaðería] *f.* cattle raising, stockbreeding. *2* live-stock.

ganadero [ganaðéro] *a.* cattle raising. *2 m.-f.* cattle raiser.

ganado [ganáðo] *m.* stock, livestock, cattle.

ganador [ganaðór] *m. f.* winner.

ganancia [ganánθja] *f.* gain, profit.

ganar [ganár] *t.-p.* to gain, earn, win. *2* to beat. *3 i.* to improve.

gancho [gántʃo] *m.* hook, crook.

gandul [gandúl] *a.* idle. *2 m.-f.* idler.

ganga [gáŋga] *f.* MIN. gangue. *2* bargain.

ganso [gánso] *m.* goose, gander.

garabato [garaβáto] *m.* hook. *3 pl.* scrawls.

garaje [garáxe] *m.* garage.

garantía [garantía] *f.* guarantee, pledge, security.

garantizar [garantiθár] *t.* to guarantee. *2* to warrant. *3* to vouch for.

garbanzo [garβánθo] *m.* chick-pea.

garganta [garɣánta] *f.* throat. *2* ravine.

garra [gárra] *f.* paw, claw; talon. *2* fig. clutch.

garrote [garróte] *m.* club. stick, cudgel. *2* garrotte.

garza [gárθa] *f.* heron.

gas [gas] *m.* gas. *2* gaslight.

gasa [gása] *f.* gauze, chiffon.

gaseoso [gaseóso] *a.* gaseous.

gasolina [gasolína] *f.* gasoline, petrol, *gas.

gastar [gastár] *t.* to spend. *2* to use, wear. *3* to waste. *4 p.* to wear out.

gasto [gásto] *m.* expense. *2 pl.* expenses, costs.

gato [gáto] *m.* cat, tom-cat. *2 f.* she-cat: *a gatas,* on all fours. *3* lifting jack.

gaveta [gaβéta] *f.* drawer, till.

gavilán [gaβilán] *m.* sparrow hawk.

gaviota [gaβjóta] *f.* gull, sea-gull.

gemelo [xemélo] *a.-n.* twin. *2 m. pl.* cuff-links. *3* binoculars.

gemido [xemíðo] *m.* groan, moan.

gemir [xemír] *i.* to moan, groan. ¶ CONJUG. like *servir.*

generación [xeneraθjón] *f.* generation.

general [xenerál] *a.* general: *en* ~, *por lo* ~, in general. *2* common. *3 m.* MIL. general.
generalidad [xeneraliðáð] *f.* generality; majority.
género [xénero] *m.* kind, sort. *2* race. *3* GRAM. gender. *4* BIOL., LOG. genus. *5* F. ARTS., LIT. genre. *6* COM. cloth, goods.
generoso [xeneróso] *a.* generous, liberal.
genial [xenjál] *a.* brilliant, inspired, of genius.
genio [xénjo] *m.* temper. *2* temperament. *3* genius.
gente [xénte] *f.* people, folk; nation; men.
gentil [xentíl] *a.-n.* gentile. *2 a.* courteous, graceful.
gentileza [xentiléθa] *m.* grace, charm. *2* politeness.
gentío [xentío] *m.* crowd, throng.
genuino [xenuíno] *a.* genuine, true.
geografía [xeoɣrafía] *f.* geography.
geográfico [xeoɣráfiko] *a.* geographic(al.
geranio [xeránjo] *m.* geranium.
gerente [xerénte] *m.* manager.
germen [xérmen] *m.* germ. *2* origin.
germinar [xerminár] *i* to bud, germinate.
gestión [xestjón] *f.* negotiation, conduct, management.
gestionar [xestjonár] *t.* to take steps to; to manage.
gesto [xésto] *m.* gesture: *hacer gestos a,* to make faces at.
gigante [xiɣánte] *m.* giant. *2 f.* giantess.
gigantesco [xiɣantésko] *a.* gigantic.
gimnasio [ximnásjo] *m.* gymnasium, gym.
girar [xirár] *i.* to gyrate, revolve, whirl, spin. *2 t.-i.* to draw.
girasol [xirasól] *m.* BOT. sunflower.
giratorio [xiratórjo] *a.* revolving.
giro [xíro] *m.* revolution, turn. *2* course, trend. *3* COM. draft; ~ *postal,* money order. *4* COM. trade.
gitano [xitáno] *a.-n.* gypsy.
globo [glóβo] *m.* globe, sphere. *2* world. *3* balloon.
gloria [glórja] *f.* glory. *2* heaven. *3* delight.
gloriarse [glorjárse] *p.* to boast of; to glory in.
glorificar [glorifikár] *t.*

to glorify. 2 *p.* GLORIARSE.

glorioso [glorjóso] *a.* glorious.

gobernación [goβernaθjón] *f. Ministerio de* ~, Home Office, °Department of the Interior.

gobernador [goβernaðór] *m.* governor, ruler.

gobernante [goβernánte] *a.* governing. 2 *m.-f.* governor, ruler.

gobernar [goβernár] *t.-i.* to govern, rule. 2 *t.* to lead. 3 to steer ‖ CONJUG. like *acertar.*

gobierno [goβjérno] *m.* government, cabinet, administration. 2 control, management.

goce [góθe] *m.* enjoyment, joy.

golfo [gólfo] *m.* gulf. 2 *m.-f.* street urchin.

golondrina [golondrína] *f.* swallow.

golosina [golosína] *f.* delicacy, sweet, titbit.

goloso [golóso] *a.* sweet-toothed.

golpe [gólpe] *m.* blow, strike, beat, hit, knock. coup d'état; *de* ~, suddenly.

golpear [golpeár] *t.-i.* to strike, beat, hit, knock.

goma [góma] *f.* gum, rubber. 2 eraser.

gordo [górðo] *a.* fat, stout. 2 thick.

gorjeo [gorxéo] *m.* trill, warble, chirping.

gorra [górra] *f.* cap, bonnet.

gorrión [gorrjón] *m.* sparrow.

gorro [górro] *m.* cap.

gota [góta] *f.* drop. 2 MED. gout.

gotera [gotéra] *f.* leak, drip, trickle.

gozar [goθár] *t.-i.* to enjoy, have. 2 *p.* to rejoice.

gozo [góθo] *m.* joy, delight, pleasure.

gozoso [goθóso] *a.* joyful, delighted.

grabación [graβaθjón] *f.* recording.

grabado [graβáðo] *a.* engraved, stamped. 2 *m.* engraving, print. picture.

grabar [graβár] *t.* to engrave. 2 to record.

gracia [gráθja] *f.* gracefulness. 2 charm. 3 kindness. 4 elegance. 5 joke, wittiness. 6 *tener* ~, to be funny; *¡gracias!*, thank you.

gracioso [graθjóso] *a.* graceful, charming. 2 gracious. 3 witty. 4 funny. 5 *m.-f.* THEAT. fool.

grado [gráðo] *m.* step. 2 degree. 3 grade. 4 rank, class.

graduación [graðwaθjón] *f.* graduation, grading. *2* strength. *3* MIL. rank. *4* admission to a degree.
graduar [graðuár] *t.* to graduate. *2* to gauge, measure. *3* *p.* to take a degree.
gráfico [gráfiko] *a.* graphic. *2* lifelike. *3* *f.* diagram.
gramática [gramátika] *f.* grammar.
gramo [grámo] *m.* gramme.
grana [grána] *f.* scarlet colour.
granada [granáða] *f.* BOT. pomegranate. *2* hand-grenade, shell.
gran, grande [gran, grán-de] *a.* large, big; great, grand.
grandeza [grandéθa] *f.* bigness. *2* greatness, grandeur.
grandioso [grandjóso] *a.* grand, magnificent.
granero [granéro] *m.* granary, barn.
granizo [graníθo] *m.* hail; hailstorm.
granja [gráŋxa] *f.* farm. *2* dairy.
grano [gráno] *m.* grain. *2* seed. *3* grape, corn. *4* pimple. *5* *ir al* ~, to come to the point.
grasa [grása] *f.* grease, fat, suet.
gratis [grátis] *adv.* gratis, free.
gratitud [gratitúð] *f.* gratitude gratefulness.
grato [gráto] *a.* pleasant.
grave [gráβe] *a.* heavy. *2* grave, weighty, serious. *3* difficult.
gravedad [graβeðáð] *f.* gravity. *2* seriousness.
graznar [graðnár] *i.* to caw. *2* to cackle.
greda [gréða] *f.* clay.
griego [grjéɣo] *a.-n.* Greek.
grieta [grjéta] *f.* crack.
grillo [gríʎo] *m.* cricket. *2* sprout. *3* *pl.* fetters.
gripe [grípe] *f.* flu, influenza.
gris [gris] *a.* grey.
gritar [gritár] *i.-t.* to shout, cry out, scream.
gritería, -o [gritería, -o] *f.* shouting, outcry, uproar.
grito [gríto] *m.* shout; cry, hoot.
grosella [groséʎa] *f.* red currant; gooseberry.
grosero [groséro] *a.* coarse. *2* rude. *3* *m.-f.* boor.
grotesco [grotésko] *a.* grotesque, ridiculous.
grúa [grúa] *f.* crane, derrick.
grueso [grwéso] *a.* thick. *2* fat, stout. *3* big. *4* *m.* bulk. *5* main body. *6* thickness.

gruñir [gruɲír] *i.* to grunt, growl. ¶ CONJUG. like *mullir.*

grupo [grúpo] *m.* group, cluster. *2* set, assembly.

guante [gwánte] *m.* glove.

guapo [gwápo] *a.* handsome, good-looking.

guardar [gwarðár] *t.* to keep, watch over. *2* to lay up, store. *3* to observe. *4 p.* to keep from.

guardia [gwárðja] *f.* guard: ~ *urbano,* policeman. *2* defense. *3 estar de* ~, to be on duty.

guardián [gwarðján] *m.-f.* guardian, watchman.

guarida [gwaríða] *f.* haunt, den, lair. *2* shelter.

guarnición [gwarniθjón] *f.* garrison.

guerra [gérra] *f.* war, warfare.

guerrear [gerreár] *i.* to wage war against, fight.

guerrero [gerréro] *m.-f.* warrior, soldier.

guerrillero [gerriʎéro] *m.* guerrilla, partisan.

guía [gía] *m.-f.* guide, leader. *2* guide-book. *3* ~ *de teléfonos,* directory.

guiar [giár] *t.* to guide, lead. *2* to drive, steer. *3* AER. to pilot.

guiñar [giɲár] *t.* to wink, blink.

guión [gión] *m.* hyphen; dash. *2* notes. *3* script.

guirnalda [girnálda] *f.* garland, wreath.

guisante [gisánte] *m.* pea, sweet pea.

guisar [gisár] *t.* to cook.

guitarra [gitárra] *f.* guitar.

gusano [gusáno] *m.* worm; caterpillar. *2* silkworm.

gustar [gustár] *t.* to taste. *2* to please. *3* to like: *me gusta,* I like.

gusto [gústo] *m.* taste. *2* flavour. *3* pleasure: *con mucho* ~, with pleasure.

gustosamente [gustósaménte] *adv.* with pleasure, gladly.

gustoso [gustóso] *a.* tasty. *2* pleasant. *3* glad.

H

haba [áβa] *f.* (broad) bean.

haber [aβér] *t. aux.* to have. *2* (with *de*) to have to, must. *3 impers. hay,* there is, there are. *4* (with *que*) it is necessary. *5 cinco días ha,* five days ago. ¶ CONJUG. INDIC. Pres.: *he, has, ha* or *hay; hemos* or habemos, habéis, *han.* | Imperf.: había, habías, etc. | Pret.: *hube, hubiste,* etc. | Fut.: *habré, habrás,* etc. || COND.: *habría, habrías,* etc. || SUBJ. Pres.: *haya, hayas,* etc. | Imperf.: *hubiera, hubieras,* etc., or *hubiese, hubieses,* etc. | Fut.: *hubiere, hubieres,* etc. || IMPER.: *he, haya; hayamos,* habed, *hayan.* || PAST. P.: habido. || GER.: habiendo.

habichuela [aβitʃwéla] *f.* kidney bean, French bean.

hábil [áβil] *a.* skilful, clever. *2* **-mente** *adv.* skilfully.

habilidad [aβiliðáð] *f.* ability, skill, cleverness.

habilitar [aβilitár] *t.* to enable. *2* to qualify.

habitación [aβitaθión] *f.* room.

habitante [aβitánte] *m.-f.* inhabitant; tenant.

habitar [aβitár] *t.-i.* to inhabit; to dwell, live.

hábito [áβito] *m.* habit, custom. *2* habit [of monk].

habitual [aβituál] *a.* habitual, customary.

hablador [aβlaðór] *a.* talkative. *2 m.-f.* chatterer.

hablar [aβlár] *i.* to speak [to], talk [to, with].

Hacedor [aθeðór] *m.* Maker.

hacer [aθér] *t.* to make [create, build]. *2* to do [perform, carry out]. *3 3* ~ *bien* o *mal,* to do it rightly, wrongly; ~ *burla de,* to mock; ~ *caso,* to pay attention; ~ *daño,* to hurt; ~ *pedazos,* to break to pieces; ~ *preguntas,* to ask questions. *4* i. *no hace al caso,* it is irrelevant; ~ *de,* to act as a [chairman]. *5 p.* to become, grow: *me hice limpiar los zapatos,* I had my shoes cleaned. *6* impers. *hace frío,* it's cold; *hace tres días,* three days ago; *hace un año que no le veo,* it's a year since I saw him; *se hace tarde,* it's getting late. ¶ CONJUG. INDIC. Pres.: *hago,* haces, etc. | Imperf.: hacía, hacías, etc. | Pret.: *hice, hiciste,* etc. | Fut.: *haré, harás,* etc. || CONJUG.: *haría, harías.* || SUBJ. Pres.: *haga, hagas,* etc. | Imperf.: *hiciera, hicieras,* etc., or *hiciese, hicieses,* etc. | Fut.: *hiciere, hicieres,* etc. || *haz, haga; hagamos,* haced, *hagan.* || PAST. P.: *hecho.* || GER.: haciendo.

hacia [áθja] *prep.* toward(s, to, for: ~ *adelante,* forwards; ~ *atrás,* backwards.

hacienda [aθjénda] *f.* farm. *2* (Am.) ranch. *3* property: ~ *pública,* Treasury, Exchequer.

hacha [átʃa] *f.* axe, hatchet. *2* torch.

hada [áða] *f.* fairy.

halagar [alaɣár] *t.* to flatter, coax, cajole.

halago [aláɣo] *m.* cajolery. *2* flattery.

halagüeño [alaɣwéɲo] *a.* attractive. *2* flattering. *3* promising.

halcón [alkón] *m.* hawk.

hálito [álito] *m.* breath.

hallar [aʎár] *t.* to find, come across, meet with. *2* to find out, discover. *3* to think. *5 p.* to be [present].

hallazgo [aʎáðɣo] *m.* finding, discovery.

hamaca [amáka] *f.* hammock, swing.

hambre [ámbre] *f.* hunger, starvation, famine: *tener* ~, to be hungry.

hambriento [ambrjénto] *a.* hungry. *2* greedy.

harapo [arápo] *m.* rag, tatter.

harina [arína] *f.* flour, meal, powder.

hartar [artár] *t.* to satiate, glut. *2* to fill up. *3* to tire, sicken. *4 p.* to become fed up [with].

harto [árto] *a.* satiated. *2* tired, sick; fed up [with].

hasta [ásta] *prep.* till, until; to, as far as; ~ *ahora,* till now; ~ *aquí,* so far; ~ *luego,* good-bye, see you later.

hastío [astío] *m.* disgust. *2* weariness.

hato [áto] *m.* herd; flock *2* gang, band.

hazaña [aθáɲa] *f.* deed, exploit, achievement.

he [e] adv. *heme aquí,* here I am.

hebilla [eβíʎa] *f.* buckle, clasp.

hebra [éβra] *f.* thread. *2* fibre, staple. *3* filament.

hebreo [eβréo] *a.-n.* Hebrew.

hectárea [eɣtárea] *f.* hectare.

hechicero [etʃiθéro] *m.-f.* bewitcher, magician. *3 m.* sorcerer, wizard. *4 f.* sorceress, witch.

hecho [étʃo] *p. p.* made, done. *2* grown. *3* ready--made. *4* used. *5 m.* fact. *6* happening. *7* act, feat.

hechura [etʃúra] *f.* making. *2* form, shape. *3* tailoring.

helada [eláða] *f.* frost.

helado [eláðo] *a.* frozen. *2* frost-bitten. *3* cold. *4 m.* ice-cream.

helar [elár] *t.* to freeze. *2* to frostbite. ¶ CONJUG. like *acertar.*

hembra [émbra] *f.* female. *2* MEC. nut.

hemisferio [emisférjo] *m.* hemisphere.

henchir [entʃír] *t.* to fill, stuff. *2* to swell. *3 p.* to be filled. ¶ CONJUG. like *servir.*

hender [endér] *t.-p.* to cleave, split, slit, crack. ¶ CONJUG. like *entender.*

hendidura [endiðúra] *f.* cleft, crevice, crack, slit, slot.

heno [éno] *m.* hay.

heraldo [eráldo] *m.* herald. *2* harbinger.

heredad [ereðáð] *f.* property, estate.

heredar [ereðár] *t.* to inherit.

heredero [ereðéro] *m.-f.* inheritor. *2 m.* heir. *3 f.* heiress.

herencia [erénθja] *f.* *f.* inheritance. *2* heredity.

herida [eríðа] *f.* wound, injury.

herido [eríðo] *a.* wounded, injured, hurt.

herir [erír] *t.* to wound, injure, hurt. *2* to offend. *3* to strike, hit. ¶ CONJUG. like *servir*.

hermana [ermána] *f.* sister: ~ *política*, sister-in-law.

hermandad [ermandáð] *f.* fraternity, brotherhood, sisterhood

hermano [ermáno] *m.* brother: ~ *político*, brother-in-law; *primo* ~, cousin german.

hermoso [ermóso] *a.* beautiful, fair, lovely. *2* handsome, good-looking.

hermosura [ermosúra] *a.* beauty, fairness.

héroe [éroe] *m.* hero.

heroico [eróiko] *a.* heroic.

heroína [eroína] *f.* heroine. *2* heroin [drug].

heroísmo [eroízmo] *m.* heroism.

herrador [erraðór] *m.* farrier, horseshoer.

herradura [erraðúra] *f.* horseshoe.

herramienta [erramjénta] *f.* tool, implement.

herrero [erréro] *m.* blacksmith, smith.

hervir [erβír] *i.* to boil. *2* to bubble. *3* to swarm. ¶ CONJUG. INDIC. Pres.: *hiervo, hierves, hierve;* hervimos, hervís, *hierven.* | Pret.: herví, herviste, *hirvió;* hervimos, hervisteis, *hirvieron.* ‖ SUBJ. Pres.: *hierva, hiervas, hierva; hirvamos, hirvais, hiervan.* | Imperf.: *hirviera, hirvieras,* etc., or *hirviese, hirvieses,* etc. | Fut.: *hirviere, hirvieres,* etc. ‖ IMPER.: *hierve, hierva; hirvamos,* hervid, *hiervan.* ‖ PAST. P.: hervido. ‖ GER.: *hirviendo.*

hidalgo [iðálɣo] *m.* nobleman, hidalgo.

hiel [jél] *f.* bile, gall. *2* bitterness, troubles.

hielo [jélo] *m.* ice. *2* frost. *3* coldness.

hierba [jérβa] *f.* grass.

hierro [jérro] *m.* iron.

hígado [íɣaðo] *m.* liver.

higiene [ixjéne] *f.* hygiene.

higiénico [ixjéniko] *a.* sanitary, hygienic.

higo [íɣo] *m.* fig.

hijo [íxo] *m.-f.* child; *m.* son; *f.* daughter: *hijo político,* son-in-law; *hija política,* daughter-in-law.

hilandero [ilandéro] *m.-f.* spinner.

hilar [ilár] *t.* to spin.
hilera [iléra] *f.* file, row.
hilo [ílo] *m.* thread. *2* yarn. *3* wire.
himno [ímno] *m.* hymn: ~ *nacional,* national anthem.
hincapié [iŋkapjé] m. *hacer* ~, to insist upon.
hincar [iŋkár] *t.* to drive [in], thrust [in]: ~ *el diente,* to bite. *2 p.* ~ *de rodillas,* to kneel down.
hinchar [intʃár] *t.* to swell; to blow up, pump up.
hípico [ípiko] *a.* equine, of horses: *concurso* ~, horse-race.
hipnotizar [iβnotiθár] *t.* to hypnotize.
hipócrita [ipókrita] *a.* hypocritical. *2 m.-f.* hypocrite.
hipódromo [ipóðromo] *m.* race-track, race-course.
hipoteca [ipotéka] *f.* mortgage.
hipótesis [ipótesis] *f.* hypothesis, supposition.
hipotético [ipotétiko] *a.* hypothetic(al.
hispánico [ispániko] *a.* Spanish.
hispanoamericano [ispanoamerikáno] *a.* Spanish-American.
historia [istórja] *f.* history.
historiador [istorjaðór] *m.-f.* historian.
histórico [istóriko] *a.* historic(al.
historieta [istorjéta] *f.* tale, short story.
hito [íto] *a.* fixed: *mirar de* ~ *en* ~, to look fixedly. *2 m.* landmark. mark.
hocico [oθíko] *m.* snout, muzzle, nose.
hogar [oɣár] *m.* fireplace, hearth. *2* home.
hoguera [oɣéra] *f.* bonfire, fire, blaze.
hoja [óxa] *f.* leaf [of tree, etc.]; blade [of grass, etc.]; petal. *2* sheet [of paper]. *3* foil, pane [of metal]; ~ *de afeitar,* razor blade. *4* shutter.
hojalata [oxaláta] *f.* tin-plate.
¡hola! [óla] *interj.* hello!, hullo!, hey!, I say!
holandés [olandés] *a.* Dutch. *2 m.* Dutchman.
holgado [olɣáðo] *a.* idle. *2* large, roomy. *3* loose. *4* comfortable.
holgar [olɣár] *i.* to rest. *2* to be idle. *3* to be needless. *4 p.* to enjoy oneself. *5 i.-p.* to be glad. ¶ CONJUG. like *contar.*
holgazán [olɣaθán] *a.* idle, lazy.

holocausto [olokáŭsto] *m.* sacrifice.
hollar [oʎár] *t.* to tread on, trample on.
hombre [ómbre] *m.* man [male; human bieng; mankind]. 2 husband.
hombro [ómbro] *m.* shoulder.
homenaje [omenáxe] *m.* homage.
homicida [omiθíða] *a.* homicidal. 2 *m.* murderer.
homogéneo [omoxéneo] *a.* homogeneous.
hondamente [óndaménte] *adv.* deeply.
hondo [óndo] *a.* deep, profound. 2 *m.* depth, bottom.
honesto [onésto] *a.* chaste. 2 honest, decent.
hongo [óŋgo] *m.* fungus, mushroom. 2 bowler [hat].
honor [onór] *m.* honour. 2 dignity, rank.
honorable [onoráβle] *a.* honourable.
honorario [onorárjo] *a.* honorary. 2 *m. pl.* professional fee.
honra [ónrra] *f.* honour, dignity.
honradamente [onrráðaménte] *adv.* honestly.
honradez [onrraðéθ] *f.* honesty, uprightness.
honrado [onrráðo] *a.* honest, upright, fair, just.
honrar [onrrár] *t.* to honour. 2 *p.* to be proud of.
honroso [onrróso] *a.* honourable.
hora [óra] *f.* hour; time: *¿qué ~ es?*, what time is it?
horario [orárjo] *m.* hour-hand. 2 time-table.
horca [órka] *f.* gallows. 2 hay-fork.
horchata [ortʃáta] *f.* orgeat.
horizontal [oriθontál] *a.-f.* horizontal.
horizonte [oriθónte] *m.* horizon.
hormiga [ormíɣa] *f.* ant.
hormigón [ormiɣón] *m.* concrete: *~ armado*, reinforced concrete.
hormiguero [ormiɣéro] *m.* ant-hill. 2 swarm of people.
horno [órno] *m.* oven; kiln; *alto ~*, blast-furnace.
horquilla [orkíʎa] *f.* pitchfork. 2 hairpin. 3 fork. 4 cradle.
horrendo [orréndo] *a.* awful, fearful, dreadful.
horrible [orríβle] *a.* horrible, fearful.
horror [orrór] *m.* horror, fright. 2 grimness.

horroroso [orroróso] *a.* horrible, dreadful. 2 frightful.
hortaliza [ortalíθa] *f.* vegetables, greens.
hortelano [orteláno] *m.* gardener; farmer.
hortensia [orténsja] *f.* hydrangea.
hospedaje [ospeðáxe] *m.* lodging, accomodation.
hospedar [ospeðár] *t.* to lodge, entertain. 2 *p.* to put up [at].
hospital [ospitál] *m.* hospital; infirmary.
hostia [óstja] *f.* Host; wafer.
hostil [ostíl] *a.* hostile,
hostilidad [ostiliðáð] *f.* hostility.
hotel [otél] *m.* hotel.
hoy [oĭ] *adv.* today; now.
hoyo [ójo] *m.* hole. 2 dent.
hoz [oθ] *f.* sickle. 2 ravine.
hueco [wéko] *a.-m.* hollow.
huelga [wélɣa] *f.* strike.
huelguista [welɣísta] *m.-f.* striker.
huella [wéʎa] *f.* tread. 2 print; track, footprint.
huérfano [wérfano] *a.-n.* orphan.
huerta [wérta] *f.* vegetable garden. 2 irrigated region.
huerto [wérto] *m.* orchard. 2 kitchen garden.
hueso [wéso] *m.* bone.
huésped [wéspeð] *m.-f.* guest.
huevo [wéβo] *m.* egg.
huida [uíða] *f.* flight, escape.
huir [uír] *i.* to flee, fly, escape, run away [from]. 2 *t.* to avoid, shun. ‖ CONJUG.: INDIC.: Pres.: *huyo, huyes, huye;* huimos, huis, *huyen.* | Pret: ; hui, huiste, *huyó;* huimos, huisteis, *huyeron.* ‖ SUBJ. PRES.: *huya, huyas,* etc. | Imperf.: *huyera, huyeras,* etc., or *huyese, huyeses,* etc. | Fut.: *huyere, huyeres,* etc. ‖ IMPERAT.: *huye, huya; huyamos,* huid, *huyan.* ‖ GER.: *huyendo.*
humanidad [umaniðáð] *f.* humanity. 2 mankind. 3 kindness. 4 corpulence. 5 *pl.* humanities.
humanitario [umanitárjo] *a.* humanitarian.
humano [umáno] *a.* human. 2 humane.
humear [umeár] *i.* to smoke.
humedad [umeðáð] *f.* humidity, moisture, dampness.

humedecer [umeðeθér] *t.* to moisten, wet. ¶ CONJUG. like *agradecer.*
húmedo [úmeðo] *a.* humid, moist, damp, wet.
humildad [umildáð] *f.* humility, humbleness.
humilde [umílde] *a.* humble. 2 meek. 3 **-mente** *adv.* humbly.
humillación [umiʎaθjón] *f.* humiliation.
humillar [umiʎár] *t.* to humble. 3 to shame. 4 to lower [one's head]. 5 *p.* to humble oneself.
humo [úmo] *m.* smoke. 2 steam, vapour.
humor [umór] *m.* humour, temper, mood: *buen, mal* ~, good, bad humour. 4 wit.
hundir [undír] *t.* to sink. 2 NAUT. to founder. 3 *p.* to sink. 4 to collapse.
huracán [urakán] *h.* hurricane.

I

Ida [íðа] *f.* going, departure: *billete de ~ y vuelta,* return ticket.
idea [iðéa] *f.* idea; notion. *2* purpose. *3* opinion.
ideal [iðeál] *a.-m.* ideal.
idear [iðeár] *t.* to conceive, think. *2* to plan, design.
idéntico [iðéntiko] *a.* identic(al.
identidad [iðentiðáð] *f.* identity, sameness.
identificar [iðentifikár] *t.* to identify.
idilio [iðíljo] *m.* idyll. *2* love relations.
idioma [iðjóma] *m.* language.
idiota [iðjóta] *a.* silly *2 m.-f.* idiot.
idolatrar [iðolatrár] *t.-i.* to idolize, worship.
idolatría [iðolatría] *f.* idolatry.
ídolo [íðolo] *m.* idol.
iglesia [iɣlésja] *f.* church.
ignorancia [iɣnoránθja] *f.* ignorance, illiteracy.
ignorante [iɣnoránte] *a.* ignorant. *2 m.-f.* ignoramus.
ignorar [iɣnorár] *t.* not to know.
igual [iɣwál] *a.* equal [to]. *2* the same. *3* level, even. *4 sin ~,* matchless. *5* adv. *~ que,* as well as; *me es ~,* I don't mind.
igualar [iɣwalár] *t.* to equalize. *2* to even, level. *3* to match.
igualdad [iɣwaldáð] *f.* equality, sameness.
igualmente [iɣwálménte]

adv. similarly. *3* likewise, also.

ilegal [ileɣál] *a*. illegal.

ileso [iléso] *a*. unharmed, unhurt.

ilimitado [ilimitáðo] *a*. unlimited, limitless.

iluminar [iluminár] *t*. to light up. *2* to enlighten.

ilusión [ilusjón] *f*. illusion, day-dream.

ilustrado [ilustráðo] *a*. cultured, educated.

ilustrar [ilustrár] *t*. to illustrate. *2* to explain. *3 p*. to learn.

ilustre [ilústre] *a*. celebrated, illustrious.

imagen [imáxen] *f*. image.

imaginación [imaxinaθjón] *f*. imagination, fancy.

imaginar [imaxinár] *t*. to imagine, fancy. *2 t.-p*. suppose.

imaginario [imaxinárjo] *a*. imaginative.

imán [imán] *m*. magnet. *2* loadstone.

imbécil [imbéθil] *a.-n*. stupid.

imitación [imitaθjón] *f*. imitation.

imitar [imitár] *t*. to imitate, ape; to follow.

impaciencia [impaθjénθja] *f*. impatience.

impaciente [impaθjénte] *a*. impatient, anxious.

imparcial [imparθjál] *a*. impartial, fair.

impartir [impartír] *t*. to impart, give, convey.

impecable [impekáβle] *a*. faultless.

impedimento [impeðiménto] *m*. impediment, hindrance, obstacle.

impedir [impeðír] *t*. to impede, hinder, prevent. ¶ CONJUG. like *servir*.

impenetrable [impenetráβle] *a*. impenetrable, impervious.

imperar [imperár] *i*. to rule, command, reign. *2* to prevail.

imperativo [imperatíβo] *a.-m*. imperative.

imperdible [imperðíβle] *m*. safety-pin.

impefección [imperfeɣθjón] *f*. imperfection.

imperfecto [imperféɣto] *a.-m*. imperfect.

imperial [imperjál] *a*. *a*. imperial.

imperio [impérjo] *m*. empire.

imperioso [imperjóso] *a*. domineering. *2* urgent.

impertinente [impertinénte] *a*. impertinent, impudent.

impetu [ímpetu] *m*. impetus, impulse. *2* rush.

impetuoso [impetwóso] *a* impetuous.

impiedad [impjeðáð] *f*. impiety.

impío [impío] *a.* impious.

implacable [implakáβle] *a.* relentless, inexorable.

implantar [implantár] *t.* to implant, establish.

implicar [implikár] *t.* to implicate. *2* to imply.

implorar [implorár] *t.* to implore, entreat, beg.

imponderable [imponderáβle] *a.* imponderable.

imponente [imponénte] *a.* impressive, imposing. *2* grandiose.

imponer [imponér] *t.* to impose. *2* to inspire. *3* to deposit. *4 p.* to assert oneself. *5* to be necessary. *6* to impose one's authority on.

importación [importaθjón] *f.* importation, imports.

importancia [importánθja] *f.* importance, consequence.

importante [importánte] *a.* important, urgent, serious.

importar [importár] *i.* to be important; to matter. *2* to amount to. *3* to import.

importe [impórte] *m.* amount.

importuno [importúno] *a.* importunate, inopportune annoying.

imposibilitar [imposiβilitár] *t.* to prevent. *2* to disable.

imposible [imposíβle] *a.* impossible. *2 m.* impossibility.

imposición [imposiθjón] *f.* imposition; tax, burden.

impotente [impoténte] *a.* impotent, powerless.

impregnar [impreɣnár] *t.* to impregnate. *2 p.* to be pervaded.

imprenta [imprénta] *f.* press; printing office.

imprescindible [impresθindíβle] *a.* indispensable.

impresión [impresjón] *f.* stamp, imprint. *2* footprint. *3* impression.

impresionante [impresjonánte] *a.* impressive.

impresionar [impresjonár] *t.* to impress, affect. *2* to touch. *3* to record sounds. *4 p.* to be moved.

impreso [impréso] *a.* printed. *2 m.* printed paper. *3* printed matter.

imprimir [imprimír] *t* to print; to stamp.

impropio [imprópjo] *a* improper. *2* unfitting.

improvisar [improβisár] *t.* to improvise.

improviso [improβíso] *a.* unexpected: *de ~*, suddenly.

impuesto [impwésto] *m.* tax, duty, levy.

impulsar [impulsár] *t.* to impel. *3* to drive, force.
impulso [impúlso] *m.* impulse. *2* force, push.
impuro [impúro] *a.* impure. *2* defiled. *3* lewd.
imputar [imputár] *t.* to impute to, attribute to.
inagotable [inaɣotáβle] *a.* inexhaustible.
inalterable [inalteráβle] *a.* unchangeable. *2* stable, fast.
inaudito [inaŭðíto] *a.* unheard-of. *2* monstrous.
inauguración [inaŭɣuraθjón] *f.* inauguration, opening.
inaugurar [inaŭɣurár] *t.* to inaugurate, open.
incalculable [iŋkalkuláβle] *a.* incalculable.
incansable [iŋkansáβle] *a.* untiring, tireless.
incapaz [iŋkapáθ] *a.* incapable. *2* unable, inefficient.
incendiar [inθendjár] *t.* to set fire to. *2* *p.* to catch fire.
incendio [inθénðjo] *m.* fire. *2* arson.
incentivo [inθentíβo] *m.* incentive, encouragement.
incertidumbre [inθertiðúmbre] *f.* uncertainty.
incesante [inθesánte] *a.* incessant, unceasing.
incidente [inθiðénte] *a.* incidental. *2* *m.* incident.
incienso [inθjénso] *m.* incense.
incierto [inθjérto] *a.* uncertain.
incitar [inθitár] *t.* to incite, rouse, urge, spur on.
inclemencia [inklemén-θja] *f.* inclemency. *2* hard weather.
inclinación [iŋklinaθjón] *f.* slope. *2* liking. *3* bow, nod.
inclinar [iŋklinár] *t.-p.* to slant, bow. *2* *t.* to dispose. *3* *p.* lean, be disposed.
incluir [iŋkluír] *t.* to include. *2* to enclose. ¶ CONJUG. like *huir*.
inclusive [iŋklusíβe] *adv.* including.
incluso [iŋklúso] *a.* included. *2* *adv,* even, besides.
incógnito [iŋkóɣnito] *a.-f.* unknown. *3* *adv.* incognito.
incoloro [iŋkolóro] *a.* colourless.
incomodar [iŋkomoðár] *t.* to annoy, trouble. *2* *p.* to become angry.
incomodidad [iŋkomoðiðáð] *f.* discomfort.
incómodo [iŋkómoðo] *a.* inconvenient, uncomfortable, cumbersome.

incomparable [iŋkomparáβle] *a.* incomparable.

incompleto [iŋkompléto] *a.* incomplete.

incomprensible [iŋkomprensíβle] *a.* incomprehensible.

inconsciente [iŋkonsθjénte] *a.* unconscious. *2* unaware. *3* thoughtless.

inconveniente [iŋkombenjénte] *a.* inconvenient. *2 m.* drawback.

incorporar [iŋkorporár] *t.* to incorporate. *2 p.* to sit up. *3* to join.

incredulidad [iŋkreðuliðáð] *f.* incredulity.

incrédulo [iŋkréðulo] *a.* incredulous; *2 m.-f.* unbeliever.

increíble [iŋkreíβle] *a.* incredible, unbelievable.

incrustar [iŋkrustár] *t.* to incrust. *2* to inlay.

incubadora [iŋkuβadóra] *f.* incubator.

incurrir [iŋkurrír] *i.* to incur. *2* to fall into.

incursión [iŋkursjón] *f.* raid, incursion.

indecente [indeθénte] *a.* obscene, indecent.

indecible [indeθíβle] *a.* unutterable, inexpressible.

indeciso [indeθíso] *a.* undecided. *2* hesitant.

indefenso [indefénso] *a.* defenceless.

indefinidamente [indefiníðaménte] *adv.* indefinitely.

indefinido [indefiníðo] *a.* vague. *2* GRAM. indefinite.

indemnización [indemniθaθjón] *f.* indemnification.

independencia [independénθja] *f.* independence.

independiente [independjénte] *a.* independent.

indicación [indikaθjón] *f.* indication. *2* hint.

indicar [indikár] *t.* to point out, show. *2* to hint.

indicativo [indikatíβo] *a.* indicative.

índice [índiθe] *m.* index, forefinger. *2* sign.

indicio [indíθjo] *m.* sign, token; clue; trace.

indiferencia [indiferénθja] *f.* indifference.

indiferente [indiferénte] *a.* indifferent.

indígena [indíxena] *a.* indigenous. *2 m.-f.* native.

indigestión [indixestjón] *f.* indigestion.

indignación [indiɣnaθjón] *f.* indignation, anger.

indignar [indiɣnár] *t.* to irritate, anger. *2 p.* to become indignant.

indigno [indíɣno] *a.* unworthy.

indio [índjo] *a.-n.* Indian. 2 Hindu.
indirecto [indiréɣto] *a.* indirect.
indiscutible [indiskutíβle] *a.* unquestionable.
indispensable [indispensáβle] *a.* indispensable.
individual [indiβiðuál] *a.* individual. 2 **-mente** *adv.* individually.
individuo [indiβíðwo] *a.-n.* individual.
índole [índole] *f.* nature. 2 class, kind.
inducir [induθír] *t.* to induce, instigate. ¶ CONJUG. like *conducir.*
indudable [induðáβle] *a.* doubtless. 2 **-mente** *adv.* certainly.
indulgencia [indulxénθja] *f.* indulgence, forbearance.
industria [indústrja] *f.* industry.
industrial [industrjál] *a.* industrial. 2 *m.* manufacturer.
inefable [inefáβle] *a.* ineffable, indescribable.
inercia [inérθja] *f.* indolence. 2 inertia.
inesperado [inesperáðo] *a.* unexpected.
inevitable [ineβitáβle] *a.* unavoidable.
inexperto [inespérto] *a.* inexperienced.
inexplicable [inesplikáβle] *a.* inexplicable.
infalible [imfalíβle] *a.* infalible; certain, sure.
infame [imfáme] *a.* hateful, odious, vile.
infancia [imfánθja] *f.* infancy, childhood.
infantería [imfantería] *f.* infantry: ~ *de marina,* marines.
infantil [imfantíl] *a.* infantile. 2 childish.
infección [imfeɣθjón] *f.* infection, contagion.
infeccioso [imfeɣθjóso] *a.* infectious, contagious.
infectar [imfeɣtár] *t.* to infect. 2 *p.* to become infected.
infeliz [imfelíθ] *a.* unhappy, wretched.
inferior [imferjór] *a.-n.* inferior. 2 *a.* lower.
inferioridad [imferjoriðáð] *f.* inferiority.
inferir [imferír] *t.* to infer. 2 to cause, do. ¶ CONJUG. like *hervir.*
infernal [imfernál] *a.* hellish, infernal.
infiel [imfjél] *a.* unfaithful. 2 *a.-n.* infidel, pagan.
infierno [imfjérno] *m.* hell, inferno.
infinidad [imfiniðáð] *f.* infinity, great quantity.
infinitafente [imfinitaménte] *adv.* infinitely.
infinito [imfiníto] *a.* infinite. 2 *m.* infinite space.

inflamación [imflamaθjón] *f.* inflammation.
inflamar [imflamár] *t.-p.* to inflame.
inflar [imflár] *t.* to inflate, blow up. *2 p.* to swell.
influencia [imfluénθja] *f.* influence.
influir [imfluír] *t.* to influence.
influjo [imflúxo] *m.* influence.
información [imformaθjón] *f.* information. *2* inquiry.
informar [imformár] *t.* to inform [tell]. *2 i.* to report. *3 p.* to inquire, find out.
informe [imfórme] *a.* shapeless. *2 m.* information, report. *3 pl.* references.
infortunio [imfortúnjo] *f.* misfortune. *2* mishap.
infundir [imfundír] *t.* to infuse, instill.
ingeniería [iŋxenjería] *f.* engineering.
ingeniero [iŋxenjéro] *m.* engineer.
ingenio [iŋxénjo] *m.* genius; mind, talent. *2* cleverness, wit. *3* machine.
ingenioso [iŋxenjóso] *a.* clever, ingenious.
ingenuo [iŋxénwo] *a.* frank, sincere; simple, naïve; ingenuos.
inglés [iŋglés] *a.* English. *2 m.* Englishman. *3 f.* Englishwoman.
ingratitud [iŋgratitúð] *f.* ingratitude.
ingrato [iŋgráto] *a.* ungrateful.
ingrediente [iŋgreðjénte] *m.* ingredient.
ingresar [iŋgresár] *i.* to enter; to become a member of; to join. *3 t.* to deposit [money].
ingreso [iŋgréso] *m.* entrance. *2 pl.* income.
inhumano [inumáno] *a.* inhuman, disgusting.
iniciador [iniθjaðór] *a.* initiating. *2 m.-f.* pioneer.
iniciar [iniθjár] *t.* to begin, start, initiate.
iniciativa [iniθjatíβa] *f.* initiative, enterprise.
inicuo [iníkwo] *a.* iniquitous, wicked.
iniquidad [inikiðáð] *f.* iniquity, wickedness.
injuria [iŋxúrja] *f.* ininsult, abuse, offence.
injuriar [iŋxurjár] *t.* to insult, abuse, offend.
injurioso [iŋxurjóso] *a.* insulting, injurious.
injustamente [iŋxústaménte] *adv.* unjustly.
injusticia [iŋxustíθja] *f.* injustice.
injusto [iŋxústo] *a.* unjust, unfair.

inmaculado [immakuláðo] *a.* immaculate, clean.
inmediatamente [immeðjátaménte] *adv.* immediately.
inmediato [immeðjáto] *a.* immediate. *2* close [to], next [to].
inmensidad [immensiðáð] *f.* immensity. *2* great number.
inmenso [imménso] *a.* immense. *2* vast, huge.
inmóvil [immóβil] *a.* motionless, fixed. *2* constant.
inmundo [immúndo] *a.* dirty, filthy.
inmune [immúne] *a.* immune, free, exempt.
inmutable [immutáβle] *a.* unchangeable.
innato [innáto] *a.* innate, inborn.
innecesario [inneθesárjo] *a.* unnecessary.
innumerable [innumeráβle] *a.* numberless.
inocencia [inoθénθja] *f.* *f.* innocence..
inocente [inoθénte] *a.-s.* innocent.
inodoro [onoðóro] *a.* odourless. *2 m.* toilet.
inofensivo [inofensíβo] *a.* harmless, inoffensive.
inolvidable [inolβiðáβle] *a.* unforgettable.
inquietar [iŋkjetár] *t.* to disturb, worry. *2* to vex, trouble. *3 p.* to be anxious.
inquieto [iŋkjéto] *a.* restless. *2* worried, anxious.
inquietud [iŋkjetúð] *f.* restlessness, anxiety.
inquirir [iŋkirír] *t.* to inquire into, search. ¶ CONJUG. like *adquirir.*
inscribir [inskriβír] *t.* to inscribe. *2 p.* to register.
inscripción [inskriβθjón] *f.* inscription. *2* registration.
insecticida [inseɣtiθíða] *m.* insecticide.
insecto [inséɣto] *m.* insect.
insensato [insensáto] *a.* stupid, foolish.
insensible [insensíβle] *a.* senseless. *2* callous.
insertar [insertár] *t.* to insert.
insigne [insíɣne] *a.* famous, eminent.
insignia [insíɣnja] *f.* badge, emblem. *2* pennant.
insignificante [insiɣnifikánte] *a.* insignificant.
insinuar [insinuár] *t.* to insinuate, hint.
insistencia [insisténθja] *f.* insistence.
insistir [insistír] *i.* to insist [on, that].
insolente [insolénte] *a.* impudent, rude.

insoportable [insoportáβle] *a.* unbearable.
inspección [inspeɣθjón] *f.* inspection, survey.
inspeccionar [inspeɣθjonár] *t.* to inspect, oversee, supervise, check.
inspector [inspeɣtór] *m.-f.* inspector, surveyor.
inspiración [inspiraθjón] *f.* inspiration.
inspirar [inspirár] *t.* to inspire, breathe in.
instalación [instalaθjón] *f.* installation. 2 plant.
instalar [instalár] *t.* to set up. 2 *p.* to settle.
instancia [instánθja] *f.* instance, request. 2 application.
instante [instánte] *m.* instant: *al* ~, immediately.
instar [instár] *t.* to beg, urge. 2 *i.* to be pressing.
instinto [instínto] *m.* instinct; impulse, urge.
institución [instituθjón] *f.* institution.
instituir [instituír] *t.* to establish, found. 2 LAW appoint [as heir]. ¶ CONJUG. like *huir*.
instituto [institúto] *m.* institute. 2 state secondary school.
instrucción [instruɣθjón] *f.* instruction, teaching, learning. 2 MIL. drill. 3 *pl.* orders.
instruir [instruír] *t.* to instruct, teach. 2 MIL. to drill. 3 *p.* to learn. ¶ CONJUG. like *huir*.
instrumento [instruménto] *m.* instrument, tool.
insular [insulár] *a.* insular. 2 *m.-f.* islander.
insultar [insultár] *t.* to insult; to call names.
insulto [insúlto] *m.* insult, affront, outrage.
insuperable [insuperáβle] *a.* unsurpassable.
intacto [intáɣto] *a.* intact, untouched.
integrante [inteɣránte] *a.* integral. 2 *m.-f.* member.
integrar [inteɣrár] *t.* to form, make up.
integridad [inteɣriðáð] *f.* integrity. 2 honesty.
íntegro [ínteɣro] *a.* complete. 2 honest.
intelectual [inteleɣtwál] *a.-n.* intellectual.
inteligencia [intelixénθja] *f.* intelligence, understanding.
inteligente [intelixénte] intelligent.
intención [intenθjón] *f.* intention, purpose, mind.
intensidad [intensiðáð] *f* intensity.
intensificar [intensifikár] *t.* to intensify.
intenso [inténso] *a.* intense, powerful, strong.

intentar [intentár] *t.* to try, attempt. 2 to intend.
intento [inténto] *m.* intent, purpose. *2* attempt.
intercambio [interkámbjo] *m.* interchange.
interés [interés] *m.* interest, concern.
interesante [interesánte] *a.* interesting.
interesar [interesár] *t.* to interest. *2* to concern. *3* MED. to affect. *4 i.* to be interesting. *5* to be necessary. *6 p.* to be interested.
interino [interíno] *a.* temporary.
interior [interjór] *a.* interior, inside. *2 m.* inland.
intermedio [interméðjo] *a.* intermediate. *2 m.* interval.
interminable [intermináβle] *a.* endless.
internacional [internaθjonál] *a.* international.
internado [internáðo] *m.* boarding school.
internar [internár] *t.* to intern, put into.
interno [intérno] *a.* internal, interior.
interponer [interponér] *t.* to interpose. *2 p.* to intervene.
interpretación [interpretaθjón] *f.* interpretation, explanation.
interpretar [interpretár] *t.* to interpret. *2* THEAT. to play.
intérprete [intérprete] *m.-f.* interpreter.
interrogar [interroɣár] *t.* to interrogate, question.
interrumpir [interrumpír] *t.* to interrupt, break off, block, hold up.
interrupción [interruβθjón] *f.* interruption; stoppage, holdup.
intervalo [interβálo] *m.* interval.
intervención [interβenθjón] *f.* intervention. *2* mediation.
intervenir [interβenír] *i.* to intervene. *2* to intercede. *3 t.* SURG. to operate upon.
intestino [intestíno] *a.* internal. *2 m.* intestine(s.
íntimamente [íntimaménte] *adv.* intimately.
intimar [intimár] *t.* to intimate. *2 i.-p.* to become intimate.
intimidad [intimiðáð] *f.* intimacy.
íntimo [íntimo] *a.* intimate. *2* private. *3* close.
intranquilo [intraŋkílo] *a.* restless, uneasy.
intrépido [intrépiðo] *a.* intrepid, dauntless.
introducción [introðuɣθjón] *f.* introduction.

introducir [introðuθír] *t.* to introduce. *2 p.* to get in(to.
inundación [inundaθjón] *f.* inundation, flood.
inundar [inundár] *t.* to inundate, flood.
inútil [inútil] *a.* useless. *2* **-mente** *adv.* uselessly.
invadir [imbaðír] *t.* to invade, overrun.
invasión [imbasjón] *f.* invasion.
invencible [imbenθíβle] *a.* invincible.
inventar [imbentár] *t.* to invent, find out.
invento [imbénto] *m.* invention, discovery.
inventor [imbentór] *m.-f.* inventor.
inversión [imbersjón] *f.* investment.
inverso [imbérso] *a.* inverse, reverse.
invertir [imbertír] *f.* to invert. *2* to spend [time]. *3* COM. to invest. ¶ CONJUG. like *hervir.*
investigación [imbestiɣaθjón] *f.* investigation, research.
investigador [imbestiɣaðór] *m.-f.* investigator, researcher.
investigar [imbestiɣár] *t.* to investigate, do research on.
invicto [imbíɣto] *a.* unconquered, unbeaten.
invierno [imbjérno] *m.* winter, wintertime.
invisible [imbisíβle] *a.* invisible.
invitación [imbitaθjón] *f.* invitation.
invitado [imbitáðo] *m.-f.* guest.
invitar [imbitár] *t.* to invite.
invocar [imbokár] *t.* to invoke, call on.
inyección [inǰeɣθjón] *f.* injection.
inyectar [inǰeɣtár] *t.* to inject.
ir [ir] *i.* to go: ~ *a caballo,* to ride on horseback; ~ *pie,* to go on foot; *¡vamos!,* come on!, let's go! *2 p.* to go away. ¶ CONJUG. INDIC. Pres.: *voy, vas, va; vamos, vais, van.* | Imperf.: *iba, ibas,* etc. | Pret.: *fui, fuiste,* etc. | Fut.: *iré, irás,* etc. || COND.: *iría, irías,* etc. || SUBJ. Pres.: *vaya, vayas,* etc. | Imperf.: *fuera, fueras,* etc., or *fuese, fueses,* etc. | Fut.: *fuere, fueres,* etc. || IMPER.: *ve, vaya; vayamos, id, vayan.* || PAST. P.: *ido.* || GER.: *yendo.*
ira [íra] *f.* anger, wrath.
iracundo [irakúndo] *a.* irate, irascible.

irritar [irritár] *t.* to irritate. 2 *p.* to become irritated.

isla [ízla] *f.* island; isle.

israelita [i(z)rraelíta] *a.* Jewish. 2 *m.* Jew. 3 *f.* Jewess.

istmo [ízmo] *m.* isthmus.

italiano [italjáno] *a.-n.* Italian.

itinerario [itinerárjo] *m.* itinerary, route.

izar [iθár] *t.* to hoist; to heave.

izquierdo [iθkjérðo] *a.* left-handed; crooked. 2 *f.* left hand: *a la* ~, to the left. 3 POL. the Left [wing].

J

jabalí [xaβalí] *m.* wild boar.

jabón [xaβón] *m.* soap.

jadeante [xaðeánte] *a.* panting, breathless.

jaguar [xaɣwár] *m.* ZOOL. jaguar.

jalea [xaléa] *f.* jelly.

jamás [xamás] *adv.* never, (not) ever.

jamón [xamón] *m.* ham.

japonés [xaponés] *a.-n.* japanese.

jaqueca [xakéka] *f.* headache.

jarabe [xaráβe] *m.* syrup.

jardín [xarðín] *m.* garden, flower garden.

jardinero [xarðinéro] *m.* gardener.

jarra [xárra] *f.* earthen jar. 2 *en jarras,* with arms akimbo.

jarro [xárro] *m.* jug, pitcher.

jaula [xáŭla] *f.* cage.

jazmín [xaðmín] *m.* BOT. jasmine.

jefe [xéfe] *m.* chief, head, leader.

jerez [xeréθ] *m.* sherry.

jeringa [xeríŋga] *f.* syringe.

jeringar [xeriŋgár] *t.* to inject. 2 to annoy.

jeroglífico [xeroɣlífiko] *m.* hieroglyph, puzzle.

Jesucristo [xesukrísto] *m.* Jesus Christ.

jilguero [xilɣéro] *m.* linnet, goldfinch.

jinete [xinéte] *m.* horseman, rider.

jira [xíra] *f.* picnic.

jirafa [xiráfa] *f.* giraffe.

jornada [xornáða] *f.*

f. day's journey. 2 working day.

jornal [xornál] *m.* day's wages. 2 day's work.

jornalero [xornaléro] *m.* day-labourer.

joroba [xoróβa] *f.* hump, hunch.

jorobado [xoroβádo] *m.-f.* hunch-back(ed.

jota [xóta] *f.* the letter *j.* 2 jota [dance].

joven [xóβen] *a.* young. 2 *m.-f.* youth, young man or woman.

joya [xója] *f.* jewel; gem.

joyería [xojería] *f.* jewellery, jeweller's [shop].

judía [xuðía] *f.* Jewess. 2 bean, kidney bean.

judicial [xuðiθjál] *a.* judicial.

judío [xuðío] *a.* Jewish. 2 *m.* Jew, Hebrew.

juego [xwéɣo] *m.* play. 2 game. 3 sport. 4 gambling. 5 set, service: ~ *de té,* tea set. 6 ~ *de palabras,* pun; *hacer* ~, to match; ~ *limpio,* fair play.

jueves [xwéβes] *m.* Thursday.

juez [xweθ] *m.* judge, justice; magistrate.

jugada [xuɣáða] *f.* move. 2 mean trick.

jugador [xuɣaðór] *m.-f.* player. 2 gambler.

jugar [xuɣár] *t.-i.* to play. 2 to gamble. ¶ CONJUG. INDIC. Pres.: *juego, juegas, juega;* jugamos, jugáis, *juegan.* ‖ SUBJ. Pres.: *juegue, juegues, juegue; juguemos,* juguéis, *jueguen.* ‖ IMPER.: *juega, juegue; juguemos,* jugad, *jueguen.*

jugo [xúɣo] *m.* juice.

jugoso [xuɣóso] *a.* juicy.

juguete [xuɣéte] *m.* toy.

juguetear [xuɣeteár] *i.* to play, romp, sport.

juguetón [xuɣetón] *a.* playful, frolicsome.

juicio [xwíθjo] *m.* judgement, wisdom. 2 LAW trial.

juicioso [xwiθjóso] *a.* judicious, sensible, wise.

julio [xúljo] *m.* July.

junio [xúnjo] *m.* June.

junta [xúnta] *f.* meeting.

juntamente [xúntaménte] *adv.* together.

juntar [xuntár] *t.* to assemble. 2 to gather, lay up, store. 3 to join, unite; to connect.

junto [xúnto] *a.* together. 2 *adv.* near, close: ~ *a,* close to.

juramento [xuraménto] *m.* oath: ~ *falso,* perjury. 2 curse.

jurar [xurár] *t.-i.* to swear: ~ *en falso,* to commit perjury.

jurisdicción [xurizðiɣθjón] *f.* jurisdiction.
justamente [xústaménte] *adv.* justly. *2* tightly. *3* just.
justicia [xustíθja] *f.* justice. *2* fairness, right.
justificar [xustifikár] *t.* to justify. *2* to vouch. *3 p.* to justify one's conduct.
1) **justo** [xústo] *adv.* justly, exactly. *2* closely.
2) **justo** [xústo] *a.* just. *2* righteous. *3* exact. *4* tight.
juvenil [xuβeníl] *a.* youthful.
juventud [xuβentúð] *f.* youth. *2* young people.
juzgado [xuðɣáðo] *m.* law-court, court of justice.
juzgar [xuðɣár] *i.* to judge. *2* to try. *3* to think.

K

kilo [kílo], **kilogramo** [kiloɣrámo] *m.* kilogram, kilogramme, kilo.
kilómetro [kilómetro] *m.* kilometre, kilometer.
kiosko [kjósko] *m.* kiosk.

L

la [la] *def. art. fem. sing.* the. 2 *obj. pron.* her; it; you.

labio [láβjo] *m.* lip.

labor [laβór] *f.* labour, work, task. 2 needlework.

laboratorio [laβoratórjo] *m.* laboratory.

laboriosidad [laβorjosiðáð] *f.* diligence, industry, laboriousness.

laborioso [laβorjóso] *a.* laborious, industrious, diligent.

labrador [laβraðór] *m.-f.* farmer, ploughman.

labranza [laβránθa] *f.* farming, husbandry.

labrar [laβrár] *t.* to work. 2 to plough, till.

labriego [laβrjéγo] *m.-f.* farm labourer, peasant.

lacio [láθjo] *a.* withered. 2 straight, lank.

ladera [laðéra] *f.* slope, hillside.

lado [láðo] *m.* side: *dejar a un ~*, to set aside; *al ~*, near by; *al ~ de,* beside; *por un ~ ... por otro,* on the one hand ... on the other hand.

ladrar [laðrár] *i.* to bark.

ladrillo [laðríʎo] *m.* brick, tile.

ladrón [laðrón] *m.-f.* thief, robber.

lágrima [láγrima] *f.* tear. 2 drop.

lagarto [laγárto] *m.* lizard.

lago [láγo] *m.* lake.

laguna [laγúna] *f.* pond, lagoon. 2 blank, gap.

lamentable [lamentáβle] regrettable, pitiful.
lamentar [lamentár] *t.* to deplore, regret, be sorry for. *2 p.* to complain.
lamento [laménto] *m.* wail, moan, complaint.
lamer [lamér] *t.* to lick.
lámina [lámina] *f.* sheet of metal. *2* engraving.
lámpara [lámpara] *f.* lamp, light. *2* valve, bulb.
lana [lána] *f.* wool.
lance [lánθe] *m.* throw, cast. *2* incident, affair. *3* move, turn. *4* second-hand.
lancha [lántʃa] *f.* launch, boat.
langosta [laŋgósta] *f.* locust. *2* lobster.
langostino [laŋgostíno] *m.* prawn, shrimp, cray-fish.
lanudo [lanúðo] *a.* woolly, fleecy. *2* un-couth.
lanza [lánθa] *f.* lance, spear. *2* shaft.
lanzar [lanθár] *t.* to throw, cast, fling, hurl. *2* to launch. *3 p.* to rush.
lapicero [lapiθéro] *m.* pencil.
lápida [lápiða] *f.* tablet; tombstone; slab.
lápiz [lápiθ] *m.* pencil.
largar [larɣár] *t.* to let go. *2* to give [a sigh]. *3 p.* to get out, leave.
1) **largo** [lárɣo] *adv.* largely. *2 m.* long, length. *3 pasar de* ~, to pass by.
2) **largo** [lárɣo] *a.* long.
larva [lárβa] *f.* larva; grub, maggot.
las [las] *def. art. f. pl.* the. *2 obj. pron. f. pl.* them; you [formal].
lástima [lástima] *f.* pity, grief: *¡qué* ~*!,* what a pity!
lastimar [lastimár] *t.* to hurt, injure; to offend. *2 p.* to get hurt.
lata [láta] *f.* tin-plate, tin, can: *dar la* ~, to annoy.
lateral [laterál] *a.* side [door].
latido [latíðo] *m.* beat, throb.
latigazo [latiɣáθo] *m.* lash. *2* crack.
látigo [látiɣo] *m.* whip.
latín [latín] *m.* Latin.
latir [latír] *i.* to beat, throb.
latitud [latitúð] *f.* breadth, width. *2* lat-itude.
latón [latón] *m.* brass.
laurel [laŭrél] *m.* laurel.
lavabo [laβáβo] *m.* wash-stand. *2* washroom. *3* lavatory, toilet.
lavadero [laβaðéro] *m.* washing-place. *2* laundry.

lavamanos [laβamános] *m.* wash-basin.
lavandería [laβandería] *f.* laundry.
lavar [laβár] *t.-i.* to wash; to wash up [dishes, etc.]; to clean. *2* to cleanse.
lazo [láθo] *m.* bow, knot, loop; lasso. *2* tie, bond.
le [le] *pers. pron. m. sing.; direct obj.* him; you [formal]. *2 indirect obj.* to him, to her, to it; to you [formal].
leal [leál] *a.* loyal, faithful. *2* fair.
lealtad [lealtáð] *f.* loyalty, fidelity.
lección [leɣθjón] *f.* lesson; class; lecture.
lector [leɣtór] *m.-f.* reader. *2* lecturer.
lectura [leɣtúra] *f.* reading: *libro de ~*, reader.
leche [létʃe] *f.* milk.
lechería [letʃería] *f.* dairy.
lechero [letʃéro] *a.* milky. *2 m.* milkman. *3 f.* milkmaid.
lecho [létʃo] *m.* bed. *2* river-bed. *3* stratum.
lechón [letʃón] *m.* sucking-pig.
lechuga [letʃúɣa] *f.* lettuce.
lechuza [letʃúθa] *f.* barn-owl.
leer [leér] *t.-i.* to read.
legal [leɣál] *a.* legal, lawful.
legalizar [leɣaliθár] *t.* to legalize, authenticate.
legar [leɣár] *t.* to will, bequeath.
legión [lexjón] *f.* legion.
legislación [lexizlaθjón] *f.* legislation.
legislador [lexizlaðór] *m.* legislator.
legislar [lexizlár] *t.* to legislate, enact laws.
legislatura [lexizlatúra] *f.* legislature. *2* legislative assembly [or body].
legítimo [lexítimo] *a.* legitimate. *2* genuine, real.
legua [léɣwa] *f.* league.
legumbre [leɣúmbre] *f. pl.* vegetables.
lejano [lexáno] *a* distant, remote, far off.
lejos [léxos] *adv.* far, far away, far off.
lema [léma] *m.* motto. *2* slogan.
lengua [léŋgwa] *f.* tongue. *2* language.
lenguaje [leŋgwáxe] *m.* language. *2* tongue, speech.
lentamente [léntaménte] *adv.* slowly.
lente [lénte] *m. f.* lens. *2* magnifying glass. *3 m. pl.* glasses, spectacles.

lento [lénto] *a.* slow.
leña [léɲa] *f.* firewood.
leñador [leɲaðór] *m.* woodcutter, woodman.
león [león] *m.* lion.
leona [leóna] *f.* lioness.
leopardo [leopárðo] *m.* leopard.
lepra [lépra] *f.* leprosy.
leproso [lepróso] *m.-f.* leper.
les [les] *pers. pron. m.-f.* them, to them; you, to you [formal].
lesión [lesjón] *f.* lesion, wound, injury.
lesionar [lesjonár] *t.* to hurt, wound, injure. 2 to damage.
letra [létra] *f.* letter. 2 printing type. 3 handwriting. 4 ~ *mayúscula,* capital letter; ~ *minúscula,* small letter. 5 COM. bill of exchange, draft. 6 *pl.* learning.
letrado [letráðo] *m.-f.* lawyer.
letrero [letréro] *m.* label. 2 sign, placard, poster, notice.
letrina [letrína] *f.* latrine, privy; sewer.
levadura [leβaðúra] *f.* leaven, yeast.
levantamiento [leβantamjénto] *m.* lifting, raising. 3 insurrection, revolt, uprising.
levantar [leβantár] *t.* to raise, lift, hoist. 2 to build. 3 to pick up. 4 to stir. 5 ~ *la mesa,* to clear the table. 6 ~ *acta* to draw up a statement. 7 ~ *la sesión,* to close the meeting. 8 *p.* to rise, get up; to rebel.
leve [léβe] *a.* light. 2 slight, trifling.
ley [leĭ] *f.* law; rule; act, statute.
leyenda [leǰénda] *f.* legend, story. 2 inscription.
liberal [liβerál] *a.-n.* liberal; generous.
libertad [liβertáð] *f.* liberty, freedom.
libertador [liβertaðór] *m.-f.* liberator, deliverer.
libertar [liβertár] *t.* to set free, liberate.
libra [líβra] *f.* pound [weight; coin]: ~ *esterlina,* pound sterling.
librar [liβrár] *t.* to free, deliver, save [from danger]. 2 to pass [sentence]. 3 to draw [a bill, etc.]. 4 to give [battle]. 5 *p. librarse de,* to get rid of.
libre [líβre] *a.* free: ~ *albedrío,* free will. 2 vacant. 3 at leisure.
libremente [líβreménte] *adv.* freely.
librería [liβrería] *f.* library; bookcase. 2 bookshop.
libreta [liβréta] *f.* notebook.

libro [líβro] *m.* book.
licencia [liθénθja] *f.* licence, permission. 2 MIL. leave.
licenciado [liθenθjáðo] *m.* EDUC. licenciate, bachellor. 2 lawyer. 3 discharged soldier.
lícito [líθito] *a.* lawful, licit, legal; fair, fust.
licor [likór] *m.* liquor; spirits.
lid [lið] *f.* contest, fight.
líder [líðer] *m.* leader.
lidiar [liðjár] *i.* to fight.
liebre [ljéβre] *f.* hare.
lienzo [ljénθo] *m.* linen cloth. 2 canvas.
liga [líɣa] *f.* garter. 2 mixture. 3 league.
ligar [liɣár] *t.* to tie, bind. 2 to join, unite.
ligereza [lixeréθa] *f.* lightness. 2 flippancy.
ligero [lixéro] *a.* light. 2 flippant. 3 *adv.* fast.
lila [líla] *f.* lilac.
lima [líma] *f.* file. 2 finish. 3 sweet lime.
limadura [limaðúra] *f.* filing.
limitar [limitár] *t.* to limit. 2 to cut down. 3 *i.* to border on. 4 *p.* to confine oneself to.
límite [límite] *m.* limit. 2 border.
limítrofe [limítrofe] *a.* neighbouring, bordering.
limón [limón] *m.* lemon.
limonada [limonáða] *f.* lemonade; lemon juice.
limosna [limózna] *f.* alms, charity.
limpiabotas [limpjaβótas] *m.* bootblack.
limpiar [limpjár] *t.* to clean, cleanse. 2 to wipe. 3 to clear.
limpieza [limpjéθa] *f.* cleanliness. clean(ing.
limpio [límpjo] *a.* clean. 2 neat, tidy. 3 honest. 4 clear, net. 5 fair [play].
linaje [lináxe] *m.* lineage, race: ~ *humano.* mankind.
lindo [líndo] *a.* pretty, nice.
línea [línea] *f.* line.
lino [líno] *m.* linen; flax.
linterna [lintérna] *f.* lantern, lamp.: ~ *eléctrica,* flashlight, torch.
lío [lío] *m.* bundel, parcel. 2 tangle, mess: *armar un ~,* to raise a rumpus: *¡qué ~!,* what a mess!
liquidación [likiðaθjón] *f.* liquefaction. 2 bargain sale.
liquidar [likiðár] *t.-p.* to liquefy. 2 *t.* to liquidate. 3 to murder.
líquido [líkiðo] *a.-n.* liquid, fluid. 2 net.
lira [líra] *f.* lira. 2 lyre.

lírico [líriko] *a.* lyric(al. *2 m.-f.* lyric poet.
lirio [lírjo] *m.* lily.
liso [líso] *a.* smooth, flat, even.
lisonja [lisóŋxa] *f.* flattery; compliment.
lisonjero [lisoŋxéro] *a.* flattering; promising.
lista [lísta] *f.* list, catalogue. *2* roll: *pasar* ~, to call the roll.
listo [lísto] *a.* ready. *2* quick. *3* finished. *4* clever.
literario [literárjo] *a.* literary.
literato [literáto] *m.-f.* writer, man-of-letters.
literatura [literatúra] *f.* literature.
litoral [litorál] *a.* coastal. *2 m.* coast, seaboard.
litro [lítro] *m.* litre.
liviano [liβjáno] *a.* lewd. *2* light; slight. *3* frivolous.
lo [lo] *neut. art.* the. *2 pers. pron. m. neut.* him; it; you [formal]; *lo que,* what.
lobo [lóβo] *m.* wolf.
lóbrego [lóβreɣo] *a.* dark, gloomy, sad.
lóbulo [lóβulo] *m.* lobe.
local [lokál] *a.* local. *2 m.* place, premises.
localidad [lokaliðáð] *f.* locality. *2* town. *3* seat.
localizar [lokaliθár] *t.* to localize; to locate, place, site.
loco [lóko] *a.* mad, crazy. *2 m.-f.* madman, madwoman. *3* fool.
locomotora [lokomotóra] *f.* railway engine.
locura [lokúra] *f.* madness, insanity, folly.
locutor [lokutór] *m.* announcer; TV. newscaster, newsreader; presenter.
lodo [lóðo] *m.* mud, mire.
lógico [lóxiko] *a.* logical. *2 f.* logic.
lograr [loɣrár] *t.* to get, achieve, attain, obtain. *2* to succeed [in + *ger.*], manage to.
logro [lóɣro] *m.* success, achievement. *2* gain, profit.
loma [lóma] *f.* hilloc.
lombriz [lombríθ] *f.* earthworm.
lomo [lómo] *m.* back. *2* loin. *3* sirloin.
lona [lóna] *f.* canvas, sail-cloth.
longitud [loŋxitúð] *f.* length, longitude.
lontananza [lontanánθa] *f.* background. *2 en* ~, in the distance.
loor [loór] *m.* praise.
loro [lóro] *m.* parrot.
los [los] *def. art. m. pl.* the. *2* ~ *que,* those, or they who or which. *3*

obj. pron. m. pl. them; you [formal].

losa [lósa] *f.* flagstone, slab. *2* gravestone.

lote [lóte] *m.* share, portion. *2* lot.

lotería [lotería] *f.* lottery; raffle.

loza [lóθa] *f.* china, fine earthenware, crockery.

lozanía [loθanía] *f.* luxuriance. *2* bloom, vigour.

lozano [loθáno] *a.* luxuriant. *2* blooming, vigorous.

lucero [luθéro] *m.* morning star, bright star.

lúcido [lúθiðo] *a.* clear, bright.

luciente [luθjénte] *a.* shining, bright.

lucir [luθír] *i.* to shine, glow. *2 t.* to display. *3 p.* to show off. *4* to shine, be successful. ¶ CONJUG.: INDIC. Pres.: *luzco,* luces, luce, etc. ‖ SUBJ. Pres.: *luzca, luzcas,* etc. ‖ IMPER.: luce, *luzca; luzcamos,* lucid, *luzcan.*

lucha [lútʃa] *f.* fight. *2* strife, struggle. *3* wrestling.

luchar [lutʃár] *i.* to fight. *2* to strive, struggle. *3* to wrestle.

luego [lwéɣo] *adv.* afterwards, next. *2* immediately. *3* later. *4 desde ~,* of course. *5 hasta ~,* so long. *6 conj.* therefore, then.

lugar [luɣár] *m.* place: *en primer ~,* firstly. *2* spot. *3* employment. *4* space. *5 en ~ de,* instead of. *6 dar ~ a,* to give rise to. *7 tener ~,* to take place, happen.

lujo [lúxo] *m.* luxury.

lujoso [luxóso] *a.* luxurious, costly.

lumbre [lúmbre] *f.* fire. *2* light.

luminoso [luminóso] *a.* bright, shining.

luna [lúna] *f.* moon: *~ de miel,* honeymoon; *estar en la ~,* fig. to be absent-minded. *2* mirror.

lunar [lunár] *a.* lunar. *2 m.* mole, beauty spot. *3* blemish.

lunes [lúnes] *m.* Monday.

luto [lúto] *m.* mourning: *ir de ~,* to be in mourning. *2* grief.

luz [luθ] *f.* light: *~ del día,* daylight; *dar a ~,* to give birth to; to publish.

LL

llaga [ʎáɣa] *f.* ulcer, sore; wound.

llama [ʎáma] *f.* flame, blaze. *2* ZOOL. llama.

llamamiento [ʎamamjénto] *m.* call, summons.

llamar [ʎamár] *t.* to call, summon; to name: ~ *por teléfono,* to telephone, call up. *2 i.* to knock; to ring the bell. *3 p.* to be called: *me llamo Juan,* my name is John.

llamativo [ʎamatíβo] *a.* showy, flashy, gaudy.

llano [ʎáno] *a.* flat, level, smooth. *2* frank. *3* simple [style]. *4 m.* plain.

llanto [ʎánto] *m.* crying, weeping, tears.

llanura [ʎanúra] *f.* flatness. *2* plain; prairie.

llave [ʎáβe] *f.* key. *2* cock, faucet. *3* wrench. *4* MUS. clef.

llegada [ʎeɣáða] *f.* arrival, coming.

llegar [ʎeɣár] *i.* to arrive [at; in]; to get at, reach. *2* to come to [an agreement]. *3* to amount to. *4* to get to [know]. *5 p.* to go to.

llenar [ʎenár] *t.* to fill [up]. *2* to fulfil. *3 p.* to get crowded.

lleno [ʎéno] *a.* full [of]; filled [with]; crowded [with]. *2 m.* THEAT. full house.

llevar [ʎeβár] *t.* to carry, convey, take. *2* to wear, have on [a hat]. *3* to lead, guide. *4* to keep [books]. *5* *p.* to take off. *6* to win [a prize]. *7* ~ *bien,* to get on well with.

llorar [ʎorár] *i.* to weep, cry.

llorón [ʎorón] a. *sauce* ~, weeping willow. 2 *m.-f.* crybaby.

llover [ʎoβér] *t.* to rain, shower: ~ *a cántaros,* to rain cats and dogs. ¶ CONJUG. like *mover.*

llovizna [ʎoβíðna] *f.* drizzle.

lluvia [ʎúβja] *f.* rain.

lluvioso [ʎuβjóso] *a.* rainy, wet.

M

macarrón [makarrón] *m.* macaroon. *2 pl.* macaroni.
maceta [maθéta] *f.* flower-pot.
macizo [maθíθo] *a.* massive, solid. *2 m.* flower-bed. *3* mass. *4* massif.
machacar [matʃakár] *t.* to pound, crush, mash.
machete [matʃéte] *m.* cutlass, cane knife.
macho [mátʃo] *a.* male. *2 m.* male. *3* he-mule: ~ *cabrío,* he-goat. *4* sledge-hammer.
madera [maðéra] *f.* wood.
madero [maðéro] *m.* log.
madrastra [maðrástra] *f.* stepmother.
madre [máðre] *f.* mother: ~ *patria,* mother country; ~ *política,* mother-in-law.
madreselva [maðresélβa] *f.* honeysuckle.
madrigal [maðriɣál] *m.* madrigal.
madrileño [maðriléɲo] *a.-n.* Madrilenian.
madrina [maðrína] *f.* godmother. *2* patroness.
madrugada [maðruɣáða] *f.* dawn; early morning.
madrugador [maðruɣaðór] *m.* early-riser.
madrugar [maðruɣár] *i.* to get up early.
madurar [maðurár] *t.* to mature, ripen. *2* to think over.
madurez [maðuréθ] *f.* maturity, ripeness.
maduro [maðúro] *a.* mature, ripe. *2* middle-aged.
maestría [maestría] *f.* mastery, skill.

maestro [maéstro] *a.* master, main, principal: *obra maestra,* masterpiece. *2 m.* master, teacher. *3 f.* (school)-mistress.
magia [máxja] *f.* magic.
mágico [máxiko] *a.* magic(al.
magisterio [maxistérjo] *m.* teaching, guidance, mastership. *2* teaching profession.
magistrado [maxistráðo] *m.* magistrate. *2* justice, judge.
magnate [maɣnáte] *m.* magnate; tycoon.
magnético [maɣnétiko] *a.* magnetic.
magnetófono [maɣnetófono] *m.* tape-recorder.
magnificencia [maɣnifiθénθja] *f.* magnificence, splendour.
magnífico [maɣnífiko] *a.* magnificent, splendid.
magnitud [maɣnitúð] *f.* magnitude, greatness; size.
mago [máɣo] *m.-f.* magician, wizard. 2 m. pl. *los Reyes Magos,* the Magi, the Three Wise Men.
mahometano [maometáno] *a.-s.* Mohammedan.
maíz [maíθ] *m.* maize, Indian corn.
maizal [maiθál] *m.* Indian-corn field.
majadero [maxaðéro] *a.* silly, stupid. *2 m.-f.* dolt, bore.
majar [maxár] *t.* to pound, grind, crush.
majestad [maxestáð] *f.* majesty, stateliness.
majestuoso [maxestwóso] *a.* majestic, stately.
1) **mal** [mal] *a.* apocopation of MALO. *2 adv.* badly, wrongly: ~ *que le pese,* in spite of him.
2) **mal** [mal] *m.* evil, ill, harm, wrong: *tomar a* ~, to take ill. *2* illness, disease.
malcriado [malkriáðo] *a.* *a.* ill-bred, coarse.
maldad [maldáð] *f.* wickedness, badness.
maldecir [maldeθír] *t.-i.* to curse, damn. *2* ~ *de,* to speak ill of. ¶ CONJUG. like *decir.*
maldición [maldiθjón] *f.* curse. *2* curse it!, damn!
maldito [maldíto] *a.* accursed, damned. *2* wicked.
malecón [malekón] *m.* pier, jetty, mole.
malestar [malestár] *m.* discomfort, uneasiness.
maleta [maléta] *f.* valise, suit-case: *hacer la* ~, to pack up.
maleza [maléθa] *f.* underbrush, thicket.

malgastador [malɣastaðór] *a.-n.* spendthrift.

malgastar [malɣastár] to waste, squander.

malhechor [maletʃór] *m.* evil-doer, criminal.

malicia [malíθja] *f.* malice. *2* slyness. *3* suspiciousness.

malicioso [maliθjóso] *a.* malicious, cunning, sly.

maligno [malíɣno] *a.* malignant, harmful.

malo [málo] *a.* bad, evil, wicked, vicious. *2* ill, harmful. *3* naughty, mischievous. *4* ill, sick: *estar malo,* to be ill. *5* *lo malo es que ...,* the trouble is that ... *6* interj. *¡malo!,* bad!

malograr [maloɣrár] *t.* to miss, waste. *2 p.* to fail.

malta [málta] *f.* malt.

maltratar [maltratár] *t.* to abuse, illtreat.

maltrato [maltráto] *m.* ill-treatment.

malvado [malβáðo] *a.* wicked. *2 m.-f.* villain.

malla [máʎa] *f.* mesh; network. *2* mail.

mamá [mamá] *f.* mummy [mother].

mamar [mamár] *t.* to suck.

mamífero [mamífero] *m.* mammal.

maná [maná] *m.* manna.

manada [manáða] *f.* herd, flock. pack, drove. *2* handful.

manantial [manantjál] *m.* source, spring.

mancebo [manθéβo] *m.* youth, young man.

manco [máŋko] *a.-n.* one--handed, armless [person].

mancha [mántʃa] *f.* stain, spot, blot.

manchar [mantʃár] *t.* to stain, soil; to defile.

mandamiento [mandamjénto] *m.* order, command. *2* LAW writ. *3* commandment.

mandar [mandár] *t.* to command, order. *2* to send. *3 i* to govern.

mandarina [mandarína] *f.* tangerine.

mandato [mandáto] *m.* command, order.

mandíbula [mandíβula] *f.* jaw, jaw-bone.

manejar [manexár] *t.* to manage, handle, wield.

manejo [manéxo] *m.* handling. *2* management. *3* intrigue.

manera [manéra] *f.* manner, mode, fashion: *de ~ que,* so that; *de ninguna ~,* by no means; *de todas maneras,* anyhow. *2* way, means. *3 pl.* manners, behaviour.

manga [máŋga] *f.* sleeve. *2* hose-pipe.

mango [máŋgo] *m.* handle. *2* BOT. mango.

manguera [maŋgéra] *f.* *f.* hose, hosepipe.

maní [maní] *m.* (Am.) peanut.

manía [manía] *f.* frenzy. *2* craze, whim. *3* deslike.

manicomio [manikómjo] *m.* lunatic asylum, mental hospital.

manifestación [manifestaθjón] *f.* manifestation. *2* statement. *3* POL. public demonstration.

manifestar [manifestár] *t.* to manifest, show, reveal. *2* to state, declare. ¶ CONJUG. like *acertar*.

manifiesto [manifjésto] obvious, evident.

maniobra [manjóβra] *f.* manœuvre. *2* RLY. shift.

manjar [maŋxár] *m.* food.

mano [máno] *f.* hand: ~ *de obra,* labourer; *echar una* ~, to lend a hand; *de segunda* ~, second-hand. *2* hand [of clock, etc.]. *3* round [of game].

mansión [mansjón] *f.* stay, sojourn. *2* dwelling.

manso [mánso] *a.* tame. *2* meek, mild. *3* quiet [water].

manta [mánta] *f.* blanket, travelling rug.

manteca [mantéka] *f.* fat; butter; lard.

mantecado [mantekáðo] *m.* butter bun. *2* ice-cream.

mantel [mantél] *m.* table-cloth.

mantener [mantenér] *t.* to maintain, support, keep. *2* to sustain, hold [up]. *3* *p.* to keep, continue.

mantenimiento [mantenimjénto] *m.* maintenance. 2 food; livelihood.

mantequilla [mantekíʎa] *f.* butter.

manto [mánto] *m.* mantle, cloak.

manual [manuál] *a.* manual. 2 *m.* handbook.

manufactura [manufaɣtúra] *f.* manufacture.

manufacturar [manufaɣturár] *t.* to manufacture.

manuscrito [manuskríto] *m.* manuscript.

manzana [manθána] *f.* apple. 2 block of houses.

manzano [manθáno] *m.* apple-tree.

maña [máɲa] *f.* skill, cunning, knack.

mañana [maɲána] *f.* morning, forenoon: *de* ~, early in the morning. *2* morrow. *3* *adv.* tomorrow.

mapa [mápa] *m.* map, chart.

maquillaje [makiʎáxe] *m.* make-up.

máquina [mákina] *f.* machine, engine: ~ *de afeitar,* safety-razor; ~ *de escribir,* typewriter; ~ *de vapor,* steam-engine.

maquinaria [makinárja] machinery.

maquinista [makinísta] *m.-f.* machinist. *2* mechanic. *3* engineer (US), engine driver.

mar [mar] *m.* or *f.* sea.

maravilla [maraβíʎa] *f.* wonder, marvel.

maravilloso [maraβiʎóso] *a.* wonderful, marvellous.

marca [márka] *f.* mark, brand. *2* SPORT record. *3 de* ~, first-class quality.

marcar [markár] *t.* to mark, brand; to stencil. *2* SPORT to score. *3* TELEPH. to dial.

marco [márko] *m.* frame, case. *2* mark [German coin].

marcha [mártʃa] *f.* march. *2* course. *3* running, working. *4* departure. *5* pace. *6 cambio de marchas,* gear-shift.

marchar [martʃár] *i.* to march, walk. *2* to go, proceed. *3* to work, run. *4 i.-p.* to leave.

marchitar [martʃitár] *t.-p.* to wither, fade.

marea [maréa] *f.* tide [of sea]: ~ *alta; baja,* high, low tide.

mareado [mareáðo] *a. a.* nauseated, sick, seasick, carsick, airsick. *2* dizzy, giddy. *3* annoyed.

marear [mareár] *t.* to sail. *2* to annoy. *3 p.* to become nauseated, sick. *4* to get dizzy.

mareo [maréo] *m.* sickness, seasickness. *2* dizzines. *3* annoyance.

marfil [marfíl] *m.* ivory.

margarita [maryaríta] *f.* daisy. *2* pearl.

margen [márxen] *m.-f.* margin. *2* border. *3* bank.

marido [maríðo] *m.* husband.

marina [marína] *f.* seacoast. *2* PAINT. sea-scape. *3* ships: ~ *de guerra,* navy; ~ *mercante,* merchant navy.

marinero [marinéro] *m.* mariner, sailor.

marino [maríno] *a.* marine: *azul* ~, navy blue. *2 m.* mariner, sailor.

mariposa [maripósa] *f.* butterfly.

marítimo [marítimo] *a.* maritime.

mármol [mármol] *m.* marble.

maroma [maróma] *f.* rope, tightrope.
marqués [markés] *m.* marquis. *2 f.* marchioness.
marrano [marráno] *a.* dirty. *2 m.* pig. *3 f.* sow.
marrón [marrón] *a.* brown, chestnut.
martes [mártes] *m.* Tuesday.
martillo [martíʎo] *m.* hammer.
martinete [martinéte] *m.* drop hammer.
mártir [mártir] *m.-f.* martyr.
martirio [martírjo] *m.* martyrdom. 2 torture.
marzo [márθo] *m.* March.
mas [mas] *conj.* but.
más [mas] *adv.* more. 2 *2 ~ grande,* bigger. 3 [with definite article] the most, or -est. 4 *~ bien,* rather; *~ que,* more than; *por ~ que,* however much; *no quiero nada ~,* I don't want anything else. 5 *m.* MATH. plus.
masa [mása] *f.* dough. 2 MAS. mortar. 3 PHYS. mass. 4 ELEC. ground. 5 volume. 6 crowd of pleople; the masses.
mascar [maskár] *t.* to chew. 2 to mumble [words].
máscara [máskara] *f.* mask, disguise; masked person.
mascota [maskóta] *f.* mascot.
masculino [maskulíno] *a.* masculine.
masticar [mastikár] *t.* to chew, masticate.
mástil [mástil] *m.* mast.
mata [máta] *f.* bush. 2 sprig. 3 head of hair.
matador [mataðór] *m.-f.* killer. 2 *m.* BULLF. matador, bullfighter.
matanza [matánθa] *f.* killing. 2 slaughter, butchery.
matar [matár] *t.* to kill, slay, murder. 2 to butcher. 3 to cancel [stamps]. 4 *p.* to commit suicide. 5 to kill one another.
matemáticas [matemátikas] *f. pl.* mathematics.
materia [matérja] *f.* matter. 2 substance, stuff: *primera ~,* raw material. 3 subject.
material [materjál] *a.-n.* material.
maternal [maternál] *a.* motherly, maternal.
matinal [matinál] *a.* early morning.
matiz [matíθ] *m.* hue; shade; nuance; touch.
matorral [matorrál] *m.* bush, thicket, heath.
matrícula [matríkula] *f.* list, roll; registration.

matricular [matrikulár] *t.-p.* to enroll, register. 2 *p.* to sign on for.

matrimonio [matrimónjo] *m.* marriage. 2 married couple.

maullar [maŭʎár] *i.* to mew, miaow.

máximo [máɣsimo] *a.* maximum, greatest, top.

mayo [májo] *m.* May.

mayor [majór] *a.* bigger, older. 2 the biggest; the oldest. 3 of age. 4 chief, main. 5 *m.* head. 6 *m. pl.* elders, superiors. 7 ancestors.

mayordomo [majorðómo] *m.* butler, steward.

mayoría [majoría] *m.* majority. 2 full age.

mayorista [majorísta] *m.* wholesaler.

mayormente [majórménte] *adv.* chiefly, principally.

mayúsculo [majúskulo] *a.* large. 3 *f.* capital letter.

mazo [máθo] *m.* mallet.

mazorca [maθórka] *f.* ear of corn.

me [me] *pron.* me.

mecánica [mekánika] *f.* mechanics; mechanism, works.

mecánico [mekániko] *a.* mechanical. 2 *m.* mechanic, engineer.

mecanismo [mekanízmo] *m.* mechanism.

mecanógrafo [mekanóɣrafo] *m.-f.* typist.

mecer [meθér] *t.-p.* rock, swing.

mecha [métʃa] *f.* wick.

medalla [meðáʎa] *f.* medal.

media [méðja] *f.* stocking. 2 MATH. mean.

mediado [meðjáðo] adv. *a mediados de,* about the middle of.

mediano [meðjáno] *a.* middling, moderate. 2 mediocre. 3 average.

medianoche [meðjanótʃe] *f.* midnight.

mediante [meðjánte] *a.* *Dios* ~, God willing. 2 *adv.* by means of.

mediar [meðjár] *i.* to be at the middle. 2 to intervene. 3 to elapse.

medicina [meðiθína] *f.* medicine.

médico [méðiko] *m.* doctor, physician, surgeon.

medida [meðiða] *f.* measure, measurement. 2 proportion: *a* ~ *que,* as. 3 step. 4 moderation.

medio [méðjo] *a.* half. 2 middle, mean, average. 3 medium. 4 mid. 5 *adv.* half, partially. 6 *m.* middle, midst. 7 means: *por* ~ *de,* by means of. 8 environment.

mediodía [meðjoðía] *m.* noon, midday; south.

medir [meðír] *t.* to measure. *2* to scan [verse]. ¶ CONJUG. like *servir.*

meditación [meðitaθjón] *f.* meditation.

meditar [meðitár] *t.-i.* to think over, ponder.

mediterráneo [meðiterráneo] *a.-n.* Mediterranean [Sea].

medrar [meðrár] *i.* to grow, thrive, improve.

medroso [meðróso] *a.* fearful, fainthearted.

médula [méðula] *f.* marrow; pith.

mejicano [mexikáno] *a.-n.* Mexican.

mejilla [mexíʎa] *f.* cheek.

mejor [mexór] *comp.* of *bueno,* better; *superl.* the best. *2 adv.* rather.

mejorar [mexorár] *t.* to better, improve. *2 i.-p.* to recover, get better. *4* to clear up.

mejoría [mexoría] *f.* betterment, improvement.

melancolía [melaŋkolía] *f.* melancholy, low spirits.

melancólico [melaŋkóliko] *a.* melancholy, sad.

melena [meléna] *f.* mane. *2* loose hair.

melocotón [melokotón] *m.* peach.

melodía [meloðía] *f.* melody, tune, air.

melódico [melóðiko] *a.* melodic.

melodioso [meloðjóso] *a.* melodious, tuneful.

melón [melón] *m.* BOT. melon.

membrana [membrána] *f.* membrane; web.

memorable [memoráβle] *a.* memorable.

memoria [memórja] *f.* memory: *de* ~, by heart. *2* recollection; remembrance: *hacer* ~, to remind. *3* memoir, record, statement. *4 pl.* memoirs.

mención [menθjón] *f.* mention.

mencionar [menθjonár] *t.* to mention, cite.

mendigo [mendíɣo] *m.-f.* beggar.

menear [meneár] *t.* to shake, stir. *2 t.-p.* to wag, move. *3 p.* to hustle, *4* to be loose.

menester [menestér] *m.* need, want: *ser* ~, to be necessary.

menguar [meŋgwár] *i.* to decrease; to wane. *2* to decay.

menor [menór] *a.* smaller, lesser; younger: ~ *de edad,* under age; minor. *3 m.-f.* minor. *4* adv. *al por* ~, by [at] retail.

menos [ménos] *adv.* less: *al* ~, at least; *a* ~ *que,* unless; *por lo* ~, at least; *venir a* ~, to decline. *2* fewer. *3* minus. *4* to. *5* except.

mensaje [mensáxe] *m.* message.

mensajero [mensaxéro] *m.-f.* messenger. *2* carrier [-pigeon].

mensual [menswál] *a.* monthly, a month.

menta [ménta] *f.* peppermint, mint.

mental [mentál] *m.* mental, intellectual. *2* **-mente** *adv.* mentally.

mentar [mentár] *t.* to name, mention. ¶ CONJUG. like *acertar.*

mente [ménte] *f.* mind, intelligence, understanding.

mentir [mentír] *i.* to lie. ¶ CONJUG. like *sentir.*

mentira [mentíra] *f.* lic, fib, falsehood.

mentiroso [mentiróso] *a.* lying. *2 m.-f.* liar.

menú [menú] *m.* menu, bill of fare.

menudo [menúðo] *a.* small, minute, tiny. *2 a* ~, often.

meramente [méraménte] *adv.* merely, purely.

mercader [merkaðér] *m.* merchant, dealer, trader.

mercado [merkáðo] *m.* market.

mercancía [merkanθía] *f.* goods, merchandise.

mercante [merkánte] *a.* merchant.

mercantil [merkantíl] *a.* mencantile, trading.

merced [merθéð] *f.* favour. *2* mercy. *3 a* ~ *de,* at the mercy of; *vuestra (vuesa, su) Merced,* you, sir; ~ *a,* thanks to.

mercería [merθería] *f.* haberdashery, *notions store.

mercurio [merkúrjo] *m.* quicksilver, mercury.

merecer [mereθér] *t.-i.* to deserve. *2 t.* to be worth. ¶ CONJUG. like *agradecer.*

merecimiento [mereθimjénto] *m.* merit, deserts.

merengue [meréŋge] *i.* meringue.

meridiano [meriðjáno] *a.-n.* meridian. *2 a.* bright.

meridional [meriðjonál] *a.* southern.

merienda [merjénda] *f.* afternoon snack; tea.

mérito [mérito] *m.* merit, worth, value.

mermelada [mermeláða] *f.* marmalade; jam.

mero [méro] *a.* mere, simple. *2 m.* ICHTH. grouper.

mes [mes] *m.* month.

mesa [mésa] *f.* table: ~ *de noche,* bed-side table.
meseta [meséta] *f.* table-land, plateau.
mesón [mesón] *m.* inn, hostelry.
mesonero [mesonéro] *m.-f.* innkeeper.
mestizo [mestíθo] *a.* mongrel, half-breed.
meta [méta] *f.* SPORT goal. *2* aim, purpose.
metal [metál] *m.* metal.
metálico [metáliko] *a.* metallic. *2 m.* cash.
meteoro [meteóro] *m.* meteor.
meter [metér] *t.* to put [in], place, insert, introduce [in], get [in]. *2* to make [a noise]. *3 p.* to get involved in. *4* to interfere. *5* ~ *con,* to quarrel with.
método [métoðo] *m.* method.
métrico [métriko] *a.* metric(al. *2 f.* prosody.
metro [métro] *m.* metre. *2* underground, tube.
metrópoli [metrópoli] *f.* metropolis, mother country.
mezcla [méθkla] *f.* mixture; blend(ing. *2* MAS. mortar.
mezclar [meθklár] *t.-p.* to mix. *2 p.* to interfere.
mezquino [meθkíno] *a.* poor. *2* niggardly. *3* short, mean. *4* wretched.
mi [mi] *poss. a.* my.
mí [mi] *pers. pron.* me, myself.
miau [mjáŭ] *m.* mew(-ing, miaow.
mico [míko] *m.* monkey.
microbio [mikróβjo] *m.* microbe.
micrófono [mikrófono] *m.* microphone; mouthpiece.
microscopio [mikroskópjo] *m.* microscope.
miedo [mjéðo] *m.* fear, dread: *tener* ~, to be afraid.
miedoso [mjeðóso] *a.* fearful, fainthearted.
miel [miél] *f.* honey: *luna de* ~, honey-moon.
miembro [mjémbro] *m.* member, limb. *2* associate.
mientras [mjéntras] *adv.-conj.* while: ~ *tanto,* meanwhile. *2* ~ *que,* while.
miércoles [mjérkoles] *m.* Wednesday.
mies [mjés] *f.* wheat, con, grain. *2 pl.* cornfields.
miga [míɣa] *f.* bit. *2* crumb. *3 pl.* fried crumbs. *4* fig. marrow, substance. *5 hacer buenas migas con,* to get along well with.
migración [miɣraθjón] *f.* migration.

mil [mil] *a.-m.* thousand.
milagro [miláɣro] *m.* miracle, wonder, marvel.
milagroso [milaɣróso] *a.* miraculous.
milésimo [milésimo] *a.-n.* thousandth.
milicia [milíθja] *f.* art of warfare. *3* militia.
militar [militár] *a.* military. *2 m.* soldier. *3 i.* to serve in the army.
milla [míʎa] *f.* mile.
millar [miʎár] *m.* thousand.
millón [miʎón] *m.* million.
millonario [miʎonárjo] *-a.-n.* millionaire.
mimar [mimár] *t.* to spoil, pamper, indulge.
mimbre [mímbre] *m.* osier, wicker, willow.
mimo [mímo] *m.* mime. *2* petting. *3* pampering.
mina [mína] *f.* mine. *2* underground passage.
mineral [minerál] *a.-n.* mineral. *2 m.* ore.
minero [minéro] *m.* miner. *2 a.* mining.
miniatura [minjatúra] miniature.
mínimo [mínimo] *a.* least, smallest. *2 m.* minimum.
ministerio [ministérjo] *m.* ministry, cabinet. *2 ~ de Asuntos Exteriores,* Foreing Office; *Department of State; *~ de Gobernación,* Home Office; *Department of the Interior.
ministro [minístro] *m.* minister.
minoría [minoría] *f.* minority.
minucioso [minuθjóso] *a.* minute, detailed.
minutero [minutéro] *a.* minute hand.
minuto [minúto] *m.* minute.
mío [mío] *poss. a.* my, my own, of mine. *2 poss. pron.* mine.
mira [míra] *f.* sight. *2* purpose, aim.
mirada [miráða] *f.* look, glance; gaze; stare.
mirador [miraðór] *m.* belvedere. *2* oriel window.
mirar [mirár] *t.* to look at, gaze; to watch. *2* to consider. *3* to face. *4 ¡mira!,* look!, behold!
misa [mísa] *f.* mass.
miserable [miseráβle] *a.* miserable, wretched. *2* miserly.
miseria [misérja] *f.* misery, wretchedness. *2* poverty.
misericordia [miserikórðja] *f.* mercy, pity.
mísero [mísero] *a.* miserable, wretched.
misión [misjón] *f.* mission.

misionero [misjonéro] *a.-n.* missionary.
mismo [mízmo] *adv.* right: *ahora* ~, right now. *2 así* ~, likewise. *3 a.* same. *4* myself, yourself, ourselves, etc.
misterio [mistérjo] *m.* mystery.
misterioso [misterjóso] *a.* mysterious.
mitad [mitáð] *f.* half. *2* middle.
mitin [mítin] *m.* meeting.
mixto [místo] *a.* mixed. *2 m.* match. *3 tren* ~, passenger and goods train.
mobiliario [moβiljárjo] *m.* furniture.
mocedad [moθeðáð] *f.* youth.
moción [moθjón] *f.* motion, movement.
mochila [motʃíla] *f.* knapsack. *2* haversack.
moda [móða] *f.* fashion, mode, style: *estar de* ~, to be in fashion.
modales [moðáles] *m. pl.* manners.
modelar [moðelár] *t.* to model, mould.
modelo [moðélo] *m.* model, pattern.
moderno [moðérno] *a.* modern, up-to-date.
modestia [moðéstja] *f.* modesty.
modesto [moðésto] *a.* modest, unpretentious.
módico [móðíko] *a.* reasonable, fair, moderate.
modificación [moðifikaθjón] *f.* modification.
modificar [moðifikár] *t.-p.* to modify.
modismo [moðízmo] *m.* idiom.
modo [móðo] *m.* manner, way: ~ *de ser,* nature; *de cualquier* ~, anyway; *de ningún* ~, by no means; *de todos modos,* at any rate. *2* GRAM. mood. *3 pl.* manners.
mofa [mófa] *f.* mockery, jeer: *hacer* ~ *de,* to make fun of.
mofar [mofár] *i.-p.* to mock, jeer, make fun of.
mohíno [moíno] *a.* moody. *2* black [horse].
moho [móo] *m.* mo(u)ld, mildew. *2* rust.
mohoso [moóso] *a.* mo(u)ldy, musty. *2* rusty.
mojado [moxáðo] *a.* wet, damp, moist.
mojar [moxár] *t.* to wet, damp. *2* to dip. *3 p.* to get wet.
molde [mólde] *m.* mo(u)ld.
molécula [molékula] *f.* molecule.
moler [molér] *t.* to grind, pound. *2* to beat up. ¶ CONJUG. like *mover.*

molestar [molestár] *t.* to vex, upset, trouble, annoy. *2 p.* to bother.

molestia [moléstja] *f.* annoyance, nuisance, trouble.

molesto [molésto] *a.* annoying, troublesome.

molinero [molinéro] *m.* miller.

molino [molíno] *m.* mill.

momentáneamente [momentáneaménte] *adv.* instantly, promptly.

momento [moménto] *m.* moment, instant: *al ~,* at once.

monaguillo [monaɣíʎo] *m.* altar boy, acolyte.

monarca [monárka] *m.* monarch, sovereign.

monarquía [monarkía] *f.* monarchy, kingdom.

monasterio [monastérjo] *m.* monastery.

mondar [mondár] *t.* to trim. *2* to peel.

moneda [monéðа] *f.* coin; money; currency.

monedero [moneðéro] *m.* money-bag; purse.

monería [monería] *f.* grimace. *2* trifle, gewgaw.

monja [móŋxa] *f.* nun, sister.

monje [móŋxe] *m.* monk.

mono [móno] *a.* pretty, *cute. *2 m.* ZOOL. ape. *3* overalls.

monopolio [monopóljo] *m.* monopoly.

monótono [monótono] *a.* monotonous.

monstruo [mónstrwo] *m.* monster; freak.

monstruoso [monstruóso] *a.* monstrous, freakish.

montaña [montáɲa] *f.* mountain. *2* highlands.

montañoso [montaɲóso] *a.* mountainous.

montar [montár] *i.-p.* to mount, get on; to stradle. *2 i.* to ride. *3 ~ en cólera,* to fly into a rage. *4 t.* to mount on a horse. *5* to ride [a horse, etc.]. *6* to amount to. *7* to set up [machinery].

monte [mónte] *m.* mount, mountain, hill. *2* woods. *3 ~ de piedad,* public pawnshop.

montículo [montíkulo] *m.* hillock.

montón [montón] *m.* heap, pile. *2* lot, crowd.

monumento [monuménto] *m.* monument, memorial.

moño [móɲo] *m.* chignon, bun [of hair].

morada [moráða] *f.* abode, home. *2* stay.

morado [moráðo] *a.-n.* dark purple.

moral [morál] *a.* moral. *2 f.* morals, morality. *3* [of army] morale.

moralidad [moraliðáð] *f.* morality, morals.
morar [morár] *i.* to live.
morcilla [morθíʎa] *f.* blood sausage.
morder [morðér] *t.* to bite; gnaw. *2* to corode. ¶ CONJUG. like *mover*.
moreno [moréno] *a.* brown, dark.
moribundo [moriβúndo] *m.-f.* moribund, dying person.
morir [morír] *i.* to die. ¶ CONJUG. like *dormir*. | P. p.: *muerto*.
morisco [morísko] *a.* Moorish. *2* *a.-n.* HIST. Morisco.
moro [móro] *a.* Moorish. *2* Moslem. *3* spotted [horse]. *4* *m.* Moor.
morral [morrál] *m.* nose-bag. *2* game-bag. *3* knapsack.
morro [mórro] *m.* knob. *2* knoll. *3* thick lips.
mortadela [mortaðéla] *f.* Bologna sausage.
mortal [mortál] *a.-n.* mortal. *2* **-mente** *adv.* mortally, deadly.
mortalidad [mortaliðáð] *f.* mortality.
mortandad [mortandáð] *f.* massacre, butchery, slaughter.
mortero [mortéro] *m.* mortar.
mortificación [mortifikaθjón] *f.* mortification. *2* annoyance.
mortificar [mortifikár] *t.-p.* to mortify. *2* *t.* to annoy, vex.
mosaico [mosáĭko] *a.-m.* mosaic.
mosca [móska] *f.* fly.
mosquitero [moskitéro] *m.* mosquito-net.
mosquito [moskíto] *m.* *m.* mosquito; gnat.
mostrador [mostraðór] *m.* counter.
mostrar [mostrár] *t.* to show, display. *2* to point out. *3* to demonstrate. *4* *p.* to prove to be. ¶ CONJUG. like *contar*.
motivar [motiβár] *t.* to give rise to.
motivo [motíβo] *m.* motive, reason: *con ~ de,* owing to.
motocicleta [motoθikléta] *f.* motor-cycle.
motor [motór] *m.* motor. *2* engine.
mover [moβér] *t.* to move; to stir, shake; to excite. ¶ CONJUG. INDIC. Pres.: *muevo, mueves, mueve;* movemos, movéis, *mueven.* || SUBJ. Pres.: *mueva, muevas, mueva;* movamos, mováis, *muevan.* || IMPER.: *mueve, mueva;* movamos, moved, *muevan.*

móvil [móβil] *a.* movable, mobile. *2 m.* motive.

movimiento [moβimjénto] *m.* movement, motion. *2* agitation.

mozo [móθo] *a.* young. *2 m.* young man, lad. *3* waiter, porter.

muchacho [mutʃátʃo] *a.* young [person]. *2 m.* boy, lad. *3 f.* girl, lass. *4* maidservant.

muchedumbre [mutʃeðúmbre] *f.* multitude, crowd, throng, mass.

mucho [mútʃo] *adv.* much, a great deal, a lot: *por ~ que,* however much. *2* long, longtime. *3 a.-pron.* much, plenty of, a good or great deal of, a lot of. *4 pl.* many, lots of, a large number of.

mudanza [muðánθa] *f.* change. *2* removal. *3* fickleness.

mudar [muðár] *t.* to change. *2* to remove, move. *3* to mo(u)lt. *4 p.* to change; to move.

mudo [múðo] *n.* dumb, silent.

mueble [mwéβle] *m.* piece of furniture. *2 pl.* furniture.

mueca [mwéka] *f.* grimace, face(s.

muela [mwéla] *f.* grindstone. *2* molar tooth, grinder.

muelle [mwéʎe] *a.* soft, delicate. *2 m.* wharf, pier, quay, docks. *3* spring.

muerte [mwérte] *f.* death; murder.

muerto [mwérto] *a.* dead; killed. *2* tired out. *3* faded. *4 m.-f.* dead person.

muestra [mwéstra] *f.* singboard. *2* sample. *3* pattern. *4* sign.

mugir [muxír] *i.* to low, moo, bellow.

mujer [muxér] *f.* woman. *2* wife.

mula [múla] *f.* she-mule.

mulato [muláto] *a.* brown. *2 n.* mulatto.

muleta [muléta] *f.* crutch. *2* BULLF. matador's red flag.

mulo [múlo] *m.* mule.

multa [múlta] *f.* fine.

multar [multár] *t.* to fine, penalize.

múltiple [múltiple] *a.* manifold; multiple.

multiplicación [multiplikaθjón] *f.* multiplication.

multiplicar [multiplikár] *t.-p.* to multiply.

múltiplo [múltiplo] *a.-m.* multiple.

multitud [multitúð] *f.* multitude, crowd.

mundano [mundáno] *a.* mundane, wordly.
mundial [mundiál] *a.* world-wide.
mundo [múndo] *m.* world; earth, globe: *todo el* ~, everybody. *2* trunk.
munición [muniθjón] *f.* ammunition, munition.
municipal [muniθipál] *a.* municipal, town. *2 m.* policeman.
municipalidad [muniθipaliðáð] *f.*, **municipio** [muniθípjo] *m.* town council.
muñeca [muɲéka] *f.* ANAT. wrist. *2* doll.
muñeco [muɲéko] *m.* puppet. *2* dummy.
muralla [muráʎa] *f.* wall, rampart.
murciélago [murθjélaɣo] *m.* bat.
murmullo [murmúʎo] *m.* murmur, ripple; whisper; rustle.
murmuración [murmuraθjón] *f.* gossip.
murmurar [murmurár] *i.* to murmur, whisper. *2* to mutter. *3* to rustle. *4* to ripple. *5* to backbite. *6* to gossip.
muro [múro] *m.* wall.
musa [músa] *f.* muse.
muscular [muskulár] *a.* muscular.
músculo [múskulo] *m.* muscle.
museo [muséo] *m.* museum.
musgo [múzɣo] *m.* moss.
música [músika] *f.* music.
músico [músiko] *a.* musical. *2 m.-f.* musician.
muslo [múzlo] *m.* thigh.
mustio [mústjo] *a.* withered, faded. *2* sad.
mutuamente [mútwaménte] *adv.* mutually.
mutuo [mútwo] *a.* mutual, reciprocal.
muy [mwí] *adv.* very, very much.

N

nabo [náβo] *m.* turnip.

nácar [nákar] *m.* mother-of-pearl, nacre.

nacer [naθér] *i.* to be born. *2* to grow, sprout. *3* to spring, flow. *4* to start. ¶ CONJUG. INDIC. Pres.: *nazco,* naces, etc. ‖ SUBJ. Pres.: *nazca, nazcas,* etc. ‖ IMPER.: nace, *nazca; nazcamos,* naced, *nazcan.*

nacido [naθíðo] *a.* born.

naciente [naθjénte] *a.* growing. *2* rising [sun].

nacimiento [naθimjénto] *m.* birth. *2* rising [sun]. *3* source. *4* issue. *5* lineage. *6* crib.

nación [naθjón] *f.* nation; people; by birth.

nacional [naθjonál] *a.* national, people.

nacionalidad [naθjonaliðáð] *f.* nationality. *2* citizenship.

nada [náða] *f.* naught. *2 indef. pron.* nothing, not anything.

nadar [naðár] *t.* to swim, take a bath, float.

nadie [náðje] *pron.* nobody, no-one.

naranja [naráŋxa] *f.* orange.

naranjada [naraŋxáða] *f.* orangeade.

naranjo [naráŋxo] *m.* orange-tree.

nardo [nárðo] *m.* spikenard.

nariz [naríθ] *f.* nose; nostril.

narración [narraθjón] *f.* narration, account.

narrar [narrár] *t.* to narrate, tell, recount.

narrativo [narratíβo] *a.* narrative.
nata [náta] *f.* cream.
natación [nataθjón] *f.* swimming.
natal [natál] *a.* natal, native. *2 m.* birthday.
natalicio [natalíθjo] *m.* birthday.
nativo [natíβo] *a.* native.
natural [naturál] *a.* natural. *2 a.-n.* native. *3 m.* nature.
naturaleza [naturaléθa] *f.* nature. 2 temperament. 3 sort, kind. 5 ~ *muerta,* still life.
naturalidad [naturaliðáð] *f.* plainness. 2 ingenuousness.
naturalista [naturalísta] *a.-n.* naturalist.
naturalmente [naturálménte] *adv.* plainly. 2 of course.
naufragar [naŭfraɣár] *i.* NAUT. to sink; to be shipwrecked.
naufragio [naŭfráxjo] *m.* shipwreck.
náufrago [náŭfraɣo] *m.-f.* shipwrecked person.
náutico [náŭtiko] *a.* *a.* nautical, water [sports].
navaja [naβáxa] *f.* pocketknife: ~ *de afeitar,* razor.
naval [naβál] *a.* naval.
nave [náβe] *f.* ship, vessel. 2 ARCH. ~ *lateral,* aisle.
navegable [naβeɣáβle] *a.* navigable.
navegación [naβeɣaθjón] *f.* navigation, sailing.
navegante [naβeɣánte] *m.-f.* navigator.
navegar [naβeɣár] *i.* to navigate, sail, steer.
Navidad [naβiðáð] *f.* Christmas.
naviero [naβjéro] *a.* shipping. *2 n.* ship-owner.
navío [naβío] *m.* vessel, ship; ~ *de guerra,* warship.
nazareno [naθaréno] *a.-n.* Nazarene. 2 penitent.
nazi [náθi] *a.-n.* Nazi.
neblina [neβlína] *f.* mist, haze, thin fog.
necesariamente [neθesárjaménte] *adv.* necessarily.
necesario [neθesárjo] *a.* necessary, needful.
necesidad [neθesiðáð] *f.* necessity; need, want.
necesitar [neθesitár] *t.* to need, want. 2 to have to.
necio [néθjo] *a.-n.* stupid; silly [person].
néctar [néɣtar] *m.* nectar.
negación [neɣaθjón] *f.* negation, denial, refusal.

negar [neɣár] *t.* to deny. *2* to refuse. ¶ CONJUG. like *acertar*.

negativo [neɣatíβo] *a.-n.* negative.

negligencia [neɣlixénθja] *f.* negligence, carelessness.

negociación [neɣoθjaθjón] *f.* business transaction, negotiation.

negociado [neɣoθjáðo] *m.* department.

negociar [neɣoθjár] *i.* to deal, trade. *2 t.-i.* to negotiate.

negocio [neɣóθjo] *m.* *m.* business, affair. *2* *2* trade; concern. *3* profit, gain.

negro [néɣro] *a.* black; dark. 2 *m.* black. *3* Negro. *4 f.* Negress.

negruzco [neɣrúθko] *a.* blackish.

nene [néne] *m.* baby; dear, darling.

nervio [nérβjo] *m.* nerve. *2* vigour, strength. *3* sinew.

nervioso [nerβjóso] *a.* nervous, excited. *2* vigorous. *3* sinewy.

neto [néto] *a.* clear. *2* net [weight, etc.].

neumático [neŭmátiko] *m.* tire. *2 a.* pneumatic.

neutralizar [neŭtraliθár] *t.* to neutralize.

nevada [neβáða] *f.* snowfall, snowstorm.

nevar [neβár] *impers.* to snow. ¶ CONJUG. like *acertar*.

nevera [neβéra] *f.* icebox, refrigerator.

ni [ni] *conj.* ~ ... ~, neither ... nor. *2* ~ *siquiera*, not even.

nido [níðo] *m.* nest. *2* home.

niebla [njéβla] *f.* fog, mist, haze.

nieto [njéto] *m.-f.* grandchild. *2 m.* grandson *3 f.* granddaughter.

nieve [njéβe] *f.* snow.

ningun(o [niŋgún(o] *a.* no, not ... any. *2 indef. pron. m.-f.* none, no one, nobody; neither.

niña [níɲa] *f.* female child; little girl. 2 ANAT. pupil, apple of the eye.

niñera [niɲéra] *f.* nurse, nursemaid.

niñez [niɲéθ] *f.* childhood, infancy.

niño [níɲo] *m.* male child, little boy.

niquel [níkel] *m.* nickel.

níspero [níspero] *m.* medlar.

nivel [niβél] *m.* level: ~ *del mar*, sea level; ~ *de vida*, standard of living; *paso a* ~, level crossing.

no [no] *adv.* no. *2* not; ~ *obstante,* notwithstanding.

noble [nóβle] *a.* noble. *2 m.-f.* nobleman.

nobleza [noβléθa] *f.* nobility, nobleness.

noción [noθjón] *f.* notion, idea. *2 pl.* rudiments.

nocivo [noθíβo] *a.* noxious, harmful.

nocturno [noɣtúrno] *a.* nocturnal, night.

noche [nótʃe] *f.* night; evening: ~ *buena,* Christmas Eve; ~ *vieja,* New Year's Eve; *buenas noches,* good night; *de* or *por la* ~, at night, by night.

nodriza [noðríθa] *f.* wet-nurse.

nogal [noɣál] *m.* walnut.

nómada [nómaða] *a.* nomadic. *2 a.-m.* nomad.

nombramiento [nombramjénto] *m.* appointment, nomination.

nombrar [nombrár] *t.* to name, nominate, appoint.

nombre [nómbre] *m.* name. *2* GRAM. noun. *3* reputation.

norma [nórma] *f.* pattern, standard, norm.

normal [normál] *a.* normal, standard. *2 f.* training-college.

norte [nórte] *m.* north. *2* North Pole. *3* guide.

norteamericano [norteamerikáno] *a.-n.* North American; American.

nos [nos] *pron.* [object] us; we [subject].

nosotros [nosótros] *pron.* we; us [object]. *2* ourselves.

nostalgia [nostálxja] *f.* homesickness; longing.

nota [nóta] *f.* note, footnote. *2* fame. *3* COM. account, bill. *4* EDUC. mark, *grade.

notable [notáβle] *a.* notable, remarkable. *2* noticeable. *3 m.* EDUC. good mark. *4* **-mente** *adv.* remarkably.

notar [notár] *t.* to note, mark. *2* to notice, observe, feel, see.

notario [notárjo] *m.* notary; solicitor.

noticia [notíθja] *f.* news, news item, piece of news.

noticiero [notiθjéro] *m.-f.* reporter.

notificar [notifikár] *t.* to inform.

notorio [notórjo] *a.* evident, obvious.

novato [noβáto] *m.-f.* novice, beginner.

novedad [noβeðáð] *f.* novelty. *2* latest news. *3 pl.* fancy goods.

novela [noβéla] *f.* novel.

novelista [noβelísta] *m.-f.* novelist.
noveno [noβéno] *a.-m.* ninth.
noventa [noβénta] *a.-m.* ninety.
novia [nóβja] *f.* bride. *2* fiancée; girlfriend.
novicio [noβíθjo] *m.* novice, beginner.
noviembre [noβjémbre] *m.* November.
novillo [noβíʎo] *m.* young bull. *2 f.* heifer. *3 hacer novillos*, to play truant.
novio [nóβjo] *m.* bridegroom. *2* fiancé; boyfriend.
nube [núβe] *f.* cloud.
nublado [nuβláðo] *a.* cloudy, overcast.
nuca [núka] *f.* nape of the neck.
núcleo [núkleo] *m.* nucleus. *2* ELECT. core. *3* BOT. kernel; stone [of fruit].
nudillo [nuðíʎo] *m.* knuckle.
nudo [núðo] *m.* knot, noose: ~ *corredizo*, slip knot. *2* tie. *3* difficulty. *4 a.* nude, naked.
nuestro [nwéstro] *a.* our. *2 pron.* ours.
nueva [nwéβa] *f.* news, tidings. *2* **-mente** *adv.* again.
nueve [nwéβe] *a.-n.* nine.
nuevo [nwéβo] *a.* new. *2* fresh. *3* adv. *de* ~, again, once more.
nuez [nwéθ] *f.* walnut. *2* nut. *3* adam's apple.
nulo [núlo] *a.* LAW null, void. *2* worthless, useless. *3* [game] drawn, tied.
numerador [numeraðór] *m.* numerator.
numerar [numerár] *t.* to numerate. *2* to number.
numérico [numériko] *a.* numerical.
número [número] *m.* ARITH. number. *2* figure. *3* size.
numeroso [numeróso] *a.* numerous; large.
nunca [núŋka] *adv.* never, (not) ever.
nupcial [nuβθjál] *a.* nuptial, bridal, wedding.
nutrición [nutriθjón] *f.* nutrition.
nutrido [nutríðo] *a.* nourished. *2* full.
nutrir [nutrír] *t.* to nourish, feed.
nutritivo [nutritíβo] *a.* nutritious, nourishing.

Ñ

ñame [ɲáme] *m.* yam.

ñapa [ɲápa] *f.* (Am.) additional amount.

ñoñería [ɲoɲería], **ñoñez** [ɲoɲéz] *f.* silly remark.

ñoño [ɲóɲo] *a.* feeble-minded. *2* silly. *3* old-fashioned.

O

o [o] *conj.* or; either ... or ...
oasis [oásis] *a.* oasis.
obedecer [oβeðeθér] *t.-i.* to obey. *2* to respond, yield. ¶ CONJUG. like *agradecer*.
obediencia [oβeðjénθja] *f.* obedience.
obediente [oβeðjénte] *a.* obedient.
obertura [oβertúra] *f.* MUS. overture.
obeso [oβéso] *a.* fat.
obispo [oβíspo] *m.* bishop.
objeción [oβxeθjón] *f.* objection.
objetar [oβxetár] *t.* to object, point out.
objetivo [oβxetíβo] *a.-m.* objective, aim; target.
objeto [oβxéto] *m.* object. *2* thing. *3* subject. *4* purpose.
oblicuo [oβlíkwo] *a.* *oblique, slanting.
obligación [oβliɣaθión] obligation. *2* duty. *3* COM. bond.
obligar [oβliɣár] *t.* to compel, force, constrain. *2 p.* to bind oneself.
obligatorio [oβliɣatórjo] *a.* compulsory.
oblongo [oβlóŋgo] *a.* oblong.
obra [óβra] *f.* work. *2* deed: ~ *maestra,* masterpiece. *3* THEAT. play. *4* building under construction.
obrar [oβrár] *t.* to work. *2* to build. *3 i.* to behave.
obrero [oβréro] *a.* working [class]. *2 m.-f.*

worker, labourer; workman.

obsceno [oβsθéno] *a.* obscene, indecent.

obscurecer [oskureθér] *t.* to darken. *2* to dim. *3 impers.* to grow dark. ¶ CONJUG. like *agradecer*.

obscuridad [oskuriðáð] *f.* darkness, gloom.

obscuro [oskúro] *a.* obscure. *2* dark. *3* uncertain.

obsequiar [oβsekjár] *t.* to entertain; ~ *con,* to present with.

obsequio [oβsékjo] *m.* attention, present, gift.

observación [oβserβaθjón] *f.* observation. *2* remark.

observador [oβserβaðór] *m.-f.* observer.

observar [oβserβár] *t.* to observe. *2* to notice. *3* to watch,. *4* to remark.

obsesión [oβsesjón] *f.* obsession.

obstaculizar [oβstakuliθár] *t.* to prevent, hinder.

obstáculo [oβstákulo] *m.* obstacle, hindrance.

obstante (no) [oβstánte] *conj.* notwithstanding; nevertheless.

obstinado [oβstináðo] *a.* obstinate, stubborn.

obstinarse [oβstinárse] *p.* to persist in, insist on.

obtener [oβtenér] *t.* to attain, obtain, get.

obtuso [oβtúso] *a.* obtuse. *2* dull.

obvio [óbjo] *a.* obvious, evident.

ocasión [okasjón] *f.* occasion, opportunity, chance. *2* motive.

ocasionar [okasjonár] *t.* to cause, bring about, arouse.

ocaso [okáso] *m.* west. *2* sunset. *3* decline.

ocidental [oɣθiðentál] *a.* western. *2 m.-f.* westerner.

occidente [oɣθiðénte] *m.* west.

océano [oθéano] *m.* ocean.

ocio [óθjo] *m.* idleness, leisure.

ocioso [oθjóso] *a.* idle; lazy, at leisure.

octavo [oɣtáβo] *a.-m.* eighth.

octubre [oɣtúβre] *m.* October.

ocultar [okultár] *t.* to conceal, hide.

oculto [okúlto] *a.* hidden, concealed. *2* secret.

ocupación [okupaθjón] *f.* occupation. *2* business.

ocupar [okupár] *t.* to occupy. *2* to employ. *3*

to fill [a space]. *4 p.* ~ *en,* to be busy with.

ocurrencia [okurrénθja] *f.* event. *2* witty remark. *3* bright idea.

ocurrir [okurrír] *i.* to happen. *2 p.* to occur to one.

ochenta [otʃénta] *a.-n.* eighty.

ocho [ótʃo] *a.-n.* eight.

ochocientos [otʃoθjéntos] *a.-n.* eight hundred.

odiar [oðjár] *t.* to hate.

odio [óðjo] *m.* hatred, ill will, dislike.

odioso [oðjóso] *a.* hateful, nasty, unpleasant.

oeste [oéste] *m.* west.

ofender [ofendér] *t.* to offend, insult. *2 p.* to take offence.

ofensa [ofénsa] *f.* offence, insult, slight, wrong.

ofensivo [ofensíβo] *a.* offensive, insulting. *2 f.* offensive.

oferta [oférta] *f.* offer. *2* COM. *la* ~ *y la demanda,* supply and demand.

oficial [ofiθjál] *a.* official. *2 m.* [skilled] workman. *3* MIL. officer. *4* [government] official. *5* **-mente** *adv.* officially.

oficina [ofiθína] *f.* office.

oficinista [ofiθinísta] *m.-f.* office clerk, white-collar worker.

oficio [ofíθjo] *m.* profession, job: *de* ~, by trade. *2* office [duty, etc.]. *3* official communication. *4* ECCL. service; mass.

oficioso [ofiθjóso] *a.* officious. *2* unofficial. *3* diligent.

ofrecer [ofreθér] *t.* to offer, present. *2 p.* to volunteer. ¶ CONJUG. like *agradecer.*

ofrecimiento [ofreθimjénto] *m.* offer, offering.

ofrenda [ofrénda] *f.* offering.

ofrendar [ofrendár] *t.* to offer, give, contribute.

ogro [óɣro] *m.* ogre.

oído [oíðo] *m.* hearing [sense]; ear [organ].

oír [oír] *t.* to hear; to listen; to understand. ¶ CONJUG. INDIC. Pres.: *oigo, oyes, oye;* oímos, oís, *oyen.* | Pret.: oí, oíste, *oyó;* oímos, oísteis, *oyeron.* || SUBJ. Pres.: *oiga, oigas,* etc. | Imperf.: *oyera, oyeras,* etc., or *oyese, oyeses,* etc. | Fut.: *oyere, oyeres,* etc. || IMPER.: *oye, oiga; oigamos,* oíd, *oigan.* || PAST. P.: *oído.* || GER.: *oyendo.*

ojal [oxál] *m.* buttonhole.

¡ojalá! [oxalá] *interj.* would God!, God grant!, I wish!

ojo [óxo] *m.* eye: *en un abrir y cerrar de ojos,* in the twinkling of an eye; *¡ojo!,* beware! *2* hole. *3* span [of a bridge]. *4* well [of stairs]. *5* keyhole.

ola [óla] *f.* wave.

olé [olé] *interj.* bravo!

oleaje [oleáxe] *m.* surge, swell; surf.

oler [olér] *t.-i.* to smell.

olfatear [olfateár] *t.* to smell, scent, sniff. *2* to pry into.

olfato [olfáto] *m.* smell.

olimpiada [olimpíaðа] *f.* Olympiad.

olímpico [olímpiko] *a.* Olympic [games]; Olimpian.

oliva [olíβa] *f.* olive.

olivo [olíβo] *m.* olive-tree.

olor [olór] *m.* odour, smell: *mal ~,* stink.

oloroso [oloróso] *a.* fragrant, scented.

olvidar [olβiðár] *t.-p.* to forget, leave behind.

olvido [olβíðo] *m.* fogetfulness; omission, oversight; oblivion.

olla [óʎa] *f.* pot, boiler.

omitir [omitír] *t.* to omit, drop, leave out.

omnipotente [omnipoténte] *a.* allmighty, all-powerful, omnipotent.

once [ónθe] *a.-m.* eleven.

onda [ónda] *f.* wave, ripple; scallop.

ondulación [ondulaθjón] *f.* waving; ondulation.

onomástica [onomástika] *f.* one's saint's day.

onza [ónθa] *f.* ounce.

opaco [opáko] *a.* opaque.

opción [oβθjón] *f.* choice.

ópera [ópera] *f.* opera.

operación [operaθjón] *f.* operation, transaction.

operador [operaðór] *m.-f.* operator. *2* surgeon. *3* cameraman.

operar [operár] *t.* SURG. to operate upon. *2 i.* to take effect, work. *3* to handle. *4 p.* to occur.

operario [operárjo] *m.-f.* workman, worker.

opereta [operéta] *f.* operetta.

opinar [opinár] *i.* to hold an opinion; to think, consider.

opinión [opinjón] *f.* opinion, view, mind.

oponer [oponér] *t.* to oppose; to resist, face. ¶ CONJUG. like *poner.*

oportunidad [oportuniðáð] *f.* opportunity; chance.

oportuno [oportúno] *a.* opportune, suitable.

oposición [oposiθjón] *f.* opposition. *2 pl.* competitive examination.

opresión [opresjón] *f.* oppression.

oprimir [oprimír] *t.* to press down. 2 to crush. 3 to oppress.

optar [oβtár] *i.* to select, choose. 2 to be a candidate for. 3 to decide on. 4 to apply for.

óptico [óβtiko] *a.* optic(al. 2 *m.* optician. 3 *f.* optics.

optimismo [oβtimízmo] *m.* optimism.

optimista [oβtimísta] *a.* optimistic. 2 *m.-f.* optimist.

opuesto [opwésto] *a.* opposed. 2 opposite. 3 adverse.

opulento [opulénto] *a.* wealthy; opulent, rich.

oración [oraθjón] *f.* speech. 2 prayer. 3 GRAM. sentence.

orador [oraðór] *m.-f.* speaker, orator.

orar [orár] *i.* to pray.

orden [órðen] *m.* order [arrangement; method]. 2 command.

ordenanza [orðenánθa] *f.* ordinance, decree. 2 *m.* MIL. orderly. 3 errand-boy, office boy.

ordenar [orðenár] *t.* to order, arrange. 2 to comand. 3 *p.* ECCL. to take orders.

ordeñar [orðeɲár] *t.* to milk.

ordinario [orðinárjo] *a.* ordinary, usual. 2 common, coarse, vulgar.

oreja [oréxa] *f.* ear.

orgánico [orɣániko] *a.* organic.

organismo [orɣanízmo] *m.* organism. 2 organization.

organización [orɣaniθaθjón] *f.* organization.

organizador [orɣaniθaðór] *m.-f.* organizer.

organizar [orɣaniθár] *t.* to organize. 2 to set up, start.

órgano [órɣano] *m.* organ. 2 means, medium.

orgullo [orɣúʎo] *m.* pride, haughtiness.

orgulloso [orɣuʎóso] *a.* proud, haughty.

orientación [orjentaθjón] *f.* orientation. 2 bearings; course.

oriental [orjentál] *a.* eastern; oriental.

orientar [orjentár] *t.* to orientate; to direct. 2 *p.* to find one's bearings.

oriente [orjénte] *m.* east.

orificio [orifíθjo] *m.* hole, outlet.

origen [oríxen] *c.* origin. 2 source. 3 native country.

original [orixinál] *a.* original. 2 queer. 3 *m.* original. 4 eccentric. 5

-mente *adv.* originally; eccentrically.

originar [orixinár] *t.* to give rise to. *2 p.* to arise.

orilla [oríʎa] *f.* border, edge, brink. 2 bank; shore.

oriundo [orjúndo] *a.* native [of].

oro [óro] *m.* gold.

orquesta [orkésta] *f.* orchestra.

orquídea [orkíðea] *f.* orchid.

ortografía [ortoɣrafía] *f.* spelling.

oruga [orúɣa] *f.* caterpillar.

os [os] *pron.* you.

osadía [osaðía] *f.* boldness, daring.

osado [osáðo] *a.* bold, daring.

osar [osár] *i.* to dare, venture.

oscurecer, oscuridad, etc. [oskur-] = OBSCURECER, OBSCURIDAD.

oso [óso] *m.* bear.

ostentación [ostentaθjón] *f.* ostentation, show.

ostentar [ostentár] *t.* to display, show. 2 to show off.

ostra [óstra] *f.* oyster.

otoño [otóɲo] *m.* autumn, fall.

otorgar [otorɣár] *t.* to grant, give. 2 to award [a prize].

otro [ótro] *a.-pron.* another, other.

ovación [oβaθjón] *f.* ovation, enthusiastic applause.

oval [oβál]; **ovalado** [oβaláðo] *a.* oval.

oveja [oβéxa] *f.* ewe, sheep.

oxígeno [oɣsíxeno] *m.* oxygen.

oyente [ojénte] *m.-f.* hearer. 2 listener.

P

pabellón [paβeʎón] *m.* pavilion. *2* stack [of rifles]. *3* flag. *4* external ear.

pacer [paθér] *i.-t.* to graze, pasture.

paciencia [paθjénθja] *f.* patience, forbearance.

paciente [paθjénte] *a.-n.* patient.

pacífico [paθífiko] *a.* pacific. *2* calm, peaceful. *3* *a.-n.* Pacific [Ocean].

pacto [páɣto] *m.* agreement, covenant, pact.

padecer [paðeθér] *t.-i.* to suffer [from]. ¶ CONJUG. like *agradecer*.

padrastro [paðrástro] *m.* stepfather.

padre [páðre] *m.* father: ~ *político,* father-in-law. *2* *pl.* parents; ancestors.

padrino [paðríno] *m.* godfather. *2* second [at a duel]. *3* protector. *4* ~ *de boda,* best man.

paga [páɣa] *f.* payment. *2* pay, salary; fee.

pagano [paɣáno] *a.-n.* heathen, pagan.

pagar [paɣár] *t.* to pay. *2* to pay for.

página [páxina] *f.* page.

pago [páɣo] *m.* payment.

país [país] *m.* country, nattion, land, region.

paisaje [pai̯sáxe] *m.* landscape.

paisano [pai̯sáno] *m.-f.* countryman, -woman.

paja [páxa] *f.* straw.

pajar [paxár] *m.* haystack, straw loft.

pájaro [páxaro] *m.* bird: ~ *carpintero,* woodpecker.

paje [páxe] *m.* page.

pala [pála] *f.* shovel. 2 blade. 3 [baker's] peel.

palabra [paláβra] *f.* word [term; speech, remark].

palacio [paláθjo] *m.* palace.

paladar [palaðár] *s.* palate. 2 taste.

palanca [paláŋka] *m.-f.* lever, crowbar.

palangana [palaŋgána] *f.* washbasin.

palco [pálko] *m.* box.

paleta [paléta] *f.* palette. 2 fire shovel. 3 trowel.

palidecer [paliðeθér] *i.* to turn pale. ¶ CONJUG. like *agradecer.*

palidez [paliðéθ] *f.* paleness, pallor, sickliness.

pálido [páliðo] *a.* pale.

palillo [palíʎo] *m.* toothpick. 2 drumstick. 2 *pl.* castanets.

paliza [palíθa] *f.* beating, thrashing, dressingdown.

palma [pálma] *f.* palm, palm-tree. 2 palm [of the hand]. 3 *pl.* clapping of hands.

palmada [palmáða] *f.* slap, pat: *dar palmadas,* to clap.

palmera [palméra] *f.* palm-tree.

palmo [pálmo] *m.* span.

palo [pálo] *m.* stick. 2 NAUT. mast. 3 suit [at cards]. 4 handle.

paloma [palóma] *f.* dove, pigeon.

palomar [palomár] *m.* dove-cot pigeon loft.

palpar [palpár] *t.* to touch, feel. 2 to grope.

palpitante [palpitánte] *a.* palpitating, throbbing, burning.

palpitar [palpitár] *i.* to beat, throb, palpitate.

palúdico [palúðiko] *a.* malarial; marshy.

pampa [pámpa] *f.* the Pampas.

pámpano [pámpano] *m.* grape-vine leaf.

pan [pan] *m.* bread; loaf.

pana [pána] *f.* velveteen, corduroy. 2 AUTO. break-down.

panadería [panaðería] *f.* bakery, baker's [shop].

panadero [panaðéro] *m.* baker.

panal [panál] *m.* honeycomb.

pandilla [pandíʎa] *f.* gang, band, set, group.

panel [panél] *m.* panel.

pánico [pániko] *a.-m.* panic.

panorama [panoráma] *m.* panorama, vista, view.

pantalón [pantalón] *m.* trousers, pants; slacks.
pantalla [pantáʎa] *f.* lamp-shade. 2 CINEM. screen.
pantano [pantáno] *m.* swamp, marsh.
pantanoso [pantanóso] *a.* marshy, swampy.
pantera [pantéra] *f.* panther.
pañal [paɲál] *m.* swaddling-cloth, baby cloth.
paño [páɲo] *m.* cloth: ~ *de cocina,* dishcloth.
pañuelo [paɲwélo] *m.* handkerchief.
papa [pápa] *m.* Pope. 2 potato.
papá [papá] *m.* papa, dad, daddy.
papel [papél] *m.* paper: ~ *secante,* blotting-paper. 2 THEAT. part, rôle.
papeleta [papeléta] *f.* card, ticket: ~ *de votación,* ballot paper.
paquete [pakéte] *m.* packet, parcel.
par [par] *a.* like, equal. 2 even [number]. 3 *m.* pair, couple.
parabién [paraβjén] *m.* congratulations.
para [pára] *prep.* for, to, in order to: ~ *que,* so that; *¿para qué?,* what for? 2 towards. 3 by, on.
parábola [paráβola] *f.* parable. 2 GEOM. parabola.
paracaídas [parakaíðas] *m.* parachute.
parada [paráða] *f.* stop, halt. 2 parade.
parador [paraðór] *m.* tourist hotel; inn.
paraguas [paráɣwas] *m.* umbrella.
paraíso [paraíso] *m.* paradise, heaven.
paraje [paráxe] *m.* spot, place.
paralelo [paralélo] *a.-n.* parallel.
parálisis [parálisis] *f.* paralysis; palsy.
paralítico [paralítiko] *a.-n.* MED. paralytic, palsied.
paralizar [paraliθár] *t.* to paralyse; to stop.
parar [parár] *t.* to stop. 2 ~ *mientes en,* to consider. 3 *i.-p.* to stop. 4 to put up, lodge.
pararrayos [pararrájos] lightning-conductor.
parásito [parásito] *a.* parasitic. 2 *m.* BIOL. parasite. 3 hanger-on. 4 *pl.* RADIO. strays.
parcela [parθéla] *f.* lot, plot [of land].
parcial [parθjál] *a.* partial. 2 biased.
pardo [párðo] *a.* brown. 2 dark.
1) **parecer** [pareθér] *m.* opinion, mind. 2 looks.

2) **parecer** [pareθér] *i.* to appear, show up. *2 impers.* to seem, look like: *según parece,* as it seems. *3 p.* to resemble. ¶ CONJUG. like *agradecer.*

parecido [pareθíðo] *a.* resembling, similar [to], like. *2 bien* ~, good-looking. *3 m.* resemblance.

pared [paréð] *f.* wall.

pareja [paréxa] *f.* pair, couple. *2* partner.

parejo [paréxo] *a.* equal, like.

paréntesis [paréntesis] *m.* parenthesis, bracket.

pariente [parjénte] *m.* relation, relative.

parir [parír] *t.* to give birth to, bring forth, bear.

parlamento [parlaménto] *m.* Parliament.

paro [páro] *m.* stop. *2* strike: ~ *forzoso,* unemployment.

párpado [párpaðo] *m.* eyelid.

parque [párke] *m.* park.

parra [párra] *f.* [climbing] vine, grapevine.

párrafo [párrafo] *m.* paragraph.

parranda [parránda] *f.* revel: *ir de* ~, to go out on a spree.

parte [párte] *f.* part, portion, lot, section: *en* ~, partly. *2* share, interest. *3* side: *estar de* ~ *de,* to support. *4* place, region: *por todas partes,* everywhere. *5 de* ~ *de,* on behalf of. *6 por una* ~, ... *por otra* on the one hand, ... on the other hand. *7* official communication. *8 dar* ~, to report.

participación [partiθipaθjón] *f.* share. *2* announcement. *3* COM. copartnership.

participante [partiθipánte] *m.-f.* participant, sharer.

participar [partiθipár] *t.* to notify, inform. *2 i.* to share.

participio [partiθípjo] *m.* participle.

partícula [partíkula] *f.* particle.

particular [partikulár] *a.* particular, peculiar, private. *2* noteworth. *3 m.* private. *4* **-mente** *adv.* particularly; especially.

partida [partíða] *f.* leave. *2* record [in a register]. *3* [birth] certificate. *4* BOOKKEEP. entry, item. *5* COM. shipment. *6* game; match; set. *7* gang.

partidario [partiðárjo] *m.-f.* partisan, follower, supporter.

partido [partíðo] *p. p.* of PARTIR. *2 m.* party. *3* profit. *4* popularity. *5* SPORT team; game, match. *6* territorial district. *7* match [in marriage].

partir [partír] *t.-p.* to divide, split. *2 i.* to depart, leave, start.

parto [párto] *m.* childbirth, delivery.

pasada [pasáða] *f.* passage. *2* long stitch. *3* pick. *4 mala ~*, mean trick.

pasado [pasáðo] *a.* past. *2* last [week, etc.]. *3* spoiled; tainted. *4 ~ de moda,* out of date. *5 ~ mañana,* the day after tomorrow. *6 m.* the past.

pasaje [pasáxe] *m.* passage, way. *2* passengers. *3* fare. *4* lane, alley.

pasajero [pasaxéro] *a.* transient, passing. *2 m.-f.* passenger.

pasaporte [pasapórte] *m.* passport.

pasar [pasár] *t.* to pass. *2* to go [over, in, by, to]. *3* to walk past. *4* to suffer. *5* to overlook. *6* to spend [time] *7 pasarlo bien,* to have a good time. *8 i.* to pass, get through. *9* to come in. *10 ~ de,* to go beyond. *11 ir pasando,* to get along. *12 impers.* to happen: *¿que pasa?,* what is the matter? *13 p.* to get spoiled. *14* to exceed. *15 ~ sin,* to do without.

pasatiempo [pasatjémpo] *m.* pastime, amusement.

pascua [páskwa] *f.* Easter: *~ de Resurrección* Easter Sunday.

pasear [paseár] *i.-p.* to walk; to take a walk.

paseo [paséo] *m.* walk, ride: *dar un ~,* to go for a walk. *2* promenade.

pasillo [pasíʎo] *m.* corridor, passage; lobby.

pasión [pasjón] *f.* passion.

pasmar [pazmár] *t.* to astonish, amaze. *3 p.* to be astonished, be amazed.

paso [páso] *m.* step, pace: *~ a ~,* step by step; *de ~,* by the way; *~ a nivel,* level crossing; *marcar el ~,* to mark time. *2* passage.

pasta [pásta] *f.* paste. *2* dough.

pastar [pastár] *t.-i.* to graze, pasture.

pastel [pastél] *m.* pie, tart. *2* cake.

pastilla [pastíʎa] *f.* tablet, lozenge; cake [of soap].

pasto [pásto] *m.* pasture, grass, fodder.

pastor [pastór] *m.* shepherd. 2 ECCL. minister.

pastorear [pastoreár] *t.* to shepherd, pasture.

pata [páta] *f.* foot and leg; leg [of table, etc.]: *a cuaro patas,* on all fours; *a ~,* on foot; *meter la ~,* to make a blunder; *tener mala ~,* to have bad luck.

patada [patáðа] *f.* kick.

patán [patán] *m.* rustic, churl.

patata [patáta] *f.* potato: *patatas fritas,* chips.

patear [pateár] *t.* to kick. 2 *i.* to stamp the feet.

patente [paténte] *a.* evident. 2 *f.* patent.

paterno [patérno] *a.* paternal; fatherly.

patilla [patíʎa] *f.* side-whiskers.

patín [patín] *m.* skate.

patinar [patinár] *t.-i.* to to skate. 2 *i.* to skid; to slip.

patio [pátjo] *m.* court, yard, courtyard. 2 THEAT. pit.

pato [páto] *m.* duck. 2 drake.

patria [pátrja] *f.* native country: *~ chica,* home town.

patriota [patrjóta] *m.-f.* patriot.

patriótico [patrjótiko] *a.* patriotic.

patriotismo [patrjotízmo] *m.* patriotism.

patrón [patrón] *m.* patron. 2 landlord. 3 employer. 4 pattern. 5 standard.

pausa [páŭsa] *f.* pause. 2 rest; break.

pauta [páŭta] *r.* rule, standard. 2 guide lines.

pavo [páβo] *m.* turkey. 2 *~ real,* peacock.

pavor [paβór] *m.* fear, fright, dread, terror.

paz [paθ] *f.* peace, peacetime; quiet.

peatón [peatón] *m.* pedestrian.

peca [péka] *f.* freckle, spot.

pecado [pekáðo] *m.* sin.

pecador [pekaðór] *a.* sinful. 2 *m.-f.* sinner.

pecar [pekár] *i.* to sin.

peculiar [pekuljár] *a.* peculiar, characteristic.

pecho [pétʃo] *m.* chest, breast, bosom; heart: *tomar a ~,* to take to heart.

pedagogía [peðaɣoxía] *f.* pedagogy.

pedagógico [peðaɣóxiko] *a.* pedagogic(al.

pedazo [peðáθo] *m.* piece, bit, portion.

pedido [peðíðo] *m.* COM. order. 2 request, petition.

pedir [peðír] *t.* to ask [for], beg, request, demand. 2 COM. to order. 3 ~ *prestado,* to borrow. ¶ CONJUG. like *servir*.

pedrada [peðráða] *f.* *f.* blow with a stone.

pedregoso [peðreɣóso] *a.* stony, rocky.

pegar [peɣár] *t.-i.* to glue, stick. 2 to fasten. 3 to post [bills]. 4 to set [fire]. 4 to hit, slap. 6 *p.* to stick. 7 to come to blows.

peinar [peĭnár] *t.* to comb. 2 *p.* to comb one's hair, do one's hair.

peine [péĭne] *m.* comb.

pelado [peláðo] *a.* bald, bare. 2 barren. 3 penniless [person].

pelar [pelár] *t.* to cut or shave the hair of. 2 to pluck. 3 to peel. 4 *p.* to get one's hair cut.

peldaño [peldáɲo] *m.* step, stair; rung.

pelea [peléa] *f.* fight. 2 quarrel, row, scuffle.

pelear [peleár] *i.-p.* to fight. 2 to quarrel; to come to blows. 3 *i.* to battle.

película [pelíkula] *f.* film, movie.

peligro [pelíɣro] *m.* danger, peril, risk, hazard.

peligroso [peliɣróso] *a.* dangerous, risky.

pelo [pélo] *m.* hair. 2 fur. 3 down [of birds]. 4 *tomar el* ~, to pull the leg.

pelota [pelóta] *f.* ball; pelota; *en pelotas,* naked.

pelotazo [pelotáθo] *m.* blow with a ball.

peluca [pelúka] *f.* wig, peruke.

peludo [pelúðo] *a.* hairy.

peluquería [pelukería] *f.* haidresser's [shop]; barber's [shop].

pellejo [peʎéxo] *m.* skin, hide. 2 wineskin.

pellizcar [peʎiθkár] *t.* to pinch, nip.

pena [péna] *f.* penalty, punishment, pain. 2 sorrow. 3 *dar* ~, to arouse pity. 4 *valer la* ~, to be worth while.

penacho [penátʃo] *m.* tuft, crest.

penal [penál] *a.* penal. 2 *m.* penitentiary.

penalidad [penaliðáð] *f.* trouble, hardship. 2 LAW penalty.

penar [penár] *t.* to punish. 2 *i.* to suffer, grieve.

pendencia [pendénθja] *f.* dispute, quarrel, fight.

pender [pendér] *i.* to hang, dangle, be pending.

pendiente [pendjénte] *a.* pending, hanging. 2 depending on. 3 *f.* slope. 4 *m.* ear-ring.
pendón [pendón] *m.* banner, standard.
péndulo [péndulo] *m.* pendulum.
penetración [penetraθjón] penetration, sharpness. 2 acuteness.
penetrante [penetránte] *a.* penetrating. 2 piercing; keen; sharp.
penetrar [penetrár] *t.-i.* to break into. 2 *i.* to be piercing. 3 to comprehend.
península [península] *f.* peninsula.
penitencia [peniténθja] *f.* penance. 2 penitence.
penitenciaría [penitenθjaría] *f.* penitentiary, prison.
penoso [penóso] *a.* painful, distressing. 2 hard.
pensador [pensaðór] *m.* thinker.
pensamiento [pensamjénto] *m.* thought. 2 idea. 3 BOT. pansy.
pensar [pensár] *t.* to think [of, out, over, about]; to consider; to intend. ¶ CONJUG. like *acertar*.
pensativo [pensatíβo] *a.* pensive, thoughtful.
pensión [pensjón] *f.* pension. 2 guest-house.
pensionado [pensjonáðo] *a.* pensioned. 2 *m.-f.* pensioner. 3 *m.* boarding school.
pentagrama [pentaɣráma] *m.* staff, stave.
penúltimo [penúltimo] *a.* penultimate, last but one.
peña [péɲa] *f.* rock,
peñasco [peɲásko] *m.* large rock, crag.
peón [peón] *m.* day-labourer: ~ *de albañil*, hodman; ~ *caminero*, road-mender. 2 (Am.) farm hand. 3 pawn [in chess].
peor [peór] *a.-adv.* worse. 2 the worst.
pepino [pepíno] *m.* cucumber.
pepita [pepíta] *f.* pip. 2 MIN. nugget.
pequeñez [pekeɲéθ] *f.* smallness.
pequeño [pekéɲo] *a.* little, small. 2 low; short. 3 *m.-f.* child, kid.
pera [péra] *f.* pear.
percepción [perθeβθjón] *f.* perception; notion, idea. 2 collection.
percibir [perθiβír] *t.* to perceive. 2 to collect.
percha [pértʃa] *f.* perch. 2 clothes-rack, hanger.
perder [perðér] *t.* to lose: ~ *de vista*, to lose sight of. 2 to ruin,

spoil. *3 p.* to get lost. *4* to be spoiled. ¶ CONJUG. like *entender*.

perdición [perðiθjón] *f.* perdition, ruin, undoing.

pérdida [pérðiða] *f.* loss: *pérdidas y ganancias,* COM. profit and loss. *2* waste [of time].

perdido [perðíðo] *a.* lost. *2* mislaid. *3* wasted.

perdón [perðón] *m.* pardon, forgiveness.

perdonar [perðonár] *t.* to pardon, forgive. *2* to excuse.

perecer [pereθér] *i.* to come to an end, perish, die. ¶ CONJUG. like *agradecer*.

peregrinación [pereɣrinaθjón] *f.* pilgrimage.

peregrino [pereɣríno] *a.* strange, rare. *2* wandering. *3 m.-f.* pilgrim.

perejil [perexíl] *m.* parsley.

perenne [perénne] *a.* everlasting, perennial.

pereza [peréθa] *f.* laziness, idleness.

perezoso [pereθóso] *a.* lazy, idle.

perfección [perfeɣθjón] perfection, completion.

perfeccionar [perfeɣθjonár] *t.* to perfect; to improve; to complete.

perfectamente [perféɣtaménte] *adv.* perfectly.

perfecto [perféɣto] *a.* perfect, complete.

perfil [perfíl] *m.* profile. *2* outline.

perfilar [perfilár] *t.* to profile. *2* to outline.

perforar [perforár] *t.* to perforate, drill, pierce.

perfumar [perfumár] *t.* to perfum, scent.

perfume [perfúme] *m.* perfume; scent. *2* fragance.

perfumería [perfumería] perfume shop.

periódico [perjóðiko] *a.* periodic(al. *2 m.* journal, newspaper.

periodismo [perjoðízmo] *m.* journalism.

periodista [perjoðísta] *m.-f.* journalist.

período [períoðo] *m.* period.

perito [períto] *a.* skilful. *2 m.* expert.

perjudicar [perxuðikár] *t.* to hurt, damage, injure.

perjudicial [perxuðiθjál] *a.* harmful, damaging.

perjuicio [perxwíθjo] *m.* harm, injury, prejudice.

perla [pérla] *f.* pearl.

permanecer [permaneθér] *i.* to remain, stay. *2* to last. ¶ CONJUG. like *agradecer*.

permanencia [permanénθja] *f.* stay, sojourn.

permanente [permanénte] *a.* permanent, lasting. 2 *f.* permanent wave. 3 **-mente** *adv.* permanently.

permiso [permíso] *m.* leave, permit; permission: ~ *de conducir,* driving licence; *con su* ~, by your leave.

permitir [permitír] *t.* to permit, allow, let.

permutar [permutár] *t.* to exchange, barter.

pernil [pernil] *m.* ham.

pero [péro] *conj.* but; yet; except.

perpetuar [perpetuár] *t.* to perpetuate.

perpetuo [perpétwo] *a.* everlasting, perpetual.

perro [pérro] *m.* dog.

persa [pérsa] *a.-n.* Persian.

persecución [persekuθjón] *f.* persuit, hunt, chase.

perseguir [perseɣír] *t.* to pursue, persecute, chase. ¶ CONJUG. like *servir.*

perseverancia [perseβeránθja] *f.* perseverance; constancy.

perseverante [perseβeránte] *a.* constant, steady.

persiana [persjána] *f.* Venetian blind.

persistente [persisténte] *a.* persistent.

persistir [persistír] *i.* to persist in.

persona [persóna] *f.* person. 2 *pl.* people.

personaje [personáxe] *m.* personage. 2 THEAT. character.

personal [personál] *a.* personal. 2 *m.* staff, personnel. 3 **-mente** *adv.* personally.

personificar [personifikár] *t.* to personify.

perspectiva [perspeɣtíβa] *f.* perspective. 2 prospect, outlook.

persuadir [perswaðír] *t.* to persuade. 2 *p.* to be convinced.

pertenecer [perteneθér] *i.* to belong; to concern, ¶ CONJUG. like *agradecer.*

perteneciente [perteneθiénte] *a.* beloging to.

perturbación [perturβaθjón] *f.* disturbance, uneasiness: ~ *mental,* mental disorder.

perturbado [perturβáðo] *a.* disturbed. 2 insane.

perturbar [perturβár] *t.* to disturb, upset. 2 to confuse.

peruano [peruáno] *a.-n.* Peruvian.

perversidad [perβersiðáð] *f.* perversity, wickedness.

perverso [perβérso] *a.* perverse, wicked, depraved.

pervertir [perβertír] *t.* to pervert, deprave. ¶ CONJUG. like *hervir*.

pesa [pésa] *f.* weight.

pesadilla [pesaðíʎa] *f.* nightmare.

pesado [pesáðo] *a.* heavy, weighty. *2* tiresome, boring. *3* deep [sleep].

pesadumbre [pesaðúmbre] *f.* sorrow, grief, regret.

pésame [pésame] *m.* condolence, expression of sympathy.

1) **pesar** [pesár] *m.* sorrow. *2* regret, grief. *3* *a ~ de,* in spite of.

2) **pesar** [pesár] *t.* to weigh. *2* to consider. *3* *i.* to have weight. *4* to be sorry, regret.

pesca [péska] *f.* fishing. *2* angling. *3* catch of fish.

pescado [peskáðo] *m.* fish. *2* salted codfish.

pescador [peskaðór] *m.* fisher, fisherman: *~ de caña,* angler.

pescar [peskár] *t.* to fish. *2* to angle.

pescuezo [peskwéθo] *m.* neck.

pesebre [peséβre] *m.* crib, manger.

peseta [peséta] *f.* peseta.

pésimo [pésimo] *a.* very bad; worthless, wretched.

peso [péso] *m.* weight: *~ bruto,* gross weight; *~ neto,* net weight. *2* load, burden. *3* peso [monetary unit].

pestaña [pestáɲa] *f.* eyelash.

peste [péste] *f.* pest, plague.

pétalo [pétalo] *m.* petal.

petardo [petárðo] *m.* firecracker, firework.

petición [petiθjón] *f.* petition, request.

petróleo [petróleo] *m.* petroleum, oil.

pez [peθ] *m.* fish. *2* *f.* pitch, tar.

pezuña [peθúɲa] *f.* hoof.

piadoso [pjaðóso] *a.* pious, devout.

pianista [pjanísta] *m.-f.* pianist

piar [piár] *i.* to peep, chirp, cheep.

picada [pikáða] *f.* peck [of bird]; bite, sting.

picaflor [pikaflór] *m.* humming bird.

picante [pikánte] *a.* hot, pungent. *2* spicy. *4* biting.

picapedrero [pikapeðréro] stone-cutter.

picar [pikár] *t.* to prick, pierce. *2* BULLF. to goat. *3* [of insects] to bite, *4* to spur [a horse]. *5* to mince. *6* *t.-i.* to itch. *7* AER. to dive. *8* *p.* [of teeth] to begin to decay. *9* [of the sea] to get choppy. *10* to take offense.

pícaro [píkaro] *a.* knavish, roguish. 2 sly. 3 *m.-f.* knave, rogue. 4 sly person. 5 *m.* LIT. picaro.

pico [píko] *m.* beak. 2 mouth; eloquence. 3 peak [of a mountain]. 4 pick [tool], pickaxe: *tres pesetas y* ~, three pesetas odd.

picotazo [pikotáθo] *m.* peck [of a bird]. 2 sting [of insects].

pichón [pitʃón] *m.* pigeon.

pie [pjé] *m.* foot: *a pie,* on foot; *en* ~, standing; *al* ~ *de la letra,* literally. 2 bottom. 3 base, stand. 4 trunk, stalk.

piedad [pjeðáð] *f.* piety.

piedra [pjéðra] *f.* stone.

piel [piél] *f.* skin. 2 hide, pelt. 3 leather. 4 fur. 5 m. ~ *roja,* redskin.

pierna [pjérna] *f.* leg.

pieza [pjéθa] *f.* piece. 2 game.

pila [píla] *f.* trough. 2 baptismal font. 3 heap. 4 pile.

píldora [píldora] *f.* pill.

piloto [pilóto] *m.* pilot.

pillar [piʎár] *t.* to plunder, catch, grasp.

pillo [píʎo] *m.-f.* rogue, rascal. 2 urchin.

pimienta [pimjénta] *f.* pepper [spice].

pimiento [pimjénto] *m.* [green, red] pepper.

pincel [pinθél] *m.* brush.

pinchar [pintʃár] *t.* to prick, puncture.

ping pong [pimpóŋ] *m.* ping-pong, table-tennis.

pino [píno] *m.* pine, pine-tree.

pintar [pintár] *t.* to paint. 2 to describe. 3 *p.* to make up one's face.

pintor [pintór] *m.* painter; house painter.

pintoresco [pintorésko] *a.* picturesque.

pintura [pintúra] *f.* painting.

piña [píɲa] *f.* pine cone. 2 ~ *de América,* pineapple.

pío [pío] *a.* pious.

piojo [pjóxo] *m.* louse.

pipa [pípa] *f.* pipe. 2 cask. 3 pip, seed.

pique [píke] *m.* pique. 2 *irse a* ~, to capsize, sink.

piquete [pikéte] *m.* picket, squad.

pirámide [pirámiðe] *f.* pyramid.

pirata [piráta] *m.* pirate.

pisada [pisáða] *f.* footstep; footprint.

pisar [pisár] *t.* to tread on, step on. *2* to trample under foot.

piscina [pisθína] *f.* swimming-pool.

piso [píso] *m.* floor; storey: ~ *bajo,* ground floor. *2* flat, apartment.

pisotear [pisoteár] *t.* to trample on, tread down.

pista [písta] *f.* trail, trace, scent. *2* clue. *3* SPORT race-track. *4* ring. *5* AER. runway, landing--field.

pistola [pistóla] *f.* pistol.

pitar [pitár] *i.* to blow a whistle; to whistle at; to hiss.

pito [píto] *m.* whistle.

pizarra [piθárra] *f.* slate. *2* blackboard.

pizca [píθka] *f.* bit, jot, whit.

placa [pláka] *f.* plaque. *2* PHOT. plate.

placentero [plaθentéro] *a.* joyful, pleasant, agreeable.

1) **placer** [plaθér] *m.* pleasure. *2* will.

2) **placer** [plaθér] *t.* to please. ¶ CONJUG. INDIC. Pres.: *plazco,* places, place, etc. | Pret.: plació or *plugo;* placieron or *pluguieron.* || SUBJ. Pres.: *plazca, plazcas,* etc. | Imperf.: placiera or *pluguiera.* | Fut.: placiere or *pluguiere,* etc. || IMPER.: place, *plazca; plazcamos,* placed, *plazcan.*

plácido [pláθiðo] *a.* placid, calm.

plafón [plafón] *m.* soffit.

plaga [pláɣa] *f.* plague, pest, scourge.

plan [plan] *m.* plan, project, scheme.

plancha [plántʃa] *f.* plate, sheet. *2* iron [for clothes].

planchado [plantʃáðo] *m.* ironing.

planchar [plantʃár] *t.* to iron, press.

planear [planeár] *t.* to plan, outline. *2 i.* AER. to glide.

planeta [planéta] *m.* planet.

plano [pláno] *a.* plane. *2* flat, even. *3 m.* plane. *4* plan [map].

planta [plánta] *f.* plant. *2* sole of the foot. *3* ~ *baja,* ground floor.

plantación [plantaθjón] *f.* planting. *2* plantation.

plantar [plantár] *t.* to plant. *2* to set up, place *3* to jilt. *4 p.* to stand firm.

plantear [planteár] *t.* to plan, outline. *2* to establish. *3* to state [a problem]; to raise [a question].

plantel [plantél] *m.* nursery; nursery school.

plástico [plástiko] *a.-m.* plastic.

plata [pláta] *f.* silver. *2* money.

plataforma [platafórma] *f.* platform.

platanal [platanál] *m.* banana plantation.

plátano [plátano] *m.* banana.

plateado [plateáðo] *a.* silver-plated. *2* silvery.

plato [pláto] *m.* plate, dish. *2* course [at meals].

playa [plája] *f.* beach, seaside, shore.

plaza [pláθa] *f.* public square. *2* market-place. *3* fortress. *4* seat. *5* job. *6* town, city. *7* ~ *de toros,* bullring.

plazo [pláθo] *m.* term; time-limit: *a plazos,* by instalments.

plegar [pleɣár] *t.* to fold, bend, crease. *2* SEW to gather. *3 p.* to bend. *4* to yield.

plegaria [pleɣárja] *f.* prayer.

pleito [pléĭto] *m.* litigation, law-suit. *2* debate.

plenitud [plenitúð] *f.* fullness, completion.

pleno [pléno] *a.* full, complete.

pliego [pljéɣo] *m.* sheet of paper. *2* sealed document. *3* ~ *de condiciones,* specifications.

pliegue [pljéɣe] *m.* fold, crease.

plomo [plómo] *m.* lead. *2* sinker.

pluma [plúma] *f.* feather. *2* [writing] pen, nib.

plumaje [plumáxe] *m.* plumage, feathers.

plural [plurál] *a.-m.* plural.

población [poβlaθjón] *f.* population. *2* city, town.

poblado [poβláðo] *a.* populated. *2* thick. *3 m.* town.

poblar [poβlár] *t.* to people. *2* to settle. *3 p.* to become peopled. ¶ CONJUG. like *contar.*

pobre [póβre] *a.* poor. *2 m.-f.* beggar.

pobreza [poβréθa] *f.* poverty; need; lack.

1) **poco** [póko] *adv.* little, not much: *dentro de* ~, presently; ~ *más o menos,* more or less.

2) **poco** [póko] *a.* little, scanty. *2 pl.* few.

podar [poðár] *t.* to prune, lop off, trim [off].

1) **poder** [poðér] *m.* power; authority. *2* force, strength, might.

2) **poder** [poðér] *t.-i.*

to be able [to], can, may. *2 i.* to have power or influence. *3 impers.* to be possible, may. ¶ CONJUG. INDIC. Pres.: *puedo, puedes, puede; podemos, podéis, pueden.* | Pret.: *pude, pudiste,* etc. | Fut.: *podré, podrás,* etc. || COND.: *podría, podrías,* etc. || SUBJ. Pres.: Pres.: *pueda, puedas, pueda; podamos, podáis, puedan.* | Imperf.: *pudiera, pudieras,* etc., or *pudiese, pudieses,* etc. | Fut.: *pudiere, pudieres,* etc. || IMPER.: *puede, pueda; podamos, poded, puedan.* || GER.: *pudiendo.*

poderío [poðerío] *m.* power, might. *2* jurisdiction. *3* wealth.

poderoso [poðeróso] *a.* powerful, mighty. *2* wealthy.

poema [poéma] *m.* poem.

poesía [poesía] *f.* poetry. *2* poem.

poeta [poéta] *m.* poet.

poético [poétiko] *a.* poetic.

polar [polár] *a.* polar; pole: *estrella* ~, polestar.

policía [poliθía] *m.* policeman, detective. *2* police force: ~ *secreta,* secret police.

policíaco [poliθíako] *a.* [pertaining to the] police. *2 novela policíaca,* detective story.

polilla [políʎa] *f.* moth.

politécnico [politéɣniko] *a.* polytechnic.

política [política] *f.* politics.

político [polítiko] *a.* politic(al. *2* tactful. *3* -in-law: *padre* ~, father-in-law. *4 m.* politician.

polo [pólo] *m.* pole. *2* SPORTS polo.

polvo [pólβo] *m.* dust. *2* powder.

pólvora [pólβora] *f.* gunpowder.

pollino [poʎíno] *m.-f.* donkey, ass.

pollo [póʎo] *m.* chicken. *2* young man.

pomada [pomáða] *f.* pomade.

pompa [pómpa] *f.* pomp; show: *pompas fúnebres,* funeral. *2* pageant. *3* bubble. *4* pump.

pomposo [pompóso] *a.* pompous [showy]. *2* inflated.

ponderar [ponderár] *t.* to weigh up, consider. *2* to exaggerate. *3* to praise.

poner [ponér] *t.* to place, put, set: ~ *en libertad,* to set free; ~ *en práctica,* to carry out. *2* to lay [eggs]. *3* to render [furious]. *4 ~ de manifiesto,* to make evident; *~ de relieve,* to emphasize; *~ reparos,* to make objections. *5 p.* to put on [one's hat]. *6* [of the sun] to set. *7* to become. *8 ~ a,* to begin to. *9 ~ al corriente,* to get informed. *10 ~ de acuerdo,* to agree. *11 ponerse en pie,* to stand up. || CONJUG. INDIC. Pres.: *pongo,* pones, pone, etc. | Pret.: *puse, pusiste, puso,* etc. | Fut.: *pondré, pondrás,* etc. || COND.: *pondría, pondrías,* etc. || SUBJ. Pres.: *ponga, pongas,* etc. | Imperf.: *pusiera, pusieras,* or *pusiese, pusieses,* etc. | Fut.: *pusiere, pusieres,* etc. || IMPER.: *pon, ponga; pongamos,* poned, *pongan.* || PAST. P.: *puesto.*

popa [pópa] *f.* stern: *en* or *a ~,* astern, abaft.

popular [populár] *a.* popular; colloquial.

popularidad [populariðáð] *f.* popularity.

por [por] *prep.* by, for, as, along, around, across, through, from, out of, at, in, on, to, etc.: *~ la noche,* in the night, by night. *2 ~ ciento,* per cent; *~ tanto,* therefore; *~ más que, ~ mucho que,* however much; *¿~ qué?,* why?; *~ supuesto,* of course.

porcelana [porθelána] *f.* china, porcelain.

porción [porθjón] *f.* part, share, lot, portion.

pordiosero [porðjoséro] *n.* beggar.

porfiado [porfjáðo] *a.* stubborn, persistent.

porfiar [porfjár] *i.* to insist, persist.

poro [póro] *m.* pore.

poroso [poróso] *a.* porous.

porque [pórke] *conj.* for, because, since.

¿por qué? [porké] *conj.* why?

porqué [porké] *m.* cause, reason; why.

porquería [porkería] *f.* dirt, filth. 2 filthy act or word.

porta(a)viones [portaβjónes] *m.* aircraft carrier.

portada [portáða] *f.* front, façade. 2 frontispiece. 3 PRINT. title page. 4 cover.

portador [portaðór] *m.* carrier, bearer, holder.

portal [portál] *m.* doorway, vestibule. 2 porch, portico, entrance.

portarse [portárse] *p.* behave, act.
portavoz [portaβóθ] *m.* spokesman; mouthpiece.
porte [pórte] *m.* portage, carriage; freight: ~ *pagado,* portage prepaid. 2 behaviour; appearance [of a person].
portero [portéro] *m.* doorkeeper, porter. 2 SPORT goalkeeper.
portugués [portuɣés] *a.-n.* Portuguese.
porvenir [porβenír] *m.* future.
pos (en) [pos] adv. *en ~ de,* after; in pursuit of.
posada [posáða] *f.* lodg--ing-house, inn.
posar [posár] *i.* to lodge. 2 to rest. 3 F. ATRS to sit, pose. 4 *i.-p.* [of birds, etc.] to alight, perch. 5 *t.* to lay down. 6 *p.* to settle.
poseedor [poseeðór] *m.* owner, holder.
poseer [poseér] *t.* to possess, own, hold, have. 2 to master. ¶ CONJUG. INDIC. Pret.: poseí, poseíste, *poseyó;* poseímos, poseísteis, *poseyeron.* ‖ SUBJ. Imperf.: *poseyera, poseyeras,* etc., or *poseyese, poseyeses,* etc. ‖ PAST. P.: poseído or *poseso.* ‖ GER.: *poseyendo.*
posesión [posesjón] *f.* possession, holding.
posibilidad [posiβiliðáð] *f.* possibility, chance. 2 *pl.* means.
posible [posíβle] *a.* possible: *hacer todo lo ~,* to do one's best.
posición [posiθjón] *f.* position, attitude. 2 situation.
positivo [positíβo] *a.* positive, practical.
posponer [posponér] *t.* to postpone, delay, put off.
postal [postál] *a.* postal. 2 *f.* postcard.
poste [póste] *m.* pillar; post, pole: ~ *indicador,* finger-post.
posteridad [posteriðáð] *f.* posterity, the coming generations.
posterior [posterjór] *a.* posterior, back, rear. 2 **-mente** *adv.* later on.
postizo [postíθo] *a.* artificial, false. 2 *m.* switch [of hair].
postrar [postrár] *t.* to prostrate, cast down. 2 *p.* to kneel down.
postre [póstre] *a.* POSTRERO. 2 *m.* dessert. 3 adv. *a la ~,* at last.
postrero [postréro] *a.* last. 2 *m.-f.* last one.
postular [postulár] *t.* to postulate. 2 to beg.

pote [póte] *m.* pot; jug; jar.

potencia [poténθja] *f.* power; faculty, ability; strength. *2* powerful nation.

potencial [potenθjál] *a.-m.* potential. *2* GRAM. conditional [mood].

potente [poténte] *a.* potent, powerful, mighty. *2* strong.

potestad [potestáð] *f.* power, faculty. *2* authority.

potro [pótro] *m.-f.* colt, foal. *2 m.* horse [for torture]. *3 f.* filly.

pozo [póθo] *m.* well, pit. *2* shaft.

práctica [práɣtika] *f.* practice: *poner en ~,* to put into practice. *2* skill. *3 pl.* training.

práctico [práɣtiko] *a.* practical. *2* skilful. *3 m.* NAUT. pilot.

pradera [praðéra] *f.* prairie, meadow.

prado [práðo] *f.* field, meadow, lawn.

precaución [prekaŭθjón] *f.* precaution.

precedente [preθeðénte] *a.* preceding. *2 m.* precedent.

preceder [preθeðér] *t.-i.* to precede, go ahead of.

precepto [preθéβto] *m.* rule; order: *día de ~,* holiday.

preciado [preθjáðo] *a.* valuable, precious. *2* proud.

preciar [preθjár] *t.* to value. *2 p.* to be proud of, boast.

precio [préθjo] *m.* price, cost, value. *2* worth.

precioso [preθjóso] *a.* precious, valuable, costly. *2* beautiful.

precipicio [preθipíθjo] *m.* precipice, cliff.

precipitado [preθipitáðo] *a.* hasty; head-long.

precipitar [preθipitár] *t.* to throw headlong, hurl, hurry. *2 p.* to be hasty or rash..

precisamente [preθísaménte] *adv.* precisely, exactly. *2* just.

precisar [preθísár] *t.* to define. *2* to force. *3 i.* to be necessary; to need.

precisión [preθisjón] *f.* precision, accuracy. *2* necessity.

preciso [preθíso] *a.* precise, accurate; just. *2* necessary.

precoz [prekóθ] *a.* precocious.

precursor [prekursór] *m.* forerunner, harbinger.

predecir [preðeθír] *t.* to foretell, forecast.

predicador [preðikaðór] *m.-f.* preacher.

predicar [preðikár] *t.-i.* to preach.

predicción [preðiɣθjón] *f.* forecast, prediction.

predilección [preðiɣθjón] *f.* preference, liking.

predilecto [preðiléɣto] *a.* favourite.

predominar [preðominár] to prevail. *2* to overlook.

prefacio [prefáθjo] *m.* prologue, preface, foreword.

preferencia [preferénθja] *f.* choice, preference.

preferible [preferíβle] *a.* preferable.

preferir [preferír] *t.* to prefer, choose: *yo preferiría ir,* I'd rather go.

pregonar [preɣonár] *t.* to proclaim. *2* to cry. *3* to reveal.

pregunta [preɣúnta] *f.* question, inquiry: *hacer una* ~, to ask a question.

preguntar [preɣuntár] *t.-i.* to ask, inquire. *2 p.* to wonder.

preguntón [preɣuntón] *a.-n.* inquisitive.

prejuicio [prexwíθjo] *m.* prejudice, bias.

preliminar [preliminár] *a.-m.* preliminary.

preludio [prelúðjo] *m. m.* prelude.

prematuro [prematúro] *a.* premature, untimely.

premiar [premjár] *t.* to reward.

premio [prémjo] *m.* reward. *2* prize, award.

prenda [prénda] *f.* pledge, security, pawn; token, proof. *2* garment.

prender [prendér] *t.* to seize, catch. *2* to attach, pin. *3* to arrest. *4* to set [fire]. *5 i.* to take root. *6* to catch.

prensa [prénsa] *f.* press; printing press. *2* journalism, daily press.

preocupación [preokupaθjón] *f.* preoccupation. *2* care, concern, worry.

preocupar [preokupár] *t.* to preoccupy. *2* to concern, worry, bother. *3 p.* worry about.

preparación [preparaθjón] *f.* preparation.

preparar [preparár] *t.* to prepare. *2 p.* to get ready.

preparativo [preparatíβo] *a.* preparatory. *2 m. pl.* arrangements.

preposición [preposiθjón] *f.* preposition.

presa [présa] *f.* catch, grip, hold. *2* capture. *3* prize, booty. *4* prey. *5* claw. *6* dam.

prescindir [presθindír] *i.* to dispense with, do without.

presencia [presénθja] *f.* presence.

presenciar [presenθjár] *t.* to be present at, witness.

presentación [presentaθjón] *f.* presentation; coming-out, début. *2* introduction.

presentar [presentár] *t.* to present. *2* to display, show. *3* to introduce. *4 p.* to appear.

presente [presénte] *a.* present; *hacer ~*, to remind of; *tener ~*, to bear in mind. *2* current [month, etc.]. *3 a.-m.* GRAM. present. *4 m.* present, gift.

presentimiento [presentimjénto] *m.* foreboding.

presentir [presentír] *t.* to forebode. ¶ CONJUG. like *hervir*.

preservar [preserβár] *t.* to preserve, guard, keep safe.

presidencia [presiðénθja] *f.* presidency. *2* chairmanship.

presidente [presiðénte] *m.* president. *2* chairman.

presidiario [presiðjárjo] *m.* convict.

presidio [presíðjo] *m.* penitentiary, prison. *2* hard labour.

presidir [presiðír] *t.-i.* to preside over or at, take the chair at, rule.

presión [presjón] *f.* pressure; press, squeeze.

preso [préso] *a.* imprisoned. *2 m.-f.* prisoner.

préstamo [préstamo] *m.* loan, lending, borrowing.

prestar [prestár] *t.* to lend, loan. *2* to give. *3* to do, render [service, etc.]. *4* to pay [attention]. *5* to take [oath]. *6 p.* to lend oneself. *7 se presta a,* it gives rise to.

prestigio [prestíxjo] *m.* prestige; good name.

presto [présto] *adv.* quickly. *2* soon. *3 a.* prompt, quick. *2* ready.

presumir [presumír] *t.* to presume, conjecture. *2 i.* to boast.

presupuesto [presupwésto] *a.* presupposed. *2 m.* budget. *3* estimate.

presuroso [presuróso] *a.* prompt, hasty.

pretender [pretendér] *t.* to pretend to, claim. *3* to try to.

pretendiente [pretendjénte] *m.* claimant. *3* suitor.

pretensión [pretensjón] *f.* claim. *2* aim, object.

pretexto [pretésto] *m.* pretext, excuse, plea.

prevalecer [preβaleθér] *i.* to prevail.

prevención [preβenθjón] *f.* supply. *2* foresight. *3* dislike. *4* warning. *5* police station.

prevenido [preβeníðo] *a.* ready. *2* cautious.

prevenir [preβenír] *t.* to prepare. *2* to forestall. *3* to warn. *4* to prevent. *5 p.* to get ready.

prever [preβér] *t.* to foresee. *2* to forecast.

previo [préβjo] *a.* previous.

previsión [preβisjón] *f.* foresight. *2* forecast.

prieto [prjéto] *a.* tight. *2* mean. *3* dark.

primario [primárjo] *a.* primary.

primavera [primaβéra] *f.* spring, springtime.

primaveral [primaβerál] *a.* springlike, spring.

primero [priméro] *adv.* first. *2 a.* first. *3* early.

primicia(s [primíθja(s] first fruits [efforts, attempts].

primitivo [primitíβo] *a.* primitive, original, early.

primo [prímo] *a.* first. *2* raw [material]. *3 m.-f.* cousin. *4* simpleton.

primogénito [primoxénito] *a.-n.* first-born, eldest [son].

primor [primór] *m.* beauty. *2* skill.

primoroso [primoróso] *a.* exquisite. *2* skilful, fine.

princesa [prinθésa] *f.* princess.

principal [prinθipál] *a.* principal. *2 m.* head [of a firm, etc.]. *3* first floor. *4* **-mente** *adv.* principally, mainly.

príncipe [prínθipe] *m.* prince.

principiar [prinθipjár] *t.* to begin.

principio [prinθípjo] *m.* beginning. *2* principle. *3 pl.* principles.

prisa [prísa] *f.* haste, hurry: *tener* ~, to be in a hurry.

prisión [prisjón] *f.* prison, jail; imprisonment.

prisionero [prisjonéro] *m.-f.* prisoner.

prisma [prízma] *m.* prism.

privación [priβaθjón] *f.* want, deprivation, loss.

privado [priβáðo] *a.* forbidden. *2* private. *3 m.* favourite.

privar [priβár] *t.* to forbid. *2* to prevail.

privilegio [priβiléxjo] *m.* privilege, grant, exemption.

pro [pro] *m.-f.* profit: *el ~ y el contra,* the pros and cons.

proa [próa] *f.* prow, bow. *2* AER. nose.

probabilidad [proβaβiliðáð] *f.* probability, likelihood.
probable [proβáβle] *a.* probable, likely. *2* **-mente** *adv.* probably.
probar [proβár] *t.* to prove. *2* to test, try out. *3* to taste. *4* to try on [clothes]. *5* i. ~ *a*, to endeavour to.
problema [proβléma] *m.* problem.
procedente [proθeðénte] *a.* coming [from]. *2* proper.
proceder [proθeðér] *i.* to proceed. *2* to come from. *3* to behave. *4* to take action [against]. *5* to be proper.
procedimiento [proθeðimjénto] *m.* procedure; method, way.
procesión [proθesjón] *f.* procession.
proceso [proθéso] *m.* process. *2* lapse of time. *3* LAW proceedings. *4* law-suit.
proclama [prokláma] *f.* proclamation. *2* poster. *3 pl.* banns.
proclamar [proklamár] *t.* to proclaim.
procurador [prokuraðór] *m.* attorney. *2* solicitor.
procurar [prokurár] *t.* to try to. *2* to get. *3* to manage.
prodigar [proðiɣár] *t.* to lavish, squander.
prodigio [proðíxjo] *m.* prodigy, miracle.
prodigioso [proðixjóso] *a.* marvellous, prodigious. *2* exquisite.
pródigo [próðiɣo] *a.-n.* prodigal. *2 a.* lavish, wasteful, extravagant.
producción [proðuɣθjón] *f.* production. *2* product, output, yield.
producir [proðuθír] *t.* to produce, yield, bring forth. *2* to cause. *3 p.* to happen.
productivo [proðuɣtíβo] *a.* productive.
producto [proðúɣto] *m.* product, produce.
productor [proðuɣtór] *a.* productive. *2 m.-f.* producer.
profecía [profeθía] *f.* prophecy.
proferir [proferír] *t.* to utter, pronounce.
profesar [profesár] *t.-i.* to profess. *2 t.* to show, manifest.
profesión [profesjón] *f.* profession. *2* avowal, declaration.
profesional [profesjonál] *a.-n.* professional.
profesor [profesór] *m.-f.* professor, teacher.
profeta [proféta] *m.* prophet.

profetizar [profetiθár] *t.-i.* to prophesy, foretell.
prófugo [prófuɣo] *a.-n.* fugitive, deserter.
profundamente [profúnðaménte] *adv.* deeply.
profundidad [profundiðáð] *f.* depth.
profundo [profúndo] *a.* profound, deep.
programa [proɣráma] *m.* program(me; plan. *2* syllabus.
progresar [proɣresár] *i.* to progress, advance, develop.
progresista [proɣresísta] *a.-n.* progressist.
pogresivo [proɣresíβo] *a.* progressive.
progreso [proɣréso] *m.* progress, advance.
prohibición [proiβiθjón] *f.* prohibition, ban.
prohibir [proiβír] *t.* to prohibit, forbid, stop, ban.
prójimo [próximo] *m.* neighbour, fellow man [or creature].
prolongar [proloŋgár] *t.* to lengthen. *2* to prolong. *3 p.* to go on, extend.
promedio [proméðjo] *m.* middle. *2* average.
promesa [promésa] *f.* promise.
prometedor [prometeðór] *a.* promising.
prometer [prometér] *t.-i.* to promise. *2 p.* to become engaged, betrothed.
prometido [prometíðo] *a.* promised. *2* engaged, betrothed. *3 m.* fiancé. *4 f.* fiancée.
prominente [prominénte] *a.* prominent, projecting.
promontorio [promontórjo] *m.* promontory, headland.
promotor [promotór] *m.-f.* promotor, pioneer.
promover [promoβér] *t.* to promote, start. *2* to cause, stir up, raise.
pronombre [pronómbre] *m.* pronoun.
pronto [prónto] *adv.* soon: *lo más ~ posible,* as soon as possible. *2* quickly: *de ~,* suddenly. *3 a.* ready.
pronunciar [pronunθjár] *t.* to pronunce, utter. *2* to deliver, make [a speech].
propagación [propaɣaθjón] *f.* spreading.
propaganda [propaɣánda] *f.* propaganda. *2* advertising.
propagar [propaɣár] *t.* to propagate, spread. *2 p.* to be diffused.
propiamente [própjaménte] *adv.* properly.
propicio [propíθjo] *a.* *a.* propitious, favourable.

propiedad [propjeðáð] *f.* ownership, property.
propietario [propjetárjo] *m.* owner, landlord.
propina [propína] *f.* tip, gratuity, extra.
propinar [propinár] *t.* to deal [a blow].
propio [própjo] *a.* proper, peculiar. *3* suitable. *4 amor* ~, pride; *nombre* ~, proper noun.
proponer [proponér] *t.* to put forward. *2 p.* to to plan, intend.
proporción [proporθjón] *f.* proportion; opportunity.
proporcionar [proporθjonár] *t.* to adjust. *2* to supply. *3 p.* to get.
proposición [proposiθjón] *f.* proposition; proposal, offer.
propósito [propósito] *m.* purpose, aim: *a* ~, by the way; *de* ~, on purpose; *fuera de* ~, irrelevant.
propuesta [propwésta] *f.* proposal, offer.
prorrumpir [prorrumpír] *i.* to break out, burst out [into tears].
prosa [prósa] *f.* prose.
proscribir [proskriβír] *t.* to proscribe, banish.
proseguir [proseɣír] *t.* to continue. *2 i.* to go on, carry on.
prosperar [prosperár] *i.* to prosper, thrive, flourish.
prosperidad [prosperiðáð] *f.* prosperity. *2* success.
próspero [próspero] *a.* prosperous. *2* successful.
protección [proteɣθjón] *f.* support, protection.
protector [proteɣtór] *m.* defender, protector.
proteger [protexér] *t.* to protect, defend, shelter.
protesta [protésta] *f.* protest.
protestante [protestánte] *a.-n.* Protestant.
protestar [protestár] *t.-i.* to protest, object, remonstrate.
provecho [proβétʃo] *m.* profit, advantage, benefit.
provechoso [proβetʃóso] *a.* profitable, advantageous, useful.
proveedor [proβeeðór] *m.* supplier, furnisher, purveyor.
proveer [proveér] *t.* to supply with, provide, furnish.
provenir [proβenír] *i.* to come from.
proverbio [proβérβjo] *m.* proverb, saying.
providencia [proβiðénθja] *f.* providence, foresight.
providencial [proβiðenθjál] *a.* providencial.

provincia [proβínθja] *f.* province.

provisión [proβisjón] *f.* provision. *2* supply. *3* measure.

provisional [proβisjonál] temporary.

provocar [proβokár] *t.* to provoke, defy, challenge.

próximamente [próɣsimaménte] *adv.* soon, before long, shortly.

proximidad [proɣsimiðáð] *f.* nearness.

próximo [próɣsimo] *a.* near, close to. *2* next: *el mes ~*, next month.

proyección [proǰeɣθjón] *f.* projection. *2* showing.

proyectar [proǰeɣtár] *t.* to throw. *2* to show [a film, etc.]. *3* to plan, intend. *4 p.* to jut out, stand out. *5* [of a shadow] to fall on.

proyecto [proǰéɣto] *m.* project, plan, scheme. *2 ~ de ley,* bill.

prudencia [pruðénθja] *f.* wisdom, prudence.

prudente [pruðénte] *a.* wise. *2* cautious.

prueba [prwéβa] *f.* proof; evidence. *2* sign. *3* test, trial. *4* sample. *5* fitting. *6* ordeal, trial. *7 poner a ~*, to put to test.

psicología [sikoloxía] *f.* psychology.

psicológico [sikolóxiko] *a.* psychological.

púa [púa] *f.* prick, barb. *2* prong. *3* quill [of porcupine, etc.]. *4* tooth [of comb]. *5* HORT. graft. *6* MUS. plectrum.

publicación [puβlikaθjón] *f.* publication.

públicamente [púβlikaménte] *adv.* publicly.

publicar [puβlikár] *t.* to publish. *2* to issue. *3 p.* to come out.

publicidad [puβliθiðáð] *f.* publicity *2* advertising.

público [púβliko] *a.* public. *2 m.* public; audience; spectators, crowd.

puchero [putʃéro] *m.* cooking-pot. *2* meat and vegetables stew.

pueblo [pwéβlo] *m.* town. *2* common people. *3* nation.

puente [pwénte] *m.-f.* bridge. *2* deck.

puerco [pwérko] *a.* dirty, filthy. *2 m.* hog, pig, swine. *3 ~ espin,* porcupine. *4 f.* sow.

puerta [pwérta] *f.* door; gate; entrance.

puerto [pwérto] *m.* port, harbour. *2* refuge. *3* mountain pass.

puertorriqueño [pwertorrikéɲo] *a.-n.* Puerto Rican.

pues [pwes] *conj.* because, for, since. 2 then: *así* ~, so then; ~ *bien,* well then.

puesta [pwésta] *f.* setting: ~ *de sol,* sunset. 2 stake. 3 egg-laying.

puesto [pwésto] *p. p.* of PONER. 2 placed, put. 3 *m.* place, spot. 4 stall, stand. 5 job. 6 MIL. post, station: ~ *de socorro,* first-aid station. 7 conj. ~ *que,* since, inasmuch as.

púgil [púxil] *m.* boxer, pugilist.

pulga [púlɣa] *f.* flea.

pulgada [pulɣáða] *f.* inch.

pulgar [pulɣár] *m.* thumb.

pulido [pulíðo] *a.* neat, tidy; polished; nice.

pulmón [pulmón] *m.* lung.

pulmonía [pulmonía] *f.* pneumonia.

pulpa [púlpa] *f.* pulp, flesh.

pulpo [púlpo] *m.* octopus.

pulsera [pulséra] *f.* bracelet: *reloj de* ~, wristwatch.

pulso [púlso] *m.* pulse. 2 steadiness of the hand. 3 care.

pulla [púʎa] *f.* quip, cutting remark. 2 witty saying.

punta [púnta] *f.* point. 2 head. 3 nib. 4 top. 5 horn. 6 tine. 7 *está de* ~ *con,* to be on bad terms with.

puntapié [puntapjé] *m.* kick.

puntero [puntéro] *m.* pointer. 2 chisel.

puntiagudo [puntjaɣúðo] *a.* sharp-pointed.

puntilla [puntíʎa] *f.* lace edging. 2 BULLF. short dagger. 3 *de puntillas,* on tiptoe.

punto [púnto] *m.* point; dot; stop: ~ *final,* full stop; ~ *y coma,* semicolon; *dos puntos,* colon. 2 SEW. stitch. 3 *géneros de* ~, hosiery. 4 place, spot; ~ *de partida,* starting-point; ~ *de vista,* point of view.

puntuación [puntwaθjón] punctuation. 2 score. 3 mark(s.

puntual [puntuál] *a.* punctual; exact.

puntualidad [puntwaliðáð] *f.* punctuality.

puñado [puɲáðo] *m.* handful.

puñal [puɲál] *m.* dagger.

puñalada [puɲaláða] *f.* stab, thrust.

puño [púɲo] *m.* fist. 2 cuff. 3 hilt. 4 handle.

pupila [pupíla] *f.* pupil.

pupilo [pupílo] *m.* ward. 2 boarder, inmate.

pupitre [pupítre] *m.* desk.

pureza [puréθa] *f.* purity.

purga [púrɣa] *f.* purgative, purge.

purificar [purifikár] *t.* to purify, cleanse.

puro [púro] *a.* pure, sheer; chaste. 2 *m.* cigar.

púrpura [púrpura] *f.* purple.

Q

que [ke] *rel. pron.* that; which; who; whom. *2 conj.* that. *3* than. *4* and. *5 con tal* ~, provided [that]. *6* for, because, since.

qué [ké] *exclam. pron.* how, what [a]. *2 interr. pron.* what?, which? *3 ¿por ~?*, why?

quebradizo [keβraðíθo] *a.* brittle, fragile.

quebrantar [keβrantár] *t.* to break. *2* to pound, crash. *3* to transgress [a law]. *4* to weaken.

quebrar [keβrár] *t.* to break, crush. *2 i.* to go bankrupt. ¶ CONJUG. like *acertar.*

quedar [keðár] *t.-p.* to remain, stay, be left.

quehacer [keaθér] *m.* task, job, duties.

queja [kéxa] *f.* complaint.

quejarse [kexárse] *p.* to complain, moan.

quemadura [kemaðúra] *f.* burn; scald, sunburn.

quemar [kemár] *t.* to burn, scald, scorch. *2 p.* to burn up, get scorched.

querella [keréʎa] *f.* complaint. *2* quarrel.

querer [kerér] *t.* to love [be in love with]. *2* to want, will, wish, desire. *3 ~ decir,* to mean. *4 sin ~,* unintentionally. ¶ CONJUG. INDIC. Pres.: *quiero, quieres, quiere;* queremos, queréis, *quieren.* | Pret.: *quise, quisiste, quiso,* etc. | Fut.: *querré, querrás,* etc. || SUBJ. Pres.: *quiera, quieras, quiera;* queramos, queráis, *quieran*. | Imperf.: *quisiera, quisieras*, etc., or *quisiese, quisieses*, etc. | Fut.: *quisiere, quisieres*, etc. || IMPER.: *quiere, quiera*; queramos, quered, *quieran*.

querido [kerído] *a*. dear, beloved. *2 m.-f.* lover. *3 f.* mistress.

querubín [keruβín] *m*. cherub.

queso [késo] *m*. cheese.

quiebra [kjéβra] *f*. break, crack; fissure. *2* failure, bankrupcy.

quien [kjen] *pron*. who, whom.

quienquiera [kjeŋkjéra], *pl*. **quienesquiera** [kjeneskjéra] *pron*. whoever, whomever, whosoever, whomsoever.

quieto [kjéto] *a*. quiet, still, motionless; calm.

quietud [kjetúð] *f*. calmness, stillness, quiet.

quijada [kixáða] *f*. jaw, jawbone.

quimera [kiméra] *f*. chimera. *2* wild fancy.

química [kímika] *f*. chemistry.

químico [kímiko] *a*. chemical. *2 m.-f.* chemist.

quince [kínθe] *a.-n.* fifteen.

quinientos [kinjéntos] *a.-n.* five hundred.

quinqué [kiŋké] *m*. oil lamp.

quinto [kínto] *a*. fifth. *2 m.* recruit.

quiosco [kjósko] *m*. kiosk. *2* news-stand, stall.

quiquiriquí [kikirikí] *m*. cock-a-doodle-doo.

quirúrgico [kirúrxiko] *a*. surgical.

quitar [kitár] *t*. to remove, take [away, off, from, out]. *2* to steal, rob of. *3* to clear [the table]. *4 p.* to move away. *5* to take off [one's clothes, etc.]. *6 quitarse de encima*, to get rid of.

quizá(s [kiθá(s] *adv*. perhaps, maybe.

R

rábano [rráβano] *m.* *m.* radish.
rabia [rráβja] *f.* rabies. 2 rage, fury.
rabioso [rraβjóso] *a.* rabid; mad. 2 furious, angry.
rabo [rráβo] *m.* tail; end: *de cabo a* ~, from beginning to end.
racial [rraθjál] *a.* racial, race.
racimo [rraθímo] *m.* bunch, cluster.
ración [rraθjón] *f.* ration. 2 portion. 3 allowance.
racional [rraθjonál] *a.* rational. 2 reasonable.
racionamiento [rraθjonamjénto] *m.* rationing.
radiante [rraðjánte] *a.* radiant; beaming.
radical [rraðikál] *a.* radical. 2 *m.* root.
radicar [rraðikár] *i.* to take root. 2 *i.* to be, lie.
radio [rráðjo] *m.* radius. 2 radium. 3 spoke. 4 scope. 5 radiogram. 6 *f.* boadcasting. 7 radio, wireless set.
radioyente [rraðjojénte] *m.-f.* radio listener.
ráfaga [rráfaɣa] *f.* gust [wind]. 2 burst [of machine-gun]. 3 flash [light].
raíz [rraíθ] *f.* root.
rajar [rraxár] *t.* to split, 2 to slice [a melon]. 3 *p.* to split. 4 to give up.
rallar [rraʎár] *t.* to grate.
rama [rráma] *f.* branch, bough.
ramaje [rramáxe] *m.* foliage, branches.
ramificarse [rramifikárse] *p.* to branch off.
ramillete [rramiʎéte] *m.* bouquet, nosegal. 2 centrepiece.
ramo [rrámo] *m.* bough, branch. 2 bunch, cluster.
rana [rrána] *f.* frog.

rancio [rránθjo] *a.* rank, rancid, stale. 2 old.
ranchero [rrantʃéro] *m.* mess cook. 2 rancher.
rancho [rrántʃo] *m.* MIL. mess. 2 (Am.) cattle ranch.
rango [ráŋgo] *m.* rank, class, standing.
rapaz [rrapáθ] *a.* rapacious. 2 ORN. of prey. 3 *m.* young boy.
rápidamente [rrápiðaménte] *adv.* quickly.
rapidez [rrapiðéθ] *f.* speed, quickness.
rápido [rrápiðo] *a.* fast, quick, swift.
rapto [rráβto] *m.* ravishment. 2 kidnapping. 3 rapture.
raro [rráro] *a.* rare. 2 scarce: *raras veces,* seldom. 3 odd, queer.
rascar [rraskár] *t.* to scrape, scrath.
rasgar [rrazɣár] *t.* to tear, rend, rip, slash.
rasgo [rrázɣo] *m.* dash, stroke. 2 deed, feat. 3 trait. 4 *pl.* features.
raso [rráso] *a.* flat, level. 2 clear. 3 *m.* satin.
raspar [rraspár] *t.* to scrape, erase.
rastrillo [rrastríʎo] *m.* rake.
rata [rráta] *f.* rat.
rato [rráto] *m.* time, while: *al poco ~*, shortly after.
ratón [rratón] *m.* mouse.
ratonera [rratonéra] *f.* mouse-trap. 2 mouse--hole
raudal [rraŭðál] *m.* stream, torrent, flood.
raya [rráʝa] *f.* ray. 2 line. 3 score. 4 stripe. 5 crease 6 parting.
rayar [rraʝár] *t.* to draw lines on, line. 2 to scratch. 3 to stripe. 4 to cross out. 5 i. *~ con* or *en,* to border on.
rayo [rráʝo] *m.* ray, beam. 2 lightning. 3 *rayos X,* X-rays.
raza [rráθa] *f.* race, breed: *de pura ~*, thoroughbred.
razón [rraθón] *f.* reason. 2 right: *tener ~*, to be right; *no tener ~*, to be wrong. 3 account. 4 *~ social,* trade name, firm.
razonable [rraθonáβle] *a.* reasonable, sensible. 2 fair.
razonar [rraθonár] *i.* to reason, argue; to talk.
reacción [rreaɣθjón] *f.* reaction; *avión a ~*, jet.
reaccionar [rreaɣθjonár] *i.* to react, respond to.
reafirmar [rreafirmár] *t.* to reaffirm, reassert.
reajuste [rreaxúste] *m.* *m.* readjustment.
real [rreál] *a.* real. 2 royal. 3 magnificent. 4 *m.* real [Spanish coin].

realidad [rrealiðáð] *f.* reality. 2 sincerity 3 *en* ~, really, in fact.

realista [rrealísta] *a.* realistic. 2 *m.-f.* realist.

realización [rrealiθaθjón] *f.* achievement, fulfilment.

realizar [rrealiθár] *t.* to accomplish, carry out, do, fulfill.

realmente [rreálmente] *adv.* really, actually.

reanudar [rreanuðár] *t.* to renew, resume.

reaparecer [rreapareθér] *i.* to reappear, return.

rebaja [rreβáxa] *f.* reduction. 2 rebate, discount.

rebajar [rreβaxár] *t.* to reduce, rebate, discount. 2 to disparage. 3 *p.* to humble oneself.

rebaño [rreβáɲo] *m.* herd, flock, drove.

rebelarse [rreβelárse] *p.* to rebel, revolt, rise.

rebelde [rreβélde] *a.* rebellious. 2 *m.-f.* rebel, insurgent.

rebeldía [rreβeldía] *f.* sedition, rebelliousness; defiance.

rebelión [rreβeljón] *f.* rebellion, revolt.

rebosar [rreβosár] *i.-p.* to overflow, run over.

rebuscar [rreβuskár] *i.-t.* to search carefully for; to search out; to glean.

recelo [rreθélo] *m.* fear, suspicion.

receloso [rreθelóso] *a.* distrustful, suspicious.

recepción [rreθeβθjón] *f.* reception, admission.

receptor [rreθeβtór] *m.* receiver, television set.

receso [reθéso] *m.* *recess.

receta [rreθéta] *f.* MED. prescription. 2 recipe.

recetar [rreθetár] *t.* to prescribe.

recibimiento [rreθiβimjénto] *m.* reception; welcome. 2 hall.

recibir [rreθiβír] *t.* to receive. 2 to admit. 3 to meet.

recibo [rreθíβo] *m.* reception, receipt: *acusar ~ de,* to acknowledge receipt of.

recién [rreθjén] *adv.* recently, lately, newly: *~ nacido,* new-born: *~ llegado,* newcomer.

reciente [rreθjénte) *a.* recent, fresh. 2 **-mente** *adv.* recently, lately, newly.

recinto [rreθínto] *m.* area, enclosure, precinct.

recio [rreθjo] *a.* strong. 2 thick, stout. 3 hard: *hablar ~,* to speak loudly.

recipiente [rreθipiénte] *m.* vessel, container.

recíproco [rreθíproko] *a.* mutual, reciprocal.

recital [rreθitál] *m.* recital. *2* reading.
recitar [rreθitár] *t.* to recite.
reclamación [rreklamaθjón] *f.* claim, demand. *2* complaint.
reclamar [rreklamár] *t.* to claim, demand. *2* to complain.
reclamo [rreklámo] *m.* decoy bird. *2* enticement. *3* advertisement.
recluir [rrekluír] *t.* to shut up, confine. ¶ CONJUG. like *huir*.
reclutamiento [rreklutamjénto] *m.* recruitment, conscription.
recobrar [rrekoβrár] *t.* to recover, retrieve. *2* *p.* to get better.
recoger [rrekoxér] *t.* to gather, collect, pick up, retake. *2* to fetch, get. *3* to give shelter to. *4* *p.* to retire, go home.
recolectar [rrekoleɣtár] *t.* to harvest.
recomendación [rrekomendaθjón] *f.* recomendation: *carta de* ~, letter of introduction.
recomendar [rrekomendár] *t.* to recommend. ¶ CONJUG. like *acertar*.
recompensa [rrekompénsa] *f.* reward; compensation.
recompensar [rrekompensár] *t.* to recompense, reward.
reconciliar [rrekonθiljár] *t.* to reconcile. *2* *p.* to become reconciled.
reconocer [rrekonoθér] *t.* to inspect, examine. *2* MIL. to reconnoitre. *3* to recognize, admit, acknowledge. *4* *p.* to know oneself. ¶ CONJUG. like *agradecer*.
reconocimiento [rrekonoθimjénto] *m.* inspection. *2* MIL. reconnaisance. *3* survey. *4* acknowledgement. *5* gratitude. *6* MED. check-up.
reconstrucción [rrekonstruɣθjón] *f.* reconstruction.
reconstruir [rrekonstruír] *t.* to rebuild, reconstruct.
récord [rrékor] *m.* record.
recordar [rrekorðár] *t.* to remember, recollect, recall. *2* to remind. ¶ CONJUG. like *contar*.
recorrer [rrekorrér] *t.* to go over, walk. *2* to read over.
recorrido [rrekorríðo] *m.* journey, run, course.
recortar [rrekortár] *t.* to cut away, clip, trim. *2* to cut out.
recorte [rrekórte] *m.* cutting(s.

recostar [rrekostár] *t.* to lean. *2 p.* to lean back, lie down. ¶ CONJUG. like *contar.*

recrear [rrekreár] *t.* to amuse, entertain. *2* to please, delight. *3 p.* to amuse oneself, take delight.

recreativo [rrekreatíβo] *a.* amusing, entertaining.

recreo [rrekréo] *m.* amusement; break [at school]] *2* playground, play-field, pitch.

rectangular [rreɣtaŋgulár] *a.* right-angled, rectangular.

rectángulo [rreɣtáŋgulo] *m.* rectangle.

rectificar [rreɣtifikár] *t.* to rectify, amend.

rectitud [rreɣtitúð] *f. f.* uprightness, righteousness.

recto [rréɣto] *a.* straight; right [angle]. *2* just, honest. *3 f.* straight line.

rector [rreɣtór] *a.* ruling. *2 m.* principal, head; vice-chancellor. *3* ECCL. parish priest.

recuerdo [rrekwérðo] *m.* remembrance. *2* souvenir. *3 pl.* regards.

recuperar [rrekuperár] *t.* to recover, retrieve. *2 p.* to recover oneself.

recurrir [rrecurrír] *i.* to appeal, resort to.

recurso [rrekúrso] *m.* resort. *2* resource. *3* LAW appeal. *4 pl.* means.

rechazar [rretʃaθár] *t.* to drive back. *2* to reject.

rechinar [rretʃinár] *i.* to creak, grate. *2* [of teeth] to gnash.

red [rreð] *f.* net. *2* network. *3* trap.

redacción [rreðaɣθjón] *f.* wording, redaction. *2* editing. *3* editorial office. *4* editorial staff.

redactar [rreðaɣtár] *t.* to draw up, compose, write, edit.

redactor [rreðaɣtór] *m.-f.* editor, journalist.

redención [rreðenθjón] redemption. *2* ransom.

redentor [rreðentór] *m.-f.* redeemer.

redil [rreðíl] *m.* sheepfold.

redimir [rreðimír] *t.* to redeem. *2* to ransom.

redondear [rreðondeár] *t.* to round off or out [complete].

redondo [rreðóndo] *a.* round.

reducción [rreðuɣθjón] *f.* reduction, decrease.

reducido [rreðuθiðo] *a.* limited, reduced, small.

reducir [reðuθír] *t.* to reduce, diminish. *2* to convert [into]. *3* to subdue.

reemplazar [rreemplaθár] *t.* to replace [with, by].
refajo [rrefáxo] *m.* underskirt.
referencia [rreferénθja] *f.* account. *2* reference.
referente [rreferénte] *a.* concerning to.
referir [rreferír] *t.* to relate, tell; to report. *2 p.* ~ *a,* to refer to. ¶ CONJUG. like *hervir.*
refinar [rrefinár] *t.* to refine; to polish.
reflector [rrefleɣtór] *m.* searchlight. *3* floodlight.
reflejar [rreflexár] *t.* to reflect. *2* to show, reveal.
reflejo [rrefléxo] *a.* reflected. *2* GRAM. reflexive. *3 m.* PHYSIOL. reflex. *4* reflection.
reflexión [rrefleɣsjón] *f.* reflexion. *2* meditation.
reflexionar [rrefleɣsjonár] *t.-i.* to think over, consider.
reflexivo [rrefleɣsíβo] *a.* reflexive.
reforma [rrefórma] *f.* reform. *2* ECCL. Reformation.
reformar [rreformár] *t.-p.* to reform. *2 t.* to improve, change.
reforzar [rreforθár] *t.* to strengthen. ¶ CONJUG. like *contar.*
refrán [rrefrán] *m.* proverb, saying.
refrescante [rrefreskánte] *a.* cooling; refreshing.
refrescar [rrefreskár] *t.* to cool, refresh. *2 i.* to get cool. *3 i.-p.* to take the air, have a drink. *4* to cool down.
refresco [rrefrésko] *m.* refreshment. *2* cooling drink. *3 de* ~, new, fresh [troops, etc.].
refrigeración [rrefrixeraθjón] *f.* refrigeration. *2* cooling.
refrigerador [rrefrixeraðór] *m.* refrigerator.
refuerzo [rrefwérθo] *m.* reinforcement, strengthening.
refugiar [rrefuxjár] *t.* to shelter. *2 p.* to take refuge.
refugio [rrefúxjo] *m.* shelter, refuge.
refulgente [rrefulxénte] *a.* shining.
regalar [rreɣalár] *t.* to present, give; to entertain. *2* to flater. *3 p.* to treat oneself well.
regalo [rreɣálo] *m.* gift, present. *2* comfort.
regañar [rreɣaɲár] *i.* to snarl, rebuke. *2* to quarrel. *3 t.* to scold.
regaño [rreɣáɲo] *m.* scolding, rebuke.

regar [rreɣár] *t.* to water, irrigate. ¶ CONJUG.. like *acertar.*

regata [rreɣáta] *f.* boat race, regatta.

regazo [rreɣáθo] *m.* lap.

régimen [rréximen] *m.* regime, rule, system of government. *2* diet.

regimiento [rreximjénto] *m.* regiment.

regio [rréxjo] *a.* royal.

región [rrexjón] *f.* region; area, district.

regional [rrexjonál] *a.* regional; local.

regir [rrexír] *t.* to govern, rule. *2* to manage. *3 i.* to be in force; to prevail. ¶ CONJUG. like *servir.*

registrar [rrexistrár] *t.* to search, inspect. *2* to register, record.

registro [rrexístro] *m.* search, inspection. *2* register. *3* book-mark.

regla [rréɣla] *f.* rule, norm, precept: *por ~ general,* as a rule. *2* ruler [for lines].

reglamento [rreɣlaménto] *m.* regulations, by-law.

regocijar [rreɣoθixár] *t.-p.* to rejoice, cheer up.

regocijo [rreɣoθíxo] *m.* rejoicing, joy. *2 pl.* festivities.

regresar [rreɣresár] *i.* to return, come back, go back.

regreso [reɣréso] *m.* return: *estar de ~,* to be back.

1) **regular** [rreɣulár] *a.* *2* satisfactory. *3* middling; so-so; fairly good.

2) **regular** [rreɣulár] *t.* to regulate; to put in order.

rehabilitación [rreaβilitaθjón] *f.* rehabilitation.

rehusar [rreusár] *t.* to refuse, decline.

reina [rréĭna] *f.* queen.

reinado [rreĭnáðo] *m.* reign.

reinar [rreĭnár] *i.* to reign. *2* to rule, prevail.

reino [rréĭno] *m.* kingdom.

reintegrar [rreĭnteɣrár] *t.* to restore, repay. *2 p.* to get back.

reír [rreír] *i.-p.* to laugh at. ¶ CONJUG. INDIC. Pres.: *río, ríes, ríe;* reímos, reís, *ríen.* | Pret.: reí, reíste, *rió;* reímos, reísteis, *rieron.* ‖ SUBJ. Pres.: *ría, rías,* etc. | Imperf.: *riera, rieras,* etc., or *riese, rieses,* etc. | Fut.: *riere, rieres,* etc. ‖ IMPER.: *ríe, ría; riamos,* reíd, *rían.* ¶ GER.: riendo.

reiterar [rreĭterár] *t.* to repeat. *2* to reaffirm.
reja [rréxa] *f.* grate, grating, grille. *2* AGR. ploughshare.
relación [rrelaθjón] *f.* relation, account, narrative. *2* reference. *3* list of particulars. *4 pl.* intercourse. *5* courtship. *6* connections, friends.
relacionar [rrelaθjonár] *t.* to relate, connect. *2 p.* to be acquainted with or connected with.
relámpago [rrelámpaɣo] *m.* lightning, flash of lightning.
relatar [rrelatár] *t.* to tell, state, report.
relativo [rrelatíβo] *a.-m.* relative.
relato [rreláto] *m.* story, tale, report.
relevar [rreleβár] *t.* to relieve. *2* to release. *3* to remove [from office].
relevo [rreléβo] *m.* MIL. relief. *2* SPORTS relay.
relieve [rreljéβe] *m.* [high, low] relief. *2 poner de* ~, to emphasize.
religión [rrelixjón] *f.* religion, faith, creed.
religioso [rrelixjóso] *a.* religious. *2 m.* religious. *3 f.* nun.
reliquia [rrelíkja] *f.* relic. *2 pl.* remains.
reloj [rreló(x)] *m.* clock; watch: ~ *de pared*, clock; ~ *de pulsera*, wrist watch; ~ *de sol*, sundial; ~ *despertador*, alarm-clock.
relojero [rreloxéro] *m.* watchmaker.
reluciente [rreluθjénte] bright, shining; glossy.
relucir [rreluθír] *i.* to shine, glisten, gleam.
rellenar [rreʎenár] *t.* to refill. *2* to cram. *3* to stuff [a fowl].
relleno [rreʎéno] *a.* filled up, stuffed. *2 m.* padding; filling.
remanso [rremánso] *m.* backwater, still water. *2* quiet place.
remar [rremár] *i.* to row.
rematar [rrematár] *t.* to end, finish. *2* to kill. *3* to knock down [at an auction].
remediar [rremeðjár] *t.* to remedy. *2* to help: *no lo puedo* ~, I can't help that.
remedio [rreméðjo] *m.* remedy, cure. *2* help, relief; *sin* ~, hopeless.
remendar [rremendár] *t.* to mend. *2* to patch; to darn. ¶ CONJUG. like *acertar*.
remero [rreméro] *m.-f.* rower, oarsman.

remiendo [rremjéndo] *m.* mend(ing, patch(ing. *2* darn. *3* amendment.

remitir [rremitír] *t.* to remit, send. *2* to forgive.

remo [rrémo] *m.* oar, paddle.

remolacha [rremolátʃa] *f.* beet; beetroot. *2* sugar-beet.

remolino [rremolíno] *m.* whirlwind, eddy, swirl.

remontar [rremontár] *t.* to rouse, beat [game]. *2* to raise. *3 p.* to go back to. *4* to soar.

remordimiento [rremorðimjénto] *m.* remorse.

remoto [rremóto] *a.* remote, distant. *2* unlikely.

remover [rremoβér] *i.* to remove. *3* to stir.

renacer [rrenaθér] *i.* to be reborn, revive.

renacimiento [rrenaθimjénto] *m.* renewal. *2* (cap.) Renaissance.

rencor [rreŋkór] *m.* rancо(u)r, grudge, spite.

rendición [rrendiθjón] *f.* surrender.

rendido [rrendíðo] *a.* obsequious, submissive. *2* weary, worn out.

rendija [rrendíxa] *f.* chink, crack, crevice.

rendimiento [rrendimjénto] *m.* obsequiousness. *2* yield, output.

rendir [rrendír] *t.* to conquer, subdue. *2* to give up. *3* MIL. to lower [arms, flags]. *4* to pay. *5* to yield, produce. *6 p.* to surrender. 7 to become tired out. ¶ CONJUG. like *servir*.

renglón [rreŋglón] *m.* line: *a ~ seguido,* right after.

renombre [rrenómbre] *m.* surname. *2* renown, fame.

renovación [rrenoβaθjón] *f.* renewal, renovation.

renovar [rrenoβár] *t.* to renew; to change. ¶ CONJUG. like *contar*.

renta [rrénta] *f.* rent. *2* interest; profit, income. *3* revenue.

rentar [rrentár] *t.* to yield, produce.

renuevo [rrenwéβo] *m.* sprout, shoot. 2 renewal.

renuncia [rrenúnθja] *f.* renouncement, resignation.

renunciar [rrenunθjár] *t.* to renounce, resign. *2* to refuse.

reñido [rreɲíðo] *a.* on bad terms, at variance.

reñir [rreɲír] *i.* to quarrel, fight, come to blows. *2 t.* to scold. ¶ CONJUG. like *reír*.

reo [rréo] *m.-f.* offender, culprit; defendant.

reorganización [rreoryaniθaθjón] *f.* reorganization.

reorganizar [rreoryaniθár] *t.* to reorganize.

reparación [rreparaθjón] *f.* repair. *2* satisfaction.

reparar [rreparár] *t.* to repair, mend. *2* to notice. *3* to restore [one's strength].

repartir [rrepartír] *t.* to distribute, allot, deliver.

reparto [rrepárto] *m.* *m.* distribution. *2* delivery. *3* THEAT. cast.

repasar [rrepasár] *t.* to revise, review. *2* to check; to go over [one's lesson, etc.]. *3* to mend [clothes].

repaso [rrepáso] *m.* revision, review, check.

repente [rrepénte] *m.* sudden impulse. *2 de* ~, suddenly.

repentino [rrepentíno] *a.* sudden, unexpected.

repertorio [rrepertórjo] *m.* repertory; list.

repetición [rrepetiθjón] *f.* repetition.

repetir [rrepetír] *t.* to repeat. ¶ CONJUG. like *servir*.

repicar [rrepikár] *t.* to chop. *2* to chime; to ring [the bells]; to play [castanets, etc.].

repleto [rrepléto] *a.* full up, filled with.

replicar [rreplikár] *i.* to answer back, reply, retort.

repollo [rrepóʎo] *m.* drumhead cabbage.

reponer [rreponér] *t.* to replace, put back *2* THEAT. to revive. *3* to reply. *4 p.* to recover.

reportar [rreportár] *t.* to bring. *7 p.* to control oneself.

reposado [rreposáðo] *a.* calm, quiet.

reposar [rreposár] *i.* to rest; to sleep, lie.

reposo [rrepóso] *m.* rest, repose, relax.

reprender [rreprendér] *t.* to reprimand, rebuke, scold.

represa [rrepresa] *f.* dam, weir; millpond.

representación [rrepresentaθjón] *f.* representation. *2* THEAT. performance.

representante [rrepresentánte] *m.-f.* representative.

representar [rrepresentár] [rrepresentár] *t.* to represent. *2* THEAT. to perform. *3 p.* to imagine.

representativo [rrepresentatíβo] *a.* representative.

reprimir [rreprimír] *t.* to repress, suppress. *2 p.* to refrain.

reproche [rreprótʃe] *m.* reproach; reflection.

reproducción [rreproðuɣθjón] *f.* reproduction.

reproducir [rreproðuθír] *t.-p.* to reproduce. ¶ CONJUG. like *conducir.*

reptil [rreβtíl] *m.* reptile.

república [rrepúβlika] *f.* republic.

republicano [rrepuβlikáno] *a.-n.* republican.

repudiar [rrepuðjár] *t.* to repudiate, disown.

repugnante [rrepuɣnánte] *a.* repugnant, disgusting.

repugnar [rrepuɣnár] *t.* to disgust, be repugnant to.

reputación [rreputaθjón] *f.* reputation, renown.

requerir [rrekerír] *t.* to intimate. *2* to require; to request. *3* to need. *4* to court. ¶ CONJUG. like *hervir.*

requisito [rrekisíto] *m.* requisite, requirement.

res [rres] *f.* head of cattle, beast.

resaltar [rresaltár] *i.* to jut out. 2 to stand out: *hacer ~*, to emphasize.

resbalar [rrezβalár] *i.-p.* to slip, slide. *2* to skid.

rescatar [rreskatár] *t.* to ransom, rescue.

rescate [rreskáte] *m.* ransom, rescue.

resentirse [rresentírse] *p.* to feel the effects of. *2* to take offence. ¶ CONJUG. like *hervir.*

reserva [rresérβa] *f.* reserve, reservation. 2 reticence: *sin ~*, openly.

reservado [rreserβáðo] *a.* reserved. *2 m.* private room.

reservar [rreserβár] *t.* to reserve, keep [in], book.

resfriado [rresfriáðo] *m.* cold; chill.

residencia [rresiðénθja] *f.* residence.

residente [rresiðénte] *a.-n.* resident.

residir [rresiðír] *i.* to to reside, live. *2* fig. to consist.

residuo [rresíðwo] *m.* remainder. *2* difference.

resignación [rresiɣnaθjón] *f.* resignation.

resignar [rresiɣnár] *t.* to resign, hand over. 2 to renounce. *3 p.* to resign oneself.

resistencia [rresisténθja] *f.* resistance. 2 endurance. *3* reluctante.

resistente [rresisténte] *a.* resistant, tough.

resistir [rresistír] *t.* to endure, stand. *2* to resist. *3 i.* to stand up to. *4 p.* to refuse to.

resolución [rresoluθjón] *f.* resolution, decision, courage.

resolver [rresolβér] *t.* to resolve, decide [upon]. *2* to solve. *3 p.* to make up one's mind. ¶ CONJUG. like *mover.*

resonar [rresonár] *t.* to resound; to echo. ¶ CONJUG. like *contar.*

respaldar [rrespaldár] *t.* to endorse. *2* to back, support.

respaldo [rrespáldo] *m.* back. *2* support; help.

respectar [rrespeɣtár] *i.* to concern, relate to.

respectivamente [respeɣtíβaménte] *adv.* respectively.

respectivo [rrespeɣtíβo] *a.* respective.

respecto [rrespéɣto] *m.* respect, relation: *con ~ a* or *de, ~ a* or *de,* with regard to.

respetable [rrespetáβle] *a.* respectable, whorthy.

respetar [rrespetár] *t.* to respect, revere.

respeto [rrespéto] *m.* respect. *2* reverence. *3 pl.* respects.

respetuoso [rrespetuóso] *a.* respectful.

respiración [rrespiraθjón] *f.* breathing; breath.

respirar [rrespirár] to breathe [in], inhale.

resplandecer [rresplandeθér] *i.* to shine, glitter, glow. *2* to stand out. ¶ CONJUG. like *agradecer.*

resplandeciente [rresplandeθjénte] *a.* bright, shining, glittering, blazing.

resplandor [rresplandór] *m.* splendour, blaze, brilliance.

responder [rrespondér] *t.* to answer, reply. *2* to be responsible for. *3* to answer back.

responsabilidad [rresponsaβiliðáð] *f.* responsibility.

responsable [rresponsáβle] *a.* responsible.

respuesta [rrespwésta] *f.* answer, reply.

resta [rrésta] *f.* subtraction, remainder.

restablecer [rrestaβleθér] *t.* to re-establish, restore. *2 p.* to recover, get better.

restante [rrestánte] *a.* remaining. *2 m.* remainder, the rest.

restar [rrestár] *t.* to take away, reduce, subtract. *2 i.* to be left.

restaurante [rrestaŭránte] *m.* restaurant.

restaurar [rrestaŭrár] *t.* to restore, recover. 2 to repair.
restituir [rrestituír] *t.* to restore, return, pay back. ¶ CONJUG. like *huir*.
resto [rrésto] *m.* remainder, rest. 2 *pl.* remains.
resucitar [rresuθitár] *t.-i.* to revive, resuscitate.
resueltamente [rreswéltaménte] *adv.* resolutely.
resuelto [rreswélto] *a.* resolute, bold. 2 prompt.
resultado [rresultáðo] *m.* result, effect, outcome.
resultar [rresultár] *i.* to result. 2 to turn out to be. 3 to come out [well, badly, etc.].
resumen [rresúmen] *m.* summary: *en ~*, in short.
resumir [rresumír] *t.* to summarize, sum up.
resurrección [rresurreɣθjón] *f.* resurrection, revival.
retar [rretár] *t.* to challenge, defy, dare.
retardar [rretarðár] *t.* to retard. 2 to delay.
retener [rretenér] *t.* to retain, keep back.
retirar [rretirár] *t.-p.* to retire, withdraw. 2 *t.* to put back or aside. 3 MIL. to retreat.
retiro [rretíro] *m.* retirement. 2 withdrawal; ECCL. retreat; seclusion.
reto [rréto] *m.* challenge.
retoño [rretóɲo] *m.* sprout, shoot. 2 fig. child.
retorcer [rretorθér] *t.* to twist. 2 to retort. 3 *p.* to writhe. ¶ CONJUG. like *mover*.
retornar [rretornár] *t.* to return. 2 *i.* to come back.
retorno [rretórno] *m.* return.
retozar [rretoθár] *i.* to frisk, frolic, romp. 2 to bubble, gambol.
retozo [rretóθo] *m.* gambol, frolic.
retrasado [rretrasáðo] *a.* retarded, backward; underdeveloped.
retrasar [rretrasár] *t.-p.* to defer, delay, put off. 2 *i.-p.* to fall behind. 3 [of clock] to be slow. 4 to be late.
retratar [rretratár] *t.* to portray. 2 to photograph. 3 *p.* to have one's photograph taken.
retrato [rretráto] *m.* portrait. 2 photograph. 3 description.
retroceder [rretroθeðér] *i.* to turn back, fall or go back.
reunión [rreŭnjón] *f.* reunion. 2 gathering, meeting, party.

reunir [rreŭnír] *t.* to unite, gather. 2 to raise [funds]. 3 *p.* to meet, gather.
revancha [rreβántʃa] *f.* revenge, return [match, fight].
revelación [rreβelaθjón] *f.* revelation. 2 discovery.
revelar [rreβelár] *t.* to reveal. 2 PHOT. to develop.
reventar [rreβentár] *i.-p.* to burst, crack, blow up. 2 *i.* to break. 3 *t.* to weary, annoy. ¶ CONJUG. like *acertar*.
reverdecer [rreβerðeθér] *i.* to revive, grow green again.
reverencia [rreβerénθja] *f.* reverence. 2 bow, curtsy.
reverendo [rreβeréndo] *a.* reverend.
revés [revés] *m.* back, wrong-side. 2 slap [with back of hand]. 3 *al* ~, on the contrary; wrong side out.
revestir [rreβestír] *t.* to clothe, cover.
revisar [rreβisár] *t.* to revise, review, check.
revisión [rreβisjón] *f.* review, revision, check.
revista [rreβísta] *f.* review, inspection. 2 MIL. parade. 3 magazine. 4 THEAT. revue.
revivir [rreβiβír] *i.* to revive, live again.
revocar [rreβokár] *t.* to revoke. 2 MAS. to plaster.
revolcar [rreβolkár] *t.* to knock over. 2 *p.* to wallow. ¶ CONJUG. like *contar*.
revolución [rreβoluθjón] *f.* revolution.
revolucionario [rreβoluθjonárjo] *a.-n.* revolutionary.
revólver [rreβólβer] *m.* pistol, revolver.
revolver [rreβolβér] *t.* to stir. 2 to turn round. 3 *p.* to turn upon. ¶ CONJUG. like *mover*.
revuelta [rreβwélta] *f.* revolt, riot.
rey [rreĭ] *m.* king: *día de Reyes,* Twelfth Night; *los Reyes Magos,* the Three Wise Men.
rezar [rreθár] *t.-i.* to say. 3 *i.* to pray.
rezo [rréθo] *m.* prayer.
riachuelo [rrjatʃwélo] *m.* rivulet, stream, brook.
ribera [rriβéra] *f.* bank. 2 shore.
rico [rríko] *a.* rich, wealthy 2 tasty. 3 sweet [baby].
ridículo [rriðíkulo] *a.* ridiculous, laughable: *poner en* ~, to make a fool of.

riego [rrjéɣo] *m.* irrigation, watering.
rienda [rrjénda] *f.* rein.
riesgo [rrjézɣo] *m.* risk, danger: *correr el ~*, to run the risk.
rifa [rrífa] *f.* raffle.
rifle [rrífle] *m.* rifle.
rigidez [rrixiðéθ] *f.* stiffness. *2* strictness.
rígido [rríxiðo] *a.* stiff. *2* strict.
rigor [rriɣór] *m.* rigo(u)r, severity. *2* strictness.
riguroso [rriɣuróso] *a.* rigorous, severe. *2* strict.
rima [rríma] *f.* rhyme.
rimar [rrimár] *t.-i.* to rhyme.
rincón [rriŋkón] *m.* corner.
riña [rríɲa] *f.* quarrel, fight, argument.
riñón [rriɲón] *m.* kidney.
río [rrío] *m.* river, stream; *a ~ revuelto*, in troubled waters.
riqueza [rrikéθa] *f.* riches, wealth. *2* richness.
risa [rrísa] *f.* laugh, laughter, giggle, titter.
risco [rrísko] *m.* crag, cliff, steep rock.
risueño [rriswéɲo] *a.* smiling, cheerful. *2* hopeful.
ritmo [rríðmo] *m.* rhythm.
rito [rríto] *m.* rite, ceremony.
rival [rriβál] *m.-f.* rival, competitor.
rivalidad [rriβaliðáð] *f.* rivalry, competition.
rizar [riθár] *t.-p.* to curl [hair]. *2* to ripple [water].
rizo [rríθo] *a.* curly. *2 m.* curl, ringlet. *3* ripple.
robar [rroβár] *t.* to rob, steal, break into.
roble [rróβle] *m.* oak-tree.
robo [rróβo] *m.* theft, robbery, housebreaking.
robusto [rroβústo] *a.* strong, tough, robust.
roca [rróka] *f.* rock. *2* cliff.
roce [rróθe] *m.* rubbing, friction. *2* light touch. *3* close contact.
rociar [rroθjár] *t.* to sprinkle, spray.
rocío [rroθío] *m.* dew.
rodar [rroðár] *i.* to revolve. *2* to roll. *3* to shoot [a film]. ¶ CONJUG. like *contar*.
rodear [rroðeár] *i.* to go round. *2 t.* to surround.
rodeo [rroðéo] *m.* surrounding. *2* roundabout way. *3* rodeo. *4* pretext.
rodilla [rroðíʎa] *f.* knee.
roer [rroér] *t.* to gnaw. *2* to eat away. *3* to pick [a bone]. ¶ CONJUG. INDIC. Pres.: roo.

roes, etc. | Pret.: roí, roíste, *royó;* roímos, roísteis, *royeron.* || SUBJ. Pres.: roa, roas, etc. | Imperf.: *royera, royeras,* etc., or *royese, royeses,* etc. | Fut.: *royere, royeres,* etc. || IMPER.: roe, roa; *roigamos,* roed, *roigan.* || PAST. P.: *roído.* || GER.: *royendo.*

rogar [rroɣár] *t.* to ask, beg, pray, entreat. ¶ CONJUG. like *contar.*

rojizo [rroxíθo] *a.* reddish, ruddy.

rojo [rróxo] *a.* red.

rollo [rróʎo] *m.* roll.

romance [rrománθe] *a.* Romance [languages]. 2 *m.* ballad.

románico [rrumániko] *a.-n.* Romanesque, Romanic [architecture]. 2 Romance [language].

romano [rrománo] *a.* Roman.

romanticismo [rromantiθízmo] *m.* romanticism.

romántico [rromántiko] *a.-n.* romantic.

romper [rrompér] *t.-p.* to break, smash. 2 to wear out. ¶ P. P.: *roto.*

ron [rron] *m.* rum.

roncar [rroŋkár] *i.* to snore. 2 to roar [sea].

ronco [rróŋko] *a.* hoarse, harsh.

ronda [rrónda] *f.* night patrol. 2 rounds, beat. 3 round [of drinks].

rondar [rrondár] *i-t.* to patrol. 2 to haunt. 3 to roam the streets. 4 *t.* to court; to serenade.

ropa [rrópa] *f.* clothing, clothes; dress: ~ *blanca,* linen; ~ *interior,* underwear; *a quema* ~, at point-blank.

ropero [rropéro] *m.* wardrobe.

rosa [rrósa] *f.* rose.

rosado [rrosáðo] *a.* rosy, pink.

rosal [rrosál] *m.* rosebush.

rosario [rrosárjo] *m.* rosary.

rosca [rróska] *f.* screw and nut. 2 screw thread.

rostro [rróstro] *m.* face, countenance. 2 beak.

rotación [rrotaθjón] *f.* rotation, turnover.

roto [rróto] *a.* broken. 3 torn.

rótulo [rrótulo] *m.* label. title. 2 sign. 3 poster.

rotura [rrotúra] *f.* breach, opening. 2 crack.

rozar [rroθár] *t.-i.* to touch [lightly].

rubí [rruβí] *m.* ruby.

rubio [rrúβjo] *a.* blond(e, fair, fair-haired.

rudo [rrúðo] *a.* rough, coarse. 2 hard.

rueda [rrwéða] *f.* wheel.

ruedo [rrwéðo] *m.* circle. *2* bullring, arena.

ruego [rrwéɣo] *m.* entreaty, prayer, request.

rugido [rruxíðo] *m.* roar.

rugir [rruxír] *i.* to roar, bellow; to howl [of wind].

ruido [rrwíðo] *m.* noise, sound. *2* report. *3* ado.

ruidoso [rrwiðóso] *a.* noisy.

ruin [rrwín] *a.* mean, base. *2* miserly.

ruina [rrwína] *f.* ruin. *2 pl.* ruins, remains.

ruiseñor [rrwiseɲór] *m.* nightingale.

rumbo [rrúmbo] *m.* course, direction; *con ~ a,* bound for. *2* ostentation.

rumor [rrumór] *m.* murmur; noise. *2* rumour.

rural [rrurál] *a.* rural, rustic, country.

ruso [rrúso] *a.-n.* Russian.

rústico [rrústiko] *a.* rustic. *2* coarse. *3 en rústica,* paper-backed.

ruta [rrúta] *f.* way, route. *2* course.

S

sábado [sáβaðo] *m.* Saturday; Sabbath.

sábana [sáβana] *f.* bed sheet.

1) **saber** [saβér] *m.* knowledge, learning.

2) **saber** [saβér] *t.* to know; to know how to [write]; to be able to. *2* ~ *a,* to taste of. ¶ CONJUG. INDIC. Pres.: *sé,* sabes, sabe, etc. | Imperf.: sabía, sabías, etc. | Pret.: *supe, supiste,* etc. | Fut.: sabré, sabrás, etc. || COND.: *sabría, sabrías,* etc. || SUBJ. Pres.: *sepa, sepas,* etc. | Imperf.: *supiera, supieras,* etc., or *supiese, supieses,* etc. | Fut.: *supiere, supieres,* etc. || IMPER.: sabe, *sepa; sepamos,* sabed, *sepan.* || PAST. P.: *sabido.* || GER.: sabiendo.

sabiduría [saβiðuría] *f.* knowledge, learning. *2* wisdom.

sabio [sáβjo] *a.* learned; wise. *2 m.-f.* learned person, scholar.

sable [sáβle] *m.* sabre.

sabor [saβór] *m.* taste, flavour, savour.

saborear [saβoreár] *t.* to flavour, savour, relish.

sabroso [saβróso] *a.* savoury, tasty. *2* delightful.

sacar [sakár] *t.* to draw [out], pull out, take out. *2* to get. *3* to solve. *4* to take [a photo]. *5* to make [a copy]. *6* to buy [a ticket]. *7* ~ *a luz,* to publish, print.

8 ~ *a relucir,* to mention.

sacerdote [saθerðóte] *m.* priest.

saciar [saθjár] *t.* to satiate, satisfy.

saco [sáko] *m.* bag; sack. *2* bagful, sackful. *3* (Am.) coat.

sacramento [sakramento] *m.* sacrament.

sacrificar [sakrifikár] *t.* to sacrifice. 2 to slaughter.

sacrificio [sakrifíθjo] *m.* sacrifice.

sacristán [sacristán] *m.* sexton, verger.

sacudir [sakuðír] *t.* to shake, jerk, jolt. *2* to beat, dust. *3* to deal [a blow]. *4 p.* to shake off.

saeta [saéta] *f.* arrow. 2 hand [of a watch].

sagaz [saɣáθ] *a.* sagacious, shrewd, clever.

sagrado [saɣráðo] *a.* sacred, holy. *2 m.* refuge.

sajón [saxón] *a.-n.* Saxon.

sal [sal] *f.* salt. *2* wit.

sala [sála] *f.* drawing-room, living-room. 2 room, hall.

salado [saláðo] *a.* salty. 2 witty; graceful.

salar [salár] *t.* to salt.

salario [salárjo] *m.* wages, salary, pay.

salchicha [saltʃítʃa] *f.* pork sausage.

salida [salíða] *f.* start, departure. *2* excursion. *3* rise. *4* exit, outlet; way out.

saliente [saljénte] *a.* salient, projecting. *2 m.* jut.

salir [salír] *i.* to go out, come out. *2* to depart, leave, start, set out. *3* to project, stand out. *4* [of a book] to come out. *5* [of the sun] to rise. *6 ~ bien* [*mal*], to turn out well [badly]. *7 ~ adelante,* to be succeful. *8 p.* to leak; to overflow. ¶ Conjug. Indic. Pres.: *salgo,* sales, sale; salimos, etc. | Fut.: *saldré, saldrás,* etc. ‖ Cond.: *saldría, saldrías,* etc. ‖ Subj. Pres.: *salga, salgas,* etc. ‖ Imper.: *sal, salga; salgamos,* salid, *salgan.*

saliva [salíβa] *f.* saliva, spittle, spit.

salmo [sálmo] *m.* psalm.

salmón [salmón] *m.* salmon.

salón [salón] *m.* drawing-room, lounge. 2 hall: *~ de baile,* ballroom. 3 saloon.

salpicar [salpikár] *t.* to splash, spatter, sprinkle.

salsa [sálsa] *f.* gravy, sauce.

saltar [saltár] *i.* to spring, jump, hop, skip. 2 ~ *a la vista,* to be self-evident. 3 *t.* to leap.

salto [sálto] *m.* spring, jump, leap, hop, skip: ~ *de agua,* water-fall, falls.

salud [salúð] *f.* health. 2 welfare.

saludable [saluðáβle] *a.* wholesome, healthy.

saludar [saluðár] *t.* to greet, salute, bow to.

saludo [salúðo] *m.* greeting, bow. 2 *pl.* compliments, regards.

salvación [salβaθjón] *f.* salvation. 2 rescue.

salvador [salβaðór] *a.* saving. 2 *m.-f.* saviour; El Salvador [American country].

salvaje [salβáxe] *a.* wild, savage. 2 *m.-f.* savage.

salvar [salβár] *t.* to save, rescue. 2 to overcome. 3 to go over. 4 *p.* to be saved. 5 to escape danger.

salvavidas [salβaβíðas] *m.* lifebelt: *bote* ~, life-boat.

¡salve! [sálβe] *interj.* hail!

salvo [sálβo] *adv.* save, except, but. 2 *a.* saved, safe: *sano y* ~, safe and sound.

sanar [sanár] *t.-i.* to heal, cure. 2 to get better.

sanatorio [sanatórjo] *m.* sanatorium, nursing home.

sanción [sanθjón] *f.* sanction.

sandalia [sandálja] *f.* sandal.

sangrar [saŋgrár] *t.* to bleed. 2 to drain.

sangriento [saŋgrjénto] *a.* bleeding, bloody. 2 bloodthirsty.

sanguíneo [saŋgíneo] *a.* blood(-red); blood.

sanidad [saniðáð] *f.* soundness, health.

sanitario [sanitárjo] *a.* sanitary, health.

sano [sáno] *a.* healthy, wholesome. 2 sound.

santidad [santiðáð] *f.* sanctity, holiness.

santificar [santifikár] *t.* to sanctify. 2 to hallow.

santiguar [santiɣwár] *t.* to bless. 2 *p.* to cross oneself.

santo [sánto] *a.* holy, blessed, sacred. 2 saintly, godly. 3 *m.-f.* saint. 4 saint's day. 5 ~ *y seña,* password.

santuario [santwárjo] *m.* sanctuary.

sapo [sápo] *m.* toad.

saquear [sakeár] *t.* to sack, pillage, plunder.
sarampión [sarampjón] *m.* measles.
sardina [sarðína] *f.* sardine.
sargento [sarxénto] *m.* sergeant.
sartén [sartén] *f.* frying-pan.
sastre [sástre] *m.* tailor.
Satán [satán], **Satanás** [satanás] *m.* Satan.
satélite [satélite] *m.* satellite.
satisfacción [satisfaɣθjón] *f.* satisfaction; pleasure.
satisfacer [satisfaθér] *t.* to satisfy; to please. *2* to pay.
satisfactorio [satisfaɣtórjo] *a.* satisfactory.
satisfecho [satisfétʃo] *a.* satisfied, pleased.
savia [sáβja] *f.* sap.
saya [sája] *f.* [outer] skirt.
sazón [saθón] *f.* ripeness. *2* taste. *3 a la* ~, then.
sazonar [saθonár] *t.-p.* to ripen. *2 t.* to flavour.
se [se] *ref. pron.* himself; herself; itself; yourself, yourselves [formal]; themselves. *2 obj. pron.* to him, to her, to it, to you [formal], to them. *3 reciprocal pron.* each other, one another. *4* passive: *se dice,* it is said.
secar [sekár] *t.* to dry [up]. *2 p.* to get dry.
sección [seɣθjón] *f.* section. *2* department.
seco [séko] *a.* dry; bare, arid. *2* withered, dead. *3* lean, thin.
secretaría [sekretaría] *f.* secretary's office.
secretario, ria [sekretárjo, rja] *m.-f.* secretary.
secreto [sekréto] *a.* secret. *2 m.* secret.
secta [séɣta] *f.* sect.
sector [seɣtór] *m.* sector.
secular [sekulár] *a.* secular. *2* lay.
secundar [sekundár] *t.* to back up, aid, help.
secundario [sekundárjo] *a.* secondary.
sed [seð] *f.* thirst: *tener* ~, to be thirsty. *2* desire.
seda [séða] *f.* silk.
sediento [seðjénto] *a.* thirsty; dry. *2* anxious.
sedimento [seðiménto] *m.* sediment; dregs.
sedoso [seðóso] *a.* silky; silken.
segador [seɣaðór] *m.-f.* harvester, reaper, mower.
segar [seɣár] *t.* AGR. to havest, reap, mow. ¶ CONJUG. like *acertar*.
segmento [seɣménto] *m.* segment.

seguidamente [seɣíðaménte] *adv.* immediately, at once.

seguido [seɣíðo] *p. p.* followed. *2 a.* continuous; running. *3* straight. *4* adv. *en seguida,* at once, immediately.

seguidor [seɣiðór] *m.-f.* follower.

seguir [seɣír] *t.* to follow. *2* to pursue, chase. *3* to go on [doing something]. *4 p.* to follow as a consequence. ¶ CONJUG. like *servir.*

según [seɣún] *prep.* according to, as. *2* adv. ~ *y como,* that depends.

segundo [seɣúndo] *a.-m.* second.

seguridad [seɣuriðáð] *f.* security, safety.

seguro [seɣúro] *a.* secure, safe. *2* firm, steady. *3* certain, sure. *4 m.* COM. insurance. *5* safety-lock. *6* MECH. click, stop.

seis [séĭs] *a.-m.* six.

selección [seleɣθjón] *f.* selection.

seleccionar [seleɣθjonár] *t.* to select, choose, pick.

selecto [seléɣto] *a.* select, choice.

selva [sélβa] *f.* forest; jungle, woods.

sellar [seʎár] *t.* to seal, stamp.

sello [séʎo] *m.* seal. *2* stamp.

semáforo [semáforo] *m.* traffic lights.

semana [semána] *f.* week.

semanal [semanál] *a.* weekly. *2* **-mente** *adv.* weekly.

semanario [semanárjo] *a.-m.* weekly.

semblante [semblánte] *m.* face, countenance, look.

sembrar [sembrár] *t.-i.* to sow. *2 t.* to scatter. ¶ CONJUG. like *acertar.*

semejante [semexánte] *a.* resembling, similar, like, such. *2 m.* fellow.

semejanza [semexánθa] *f.* resemblance, likeness.

semejar [semexár] *i.-p.* to resemble, be alike.

semestre [seméstre] *m.* semester.

semilla [semíʎa] *f.* seed.

semillero [semiʎéro] *m.* seed bed, nursery.

senado [senáðo] *m.* Senate.

senador [senaðór] *m.* senator.

sencillamente [senθíʎaménte] *adv.* simply; plainly.

sencillez [senθiʎéθ] *f.* simplicity. *2* plainness.

sencillo [senθíʎo] *a.* simple. *2* plain, natural.

senda [sénda] *f.*, **sendero** [sendéro] *m.* path, foot-path, track.

seno [séno] *m.* breast; chest. *2* bosom. *3* womb. *4* lap. *5* GEOG. gulf, bay. *6* MATH. sine. *7* ANAT. sinus.

sensación [sensaθjón] *f.* sensation, feeling.

sensacional [sensaθjonál] *a.* sensational.

sensible [sensíβle] *a.* perceptible. *2* sensitive. *3* regrettable. *4* **-mente** *adv.* perceptibly.

sensual [senswál] *a.* sensual; sexy.

sentar [sentár] *t.* to seat. *2* to set. *3* i. ~ *bien a,* to fit, suit; to agree with. *4 p.* to sit down. ¶ CONJUG. like *acertar.*

sentencia [senténθja] *f.* judgement, sentence; verdict. *2* proverb, maxim.

sentenciar [sentenθjár] *t.* to sentence, pass judgement, condemn.

sentido [sentíðo] *a.* felt. *2* touchy. *3 m.* feeling, sense: ~ *común,* common sense. *4* meaning. *5* consciousness: *perder el* ~, to faint. *6* course, direction.

sentimental [sentimentál] *a.* sentimental, emotional.

sentimiento [sentimjénto] *m.* feeling. *2* sorrow, regret.

sentir [sentír] *t.* to feel, perceive; to hear. *2* ~ *frío,* to be cold. *3* to regret, be sorry for. *4 p.* to feel [well, ill], suffer pain. ¶ CONJUG. like *hervir.*

seña [séɲa] *f.* sign, token. *2* mark. *3 pl.* address.

señal [seɲál] *f.* sign, mark, token. *2* trace. *3* scar.

señalar [seɲalár] *t.* to mark. *2* to point out. *3* to fix.

señor [seɲór] *m.* mister, Mr.; sir; gentleman. *2* owner, master; the Lord.

señora [seɲóra] *f.* Mrs.; madam; lady. *2* landlady, owner, mistress.

señoría [seɲoría] *f.* lordship, ladyship; noble Sir.

señorita [seɲoríta] *f.* young lady, miss.

señorito [seɲoríto] *m.* young gentleman.

separación [separaθjón] *f.* separation. *2* dismissal. *3* removal.

separar [separár] *t.-p.* to separate. *2 t.* to dismiss. *3* to remove.

septentrional [seβtentrjonál] *a.* northern.

septiembre [seβtjémbre] *m.* September.
séptimo [séβtimo] *a.-n.* seventh.
sepulcro [sepúlkro] *m.* sepulchre. 2 grave, tomb.
sepultar [sepultár] *t.* to bury, inter.
sepultura [sepultúra] *f.* burial; grave, tomb.
sequía [sekía] *f.* drought, dry season.
1) **ser** [ser] *m.* being; essence.
2) **ser** [ser] *v.* to be; to exist. *2* to belong to. *3* to be made of. *4* to come from, be native of. ¶ CONJUG. INDIC. Pres.: *soy, eres, es; somos, sois, son.* | Imperf.: *era, eras,* etc. | Pret.: *fui, fuiste,* etc. || Fut.: *seré serás,* etc. || COND.: *sería, serías,* etc. || SUBJ. Pres.: *sea, seas,* etc. | Imperf.: *fuera, fueras,* etc., or *fuese, fueses,* etc. | Fut.: *fuere, fueres,* etc. || IMPER.: *sé, sea; seamos, sed, sean.* || PAST. P.: *sido.* || GER.: *siendo.*
serenata [serenáta] *f.* serenade.
serenidad [sereniðáð] *f.* calm, calmness, coolnes.
sereno [seréno] *a.* serene. *2* clear, cloudless. *3* calm, cool. *4* sober. *5 m.* night watchman.
seriamente [sérjaménte] *adv.* seriously.
serie [sérje] *f.* series: *producción en* ~, mass production.
seriedad [serjeðáð] *f.* seriousness. *2* earnestness.
serio [sérjo] *a.* serious. *2* grave, earnest. *3* reliable. *4 en* ~, seriously.
sermón [sermón] *m.* sermon.
serpiente [serpjénte] *f.* serpent, snake: ~ *de cascabel,* rattle-snake.
serrar [serrár] *t.* to saw. ¶ CONJUG. like *acertar.*
serrucho [serrútʃo] *m.* handsaw.
servicio [serβíθjo] *m.* service. *2* duty. *3* servants. *4* favour, good [ill] turn. *5* use. *6* service [set of dishes, etc.].
servilleta [serβiʎéta] *f.* napkin, serviette.
servir [serβír] *i.-t.* to serve, be useful. *2* ~ *de,* to act as, be used as; ~ *para,* to be good [used] for. *3* to wait upon [a customer]. *4 p.* to serve or help oneself: *servirse de,* to make use of; *sírvase hacerlo,* please, do it. ¶ CONJUG. INDIC. Pres.: *sirvo, sirves, sirve;* ser-

vimos, servís, *sirven.* | Pret.: serví, serviste, *sirvió;* servimos, servisteis, *sirvieron.* || SUBJ. Pres.: *sirva, sirvas,* etc. | Imperf.: *sirviera, sirvieras,* etc., or *sirviese, sirvieses,* etc. | Fut.: *sirviere, sirvieres,* etc. || IMPER.: *sirve, sirva; sirvamos,* servid, *sirvan.* || GER.: *sirviendo.*

sesenta [sesénta] *a.-m.* sixty.

sesión [sesjón] *f.* session; meeting. *2* show.

seso [séso] *m.* brain. *2* talent.

seta [séta] *f.* mushroom.

setenta [seténta] *a.-m.* seventy.

severidad [seβeriðáð] *f.* severity, harshness.

severo [seβéro] *a.* severe, rigid, harsh.

sexo [séɣso] *m.* sex.

sexto [sésto] *a.-n.* sixth.

sexual [seɣswál] *a.* sexual; sex.

si [si] *conj.* if; whether: ~ *bien,* although.

sí [si] *adv.* yes; indeed, certainly. *2 ref. pron.* himself, herself, itself, oneself, themselves; yourself, yourselves [formal]: *entre* ~, each other.

siembra [sjémbra] *f.* sowing [time].

siempre [sjémpre] *adv.* always, ever: *para* ~, forever, for good; ~ *que,* whenever; provided that.

sien [sjén] *f.* temple.

sierra [sjérra] *f.* saw. *2* mountain range.

siervo [sjérβo] *m.-f.* serf; slave.

siesta [sjésta] *f.* afternoon nap, siesta.

siete [sjéte] *a.-m.* seven.

siglo [síɣlo] *m.* century.

significación [siɣnifikaθjón] *f.,* **significado** [siɣnifikáðo] *m.* meaning.

significar [siɣnifikár] *t.* to signify; to mean; to make known. *2* to have importance. *3 p.* to become known [as].

significativo [siɣnifikatíβo] *a.* significant.

signo [síɣno] *m.* sign, mark; symbol.

siguiente [siɣjénte] *a.* following, next.

sílaba [sílaβa] *f.* syllable.

silbar [silβár] *i.* to whistle; to hiss.

silbido [silβíðo] *m.* whistle, whistling; hissing.

silencio [silénθjo] *m.* silence, quiet, hush.

silencioso [silenθjóso] *a.* silent, quiet; soundless, noiseless.

silvestre [silβéstre] *a.* wild; rustic, rural.

silla [síʎa] *f.* chair; seat; ~ *de montar,* saddle.

simbolizar [simboliθár] *t.* to symbolize, represent, stand for.

símbolo [símbolo] *m.* symbol.

simiente [simjénte] *f.* seed.

similar [similár] *a.* similar, like.

simpatía [simpatía] *f.* liking, charm, attractiveness. *2* sympathy.

simpático [simpátiko] *a.* pleasant, nice, charming.

simpatizante [simpatiθánte] *a.* supporting. *2 m.-f.* supporter.

simpatizar [simpatiθár] *i.* to like; to have a liking for, get on [well together].

simple [símple] *a.* simple. *2* innocent. *3* silly. *4* **-mente** *adv.* simply.

simular [simulár] *t.* to simulate, feign, sham.

sin [sin] *prep.* without: ~ *embargo,* nevertheless.

sinceramente [sinθéraménte] *adv.* sincerely.

sinceridad [sinθeriðáð] *f.* sincerity.

sincero [sinθéro] *a.* sincere.

sindicato [sindikáto] *m.* syndicate. *2* trade(s) union, *labor union.

sinfonía [simfonía] *f.* symphony.

sinfónico [simfóniko] *a.* symphonic.

singular [siŋgulár] *a.* singular; single. *2* extraordinary. *3* odd.

siniestro [sinjéstro] *a.* left, left-hand. *2* sinister. *3 m.* disaster. *4 f.* left hand.

sinnúmero [sinnúmero] *m.* endless number.

sino [sinó] *conj.* but: *no sólo... ~ (también),* not only... but (also).

sino [síno] *m.* fate.

sinónimo [sinónimo] *a.* synonymous. *2 m.* synonym.

síntesis [síntesis] *f.* synthesis.

síntoma [síntoma] *m.* symptom; sign.

sintonizar [sintoniθár] *t.-i.* to tune in [on].

sinvergüenza [simberɣwénθa] *a.* brazen, barefaced. *2 m.-f.* rascal, scoundrel.

siquiera [sikjéra] *conj.* although. *2 adv.* at least. *3 ni ~,* not even.

sirena [siréna] *f.* siren, mermaid. *2* hooter.

sirvienta [sirβjénta] maidservant, maid.

sirviente [sirβjénte] *m.* manservant, servant.
sistema [sistéma] *m.* system; method.
sitiar [sitjár] *t.* to besiege, surround.
sitio [sítjo] *m.* place, spot. *2* seat, room. *3* site. *4* MIL. siege.
situación [sitwaθjón] *f.* situation, position.
situar [sitwár] *t.* to place, put, set, locate, situate, site. *2 p.* to be placed.
so [so] *prep.* under.
soberanía [soβeranía] *f.* sovereignty.
soberano [soβeráno] *a.-n.* sovereign.
soberbia [soβérβja] *f.* arrogance, pride, haughtiness.
soberbio [soβérβjo] *a.* arrogant, proud, haughty.
soborno [soβórno] *m.* bribery, bribe.
sobra [sóβra] *f.* excess, surplus: *de* ~, in excess.
sobrar [soβrár] *i.* to be left over, exceed, surpass. *2* to be superfluous.
sobre [sóβre] *prep.* on, upon. *2* over; above: ~ *todo,* above all. *3 m.* envelope.
sobrecoger [soβrekoxér] *t.* to startle, take by surprise. *2 p.* to be startled.
sobrellevar [soβreʎeβár] *t.* to bear, endure.
sobrenatural [soβrenatural] *a.* supernatural.
sobrepasar [soβrepasár] *t.* to exceed. *2 p.* to go too far.
sobresaliente [soβresaljénte] *a.* outstanding. *2 m.* distinction, first class [mark].
sobresalir [soβresalír] *i.* to stand out, project, jut out.
sobretodo [soβretóðo] *m.* overcoat.
sobrevenir [soβreβenír] *i.* to happen, come up.
sobrevivir [soβreβiβír] *i.* to survive. 2 ~ *a,* to outlive.
sobrina [soβrína] *f.* niece.
sobrino [soβríno] *m.* nephew.
social [soθjál] *a.* social, friendly.
socialista [soθjalísta] *a.-n.* socialist.
sociedad [soθjeðáð] *f.* society. *2* company, corporation.
socio [sóθjo] *m.-f.* associate; member. *2* partner.
socorrer [sokorrér] *t.* to help, aid, succour.
socorro [sokórro] *m.* help, aid, assistance; relief.

soda [sóða] *f.* soda (-water).
sofá [sofá] *m.* sofa, settee.
sofocar [sofokár] *t.* to choke, suffocate, smother. *2* to stifle. *3 p.* to blush.
soga [sóɣa] *f.* rope, halter, cord.
sol [sol] *m.* sun; sunshine: *hace* ~ it is sunny.
solamente [sólaménte] *adv.* only, solely.
solar [solár] *a.* solar. *2 m.* ground, plot.
solaz [soláθ] *m.* comfort, relief, relaxation.
soldado [soldáðo] *m.* soldier.
soledad [soleðáð] *f.* solitude, loneliness.
solemne [solémne] *a.* solemn, impressive.
solemnidad [solemniðáð] *f.* solemnity. *2 pl.* formalities.
soler [solér] *i.* translate the present of SOLER by *usually: suele venir el lunes,* he usually comes on Monday. | Imperf.: used to: *solía venir el lunes,* he used to come on Monday. ¶ CONJUG. like *mover.*
solicitar [soliθitár] *t.* to ask for, apply for.
solícito [solíθito] *a.* solicitous, diligent, careful.
solicitud [soliθitúð] *f.* solicitude. *2* application.
solidaridad [soliðariðáð] *f.* solidarity.
solidez [soliðéθ] *f.* strength, solidity.
sólido [sólido] *a.* firm, strong, solid.
solitario [solitárjo] *a.* solitary, lone, lonely. *2* secluded. *3 m.* solitaire [diamond; game].
solo [sólo] *a.* alone; by himself, itself, etc. *2* lone, lonely. *3* only, sole. *4 m.* MUS. solo.
sólo [sólo] *adv.* only, solely.
soltar [soltár] *t.* to unfasten, loosen. *2* to let out, set free, release. *3* to let go. *4* coll. to give [a blow]. *5 p.* to get loose; get free. ¶ CONJUG. like *contar.*
soltero [soltéro] *a.* single. *2 m.* bachelor, single man.
solución [soluθjón] *f.* solution, outcome, break.
solucionar [soluθjonár] *t.* to solve. *2* to resolve.
sollozar [soʎoθár] *i.* to sob.
sollozo [soʎóθo] *m.* sob.
sombra [sómbra] *f.* shade; shadow.
sombrero [sombréro] *m.* hat: ~ *de copa,* top hat; ~ *hongo,* bowler [hat].

sombrilla [sombríʎa] *f.* parasol, sunshade
sombrío [sombrío] *a.* gloomy, dark; sad, dismal.
someter [sometér] *t.* to submit, subject, subdue. *2 p.* to submit.
son [son] *m.* sound; tune.
sonámbulo [sonámbulo] *a.-n.* sleep-walker.
sonar [sonár] *t.-i.* to sound, ring. *2 i.* to strike: ~ *a,* to seem like. *3 p.* to blow one's nose. ¶ CONJUG. like *contar.*
sonata [sonáta] *f.* sonata.
soneto [sonéto] *m.* sonnet.
sonido [soníðo] *m.* sound.
sonoro [sonóro] *a.* sonorous: *banda sonora,* sound track.
sonreír(se [sonrreír(se] *i.-p.* to smile.
sonriente [sonrrjénte] *a.* smiling.
sonrisa [sonrrísa] *f.* smile.
sonrosado [sonrrosáðo] *a.* rosy, pink.
soñador [soɲaðór] *a.* dreaming. *2 m.-f.* dreamer.
soñar [soɲár] *t.-i.* to dream [of]. ¶ CONJUG. like *contar.*
soñoliento [soɲoljénto] *a.* sleepy.
sopa [sópa] *f.* soup.
soplar [soplár] *i.* to blow.
soplo [sóplo] *m.* blowing. *2* breath, puff of wind.
soportar [soportár] *t.* to bear, endure, tolerate.
soprano [sopráno] *m.-f.* soprano.
sordo [sórðo] *a.* deaf. *2* dull, low. *3 m.-f.* deaf person.
sorprendente [sorprendénte] *a.* surprising.
sorprender [sorprendér] *t.* to surprise, astonish. *2 p.* to be surprised.
sorpresa [sorprésa] *f.* surprise.
sorteo [sortéo] *m.* drawing lots; raffle; toss.
sortija [sortíxa] *f.* finger ring.
sosegar [soseɣár] *t.* to calm, quiet. *2 p.* to quiet down. ¶ CONJUG. like *acertar.*
soso [sóso] *a.* tasteless. *2* dull, uninteresting.
sospecha [sospétʃa] *f.* suspicion, mistrust.
sospechar [sospetʃár] *t.* to suspect, mistrust.
sospechoso [sospetʃóso] *a.* suspicious. *2 m.-f.* suspect.
sostén [sostén] *m.* support. *2* prop. *3* brassière, bra.
sostener [sostenér] *t.* to support, hold up. *2* to maintain.

sostenimiento [sostenimjénto] *m.* support. *2* maintenance.
sótano [sótano] *m.* basement; cellar; vault.
soviético [soβjétiko] *a.* soviet.
su [su] *poss. a.* his, her, its, their; 2nd. pers. [formal] your.
suave [swáβe] *a.* soft, smooth. *2* mild.
suavidad [swaβiðáð] *f.* softness, smoothness. *2* mildness.
subasta [suβásta] *f.* auction.
súbdito [súβðito] *m.-f.* subject; citizen.
subir [suβír] *i.* to go up, come up, rise, climb. *2 t.* to raise, bring up.
súbito [súβito] *a.* sudden: *de ~*, suddenly.
subjuntivo [suβxuntíβo] *a.-m.* subjuntive.
sublevar [suβleβár] *t.* to incite to rebellion. *2 i.* to rebel, rise, revolt.
sublime [suβlíme] *a.* sublime, noble.
submarino [suβmaríno] *a.-m.* submarine.
subordinar [suβorðinár] *t.* to subordinate, subject.
subrayar [suβrrajár] *t.* to underline.
subsistencia [suβsisténθja] *f.* subsistence. *2 pl.* provisions.
subsistir [suβsistír] *i.* to subsist. *2* to last. *3* to live on.
substancia [sustánθja] *f.* substance, essence. *2* juice.
substantivo [sustantíβo] *a.* substantive. *2 m.* GRAM. noun.
substituir [sustitwír] *t.* to substitute. replace. ¶ CONJUG. like *huir*.
substituto [sustitúto] *m.-f.* substitute.
substraer [sustraér] *t.* to steal. *2 p.* to elude.
subterráneo [suβterráneo] *a.* subterranean, underground.
suceder [suθeðér] *i. ~ a*, to succeed. *2* to follow. *3 impers.* to happen.
sucesivamente [suθesíβaménte] *adv.* successively: *y así ~*, and so on.
sucesivo [suθesíβo] *a.* successive, consecutive. *2 en lo ~*, hereafter.
suceso [suθéso] *m.* event, happening. *2* incident.
sucesor [suθesór] *m.-f.* successor; heir, heiress.
suciedad [suθjeðáð] *f.* dirt, filth, grime.
sucio [súθjo] *a.* dirty, filthy, grimy; obscene.
sucumbir [sukumbír] *i.* to succumb to, yield to. *2* to perish, die.

sucursal [sukursál] *a.-f.* branch.

sudar [suðár] *i.* to perspire; to sweat.

sudor [suðór] *m.* perspiration; sweat; toil.

sueco [swéko] *a.* Swedish. *2 m.-f.* Swede.

suegra [swéɣra] *f.* mother-in-law.

suegro [swéɣro] *m.* father-in-law.

suela [swéla] *f.* sole.

sueldo [swéldo] *m.* salary, pay.

suelo [swélo] *m.* ground, floor, pavement. *2* soil.

suelto [swélto] *a.* loose, free, detached.

sueño [swéɲo] *m.* sleep. *2* dream.

suerte [swérte] *f.* chance; fortune, fate. *2* luck. *3* sort. *4 de ~ que,* so that; *tener ~,* to be lucky.

suficiente [sufiθjénte] sufficient, enough. *2* able. *3* **-mente** *adv.* sufficiently.

sufragio [sufráxjo] *m.* suffrage. *2* help, aid. *3* vote.

sufrimiento [sufrimjénto] *m.* suffering. *2* endurance.

sufrir [sufrír] *t.* to suffer, endure. *2* to allow. *3* to undergo [an operation, etc.].

sugerir [suxerír] *t.* to suggest, hint. ¶ CONJUG. like *hervir.*

sugestión [suxestjón] *f.* suggestion, hint.

suicida [swiθíða] *a.* suicidal. *2 m.-f.* suicide.

suicidarse [swiθiðárse] *p.* to commit suicide.

suicidio [swiθíðjo] *m.* suicide.

suizo [swíθo] *a.-n.* Swiss.

sujetar [suxetár] *t.* to subject, subdue. *2* to hold. *3* to fasten. *4 p.* to subject oneself to.

sujeto [suxéto] *a.* subject; liable. *2* fastened. *3 m.* GRAM. subject. *4* individual. *5* subject, matter.

suma [súma] *f.* sum, amount: *en ~,* in short. *2* **-mente** *adv.* extremely.

sumar [sumár] *t.* to add up, amount to. *2 p. ~ a,* to join [in]

sumergir [sumerxír] *t.-p.* to submerge, sink.

suministrar [suministrár] *t.* to provide with, supply with, give.

suministro [suminístro] *m.* supply, furnishing, provision.

sumir [sumír] *t.-p.* to sink, plunge.

sumiso [sumíso] *a.* submissive, obedient.

sumo [súmo] *a.* very great: *a lo ~,* at most.

suntuoso [suntwóso] *a.* gorgeous, luxurious.

superar [superár] *t.* to surpass, exceed. *2* to overcome.

superficial [superfiθjál] *a.* superficial; shallow.

superficie [superfíθje] *f.* surface. *2* area.

superior [superjór] *a.* superior. *2* upper. *3 m.* director, head.

superioridad [superjoriðáð] *f.* superiority, excellence.

superstición [superstiθjón] *f.* superstition.

supersticioso [superstiθjóso] *a.* superstitious.

suplente [suplénte] *m.-f.* substitute, deputy.

súplica [súplika] *f.* entreaty, request, prayer.

suplicar [suplikár] *t.* to entreat, pray, beg.

suplicio [suplíθio] *m.* torture. *2* suffering, pain.

suplir [suplír] *t.* to make up for. *2* to replace.

suponer [suponér] *t.* to suppose, assume.

suposición [suposiθjón] *f.* supposition, assumption, surmise.

supremo [suprémo] *a.* supreme.

suprimir [suprimír] *t.* to suppress, cut out.

supuesto [supwésto] *a.* supposed, assumed. *2 dar por ~,* to take for granted; *por ~,* of course. *3 m.* supposition.

sur [sur] *m.* south.

surcar [surkár] *t.* to furrow. *2* to cut through [the water].

surco [súrko] *m.* furrow, groove. *2* track [of ship].

surgir [surxír] *i.* to spurt, spring. *2* to appear, arise, come up.

surtir [surtír] *t.* to supply. *2 ~ efecto,* to work.

susceptible [su(s)θeβtíβle] *a.* susceptible, liable. *2* touchy.

suscitar [su(s)θitár] *t.* to raise. *2 p.* to rise, start.

suscribir [suskriβír] *t.* to sign. *2 p.* to subscribe to.

suspender [suspendér] *t.* to hang up. *2* to stop; to delay. *2* to fail [in an examination].

suspensión [suspensjón] *f.* postponement, delay.

suspenso [suspénso] *a.* hanging. *2* astonished. *3 m.* failing mark.

suspirar [suspirár] *i.* to sigh. *2* to long for.

suspiro [suspíro] *m.* sigh.

sustentar [sustentár] *t.* to sustain, support, feed. *2* to hold up.

sustento [susténto] *m.* sustenance. 2 food. 3 support. 4 livelihood.
sustitución [sustituθjón] *f.* substitution, replacement.
sustituir [sustituír] = SUBSTITUIR.
sústo [sústo] *m.* fright, scare.
susurrar [susurrár] *i.-t.* to whisper. 2 *i.* to murmur; to rustle.
sutil [sutíl] *a.* subtle. 2 thin.
suyo [sújo] *poss. a.* his, her, its, one's, their; your [formal]. 2 *poss. pron.* his, hers, its, one's, theirs; yours [formal].

T

tabaco [taβáko] *m.* tobaco; cigarettes, cigar.

taberna [taβérna] *f.* tavern; bar, pub.

tabernáculo [taβernákulo] *m.* tabernacle.

tabla [táβla] *f.* board. *2* plank. *3* table. *4 pl.* draw [at chess, etc.]. *5* THEAT. stage.

tablero [taβléro] *m.* board. *2* panel. *3* timber. *4* chessboard. *5* counter [of shop].

taburete [taβuréte] *m.* stool.

taco [táko] *m.* stopper, plug. *2* billiard-cue. *3* swear word, curse.

tacón [takón] *m.* heel.

táctica [táγtika] *f.* tactics.

tacto [táγto] *m.* tact, finesse. *2* feel, touch.

tachuela [tatʃwéla] *f.* tack, tintack.

tajo [táxo] *m.* cut. *2* steep cliff. *3* cutting edge.

tal [tal] *a.* such, such a: ~ *vez,* perhaps; *un* ~ *Pérez,* a certain Pérez; ~ *como,* just as; *con* ~ *que,* provided that; *¿qué* ~*?,* how are you?

tala [tála] *f.* felling.

talento [talénto] *m.* talent; ability, gift.

talón [talón] *m.* heel. *2* voucher.

talla [táʎa] *f.* carving. *2* size; height, stature.

tallar [taʎár] *t.* to carve. *2* to cut [jewels].

talle [táʎe] *m.* figure. *2* waist.

taller [taʎér] *m.* workshop, mill, factory.
tallo [táʎo] *m.* stem. 2 shoot, stalk.
tamaño [tamáɲo] *a.* so big, so small. 2 *m.* size.
también [tambjén] *adv.* also, too, as well.
tambor [tambór] *m.* drum. 2 drummer.
tampoco [tampóko] *adv.* neither, not ... either; nor.
tan [tan] *adv.* so, as, such. 2 ~ *sólo,* only.
tanque [táŋke] *m.* water tank. 2 MIL. tank.
tanto [tánto] *a.-pron.-adv.* so much, as much. 2 *pl.* so many, as many. 3 *m.* certain amount. 4 ~ *por ciento,* percentage; ~ *como,* as well as; ~ ... *como,* both ... and; *entre* or *mientras* ~, meanwhile; *por lo* ~, therefore.
tapa [tápa] *f.* lid, cover. 2 snack, delicacy.
tapar [tapár] *t.* to cover. 2 to stop up. 3 to conceal. 4 to wrap up.
tapiz [tapíθ] *m.* tapestry.
tapizar [tapiθár] *t.* to upholster.
tapón [tapón] *m.* stopper, cork.
taquigrafía [takiɣafía] *f.* shorthand, stenography.
taquígrafo [takíɣrafo] *m.* stenographer.
taquilla [takíʎa] *f.* booking-office; box-office.
tardanza [tarðánθa] *f.* *f.* delay; slowness.
tardar [tarðár] *i.-p.* to delay; to be late.
tarde [tárðe] *adv.* late. 2 *f.* afternoon; evening.
tardío [tarðío] *a.* late, slow.
tarea [taréa] *f.* task,
tarifa [tarífa] *f.* tariff. 2 price list, rate, fare.
tarjeta [tarxéta] *f.* card: ~ *postal,* postcard.
tarro [tárro] *m.* earthen jar; pot.
tasa [tása] *f.* measure; standard; rate. 2 ceiling price.
taxi [táɣsi] *m.* taxi, taxicab, cab.
taza [táθa] *f.* cup, cupful. 2 bowl; basin.
te [te] *pron.* [to] you, yourself.
té [te] *m.* tea. 2 tea-party.
teatro [teátro] *m.* theatre. 2 stage, scene; play-house.
técnico [téɣniko] *a.* technical. 2 *m.* technician.
techar [tetʃár] *t.* to roof; to thatch.
techo [tétʃo] *m.* ceiling; roof.
teja [téxa] *f.* tile, slate.
tejado [texáðo] *m.* roof.
tejedor [texeðór] *m.-f.* weaver.

tejer [texér] *t.* to weave.
tejido [texíðo] *a.* woven. *2 m.* fabric, textile.
tela [téla] *f.* cloth, fabric. 2 canvas.
telar [telár] *m.* loom.
telaraña [telarápa] *f.* cobweb, spider's web.
telefonear [telefoneár] *i.-t.* to telephone, ring up, phone up, call up.
telefonista [telefonísta] *m.-f.* operator.
teléfono [teléfono] *m.* telephone, phone.
telegrafiar [teleɣrafjár] *i.-t.* to wire, telegraph.
telegráfico [teleɣráfiko] *a.* telegraphic, telegraph.
telegrafista [teleɣrafísta] *m.* telegraphist.
telégrafo [teléɣrafo] *m.* telegraph.
telegrama [teleɣráma] telegram, wire.
televisión [teleβisjón] *f.* television.
televisor [teleβisór] *m.* television set.
telón [telón] *m.* curtain.
tema [téma] *m.* theme, subject, topic.
temblar [temblár] *i.* to tremble, quake, shake.
temblor [temblór] *m.* tremble: ~ *de tierra,* earthquake.
tembloroso [tembloróso] *a.* shaking, trembling.
temer [temér] *t.-i.* to fear, dread; to be afraid of.
temerario [temerárjo] *a.* rash, bold, rash, reckless, hasty.
temeroso [temeróso] *a.* fearful, afraid.
temible [temíβle] *a.* dreadful, frigtful.
temor [temór] *m.* dread, fear.
temperamento [temperaménto] *m.* temperament, nature, disposition.
temperatura [temperatúra] *f.* temperature.
tempestad [tempestáð] *f.* storm.
tempestuoso [tempestwóso] *a.* stormy.
templado [templáðo] *a.* temperate. 2 lukewarm.
templar [templár] *t.* to temper, moderate. 2 to warm slightly.
templo [témplo] *m.* temple, church, chapel.
temporada [temporáða] *f.* period of time. 2 season.
temporal [temporál] *a.* temporary; worldly. *2 m.* gale, storm. *3* **-mente** *adv.* temporarily.
temprano [tempráno] *a.* early; premature. *2 adv.* early.
tenaz [tenáθ] *a.* tenacious, dogged, stubborn.

tendencia [tendénθja] *f.* tendency, trend.

tender [tendér] *t.* to spread [out], stretch out. *2* to hang up [to dry]. *3* to lay [a cable, etc.]; to build [a bridge]. *4 i.* to have a tendency to. *5 p.* to stretch oneself out, lie down. ¶ CONJUG. like *entender.*

tendero [tendéro] *m.-f.* shopkeeper; retailer.

tenebroso [teneβróso] *a.* dark; gloomy, dismal.

tenedor [teneðór] *m.* fork. *2* holder: ~ *de libros,* book-keeper.

tener [tenér] *t.* to have; possess, own; to hold, keep. *2* ~ *hambre,* to be hungry; ~ *sed,* to be thirsty; ~ *sueño,* to be sleepy; *tengo diez años,* I am ten years old; ~ *calor,* to be hot; ~ *frío,* to be cold; *tiene usted razón,* you are right. *3* aux. *tengo que estudiar,* I have to study; I must study. ¶ CONJUG. INDIC. Pres.: *tengo, tienes, tiene;* tenemos, tenéis, *tienen.* | Pret.: *tuve, tuviste,* etc. | Fut.: *tendré, tendrás,* etc. || COND.: *tendría, tendrías,* etc. | SUBJ. Pres.: *tenga, tengas,* etc. | Imperf.: *tuviera, tuvieras,* etc., or *tuviese, tuvieses,* etc. Fut. *tuviere, tuvieres,* etc. || IMPER.: *ten, tenga; tengamos,* tened, *tengan.*

teniente [tenjénte] *m.* lieutenant.

tenis [ténis] *m.* tennis.

tenor [tenór] *m.* tenor.

tensión [tensjón] *f.* tension, strain. *2* MECH. stress.

tentación [tentaθjón] *f.* temptation.

tentador [tentaðór] *a.* tempting. *2 m.-f.* tempter.

tentar [tentár] *t.* to feel, touch. *2* to try. *3* to tempt.

tenue [ténwe] *a.* thin, slender.

teñir [teɲír] *t.* to dye, tinge.

teoría [teoría] *f.* theory.

tercer(o [terθér(o] *a.-n.* third.

tercio [térθjo] *a.-n.* third [part]. *2 m.* regiment.

terciopelo [terθjopélo] *m.* velvet.

terminación [terminaθjón] *f.* termination, end, ending.

terminal [terminál] *a.-f.* terminal. *2 f.* terminus.

terminar [terminár] *t.* to end, close, finish. *2 i.* to be over.

término [término] *m.* end. *2* boundery. *3* aim. *4* word.
termo [térmo] *m.* thermos [bottle, flask].
termómetro [termómetro] *m.* thermometer.
ternera [ternéra] *f.* female calf, heifer. *2* veal.
ternero [ternéro] *m.* calf, bull calf.
ternura [ternúra] *f.* tendernes, fondness.
terrado [terráðo] *m.*, **terraza** [terráθa] *f.* terrace. *2* flat roof.
terremoto [terremóto] *m.* earthquake, seism.
terrenal [terrenál] *a.* earthly, worldly.
terreno [terréno] *a.* worldly. *2 m.* plot, piece of ground, land.
terrestre [terréstre] *a.* terrestrial; earthly; land.
terrible [terríβle] *a.* terrible, frightful. *2* **-mente** *adv.* terribly.
territorial [territorjál] *a.* territorial.
territorio [territórjo] *m.* territory, region.
terrón [terrón] *m.* clod. *2* lump [of sugar, etc.].
terror [terrór] *m.* terror, fright.
terruño [terrúɲo] *m.* native soil; clod; plot.
terso [térso] *a.* polished, clear, smooth.
tertulia [tertúlja] *f.* gathering, meeting of friends.
tesis [tésis] *f.* thesis.
tesorero [tesoréro] *m.-f.* treasurer.
tesoro [tesóro] *m.* treasure.
testamento [testaménto] *m.* testament, will.
testificar [testifikár] *t.* to attest, give evidence.
testigo [testíɣo] *m.-f.* witness.
testimonio [testimónjo] *m.* testimony, evidence.
tétanos [tétanos] *m.* tetanus.
texto [tésto] *m.* text.
tez [teθ] *f.* complexion.
ti [ti] *pers. pron.* you.
tía [tía] *f.* aunt.
tibio [tíβjo] *a.* lukewarm. *2* cool, indifferent.
tiburón [tiβurón] *m.* shark.
tiempo [tjémpo] *m.* time; epoch. *2* weather. *3* GRAM. tense.
tienda [tjénda] *f.* shop, *store. *2* tent.
tierno [tjérno] *a.* tender; loving. *2* fresh [bread].
tierra [tjérra] *f.* earth; land; ground. *2* country. *3* soil. *4* dust.
tieso [tjéso] *a.* stiff, rigid. *2* tight, taut.
tiesto [tjésto] *m.* flower-pot.

tifus [tífus] *m.* typhus.

tigre [tíɣre] *m.* tiger; (Am.) jaguar. *2 f.* tigress.

tijera [tixéra] *f.* scissors, shears: *silla de* ~, folding chair.

tilín [tilín] *m.* ting-a--ling: *hacer* ~, to please.

timbre [tímbre] *m.* stamp, seal. *2* bell: *tocar el* ~, to ring the bell.

tímido [tímiðo] *a.* timid, shy.

timón [timón] *m.* rudder; helm.

tina [tína] *f.* large jar.

tinaja [tináxa] *f.* large earthen jar.

tiniebla [tinjéβla] *f.* darkness. *2 pl.* night; hell.

tino [tíno] *m.* skill; knack. *2* tact.

tinta [tínta] *f.* ink.

tinte [tínte] *m.* dyeing. *2* paint.

tintero [tintéro] *m.* inkstand, ink-pot.

tío [tío] *m.* uncle.

típico [típiko] *a.* typical.

tiple [típle] *m.-f.* soprano, treble.

tipo [típo] *m.* type. *2* build [of a person]. *3* guy.

tira [tíra] *f.* narrow strip; strap.

tirador [tiraðór] *m.-f.* thrower. *2* marksman. *3 m.* bell-pull. *4* handle, knob. *5* catapult.

tiranía [tiranía] *f.* tyranny.

tirano [tiráno] *a.* tyrannical. *2 m.-f.* tyrant.

tirar [tirár] *to* throw, cast, fling. *2* to fire [a shot]. *3* to draw, stretch. *4* to knock down, pull down. *5* to waste [money]. *6 i.* to attract. *7* to last, endure. *8* to shoot at; to aim at. *9* to pull [at; on]. *10 p.* to rush, throw oneself. *11* to jump. *12* to lie down.

tiro [tíro] *m.* throw. *2* shot. *3* report. *4* team. *5* draft, draught [of a chimney].

tirón [tirón] *m.* pull, jerk, tug.

tiroteo [tirotéo] *m.* firing, shooting.

títere [títere] *m.* puppet, marionette. *2 pl.* puppet-show.

1) **titular** [titulár] *a.* titular. *2 m.-f.* holder. *3 m. pl.* headlines.

2) **titular** [titulár] *t.* to title, entitle, call.

título [título] *m.* title. *2* heading. *3* diplome. *4* qualification.

tiza [tíθa] *f.* chalk.

toalla [toáʎa] *f.* towel.

tocadiscos [tokaðískos] *m.* record-player.

tocador [tokaðór] *m.* dressing-table. *2* dressing-room. *3 jabón de* ~, toilet soap.

tocar [tokár] *t.* to touch, feel [with hands]. *2* to to play [the piano]; to ring [a bell]; to beat [a drum]. *3* to blow [the horn]. *4* to win [lottery]. *5* ~ *a muerto,* to toll. *6* to move. *7 i.* to be one's turn. *8* to call [at a port]. *9 p.* to touch each other *10* to cover one's head.

tocino [toθíno] *m.* bacon; salt pork.

todavía [toðaβía] *adv.* still, even, yet. *2* nevertheless.

todo [tóðo] *a.* all, every, each, entire, whole. *2 m.-f.* a whole. *3 adv.* entirely. *4 ante* ~, first of all; *con* ~, however; *sobre* ~, above all.

todopoderoso [toðopoðeróso] *a.* almighty.

tolerancia [toleránθja] *f.* tolerance.

tolerar [tolerár] *t.* to tolerate. *2* to bear. *3* to overlook.

tomar [tomár] *t.* to take. *2* to seize, catch. *3* to have [a meal, a drink, etc.]. *4* ~ *el pelo,* to pull one's leg; ~ *a mal,* to take it amiss; ~ *las de Villadiego,* to take to one's heels.

tomate [tomáte] *m.* tomato.

tonada [tonáða] *f.* tune, song, air.

tonelada [toneláða] *f.* ton.

tono [tóno] *m.* tone; tune. *2* pitch. *3* vigour. *4* accent. *5 darse* ~, to put on airs; *de buen* or *mal* ~, fashionable, or vulgar.

tontada [tontáða], **tontería** [tontería] *f.* silliness, stupidity. *2* nonsense.

tonto [tónto] *a.* silly, stupid. *2 m.-f.* dolt.

topar [topár] *t.* to run into, bump into. *2 t.-i.-p.* ~ *con,* to come across.

topo [tópo] *m.* mole.

toque [tóke] *m.* touch. *2* blow. *3* sound; ringing [of a bell]; beat [of a drum]. *4* trial. *5 piedra de* ~, touchstone; ~ *de queda,* curfew.

torbellino [torβeʎíno] *m.* whirlwind. *2* rush, bustle.

torcer [torθér] *t.* to twist, wrench, bend, crook. *2 i.* to turn to [the right, etc.]. *3 p.*

to become twisted, bent. 4 ~ *el tobillo,* to sprain one's ankle. ¶ CONJUG. like *mover.*

torear [toreár] *i.-t.* to fight bulls.

toreo [toréo] *m.* bullfighting.

torero [toréro] *m.-f.* bullfighter.

tormenta [torménta] *f.* storm, tempest.

tormento [torménto] *m.* torment, pain. 2 torture.

tormentoso [tormentóso] *a.* stormy.

torneo [tornéo] *m.* tournament; competition.

tornillo [torníʎo] *m.* screw. 2 clamp. 3 vice.

torno [tórno] *m.* winch. 2 lathe. 3 potter's wheel. 4 *en* ~, around.

toro [tóro] *m.* bull. 2 *pl.* bullfight.

toronja [torónxa] *f.* grapefruit.

torpe [tórpe] *a.* awkward, clumsy. 2 lewd. 3 **-mente** *adv.* awkwardly.

torpedo [torpéðo] *m.* torpedo.

torre [tórre] *f.* tower. 2 turret. 3 country-house. 4 CHESS rook, castle.

torrente [torrénte] *m.* torrent, stream.

tórrido [tórriðo] *a.* torrid.

torta [tórta] *f.* cake, pie. 2 slap.

tortilla [tortíʎa] *f.* omelet. 2 (Am.) pancake.

tortuga [tortúɣa] *f.* tortoise; turtle.

tortuoso [tortwóso] *a.* tortuous, winding, twisting. 2 crooked.

tortura [tortúra] *f.* torture, torment; grief.

tos [tos] *f.* cough.

tosco [tósko] *a.* rough, coarse. 2 rude, uncouth.

toser [tosér] *i.* to cough.

tostada [tostáða] *f.* toast, piece of toast.

tostar [tostár] *t.* to toast; to roast. 2 to tan, sunburn.

total [totál] *a.* total. 2 *m.* total, sum. 3 *adv.* in short.

totalmente [totálménte] *adv.* wholly, altogether.

toxina [toɣsína] *f.* toxin.

traba [tráβa] *f.* bond, clasp. 2 shackle. 3 obstacle.

trabajador [traβaxaðór] *a.* hard-working. 2 *m.-f.* worker.

trabajar [traβaxár] *i.* to work, labour, toil. 2 to till the soil.

trabajo [traβáxo] *m.* work, labour, toil. 2 task, job.

trabar [traβár] *t.* to bind, clasp, catch. 2 to

hobble. *3* to join [battle]; to strike up [friendship]; to begin [conversation]. *5 p.* to to stammer.

trabuco [traβúko] *m.* blunderbuss.

tractor [traɣtór] *m.* tractor.

tradición [traðiθjón] *f.* tradition.

tradicional [traðiθjonál] *a.* traditional. *2* **-mente** *adv.* traditionally.

traducción [traðuɣθjón] *f.* translation.

traducir [traðuθír] *t.* to translate [into; from].

traer [traér] *t.* to bring. *2* to draw, attract. *3* to bring over. *4* to make, keep. *5* ~ *entre manos,* to be engaged in. ¶ CONJUG. INDIC. Pres.: *traigo,* traes, trae, etc. | Pret.: *traje, trajiste,* etc. | Fut.: traeré, traerás, etc. || COND.: traería, traerías, etc. || SUBJ. Pres.: *traiga, traigas,* etc. | Imperf.: *trajera, trajeras,* etc., or *trajese, trajeses,* etc. | Fut.: *trajere, trajeres,* etc. || IMPER.: trae, *traiga; traigamos,* traed, *traigan.* | PAST. P.: traído. || GER.: *trayendo.*

tráfico [tráfiko] *m.* traffic; trade, business.

tragar [traɣár] *t.-p.* to swallow [up]; to gulp down: ~ *el anzuelo,* to be taken in.

tragedia [traxéðja] *f.* tragedy.

trágico [tráxiko] *a.* tragic(al. *2 m.* tragedian.

trago [tráɣo] *m.* drink draught, gulp: *echar un* ~, to have a drink. *2* mishap.

traición [traĭθjón] *f.* treason; treachery; betrayal.

traicionar [traĭθjonár] *t.* to betray.

traicionero [traĭθjonéro] *a.* treacherous.

traidor [traĭðór] *a.* treacherous. *2 m.* traitor. *3 f.* traitress.

traje [tráxe] *m.* suit [for men]; dress [for women]; clothes [in general]; [historical] costume; gown [for women; judges, etc.]; ~ *de baño,* bathing-suit; ~*de etiqueta,* full dress; ~ *de luces,* bullfighter's costume.

trámite [trámite] *m.* step, procedure, formality.

tramo [trámo] *m.* stretch. *2* flight of stairs.

trampa [trámpa] *f.* trap; snare. *2* trapdoor. *4* trick.

tramposo [trampóso] *a.* deceitful, tricky. *2 m.-f.* swindler.
tranca [tráŋka] *f.* club, truncheon. 2 crossbar.
trance [tránθe] *m.* predicament, critical moment: *en ~ de muerte,* at the point of death; *a todo ~,* at any risk.
tranquilidad [traŋkiliðáð] *f.* tranquillity, quiet, peace.
tranquilizar [traŋkiliθár] *t.* to appease, calm down.
tranquilo [traŋkílo] *a.* calm, quiet, peaceful.
transcurrir [tra(n)skurrír] *i.* to pass, elapse.
transcurso [tra(n)skúrso] *m.* course [of time].
transeúnte [transeúnte] *a.-n.* transient. *2 m.-f.* passer-by; pedestrian.
transferir [tra(n)sferír] *t.* to transfer. ¶ CONJUG. like *hervir*.
transformación [tra(n)sformaθjón] *f.* transformation.
transformar [tra(n)sformár] *t.* to transform. *2 p.* to change.
transición [transiθjón] *f.* transition.
transitar [transitár] *i.* to pass, go, walk.
tránsito [tránsito] *m.* passage, crossing. *2* traffic.
transmisión [tra(n)zmisjón] *f.* transmission
transmitir [tra(n)zmitír] *t.* to transmit. *2* to broadcast.
transparente [tra(n)sparénte] *a.* transparent. *2* translucent.
transportar [tra(n)sportár] *t.* to transport, carry, convey. *2 p.* to be enraptured.
transporte [tra(n)spórte] *m.* transportation, transport, carriage.
tranvía [trambía] *m.* tramway, tram; *streetcar.
trapo [trápo] *m.* rag. *2 pl.* clothes, dresses.
tras [tras] *prep.* after, behind.
trasero [traséro] *a.* back, hind, rear. *2 m.* coll. rump, buttocks.
trasladar [trazlaðár] *t.* to move, remove. *2* to adjourn. *3 p.* to move from ... to.
traspasar [traspasár] *t.* to cross over. *2* to pass trough, pierce. *3* to go too far. *4* to transfer [a business]. *5* to transgress [a law].
trasto [trásto] *m.* piece of furniture. *3* tools.
trastornar [trastornár] *t.* to upset, overturn, turn upside down.

trastorno [trastórno] *m.* upset. *2* riot. *3* trouble.
tratado [tratáðo] *m.* treaty. *2* treatise.
tratamiento [tratamjénto] *m.* treatment. *2* title.
tratar [tratár] *t.* to treat [a pers. well]. *2* to deal with [people]. *3* to call [someone a liar]. *4* to address [as *tú*]. *5* i. ~ *de* [*with infinitive*], to try, attempt. *6* ~ *en,* to deal, trade in. *7 p.* to live [well]. *8* to be on good terms. *9 se trata de,* it is a question of. *10 ¿de qué se trata?,* what is all about?
trato [tráto] *m.* treatment. 2 behaviour. *3* agreement. *4* negotiation. *5* relationship.
través [traβés] *m.* bias. *2 a* ~ *de,* through, across; *al* or *de* ~, slantwise, crosswise.
travesía [traβesía] *f.* cross-roads. *2* passage, crossing [the sea].
travesura [traβesúra] *f.* mischief, prank; trick.
travieso [traβjéso] *a.* mischievous, naughty.
trayecto [traǰéɣto] *m.* stretch, way. 2 journey.
traza [tráθa] *f.* sketch, plan. *2* appearance, aspect.
trazar [traθár] *t.* to draw, sketch. *2* to lay out.
trece [tréθe] *a.-m.* thirteen.
trecho [trétʃo] *m.* distance, stretch.
tregua [tréɣwa] *f.* truce, respite.
treinta [tréĭnta] *a.-m.* thirty.
tremendo [treméndo] *a.* imposing. *2* huge, tremendous.
tren [tren] *m.* train.
trenza [trénθa] *f.* braid, plait, pigtail.
trepar [trepár] *i.-t.* to climb [up], clamber up, scale.
tres [tres] *a.-m.* three.
triángulo [triáŋgulo] *m.* triangle.
tribu [tríβu] *f.* tribe.
tribulación [triβulaθjón] *f.* tribulation, trouble.
tribuna [triβúna] *f.* tribune, platform. 2 grand-stand.
tribunal [triβunál] *m.* court of justice. *2* examining board.
tributar [triβutár] *t.* to pay [homage, respect].
tributo [triβúto] *m.* tribute, tax.
trigal [triɣál] *m.* wheat field.

trigo [tríɣo] *m.* wheat.
trigueño [triɣéɲo] *a.* olive-skinned, dark.
trimestre [triméstre] *m.* quarter. *2* term.
trinar [trinár] *i.* to trill; to warble, chirp.
trinchar [trintʃár] *t.* to carve, slice, cut up.
trineo [trinéo] *m.* sleigh, sledge, sled.
trino [tríno] *a.* trine. *2 m.* trill.
trío [trío] *m.* trio.
tripa [trípa] *f.* gut, bowels; intestine.
triple [tríple] *a.-m.* triple, treble, three times.
tripulación [tripulaθjón] *f.* crew.
tripulante [tripulánte] *m.* member of the crew.
triste [tríste] *a.* sad. *2* gloomy. *3* sorrowful. *4* **-mente** *adv.* sadly.
tristeza [tristéθa] *f.* sadness, melancholy. *2* sorrow, misery, gloom.
triunfador [trjumfaðór] *m.-f.* triumpher, victor.
triunfal [trjumfál] *a.* triumphal, triumphant. victor, winner.
triunfante [trjumfánte] *a.* triumphant. *2 m.* victor.
triunfar [trjumfár] *i.* to triumph, win.
triunfo [trjúmfo] *m.* triumph, win, victory. *2* trump [at cards].
trocar [trokár] *t.* to exchange, barter. *2* to mix up.
trofeo [troféo] *m.* trophy; victory.
trompa [trómpa] *f.* horn. *2* trunk [of elephant].
trompeta [trompéta] *f.* trumpet; bugle. *2 m.* trumpeter.
trompo [trómpo] *m.* spinning-top.
tronar [tronár] *i.* to thunder, rumble.
tronco [tróŋko] *m.* trunk; log; stem. *2* team [of horses]. *3* stock.
tronchar [trontʃár] *t.* to break off, lop off. *2 p.* ~ *de risa,* to burst with laughing.
trono [tróno] *m.* throne.
tropa [trópa] *f.* troop; army, soldiers.
tropel [tropél] *f.* crowd, mob, throng: *en* ~, in disorder.
tropezar [tropeθár] *i.* to trip, stumble. *2* to come across. *3* to come up against [a difficulty].
tropezón [tropeθón] *m.* trip, stumble.
tropical [tropikál] *a.* tropical, tropic.
trópico [trópiko] *m.* tropic.

trozo [tróθo] *m.* piece, bit, chunk. 2 passage.
truco [trúko] *m.* trick.
trucha [trútʃa] *f.* trout.
trueno [trwéno] *m.* thunder, thunderclap.
trueque [trwéke] *m.* exchange.
truhán [truán] *a.-n.* rogue, scoundrel.
tú [tu] *pron.* you; thou.
tu [tu], *pl.* **tus** [tus] *poss. a.* your; thy.
tubérculo [tuβérkulo] *m.* tuber, potato; tubercle.
tuberculosis [tuβerkulósis] *f.* tuberculosis, consumption.
tuberculoso [tuβerkulóso] *a.* tuberculous. 2 *a.-n.* consumptive.
tubería [tuβería] *f.* piping, pipes; pipe-line.
tubo [túβo] *m.* tube, pipe.
tuerto [twérto] *a.* one-eyed. 2 *m.* wrong, injury.
tulipa [tulípa] *f.* glass lampshade.
tulipán [tulipán] *m.* tulip.
tumba [túmba] *f.* tomb, grave.
tumbar [tumbár] *t.* to fell, knock down. 2 *p.* to lie down.
tumor [tumór] *m.* tumour, growth.
tumulto [tumúlto] *m.* tumult, riot, uproar.
túnel [túnel] *m.* tunnel.
túnica [túnika] *f.* tunic.
tupido [tupíðo] *a.* dense, thick.
turba [túrβa] *f.* crowd, mob, throng, swarm.
turbar [turβár] *t.* to disturb, upset, trouble. 2 *p.* to get embarrassed.
turbio [túrβjo] *a.* muddy. 2 troubled.
turco [túrko] *a.* Turkish. 2 *m.-f.* Turk.
turismo [turízmo] *m.* tourism. 2 touring car.
turista [turísta] *m.-f.* tourist, sightseer.
turno [túrno] *m.* turn. 2 shift.
turrón [turrón] *m.* nougat.
tuyo [túɟo] *poss. pron.* yours. 2 *poss. a.* your.

U

u [u] *conj.* [resplaces o before a word beginning with *o* or *ho*] or.

ubre [úβre] *f.* udder, teat.

ufano [ufáno] *a.* proud, conceited. 2 cheerful.

últimaménte [últimamén-te] *adv.* finally, lastly. 2 recently.

ultimar [ultimár] *t.* to end, finish, complete.

último [último] *a.* last, final; latest. 2 *por* ~, lastly, at last.

ultraje [ultráxe] *m.* in-sult, offence, outrage.

umbral [umbrál] *m.* threshold.

un [un] *indef. art.* a, an. 2 *pl.* some, any.

unánime [unánime] *a.* unanimous.

unción [unθjón] *f.* unc-tion; anointing.

undécimo [undéθimo] *a.-m.* eleventh.

ungir [uŋxír] *t.* to anoint, put ointment on.

ungüento [uŋgwénto] *m.* ointment, unguent.

unidad [uniðáð] *f.* unity. 2 unit.

unido [uníðo] *a.* united.

unificación [unifikaθjón] *f.* unification.

uniformar [uniformár] *t.* to uniform, standardize.

uniforme [unifórme] *a.-m.* uniform.

unigénito [unixénito] *a.* only-begotten.

unión [unjón] *f.* union. 2 concord.

unir [unír] *t.* to join, unite. 2 to connect.

unísono [unísono] *a.* unison: *al* ~, altogether, in unison.

universal [uniβersál] *a.* universal, world-wide.

universidad [uniβersiðáð] *f.* university.

universitario [uniβersitárjo] *a.* university [professor, student].

universo [uniβérso] *m.* universe, world.

uno [úno] *a.* one. *2 pl.* a few, some.

untar [untár] *t.* to anoint, grease, smear.

uña [úɲa] *f.* nail, fingernail, toenail. *2* claw; hoof.

urbanidad [urβaniðáð] *f.* politeness, manners.

urbanización [urβaniθaθjón] *f.* urbanization; city planning.

urbano [urβáno] *a.* urban. *2* courteous, polite. *3 m.* town policeman.

urbe [úrβe] *f.* large city.

urgencia [urxénθja] *f.* urgency. *2* emergency.

urgente [urxénte] *a.* urgent, pressing *2* **-mente** *adv.* urgently.

urgir [urxír] *i.* to press, be urgent.

usar [usár] *t.* to use. *2* to wear. *3 t.-i.* to be accustomed to. *4 p.* to be in use.

uso [úso] *m.* use, employment; wear, wear and tear. *2* usage, fashion.

usted [ustéð] *pers. pron.* you.

utensilio [utensíljo] *m.* implement, tool; utensil.

útil [útil] *a.* useful, profitable. *2* effective. *3 m. pl.* tools, implements.

utilidad [utiliðáð *f.* utility, usefulness. *2* profit.

utilizar [utiliθár] *t.* to utilize, use, make use of.

uva [úβa] *f.* grape.

V

vaca [báka] *f.* cow. *2* beef [meat].

vacación [bakaθjón] *f.* *sing-pl.* vacation, holidays.

vacante [bakánte] *a.* vacant, empty. *2* *f.* vacancy, post. *3* vacation.

vaciar [baθjár] *t.* to empty; to pour out. *2* to cast.

vacilar [baθilár] *i.* to hesitate, flicker. *2* to waver.

vacío [baθío] *a.* empty, void. *2* *m.* void; PHYS. vacuum. *3* blank.

vacuna [bakúna] *f.* vaccine.

vagar [baɣár] *i.* to wander, roam, rover, loiter. *2* to be idle.

vago [báɣo] *a.* roving, errant. *2* vague. *3* *m.* loafer, tramp.

vagón [baɣón] *m.* wagon, carriage, coach.

vaina [báĭna] *f.* sheath, scabbard. *2* pod.

vainilla [baĭníʎa] *f.* vanilla.

vaivén [baĭβén] *m.* oscillation. *2* swinging; rocking.

vajilla [baxíʎa] *f.* table service. *2* crockery: *~ de porcelana,* chinaware.

valer [balér] *i.* to be worth, cost, amount to. *2* to deserve; to be equal to: *vale la pena verlo,* it is worth while seeing. ¶ CONJUG. INDIC. Pres.: *valgo,* vales, vale, etc. | Fut.: *valdré, valdrás,* etc. || SUBJ. Pres.:

valga, valgas, etc. ‖ IMPER.: *val* or *vale, valga; valgamos*, valed, *valgan*.

valeroso [baleróso] *a.* courageous, brave.

valiente [baljénte] *a.* valiant, brave. *2* fig. fine. *3* **-mente** *adv.* bravely.

valioso [baljóso] *a.* expensive, valuable, costly.

valor [balór] *m.* value, worth, price. *2* courage. *3* validity. *4 pl.* bonds.

vals [bals] *m.* waltz.

valla [báʎa] *f.* fence, stockade, barrier. *2* obstacle.

valle [báʎe] *m.* valley, vale, dale.

vanidad [baniðáð] *f.* vanity, conceit.

vanidoso [baniðóso] *a.* vain, conceited.

vano [báno] *a.* vain, useless. 2 *m.* ARCH. opening. *3 en* ~, in vain.

vapor [bapór] *m.* vapo(u)r; steam. *2* steamship.

vaquería [bakería] *f.* herd of cows. *2* dairy.

vaquero [bakéro] *m.-f.* cow-herd, cowboy.

vara [bára] *f.* stick, rod. *2* wand [of office].

variable [barjáβle] *a.* changeable.

variación [barjaθjón] *f.* variation, change.

variado [barjáðo] *a.* varied. *2* variegated.

variar [barjár] *t.-i.* to vary, change.

variedad [barjeðáð] *f.* variety.

vario [bárjo] *a.* various, different. *2 pl.* some, several.

varón [barón] *m.* male; man.

vasallo [basáʎo] *m.-f.* vassal, liegeman.

vasija [basíxa] *f.* vessel, jar; container, recipient.

vaso [báso] *m.* glass, tumbler. *2* vessel.

vástago [bástaɣo] *m.* shoot; scion, offspring. *2* MAC. rod, stem.

vasto [básto] *a.* vast, huge, immense.

vate [báte] *m.* bard, poet.

vecindad [beθindáð] *f.*, **vecindario** [beθindárjo] *m.* neighbourhood; neighbours, residents.

vecino [beθíno] *a.* nearby, neighbouring, next [to]. *2 m.-f.* neighbour. *3* tenant; inhabitant.

vedar [beðár] *t.* to prohibit, forbid. *2* to impede, prevent.

vega [béɣa] *f.* fertile lowland. *2* (Cu.) tobacco plantation.

vegetación [bexetaθjón] *f.* vegetation; growth.
vegetal [bexetál] *m.* plant, vegetable.
vehemente [beeménte] *a.* vehement, passionate.
vehículo [beíkulo] *m.* vehicle; carrier.
veinte [béĭnte] *a.-m.* twenty.
vejez [bexéθ] *f.* old age.
vela [béla] *f.* wakefulness. 2 candle. 3 sail: *hacerse a la ~*, to set sail.
velada [beláða] *f.* evening party.
velar [belár] *i.* to watch. 2 *~ por*, to look after. 3 *t.* to hide.
velero [beléro] *m.* sailing ship. 2 glider.
veleta [beléta] *f.* weathercock.
velo [bélo] *m.* veil.
velocidad [beloθiðáð] *f.* speed, velocity.
veloz [belóθ] *a.* fast, speedy, quick, swift.
vello [béʎo] *m.* down.
velludo [beʎúðo] *a.* downy, hairy, shaggy.
vena [béna] *f.* vein. 2 MIN. seam. 3 poetical inspiration.
vencedor [benθeðór] *m.-f.* conqueror; victor; winner.
vencer [benθér] *t.* to defeat, beat. 2 to conquer, subdue. 3 *i.* to win. 4 COM. to fall due.
venda [bénda] *f.* bandage.
vendar [bendár] *t.* to bandage. 2 to blindfold.
vendaval [bendaβál] *m.* strong wind; gale.
vendedor [bendeðór] *m.-f.* seller.
vender [bendér] *t.* to sell: *se vende*, for sale. 2 to betray.
veneno [benéno] *m.* poison, venom.
venenoso [benenóso] *a.* poisonous, venomous.
venerable [beneráβle] *a.* venerable.
venerar [benerár] *t.* to worship, venerate, revere.
venezolano [beneθoláno] *a.-n.* Venezuelan.
venganza [beŋgánθa] *f.* vengeance, revenge.
vengar [beŋgár] *t.* to avenge. 2 *p.* to take revenge, retaliate.
venial [benjál] *a.* venial, excusable.
venida [beníða] *f.* coming, arrival. 2 return.
venidero [beniðéro] *a.* *a.* future, coming.
venir [benír] *i.* to come. 2 *~ a las manos*, to come to blows; *~ al caso*, to be relevant; ~

a menos, to decay, decline; ~ *bien* [*mal*], [not] to fit, suit; ~ *en conocimiento,* to come to know; ~ *abajo,* to collapse, fall down. ¶ CONJUG. INDIC. Pres.: *vengo, vienes, viene;* venimos, venís, *vienen.* | Pret.: *vine, viniste,* etc. | Fut.: *vendré, vendrás,* etc. || SUBJ. Pres.: *venga, vengas,* etc. | Imperf.: *viniera, vinieras,* etc., or *viniese, vinieses,* etc. | Fut.: *viniere, vinieres,* etc. || IMPER.: *ven, venga; vengamos,* venid, *vengan.* || PAST. P.: venido || GER.: *viniendo.*

venta [bénta] *f.* sale: *en* ~, for sale. 2 roadside inn.

ventaja [bentáxa] *f.* advantage. 2 gain, profit.

ventana [bentána] *f.* window.

ventilación [bentilaθjón] *f.* ventilation, draught.

ventilador [bentilaðór] *m.* ventilator, fan.

ventilar [bentilár] *t.* to air, ventilate. 2 to discuss.

ventorrillo [bentorríʎo], **ventorro** [bentórro] *m.* small inn.

ventura [bentúra] *f.* happiness. 2 luck. 3 *por* ~, by chance; *a la* ~, at random.

venturoso [benturóso] *a.* happy, lucky.

ver [ber] *t.* to see. 2 to look [at]. 3 i. ~ *de,* to try to. 4 *p.* to be obvious. ¶ CONJUG. INDIC. Pres.: veo, ves, ve, etc. | Imperf.: veía, veías, etc. | Pret.: *vi, viste,* etc. | Fut.: veré, verás, etc. || COND.: vería, verías, etc. || SUBJ. Pres.: vea, veas, etc. | Imperf.: *viera, vieras,* etc., or *viese, vieses,* etc. || Fut.: *viere, vieres,* etc. || IMPER.: ve, vea, etc. || PAST. P.: *visto.* || GER.: *viendo.*

veranear [beraneár] *i.* to spend the summer [holiday].

veraneo [beranéo] *m.* summer holiday.

verano [beráno] *m.* summer.

veraz [beráθ] *a.* truthful, veracious.

verbal [berβál] *a.* verbal, oral.

verbena [berβéna] *f.* BOT. verbena. 2 night festival.

verbigracia [berβiɣráθja] *adv.* for example.

verbo [bérβo] *m.* verb.

verdad [berðáð] *f.* truth: *en* ~, in truth, really.

verdaderamente [berðaðéraménte] *adv.* truly, really; indeed.

verdadero [berðaðéro] *a.* true. *2* real. *3* truthful.

verde [bérðe] *a.* green [colour]; verdant; unripe; obscene: *poner* ~, to abuse; *viejo* ~, gay, merry old man. *2 m.* grass; foliage.

verdor [berðór] *m.* verdure, greenness.

verdoso [berðóso] *a.* greenish.

verdugo [berðúɣo] *m.* hangman, executioner.

verdura [berðúra] *f.* greenness. *2 sing. & pl.* vegetables.

vereda [beréða] *f.* path.

veredicto [bereðíɣto] *m.* verdict.

vergel [berxél] *m.* flower and fruit garden.

vergonzoso [berɣonθóso] *a.* shameful, disgraceful. *2* bashful, shy.

vergüenza [berɣwénθa] *f.* shame; bashfulness: *tener* or *sentir* ~, to be ashamed.

verídico [beríðiko] *a.* truthful. *2* true: *es* ~, it is a fact.

verificar [berifikár] *t.* to verify. *2* to prove. *3* to carry out. *4 p.* to take place, happen.

verja [bérxa] *f.* grating, grille; railing(s; iron gate.

versión [bersjón] *f.* translation.

verso [bérso] *m.* verse, poem. *2* line.

verter [bertér] *t.* to pour. *2* to spill. *3* to empty. *4 i.* to run, flow. *5 p.* to flow. ¶ CONJUG. like *entender*.

vertical [bertikál] *a.* vertical; upright.

vertiginoso [bertixinóso] *a.* dizzy, giddy.

vértigo [bértiɣo] *m.* dizziness, giddiness.

vespertino [bespertíno] *a.* evening.

vestíbulo [bestíβulo] *m.* vestibule, hall, lobby.

vestido [bestíðo] *m.* dress, clothes, costume, suit.

vestidura [bestiðúra] *f.* clothing, apparel. *2 pl.* ECCL. vestments.

vestir [bestír] *t.* to clothe, dress. *2* to cover. *3* to cloak. *4 i.* to dress. *5 p.* to get dressed. ¶ CONJUG. like *servir*.

vestuario [bestwárjo] *m.* clothes. *2* wardrobe; dressing-room.

veterano [beteráno] *a.-n.* veteran.

veterinario [beterinárjo] *m.* veterinary surgeon.

veto [béto] *m.* veto.

vez [beθ] *f.* turn: *a su* ~, in turn. *2* time: *a*

la ~, at one time; *alguna* ~, sometimes; [in questions] ever; *a veces*, sometimes; *muchas veces*, often; *otra* ~, again; *pocas veces*, seldom; *tal* ~, perhaps; *en* ~ *de*, instead of; *dos veces*, twice

vía [bía] *f.* road, way, street: ~ *aérea*, airway; ~ *pública*, thoroughfare. *2* manner.

viajar [bjaxár] *i.* to travel, journey, tour.

viaje [biáxe] *m.* travel, journey, voyage, trip; tour.

viajero [bjaxéro] *m.-f.* traveller; passenger.

vianda [bjánda] *f.* food.

víbora [bíβora] *f.* viper.

vibración [biβraθjón] *f.* vibration, shaking.

vibrar [biβrár] *t.* to vibrate; to throb, shake; to trill. *2 i.* to quiver.

vicepresidente [biθepresiðénte] *m.-f.* vice-president.

vicio [bíθjo] *m.* vice.

vicioso [biθjóso] *a.* vicious. *2* depraved.

vicisitud [biθisitúð] *f.* vicissitude. *2 pl.* ups and downs.

víctima [biɣtima] *f.* victim.

victoria [biɣtórja] *f.* victory, triumph.

victorioso [biɣtorjóso] *a.* victorious, triumphant.

vid [bið] *f.* vine, grapevine.

vida [bíða] *f.* life. *2* liveliness. *3* living, livelihood.

vidriera [biðrjéra] *f.* stained glass window, glass door.

vidrio [bíðrjo] *m.* glass; glass pane [of a window].

viejo [bjéxo] *a.* old [antique]. *2 m.* old man.

viento [bjénto] *m.* wind.

vientre [bjéntre] *m.* belly; womb; abdomen.

viernes [bjérnes] *m.* Friday.

viga [bíɣa] *f.* beam, girder, rafter.

vigente [bixénte] *a.* in force, valid; prevailing.

vigilancia [bixilánθja] *f.* vigilance, watchfulness.

vigilante [bixilánte] *a.* watchful. *2 m.* night watchman, caretaker.

vigilar [bixilár] *t.-i.* to watch over, look after.

vigilia [bixílja] *f.* wakefulness; eve; fast; guard.

vigor [biɣór] *m.* vigo(u)r, strength: *en* ~, in force.

vigoroso [biɣoróso] *a.* vigorous, strong, tough.

vil [bil] *a.* vile, mean, base.
villa [bíʎa] *f.* villa. 2 small town. 3 town council.
villancico [biʎanθíko] *m.* Christmas carol.
villano [biʎáno] *a.* rustic. 2 mean. 3 *m.-f.* scoudrel; villain.
vinagre [bináɣre] *m.* vinegar.
vino [bíno] *m.* wine: ~ *tinto,* red wine.
viña [bíɲa] *f.*, **viñedo** [biɲéðo] *m.* vineyard.
violación [bjolaθjón] *f.* violation. 2 rape. 3 infringement.
violar [bjolár] *t.* to violate; to infringe; to ravish; to rape.
violencia [bjolénθja] *f.* violence; force.
violento [bjolénto] *a.* violent; furious, wild.
violeta [bjoléta] *f.* violet.
violín [bjolín] *m.* violin.
violinista [bjolinísta] *m.-f.* violinist.
virar [birár] *t.-i.* to tack. 2 *i.* to turn.
virgen [bírxen] *a.-n.* virgin, maiden.
virtud [bírtúð] *f.* virtue.
virtuoso [birtwóso] *a.* virtuous. 2 *m.-f.* virtuoso.
viruela [birwéla] *f.* smallpox. 2 pockmarks.
virus [bírus] *m.* virus.
visible [bisíβle] *a.* visible; plain, evident.
visión [bisjón] *f.* vision, sight.
visita [bisíta] *f.* visit, call. 2 visitor.
visitante [bisitánte] *m.-f.* visitor.
visitar [bisitár] *t.* to visit, pay a visit, call upon.
vislumbrar [bizlumbrár] *t.* to glimpse, make out. 2 to guess.
víspera [bíspera] *f.* eve. 2 ECCL. vespers.
vista [bísta] *f.* sight, eyesight, eye(s: *en ~ de,* in view of; *hasta la ~*, good-bye. 2 view, scene. 3 aspect. 4 outlook. 5 LAW trial.
vistoso [vistóso] *a.* showy, colourful.
vital [bitál] *a.* vital. 2 important. 3 lively.
vitalidad [bitaliðáð] *f.* vitality.
vitamina [bitamína] *f.* vitamin.
vitrina [bitrína] *f.* showcase.
viudo, da [bjúðo, ða] *m.* widower. 2 *f.* widow.
víveres [bíβeres] *m. pl.* food, provisions, victuals.
viveza [biβéθa] *f.* liveliness, briskness. 2 keennes. 3 sparkle [in the eyes].

viviente [bißjénte] *a.* living, alive.
vivir [bißír] *t.* to live. *2* ~ *de,* to live on.
vivo [bíßo] *a.* live, alive, living. *2* bright. *3* lively. *4* sharp.
vocablo [bokáßlo] *m.* word, term.
vocabulario [bokaßulárjo] *m.* vocabulary.
vocación [bokaθjón] *f.* vocation, calling.
vocal [bokál] *a.* vocal. *2 a.-f.* GRAM. vowel. *3 m.* member [of a council].
volante [bolánte] *a.* flying. *2 m.* AUTO. steering-wheel.
volar [bolár] *i.* to fly. *2 t.* to blow up. ¶ CONJUG. like *contar.*
volcán [bolkán] *m.* volcano.
volcar [bolkár] *t.-i.* to upset, tip over, overturn. *2* to capsize. ¶ CONJUG. like *contar.*
voltear [bolteár] *t.* to turn upside down.
volumen [bolúmen] *m.* volume. *2* bulk.
voluntad [boluntáð] *f.* will. *2* purpose. *3* liking.
voluntario [boluntárjo] *a.* voluntary, willing. *2 m.-f.* volunteer.
volver [bolßér] *t.* to turn [up, over, upside down, inside out]. *2* to make: ~ *loco,* to drive crazy *3 i.* to return, come back. *4* to turn [to right]. *5* ~ *a hacer,* to do again. *6* ~ *en sí,* to come to. *7 p.* to go back. *8* to turn around. *9* to become. *10* ~ *loco,* to go crazy. ¶ CONJUG. like *mover.* | PAST. P.: *vuelto.*
vos [bos] *pron.* you.
vosotros [bosótros] *pron.* you.
votación [botaθjón] *f.* voting, vote. *2* ballot.
votar [botár] *i.* to vote.
voto [bóto] *m.* vow. *2* vote. *3* oath.
voz [boθ] *f.* voice: *en* ~ *alta,* aloud; *en* ~ *baja,* in a low voice. *2* shout. *3* GRAM. voice. *4* rumour.
vuelo [bwélo] *m.* flight.
vuelta [bwélta] *f.* turn: *dar la* ~ *a,* to go around. *2* bend, curve. *3* reverse. *4* return: *estar de* ~, to be back. *5* change. *6* ARCH. vault.
vuestro [bwéstro] *adj.* your. *2 pron.* yours.
vulgar [bulɣár] *a.* vulgar, common, ordinary.
vulgo [búlɣo] *m.* mob, common people.

Y

y [i] *conj.* and.

ya [ja] *adv.* already. *2* now. *3* at once. *4* *¡~ lo creo!*, yes, of course! *5* conj. *ya ... ya,* now ... now. *6* *~ que,* since, as.

yacer [ǰaθér] *i.* to lie.

yacimiento [ǰaθimjénto] *m.* bed, deposit: *~ de petróleo,* oilfield.

yanki [ǰáŋki] *a.-m.* Yankee.

yarda [ǰárða] *f.* yard.

yegua [jéɣwa] *f.* mare.

yema [jéma] *f.* bud. *2* yolk [of egg]. *3* tip of the finger.

yerba [jérβa] *f.* grass.

yerno [jérno] *m.* son-in-law.

yeso [ǰéso] *m.* gypsum. *2* plaster. *3* chalk.

yo [ǰo] *pron.* I.

yola [jóla] *f.* yawl.

yuca [júka] *f.* yucca.

yugo [ǰúɣo] *m.* yoke.

yunque [ǰúŋke] *m.* anvil.

Z

zafra [θáfra] *f.* olive-oil can; sugar-making season.

zagal [θaɣál] *m.* lad, youth, boy. *2 f.* girl, lass.

zambo [θámbo] *a.* knock-kneed.

zambullir [θambuʎír] *t.-p.* to dive, duck, plunge into.

zanahoria [θanaórja] *f.* carrot.

zancudo [θaŋkúðo] *a.* long-legged. *2 f.* wading bird.

zángano [θáŋgano] *m.* drone. 2 loafer.

zanja [θáŋxa] *f.* ditch, trench, drainage channel.

zapatería [θapatería] *f.* shoemaking. *2* shoe shop.

zapatero [θapatéro] *m.* shoemaker, cobbler.

zapato [θapáto] *m.* shoe.

zar [θár] *m.* czar, tsar.

zarcillo [θarθíʎo] *m.* ear-ring. *2* BOT. tendril.

zarpar [θarpár] *i.* to set sail, get under way.

zarzuela [θarθwéla] *f.* Spanish musical comedy.

zinc [θiŋ] *m.* zinc.

zona [θóna] *f.* zone, belt, district, area.

zoológico [θoolóxiko] *a.* *a.* zoologic(al: *parque* ~, zoo.

zootecnia [θootéɣnja] *f.* zootechny.

zorro [θórro] *a.* cunning [person]. *2 m.* fox. *3 f.* vixen.

zozobra [θoθóβra] *f.* worry, anxiety.

zozobrar [θoθoβrár] *i.* NAUT. to founder, capsize, sink. *2* to worry, be anxious.

zueco [θwéko] *m.* clog.

zumbador [θumbaðór] *m.* buzzer. 2 hummingbird.

zumbar [θumbár] *i.* to hum, buzz.

zumbido [θumbíðo] *m.* buzz(ing, hum(ming.

APPENDICES
APÉNDICES

MONETARY UNITS/ UNIDADES MONETARIAS

Country / País	Name / Nombre	Symbol / Símbolo
THE AMERICAS / LAS AMÉRICAS		
Argentina	austral	₳
Bahamas	dollar / dólar bahameño	B$
Barbados	dollar / dólar de Barbados	$
Belize / Belice	dollar / dólar	$
Bolivia	peso	$B
Brazil / Brasil	cruzado	$; Cz$
Canada / Canadá	dollar / dólar canadiense	$
Chile	peso / peso chileno	$
Colombia	peso	$; P
Costa Rica	colon / colón	₡; ¢
Cuba	peso	$
Dominican Republic / República Dominicana	peso	RD$
Ecuador	sucre	S/
El Salvador	colon / colón	₡; ¢
Guatemala	quetzal	Q̸; Q
Guyana	dollar / dólar guayanés	G$
Haiti /Haití	gourde	₲; G; Gde
Honduras	lempira	L
Jamaica	dollar / dólar jamaicana	$
Mexico / México	peso	$
Nicaragua	cordoba / córdoba	C$
Panama / Panamá	balboa	B/
Paraguay	guarani / guaraní	₲; G
Peru / Perú	sol	S/; $
Puerto Rico	dollar / dólar	$
Suriname / Surinam	guilder / gulder de Surinam	g
Trinidad and Tobago / Trinidad y Tabago	dollar / dólar trinitario	TT$
United States / Estados Unidos	dollar / dólar	$
Uruguay	peso	$
Venezuela	bolivar / bolívar	B

WEIGHTS AND MEASURES

U.S. Customary Weights and Measures / Unidades de pesas y medidas estadounidenses

Linear measure / Medida de longitud

1 foot / pie	=	12 inches / pulgadas
1 yard / yarda	=	36 inches / pulgadas
	=	3 feet / pies
1 rod	=	5½ yards / yardas
1 mile / milla	=	5,280 feet / 5.280 pies
	=	1,760 yards / 1.760 yardas

Liquid measure / Medida líquida

1 pint / pinta	=	4 gills
1 quart / quart líquido	=	2 pints / pintas
1 gallon / galón	=	4 quarts / quarts líquidos

Area measure / Medida de superficie

1 square foot / pie cuadrado	=	144 square inches / pulgadas cuadradas
1 square yard / yarda cuadrada	=	9 square feet / pies cuadrados
1 square rod / rod cuadrado	=	30¼ square yards / yardas cuadradas
1 acre	=	160 square rods / rods cuadrados
1 square mile / milla cuadrada	=	640 acres

Dry measure / Medida árida

1 quart	=	2 pints / pintas áridas
1 peck	=	8 quarts
1 bushel	=	4 pecks

Some useful measures / Unas medidas útiles

Quantity / Cantidad

1 dozen / docena	=	12 units / unidades
1 gross / gruesa	=	12 dozen / docenas

Electricity / Electricidad

charge / carga	=	coulomb / culombio
power / potencia	=	watt / vatio kilowatt / kilovatio

resistance / resistencia = ohm / ohmio
strength / fuerza = ampere / amperio
voltage / voltaje = volt / voltio

Metric System

Unit	Abbreviation	Approximate U.S. Equivalent	
LENGTH			
1 millimeter	mm	0.04	inch
1 centimeter	cm	0.39	inch
1 meter	m	39.37	inches
		1.094	yards
1 kilometer	km	3,281.5	feet
		0.62	mile
AREA			
1 square centimeter	sq cm (cm^2)	0.155	square inch
1 square meter	m^2	10.764	square feet
		1.196	square yards
1 hectare	ha	2.471	acres
1 square kilometer	sq km (km^2)	247.105	acres
		0.386	square mile
VOLUME			
1 cubic centimeter	cu cm (cm^3)	0.061	cubic inch
1 stere	s	1.308	cubic yards
1 cubic meter	m^3	1.308	cubic yards
CAPACITY (Liquid Measure)			
1 deciliter	dl	0.21	pint
1 liter	l	1.057	quarts
1 dekaliter	dal	2.64	gallons
MASS AND WEIGHT			
1 gram	g, gm	0.035	ounce
1 dekagram	dag	0.353	ounce
1 hectogram	hg	3.527	ounces
1 kilogram	kg	2.2046	pounds
1 quintal	q	220.46	pounds
1 metric ton	MT, t	1.1	tons

PESAS Y MEDIDAS

Sistema métrico

Unidad	Abreviatura	Equivalente aproximado del sistema estadounidense	
LONGITUD			
1 milímetro	mm	0,04	pulgada
1 centímetro	cm	0,39	pulgada
1 metro	m	39,37	pulgadas
		1,094	yardas
1 kilómetro	km	3.281,5	pies
		0,62	milla
ÁREA			
1 centímetro cuadrado	cm^2	0,155	pulgada cuadrada
1 metro cuadrado	m^2	10,764	pies cuadrados
		1,196	yardas cuadradas
1 hectárea	ha	2,471	acres
1 kilómetro cuadrado	km^2	247,105	acres
		0,386	milla cuadrada
VOLUMEN			
1 centímetro cúbico	cm^3	0,061	pulgadas cúbicas
1 metro cúbico	m^3	1,308	yardas cúbicas
CAPACIDAD (Medida líquida)			
1 decilitro	dl	0,21	pinta
1 litro	l	1,057	quarts
1 decalitro	dl	2,64	galones
MASA Y PESO			
1 gramo	g	0,035	onza
1 decagramo	dg	0,353	onza
1 hectogramo	hg	3,527	onzas
1 kilogramo	kg	2,2046	libras
1 quintal métrico	q	220,46	libras
1 tonelada métrica	t	1,1	toneladas

NUMBERS / NUMERALES

Cardinal Numbers		Números cardinales
zero	0	cero
one	1	uno
two	2	dos
three	3	tres
four	4	cuatro
five	5	cinco
six	6	seis
seven	7	siete
eight	8	ocho
nine	9	nueve
ten	10	diez
eleven	11	once
twelve	12	doce
thirteen	13	trece
fourteen	14	catorce
fifteen	15	quince
sixteen	16	dieciséis
seventeen	17	diecisiete
eighteen	18	dieciocho
nineteen	19	diecinueve
twenty	20	veinte
twenty-one	21	veintiuno
twenty-two	22	veintidós
twenty-three	23	veintitrés
twenty-four	24	veinticuatro
twenty-five	25	veinticinco
twenty-six	26	veintiséis
twenty-seven	27	veintisiete
twenty-eight	28	veintiocho
twenty-nine	29	veintinueve
thirty	30	treinta
forty	40	cuarenta
fifty	50	cincuenta
sixty	60	sesenta
seventy	70	setenta

Cardinal Numbers		**Números cardinales**
eighty	80	ochenta
ninety	90	noventa
one hundred	100	cien, ciento
five hundred	500	quinientos
one thousand	1000	mil

Ordinal Numbers		Números ordinales	
1st	first	1.°, 1.ª	primero, -a
2nd	second	2.°, 2.ª	segundo, -a
3rd	third	3.°, 3.ª	tercero, -a
4th	fourth	4.°, 4.ª	cuarto, -a
5th	fifth	5.°, 5.ª	quinto, -a
6th	sixth	6.°, 6.ª	sexto, -a
7th	seventh	7.°, 7.ª	séptimo, -a
8th	eighth	8.°, 8.ª	octavo, -a
9th	ninth	9.°, 9.ª	noveno, -a
10th	tenth	10.°, 10.ª	décimo, -a
11th	eleventh	11.°, 11.ª	undécimo, -a
12th	twelfth	12.°, 12.ª	duodécimo, -a
13th	thirteenth	13.°, 13.ª	decimotercero, -a decimotercio, -a
14th	fourteenth	14.°, 14.ª	decimocuarto, -a
15th	fifteenth	15.°, 15.ª	decimoquinto, -a
16th	sixteenth	16.°, 16.ª	decimosexto, -a
17th	seventeenth	17.°, 17.ª	decimoséptimo, -a
18th	eighteenth	18.°, 18.ª	decimoctavo, -a
19th	nineteenth	19.°, 19.ª	decimonoveno, -a decimonono, -a
20th	twentieth	20.°, 20.ª	vigésimo, -a
21st	twenty-first	21.°, 21.ª	vigésimo (-a) primero (-a)
22nd	twenty-second	22.°, 22.ª	vigésimo (-a) segundo (-a)
30th	thirtieth	30.°, 30.ª	trigésimo, -a
40th	fortieth	40.°, 40.ª	cuadragésimo, -a
50th	fiftieth	50.°, 50.ª	quincuagésimo, -a
60th	sixtieth	60.°, 60.ª	sexagésimo, -a
70th	seventieth	70.°, 70.ª	septuagésimo, -a
80th	eightieth	80.°, 80.ª	octogésimo, -a
90th	ninetieth	90.°, 90.ª	nonagésimo, -a
100th	hundredth	100.°, 100.ª	centésimo, -a

TEMPERATURE / LA TEMPERATURA

Fahrenheit and Celsius / Grados Fahrenheit y grados Celsius

To convert Fahrenheit to Celsius, subtract 32 degrees, multiply by 5, and divide by 9.

Para convertir grados Fahrenheit a grados Celsius (centígrados), réstese 32 grados, multiplíquese por 5 y divídase por 9.

$$104°F - 32 = 72 \times 5 = 360 \div 9 = 40°C$$

To convert Celsius to Fahrenheit, multiply by 9, divide by 5, and add 32 degrees.

Para convertir grados Celsius (centígrados) a grados Fahrenheit, multiplíquese por 9, divídase por 5 y agréguese 32 grados.

$$40°C \times 9 = 360 \div 5 = 72 + 32 = 104°F$$

At sea level, water boils at Al nivel del mar, se hierve el agua a	212°F / 100°C
Water freezes at Se congela el agua en	32°F / 0°C
Average human temperature Temperatura promedia del ser humano	98.6°F / 37°C

Some normal temperatures in the Americas /
Algunas temperaturas normales en las Américas

	Winter / Invierno	Summer / Verano
North of the equator / al norte del ecuador		
Churchill, Manitoba	-11°F / -23.9°C	63°F / 17.2°C
Montreal, Quebec	22°F / -5.6°C	79°F / 26.1°C
Anchorage, Alaska	12°F / -11.1°C	58°F / 14.4°C
Chicago, Illinois	24°F / -4.4°C	75°F / 23.9°C
New York, New York	32°F / 0°C	77°F / 25°C
Dallas, Texas	45°F / 7.2°C	86°F / 30°C
Los Angeles, California	57°F / 13.9°C	73°F / 22.8°C
Phoenix, Arizona	51°F / 10.6°C	94°F / 34.4°C
Tegucigalpa, Honduras	50°F / 10°C	90°F / 32°C
South of the equator / Al sur del ecuador		
Tierra del Fuego, Argentina	32°F / 0°C	50°F / 10°C
Sao Paulo, Brazil	57.2°F / 14°C	69.8°F / 21°C
Montevideo, Uruguay	55.4°F / 13°C	71.6°F / 22°C
Buenos Aires, Argentina	52.3°F / 11.3°C	73.8°F / 23.2°C
Lima, Peru	59°F / 15°C	77°F / 25°C

CLOTHING SIZES/ TALLAS DE ROPA

Men's Clothes					
U.S.	36	38	40	42	44
Metric	46	48	50	52	54

Men's Shirts					
U.S.	14	15	16	17	
Metric	36	38	40	42	

Women's Clothes					
U.S.	12	14	16	18	20
Metric	40	42	44	46	48

Shoes									
U.S.	4½	5½	6½	7½	8½	9½	10½	11½	12½
Metric	35½	36½	38	39	41	42	43	44	45

ABBREVIATIONS MOST COMMONLY USED IN SPANISH

A	Aprobado (*in examinations*)
a	área
(a)	alias
AA.	autores
ab.	abad
abr.	abril
A.C., A. de C.	Año de Cristo
admón.	administración
adm.[or]	administrador
afmo., affmo.	afectísimo
afto.	afecto
ago.	agosto
a la v/	a la vista
a.m.	ante meridiem, antes del mediodía
anac.	anacoreta
ap.	aparte; apóstol
apdo.	apartado
art., art.°	artículo
att.°, atto.	atento
B	beato; Bueno (*in examinations*)
Barna.	Barcelona
B.L.M., b.l.m.	besa la mano; besa las manos
B.L.P., b.l.p.	besa los pies
bto.	bulto; bruto
c.	capítulo
c/	caja; cargo; contra
C.A.	corriente alterna
c.ª	compañía
c/a.	cuenta abierta
cap.	capítulo
C.C.	corriente continua
cénts.	céntimos
cf.	compárese
C.G.S.	cegesimal
Cía., cía.	compañía
C.M.B., c.m.b.	cuya mano beso
comis.°	comisario
comp.ª	compañía
comps.	compañeros
Const.	Constitución
corrte.	corriente
C.P.B., c.p.b.	cuyos pies beso
cps.	compañeros
cs.	cuartos; céntimos
cta.	cuenta

cte.	corriente
c/u	cada uno
C.V.	caballo (*or* caballos) de vapor
D.	Don
D.ª	Doña
descto.	descuento
d/f., d/fha.	días fecha
dha., dho., dhas., dhos.	dicha, dicho, dichas, dichos
dic.	diciembre
dls.	dólares
dna., dnas.	docena, docenas
d/p	días plazo
Dr., dr.	Doctor
dra., dro., dras., dros.	derecha, derecho, derechas, derechos
dupdo.	duplicado
d/v.	días vista
E	este (*east*)
E.M.	Estado Mayor
E.M.G.	Estado Mayor General
ENE	estenordeste
ene.	enero
E.P.D.	en paz descanse
E.P.M.	en propia mano
ESE	estesudeste
etc.	etcétera
f.ª, fact.ª	factura
f/	fardo(s)
f.a.b.	franco a bordo
F.C., f.c.	ferrocarril
fcos.	francos
feb., febr.	febrero
F.E.M., f.e.m.	fuerza electromotriz
fha., fho.	fecha, fecho
f.°, fol.	folio
fra.	factura
fund.	fundador
g/	giro
gde.	guarde
gobno.	gobierno
gob.ʳ	gobernador
gral.	general
gte.	gerente
Hno., Hnos.	Hermano, Hermanos
HP., H.P.	caballo (*or* caballos) de vapor
ib., ibíd.	ibídem (en el mismo lugar)
íd.	ídem
i. e.	id est (*that is*)
ít.	ítem
izq.ª, izq.°	izquierda, izquierdo

J.C.	Jesucristo
jul.	julio
jun.	junio
L/	letra
L.	ley; libro
Ldo., ldo.	licenciado
lín.	línea
liq.	liquidación
líq.°	líquido
M.	Maestro; Majestad; Merced
m.	minuto, minutos; mañana
m/	mes; mi, mis; mío, míos
mar.	marzo
m/cta.	mi cuenta
merc.	mercaderías
m/f.	mi favor
milés.	milésimas
m/L.	mi letra
m/o.	mi orden
m/p.	mi pagaré
m/r.	mi remesa
Mtro.	Maestro
m.a.	muchos años
M.S.	manuscrito
N	norte; Notable (*in examinations*)
n.	noche

n/	nuestro, nuestra
N. B.	nota bene
n/cta.	nuestra cuenta
NE	nordeste
NNE	nornoreste
NNO	nornoroeste
NO	noroeste
nov., novbre.	noviembre
núm., núms.	número, números
nto.	neto
ntra., ntro., ntras., ntros.	nuestra, nuestro, nuestras, nuestros
O	oeste
o/	orden
oct.	octubre
ONO	oesnoroeste
OSO	oessudoeste
P.	Papa; padre; pregunta
P.A., p.a.	por ausencia; por autorización
pág., págs.	página, páginas
paq.	paquete
Part.	Partida
Patr.	Patriarca
pbro.	presbíterc
p/cta.	por cuenta

P.D.	posdata
p. ej.	por ejemplo
P.O., p.o.	por orden
PP.	Padres
P.P., p.p.	porte pagado; por poder
p. pd.°, ppdo.	próximo pasado
pral.	principal
pralte.	principalmente
prof.	profesor
pról.	prólogo
prov.ª	provincia
próx.°	próximo
P.S.	Post Scriptum
ps.	pesos
P.S.M.	por su mandato
pta., ptas.	peseta, pesetas
pte.	parte; presente
pza.	pieza
Q.B.S.M., q.b.s.m.	que besa su mano
Q.B.S.P., q.b.s.p.	que besa sus pies
Q.D.G., q.D.g.	que Dios guarde
q.e.g.e.	que en gloria esté
q.e.p.d.	que en paz descanse
q.e.s.m.	que estrecha su mano
qq.	quintales
q.s.g.h.	que santa gloria haya
R.	respuesta; Reprobado (*in examinations*)
Rbi.	Recibí
R.D.	Real Decreto
R.I.P.	Requiescat in pace (descanse en paz)
Rl., Rls.	real, reales (*royal*)
rl., rls.	real, reales (*coin*)
r.p.m.	revoluciones por minuto
S.	San, Santo; sur; Sobresaliente (*in examinations*)
s/	su, sus; sobre
S.ª	Señora
s/c.	su cuenta
S.C., s.c.	su casa
s/cta.	su cuenta
S.D.	Se despide
SE	sudeste
sep., sept., sepbre.	septiembre
serv.°	servicio
serv.^{or}	servidor
s. e. u. o.	salvo error u omisión
sigte.	siguiente
Sn.	San
SO	sudoeste
S.^{r}, Sr.	Señor

Sra., Sras. Señora, Señoras
Sres. Señores
Sría. Secretaría
sria., srio. secretaria, secretario
Srta. Señorita
S.S.ª Su Señoría
SSE sudsudeste
SSO sudsudoeste
S.S.S., s.s.s. su seguro servidor
SS. SS. seguros servidores
Sta. Santa; Señorita
Sto. Santo
suplte. suplente
tít., tít.° título
tpo. tiempo
trib. tribunal
U., Ud. usted
Uds. ustedes
V. usted; Venerable; Véase
V versículo
vencimto. vencimiento
vers.° versículo
vg., v.g., v. gr. verbigracia
Vmd., V. vuestra merced; usted
V.° B.° Visto bueno
vol. volumen; voluntad
vols. volúmenes
VV. ustedes

MAPS
MAPAS

NORTH AMERICA / AMÉRICA DEL NORTE

CENTRAL AMERICA / CENTRO AMÉRICA

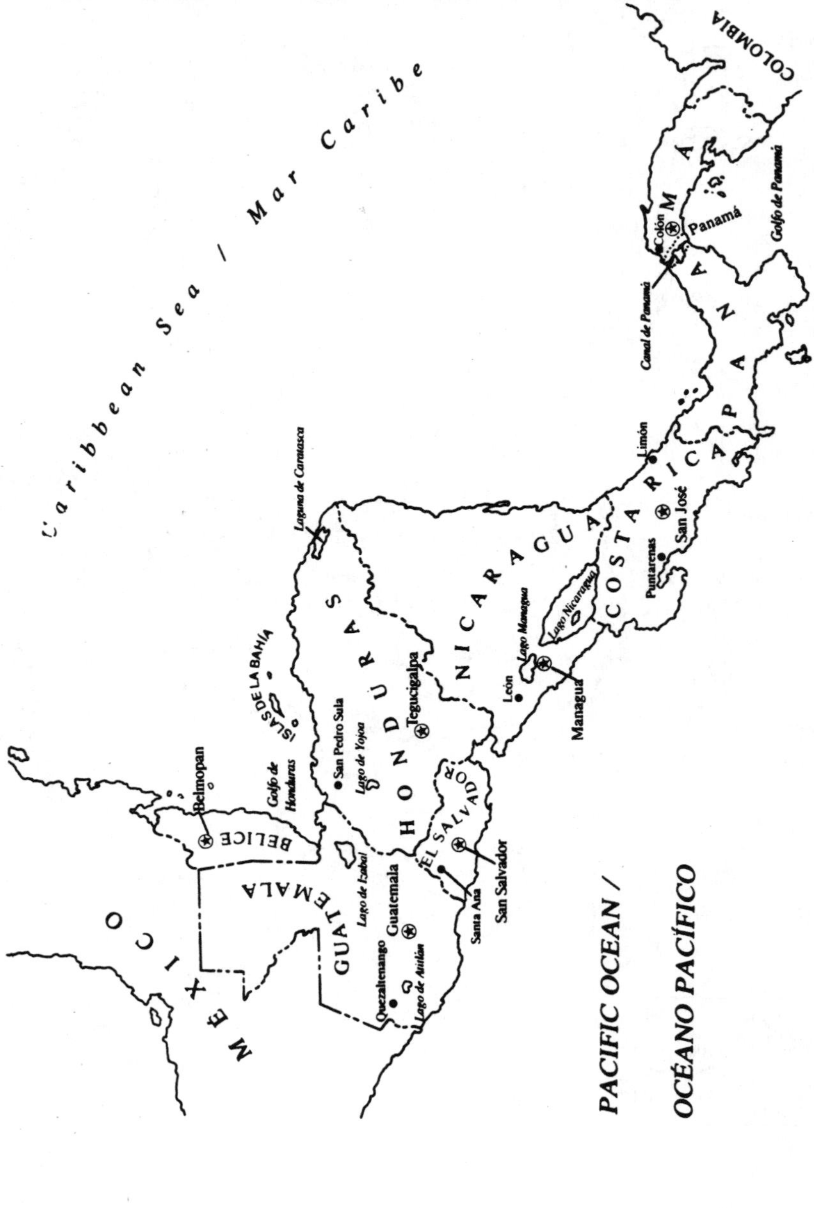

Caribbean Sea / Mar Caribe

PACIFIC OCEAN /
OCÉANO PACÍFICO

COLOMBIA
PANAMÁ
Golfo de Panamá
Panamá
Colón
Canal de Panamá
COSTA RICA
Limón
San José
Puntarenas
NICARAGUA
Lago Nicaragua
Lago Managua
Managua
León
Laguna de Caratasca
HONDURAS
Tegucigalpa
San Pedro Sula
Lago de Yojoa
ISLAS DE LA BAHÍA
Golfo de Honduras
EL SALVADOR
San Salvador
Santa Ana
BELICE
Belmopan
GUATEMALA
Guatemala
Lago de Izabal
Quezaltenango
Lago de Atitlán
MÉXICO

MEXICO / MÉXICO

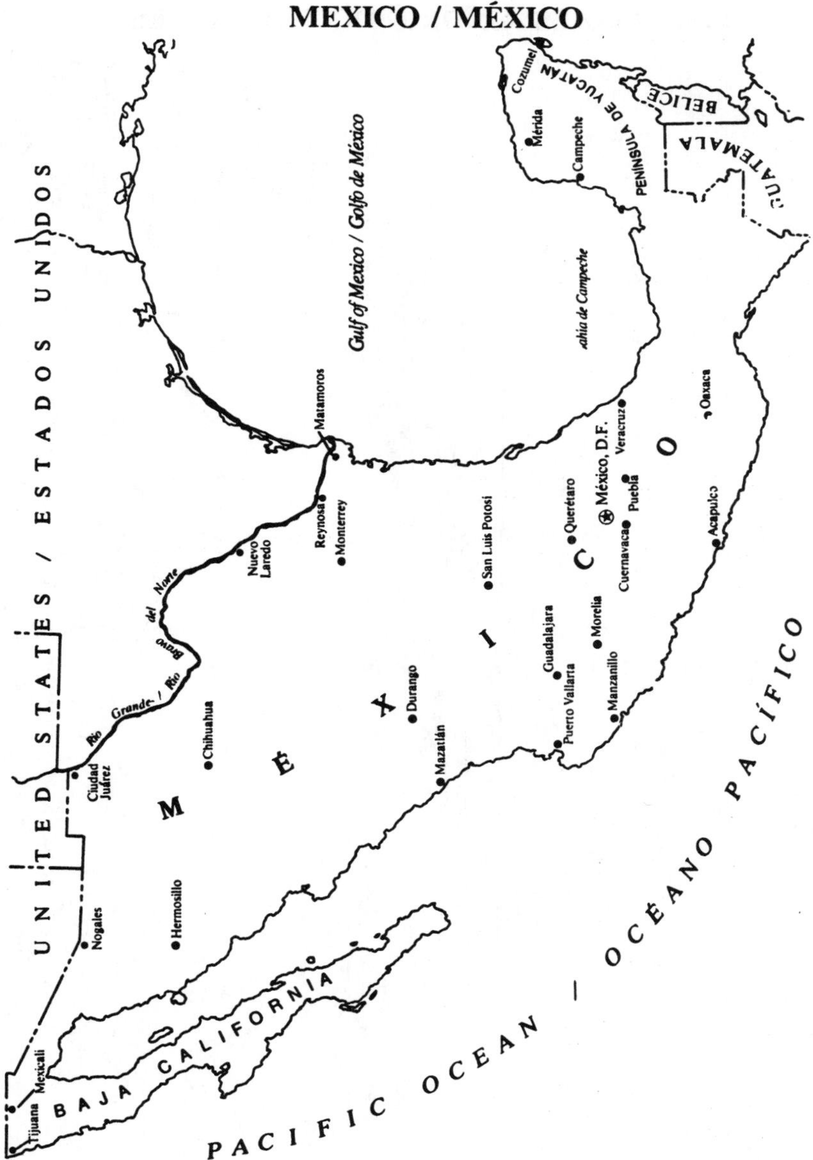

WEST INDIES / INDIAS OCCIDENTALES

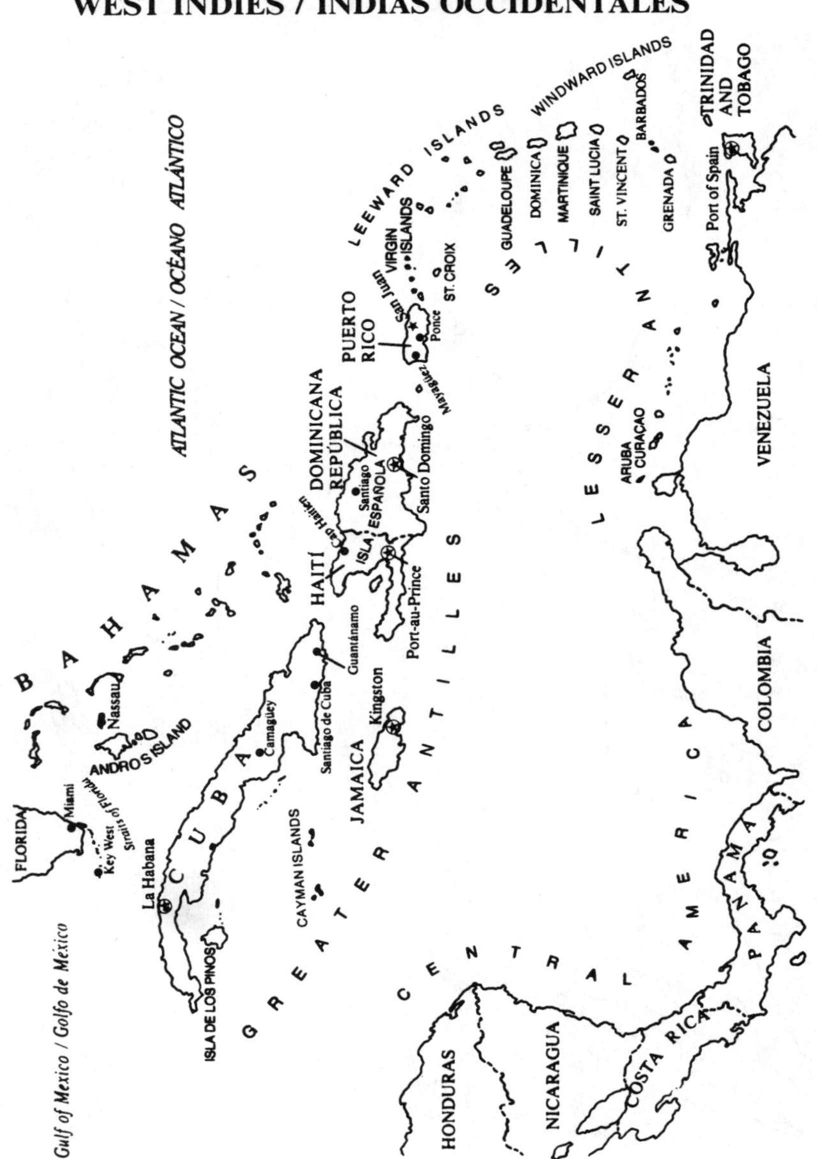

SOUTH AMERICA / AMÉRICA DEL SUR

SPAIN AND PORTUGAL / ESPAÑA Y PORTUGAL

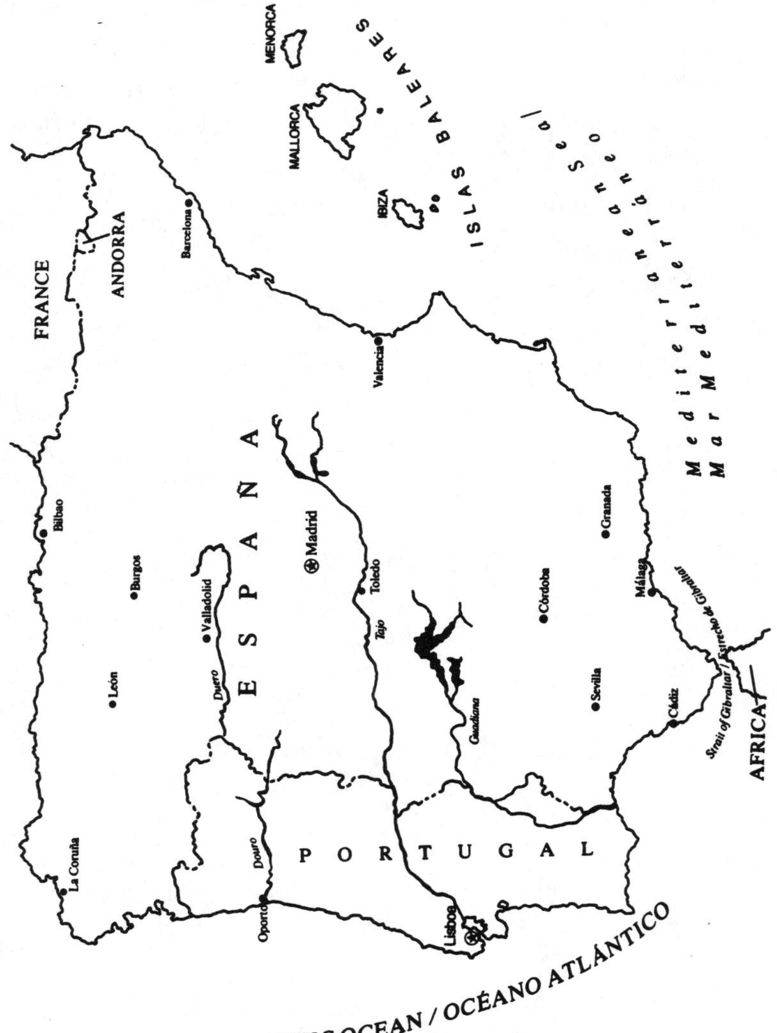

The Vox Line of Spanish/English Dictionaries

Vox New College
Spanish and English Dictionary

Vox Modern
Spanish and English Dictionary

Vox Compact
Spanish and English Dictionary

Vox Everyday
Spanish and English Dictionary

Vox Traveler's
Spanish and English Dictionary

Vox Super-Mini
Spanish and English Dictionary

Vox Diccionario Escolar
de la Lengua Española

The Best, By Definition
National Textbook Language Dictionaries

NTC

For further information or a current catalog, write:
NTC Publishing Group
4255 West Touhy Avenue
Lincolnwood, Illinois 60646-1975 U.S.A.